Inhalt

W0060293

Das Buch

Nichts lag Pérez Galdós ferner, als einen weiteren Roman über Napoleon zu schreiben. Der französische Imperator erscheint buchstäblich nur als Schattengestalt, verstohlen hinter dem Vorhang beobachtet, von spanischen Aristokraten und französischen Militärs in Chamartín, dem Örtchen unmittelbar vor den Toren Madrids.

Und doch spielt die große (Eroberungs-)Politik des mächtigen Franzosen ständig in die Entwicklungsgeschichte des jungen Gabriel Araceli hinein, der miterleben muß, wie sich die Hauptstadt Spaniens, ein halbes Jahr nach dem großen Aufstand vom 2. Mai 1808, diesmal beinahe tatenlos in ihr Schicksal fügt.

Vom Widerstandsgeist beseelt hingegen ist Zaragoza, die Hauptstadt Aragoniens. Hier erlebt Gabriel Araceli die zweite große Belagerung durch die Franzosen vom 29. Dezember 1808 bis zum 20. Februar 1809 mit. Doch was wie ein Heldenepos anhebt, wird bald zu einem der erschütterndsten Anti-Kriegsromane der Weltliteratur. Mit einer Desillusioniertheit und einer Eindringlichkeit, wie sie gemeinhin erst den großen Romanen über den Ersten Weltkrieg zuerkannt wird, legt Pérez Galdós die schrecklichen Mechanismen frei, die den Menschen im Krieg fast gänzlich auf seine animalischen Funktionen reduzieren.

Der Autor

Benito Pérez Galdós (1843–1920) gilt als einer der bedeutendsten Schriftsteller Spaniens. Auf den Kanarischen Inseln geboren, in Madrid aufgewachsen, schuf er mit den 46bändigen ›Episodios Nacionales‹ einen Zyklus historischer Romane, der die Entwicklung Spaniens im 19. Jahrhundert mit großer Lebensnähe und Eindringlichkeit schildert.

KLASSIKER DES HISTORISCHEN ROMANS
Herausgegeben von Edgar Bracht

BENITO PÉREZ GALDÓS

NAPOLEON IN CHAMARTÍN ZARAGOZA

ZWEI HISTORISCHE ROMANE

Aus dem Spanischen übertragen
von Werner Siebenhaar

BASTEI LÜBBE TASCHENBUCH
Band 14 138

Erste Auflage: August 1998

Originaltitel: Napoleon in Chamartín / Zaragoza
Lektorat: Dr. Edgar Bracht
Titelbild: Archiv für Kunst und Geschichte
Illustration: Werner Hilgemann / Hermann Kindler:
dtv-Atlas Weltgeschichte, Band 2.
Illustrationen von Ruth und Harald Bukor
© 1966, 1997 Deutscher Taschenbuch Verlag, München
Umschlaggestaltung: Karl Kochlowski, Köln
Satz: KCS GmbH, Buchholz / Hamburg
Druck und Verarbeitung: 43143
Groupe Hérissey, Évreux, Frankreich
Printed in France
ISBN 3–404–14138–5

Der Preis dieses Bandes versteht sich einschließlich der gesetzlichen Mehrwertsteuer

NAPOLEON IN CHAMARTÍN

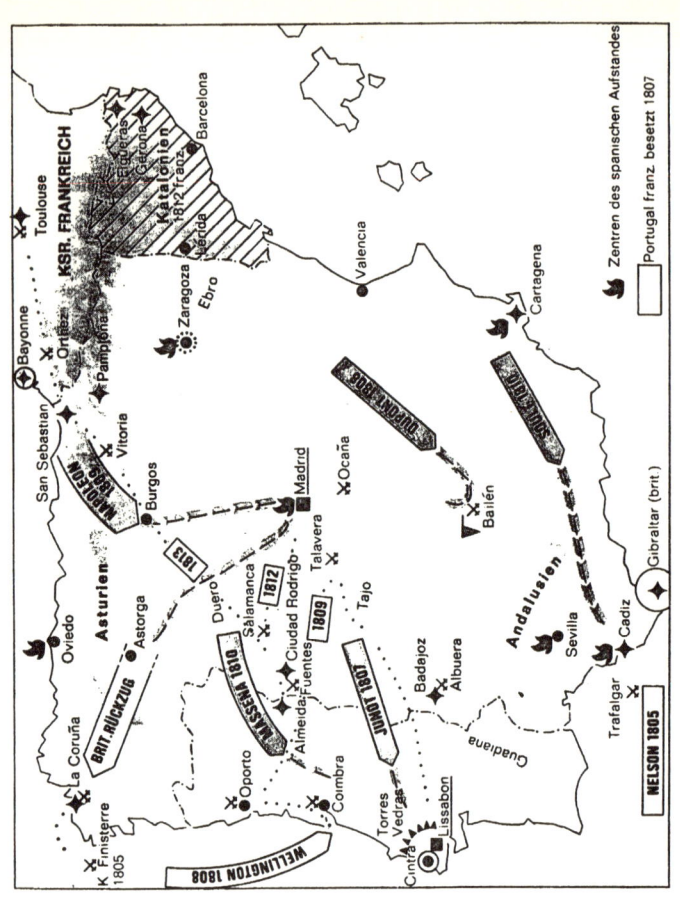

KSR. FRANKREICH

Toulouse
Bayonne
San Sebastián
Vitoria
Pamplona
Orense
Burgos
Zaragoza
Ebro
Katalonien
Figueras
Gerona
1812 Tarragona
Barcelona
Lérida
Valencia
Cartagena

NELSON 1805

Asturien
Oviedo
Astorga
La Coruña
K Finisterre
1805
BRIT. RÜCKZUG
Duero
Oporto
Coimbra
Torres Vedras
Cintra
Lissabon
WELLINGTON 1808

MASSENA 1810
Almeida
Ciudad Rodrigo
Salamanca
1812
1813
1809
Talavera
Tajo
Madrid
Ocaña
SOULT 1808
Bailén
Badajoz
Albuera
Guadiana
JUNOT 1807

Andalusien
Sevilla
Cadiz
Trafalgar
Gibraltar (brit.)

SUCHET 1809

Zentren des spanischen Aufstandes

Portugal franz. besetzt 1807

1.

Der junge Señor Don Diego Hipólito Félix de Cantalicio Afán de Ribera Alfoz etc. etc., Graf von Rumblar und Peña Horadada, führte in Madrid folgendes Leben:

Er stand spät auf, und nachdem er seine Uhren aufgezogen hatte, machte er sich für den Coiffeur bereit, der ihm in wenig mehr als eineinhalb Stunden den Kopf von außen verschönerte, denn von innen konnte das ja nur Gott vollbringen. Anschließend *zog er die Uhr seines Körpers mit der notwendigen Nahrung auf,* wie Comella zu sagen pflegte. Dieses ›Aufziehen‹ bestand aus dem Verzehr eines halben Dutzends Zuckerstangen, die mit zwei Unzen Schokolade überzogen waren. Daraufhin widmete er sich wieder der Bekleidungszeremonie – nicht mit ungebührlicher Hast, sondern mit aller Ruhe, Haltung und mit jenem Ernst, den die Lebensart seiner Zeit erforderte. Auf der Straße richtete er seine Schritte zu einem gewissen Haus in der Cuesta de la Vega, wo die vornehme Familie ihren Wohnsitz hatte, mit deren Geschlecht das Haus der Rumblar eine genealogische und zweckmäßige Vereinigung hergestellt hatte. Dieser Besuch pflegte nicht lange zu dauern, so daß Don Diego bald wieder hinaustrat und sich mit leichtem Schritt wie ein junger Rehbock zur Calle de La Magdalena begab, wo ein Señor de Mañara wohnte, dessen ergebener und treuer Freund er war. An den meisten Tagen aßen sie gemeinsam zu Mittag und lasen danach die *Gaceta**, das *Semanario Patriótico***, das *Memorial Literaria**** und alle anderen Druckerzeugnisse, die aus Valencia, Sevilla oder Bayonne kamen – eine Aufgabe, die sie bis zum Einbruch der Dunkelheit in Anspruch nahm. Und schließlich, wenn sich die Straßen von Madrid in jenen sympathischen Umhang der Dunkelheit hüllten, den der erleuchtete Positivismus unserer

---

*   ›Gaceta de Madrid‹, Tageszeitung (Anm. d. Übers.)
**   Patriotische Wochenzeitschrift, herausgegeben von Manuel José Quintana
*** Literarisches Tagebuch

Zeiten in tausend Stücke zerfetzt hat, verließen unsere beiden Galane in Umhängen und Anzügen, die sehr von denen abstachen, die sie während des Tages trugen, das Haus. Hier begann nach Meinung der erfahrenen Autoren, die sich mit Don Diego de Rumblar beschäftigten, das wahre Leben jenes vortrefflichen adligen Jünglings. Sämtliche Chronisten, obwohl sie in der Schilderung einiger Einzelheiten dieser skandalösen Abenteuer voneinander abweichen, sind sich einig, daß, immer wenn Don Diego von dem Señor Mañara begleitet wurde, sie es nie versäumten, eine hochgestellte Dame zu besuchen, die zweifellos deshalb so bezeichnet wurde, weil sie im dritten Stock der Calle de La Pasión wohnte und die *Zaina* oder *Zunga* genannt wurde. In dieser Hinsicht bestehen aber bedauerliche Meinungsverschiedenheiten unter Schriftstellern, Chronisten, Geschichtsschreibern und anderen illustren Persönlichkeiten, die sich mit dem Lebenswandel dieser vortrefflichen Dame beschäftigten.

Wenn ich einen der beiden Spitznamen wählen muß, mit denen ihre Freunde die Ignacia Rejoncillos belegten, so werde ich mich immer entscheiden, sie *Zaina* zu nennen, obwohl mir die Ursache dieser Benennung vollkommen schleierhaft ist. Man nennt ja in unserer spanischen Sprache kastanienbraune Pferde *Zainos*, aber ich weiß nicht, ob ihre Haare da eine Rolle spielen. Dieser Ausdruck kann nämlich auch so etwas wie *verräterisch, falsch* oder *wenig zuverlässig bei Geschäften* bedeuten, und es bleibt noch zu erforschen, ob die Tochter des Gevatters Rejoncillos, alias *Mörserfaust*, derlei Eigenschaften aufwies.

Ich möchte aber nicht von meiner vorrangigen Absicht abweichen, genau aufzuführen, welche Orte Don Diego aufsuchte und welche nicht. In dieser Hinsicht kann ich sehr wohl behaupten – ohne daß mich irgendeine ehrbare Person Lügen strafen könnte –, daß Don Diego und der Señor Mañara sich des Nachts zu Freimaurersitzungen in der Calle des las Tres Cruces begaben oder an ähnlich komisch-geheimnisvollen Zeremonien teilnahmen, die – wenn ich mich richtig entsinne – in der Calle de Atocha Nr. 11 vor der Kirche des San Sebastián stattfanden. Bei diesen Sitzungen wurden, begleitet von pantomimischen Darbietungen, Verse gelesen und Vorträge gehalten, literarische Stücke, von denen ich der geduldigen Leserschaft noch einige Muster bringen möchte.

Besonders in der Calle de Atocha, wo sich die Rosenkreuzer-Loge befand, war der Ritus derart, daß ich einige Male vor Lachen fast geplatzt wäre und mich nur unter anfallähnlichen Krümmungen zurückhalten konnte – so sehr erschien mir die Szene wie eine Manifestation bombastischer Verrücktheit. In einem düsteren Raum mit schwarzen Wandbehängen, der nur von ein paar schwachen Kerzen beleuchtet wurde, hatten sich die Freimaurer versammelt. Da sich alles geheimnisvoll ausnehmen sollte, stand am Stirnende ein Kruzifix mit Zirkel, Winkeldreieck und Maurerkelle. Rechts, wie man sagt, auf der Seite des Evangeliums, saß ein Skelett in einem Sessel, den Kopf in nachdenklicher Pose auf die Hand gestützt. Darunter stand ein Schild mit der Aufschrift: *Lerne, gut zu sterben.*

Die spanische Freimaurerei war in jener Zeit nichts weiter als eine naive Spielerei unserer Großväter, die einfältig und phantasielos alles imitierten, was sie vom ›Großen Englischen Orient‹ oder vom ›Schottischen Ritus‹ gehört hatten. Ich wage es zu behaupten, daß vor 1809, als die Franzosen die Freimaurerei hierzulande einführten, kaum jemand in Spanien etwas mit dem Begriff Freimaurerei anfangen konnte. Man komme mir nicht damit, Karl III., der Graf von Aranda,[1] der von Campomanes und andere berühmte Persönlichkeiten seien Freimaurer gewesen, denn da ich sie nie für dumm gehalten habe, nehme ich an, daß diese Behauptung ein Kind des übermäßigen Eifers jener ist, die überall verzweifelt nach den freimaurischen Ideen suchen – da sie solche Anhänger trotz großer Anstrengungen kaum fanden, schleifen sie die Fahne ihres Fanatismus durch die Geschichtsschreibung.

Wann sich auch nur die geringste Gelegenheit dafür böte, würden sie wohl selbst Urvater Adam eine Neigung zum Freimaurer andichten.

Nach 1809 lagen die Dinge allerdings anders. Aus den beiden kindischen Logen, die ich in der Calle de las Tres Cruces und der Atocha kennenlernte, wo sich einige Müßiggänger an naivem Brimborium ergötzten, gingen berühmte Logen hervor: die *Estrella* (Stern), die *Santa Justa, patrona de Córcega* (Heilige Justinia, Schutzpatronin von Córcega), die *Philocoreitas*, die *Filadelfios* von Salamanca, die Große Nationalloge, die in dem Gebäude residierte, das einst die Inquisition beherbergt hatte, die Loge Santiago el Mayor in Sevilla und die Logen von Jaén, Orense, Cádiz und anderen Städten. Als ich einmal einer Sitzung in der Großen Nationalloge beiwohnte, hörte ich gediegenere, von ernsteren Dingen handelnde Vorträge als diese *philosophischen Verse*, die man bei den Rosenkreuzern dem Skelett an den Schädel warf. Ich hörte viel von Politik und Gleichheit reden. Zu jener Zeit war das Wort *Demokratie* in vielen Mündern, das dann verschwand, um ein halbes Jahrhundert später wieder aufzutauchen, in neuer Form und neuer Bedeutung. Es ist wohl nicht zuviel gesagt, daß aus der Larve jener Logen nach nicht allzulanger Zeit die Puppe der örtlichen Clubs entstand, die sich im Laufe dieses wankelmütigen Jahrhunderts in die Schmetterlinge der Komitées verwandelten.

Ich weiche aber schon wieder – ohne es zu wollen – von meinem Ziel ab. Dies aber nur, weil ich Ihnen klarmachen wollte, daß der Graf von Rumblar, als er sich mit den Philosophien um das Skelett herum beschäftigte und eine Stunde lang Unsinn schwatzte, nur auf der Jagd nach Unterhaltung war. Und hier paßt die *Zaina* in die Geschichte hinein wie der Ring auf den Finger. Denn nach Verlassen der Loge, so gegen elf Uhr abends, begab sich der illustre Jüngling Don Diego in die Gemächer jener Dame – nicht nur in Begleitung des erwähnten Mañara, sondern auch in der von Luis de Santorcaz, der sich ihnen immer bei den Rosenkreuzern anschloß, um mit ihnen bis zur Morgendämmerung zusammenzubleiben.

Hier muß erwähnt werden, daß die *Zaina* nicht die einzige derart bekannte Dame jener aristokratischen Viertel war, welche die Türen ihres Hauses und ihr Herz unseren drei Freunden weit öffnete. Wenn ich hier alle einschlägigen Häuser der Viertel San Lorenzo und San Millán aufzählen wollte, die in jenen Tagen einer kleinen Anzahl von *habitués* – Stammgäste, aber französisch klingt es ja wirklich eleganter – zu Diensten standen, würde ich bestimmt dieses Buch und die Hälfte des

12

nächsten damit füllen. Aber ohne ganz auf die Rolle eines Chronisten jenes Madrider *high life* zu verzichten – hier klingt's auf englisch besser –, möchte ich mich in diesem Punkt sehr kurz fassen, meine Leser. Hören Sie mir bitte zu und unterbrechen Sie mich nicht mit Ausrufen der Bewunderung, weil ich sonst den Faden verlieren könnte, was mir äußerst unliebsam wäre.

Die Salons der *Zancuda** in der Calle de Ministriles öffneten sehr früh. Es herrschten dort reichlich strenge Umgangsformen mit wenig Radau und noch weniger *seguidillas***, weshalb die Anzahl der Klienten auch nicht groß war. Die *Zancuda* war trotz ihres häßlichen Namens eine Frau von beträchtlichen Reizen, aber sie liebte keinen Lärm. Ihr Mann, oder den sie dafür ausgab, der Señor Regodeo, hatte die Gestalt und das wichtigtuerische Benehmen eines Diplomaten, ernst, finster blickend und mit dem untrüglichen Scharfsinn des Eingangswächters für unerwünschte Gäste. Was die Hartnäckigkeit im Eintreiben des Eintrittsobolus betraf, so konnte er es mit den berühmtesten Exemplaren dieser Zunft in Sevilla und Ronda aufnehmen. Don Diego und seine Freunde besuchten nur selten diese Stätte, wo man sich wie bei der Messe fühlte.

In den Salons der *Pelumbres*, Calle de la Torrecilla del Leal, dagegen, herrschten Frohsinn und Ausgelassenheit – nicht nur, weil die Hausherrin die gescheitesten und unterhaltsamsten Damen ins Feld führen konnte, die dazu noch die besten Kastagnetten-Klapperinnen des beginnenden Jahrhunderts waren, sondern auch, weil sich unter den Klienten bekannte Persönlichkeiten verschiedener Künste und Berufe befanden, wie zum Beispiel der ausgezeichnete Gerber *Tres Pesetas**** und der Señor *Medio Diente*****, einer der bekanntesten Fuhrunternehmer aus Toledo, und *Mojama*, der Fleischzubereitungskünstler, dessen Geschichten über seine Reisen an die

---

*   zancudas = Stelzvögel
**   Tanzlieder
*** Drei Peseten
**** Halber Zahn

berühmtesten Höfe der Welt wie die von Melilla, Ceuta und El Peñón die anderen Gäste mit aufgesperrtem Mund lauschten. Und da weder die Narcisa noch die Menegilda oder die Alifonsa fehlten, alle drei Sterne am Firmament des Straßenhandels – die eine verkaufte Kastanien, die zweite Kutteln und Schnecken und die dritte Salz – und man auch mit Wein, Musik und Gewagtheiten verbaler und handgreiflicher Art nicht knauserig war, frequentierte Don Diego diese Räumlichkeiten gern. Allerdings (und die Geschichtsschreibung darf in diesem Punkte nicht stumm bleiben) pflegten die Abendgesellschaften dort oft in Schlägereien auszuarten, was Don Diego aber eher ermunterte als abschreckte, da er mehr Schläge austeilte als empfing. Einige Striemen und blaue Flecke konnten ihn also von solchen nächtlichen Festen der *Pelumbres* nicht abhalten, obgleich er manchmal sozusagen die ganze römische Konklave auf der Haut seiner Schultern trug.

Aber da waren ja noch jene eleganten und prächtigen Gesellschaften von Rosa der Apfelsinenhändlerin, die im ganzen Umkreis von Madrid berühmt waren. Es gibt gewissenhafte Chronisten, die versichern, daß man mehr als einen Prinzen die Schwelle ihrer Schenke in der Calle de las Maldonadas überschreiten sah. Was Herzöge, (Mark-)Grafen und Vicomtes angeht, so kann ich bestätigen, das mit eigenen Augen gesehen zu haben. Von Prinzen oder Königen kann ich das nicht behaupten, wenn man solche außer acht läßt, die auf Karten mit den Bezeichnungen ›Karo, Pik, Herz und Kreuz‹ erscheinen und die dort eifrig von Hand zu Hand gingen. Wenn auch manche, die diese Stätten ausgenommen wie eine Weihnachtsgans verließen, wohl anderes behaupten, war der dort amtierende Spielbankhalter Juan Candil nach den Aussagen seiner Freunde ein ehrenwerter Mann von nachahmenswertem Lebenslauf. Wie oft beteuerte nicht Rosa die Apfelsinenhändlerin, daß sie in ihrem Haus keine Falschspielerei dulde. Deshalb muß man wohl den Erfolg der geschickten Hände und schmutzigen Spielkarten des Señor Candil dem Glück des Zufalls zuschreiben und die von manchen Gästen in Umlauf gebrachten Geschichten als Einbildungen disqualifizieren, wie sie in der rauchgeschwängerten und weinseligen Atmosphäre solcher Institutionen beinahe von selbst entstehen. Und wie sich Don Diego hier amüsierte! Und wie man ihn hier liebte und verwöhnte! Und wie man ihn hier wegen seiner Unvoreingenommenheit, seiner Freigebigkeit, seines edlen Benehmens und der Gelassenheit, mit der er Spielverluste verschmerzte, preiste! Rumblar zeigte sich dafür mit einer Pünktlichkeit der Besuche erkenntlich, die ihn – wäre es der Hörsaal einer Universität gewesen – bald zu einem zweiten Aristoteles gemacht hätten.

Aber in jenem Haus und den zuvor erwähnten Gemächern widmete man sich nicht nur den Königen und Damen auf Spielkarten, sondern auch – nach den Gepflogenheiten jener Zeit – den Neuigkeiten der Politik. Zu solchen Gesprächen gesellte sich mit besonderem Eifer an seinen freien Tagen der Señor mit dem Beinamen *Mano de Mortero* – Mörserfaust –, der immer frische Nachrichten brachte. Ein weiterer ständiger Teilnehmer war Pujitos, ein junger Gebildeter, der sogar lesen konnte (obwohl er beim Vorlesen Pausen einlegte und so manche Endsilbe verschluckte). Jene erlauchte Runde schöpfte ihre Erleuchtung aus den Tageszeitungen sowie einigen nationalen und ausländischen Druckerzeugnissen. Wenn auch *Mörserfaust* wegen seiner Reisen (die die Vertreter von Staat und Fiskus mit scheelen Augen sahen) die iberische Geographie und ebenso die Positionen der sich bekämpfenden Heere kannte, so erhob sich *Pujitos* darüber hinaus wie ein Adler über die Berggipfel, denn sein Genie stieg in schwindelnde Höhen von Spekulationen in der Kriegskunst und Diplomatie.

Diese Konversationen dauerten nicht die ganze Nacht, und zwischen zwei Spielchen tanzte man auch schon mal Boleros und Manchegas, oder es entwickelten sich hin und wieder Handgreiflichkeiten, von denen ja bekannt ist, daß sie von manchen Personen als willkommener Nachtisch nach kräftigem Genuß von Liebe und Wein angesehen werden. Ach! Ich kann Ihnen versichern, daß Don Diego mit diesem Leben sehr zufrieden war.

Der goldene Palast, die Medina-al-Fajara, das Bagdad, die

Sibaris und die Capua seiner leicht erregbaren Sinne waren jedoch die Gemächer der *Zaina*, jener unvergleichlichen Schönheit, die morgens an ihrem Gemüsestand an der Ecke der Calle de San Dámaso in einer Pose thronte, die den Neid der Göttin Pomona[2] erregt hätte. Wie soll ich Ihnen die Grazie beschreiben, mit der sie einen Salatkopf wusch, dessen Blätter sie mit ihren göttlichen Fingern voller Ringe auseinanderteilte, und wie sie Radieschenbündel zusammenband, die unter ihren Händen wie Korallenzweige erschienen; wie ihre unerreichte Geschicklichkeit im Auslegen von Paprikaschoten und Tomaten beschreiben, deren grelle Farben mit der ihrer Wangen wetteiferten; wie jene imposante Haltung (die die Aufmerksamkeit von Phidias[3] erregt hätte), wenn sie eine Knoblauchkette abhängte, die an ihrem Arm zu einem Rosenkranz aus ungewöhnlichen Perlen wurde; wie die Gewandtheit, mit der sie Kohlblätter fein säuberlich für Herrschaften zusammenlegte, die ihr schmeichelten; wie ihre Verkaufskunst, ihre Zungenfertigkeit, ihre Diplomatie beim Feilschen? Don Diego bewies wahrhaft guten Geschmack, indem er sich zu dieser Prinzessin oder Halbgöttin, denn solche Titel hätte sie verdient, hingezogen fühlte, und er umgab sie in seiner Phantasie mit solchen Attributen, daß er in ihrem Stand einen Thron, im Lattich wohlriechende Kräuter, in den Rettichen Hyazinthen aus Holland, in den Kohlköpfen Magnolienblüten sah und den Zwiebelgeruch dem Duft wohlriechender Blumen gleichsetzte. Desgleichen kamen ihm die durchlöcherte Schürze der *Zaina* wie ein Überrock aus feinster flandrischer Spitze, ihr Gemüsemesser wie ein goldenes Zepter und die Kupfermünzen wie Juwelen vor, die Könige fremder Länder ihr zu Füßen warfen, um die starke Festung ihrer Ehrbarkeit zu erobern.

Und was werden Sie sagen, wenn ich Ihnen versichere, daß Don Diego trotz seiner vielen Vorzüge und seines Geldes die *Zaina* nicht erobern konnte? Oh, unbeugsames Gesetz des Schicksals, das die Zaina dazu bestimmt hatte, mit Körper und Seele Sklavin eines anderen Galans zu sein, den meine Leser nun auch schon kennen – nämlich niemand anderes als Don Juan de Mañara, der zum zweiten Male in dem Szenario dieser Geschichten auftaucht. Dieser wohlgeborene Herr setzte nämlich – wie der Tod – seinen Fuß ebenso in niedere Schenken wie auch in prächtige Paläste, und obwohl er in jenen Tagen schon eine gehobene Position innehatte und kurz davor stand, zum Ratsherrn von Madrid ernannt zu werden, lagen seine Präferenzen in bezug auf Gewohnheiten und Liebe eher auf der Seite, die Horaz *tabernas* (wirtshausmäßig) genannt hätte.

2.

Sobald sie die Logen verlassen hatten, putzten sie sich heraus und … aber hier sollte man wohl erst einmal das Haus der *Zaina* mit den Leuten darin, den Festen und den köstlichen Erfrischungen beschreiben. Da ich dadurch aber wieder einmal zu sehr vom Leben des Don Diego abschweifen würde, spare ich mir dies für einen späteren Zeitpunkt auf und wende mich dem Umstand zu, daß dieser Sproß der edlen Doña María auch einige Male – allein oder in Begleitung von Santorcaz – Gesprächsrunden in der Hauptbibliothek aufsuchte, wo man meistens über Politik sprach.

Ich weiß nicht, ob ich mich noch an alle Buchläden entsinnen kann, die es zu jener Zeit in Madrid gab, aber ich kann Ihnen versichern, daß die Anzahl fast der heutigen entsprach. Die bekanntesten waren die von Hurtado, Villarreal, Gómez, Escribano, Bengoechea, Quiroga und Burguillos (vorher Fuentenebro) in der Calle de las Carretas, der Laden der Witwe Ramos in der Carrera de San Jerónimo, der Buchladen von Collado in der Calle de la Montera, der von Justo Sánchez in der Calle de las Verneras, der von Castillo vor der Kirche San Felipe el Real und der Buchstand von Casanova auf der Plazuela de Santo Domingo. In diesen Läden versammelten sich viele junge Schriftsteller oder solche, die sich dafür ausgaben: schwache oder begnadete Poeten – von den letzteren gab es naturgemäß weniger –, Leute, die mehr dem Gespräch als den Büchern zugetan waren, Müßiggänger, Journalisten und jede Menge Patrioten. Zu letzteren gehörte auch Don Diego.

Da ich mich damals überall hin begab, streifte ich auch durch die Büchereien, manchmal mit Don Diego, manchmal ohne ihn und kehrte den großen Patrioten heraus. Ich entsinne mich, daß ich in der Bücherei der Calle de las Veneras eines Abends verblüffende Dinge von mir gab, die mir heißen Beifall einbrachten. Ach ja – dort lernte ich den Hutmacher Avrial und den Quintana[4] kennen, den Steinkauz und die Amsel, den Schwan und die Gans jener literarischen Zeiten, die so tumultartig, konfus und antifranzösisch waren, im Kleinen wie im Großen, wie die Politiker. Es erscheint wie eine Lüge, daß sowohl Moratín[5] und Rabadán wie auch Comella[6] und Meléndez[7] im gleichen Jahrhundert lebten. Aber so ist Spanien eben.

Erwähnt sei hier auch, daß Don Diego ab und zu ins Theater ging, denn es galt damals als sehr patriotisch, sich die bekannten zeitgenössischen Komödien wie ›Die Allianz Spaniens mit England‹ (mit Couplets) und ›Die Patrioten von Aragón und die Beschießung von Zaragoza‹ anzusehen, die frenetischen Beifall erhielten. Und damit die Verbindungen jenes illustren Jünglings auch alles umfaßten, steckte er seine Nase bisweilen sogar in die Wohnung der Pepita González, der gefeierten Schauspielerin – jedenfalls so lange, bis man ihm dort einen mir nicht bekannten Streich spielte.

Im Haus der *Zaina*, der *Pelumbres*, der Apfelsinenhändlerin, in der Rosenkreuzer-Loge, in der Bücherei der Calle de las Veneras und im Theater traf ich gewöhnlich Don Diego, denn ich hatte es mir zur Gewohnheit gemacht, überall dort hinzugehen, wo auch er hinging – was mich an einigen Orten einen gewissen Kampf mit meinem Gewissen kostete. Der Jüngling war mir gegenüber sehr freimütig. Je mehr er mir erzählte, um so mehr versuchte ich aus ihm herauszuholen, weil ich über alle Ecken und Winkel seines Lebens Bescheid wissen wollte. Nur wenn er in Begleitung von Santorcaz war, hütete ich mich, gewisse Fragen zu stellen.

Armer Don Diego – welch mannigfaltigen Prüfungen

18

wurde doch seine ungestüme Jugend und Unerfahrenheit ausgesetzt! Wie viele einfältige Taten beging er doch, wie oft endeten die gewagten Sprünge seiner Begeisterung in schlimmen Abstürzen und wie oft erlitt er Schiffbruch, wenn er wagemutig in das Meer des Lebens segelte, von dem er glaubte, es hätte keine Klippen oder Untiefen! Wie oft verlotterte er, und unter welch tragischen Umständen sah sich der Majoratserbe arm, aber unter dem Zwang, Luxus und Wohlstand vorzugaukeln! Da er so freigebig und verschwenderisch war, gab er oft die Einkünfte eines Jahres in einer Woche aus – und so geriet er in die Fänge von Kreditgebern, Wucherern und anderen Blutsaugern, die sich an meinem Gräfchen labten. Es ging so weit, daß ihm keiner mehr eine Pesete leihen wollte, und ich erinnere mich, daß er mir eines Abends, als wir aus dem Prinzentheater kamen, ein schreckliches Bild von seinen Nöten und der Leere seiner Taschen malte. Er erklärte mir, er werde sich das Leben nehmen. Es endete damit, daß er mich einen hochherzigen Freund und den ritterlichsten aller *Caballeros* nannte, weil alle diese dramatischen Erzählungen, Ellipsen und Hyperbeln darauf abgezielt hatten, von mir zwei Real zu erbeten, worauf ich ihm vier gab. Er verabschiedete sich dann noch mit der Bitte, ich möge doch ein gutes Wort bei einem gewissen Geldverleiher Cuervatón, einem Nachbarn von mir, einlegen, weil er vorhatte, diesen am nächsten Tage anzupumpen, obwohl seine Schulden anderswo schon zum Himmel schrien. Ich versprach ihm, mich für ihn zu verwenden, und ging in mein Haus.

3.

Dies war jenes ehrenwerte Gebäude, in dem ich im Monat Mai des gleichen Jahres während meiner schweren Krankheit aufgenommen, gepflegt und unterstützt worden war. So wird der Leser unvermittelt wieder in die liebenswerte Gegenwart des Oberhauptmanns und seiner Gattin, sowie in die muntere Vertrautheit mit Señor de Cuervatón, Don Roque, dem Holzhändler, und seiner respektablen Familie, mit der Feinstickerin und anderen Personen versetzt, die – da sie in der Geschichtsschreibung nicht die Beachtung erlangt haben, die sie eigentlich aufgrund ihrer Charaktervorzüge verdienten – in meinem Bericht endlich zu Ehren kommen.

Seit meiner Rückkehr aus Andalusien wohnte ich im Hause von Don Santiago Fernández. Santorcaz hielt sich dort schon nicht mehr auf, auch nicht Juan de Dios. Die ehemaligen Dienstherrn des letzteren kannten seinen Aufenthaltsort nicht, denn seit seinem Verschwinden an einem frühen Augustmorgen – also vor vier Monaten – war er nicht mehr zurückgekehrt, was Doña Gregoria zu folgenden Worten veranlaßte:

»Diesem unglückseligen Herrn muß doch wohl etwas zugestoßen sein. Vielleicht weilt er überhaupt nicht mehr auf dieser Erde.«

Das Haus kennen Sie ja eigentlich schon, so daß es sich erübrigt, hier noch einmal aufzuführen, daß es sich um ein Gebäude mit Korridoren handelte, mit einer Vielzahl von numerierten Türen, hinter denen sich jeweils Wohnungen für minderbemittelte Familien befanden. Ich will mich damit nicht weiter aufhalten, sondern nur noch angeben, daß, wenn man in jenen Tagen in das Haus unseres Oberhauptmanns, des *Gran Capitán* eintrat, man diesen meistens inmitten eines angeregt plaudernden Grüppchens fand, das bis zu acht Personen – einschließlich meiner Wenigkeit – umfaßte; allesamt gute Spanier mit patriotischer Wissensbegierde nach dem Stand des Krieges. Ich vergesse nie, mit welchem Eifer die einen und anderen herbeieilten, wenn Fernández aus dem Amt kam, wie Doña Gregoria das Feuerchen im Kohlenbecken schürte, damit die Gesprächsrunde ja nicht frieren mußte, wie Fernando sich eine Prise Schnupftabak nahm, die übrigen Gäste über das an die Nase gehaltene Taschentuch triumphierend anblickte und sich anschickte, den Durst nach Neuigkeiten wie folgt zu stillen:

»Die Lage ist besser als erwartet, denn die Sache von Lerín

war nicht so schlimm, wie man uns erst weismachen wollte. Man sollte den Zeitungsschmierfinken nicht alles glauben, denn die sind nur auf Überraschungen für ihre Leser aus. Keiner von denen hat ja auch eine Ahnung von dem, was die Kriegskunst so ist ...«

»Aber man hat mir gesagt, daß die Niederlage von Lerín eine große Katastrophe war«, meinte Don Roque. »Bah! Das war die Schuld einiger schlechter Generäle. Ich habe mir schon gedacht, daß es dazu kommen wird. Wenn diese Herren nicht den ganzen Monat September in Madrid geblieben wären, um sich gegenseitig anzufeinden, wenn es nicht dauernd geheißen hätte: ›Ich bin besser als du!‹ und sich nicht die Führung der Armeekorps streitig gemacht hätten wie Hunde einen Knochen – wenn sie statt alldem nach Norden marschiert wären, um den Feind zu verfolgen, hätten die Franzosen dann so auftrumpfen können?«

»Ja, der Señor Roque ist da falsch unterrichtet«, bemerkte die Frau des Holzhändlers. »Ich, die ja nichts vom Kriege versteht, ich sage doch zu meinem Mann jeden Abend, wenn wir zu Bett gehen: ›Schau Norbert: Statt hier und in Aranjuez zu bleiben, übereinander schlecht zu sprechen und allen mit ihren Eifersüchteleien auf die Nerven zu gehen, sollten die Generäle nach Burgos und Rioja gehen und den Franzosen dort die Hölle heiß machen. Uns kümmert es doch nun wirklich nicht so viel, ob Llamas diese und jene Truppen befehligt oder Pionatelli, ob Castaños dagegen Einspruch erhebt, daß Cruz übernimmt, daß Blake[8] mehr sein will als Cuesta[9] und Cuesta mehr als alle, daß Palafox[10] an die Spitze dieses Korps gestellt wird und La Peña jenes nicht führen will. Nach der Schlacht von Bailén sahen wir uns alle schon frei von Franzosen, Kaisern und Scheinkönigen, aber nun müssen wir mit anschauen, wie sich die Generäle untereinander herumzanken im Dunstkreis des Hofes und seiner Sippschaft. Die feiern Feste und lassen den Feind seine Kräfte sammeln, bis er wieder auf uns losschlägt‹.«

»Sie haben wie ein Priester gesprochen, Doña Maria Antonía«, erwiderte erregt Doña Melchora, die Feinstickerin. »Sagte ich das doch schon im vorigen Monat zu meinen Töchtern. Nicht wahr, Rosarita – nicht wahr, Tulita? Ja, Leute, das ist die reine Wahrheit. Als die Franzosen kamen und Godoy fiel, haben wir Frauen doch das schon vorausgesehen, und als wir den wichtigtuerischen Männern sagten, wie es kommen wird, lachten die doch bloß und entgegneten: ›Was wissen die Frauen denn schon von Kriegen und Politik?‹ Aber jetzt sieht man ja, daß wir doch was davon verstehen!«

»Da haben Sie recht, Doña Melchora«, sagte der Señor de Cuervatón. »Auch über mich hat man gelacht, als ich verkündete, was geschehen wird. Aber, meine Herren, wenn die da oben den Kopf verlieren, dann sind es die Narren und die Frauen, auf die man hören sollte.«

»Dennoch«, sagte der Oberhauptmann, der schon ungeduldig darauf wartete, seine gewichtige Meinung in die Waagschale werfen zu können, »sollte man noch nicht schlecht von diesen wackeren Generälen sprechen. Ich habe Ihnen auch noch nicht die Strategie erklärt, denn die müssen Sie kennen, um sich wirklich ein Bild machen zu können. Die von Blake, Llamas, Castaños[11] und Palafox geführten Truppen, die vom Ebro bis Burgos bereitstehen, bilden einen großen Halbkreis. Wenn die Franzosen kommen, schließt sich dieser Halbkreis zu einem Kreis, so daß das Kaiserchen in einer Mausefalle gefangen ist.«

»Aber wird er denn kommen?« wollte Doña Melchora wissen.

»Ich glaube nicht«, meinte der Oberhauptmann mit wissendem Lächeln. »Alles, was die Zeitungen so darüber schreiben, was Napoleon vor dem Senat gesagt haben soll, ist nach meiner Meinung reine Erfindung. Ich habe gehört, daß Napoleon an einem Tumor schwer erkrankt sei. Der soll an der linken Achselhöhle aufgegangen sein, so daß man ihm schon die letzte Ölung erteilt hat.«

»Und Sie glauben die tausend Gerüchte, die so von Patrioten verbreitet werden?« rief Don Roque aus und stand von seinem Stuhl auf. »Bei uns glaubt man wohl, daß man sich mit Lügen aus der Patsche ziehen und den Feind mit Fieber und Masern töten kann.«

»Bin *ich* etwa der, welcher allen Enten Glauben schenkt, die

die Zeitungen täglich so schwimmen lassen?« entgegnete der Oberhauptmann mit einer Miene, die seine ganze Verachtung für die Tagespresse ausdrückte. »Was nützen Ihnen denn eigentlich all die Zeitungen, die Sie Tag und Nacht lesen und Sie schließlich verrückt machen werden wie den guten Don Quijote seine Heldenbücher?«

»Es bleibe mal jeder schön bei seinem Leisten und mische sich nicht in die Angelegenheiten anderer Leute«, erwiderte Don Roque, der seinen Ärger mühsam unterdrückte. »Ich jedenfalls maße mir nie an, über die Kriegskunst zu reden, von der ich nichts verstehe. Da sollten auch Sie Wissensgebiete respektieren, von denen *Sie* keine Kenntnisse haben. Was wäre denn die Gesellschaft der Bürger, wenn es keine Zeitungen und Zeitschriften gäbe? Hier haben Sie zum Beispiel das *Semanario Patriótico*«, fügte er hinzu, und zog ein umfangreiches Faltpapierbündel aus einer seiner großen Gehrocktaschen hervor. »Das ist die beste Zeitschrift, die bisher geschrieben worden ist. Sie enthält bemerkenswerte Dinge. Was man darin liest, klingt so, als sei es von Aristoteles und Plato geschrieben. Schon in der ersten Ausgabe stand zum Beispiel: › ... die öffentliche Meinung ist viel stärker als die Regierenden und die Streitkräfte!‹ Ich sage Ihnen offen, ich habe mich in dieses Blatt regelrecht verliebt. Ich spare mir die zwanzig Real vom Munde ab, die es im Vierteljahr kostet. Die Nahrung des Geistes ist nämlich so wichtig wie die des Körpers. Mittwoch nachts kann ich vor lauter Erwartung, was das *Semanario* am nächsten Tag bringen wird, schon nicht mehr richtig schlafen. Die Donnerstage sind für mich Festtage. Wenn ich diese Zeitschrift lese, vergesse ich Essen und Trinken sowie alle meine Sorgen und Kümmernisse, deren es nicht wenige sind. Wie man die Fragen dort behandelt! Und wie man dort alle Seiten abwägt und den Franzosen mal wirklich die Wahrheit vorhält! Da wird eine Parallele zwischen Maximilian Robespierre und Bonaparte gezogen. Endlich erfährt man mal die wirklichen Zusammenhänge. Ich bin davon so begeistert, daß ich es vor kurzem einfach nicht mehr aushalten konnte und mich erkundigte, wer solche bemerkenswerten Artikel schreibt. Als ich herausfand, daß es ein

23

gewisser Manolito Quintana ist, ging ich sofort zur Redaktion, umarmte ihn und sagte: ›Kommen Sie an meine Brust, Sie Spitze des Scharfsinns, Sie Ausbund von Beredsamkeit, Sie Stolz der spanischen Sprache, Sie Peitsche auf dem Rücken der Tyrannen, Sie Herold des Patriotismus und Verteidiger der Menschenrechte!‹ Darauf antwortete er mir, daß er nur seine Pflicht tue und sich herzlich für das Lob bedanke.«

»So viele Lobhudeleien haben Sie auf den Schreiberling des *Semanario Patriótico* ausgeschüttet?« fragte der Oberhauptmann. »Wenn es nach mir gegangen wäre, hätte die Junta diese und die anderen Presseerzeugnisse verboten. Wozu braucht man die schon?«

»Was sind Sie doch für ein unvernünftiger Mensch! Wie sollen denn sonst Neuigkeiten und Anweisungen verbreitet und die Menschen unseres Landes unterrichtet werden? Diese Wochenzeitschrift bringt nämlich erstaunliche Enthüllungen! Wenn alle sie so aufmerksam wie ich lesen würden, wären die Schwierigkeiten der Nation bald geringer! Ohne Umschweife, Leute: Was dort gesagt wird, ist so eine Art Evangelium. Wer kann zum Beispiel solchen Aussprüchen widersprechen wie: ›Der Tyrann ist ein Mensch, der die Kräfte der Gesellschaft ausnutzt, um sie seinen eigenen Zwecken untertan zu machen, so daß die Tyrannei nichts anderes ist als sich auf Gewalt stützende Ungerechtigkeit‹? Es ist doch auch unwiderlegbar, daß ›der Inhaber der absoluten Macht die grundlegenden, heiligen und unverzichtbaren Rechte des Menschen verletzt‹. … Lieber Freund Cuervatón, meine Damen und Herren, hören Sie sich weiter diese Worte an: ›Die Gewalt, die Unterdrückung und die Leichtgläubigkeit halten oft ein Volk still, blenden es so sehr, daß es sogar Verständnis für die Maßnahmen der Tyrannen aufbringt und daß in ihm die natürlichen Kräfte gebrochen werden. Wenn ihm aber unter dafür günstigen Umständen die Augen geöffnet werden und es die Stimme der Vernunft vernimmt, wenn die Erfordernisse es zwingen, seine Lethargie abzuwerfen, dann erkennt es, daß die angeblichen Rechte seines Tyrannen sich nur auf Ungerechtigkeit, Gewalt oder Täuschung gründen.

Dann erinnert es sich an seine Würde und wird sich bewußt, daß es eine Autorität, die nicht seinem eigenen Wohle dient, abwerfen muß und keinem mehr seine unveräußerlichen Rechte abtreten darf‹.«

4.

Mit seinem ausgezeichneten Erinnerungsvermögen zitierte Don Roque weiter ganze Passagen, die er in seiner Lieblingszeitschrift gelesen hatte, ohne eine Silbe auszulassen. Niemals habe ich einen treuherzigeren und harmloseren Mann als jenen eifrigen Leser des *Semanario* kennengelernt. Er war ein gescheiter Kaufmann, der ohne Geschäft, ohne Familie und mit nur sehr wenig Geld dastand und in diesem Haus der Minderbemittelten mit fast unsichtbaren Einkünften lebte. Der Oberhauptmann hörte sich die Abhandlungen über Unterdrückung und Ungerechtigkeit an, ohne sie zu verstehen. Sie hätten für ihn genausogut in Hebräisch geschrieben sein können. Dann wandte er sich spöttisch mit folgenden Worten an seinen Freund:

»Ist nun endlich mal Schluß mit diesen Ergüssen? Schade, daß der streitbare Pater Salmón nicht hier ist. Mit dem hätten Sie ja eine schöne Diskussion darüber führen können – so mit ›*blendend dargelegt … klar formuliert, aber dennoch … hier könnte man aber folgende Schlüsse ziehen …*‹ und so weiter und so fort, wie es sich für Theologen der Wortreligion so gehört.«

»Theologen? Bleiben Sie mir mit denen fern. Pater Salmón ist für mich auch nicht die höchste Autorität«, rief Don Roque aus und steckte die Zeitschrift wieder in die Tiefen seines Gehrocks.

»Heute nachmittag soll doch der Pater kommen«, sagte süßsäuerlich die jüngere der Töchter der Doña Melchora. »Er hat mir versprochen, ein Rezept gegen die Bauchschmerzen zu bringen, die ich schon seit zehn Tagen habe.«

»Ja, er wird kommen«, fügte die ältere hinzu, »denn ich

muß ihm noch zwei Knöpfe am Kragen annähen, und er sagte, er wollte das blaue Band mitbringen.«

»Ja, wir werden bald den Pater Salmón hier haben«, stimmte Doña Gregoria zu. »Ich habe schon den Schlüssel der Speisekammer versteckt, denn die Plünderung durch die Franzosen hat mir gereicht.«

Kaum hatte die vortreffliche Gattin des Fernández diese Worte ausgesprochen, als man im Hof ein Stimmengewirr hörte, aus dem eine dröhnende Stimme besonders hervortrat. Es war die Seiner Hochwürden Pater Anastasio José de la Madre de Dios, allgemein als Vater Salmón bekannt. So lautete nämlich sein Spitzname – und nicht Salomon, wie ihn einige nannten, ohne damit zu scherzen.

»Hier ist er, hier ist er ja endlich!« riefen die Frauen dieser Versammlung. »Gabriel, lauf und hole ihn her, denn wenn der Feuerwerker ihn erst einmal in seinen Fängen hat ... Wie aufdringlich die doch da sind! Nein, nein – der muß gleich zu uns kommen!«

Ich ging hinaus, um zu verhindern, daß diese Leuchte der Kirche von einer der Familien, die zu diesem Zweck aus den diversen Türen kamen, ihn mit Beschlag belegte. Da sah ich den Mönch auch schon umringt von einem Schwarm von Kindern, die tausend Kapriolen um ihn herum vollführten und ihm damit zeigten, wie sich alle freuten, daß er wieder einmal gekommen war.

»Nehmt diese Mandeln, ihr Schlingel. Die Engel schicken sie euch«, sagte der Salmón zu ihnen. »Ist dein Vater schon aus dem Kerker, Jacintillo? Habt ihr eure Großmutter schon ins Altenstift gebracht? Sag mal, du Sohn der Canela: Ist der kleine Offizier im Zimmer deiner Mutter? ... Ich habe gehört, euer Huhn sei gestorben?«

Das Geländer des Treppenabsatzes sah aus wie die Brüstung der Stehplätze im Theater. Alle Einwohner warteten, daß Seine Hochwürden heraufkäme.

»Kommen Sie doch zu mir, Vater, denn dieser Schuft von Ehemann, den ich habe, will mich aus Eifersucht windelweich schlagen. Und bin ich denn nicht die ehrbarste Frau der Welt?«

»Kommen Sie zu mir, Pater. Ich habe Ihnen eine schöne

Schokolade gekocht. Die Hauptmannsfrau hat mir doch gesagt, daß Euer Hochwürden ihr gestern alle Schinkenschnitten weggegessen haben.«

»Kommen Sie doch mal zu uns, Padre. Der erste Zahn der Kleinen kommt durch. Das liebe kleine Schätzchen. Winke ihm doch mal mit deinem Händchen, du süßes Ding, damit er kommt.«

»Pater, seht doch mal. Unsere Hündin *Zoraida* hat fünf Junge, eines niedlicher als das andere.«

»Hierher, Paterchen. Meine Großmutter fragt, ob sie noch mehr Abreibungen bekommen soll.«

Und so ging es weiter. Der Priester wurde von allen Ecken und Enden herbeigerufen, und zwar so freundlich, daß Vater Salmón nicht wußte, wem er sich zuerst zuwenden oder zuerst antworten sollte. Er grüßte nach beiden Seiten, wie ein Torero in der Arena, denn sein Herz war für solche Sympathiebezeugungen nicht unempfänglich. Mitten hinein platzte ich, der ihm die Hand küßte und ihn mit folgenden Worten überfiel:

»Doña Melchora und ihre Töchter lassen Euer Hochwürden bitten, so gütig zu sein, zu ihnen hinaufzukommen. Dort erwarten Sie auch der Señor Cuervatón und die Doña María Antonia.«

Aber bevor ich noch richtig ausreden konnte, richtete der gute Salmón einen bewundernden Blick auf mich, legte mir die Hände auf die Schultern und rief:

»Laß dich doch mal anschauen, du Ausbund der Weisheit, du Wunder an Frühreife, du frühe Frucht der Sprachgelehrsamkeit! Seit einem Jahr kenne ich dich jetzt schon, und dennoch habe ich bis heute nicht gewußt, daß du ein großer Lateiner und Autor des wunderbarsten Gedichtes bist, das aus modernen Federn geflossen ist? Schelm, wie konntest du deine großen Fähigkeiten bis jetzt so verbergen? ... Zeig mir doch mal schnell dieses Gedicht ... Als ich dich als Page der González kennenlernte, hätte ich mir nicht träumen lassen, daß sich unter deinem knabenhaften Äußeren der Geist eines *Erasmus Roterodamensis* oder eines *Picus Mirandolanus*[12] verbirgt!«

Bestürzt und verwirrt antwortete ich ihm, daß Seine Hochwürden bestimmt meine Unwissenheit mit der Weisheit eines
anderen Menschen gleichen Namens verwechsle, worauf er
antwortete, während wir die Treppe hinaufstiegen:

»Nein, nein. Ich habe das soeben von dem *Licenciado* Don
Severo Lobo[13] gehört. Der wiederum hatte bei dem Prozeß im
Escorial erfahren, daß dir der ›Friedensfürst‹ eine Anstellung
im Amt für Übersetzungen geben wollte. Was mußt du nicht
geleistet haben, um das zu verdienen! Wie man mir gesagt
hat, kommt deine Bescheidenheit deinen Fähigkeiten gleich.
Und du hast nichts davon verlauten lassen, daß der Godoy
dich so protegieren wollte! Was machst du denn jetzt? Warum
legst du nicht das Gelübde ab und wirst ein gelehrter Mönch?
Ich werde dich im Katechismus unterweisen. Weißt du, daß
ich mit den Eltern Seiner Gnaden gesprochen habe? Alle wollen dich kennenlernen. Erwarte mich doch nach meinem
Mahl im Refektorium. Ißt du gerne Rosinen? Ich will dir welche mitbringen. Außerdem muß ich mal in Ruhe mit dir
reden, du angehender Horacio Flacco[14] und Virgil in Windeln.
Wenn ich nicht beim Verlassen dieses Hauses noch auf dich
zukomme, erinnere mich bitte, denn mein Erinnerungsvermögen ist nicht mehr so gut.«

Inzwischen hatten wir die Wohnung des Oberhauptmanns
erreicht. Alle standen auf, küßten dem Priester die Kuttenkordel und ließen ihn in der Mitte des Wohnzimmers am Kohlenbecken Platz nehmen.

»Hier ist die blaue Seide«, sprach der Barmherzige Bruder
zu Tulita.

»Morgen werde ich den Kragen für Euer Hochwürden fertig haben«, antwortete das Mädchen. »Haben Sie etwas gegen
meine Bauchschmerzen mitgebracht? Ich halte es fast nicht
mehr aus. Jeden Morgen habe ich Brechreiz, Ohnmachtsan-
fälle und Schüttelfrost.«

»Gesegnet sei der Name des Herrn«, rief der Pater aus und
nahm eine Prise Schnupftabak aus der Dose des Oberhauptmanns. »Doña Melchora, wenn dieser Morgenstern von Tochter, den ihr da habt, verheiratet wäre, dann wüßten wir ja,
worum es sich handelt. Da es aber nicht so ist und es sich bei

euch um eine Familie handelt, deren Ehrbarkeit nicht anzuzweifeln ist, verschreibe ich ihr folgendes: Kocht sieben kleine Zweige vom Baum des heiligen Dominikus in der Zeit, die man für drei andächtig und inbrünstig gebetete Glaubensbekenntnisse braucht, in Marienbadwasser. Wenn das Mädchen das getrunken hat, wird es so gut wie neugeboren sein. Was waren das doch gestern für köstliche Nüsse, Doña Melchora! Ich habe nicht gewußt, daß in unseren Regionen solch köstliche Gottesgaben wachsen.«

»Das war ein Geschenk eines meiner Vettern, der Wächter auf den Ländereien des Herzogs von Altamira bei Cameros ist. Da er keinen ausreichenden Lohn erhält, muß sich der Arme seiner wachen Augen und flinken Hände bedienen. Er schickt uns immer die besten Früchte der Eßkastanien- und Nußbäume.«

»Dann geht es ihm ja doch nicht schlecht«, meinte Salmón dazu. »Und was gibt es bei Ihnen Neues, Don Santiago Fernández?«

»Ich mache mir den Kopf nicht mehr heiß«, erwiderte der Oberhauptmann und verbarg unter einem gespielten Überdruß seine Freude, daß der Pater das Stichwort für ein ihm so genehmes Thema gegeben hatte. »Ach, Euer Hochwürden, ich werd' wohl alles nicht mehr lange machen. Was für ein Kommen und Gehen im Amt! Was für ein Wirrwarr! Immer wieder Listen aufstellen, Kartuschen zählen, Waffen prüfen und Anweisungen geben! Meine Vorgesetzten sind sehr anspruchsvoll, und ich muß alles allein machen.«

»Aber wir wehren uns immerhin, damit uns dieses Monstrum, dieser Menschenfresser, der nie genug an Menschenfleisch kriegen kann, nicht alle auffrißt.«

»Na, wir werden doch nicht feiger als die Einwohner von Zaragoza sein!« erwiderte der Oberhauptmann. »Aber ich glaube nicht, daß Napoleon kommen wird.«

»Ob es wohl stimmt«, fragte die gute Doña María Antonia, »was man so erzählt, daß man ihm in Rußland oder Preußen die Suppe so vergiftet hat, daß er bald krepieren muß?«

»Es gibt welche, die versichern, daß er schon die Sterbesakramente erhalten und sein Testament gemacht hat, in dem er den Nationen, die er ausbeutete, alles zurückgibt, und seinen Ketzereien abschwört.«

»Oh, ignorante und leichtgläubige Leute!« warf Don Roque ein und holte sein Zeitungsbündel wieder hervor. »Wie man doch gleich hört, ob jemand auf die Gerüchte von Schwachköpfen hört oder das gedruckte Wort eingeweihter Gebildeter liest! Hören Sie mal, was diese Zeitschrift sagt, und schenken Sie doch irgendwelchem dummen Gerede keinen Glauben: ›Napoleon hielt am fünfundzwanzigsten des vorigen Monats eine Rede vor dem Senat, in der er behauptete, *er werde bald seine Fahnen auf die Türme von Madrid und die Festungen von Lissabon pflanzen!*‹ Außerdem berichtet die *Gaceta*, daß hundertsiebzigtausend Männer der ›Großen Armee‹ an der spanischen Grenze stünden und der Kaiser gesagt habe, bis zum Ende des Jahres werde es hier kein aufständisches Dorf mehr geben.«

»Also nicht ein einziges Dorf«, meinte der Mönch. »Aber weiß Gott, was diejenigen beabsichtigen, die solche Papierchen schreiben. Wenn es nach mir ginge, müßte man alle in Spanien gedruckten Blättchen verbieten. Unbedrucktes, sauberes Papier ist besser zum Einwickeln von Spezereien.«

»Da gibt es doch gar keinen Zweifel«, stimmten die beiden Töchter von Doña Melchora wie aus einem Munde zu.

»Ich, Don Roque, würde allen Mönchen die Kutte nehmen und Waffen geben lassen, damit sie helfen, Spanien von den Franzosen zu befreien.«

»Wir machen das ohne Gewehr, Bruder«, erwiderte Pater Salmón lachend. »Ich würde die Anzahl der Mönche noch so viel wie möglich vergrößern. Dann würde die Mehrzahl der Spanier beschaulich und zufrieden leben, so daß man nicht so viele Vagabunden auf den Gassen sähe.«

»Erzählen Sie uns doch mal was Erfreulicheres!« sagte die jüngste Tochter der Feinstickerin zu Don Roque, weil sie befürchtete, daß der alte Predigermönch von so vielen Streitereien vielleicht noch in die Flucht geschlagen würde.

»So, was anderes?« meinte Don Roque und änderte den Tonfall. »Mein lieber Pater Salmón, wissen Sie, daß die Vertreter des Volkes sich bald hier in der Hauptstadt versammeln werden? Ich wette, daß die da oben planen, nach dem Kriege eine absolute Regierung einzusetzen. – Nieder mit den Tyrannen!« fügte er dann noch hinzu, stand auf und hob begeistert die Arme. »Und wenn es da einen gelehrten Mönch gibt, der damit nicht einverstanden ist, dann möge er es mir sagen, damit ich ihm nur ein einziges schlagendes Argument zitieren kann, obwohl ich noch etliche Texte von Pedro Lombardo und Abhandlungen über das Thema von Professoren der Universitäten von Salamanca und Madrid der letzten zehn Jahrhunderte anführen kann.«

»Aber was hätte ich davon, mit einem solchen knorrigen, wilden Ölbaum, der härter als Stein ist, zu diskutieren? Was würden meine Argumente schon gegen solche verstockte Beschränktheit ausrichten?« entgegnete der Pater Salmón, der ebenfalls aufstand, aber weder verärgert noch nervös war, sondern lauthals lachte, denn er hatte den Humor der Wohlbeleibten, und man sah ihn nur sehr selten zornig.

»Sie wollen sich wohl davor drücken?« trumpfte Don Roque auf, der sich in noch größeren Eifer geredet hatte.

»Aber nicht doch«, erwiderte Pater Salmón und hob die Hände wie bei einer Predigt.

»Da könnten wir wenigstens wieder einmal über Don Roque lachen«, sagte die ältere oder die jüngere Tochter der Feinstickerin (so genau weiß ich das nicht mehr).

»Aber um uns etwas zu stärken, meine Damen und Herren«, meinte der Mönch, »käme uns die Schokolade ganz gut zupaß, von der Don Roque doch sagte, er könne nicht ohne sie auskommen.«

»Sie selbst sind es doch, der das gesagt hat, mein hochwürdiger Mönch«, erwiderte der Angesprochene, »denn falls Sie zu dieser Zeit nichts Schmackhaftes in den Magen bekommen, fallen Sie doch um.«

»Wenn Sie es so sagen, mein hochgebildeter Zeitungswurm«, antwortete Salmón und lachte abermals aus voller Kehle, »dann sei es so – also her mit dieser Schokolade! Damit kann man doch viel besser eine angenehme Gesprächsrunde führen. Wollen wir uns doch nicht streiten und Haare spalten.

Jeder soll doch so denken, wie er will – es rolle die Kugel und lebe Ferdinand der Siebte!«

»Es ist doch immer unterhaltsam, wenn Don Roque sich ereifert«, bemerkte Fernández dazu. »Eines Tages werden wir ihn als wandelnde Zeitung auf der Straße sehen.«

»Aber wie ernst und bedächtig sind doch diese Täubchen!« meinte der Pater und tätschelte einer der beiden Melchora-Töchter die Schulter. »Warum singt ihr uns nicht mit euren Goldstimmchen ein Liedchen, um uns etwas aufzuheitern?«

»Na gut denn ...«

Und eine fing sofort wie folgt zu singen an:

Einen Maurer, oh Mutter,
den lieb ich heiß,
denn ich wollte schon immer
einen Gatten in Weiß.

»Das ist doch wenig erbaulich«, bemerkte der Pater dazu. »Laß mal was anderes hören.«

»Na dann eines, das jetzt sehr in Mode ist:

Bonaparte in der Hölle
sitzt auf seinem Schandethron.
Ihm zur Seite sitzt der Godoy
und setzt ihm auf die Kron'.«

All seine Kumpane wandeln dort in Scharen,
Murat, Solano, Junot und Dupont,[14a]
und wer sie auch alle waren.«

»Bravo, herrlich! Doña Melchora, Sie haben zwei Töchter, die jede Prinzessin vor Neid erblassen lassen würden. Übrigens – verdient ihr denn genug?«

»In diesen Zeiten, mein guter Pater«, sagte die Mutter, »bekommen wir ein paar Uniformstickereien – aber wo bleiben die mit Gold und Silber zu bestickenden Galaanzüge und die Altardecken, die uns vor diesem vermaledeiten Kriege

32

recht gut verdienen ließen? Wissen Sie, Hochwürden, daß die besten Regenumhänge der feinen Gesellschaft und die schönsten Meßgewänder für Prozessionen sowie die prächtigsten Torero-Jacken, die in den Arenen glänzten, durch meine Hände gegangen sind? Ah, wenn man mir das prophezeit hätte – mir, welche die herrlichen Beinkleider von Pepe-Hillo[15] bestickt hatte, in denen er von dem rasenden Stier aufgespießt wurde, welche den Umhang verschönerte, den der ehrwürdige Kardinal Lorenzana[16] auf seinen heiligen Schultern trug, als er in sein hohes Amt eingeführt wurde –, daß ich heute zu kümmerlichen Buchstaben auf Uniformkrägen, zwei oder drei Ratsherrenlitzen oder Tüchern für das Jesuskind degradiert sein würde – und das auch alles nur noch selten! Was sind das nur für Zeiten!«

»Wenn das alles erst einmal vorbei sein wird …« hob der Mönch an.

»Wie, wenn das vorbei sein wird«, fuhr Don Roque mit einer ungeduldigen Geste dazwischen. »Vorher, lange vorher werden die Volksvertreter in Madrid zusammentreten. Und diese Ignoranten wollen es nicht glauben!«

»Roque, mein Freund, regen Sie sich doch nicht auf!«

»Schreiben das auch Ihre Zeitungen?« fragte der *Oberhauptmann* verächtlich.

»Ja, mein Herr, die sagen das auch. Erst letzte Nacht, als ich mich zu Bett legte, rezitierte ich folgenden Ausspruch, den ich vorher gelesen hatte: ›Nach so vielen Jahren der Niedergeschlagenheit und Unterdrückung, in denen die treuen und großmütigen Spanier mehr Schimpf und Schmach als die Wilden Afrikas erleiden mußten, kommt nun endlich der glorreiche Tag, an dem sich die Völker Spaniens durch ihre Vertreter vereinigen, um für das gemeinsame Wohl zu wirken. Dies ist das Ziel, das sich die Bürgergemeinschaften gestellt haben – nicht die Verherrlichung eines einzelnen Mannes zum Nachteil aller anderen. Bei solch einer Versammlung der Volksvertreter diskutiert man über den Zustand einer Nation, ihre Hilfsmittel, ihre Bedürfnisse und die Maßnahmen, die für ihr Wohlergehen ergriffen werden müssen. Wo solche Versammlungen nicht abgehalten werden, trotten die schlecht beratenen Monarchen blind in die Gewaltherrschaft, vielleicht sogar gegen ihren eigenen Willen.«

»Was für eine Predigt!« rief der *Oberhauptmann* aus. »Gestern erzählte ich meinem Kollegen in der Pförtnerloge des Rechnungsamts von den Phantasien meines Nachbarn Don Roque, worauf er mir sagte, das sei *Demokratie.* Ist das so, Pater?«

»Nenne es sich, wie es wolle«, erwiderte der ehrbare Geistliche, »ich meine, daß diese Schokolade, die uns die liebe Doña Gregoria bringen wird, schon aus der Entfernung so köstlich riecht, daß sie als Getränk des Heiligen Vaters würdig wäre.«

»Und der Äbtissin der Zisterzienser von Burgos«, fügte Doña Gregoria hinzu, »denn diese und der Papst sind doch die höchsten Personen der Christenheit. Wenn der Papst heiraten würde, wäre die einzige Frau, die als Gattin für ihn in Frage käme, diese Äbtissin der Zisterzienser.«

»So ist es«, stimmte Pater Salmón zu, der schon sehnlichst auf die Schokolade wartete. »Und was diese Demokratie angeht, so rate ich dem Don Roque, sich nicht von Narreteien verwirren zu lassen, denn die werden sich jetzt und auch in vielen Jahren nicht verwirklichen.«

»Die Spanier kämpfen doch, weil sie nicht wollen, daß sie von den Franzosen herumkommandiert werden«, meinte die ältere Tochter von Frau Melchora, »und auch um die Sitten und Gewohnheiten unseres Reiches gegen die Neuheiten, die Napoleon einführen will, zu verteidigen. So sagte es mir jeden Tag Paco der Federspleißer, der Sergeant bei den Freiwilligen ist.«

»Mir hat Simplicio Panduro, der gebildete Page von Don Gaspar Melchor de Jovellanos[17], erzählt«, warf die andere ein, »daß die Spanier kämpfen, um die Franzosen zu vertreiben und den Zustand unserer Länder zu verbessern. Viele Dinge müssen geändert werden, wie Don Roque des Nachts in seinem Zimmer immer predigt.«

Diese beiden Meinungen gaben Anlaß zu einem lebhaften Disput, den ich hier nicht beschreiben will, weil er dem Leser keinen Aufschluß bringen würde, denn es ist ja bekannt, daß die Geschichtsschreibung, die ernste und kaltblütige Geschichtsschreibung, in diesem Jahrhundert noch kein Urteil darüber fällen konnte, und heutzutage immer noch bedeutende Schriftsteller diskutieren, ob die ältere oder die jüngere der Töchter von Doña Melchora recht hatte.

Nachdem er die ihm kredenzte Schokolade genossen hatte, meinte Pater Salmón:

»Also, meine Freunde, würden Sie mir erlauben, mich zurückzuziehen?«

»So früh schon, Pater? Sie wissen doch, daß wir so lange wie möglich in Ihrer Gesellschaft sein möchten.«

»Ich habe euch doch jetzt schon lange genug Gesellschaft geleistet, meine Töchter.«

»Es ist aber immer zu kurz.«

»Ihr wißt doch, daß heute abend eine Oktavenmesse und feierliche Andacht stattfindet, um Jesus von Nazareth und die heilige María um Vergebung zu bitten für die Beleidigungen, die sie in unseren Kirchen durch die gottlose französische Armee erleiden mußten, und die Göttliche Vorsehung anzuflehen, unseren Soldaten Tapferkeit und Schutz sowie den uns Regierenden Rat angedeihen zu lassen. Danach findet eine Prozession zu Ehren der Jungfrau von Paloma[18] statt. Habt ihr das vergessen, ihr flüchtigen Vögelchen? Aber ihr werdet doch bei meiner Predigt nicht fehlen?«

»Eher wird die Erde bersten!«

Der Pater war schon aufgestanden, um sich zurückzuziehen, als der Señor de Cuervatón, den man vorher geholt hatte, weil in seiner Wohnung ein Besucher auf ihn wartete, wieder auftauchte und voller Wut mit blitzenden Augen hervorsprudelte:

»Ich glaube, ich erwürge ihn noch! ... Dieser eitle Geck, dieser Nichtsnutz! ... Ich glaubte, er würde endlich seine Schulden zahlen, und er bittet mich noch um mehr Geld! ... Als Sicherheit gibt er an, daß seine Frau Mama sehr reich sei. Elender Schuldenmacher in Fürstenkleidern! Warum ist seine Mutter nicht gestorben, bevor sie ihn zur Welt brachte?«

»Was ist denn los, Señor de Cuervatón?«

»Nachdem ich mich ruiniert habe, um mit meinen bescheidenen Mitteln Bedürftigen auszuhelfen, schuldet mir nun ein Gräfchen von Rumblar oder von Barrabás* wie er im Buche steht mehr als neuntausend Real. Nachdem er mir noch nicht einmal einen Teil der Zinsen gezahlt hat, die sich auf eine Pesete pro Duro** im Monat belaufen, kommt er nun und bittet mich um mehr Geld. Kanaille, Verschwender – was kümmert es mich, daß er adlig ist und zweimal Haupterbe sein wird!«

»Don Diego de Rumblar?« fragte Pater Salmón. Dann wandte er sich an mich: »Vergiß nicht, Gabriel, daß wir miteinander reden müssen.«

»Entweder er zahlt«, fuhr Cuervatón fort, »oder ich werde ihn am hellichten Tage auf dem Prado vor den Damen ausziehen und die Kleider nehmen.«

Indessen waren wir auf den Korridor hinausgegangen, wo sich uns unerwartet ein jammervolles Schauspiel bot. Da stand Don Diego auf dem Patio, umringt von sämtlichen Gassenjungen der Umgebung wie ein Jungstier auf dem Marktplatz. Aus den hundert Löchern dieses einem Bienenkorb gleichenden Hauses waren Klatschweiber herausgetreten, die Rumblar mit Kastanienschalen und beißenden Spottworten körperlich und moralisch beleidigten. Besonders Cuervatóns Frau, eine Hydra, die in ihrer Seele mehr Gift und Dornen hatte als die poetische Hydra Köpfe, beugte sich über die Brüstung, spuckte auf ihn hinunter und schrie:

»Adliger Nichtsnutz. Sollen wir von unserem Geld verwöhnte Tagediebe unterhalten? Sollen wir unser Spargeld ausgeben, damit Ihr Euch mit diesem Duftwässerchen besprenkeln könnt, nach dem Ihr bis hierher stinkt? Freßt doch Rüben oder knabbert Euer großartiges Wappen an, bis Ihr zweimal als Haupterbe abgeschröpft habt! Nehmt doch einen Sack und verkauft Streusand, wie es meine beiden Söhne getan haben, sobald sie die Hand zum Mund führen konnten! Aber das Herrchen ist sich ja zu schade dafür. Ihr sagt, Ihr seid Graf. Dann war mein Großvater auch einer. He,

* Bösewicht
** 1 Duro = 5 Peseten (Anm. d. Übers.)

ihr Knaben da unten. Verschönert ihn doch mal mit dem Dreck da im Hof. Hier, gräflicher Faulenzer, nehmt diese Nußschalen und Asche aus meinem Kohlenbecken statt Eurer Wässerchen und Püderchen!«

Die Gassenjungen machten sich sofort daran, diese Empfehlung in die Tat umzusetzen, und bewarfen den unglückseligen Don Diego mit etlichen ekelerregenden Substanzen. Sie verfolgten ihn johlend bis zum Tor und dann auf die Calle del Barquillo, daß es einem das Herz zerreißen konnte, den Sproß der stolzen Familie so beschämt und weinend fliehen zu sehen.

Der Pater Salmón, der ein mitleidiger Mensch war, schalt Señora de Cuervatón und die Gassenjungen wegen ihrer Grausamkeit. Als er in den Hof hinuntergehen wollte, stritten sie sich alle um ihn. Keiner wollte den Predigermönch gehen lassen. Jene zeigte ihm die fünf kürzlich von *Zoraida* geborenen Hündchen. Bei einer anderen mußte er das erste Zähnchen des Säuglings mit dem Finger fühlen. Diese bat ihn um ein Rezept gegen Zahnschmerzen, eine andere sang ihm ein neues Liedchen vor – und alle brachten ihm so viele Beweise der Zuneigung und Bewunderung, daß er sich als der beliebteste Mann dieses Stadtviertels betrachten konnte.

Während er die Treppe hinunterschritt, begleiteten ihn Rufe der Anhänglichkeit, Händeklatschen und Lobesworte. Man küßte ihm die Kordel und bat ihn um seinen Segen. Es regnete Fragen, Bitten und Aussprüche wie solche:

»Bringen Sie mir bald ein Rezept gegen diese Schwindelanfälle?«

»Ich kenne das Gebet an den heiligen Antonius schon auswendig. Wann darf ich es Ihnen mal vorbeten?«

»Unser Paterchen hatte recht, als er sagte, daß der Chinchón-Branntwein besser für die Verdauung ist als der von Ocaña und daß man zu einer Linsenmahlzeit zwei zerschnittene Knoblauchzehen hinzugeben sollte.«

»Vater, sind Frösche eigentlich Fleisch oder Fisch? Meine Großmutter ißt nämlich welche am Freitag und hat deshalb Gewissensbisse.«

»Welchen Namen sollen wir dem Kind geben, wenn es ein

Knabe wird? Wir würden ihn gern Anastasio nennen, Hochwürden zu Ehren und Dank, daß Ihr uns bei der Aufzucht unseres Ältesten so geholfen habt.«

»Wir haben die beiden Schleier für die Jungfrau der Glückseligkeit schon gekauft. Ramona schmückt sie jetzt mit Blumen und Glimmerblättchen.«

»Mögen Sie Hunderte von Jahren glücklich leben, Sie großzügiger Diener des Herrn, der uns Armen so hilft!«

Und so ging es weiter, bis der Pater auf die Straße getreten war. Nein, es hatte hier keinen beliebteren Mann gegeben als den Pater Salmón. Ich möchte fast sagen, daß seine Beliebtheit die von Ferdinand VII. um drei oder sogar vier Fingerbreiten übertraf. O, du Theologe der burschikosen Art, du Prediger ohne Blatt vor dem Mund, der du wohl nie heilig gesprochen werden wirst, aber doch so viel Gutes im kleinen bewirktest! O, du Glücklichster der Glücklichen, der nie grübelte noch sich erregte, der nie etwas verabscheute noch jemanden haßte – der sich in seiner friedlichen Lebensweise nie stören ließ! Wer hätte ahnen können, daß dieses Volk, das so nach dir verlangte und dich so lobte, dich siebenundzwanzig Jahre später mit Faustschlägen traktierte in der Krankenstube deines heiligen Hauses, als du schon alt, krank und schwach warst, Atemmangel hattest und nur noch an Gott dachtest! Wer hätte dir prophezeien wollen, daß dieses gleiche Volk, das dich angehimmelt hatte, dir einen Strick um den Hals legen und dich durch deine entweihte Mönchszuflucht ziehen würde, daß dein ehemals mit Ehrfurcht behandelter Körper als schreckliche Trophäe für schamlose Weibsbilder herhalten müßte! Ach, so ist die Welt, und solche grausamen Szenen enthält die Menschheitsgeschichte! Und so hattest du recht zu sagen: »Wenn sie mich früher mit Schokolade bewirteten, so ließen sie mich später mit Schlägen dafür zahlen. Wenn sie mich einst umarmten und mir die Kordel küßten, so machten sie das später mit Fußtritten wett.«

5.

Da diese unglaublichen Geschehnisse der Zukunft aber nicht zu meiner Geschichte gehören, werde ich Ihnen jetzt von der Verwunderung erzählen, die mir das Gespräch bereitete, das ich mit diesem beliebten Predigermönch gleich nach seinem Weggang aus unserem Hause führte. Er stützte seine irdische Leibesfülle auf meinen Arm und sagte mir auf der Straße:

»Gabriel – aber nein, besser Señor Don Gabriel, denn eine Zierde wie ein Pico de la Mirandola sollte mit Achtung angesprochen werden – du mußt wissen, daß ich mich eingehend über die Lebensweise dieses Don Diego de Rumblar erkundigen muß, in dessen Begleitung ich dich schon mehrere Male gesehen habe. Du wirst nun sagen, daß mich das doch eigentlich herzlich wenig angehe, aber ich muß dann darauf antworten, daß nicht ich es bin, der an seinen schlechten Gewohnheiten interessiert ist, sondern eine sehr hochgestellte Familie, deren Haus meine Wenigkeit oft am Abend aufsucht. Da dieser junge Graf Diego die Tochter dieser Familie heiraten soll, sind die mit ihr verwandten Damen, die schon so manches von ihm gehört haben, äußerst beunruhigt. Gestern, als ich erzählte, daß ich ihn in diesem Haus hier gesehen hatte, sagte die Frau Gräfin zu mir: ›Um Gottes willen, Pater Salmón, stellen Sie fest, mit welchen Leuten er Umgang hat, wohin er meistens geht und wie er sein Geld ausgibt! Denn wenn das wahr ist, was wir schon ahnen, wird eher der Himmel herunterfallen, als daß wir ihn in unsere Familie aufnehmen‹.

›Ach, der Herr Graf‹, antwortete ich, ›hat etwas von einem Leichtfuß. Das gehört zu seiner Jugend … Ich glaube, er wird sich ändern.‹ ›Dann soll er es sofort tun. Sonst ist es zu spät‹, sagte man mir. Nun Gabriel, ich habe dir jetzt erzählt, was du wissen mußt. Wo geht er denn des Nachts hin? Mit wem hat er Umgang?«

»Das weiß ich alles genau«, erwiderte ich. »Er macht keinen Schritt, ohne daß ich davon erfahre.«

»Dann kann ich also der Frau Gräfin Auskunft auf ihre Fragen geben. Oh, gesegnet seist du, daß du mir die Gelegenheit verschaffst, der schönsten Dame von Spanien einen Gefallen erweisen zu können, soweit ich, der von Frauen keine Ahnung hat, das beurteilen kann. Morgen besuche ich sie wieder, denn du mußt wissen, daß die Frau Gräfin die Gründerin der Wasch- und Nähgemeinschaft ist. Eine Vereinigung von Damen des Adels, um die Wäsche der Soldaten in diesen kritischen Zeiten zu waschen und zu nähen. Du mußt nicht glauben, daß das alles nur so eine Schau ist. Sie waschen und nähen wirklich selbst mit ihren göttlichen Händen. Die Frau Gräfin gehört auch der Vereinigung der Guten Patriotinnen an, die sich aus Damen aller Stände zusammensetzt – von der Herzogin bis zur Putzfrau. Da kommt mir der Gedanke, daß es doch wohl einfacher und angebrachter wäre, dich bei der Hand zu nehmen und der hohen Dame vorzustellen, damit du ihr selbst mit deinen gewählten Worten erzählst, was sie wissen will.«

»Vater, ich weiß nicht, ob es von Vorteil wäre, wenn ich in dieses Haus gehe«, sagte ich und versuchte, die Freude zu verbergen, die mir diese Aussicht bereitete.

»Wenn du in meiner Begleitung bist, wird man dich gnädig empfangen. Außerdem mußt du wissen, daß die Frau Gräfin sehr gebildet ist und viel von Literatur und Poesie versteht. Wenn sie von deinen Lateinkenntnissen erfährt, wird sie entzückt sein und dir vielleicht eine gute Anstellung verschaffen.«

»Darauf kommt es mir nicht so an. Ich möchte dieser guten Dame nur zu Diensten sein. Aber sagt mir, Padre, kennen Sie vielleicht die junge Dame, die Don Diego heiraten soll?«

»Und ob ich das Mädchen kenne! Ich bin doch ihr Freund und Vertrauter. Immer wenn ich in das Haus dort komme, springt sie um mich herum, und es geht den ganzen Tag: ›Pater hier und Pater da‹.«

»Ist Euer Hochwürden auch ihr Beichtvater?«

»Das nicht. Aber es ist mein Kollege und Freund Pater Castillo, der auch jeden Nachmittag dorthin geht.«

»Und sie ist sehr in Don Diego verliebt, so daß sie ihn nicht lange missen möchte?«

»Ich glaube, daß sie ihn noch nicht einmal auf Bildern sehen möchte. Im Haus dieser adligen Familie herrscht die Meinung, daß sie Herz und Hirn einer anderen Person geschenkt hat. Aber trotz aller Versuche, sie haben das Mädchen bis jetzt nicht umstimmen können. Der Herr Marquis und seine Schwester können sich nicht vorstellen, wer das sein kann, der diesem schönen Mädchen so den Kopf verdreht hat, daß sie sich manchmal die Augen ausweint. Sie verrät nichts. Die Frau Gräfin regt sich allerdings nicht mehr darüber auf und pflegt zu sagen: ›Sie wird darüber hinwegkommen.‹ Ich weiß aber, daß das nicht so sein wird. Da die anderen das aber wohl auch fürchten, wollten sie eigentlich die Heirat so schnell wie möglich vollziehen lassen, aber nun kommt dazwischen, daß sich der junge Rumblar als leichtsinniger Bummler und Verschwender erweist, was das ganze Projekt in Frage stellt. Daher der Eifer, mit dem sie sich nach ihm erkundigen, und die Frage: ›Pater, was sollen wir bloß tun?‹ Darauf habe ich geantwortet: ›Ruhe, meine Damen, nur Ruhe. Hast kann hier nur schaden. Mein liebes Sternchen Doña Inés ist das *non plus ultra* der Tugend, der guten Erziehung und der Bescheidenheit. Daran besteht nicht der geringste Zweifel. Gleichfalls ist klar, daß sie oft an etwas sehr Trauriges denken muß, so daß sie manchmal zwei Tage lang nichts spricht, nur zart seufzt und gedankenverloren zu Boden schaut. Keine lieben Worte, auch nicht meine ausgesuchten lustigen Geschichten und nicht einmal die Passagen aus ›Tresor der Denksprüche‹[19], die ich ihr vorlese, können sie dann aus diesem Zustand herausholen.‹ Als die Frau Marquise das hörte, wurde sie sehr traurig und sagte mir: ›Hochwürden Salmón, der Sie die hohe Kunst des Beichtvaters beherrschen und am besten geeignet sind, Menschen ihre Sünden gestehen zu lassen, wie wir gehört haben, Sie werden sie doch ausforschen können.‹ Und der Marquis fügte hinzu: ›Wenn durch irgendeinen teuflischen Einfluß dieses Mädchen in der Zeit, in der sie nicht bei uns lebte, den schlechten Geschmack hatte, sich in einen hergelaufenen Herumtreiber jener Gassen zu vergucken, wie ist es da möglich, daß sie ihn auch jetzt nicht vergessen kann, da sie eine ganz andere Position in der

Gesellschaft einnimmt?‹ Und ich, dem an der Gemütsruhe dieser illustren Familie gelegen ist, rief das Mädchen, ging mit ihr in eine stille Ecke des Hauses, nahm ihre Hand, streichelte sie, erzählte ihr zwei Geschichten, sagte ihr einige Nettigkeiten, gab ihr eine Blume, rief ihr zu: ›Ihr werdet mich nicht festhalten können!‹ und lief davon, so schnell mich meine schweren Beine tragen konnten. Darauf flog sie hinter mir her, hatte mich nach drei Schritten an der Kutte gepackt und ließ mich nicht mehr los. Mit solchen Spielen bereitete ich sie zu einem vertraulichen Gespräch vor, nicht als Beichtvater, sondern als Freund. Als wir uns dann später wieder setzten, sagte ich zu ihr: ›Meine kleine Taube, Blume dieses Hauses, früher Blütenzweig, Aprilerdbeere, wollt Ihr mir den Grund für Eure Melancholie nicht verraten? Das bleibt ganz unter uns. Bevor Euer Herr Papa Euch aufnahm, habt Ihr da jemanden geliebt?‹ Während ich so sprach, füllten sich ihre Augen mit Tränen, und sie lief davon. Ich folgte ihr. Bald sah ich sie stehen, auf den Boden starren und auf einen Zipfel ihres Taschentuches beißen. Ich wiederholte meine Fragen, konnte aber nichts Konkretes aus ihr herausbringen, was mich mutlos machte. Darauf fragten mich die Frau Marquise und ihr Bruder, ob ich meine, daß sie den Ehevertrag mit der Familie des Don Diego auflösen sollten. Ich antwortete ihnen wie folgt: ›Ruhe, meine Herrschaften. Wollen wir doch erst einmal untersuchen, ob es wahr ist, was man sich so über diesen Grafen von Rumblar erzählt. Ich werde mich bemühen, das herauszufinden, denn ich habe ihn schon mehrmals in ein Haus gehen sehen, das auch ich oft besuche, und ich kenne einen jungen Mann, der ihn oft begleitet.‹ Da gibt es nun keine Ausflüchte, denn versprochen ist versprochen. Morgen gehst du mit mir dort hin und erzählst ihnen alles ohne Umschweife. Damit wäre dann mein Versprechen eingelöst und der Rumblar entlarvt.«

Die Erzählung des ehrwürdigen Mönches überraschte mich sehr, und als ich mich von ihm verabschiedete, versprach ich, am folgenden Tage mit ihm die besagte adlige Familie aufzusuchen. Ich dachte aber an die seltsamen Dinge, die ich gehört hatte, und fragte mich, ob es wirklich klug gewesen war, mich einem so gewagten Besuch auszusetzen. Dazu muß ich die Ursachen meines Zweifels und meine seelische Verfassung in jenen Tagen erklären. Es gibt nämlich etwas, was meine Leser wissen müssen, wenn ihnen auch die Schicksalsschläge dieses ihres untertänigen Erzählers gleichgültig sein sollten. Der Palast meiner Frau Gräfin (hier muß ich hinzufügen, daß die ganze Familie zu der Zeit gemeinsam in der Cuesta* de La Vega wohnte) war für mich eine uneinnehmbare Festung. Seit meiner Rückkehr aus Andalusien hatte ich nicht einmal im Traum daran gedacht, den Fuß dort hineinsetzen zu können, weil ich sicher war, wieder einen schändlichen Hinauswurf wie in Córdoba zu erleiden. Mich unter einem Vorwand oder mit einem Trick einzuschleichen, könnte nur so lange gutgehen, bis die Señora Amaranta mein Gesicht gesehen hätte. Häufig strich ich in der Nacht durch die um den Palast herum liegenden Straßen. Ein beleuchtetes Fenster hoch oben im Haus erregte meine Aufmerksamkeit. Und da von Inés nichts zu sehen war, erschien mir dieses Rechteck schwachen Lichtes wie ein Symbol für sie. Viele Stunden verbrachte ich so mit keiner anderen Gesellschaft als der Steinfigur der María Santísima de la Almudena, mit der ich in der Einsamkeit mystische Dialoge führte. Sie beleuchtete mich mit den zwei sie flankierenden Straßenlaternen und sah mich mitleidig an. Eines Nachts starrte ich so lange auf den Palast vor der heiligen Jungfrau und das beleuchtete Fenster darin, bis ich die Versuchung verspürte, der Bewohnerin dieses erleuchteten Zimmers, die ich für Inés hielt (obwohl es ja auch jemand anderes hätte sein können), meine Gegenwart anzuzeigen. Also nahm ich ein Steinchen und warf es an die Scheibe jenes Fensters. Gleich darauf zeichnete sich dort ein Schatten ab. Er verschwand jedoch sofort – und kurz darauf war auch das Licht gelöscht. Ich wiederholte die Prozedur in der folgenden Nacht, was die schattenhafte Gestalt erneut ans Fenster treten ließ. Während ich wartete, das Fenster sich öffnen zu sehen und eine liebe Stimme süße und zitternde Worte durch die Stille lispeln zu hören, erblickte ich zu meinem

---

* Cuesta = Hang, Anhöhe, Steigung (Anm. d. Übers.)

Schrecken, wie aus den Kutschenschuppen des Palastes eine Gruppe von Männern mit unverkennbar feindlicher Absicht auftauchte. Mit Mühe konnte ich ihnen entkommen. Seit dieser Nacht hatte ich mich nicht mehr dorthin gewagt.

Es verging der August, und auch der September und der Oktober verstrichen. Diese neunzig Tage, einer nach dem anderen, kamen mir vor wie neunzig Schaufeln Erde in das Grab meiner Existenz. Sie begruben Illusionen, Freuden, Träume: also meine ganze Zukunft. Der unterschiedliche gesellschaftliche Rang hatte unüberwindbare Mauern zwischen Inés und mir errichtet, und meine Kräfte reichten nicht aus, sie aus ihrem Käfig zu befreien, denn dieser jetzt war nicht aus Rohr und Draht, wie bei den Requejos, sondern aus einem Gitter, das härter als Diamanten war.

Sie werden sich also vorstellen können, liebe Leser, daß ich mich in meiner Ohnmacht wie ein armes Staubkorn fühlte und begann, mich zu verachten. »Warum bin ich nur so niedrig geboren worden?« fragte ich mich. Natürlich konnte mir darauf niemand eine Antwort erteilen.

Ich sagte mir: »Diese Mauern zwischen uns sind so stark, daß, wenn ich mein ganzes Leben darauf verwenden würde, weiser als Seneca, tapferer als der Cid und reicher als die Fucares zu werden, ich sie auch nicht brechen könnte. Aber das Schicksal geht ja manchmal seltsame Wege, denn mit dem Geld der Fucares kann man ja zum Beispiel auch in den Adel eindringen. Wie kann ich also reich werden?« Schon stieg wieder der Gedanke in mir auf, daß ich ein Nichts war und nichts hatte, um auch nur einen Anfang zu machen. Es liegt auf der Hand, daß man nicht zwei Geldstücke verdienen kann, ohne erst eines zu haben … Sollte ich also lernen, bis mir der Kopf zerspringt? Oder sollte ich ganz offiziell (nicht wie vorher als zeitweiliger Freiwilliger) als Berufssoldat in die Armee eintreten, um zu versuchen, in diesen unruhigen Zeiten vom einfachen Soldaten zum General aufzusteigen?

Bei solchen Gedankengängen packte ich mich irgendwann selbst an den Kopf und beschimpfte mich, weil ich einfach nicht den rettenden Einfall hatte. Die Aussichtslosigkeit, mein Schicksal zu verändern, das Gefühl der Nutzlosigkeit meiner

Anstrengungen senkten sich so tief in meine Seele, daß die Fundamente meiner Begeisterung und meines festen Glaubens bald wie von einem gefräßigen Wurm zernagt wurden; ich spürte – welches Unglück! – wie ich kurz vor einem innerlichen Zusammenbruch stand.

Es war ganz offensichtlich unmöglich, nur mit meinen Fingern diesen Berg abzutragen, den Gott mir in den Weg gestellt hatte, diese Gewißheit lähmte meine Tatkraft so sehr, daß ich einfach alles schleifen ließ. Und aus der dunklen Tiefe, in der ich mich befand, blickte ich zu jenem Stückchen Himmel empor, das ich gerade noch erkennen konnte, und sagte: »O Himmel, wie hoch bist du da oben, und wie tief bin ich hier unten. Dabei hatte ich einmal geglaubt, dich schon mit meiner Hand berühren zu können! Aber, da Gott meinen Fall in diese Tiefen beschlossen hat, gebe ich es vorläufig auf, Dir nahe zu sein, und schleife mich durch diese dunklen Gefilde auf der Suche nach einem Stückchen Brot, ohne ein anderes Ziel, als dem Tier meiner verachtenswerten Person das tägliche Futter zukommen zu lassen.«

Ob ich genau diese Worte gebrauchte, weiß ich nicht mehr. Aber so jedenfalls empfand ich damals.

Was ist ein Mensch ohne Ideale? Nichts, absolut nichts – ein Lebewesen, das den Unwägbarkeiten der Existenz ausgesetzt ist, von seiner Umgebung mehr abhängig als von sich selbst. Das ist ein Vegetieren wie das von Pflanzen, die keine Wahl haben, sich einen anderen Wirkungskreis zu suchen und mit dem leben müssen, was ihnen an einer Stelle zuteil wird, ohne irgendeine Furcht und auch ohne das Wissen von Wegen, die zu besseren Gegenden führen könnten. So werden dann die Tage gleichförmig, einer wie der andere. Ein Mensch ohne Ideal ist wie ein einbeiniger Bettler, den man an einer Straße abgesetzt hat, wo er nun tagein tagaus die Milde der Vorübergehenden erfleht. Die Menschen strömen an ihm vorbei, einige fröhlich, andere traurig, diese langsam, jene schnell. Und er, ohne daran denken zu können, ihnen zu folgen, hofft nur noch auf die kleine Münze, die man ihm nicht gibt, und auf das Mitleid, das man ihm verweigert. Alle ziehen vorbei, die einen in dieser, die anderen in jener Richtung. Er bleibt immer auf seinem Platz, und hat auch schon gar nicht mehr den Wunsch, davongehen zu können ... So ist auch das Leben ein Weg, auf dem viele verschiedene Leute dahineilen, und an dessen Löchern und Felshindernissen auch viele sind, die nicht mehr weitergehen. Diese, so meine ich, sind diejenigen, die keine Ideale auf der Welt haben. Die Menschen, die ein Ideal haben – oder noch haben –, gehen an den Stehengebliebenen vorbei, hastig oder ruhig. Bevor aber die meisten ihr Ziel erreicht haben, kehren sie in einem Rasthaus des Todes am Wege ein, wo sowieso früher oder später alle Reisen auf diesem Weg enden.

In diesen drei Monaten also hatte ich alles verloren und befand mich lahm und an Krücken inmitten dieses Weges. Das Grübeln, die harten Tatsachen ließen den Entschluß in mir reifen, völlig auf Inés zu verzichten – wenn auch nicht in meinem Herzen, so doch in der Wirklichkeit, wie es mir folgerichtig und natürlich zu sein schien.

Und vor diesem Hintergrund, liebe Leser, werden Sie die ungeheure Überraschung verstehen, die ich empfand, als mir Pater Salmón eröffnete, mich unter solch eigenartigen Umständen in dieses für mich unerreichbare Haus zu führen.

»Ich werde gehen, wie Gott es auch fügen möge!« sagte ich mir und bereitete die Kleidung vor, die ich bei dieser so feierlichen Gelegenheit tragen würde. O, ich Unglücklicher! Es war schon November, und anständige Kleidung hatte ich nur für den Sommer. Diese würde ich also anlegen und mich damit der Gefahr aussetzen zu erfrieren, denn es war kalt geworden. Solchen Unbilden sind die Armen ausgesetzt! Abgesehen davon, daß dieser Anzug gesundheitsschädlich war, würde er zu dieser Jahreszeit auch noch lächerlich wirken.

Abends im Bett bat ich Gott und die Heiligen inbrünstig, sie mögen doch den nächsten Tag so warm und lieblich wie einen Maientag werden lassen, aber die da oben müssen mich nicht vernommen haben oder – was noch eher anzunehmen ist – sie gaben den Wünschen der Bauern nach, die Wasser und nochmals Wasser brauchten.

Ich nahm einige Sachen, die ich für diesen Besuch als unerläßlich ansah, und trat fröstelnd und niedergeschlagen auf die Straße, wie ein Opferlamm, peinlichst bemüht, meine Kleidung von Straßenschmutz freizuhalten und einigermaßen vor den Regenschauern zu schützen. Dies gelang mir natürlich nur höchst unvollkommen. Schließlich – unter Ausnutzung einiger Regenpausen nach zeitweiligem Unterstellen in Torwegen – erreichte ich das Kloster. In der Begleitung von Pater Salmón, der sehr festlich gekleidet war, richtete ich meine Schritte zum Palast der Amaranta. Ich war ernst und vermutlich bleich, als würde ich zu meiner Hinrichtung geführt.

Wir wurden erst in einen sehr luxuriösen Raum des unteren Stockwerks geführt, wo wir den Herrn Diplomaten in den Händen seines Coiffeurs antrafen, der seinen Kopf mit Kräuselzangen, Pomaden und Wässerchen traktierte. Der gute Marquis befand sich in leichter und unordentlicher Bekleidung, die zum Lachen reizte, aber ich hörte mit unerschütterlichem Ernst den schwülstigen Auslassungen des Meisters zu, der als bemerkenswerter Schwätzer bekannt war. Seine Exzellenz erkannte mich nicht wieder. Der Pater trat an ihn heran. Sie sprachen etwas, was ich nicht verstehen konnte, da ich zu weit entfernt war, worauf man uns nach oben führte mit der Ankündigung, daß uns dort die Gräfin Amaranta und der Pater Castillo, der ihr einige Bücher zurückgebracht hatte, erwarten würden. Wir gingen also die Treppen hinauf und wurden sofort von einem Pagen angekündigt. Als Amarantas Blick auf mich fiel, wurde sie blaß und runzelte die Stirn; sie war verärgert, mich hier zu sehen. Aber als gewandte Hofdame verbarg sie ihre Gefühle sofort wieder, empfing Salmón mit freundlichen Worten und wies mich an, neben dem großen Kohlenbecken Platz zu nehmen, das in der Mitte des Raumes stand, womit sie zeigen wollte, daß sie Mitleid mit mir in meiner für die Kälte unzureichenden Ausstaffierung hatte.

6.

»Dieser Jüngling«, hob Pater Salmón an, »wird Euer Gnaden von dem berichten, was Euch so interessiert, denn er weiß alles darüber. Gleichzeitig habe ich die Ehre, Euch mitzuteilen, daß es sich bei ihm um einen frühreifen Gelehrten, einen großen Lateiner handelt, Euer Gnaden, Autor eines bemerkenswerten Gedichts, wegen dessen Seine Hoheit der Friedensfürst ihm einen Posten im Sekretariat für Übersetzungen verlieh.«

Der Pater Castillo blickte mich an und sagte freundlich: »In der Tat, der Lizenziat Lobo sprach gestern von Ihnen. In welchem Institut haben Sie eigentlich studiert? Würden Sie uns aus ihrem berühmten Gedicht vorlesen?«

Ich gestand, daß das Lob meiner lateinischen Gelehrsamkeit auf einem Irrtum beruhe und daß der Lizenziat mir Ehren zuschrieb, die einem anderen gebührten.

»O nein! Wenn ich mich nicht täusche, sagte er auch, daß Sie so bescheiden wie talentiert seien und daß Sie immer, wenn man Ihre Fähigkeiten erwähnt, diese leugnen würden. Der Jugend steht Bescheidenheit zwar gut an, aber nicht in dem Maße, daß sie den wahren Verdienst verschleiert.«

Amaranta sagte nichts. Und Pater Castillo schaute sich die Bücher auf dem Tisch an. Er wog den Wert eines jeden ab, denn die Leser werden später noch erkennen, daß er ein sehr gebildeter Geistlicher mit feinen Manieren, einer angenehmen, kleinen Gestalt und ebenso gemäßigten wie toleranten Ansichten war, die den Bruder Francisco Juan Nepomuceno de la Concepción, wie der allgemein mit Pater Castillo angeredete Geistliche offiziell hieß, in diesem unserem Vaterland in jenen Zeiten zu einer Seltenheit – man kann sogar sagen exotisch – machten. Von seinem Mitbruder Vater Salmón unterschied er sich, wie der Leser noch erkennen wird, in vielerlei Hinsicht.

»Dies sind die Bücher und anderen Druckschriften, die in den letzten drei Monaten erschienen sind«, sagte Amaranta. »Doblado und Pérez, meine Buchhändler, haben mir heute diese umfangreiche Sendung geschickt. Unter so vielen Werken, von denen die meisten bestimmt schlecht sind, wird sich aber bestimmt das eine oder andere gute befinden – und auch die unverschämten und lächerlichen haben ja ihren Wert, indem sie ein Beispiel für Ansichten der heutigen und künftigen Zeiten sind.«

»So ist es«, stimmte Pater Castillo zu. »Es gibt kein Buch, so schlecht es auch sein mag, das nicht auch etwas Gutes enthält – und Euer Gnaden tut gut daran, alle in Augenschein zu nehmen.«

»Ich habe ein wenig in diesem umfangreichen Werk hier gelesen«, sagte Amaranta und nahm ein dickes Buch, das frisch aus der Druckerei gekommen war. »Ich habe schon beim Titel lachen müssen. Da heißt es hier doch: *Manifest der intimen Gefühle des Schmerzes, der Liebe und der Zuneigung des tapfern Herzens unseres unbesiegbaren Monarchen Ferdinand VII., die er kurz vor seinem so betrauerten Ableben seinem ehrwürdigen Ratgeber und Beichtvater Don Juan Escóiquiz*[20] *an dessen Brust anvertraute und die dieser auf ausdrücklichen Befehl seiner Majestät jetzt veröffentlicht.*«

»Hier sehe ich noch ein anderes«, bemerkte Pater Castillo beim Blättern, »das – wenn auch nicht vom gleichen Verfasser – so doch ähnlicher Art ist. Es nennt sich *Die verfolgte Unschuld oder die Leiden Ferdinands VII. – Gedichte*. Es ist jetzt zur Mode geworden, ernste Fragen in Versform zu behandeln, obwohl sie sich in der Dichtkunst recht seltsam ausnehmen, wie zum Beispiel dieses Werk, das mir gerade in die Hände gefallen ist und sich *Erklärung des Kapitels IX der Apokalypse, in literarischem Sinne angewandt auf die unerhörten Ereignisse des schändlichen Einfalls in Spanien – Ode eines Kapellans* nennt.«

»Euer Hochwürden müssen auch wissen, daß unser gefangener Monarch sich angewöhnt hat, in Versform zu sprechen«, warf die Gräfin Amaranta spöttisch ein. »Hier habe ich nämlich *Inbrünstige Worte, die unser geliebter König Ferdinand VII. an seine geliebten Untertanen aus dem Gefängnis richtete – pathetisches und gefühlvolles Werk von majestätischer Redegabe.*«

»Was sagt denn die Frau Gräfin zu diesem anderen Buch

hier, das mir gerade in die Hände kommt und den Titel trägt: *Der Hof der drei edlen Künste, erdacht von dem unschuldigen Monarchen Ferdinand VII. – anakreontische Gedichte?* Und das erste dieser anakreontischen Gedichte trägt die Überschrift: *Regeln, um ein Volk gesund und schön zu machen.* Auf die Kutte meines Ordens, ich verstehe das nicht, diese Regeln für ein ›gesundes und schönes Volk‹ im Zusammenhang mit dem ›Hof der drei edlen Künste‹, die in anakreontischen Versen ausgedrückt werden müssen. Mit Erlaubnis Euer Gnaden werde ich es zum Kloster mitnehmen, um es heute abend zu lesen.«

»Euer Hochwürden können auch diese Broschüre mitnehmen, deren Titel lautet: *Tränen eines Priesters – in zwei akrostischen Oktaven.*«

»Diese Ausdrücke wie ›anakreontisch‹ und ›akrostisch‹ sind doch ein Schwulst, der eines wahren Poeten nicht würdig ist«, meinte Pater Castillo dazu, »um so mehr, wenn es sich um einen Geistlichen handelt, der sich doch mit ernsteren Dingen befassen sollte. Aber lassen mich Euer Gnaden auch dieses Werkchen hier mitnehmen. Es nennt sich *Bonapartiana oder Rede, die ein vaterländisch gesinnter Kaplan in der Art des Cicero gegen Napoleon schrieb.* Dieses Kaplänchen ist ja nicht unbescheiden, sich mit Cicero zu vergleichen, und dementsprechend wird auch diese ›Bonapartiana‹ sein.«

»Hochgeehrte Frau Gräfin«, warf da der Pater Salmón ein (bei dieser Gelegenheit müßte man ihn wohl mit seinem offiziellen Namen José Anastasio de la Madre de Dios nennen), »ich bitte Sie mir für heute abend dieses Buch hier zu leihen mit dem Titel: *Die Dummheiten – Strophengedicht, in dem ein Gevatter seiner Gevatterin darlegt, daß man sich vor den Trugbildern nicht fürchten muß, die heutzutage alle in Schrecken versetzen.* Welch ein Titel! Was die Leute sich nicht alles so einfallen lassen …«

»Dann nehmt doch dieses Buch hier, das bestimmt zu Eurem guten Humor paßt«, meinte Pater Castillo. »Es nennt sich: *Bitte des Luzifer an seinen Schöpfer gegen den Tyrannen Napoleon, weil der Höllenfürst erschreckt ist, so viele ruchlose Franzosen in seinem Reich erscheinen zu sehen.* Sieh mal an, auch in

Versen! Ob die wohl besser sind als die von Juan Rufo[21], Ercilla[22] und Hojeda[23]?«

»Das hier ist auch gut!« rief Pater Salmón aus. »Hören Sie sich das an: *Volkslieder für die treuen und tapferen Mädchen von Barguillo, zu singen am Tag der Proklamation unseres heißgeliebten Königs.* Das kann ich doch auch nehmen, ja Frau Gräfin?«

»Aber gewiß, Padre. Was Lieder angeht, so sehe ich hier noch andere: *Lieder, die der berühmte López de la Membrille, Oberkommandierender der Mancha, nach den glorreichen Siegen über die Franzosen sang.*«

»Das spanische Volk«, erklärte Pater Castillo, »ist von allen Völkern der Erde wohl dasjenige, das am meisten dazu neigt, ernste Angelegenheiten scherzhaft und spöttisch zu behandeln. Weder Gefahren noch Leiden können seinen Humor unterdrücken. Nur so kann man es sich erklären, daß es – umgeben von Tod und Elend – sich damit vergnügt, Verse zu schmieden und Liedchen zu komponieren, die den Feind mehr als scharfe Säbel schmerzen sollen. Und was sagen Sie zu diesem Titel hier: *Furchtbarer Angriff der spanischen Mäuse auf den Zwieback der Franzosen – Gedicht in zwei Liedern?* Und zu diesem: *Lobrede des Herrn Napoleon auf ein Teleskopgerät?* Dann haben wir hier schließlich noch: *Auszüge aus der Höllenzeitung oder Neuigkeiten über die Liebschaften der Pepa Tudó mit Napoleon und Eifersuchtsszenen der Josephine*[24].«

»Das sind doch Schmierereien vulgärer Schreiberlinge«, meinte die Gräfin Amaranta verächtlich, »denn alle Welt weiß doch, daß die Tudó nie Liebesbeziehungen zu Bonaparte hatte und dieser nie etwas tat, das seinen Ruf als Kavalier schädigen könnte.«

»Gewiß, gewiß«, bemerkte Castillo, »aber wenn Euer Gnaden mir erlauben, so möchte ich hier doch anmerken, daß das Volk solche Parteinahme nicht versteht, und da es sich von einem Tyrannen und Barbaren getäuscht und unterdrückt sieht, darf es niemanden verwundern, wenn es ihn beleidigt und lächerlich macht. Das Volk ist unwissend, so daß es zwecklos wäre, von ihm eine anständige Objektivität gegenüber einem solchen Mann zu verlangen, die es einfach nicht aufbringen kann. Deshalb neige ich dazu, dem Volk solche

Entgleisungen zu verzeihen, wenn es sonst die Würde seiner Seele behält. Die großen vaterländischen Gefühle stellen doch solche kleinen Bissigkeiten in den Schatten.«

»Wie können Sie solche Entgleisungen verteidigen, Pater?« entgegnete die Amaranta. »Wird dieses Druckerzeugnis hier auch mit Ihrer Nachsicht rechnen können? Hören Sie doch mal den Titel: *Was vier Trunkenbolde ausrichten oder Auflehnung gegen die elende Polemik, mit der die ehrliche Empörung unseres Volkes, das treu zu seiner Religion, seinem König und seinem Vaterland steht, diskreditiert werden soll.*«

»Dieses Werkchen«, sagte der Mönch lachend, »ist ja wohl kein zweiter ›Don Quijote‹, aber in diesem Titel finden Sie doch die Erklärung, warum die Bonapartes hier ›Trunkenbolde‹ genannt werden, was Sie offensichtlich so empört, meine liebe Frau Gräfin. Gewiß sind die Bonapartes keine Trunkenbolde, und wir wissen hinreichend, daß der arme König Joseph nicht einmal daran dachte zu trinken. Aber das Volk versteht es nicht so. Es hat auch immer behauptet, daß der Napoleon schielt, obwohl an seinen Augen nichts auszusetzen ist. Haben aber die Franzosen recht, wenn sie die Helden, die auf dem Schlachtfeld ihr Leben riskieren, um die Unabhängigkeit ihres Landes zu verteidigen, als *Aufständische, Banditen und Lumpenpack* bezeichnen?«

»Da kann ich Ihnen nicht widersprechen«, antwortete die Gräfin Amaranta. »Dennoch setzt sich auch die gerechteste Sache mit solchen schlechten Formen herab. Um das durch den Krieg hervorgerufene Elend zu beschreiben, muß der Verfasser dieser Schrift hier doch nicht den Titel geben: *Aufstellung der Raubzüge und Beute der Franzosen in den von ihnen überfallenen Ländern.*«

»Señora, ich gebe zu, daß sich der Autor hier ein wenig im Ton vergriffen hat«, meinte Castillo, »aber wenn man das Buch liest, merkt man, daß es eigentlich den Nagel auf den Kopf trifft.«

»Und wie!« rief Pater Salmón aus und hob die Augen von einem Buch, das er durchblätterte. »Was der Zufall mir hier in die Hände spielt, ist für mich sehr aufschlußreich.«

»Was denn?«

»Treffender und besser kann man es nicht formulieren. Hier, dieser nicht genannte Autor nennt seine Schrift: *Erster Brief eines Einwohners von Madrid an seinen Freund, in dem er ihm schildert, was sich nach der Festnahme des verabscheuungswürdigen Godoy ereignete.* Die Schärfe des Ausdrucks, die Bissigkeit der Spitznamen und Spottliedchen ist derart, daß Sie trotz des Ernstes dieser Angelegenheiten lachen werden.«

»Eine schöne Art der Geschichtsschreibung ist das! Dieser anmaßende Einwohner von Madrid ist wahrscheinlich ein verlotterter und dem Trunk zugetaner Küster aus dem Stadtviertel Rastro. Was versteht der schon vom verabscheuungswürdigen Godoy?«

»Aber verstehen Sie denn nicht, Frau Gräfin?« versuchte ihr der Pater Castillo zu erklären. »Manchmal haben grobe und wenig gebildete Personen einen schärferen Blick für die Dinge als die sogenannten Eingeweihten, weil die sich von der Wirklichkeit zu weit abgehoben haben. Das ist doch dann nur ein Mangel an Form und Ausdrucksweise. Bedenken Sie doch mal: Unter dieser Fülle von Veröffentlichungen, die Ihnen die Buchhändler von Madrid zusenden, gibt es so viel Unsinn, daß derjenige, der das nicht erkennt, eigentlich einfältiger ist als die Verfasser solcher Machwerke. Aber unter all diesem Ausschuß gibt es immer wieder einige Produkte, die einen aufmerksamen Leser aufhorchen lassen, weil sie die spontanen Früchte der Volksmeinung sind, wie die heldenhaften Taten, denen wir seit Beginn dieses Krieges beiwohnen. Hier ist zum Beispiel ein *Aufruf eines Gutsaufsehers aus den Bergen von Soria an alle Schäfer Spaniens zur Aufstellung von Steinwerfer-Kompanien.* Natürlich ist das ein Phantast, aber sein Eifer für das Vaterland ist trotzdem anerkennenswert. Auch was die Frau María Piquer y Pravia hier unter der Überschrift: *Was ist ein Held? Aufforderung an die jungen Spanier!* schreibt, ist des Lobes wert, denn alles, was die Begeisterung der Jugend in diesen kritischen Zeiten anfeuern kann, verdient Beifall. Solche Schriften wie *Anklagen des Spanischen Gerichts der Vernunft gegen den Kaiser der Franzosen* haben auch meinen Beifall, denn diese Anklagen sind maßvoll und vernünftig formuliert. Das gleiche gilt für ein anderes Werk hier mit dem Titel *Entlarvung des von Napoleon verübten Betrugs – klare Darlegung der Verletzungen des Vertrags mit Spanien durch den französischen Kaiser*, denn die treulose und verräterische Weise, in der sie uns den Krieg erklärten, kann gar nicht genug angeprangert werden. So wohlwollend kann ich allerdings nicht über diesen *Brief des Licenciado Siempre y Cuando an den Doktor Mayo im Jahr 1808* urteilen, weil es hier doch beträchtlich an der Form angesichts solch schwerwiegender Angelegenheiten mangelt. Auch dieser *Poetischen Allegorie zur Aufdeckung der schändlichen und bösartigen Heuchelei der Welt Bonapartes* kann ich keine Lorbeeren flechten, weil mich entrüstet, daß hier versucht wird, etwas in schlechten Versen auszudrücken, was in klarer und ungeschminkter Prosa geschrieben werden sollte.«

7.

»Glücklicherweise«, bemerkte die Gräfin Amaranta dazu, »findet man unter all dem Geschwätz auch Werke wie dieses, die in Kriegszeiten von anerkanntem Wert sind: *Allgemeine Kriegskunst von Fürst Raimundo de Munticuculi.*«

»In der Tat, meine Dame. Ich möchte Quiroga und Burgillos, die die Drucker und Herausgeber diesen großen Werkes sind, umarmen. Auch diesen Autor hier möchte ich in den Himmel heben, weil es wohl kaum etwas Verdienstvolleres geben kann, als so etwas zu schreiben: *Handbuch, in dem die Pflichten des Soldaten, Korporals und Sergeanten für die gründliche Unterweisung der Kompanien aufgeführt sind.* So findet man doch noch Goldkörner in diesem Haufen von Schlacke vor uns. Hier sehe ich zum Beispiel auch *Militärhygiene und die Kunst, die Gesundheit der Soldaten in Garnisonen, auf dem Marsch, in Feldlagern, Lazaretten und so weiter aufrechtzuerhalten.* Ich werde die mal hier auf eine Seite legen, damit sie sich nicht wieder unter den anderen verlieren. Dazu gehört auch: *Der gute Soldat Gottes und des Königs – ein Buch, in dem die mili-*

54

tärischen Richtlinien mit den christlichen in Einklang gebracht werden. Dieses erscheint mir sehr angebracht, denn jeder wird ein besserer Soldat sein, wenn er in seinem Herzen den Glauben trägt, die einzige Quelle jeder heldenhaften Handlung und der Bescheidenheit sowie des Gehorsams, welche die Disziplin aufrechterhalten, die ja die weltliche Entsprechung der göttlichen Ordnung ist.«

»Also legen wir hier die guten Bücher zusammen«, sagte die Gräfin gnädig und stapelte die ihr von dem Mönch angezeigten Bücher aufeinander.

»Halt, Frau Gräfin«, warf der Pater Castillo da ein, »da hat sich zu den guten Büchern auch dieses hier eingeschlichen: *Der Lorbeerkranz Andalusiens und das Grab des Dupont*. Obwohl es sich um ein patriotisches Buch handelt, ist es doch eine der dümmsten und ärgerlichsten Komödien, die in letzter Zeit gedruckt worden sind. Pater Salmón, nehmt das mit und lest es, wenn ihr wollt. Legen Sie, Frau Gräfin, dafür bitte diese *Sammlung der Ansprachen, Erlasse, Armeegruppierungen und Schlachtumstände* hinzu, denn diese Zusammenfassung beweiskräftiger Dokumente wird in nicht zu ferner Zeit von großem Interesse für die Geschichtsschreibung sein, die aus solchen Quellen die Wahrheit trinkt, ohne die sie nicht leben kann. Aber was lesen denn Euer Gnaden jetzt so angeregt?«

»Ich lese hier«, erwiderte die Gräfin, »die *Patriotischen Gedichte des Don Manuel José Quintana*, die jetzt zum zweiten Male aufgelegt worden sind. Dieser Band hier enthält *Die Vacuna-Expedition sowie die Oden an Juan de Padilla, an das freie Spanien, an die Ruhmeshalle des Escorial und die Erfindung der Druckkunst.*«

»Oh!« rief der Pater Castillo aus. »Was sage ich – Goldkörner? Perlen tauchen unter dem Schund auf. Dieser Poet hier müßte mit höchsten Ehren belohnt werden, denn ich werde niemals müde, ihn zu lesen, so groß ist mein Entzücken über seine feurige Ausdrucksweise, seinen bewundernswerten Stil, seinen unnachahmlichen Rhythmus, die Kühnheit seiner Vorstellungen, die Wahrheit der geschilderten Ereignisse, die Eleganz seiner Metaphern und die ausgezeichnete Wortwahl, daß ich darüber vergesse, mit welchem Eifer und welcher

Erbitterung er Institutionen und Personen angreift, die ich in meinem Stand nicht umhin kann zu verehren. Das ist aber das Vorrecht der Kunst, wenn sie von fähigen Köpfen ausgeführt wird. Sie besticht oft durch die Form, wenn sie den Verstand nicht überzeugen kann.«

»Dieses Buch hier sollte weit weg geworfen werden«, sagte Pater Salmón. »Ich wünschte, es würde mir nichts mehr von dem Verfasser dieses Machwerks in die Hände kommen: *Godoy, Satire von Don José Mor de Fuentes.*«

»Dann sollten wir Euch das Werkchen doch zum Geschenk machen, wenn Ihr so von Mor de Fuentes beeindruckt seid – nicht wahr, Frau Gräfin? Mal sehen, was das hier ist: *Lyrische Gedichte und jugendliche Reime von Don Juan Batista Arriaza.* Das dürfte nicht verachtet, aber auch nicht gerade gepriesen werden. Was der Verfasser hier mit eleganter Frivolität gewinnt, das verliert er wieder an übler Nachrede, ohne daß er wie Juvenal das Verdienst beanspruchen kann, die Untugenden und schlechten Gewohnheiten anzupreisen. Seine besten Werke sind die, welche wir *beißende Sticheleien* gegen Komödienautoren und Poeten nennen können. Diese *jugendlichen Reime* sind fein und angenehm zu lesen, aber ihnen mangelt das Salz der Inspiration, ohne das es kein substantielles poetisches Mahl gibt. Was machen wir damit, Frau Gräfin – geben wir es Salmón, oder legen wir es auf den Stapel der ausgewählten Werke?«

»Lassen Sie es hier«, meinte die Amaranta, »obwohl er fast alle seine Verse solchen schwülstigen Namen wie Clori, Belisa, Dorila, Mirta, Daphne, Febea und Floridiana gewidmet hat. Zum Trost geben wir dem Pater Salmón hier die Bände *Napoleon in Wut; Beinahekomödie: Bonaparte ohne Maske* und *Die ungewöhnliche Schlacht der Franzmänner gegen die Retiromäuse*, die auch des Urteils Seiner Hochwürden harren.«

»Aber immer her damit«, meinte Pater Salmón. »Ich hoffe auch, daß Euer Gnaden mir dieses freche Schriftstückchen nicht verweigern werden, dessen Titel mich schon zum Lachen bringt: *Das Tresillo-Spiel von Ferdinand VII. mit Napoleon und Murat – ein Buch, in dem anhand der Karten eine Vorstellung vom Schicksal unseres verehrenswerten Souveräns und dem übermäßigen Stolz Napoleons vermittelt wird und das mit gefühlvollen Ausrufen unseres unterdrückten Monarchen abschließt.«*

»Dieses ›anhand der Karten‹ des Tresillo-Spiels erstaunt mich nun aber wirklich«, meinte Castillo dazu.

»Gerade in dem Verwickelten liegt ja der Reiz dieser Idee«, bemerkte der andere Predigermönch. »Die hausbackene Prosa fällt einem doch aus den Händen, so daß ich nicht verstehe, daß Euer Hochwürden sich jetzt in ein Werk vertiefen kann wie: *Die kommende Regierung und die notwendigen Reformen.«*

»Mich interessieren nun mal die Schriften über Änderungen und Schwierigkeiten der Zukunft.«

»Die Spanier kümmern sich doch zur Zeit nicht darum, was die Zukunft bringen wird«, meinte die Gräfin.

»Erlauben Sie, daß ich hier widerspreche«, entgegnete Castillo. »Wenn man alle Druckerzeugnisse, die kürzlich das Licht der Welt erblickten, aufmerksam verfolgt – und Druckschriften lassen doch mehr als alles andere erkennen, was ein Volk denkt und hofft –, wenn man also durchblättert, was hier vor uns liegt, so muß man doch erkennen, daß die Spanier unter dem dünnen Mantel der augenscheinlichen Einigkeit, die ihnen der Krieg aufzwingt, recht gespalten sind. Das wird sich erst recht zeigen, wenn in der nächsten Zeit das Verlangen nach neuen Gesetzen, die uns regieren sollen, wachsen wird. Hier habe ich *Einige Überlegungen eines Spaniers hinsichtlich der Aufstellung einer Regierung, die das große Werk ewiger Freiheit und des Wohlstands der Nation zu gutem Ende führen wird.* Es scheint nicht schlecht geschrieben zu sein und entwickelt vorsichtig die Vorstellungen, die dieses andere Heft hier kühn herausstellt. Es nennt sich: *Volksnahe Politik angepaßt an die gegenwärtigen Umstände. Vorschlag für eine Verfassung, die Spanien braucht, um den Despotismus mit Stumpf und Stiel auszurotten und unmöglich zu machen.* Im gleichen Stil und mit gleicher Tendenz haben wir hier ein weiteres Buch: *Überlegungen eines alten Aktiven in einem Brief an einen Freund über Wege zur Einführung einer angemessenen Verfassung.«*

»Und wie ich hier sehe«, meinte die Gräfin, »handelt dieses Buch hier auch davon: *Manifest des Spaniers – Bürger und*

Soldat, unter Zugrundelegung unserer Leiden und Hoffnungen im Hinblick auf die individuelle Welt.«

»Bei der heiligen Glückseligkeit und den vier Doktoren, ich kann mir nicht vorstellen, was der gute Mann hier unter der ›individuellen Welt‹ versteht. Aber legen wir es mal zurück, damit man es später lesen kann.«

»Und glauben Euer Hochwürden, daß große Unterschiede zwischen den Ansichten der verschiedenen Autoren, die sich mit Politik und einer Verfassung beschäftigen, bestehe?« fragte die Gräfin Amaranta.

»Oh«, rief Pater Castillo aus, »hier ist zum Beispiel ein Werk, von dem ich natürlich die gegenteilige Meinung kenne. Man braucht ja nur den Titel zu lesen: *Hygiene des politischen Körpers Spaniens oder Medizin gegen die Krankheiten, mit denen Frankreich unser Land infizieren will,* um zu verstehen, daß dieser hier ein Freund des Despotismus ist. Und was halten Sie denn von diesem: *Politisch-moralische Folgerungen, die ein inbrünstiger Mönch der Öffentlichkeit als Anklage gegen die Ketzer unserer Zeiten unterbreitet?* Es gefällt mir nicht, daß Ordensgeistliche sich mit solchen Themen beschäftigen. Sie sollten sich lieber auf ihre Friedensmission beschränken und ruhig abwarten, was die Zukunft für unsere Klöster bringt. Man kann aber dieses Geschrei, das von allen Seiten für gegensätzliche Interessen erschallt, nicht zum Schweigen bringen. Es wird wohl kaum zu etwas Gutem führen, wenn Gott dem nicht ein Ende setzt. Inzwischen legen Sie mir bitte alle Werke über eine neue Verfassung und den Despotismus, also die Gewaltherrschaft, beiseite, denn ich möchte sie in Ruhe studieren. Aber was sehe ich da? Euer Gnaden haben zu den ausgewählten Werken auch diese vier Büchlein mit Novellen gelegt? Es ist doch kaum zu glauben, daß unsere Verlage in solchen Zeiten noch Zeit und Geld für die Übersetzungen solcher französischer Machwerke wie *Die Marquise de Brainville, die Sibariten und Hipólito* opfern. Dieses romantische Zeug wird Pater Salmón aber gefallen, und wenn er es lange bei sich behalten wird, wäre das um so besser, weil Euer Gnaden dann mehr Gelegenheit hätten, sich mit würdigerer Literatur zu beschäftigen.«

»Mit Novellen sind wir doch wahrlich nicht sehr gesegnet«, meinte die Amaranta dazu. »Nachdem Spanien die Urform aller Novellen und das fesselndste Buch der Welt hervorgebracht hat, gelingt es uns nun nicht mehr, auch nur noch etwas Mittelmäßiges auf diesem Gebiet zu schaffen, so daß wir all diese rührseligen französischen Geschichtchen übersetzen, die sich um solche Themen drehen wie ein Paar, das sich das ganze Buch über abgöttisch liebt, um schließlich herausfinden zu müssen, daß sie Bruder und Schwester sind.«

»Ich muß zugeben, daß es für mich keine ergötzlichere Literatur gibt«, entgegnete Pater Salmón, »so daß ich nur sagen kann: Her damit!«

»Der Stapel der Verteidiger der Verfassung«, meinte Pater Castillo, »ist aber sehr angewachsen, Frau Gräfin. Vielleicht könnten Euer Gnaden einen anderen Stapel mit Anhängern des Despotismus machen, die aber bis jetzt nicht sehr zahlreich zu sein scheinen. Aber nein – hier kommt ein Werkchen mit dem Titel *Schreie eines Spaniers aus seiner Ecke*, das ich wohl zu den Befürwortern der absoluten Herrschaft legen kann.

»Und hier habe ich eines«, bemerkte die Amaranta, »das – wenn ich mich nicht sehr täusche – in die gleiche Kategorie einzuordnen ist: *Brief eines dörflichen Philosophen, der weiß, wohin diese Messen führen werden.*

»Herrlich! Wenn ich das höre: ›eines dörflichen Philosophen‹, kann man wohl gar nicht anders, als ihn unter die Feinde einer Verfassung einzuordnen. Also auf den zweiten Haufen – und wir werden später sehen, *wohin diese Messen führen werden*. Wenn ich mich nicht sehr täusche, meine liebe Frau Gräfin, dann ist der jetzige Kampf gegen den Eindringling ein Kinderspiel gegen das, was danach kommen wird. Wenn der Krieg zu Ende ist, werden sich diese Kämpfe der Ansichten noch durch das ganze Jahrhundert hinziehen, das doch erst begonnen hat. Ich habe ein Auge für das, was bei uns vorgeht, und erkenne, daß diese Kontroverse in den Eingeweiden der spanischen Gesellschaft steckt und nicht leicht in ruhige Bahnen zu lenken sein wird, denn schwere Krankheiten erfordern noch schwerere Medizin, und ich weiß nicht, ob wir jemanden finden werden, der diese mit dem Fingerspitzengefühl und der Vorsicht verabreichen kann, die ein von mehreren komplizierten Leiden befallener Kranker benötigt. Bis jetzt sind die Spanier tapfer und ehrbar gewesen, aber auch sehr feurig in ihren Leidenschaften, und wenn sich erst einmal feindliche Gefühle gegeneinander richten, wenn der äußere Feind nicht mehr da ist, weiß ich nicht, wie das enden wird. Aber das wird wohl die Angelegenheit einer anderen Generation sein, weil die unsere wohl schneller in eine andere Welt ziehen wird, als uns lieb ist. Aber inzwischen heben Sie mir bitte diese beiden Bücherstapel auf, weil ich diese Schriften alle lesen möchte. Hier die Befürworter der Verfassung – da die Anhänger des Despotismus. ... Aber, was sehe ich? Hier hat sich ein Machwerk eingeschlichen, das ich doch schon für den geistigen Gaumen meines verehrten Mitbruders bestimmt hatte. Also weg mit diesem unverschämten Eindringling!«

»Ach ja?« meinte die Gräfin Amaranta lachend. »Das ist *Ein poetisches Bild eines Gevatters, der alles angehimmelt hat, was ein Korse so nach Spanien brachte und dem jetzt die Felle weggeschwommen sind.*«

»Her damit!« sagte Pater Salmón entzückt. »Beinahe wäre mir dieses Juwel entgangen! Das nehme ich auf jeden Fall ins Kloster mit, zusammen mit einem anderen hier, das den Krieg nicht von der politischen Seite behandelt, sondern wohl eher wie einen wissenschaftlichen Zeitvertreib: *Die Pyrotechnik, unterhaltsam dargestellt unter Einbeziehung von praktischen Verfahren, nach denen jeder in seinem Hause Raketen, Handbomben und so weiter herstellen kann, mit drei anschaulichen Bildtafeln der hohen Kunst des Feuerwerkers.*«

»Und jetzt, Frau Gräfin meines Herzens«, sagte Pater Castillo und erhob sich dabei von seinem Stuhl, »möchte ich Sie nicht länger mit meiner Gegenwart belästigen, da die von Ihnen gewünschte Durchsicht der Neuausgaben ja damit beendet ist. Heute nachmittag betet nämlich die Schwesternschaft der ›Erflehung von Hilfe der Gottesmutter‹ einen feierlichen Rosenkranz, bei dem ich predigen muß.«

»Ich gehöre der Rettungsgemeinschaft an«, bemerkte Amaranta, »und ich glaube, daß wir in der kommenden

Woche unsere Exerzitien durchführen. Und Sie, Pater Salmón, predigen Sie nicht zu diesen Anlässen?«

»Und wie! Die Königliche Vereinigung der Anflehung Unserer Lieben Frau der Einsamkeit hat mich mit zwei Sonderpredigten für die kommende Woche beauftragt. Ich hoffe, daß ich damit Gutes ausrichten kann.«

Pater Castillo, der es offenbar eilig hatte, verabschiedete sich, so daß Pater Salmón und ich mit der Gräfin allein waren. Sobald sein Mitbruder das Zimmer verlassen hatte, ergriff der Pater das Wort:

»Wie ich schon die Ehre hatte, Ihnen mitzuteilen, weiß dieser Jüngling alles in bezug auf Don Diego und seinen Lebenswandel, so daß er Ihnen besser als ich Auskunft geben kann. Ist es denn gewiß, was mir der Herr Marquis Don Felipe gesagt hat, als wir das Haus betraten?«

»Was denn?«

»Daß Euer Gnaden gestern abend das Glück hatten, von Ihrer hübschen Tochter alles zu hören, was sie bisher verschwiegen hatte?«

»So ist es«, bestätigte die Amaranta, »sie hat mir alles gebeichtet.«

»Der Frieden Gottes sei mit diesem hohen Hause! Wo ist denn diese weiße Lilie, daß ich ihr zu ihrem lobenswerten Entschluß gratulieren kann?«

»Heute nachmittag werden Sie sie nicht sehen können, Pater. Da Euer Hochwürden aber die Freundlichkeit hatten, mir diesen Knaben zu bringen, der mir bestimmt nützliche Auskünfte geben kann, möchte ich Sie bitten, mich einige Zeit mit ihm allein zu lassen, damit die Gegenwart einer so respektablen Persönlichkeit wie der Ihren ihn nicht aus Rücksicht auf die guten Sitten davon abhält, mir alles zu erzählen.«

»Aber selbstverständlich doch, Frau Gräfin«, erwiderte Pater Salmón und zog sich zurück, so daß ich nun von Angesicht zu Angesicht dieser gewandten Hofdame und blendenden Leuchte der hohen Gesellschaft gegenübersaß, der ich mich noch nie ohne Beklemmung hatte nähern können.

8.

»Dieser gute Priester hat dich doch nicht aus eigenem Antrieb hierhergebracht«, sprach sie mich streng an. »Das ist doch wohl das Werk deiner Tücke und Hinterlist.«

»Meine Dame«, erwiderte ich, »beim Namen meiner Mutter schwöre ich, daß ich noch nicht einmal daran dachte, mich diesem Haus wieder zu nähern, als der Pater darauf bestand, mich aus dem Grund, den er Ihnen ja mitgeteilt hat, zu Ihnen zu bringen.«

»Und was weißt du über Don Diego?«

»Da ist wohl nichts, was ich von ihm nicht weiß.«

»Don Diego ist also ein Spieler, Freimaurer und Wüstling, nicht wahr?«

»Da kann ich nicht widersprechen. Wenn ich es bestätige, so nicht, weil ich Freude daran habe. Es steht mir in meiner niedrigen Lebensstellung auch nicht zu, über jemanden zu urteilen. Aber was sie da über Don Diego gesagt haben, wissen doch alle.«

»Nun gut. Wirst du mich oder eine andere Person dieses Hauses zu einem dieser abscheulichen Orte führen, wo er die Nächte verbringt, damit wir ihn da überraschen können und er das nicht mehr ableugnen kann?«

»Frau Gräfin, das kann ich nicht tun, auch wenn Sie, für die ich große Ehrerbietung empfinde, mich noch so sehr darum bitten werden.«

»Warum denn nicht?«

»Weil das eine häßliche und gemeine Handlung wäre. Don Diego ist mein Freund, und es widerstrebt mir aus tiefstem Herzen, einen Freund zu verraten.«

»So, so«, äußerte Amaranta mit weniger Strenge im Tonfall, »ich glaube, daß du ihn auf diesen schlechten Weg geführt und ihn in seinen Untugenden noch bestärkt hast.«

»Im Gegenteil, meine Dame! Wie oft habe ich ihm nicht vorgehalten, wie verwerflich diese Lebensweise ist, unwürdig eines jungen Mannes von hohem Geschlecht, und daß er damit nicht nur das Haus seiner Familie, sondern auch das, mit dem er in verwandtschaftliche Bindung treten soll, entehrt.«

»Das ist sehr gut gesagt«, stimmte sie ernst zu. »Was der Rumblar da macht, kann Gott nicht verzeihen. Wer ist denn eigentlich sein Begleiter bei diesen Ausschweifungen?«

»Der Señor de Mañara und Don Luis de Santorcaz.«

»Der letztere also auch!« fuhr sie auf, und ihr schönes Gesicht verzog sich dabei. »Was ist denn das eigentlich für ein Mann? Kennst du ihn? Wo wohnt er denn, und wovon lebt er?«

»Um die Wahrheit zu sagen, ich weiß noch nicht, was für ein Mensch das ist, und auch nicht, wo er wohnt. Ich habe aber gehört, daß er ein Spion der Franzosen ist und diese ihn dafür bezahlen, daß er ihnen alles schreibt. So wurde mir jedenfalls erzählt, aber ich weiß nicht, ob es wahr ist.«

Amaranta rückte ihren Stuhl an den meinen, blickte mich an wie jemand, der etwas Vertrauliches von sich geben will, und sprach mit weicher Stimme:

»Gabriel, ich wäre dir sehr dankbar, wenn du mir von Zeit zu Zeit Dienste leisten könntest, die nur scharfe Beobachtungsgabe und diskrete Umsicht erfordern. Kannst du feststellen, ob Don Diego auch an Verschwörungen und anderen verwerflichen Aktionen mit demjenigen, den du als Spion der Franzosen bezeichnet hast, beteiligt ist?«

»Ich weiß nicht, ob ich das machen kann. Ich stünde dann in einem engen Vertrauensverhältnis zu Ihnen und könnte meine Hand nicht dafür ins Feuer legen, daß ich gegen Ihren Willen Nutzen daraus zöge. Sie können diese Auskünfte doch wohl auf anderem Wege erlangen.«

»Du bist wirklich ein stolzes Kerlchen. Aber kommen wir doch einmal zu dir, mein Kleiner. Was machst du denn jetzt so? In wessen Diensten stehst du nun?«

»Ich habe keine Anstellung als Diener und suche auch keine. Zur Zeit bin ich noch Soldat, wenn man das so sagen kann. Ich lebe von dem Sold, den der Stadtrat von Madrid den Truppen zahlt, die er ausgehoben hat. Aber ich mag das Waffenhandwerk nicht so besonders, ich hatte es aus reinem Patriotismus begonnen, nur für die Kriegszeit. Gott wird entscheiden, was aus mir wird. Da ich weder Geld noch Eltern, weder Verwandte noch Adelspapiere, geschweige denn eine Forderung anderer Art aufweisen kann, habe ich keine große Hoffnung, die bescheidene Lebensstellung, in die ich hineingeboren wurde und in der ich jetzt wirke, verlassen zu können.«

»Möchtest du von mir gefördert werden? Brauchst du etwas?« fragte sie mich wohlwollend. »Ich werde dir eine gute Anstellung verschaffen und dich unterstützen, wenn du dich nicht schon zu sehr in Schulden gestürzt hast durch ein ausschweifendes Leben.«

»Obwohl es keine Schande ist, Almosen anzunehmen, würde ich lieber verhungern, als Euer Gnaden zur Last zu fallen.«

»Warum – was beabsichtigst du denn? Ja, ich weiß, daß du hohe Träume hast und nicht mehr bescheiden anfangen willst. Schau Gabriel, wenn du mir dein Herz öffnest und mir anvertraust, was du wirklich fühlst, verspreche ich, dich gut zu belohnen. Glaubst du denn, ich wüßte nichts von deinen Dreistigkeiten? Und wenn nicht, dann sag mir doch mal, warum du nachts auf der Straße hier vor dem Haus herumgelungert hast, warum du Kiesel an die Fenster geworfen hast?«

»Sie haben mich gesehen?« fragte ich verwirrt.

»Ja – und obwohl das meinen Zorn erregt hat, weiß ich, daß niemand mit einem Schlag die Vergangenheit auslöschen kann, besonders wenn man die Lage, in der man sich befindet, nicht selbst heraufbeschworen hat, sondern Gott es so verfügte. Du hast lächerliche und absurde Hoffnungen, und ich werde sie dir jetzt mit Freundlichkeit und Vernunft ausreden.«

»Sprechen Sie nur, Frau Gräfin, aber ich sage Ihnen, daß ich keine lächerlichen Hoffnungen mehr habe, denn das, was ich damals so redete, General werden zu wollen, habe ich schon aufgegeben und ...«

»Das meine ich nicht. Du weißt sehr wohl, worauf ich anspiele, Tagedieb. Ich möchte dir nicht verhehlen, daß ich damals in Córdoba empört war, als du so naiv sagtest:

›Señora, Inés und ich sind ein Brautpaar!‹ Diese Behauptung über meine Cousine hat mich zuerst entrüstet, aber später mußte ich darüber lachen. Ach, wie habe ich bei dieser Vorstellung gelacht! Du glaubst doch wohl nicht, daß sie noch die gleichen Gefühle für dich hegt? Du stehst doch so tief unter ihr! Inés weiß sehr wohl, daß die frühere scheinbare Gleichheit eurer Stellung in der menschlichen Gesellschaft es als nicht unmöglich erscheinen ließ, daß ihr Zuneigung zueinander empfandet, aber in der jetzigen Situation noch daran zu denken, ist geradezu ein Verbrechen! Du müßtest einmal hören, wie sie lacht, wenn sie erzählt, wie albern und einfältig du warst! … Gewiß, sie ist dir dankbar, daß du sie von ich weiß nicht welcher Gefahr gerettet hast. Das schon – aber mehr nicht! Meine kleine Cousine hat so viel Würde und Stolz aus dem edlen Geschlecht ihrer Vorfahren geschöpft, daß sie sich selbst bei einer Heirat mit einem König oder Kaiser – von Grafen ganz zu schweigen – noch nicht am richtigen Platze betrachten würde.«

»Um Gottes willen, wie sich doch Menschen verändern können!« rief ich aus, zweifelte jedoch insgeheim, daß sie mir die Wahrheit erzählte.

»Wenn ich es dir doch sage«, fuhr die Gräfin Amaranta fort. »Du sollst aber auch wissen, daß ich mich für dich interessiere und dich für die Dienste belohnen möchte, die du Inés erwiesen hast, als sie im Elend steckte. Aus diesem Grund werde ich dir das Notwendige geben, damit du mit deiner Arbeit dein Glück machen kannst, aber unter der Bedingung, daß du morgen schon Madrid und auch Spanien verläßt, um nie mehr zurückzukehren.«

Ich hörte mir diese Ausführungen der Gräfin nach außen hin sehr ruhig an, obwohl ich innerlich erregt war, und erwiderte:

»Ach, Señora, wie schlecht verstehen Sie mich doch! Euer Gnaden möge ohne jegliche Rücksicht mit mir reden, denn ich, mit meinem Herzen auf der Hand, sage Ihnen, daß ich sehr wohl weiß, wer ich bin und was ich erhoffen kann. In meinem kurzen Leben habe ich schon ein wenig gelernt, wie es auf der Welt zugeht, und daß in meiner bescheidenen

Lebenslage, bei meiner Armut und Unwissenheit etwas zu erhoffen, was so weit entfernt ist von mir wie der Himmel von der Erde, eine große Dummheit sein würde. Ich werde Ihnen nichts von unseren Beziehungen verschweigen. Als Inés, ich will sagen das gnädige Fräulein Inés, noch im Hause des Priesters von Aranjuez war, duzten wir uns und sprachen miteinander von unserer Zukunft, als ob wir uns nie trennen müßten. Später, im Hause des Don Mauro Requejo, erschien es, als ob unser Unglück unsere Zuneigung nur noch festigte. Wir machten tausend Scherze, und ich sagte ihr: ›Meine kleine Inés, wenn du Gräfin wärst, würdest du mich dann auch wie jetzt lieben? Sie antwortete mit ja, und ich glaubte es. Seitdem ist alles anders geworden. Als ich in den Krieg zog, dachte ich nur daran, mir durch meine Tapferkeit einen Namen zu machen, um sie heiraten zu können. Als ich dann aber erkannte, wie hoch sie gestiegen ist und wie tief ich im Vergleich dazu stehe, ohne Aussichten, auch nur eine Sprosse auf der Leiter der Gesellschaft aufsteigen zu können, ergriff mich eine solche Traurigkeit, daß ich am liebsten sterben wollte. Schließlich hat sich aber meine Vernunft durch dieses Labyrinth von unsinnigen Vorstellungen gerungen, und ich habe mir gesagt: ›Gabriel, du bist doch ein Dummkopf zu denken, daß sich die Erde anders herum drehen wird, nur um dir einen Gefallen zu tun! Gott hat es so eingerichtet, daß es so viele Unterschiede gibt. Er wird schon wissen warum. Gib deine eitlen Träume auf! Dazu gehört doch auch der Wunsch, schnell General zu werden.‹ Schließlich, Frau Gräfin, habe ich durch vieles Leiden einen Zustand der Entsagung erreicht und bin von meinen hochfahrenden Plänen kuriert. Ich habe es aufgegeben, das Unmögliche erreichen zu wollen. Hätte ich es nicht getan, so wäre ich doch wie eine Figur aus jenen schlechten Novellen, über die der Pater Castillo eben so gelacht hat und in denen eine Erzherzogin einen Pagen und ein bettelarmer Wicht eine Kaiserin heiratet. Nein, Señora, kehren wir zur für mich so traurigen Realität zurück, dann kann man sich nicht mehr viel vormachen. Ich habe nicht mehr die Hoffnungen, die Sie mir unterstellen, so daß es für Euer Gnaden nicht erforderlich ist, meinen Verzicht mit Geld zu erkaufen und von mir zu verlangen, daß ich mich von diesem Hause, von Madrid oder sogar von Spanien fernhalte.«

Amaranta sah mich während meiner langen Rede fest an und sagte dann:

»Gabriel, entweder du bist ein Heuchler oder wirklich ein junger Mann, der nicht nur sehr verständig ist, sondern auch eine ehrenwerte innere Einstellung hat. Ich sehe, daß du die Ordnung der Dinge verstehst und auch das Ungestüm und die Unverschämtheit der Jugend zu unterdrücken gelernt hast.«

»Señora, was ich Ihnen eben erzählt habe, ist die reine Wahrheit. Möge mir Gott dafür einen gnädigen Tod an meinem Lebensende bescheren.«

»Da du so freimütig zu mir gesprochen hast, möchte ich nicht weniger offen sein. Wärest du der Mann, dem man einen heiklen Gedanken anvertrauen kann – einen Gedanken von der Art, die die meisten mit ihrer allgemeinen Denkungsweise nicht nach ihrem wirklichen Werte beurteilen können?«

»Ich glaube, Euer Gnaden können mir alles anvertrauen, was Sie wollen.«

»Ob du das wirklich verstehen wirst? Na, wir werden sehen. Du hast gesagt, du habest darauf verzichtet, daß meine Cousine dich weiterhin liebt, weil du den riesigen Unterschied zwischen euch erkannt hast.«

»Ja, meine Dame, so ist es.«

»Nun gut – dann wirst du wohl auch … ich weiß nicht, wie ich es sagen soll. Als ich dir versprach, dich wohlhabend zu machen, wollte ich damit auch andeuten, daß ich von dir einen außergewöhnlichen Dienst erwarte.«

»Wenn ich ihn erfüllen kann, brauchen Sie mir nichts dafür zu geben. Möchten Sie, daß ich aus Spanien weggehe? Dann werde ich um meinen Abschied von der Armee bitten. Vielleicht erinnert sich das gnädige Fräulein Inés aber noch mal meiner Wenigkeit.«

»Erzähle mir doch mal, was deine Vernunft dir zu dem folgenden Fall sagt, Gabriel«, sprach die Gräfin mit ernster Stimme. »Nehmen wir an, das Fräulein Inés würde es sich trotz allem doch wieder in den Kopf setzen, daß sie nur dich lieben kann ... Es ist nicht so, aber ich möchte es als eine Möglichkeit anführen. Stell dir das also mal vor.«

»Ja, das kann ich.«

»Wäre es dann nicht natürlich, daß ich und meine Verwandten sich diesem Wunsch mit allen uns zur Verfügung stehenden Mitteln widersetzen?«

»Ja, Señora, das würde mir natürlich erscheinen«, antwortete ich erstaunt, »aber wenn sie also doch darauf beharrt ...«

»Sie besteht nicht darauf ... nein, das ist es nicht ... es ist nur, daß ... Also, ich werde es dir jetzt ganz ohne Umschweife sagen. Obwohl ich nicht glaube, daß Inés dich liebt – das ist ja auch unwahrscheinlich, weil es so grotesk wäre – könnte es doch sein ... Also, es wäre nicht außergewöhnlich, daß sie immer noch eine große Zuneigung zu jenen empfindet, mit denen sie damals in ihrer Misere Umgang hatte ... Das wäre dann eine Laune, eine kindische Vernarrtheit, über die sie bestimmt bald hinwegkommen würde. Meinst du nicht auch, daß sie so etwas überwinden wird?«

»Ja, Frau Gräfin, sie wird das überwinden.«

»Damit das aber wirklich aufhört, brauche ich deine Hilfe. Eben weil ich dich nun so vernünftig sehe, weil du erkennst, daß es eine Dummheit wäre zu hoffen, sie eines Tages heiraten zu können ... Sie heiraten zu können! Welch ein vermessener Gedanke! Ein armer Schlucker wie du! ... Das hört sich doch an wie aus einem Lustspiel. Mußt du nicht auch darüber lachen? Ja, also ich sagte«, fuhr sie fort und hörte mit der gespielten Heiterkeit auf, »daß ich angesichts deiner vernünftigen Einstellung etwas von dir erwarte. Ich wiederhole, daß ich dir dafür so viel geben werde, daß du damit in einem anderen Land – weit weg von Spanien – dein Glück machen kannst. Ich werde dich sogar direkt auf den Weg des Wohlstands bringen, wenn du willst ...«

»Was muß ich denn dafür tun?«

»So gut wie nichts ... Du tauchst eines Tages hier auf unter dem Vorwand, bei mir als Diener eintreten zu wollen. Du bleibst dann hier und nimmst wieder Verbindung mit Inés auf. Nach einiger Zeit machst du aber häßliche Sachen, begehst Verfehlungen, die einen Mann am meisten erniedrigen, so daß ihre Zuneigung zu dir angesichts deiner inzwischen eingetretenen Verderbtheit abstirbt und alles ein Ende hat. Das ist eigentlich sehr leicht: Als mein Diener stiehlst du zum Beispiel einen Ring oder ein anderes Schmuckstück. Ich werde das dann herausfinden und dich öffentlich dafür tadeln. Wenn du dann mit ihr darüber sprichst, wirst du mich in schändlicher Weise verleumden. Schließlich wirst du zu einem Dienstmädchen schlecht über Inés reden, worauf dieses das dann mir und Inés erzählt ... Und so wirst du dann weiter allerlei Schlechtigkeiten begehen, von der Sorte, die Inés am meisten schmerzen müssen.«

»Señora!« platzte ich heraus, denn ich war schon am Ersticken vor Zorn. »Wenn Sie mir Ihr ganzes Haus voller Gold geben würden, täte ich das nicht! Vor ihr eine schändliche Handlung begehen! Ich würde lieber tausend Tode sterben, als dies zu tun. Als wir noch zusammen waren, fürchtete ich einen Tadel von ihr mehr als mein eigenes Gewissen, und wenn ich etwas Gutes tat, dann weil sie es sehen sollte. Ihre gute Meinung über mich war mir mehr wert als alle Güter der Welt. Ich werde dorthin fliehen, wo sie mich nie mehr erreichen kann, aber auch nur daran zu denken, daß ich mich vor ihr mit schändlichen Taten erniedrigen sollte ... nein, das ist ganz unmöglich! Adiós, Frau Gräfin, ich gehe«, fügte ich hinzu und stand auf. »Zum zweiten Male wollen Sie mich in Intrigen und Täuschungen von der Art der Hofschranzen verwickeln, worin sie eine so große Meisterin sind.«

»Warte!« sprach sie und hielt mich am Ärmel zurück.

»Wäre es denn nicht natürlicher, daß ich verschwinde, um nie mehr nach Madrid zurückzukehren?« fügte ich noch hinzu.

»Du bist ein Tölpel«, äußerte sie geringschätzig. »Was würde es dich schon kosten, auf meine Vorschläge einzugehen? Würdest du denn etwas dabei verlieren? Hast du denn einen Ruf zu verlieren oder eine Position, du Gassenheld? Wie viele, die besser sind als du, würden mir mit Freuden diesen Dienst erweisen bei der Belohnung, die ich dir biete! Aber vielleicht hast du gar keine Vorstellung von dem, was ich dir bieten kann, du Träumer? Man schaue sich doch einmal diesen kleinen Möchtegernritter an – immer bedacht auf seine Ehre und sein Gewissen, seine Pflichten hier und seinen Ruf dort!«

»Wenn Sie erlauben, werde ich mich jetzt zurückziehen«, erwiderte ich fest entschlossen, dieser Unterredung ein Ende zu setzen.

»Nein, du bleibst noch! Ich entnehme deinem Verhalten, daß du noch immer glaubst, meine Cousine würde sich an dein naives Gehabe und deine Albernheiten entsinnen«, erklärte sie zornig. »Du Tagedieb, du Nichtsnutz, denkst du etwa, ich durchschaue deine Heucheleien nicht? Glaubst du, ich nehme die hochfliegenden Gefühle ernst, die du mir hier wie ein Komödiencaballero vorgespielt hast? Ich werde dieser Närrin schon erzählen, was du in Wirklichkeit bist. Entweder sie macht, was ich ihr sage«, stieß sie mit wachsendem Zorn hervor, »und denkt, wie ich es will – oder sie ist nicht von meinem Blute. Nein, nein – das kann nicht sein. Mein Gott, welch ein Jammer! … Ich möchte dich nicht mehr sehen, Gabriel. Verschwinde von hier … Aber nein, komm wieder her … Du trägst eigentlich nicht die Schuld an alldem. Sag mal, wer bist du denn eigentlich? Wo bist du denn geboren worden? Was weißt du eigentlich über deine Eltern? … Manchmal kommt es doch vor, daß jemand, der denkt, er sei niedrigen Standes geboren worden …«

»Sie können nicht damit rechnen«, entgegnete ich lächelnd, »daß mir über Nacht ein Großherzogtum als Erbschaft zufällt. So etwas geschieht schon mal – wie mit Inés, aber solche Novellenmärchen sind doch äußerst selten. Niedrig bin ich geboren worden, und niedrig werde ich mein ganzes Leben lang sein.«

»Ich hatte das mit den Eltern angesprochen, weil du ein anständiger Mensch bist. Diese Empörung würde dir als Edelmann gut stehen«, gab sie zurück. »Wegen nichts anderem habe ich das erwähnt, Unglücklicher. Bilde dir aber unter deinen Umständen nicht so viel darauf ein. Nun geh – ich bin sehr verärgert.«

Und dann, als ob sie von ihren eigenen Schwierigkeiten überwältigt worden wäre und mich ganz vergessen hätte, rief sie aus:

»Warum, Du Allmächtiger im Himmel, hast Du uns dieses Mädchen ins Haus geschickt, damit so viel Verdruß daraus entsteht?«

»Lieben Sie Ihre Tochter sehr?« fragte ich sie unvermittelt.

»Meine Cousine, wolltest du wohl sagen.«

»Ja, so ist es, ich habe mich versprochen.«

»Und ob ich sie liebe! Seit sie hierhergekommen ist, lebe ich nur noch für sie. Es ist wie ein heiliger Wahn, den ich da verspüre, und wenn Inés mich abweist, werde ich wohl sterben. Ich bin so verzweifelt, weil wir ihr hier in diesem Haus das Glück, das sie verdient, offenbar nicht geben können. Ist das denn aber unsere Schuld?«

»Bestehen Sie weiter darauf, daß sie Don Diego heiratet?«

»O nein! Don Diego ist ein Mann mit einem ausschweifenden Lebenswandel, darüber habe ich keinen Zweifel mehr. Ich werde mich gegen eine Heirat mit ihm aussprechen.«

»Daran tun sie gut. Es wird nicht an jungen Männern aus hochstehenden Familien mangeln, unter denen ein Gemahl für Inés ausgewählt werden könnte. Ich rate Ihnen, Frau Gräfin, daß sie die Verbindung mit Don Diego sofort abbrechen. Der schlechte Umgang dieses jungen Mannes ist eine Gefahr für die Ruhe dieses Hauses.«

»Was willst du damit sagen? Da kommt mir dieser Mann in den Sinn, den du vorhin erwähnt hast und der mir angst macht.«

»Santorcaz? Und da ich ihn nun schon mal ins Gespräch gebracht habe, werde ich Ihnen von einigen seiner Listen berichten, damit Sie gewarnt sind. Ich nahm an der Schlacht von Bailén teil, und dort fielen mir durch einen seltsamen Zufall einige Briefe in die Hände ...«

Amaranta erblaßte.

»Señora, wenn ich dadurch zufällig Dinge erfuhr, von denen ich keine Kenntnis haben sollte, so schwöre ich Ihnen, daß ich diese Geheimnisse keinem anderen erzählt habe und es auch bis zum Ende meines Lebens nicht tun werde!«

Die Gräfin schien von einer nervösen Erregung ergriffen zu sein.

»Du bist doch wohl verrückt!« rief sie aus. »Was für Märchen erzählst du mir da? Ich habe weder mit diesen Briefen noch mit diesem Mann etwas zu tun!«

»Dann muß ich Ihnen eben diese Briefe vorlegen, auch wenn es einen Schock für Sie bedeuten wird.«

»Laß sie sehen, schnell«, stieß sie hervor, während ihre Gesichtsfarbe von tiefer Röte zu tiefer Blässe wechselte, so daß sie einer Leiche ähnlich sah.

»Hier ist der erste«, sagte ich und händigte ihr den aus, welchen sie an Santorcaz geschrieben hatte.

»Ja, träume ich denn?« rief sie aus, als sie ihn wiedererkannte. »Wie ist denn dieses Schreiben in deine Hände gelangt, elender Gassensträuner? Wer hat dir erlaubt, solche Sachen zu lesen? …«

Dann erzählte ich ihr, wie ich in den Besitz dieser Postillen gelangte. Sie hörte aufmerksam zu, drückte sich dann die Finger an die Schläfen und stieß einige Wehklagenslaute aus.

»Jetzt lege ich Ihnen den zweiten vor, der das Antwortschreiben auf den ersten zu sein scheint und nicht der Post übergeben wurde, aber nun doch durch mich in Ihre Hände gelangt – wenn auch sehr spät.«

Sie las den Brief begierig, und die Entrüstung zeichnete sich immer stärker auf ihren schönen Zügen ab. Als sie ihn ganz gelesen hatte, zerriß sie ihn wütend in kleine Stücke und rief:

»Dieser Elende droht mir also mit der Versicherung, daß wenn seine Tochter heute noch nicht bei ihm ist, so doch in Kürze ganz bestimmt!«

»Euer Gnaden werden sich entsinnen, was geschah, als Ihre ganze Familie Andalusien verließ. Ich war ein Mitglied des Schutztrupps, der Sie von Bailén bis Santa Cruz de Mudela begleitete und die Kanaillen, die Ihre Kutschen aufhielten, in die Flucht schlug.«

»Diese Banditen!«

»Ja, das waren sie. Aber sie wollten nicht die Reisenden berauben. Sie werden sich entsinnen können, daß es für uns sehr leicht war, ihnen eine gehörige Lektion zu erteilen, aber was sie wohl nicht wissen, ist, daß der Señor Santorcaz damals im nahen Gesträuch versteckt war, denn er und kein anderer kommandierte diese Wegelagerer. Ich, der die Briefe gelesen hatte und außerdem schon durch gewisse Worte, die ich in Bailén von diesem Don Luis de Santorcaz gehört hatte, mißtrauisch geworden war, hatte mich freiwillig zu dem Begleitschutz gemeldet, den der General dem Herrn Marquis zugeteilt hatte. Ihm gehörten auch einige meiner guten Kameraden an. Euer Gnaden haben aber noch nicht den seltsamsten dieser drei Briefe gelesen, die durch den besagten Zufall in der Schlacht in meine Hände gefallen waren. Hier ist er. Sie werden durch ihn von der infamen Untreue eines Dieners Ihres eigenen Hauses erfahren.«

Die Gräfin nahm den Brief, in dem Román Santorcaz von den Ereignissen hinsichtlich der Legitimierung von Inés berichtete. Während sie so las, stiegen Tränen der Wut in ihre Augen, die dann einen starken Glanz annahmen.

»Ich hatte schon einen Verdacht, daß dieser Elende, der uns alles verdankt, ein Verräter ist«, rief sie aus, »aber meine Tante mag ihn, so daß er immer noch in unserem Hause ist … Was für eine Schändlichkeit! Aber du, dummer Junge, warum hast du diese Sachen gelesen? Geh jetzt weg … Nein, nein, komme wieder zurück – du hast ja keine Schuld.«

»Señora«, erwiderte ich, »kein Mensch wird es von mir erfahren, sofern Sie es nicht wollen. Ich habe auf eine Gelegenheit gewartet, Euer Gnaden diese Briefe zu zeigen, und solange sie in meinem Besitz waren, hat niemand – absolut niemand – sie gelesen!«

»Oh! Ich weiß schon, was ich tun muß, um mich und meine Tochter vor solch elenden Angriffen zu schützen!«

»Santorcaz ist ein enger Freund von Don Diego. Er begleitet ihn überall hin, berät ihn und leitet ihn an. Ich hörte einige ihrer intimen Gespräche und konnte daraus entnehmen, daß der perfide Freund und Berater von Don Diego seine Pläne nicht aufgegeben hat.«

»Ich bin ganz verwirrt – ja völlig erschüttert«, sagte Amaranta und erhob sich von ihrem Stuhl. »Nein, nein, Gabriel, geh noch nicht! Du bist doch im Grunde ein guter Junge. Ich möchte dich auf irgendeine Weise belohnen, dir wenigstens so viel geben, daß du anständig leben kannst, wie du es verdienst … Aber denke nicht weiter an Inés, ja? Es wäre Wahnsinn, wenn du dir noch weiterhin Hoffnungen machen würdest. Meine arme Tochter! Wir haben sie aus dem Elend gerettet, haben ihr unseren Namen, unseren Wohlstand, unsere Stellung gegeben – und können sie nicht glücklich machen! Das macht mich rein verrückt! Wenn ich sie so sehe, wie sie bei allen Zerstreuungen, die wir ihr vorschlagen, gleichgültig bleibt. Wenn ich sehe, wie unmöglich es ist, daß sie mich so liebt, wie ich es gerne hätte … Wenn ich sie so nachdenklich und stumm dasitzen sehe und daran denke, daß sie wohl die Innigkeit des friedlichen Zusammenlebens mit dem Priester von Aranjuez vermißt, dann sterbe ich fast vor Schmerz und könnte stundenlang nur weinen. Meine arme Tochter! Ich kann ihr noch nicht einmal meinen Namen geben, denn sogar gegenüber meinen Verwandten hier im Hause muß ich das Geheimnis wahren! Sie und ich sind gleichermaßen unglücklich! Warum nimmst du denn nicht mein Angebot an? Wozu sind denn solche ritterlichen Allüren gut? Aber nein – du hast ja recht, daß du dich in ihren Augen nicht erniedrigen willst. Du hast edle Gefühle, bist innerlich ein Edelmann, obwohl du nicht wie einer erscheinst. Gott ist nicht gerecht zu dir … Ach ja, ich erkenne jetzt, daß du auch ein vom Unglück Belasteter bist.«

Dies sprach die Gräfin nicht nur mit Anzeichen großen Schmerzes, sondern auch mit einer gewissen geistigen Verwirrung als Folge der verschiedenen bestürzenden Einflüsse, denen sie soeben ausgesetzt worden war. Dann setzte sie sich wieder und hüllte sich längere Zeit in Schweigen. Sie verharrte noch reglos, als ich von fern im Hause das Geräusch von Stimmen zu hören glaubte. Es war kaum zu vernehmen, und ich hätte auch nicht weiter darauf geachtet, wenn die Gräfin nicht abrupt aufgestanden und zu einer der Türen gegangen wäre, um zu lauschen.

»Das ist meine Tante«, sagte sie nach einer langen Pause. »Meine Tante, die nicht aufhört, ihr Vorwürfe zu machen, weil sie nicht das alberne Gehabe eines lächerlichen Tanzmeisters nachahmen oder die Zierereien unserer Besucher mitmachen will. Und ich kann das nicht verhindern, Gott sei es geklagt!« fügte sie hinzu und rang die Hände. »Aber wenn ich schon sonst keine Autorität in diesem Hause habe, so habe ich über Inés absolut keine! Ich muß das Martyrium mit ansehen, dem man sie unterwirft, und noch so tun, als ob ich es gutheißen würde. Ich bin dazu verurteilt, diese Gewalt, diese Intoleranz, diese Auflagen, den Argwohn und die Engstirnigkeit, mit denen man sie quält und die sie so unglücklich machen, hinzunehmen.«

Die Gräfin machte Anstalten, den Raum zu verlassen. An der Tür hielt sie jedoch an und kam wieder zurück. Aus ihren Bewegungen konnte man eine große Erregung erkennen. Dann sah sie mich erstaunt an, als ob sie meine Gegenwart schon vergessen hätte.

»Gabriel«, sagte sie, »geh – geh weg von hier und komme nie wieder. Ach, warum hat Gott es nicht so gefügt, daß du ein anderer bist?«

Vor Rührung konnte ich kaum sprechen, so daß ich nur mit halben Worten von ihr Abschied nahm und ihr die Hände respektvoll küßte. Amaranta ergriff meine Rechte, schaute mich wieder ruhig an, und während Tränen aus ihren schönen Augen rannen, sagte sie mir folgende Worte, die ich nie vergessen werde, auch wenn ich noch tausend Jahre leben sollte:

»Gabriel, du bist ein Ehrenmann, aber Gott hat dir nicht den Namen und den Rang gegeben, den du verdienst. Wenn du mir einen Beweis des Edelmuts deiner Gefühle und der Rechtschaffenheit deiner Urteilskraft geben willst, so versprich mir, daß du Madrid für immer verlassen und nie mehr dorthin gehen wirst, wo Inés dich sehen kann. Wir werden ihr sagen, du seist gestorben.«

»Señora«, antwortete ich, »ich weiß nicht, ob man mich aus Madrid weggehen lassen wird. Wenn ja, verspreche ich Ihnen bei Gott, der uns jetzt hört, daß ich Madrid verlassen werde. Ich schwöre, daß, solange ich noch in dieser Stadt bin, ich nicht versuchen werde, Inés zu sehen, und alles zu tun, damit sie nichts mehr von mir hört. Dies ist meine Pflicht.«

»Ich habe deinen Schwur zur Kenntnis genommen«, erwiderte sie. »Du wirst deine edle Haltung nicht bereuen müssen. Adiós.«

9.

Die Gräfin drückte meine Hände mit allen Anzeichen tiefer
Dankbarkeit. Ich war völlig aufgewühlt und kaum noch Herr
meiner selbst, als ich den Palast verließ. Den ganzen Nachmittag und Abend streifte ich ziellos durch Madrid, und als ich
zum Haus meiner Freunde zurückkehrte, warf ich mich auf
mein Bett, wo ich die ganze Nacht lang wach liegen blieb.
Dabei erlebte ich immer wieder im Geist die Unterredung mit
der Gräfin Amaranta. Manchmal weinte ich, manchmal stieß
ich Schreie der Wut aus und war so erregt, daß mich meine
guten Wirtsleute von einem Fieber befallen glaubten.

Am Morgen darauf, als ich von Müdigkeit übermannt in
einen unruhigen und von Alpträumen geplagten Schlaf gefallen war, weckte mich Frau Gregoria mit folgenden Worten:
»Na, was ist denn *das*? Um zehn Uhr noch schlafen! Auf, auf,
Jüngelchen. Und dann hat er auch noch in seiner Kleidung
geschlafen! ... Was machst du denn nur, mein Kleiner, was
geht dir denn im Kopf herum? Die fünfte Freiwilligenkompa-
nie ist hier durchgezogen – so stattlich in ihren neuen Uniformen, daß die wallonische Garde vor Neid erblassen könnte.
Oh, wie herrlich sie marschierten! Die Franzosen werden
allein schon bei ihrem Anblick Angst bekommen. Es fehlt
ihnen an nichts außer an Gewehren. Wie damals im Park –
man hat keine. Aber sie trugen alle lange Schlagstöcke, die
von weitem wie Gewehre aussehen. Nun komm, steh auf
Gabrielito! Gehörst du nicht auch zur fünften Kompanie?
Steh auf, denn es heißt, daß Bonaparte schon vor den Toren
von Madrid steht – auf einem kastanienbraunen Maultier und
mit angelegter Lanze, um uns anzugreifen.«

»Frau, was redest du da für einen Unsinn«, mischte sich
der sogenannte Oberhauptmann ein. »Napoleon steht nicht
vor Madrid, aber es sieht so aus, als ob er schon Spanien betreten habe und auf Vitoria[25] zumarschierte. Weiter heißt es, daß
es schon eine Schlacht gegeben habe ... Aber Junge, willst du
nicht deine Flinte in die Hand nehmen?«

»Ich werde heute noch Madrid verlassen, Don Santiago.«

»Was, du willst von Madrid weg, obwohl du in die Armee eingetreten bist? Nennst du das Tapferkeit?«

»Ich werde darum bitten, mich der Armee des Mittelabschnitts anschließen zu dürfen, die bei Calahorra steht, und ich glaube, daß man mir das gestatten wird.«

»Damit würde ich nicht rechnen, denn wie ich im Quartier gehört habe, braucht man hier Männer und nochmals Männer, denn von mancher Seite kommen schlechte Nachrichten. Allerdings glaube ich, daß diese von den Zeitungen erfunden werden. Ich lasse mir das nicht ausreden: Die Zeitungen werden von den Franzosen bezahlt.«

»Was denn für schlechte Nachrichten?«

»Ach, allerlei Unsinn ... Erstens einmal heißt es, daß die Schlacht von Zornoza[26], von der wir glaubten, daß sie ein großer Sieg gewesen sei, in Wirklichkeit eine mittlere Niederlage war und daß der General Blake in die Berge flüchten mußte. Solche Sachen kann man sich doch nicht ruhig anhören. Ich würde befehlen, daß man denen, die so etwas weitererzählen, die Zunge ausreißt.«

»Lügen, alles Lügen«, rief Doña Gregoria aus. »Ich weiß nicht, warum die Junta nicht alle, die sich mit solchen Lügen vergnügen, auf der Plazuela de la Cebada aufhängen läßt.«

»Da hast du aber etwas Wahres gesagt!« meinte der Oberhauptmann. »Aus einer Quelle hört man, daß es eine Schlacht bei Espinosa de los Monteros[27] gegeben hat, aus anderer, daß das nicht stimmt.«

»In der wir auch verloren haben?« fragte Doña Gregoria.

»Ja, so sagen einige, aber ich schlucke solche Kröten nicht. Heute traf ich an der Straßenecke den Señor de Santorcaz. Er tat, als ob er sehr betrübt sei. Als ob wir nicht wüßten, daß er ein Spion der Franzosen ist!«

»Also eine Schlacht bei Espinosa de los Monteros?« fragte ich. »Und hat unsere Seite große Verluste gehabt?«

»Jetzt kommst du auch schon damit?« meinte Fernández, ohne seinen Ärger zu verbergen. »Du hast schlechte Manieren, mein lieber Gabriel.«

»Ach, kümmere dich doch nicht um diesen schlecht erzogenen Burschen«, warf Doña Gregoria ein.

»Du mußt endlich lernen, die Älteren zu respektieren«, bestätigte der Oberhauptmann und schaute mich mit blitzenden Augen an. »Was heißt denn hier Verluste? Habe ich etwa gesagt, daß wir geschlagen worden sind? Nein, tausendmal nein! Ich schwöre, daß es da keine Niederlage gegeben hat! Wie kannst du den Worten solcher Gerüchteverbreiter und Tagediebe nur glauben?«

Ich hielt meinen Mund, um meinen naiven Freund nicht noch mehr zu ärgern, und während man mir das Frühstück servierte, trat ein Besucher herein, der mich sehr erstaunte. Er schritt auf mich zu und vollführte übertriebene Begrüßungsgesten, wobei er seine Raubtierzähne bleckte. Schon dank seiner grünen Brillengläser erkannte ich ihn sogleich als den Lizentiaten Lobo wieder. Gleichermaßen auffällig war seine übergroße Höflichkeit. In allen seinen Gesten und Worten drückte mein einstiger Feind einen ungewöhnlichen Respekt vor meiner Wenigkeit aus.

»Was führt Sie denn her, Señor de Lobo?« fragte ich und bot ihm den Stuhl neben mir an, auf den er sich fallen ließ.

»Es ist mir eine Freude, Sie anzutreffen, Señor Don Gabriel.«

»Also wenn Sie mich nun *Señor Don* nennen, sehe ich das als *malum signum** an.«

»Ich muß Ihnen eine wichtige Angelegenheit zur Kenntnis bringen«, kündigte er an. »Aber warum hat mich der Señor Don Gabriel dann nicht aufgesucht?«

»Ich war ihnen doch schon so manches Mal auf der Straße begegnet, aber da Sie mir offensichtlich aus dem Wege gehen wollten ...«

»Da werde ich Sie nicht gesehen haben«, antwortete der *Licienciado* süßsäuerlich. »Der Señor Don Gabriel muß nämlich wissen, daß ich mehr als halb blind bin ... Also gut, wie ich schon anfing – die Regierung will Sie für Ihre guten Dienste belohnen.«

»Meine guten Dienste?« rief ich überrascht aus. »Und welche guten Dienste habe ich denn der Regierung erwiesen?«

---

* (Lateinisch:) schlechtes Zeichen (Anm. d. Übers.)

Der Oberhauptmann und seine Frau hörten mit sperrangelweit geöffnetem Mund aufmerksam zu.

»Wie bescheiden ist doch der junge Mann!« fuhr Lobo mit seinem gekünstelten Lächeln fort, das ihn noch häßlicher machte, sofern das überhaupt möglich war. »Ich habe gehört, daß Sie sich in der Schlacht von Bailén, und ich glaube auch in der von Trafalgar, auszeichneten, wo Sie ein paar Fregatten oder ein Schlachtschiff befehligten.«

Ich brach in Lachen aus, aber die beiden Alten, meine Freunde, schauten sich mit spontaner Bewunderung für meine unerwarteten Heldentaten an.

»Ja ... etwas in dieser Art ist der gerechten Regierung, die wir jetzt haben, zu Ohren gekommen, und die Exekutivausschüsse der Junta streiten sich darum, wer Euer Ehren zuerst eine Anerkennung dafür zuteil lassen wird.«

»Hoppla, jetzt bin ich schon ›Euer Ehren‹! Was soll ich denn davon halten?«

»Sei es, wie es mag, mein lieber Freund«, erwiderte der Rechtsverdreher, »jedenfalls hat man beschlossen, Euer Ehren einen Posten in Amerika zu verleihen, unter dem unmittelbaren Befehl des Vizekönigs für Peru.«

»Haben Sie meine Ernennung mitgebracht?« fragte ich, denn es dämmerte mir nun, aus welcher Richtung dieser neue Wind wehte.

»Nein, heute komme ich nur, um Euer Ehren von dem großen Ereignis zu benachrichtigen und Ihnen mitzuteilen, daß Sie von mir jede Summe verlangen können, die Sie für die Reisevorbereitungen brauchen, denn ich habe den Auftrag der gnädigen ... ich will sagen der Regierung, Euer Gnaden dieses Geld gegen Quittung auszuhändigen.«

»Jetzt bin ich auch schon ›Euer Gnaden‹?« meinte ich belustigt und vergnügte mich über die Verblüffung meiner Freunde.

»Die Ernennung«, fuhr er fort, »werden Euer Gnaden in zwei oder drei Tagen erhalten. Aber ich mache Euer Gnaden darauf aufmerksam, daß die Oberste Junta[28] darauf besteht, daß der Señor Don Gabriel schnell nach Amerika fährt, weil seine Gegenwart dort offenbar dringend benötigt wird.«

»Gut«, erwiderte ich, »aber ich bitte den Señor de Lobo, der Junta auszurichten, daß ich kein Geld brauche und sehr danke.«

»Das ist aber äußerst unvernünftig«, warf Doña Gregoria entrüstet ein. »Du Dummer, wenn sie es dir doch geben wollen, dann nimm es auch – egal, woher es kommt. So etwas geschieht doch nicht alle Tage! Ich wette, die Junta hat von deinen großen Lateinkenntnissen erfahren und will dich dorthin schicken, damit du diese Wilden diese Sprache lehrst, so daß sie sich dann leichter bekehren lassen. Nicht wahr, Herr von Fuchs, so wird es doch wohl sein?«

»Nennen Sie mich doch nicht ›Fuchs‹. Mein Name ist ›Lobo‹*«, entgegnete dieser, »und der Señor Don Gabriel täte sehr gut daran, alles zu verlangen, was er braucht, denn ich halte es zu seiner Verfügung.«

»Nun gut«, erwiderte ich, »gehen Sie zur gnädigen … Frau Junta, die so viel für mich übrig hat, und sagen sie ihr, daß ich eigentlich nicht daran dachte, nach Amerika auszuwandern, um dem Vaterland und dem König zu dienen, sondern zur Armee des Mittelabschnitts und nach Aragón, wo ich zu bleiben gedenke, um nie mehr nach Madrid zurückzukehren. Für diese Reise brauche ich kein Geld.«

»Und was wird der Señor Don Gabriel in der Armee von Aragón machen? Der geht es gar nicht gut«, meinte Lobo. »Auf der linken Frontseite laufen die Dinge auch nicht besser. Seit der Schlacht bei Espinosa de los Monteros, die wir verloren haben, sind unsere Truppen sehr zusammengeschrumpft, so daß Napoleon nach Madrid kommen wird.«

»So kann auch nur ein Papierbeschmierer reden!« rief der Oberhauptmann zornentbrannt aus.

»Unglücklicherweise«, fuhr der Lizentiat Lobo fort, »kann diese empfindliche Niederlage nicht in Zweifel gezogen werden.«

»Aber *ich* tue es«, schrie Fernández und zertrümmerte mit einem Faustschlag einen Teller, der das Unglück hatte, in sei-

* Lobo heißt auf deutsch: Wolf (Anm. d. Übers.)

80

ner Reichweite zu liegen. »Ja, mein Herr, ich ziehe sie in Zweifel. Und was noch mehr ist – ich streite sie glatt ab!«

»Der Herr«, meinte Frau Gregoria, »weiß bestimmt nicht, wer du bist und wie gut du durch deine Stellung unterrichtet bist.«

»Ich habe diese Nachricht aus zuverlässiger Quelle und versichere Ihnen, daß hier gar kein Zweifel möglich ist«, gab Lobo zurück. »Das habe ich vom Sekretär des Kriegsausschusses.«

»Was schert mich der Sekretär des Kriegsausschusses!« rief Fernández, der schon in den höchsten Regionen der Wut schwebte.

»Na, na, reg dich doch nicht so auf, Santiago!« ermahnte ihn seine Frau. »Du siehst ja roter als roter Pfeffer in Calahorra aus. Es lohnt doch nicht, daß du einen Schlaganfall bekommst wegen einer Schlacht mehr oder weniger!«

»Man verweigert mir den Respekt. Das ist eine Beleidigung in meiner eigenen Wohnung!« brüllte Fernández, der Oberhauptmann, und schlug wieder mit der Faust auf den Tisch. »Man kann sagen, was man will – wo man es am wenigsten vermutet, taucht ein Spion der Franzosen auf. Und Madrid ist voll von ihnen!«

Lobo, den die Wut des Don Santiago Fernández allmählich Angst einjagte, wollte nicht mehr auf der Niederlage bestehen. Laut sagte er also, die Schlacht von Espinosa de los Monteros sei wohl doch von den Spaniern gewonnen oder doch nicht verloren, worauf sich unser Veteran aus den portugiesischen Feldzügen etwas beruhigte. Schließlich sagte er:

»Ich weiß doch wohl, wovon ich rede, wenn's um Schlachten geht. Nicht alle können schließlich die Kunst der Kriegsführung so verstehen wie ich. Etwas kann wie eine verteufelte Niederlage aussehen, bis ein Eingeweihter kommt und aufklärt, daß es im Grunde ein von den Engeln gesandter Sieg ist. Jetzt möchte ich nichts mehr darüber sagen, denn ich weiß, wie die Dinge laufen. Bei Espinosa de los Monteros haben die Franzosen die Beine in die Hand genommen. Und der Hundesohn, der mich da Lügen strafen will, soll den Santiago Fernández kennenlernen!«

Er erhob sich, imitierte einen Trompetenstoß und ging dorthin, wo seit jeher seine Lanze stand. Er nahm sie und wischte sie von oben bis unten mit einem Lappen ab, wobei er weiter martialische Melodien brummte; uns schien er gar nicht mehr wahrzunehmen. Lobo, der sich hütete, den Zorn des Kriegers neu zu entfachen, wandte sich wieder an mich:

»Señor Don Gabriel, da wäre noch eine andere Sache. Ich müßte von Ihnen etwas über Ihre Abstammung erfahren, weil ein Adelsbrief für Sie ausgestellt werden soll. Mit Hilfe des Kirchenverzeichnisses und eines guten Schönschreibers, der Ihren Stammbaum aufzeichnet, könnte das Werk in ein paar Tagen erledigt sein.«

»So viel ich weiß, wusch meine Mutter Wäsche für Seeleute der Kriegsmarine«, antwortete ich ihm, »da können Sie mich ja zum Herzog von der Waschanstalt machen – oder vielleicht zum Grafen vom Seifenturm oder Baron vom Tal des Schaumes, damit es schöner klingt.«

»Das ist hier kein Scherz, mein guter Señor – ganz im Gegenteil. Die Stellung, die Sie in Peru einnehmen werden, erfordert einen Adelsbrief. Das ist aber nicht schwer zu bewerkstelligen. Wie ist es denn mit Ihrem Herrn Papa? Welche Angaben über ihn können wohl der Tradition oder Geschichtsschreibung entnommen werden?«

»Ach, mein lieber Señor Lobo, wenn die Pergamente, die in den Archiven meines Hauses aufbewahrt werden und von den Mäusen angenagt sind (was ein Zeichen für ihre Ranzigkeit ist), nicht lügen, war mein Papa Koch an Bord des Schoners *Diana*, so daß ihm ein Titel gut anstehen würde, der etwas mit Eßwaren zu tun hat ... Aber da fällt mir ein, daß einer meiner Großväter Teerkocher in Carraca war, so daß man ihn vielleicht Erzherzog von der Kochenden Pechbrühe nennen könnte oder etwas in der Art ...«

»Sie machen wieder Witze, und dabei ist das doch eine ernste Angelegenheit. Wie lautet denn Ihr Nachname?«

»Ich habe einige zur Auswahl. Meine Mutter hieß Sánchez.«

»Oh, die Sánchez kommen doch von Sancho Abarca.«

»Und mein Vater hieß López.«

»Aber da können wir doch auf Don Diego López de Haro[29]

und auf Juan López de Palacios, diesen berühmten Juristen des fünfzehnten Jahrhunderts zurückgreifen, den Verfasser von *De donatione inter virum et uxorem, Allegatio in materia haeresis, Tractatum de primogenitura* (Die Vererbungen zwischen Männern und Frauen, Juristische Lehrmeinungen und Abhandlungen über das Erstgeborenenrecht).«

»Von diesem illustren Herrn stamme ich ja wirklich wie die Feige vom Feigenbaum ab. Es taucht auch der Name Núñez in meiner Familie auf.«

»Da könnten wir doch auf den Richter von Kastilien, Nuño Rasura, zurückgehen. Gibt es keinen Calvo* bei Ihnen?«

»Warum denn nicht? Mein Onkel Juan hatte nicht ein Haar auf dem Kopf. Auch der Name Corcho** kommt bei mir vor. Das würde sich für Graf vom Flaschenkorken eignen.«

»Ach, das ist ein häßlicher Name, aus dem wir nichts machen können. Wenn es wenigstens Corchado wäre ... denn im Gebiet von Soria gibt es ein Geschlecht der von Corchado, die von den antiken Quercuillus herkommen. Statt Kork könnten wir doch ›von der Korkeiche oder von Eichenwald‹ sagen, was sich nicht schlecht anhören würde.«

»Meine Mutter nannten sie auch die ›Señora María aus Araceli‹.«

»Fein – Araceli ist ein Leckerbissen für Fürstenhäuser, und mehr als vier stritten sich darum, ihn tragen zu dürfen. Ich brauche gar nicht mehr.«

Doña Gregoria wußte nicht mehr, was sie denken sollte, während sie diesem Gespräch über Geschlechter lauschte. Schweigend wartete sie, bis dieser Strom von Namen endlich versiegt war.

»Der Knabe ist ja wirklich von würdiger Abstammung«, stellte sie fest. »Da kommen sie in Lumpen daher, und dann stellt sich womöglich heraus, daß sie Söhne von Herzögen sind! Bei mir zum Beispiel ist der Name ›Conejos***‹ aus oder von Navalagamella auch nicht zu verachten.«

---

* Kein seltener Name, bedeutet soviel wie ›Kahlkopf‹ (Anm. d. Übers.)
** Kork
*** Kaninchen, aber auch ein Familienname (Anm. d. Übers.)

»Was für Kaninchen sind denn das, meine Dame?«

»Das beste Geschlecht der Welt. Ich bin eine Conejo, wie sie im Buche steht. Der Herr Lizentiat wird ja wissen, woher dieser alte Name de la Conejería* kommt.«

»Womöglich stammt das aus jenen fernen Zeiten, als Spanien cunicullaría, das heißt Kaninchenland, genannt wurde.«

»So wird es wohl sein. Und der Señor Don Gabriel – woher kommt der denn?«

»Das wird das amtliche Kirchenverzeichnis ergeben. Jedenfalls ist der Name ›von Araceli‹ nicht von der Hand zu weisen. Mit ein wenig Schürfen haben wir ja solide Säulen seiner edlen Herkunft gefunden. Aber mal etwas anderes, Señore Araceli – wer zahlt mir denn meine Ausgaben für Ihren Adelsbrief? Sie oder die Person, die mich mit diesen Bemühungen und der Verfügungstellung von Geld für Sie beauftragt hat? ... Diese Kosten sind nämlich kein Pappenstiel. Außerdem sollten doch auch so fleißige Bemühungen um die Ahnenforschung nicht ohne Belohnung bleiben, nicht wahr? Ich glaube, ich werde der Frau ... ich will sagen der Obersten Junta, die mich hergeschickt hat ... einen angemessenen Betrag berechnen von vielleicht ...«

»Der Herr Lizentiat braucht sich gar nicht erst bemühen, Dokumente zu wälzen oder Stammbäume zu pflanzen. Das Geld, das er mir anbietet, werde ich auch nicht nehmen.«

»Das kann ich auf keinen Fall zulassen«, mischte sich Doña Gregoria ein. »Das darf nicht wahr sein! Santiago, hast du gehört, was dieser Tölpel da sagt?«

»Sie werden es sich bestimmt noch anders überlegen«, meinte der Rechtsverdreher und stand auf. »Und was mich betrifft, so hoffe ich doch, etwas mit solchen Bemühungen zu verdienen, denn wie, mein Freund, kann ich sonst zehn Kinder, eine Ehefrau und zwei Schwägerinnen ernähren? Innerhalb von einigen Tagen werde ich zurückkommen und Ihnen die Ernennung und ein wenig später den Adelsbrief bringen. Und was das Geld betrifft, so werde ich mal ein paar Worte ...«

---

* vom Kaninchenbau (Anmerkung des Übersetzers)

»Also gut«, antwortete ich, weil mir in den Sinn kam, daß es wohl vorläufig besser wäre, meine wahren Absichten zu verbergen, »ich werde mir die Sache überlegen und Ihnen Bescheid sagen, wenn Sie wiederkommen, Señor Don Severo de Lobo.«

»Adiós, mein lieber unvergeßlicher Freund«, säuselte er mit Bücklingen. »Möge diese Unterredung unsere freundlichen Beziehungen, die wir seit längerer Zeit hegen, noch vertiefen.«

»Ja – seit damals im El Escorial.«

»Ganz genau. Seit der Zeit habe ich ein Auge auf den Señor de Araceli geworfen und erkannt, daß er ein exzellenter Freund sein wird. Lassen Sie sich umarmen.«

Das tat er denn auch und zog sich eitel zufrieden zurück. Inzwischen waren die Nachbarn in die Wohnung des Oberhauptmanns gekommen, weil sie von meiner unglaublichen Ernennung und Erhebung in den Adelsstand erfahren hatten. Niemand hätte es geglaubt, wenn Doña Gregoria es nicht bei allen Kaninchen – oder Conejos – von Navalagamella geschworen hätte.

»Was, Sie wollen das nicht glauben«, sagte der Oberhauptmann zu den Töchtern der Doña Melchora, »daß sie ihn zum Vizekönig von Peru gemacht haben?«

»Zum Vizekönig von Peru!!!«

»Das und noch viel mehr hat dieser Herr von Lobo-Wolf, Fuchs oder Leopard hier verkündet!« fügte Doña Gregoria hinzu. »Und nun scheint doch die adlige Abstammung des Knaben so klar wie der helle Tag zu sein. Wenn Sie gehört hätten, was für einen Haufen von Herzögen, Grafen und Marquis es unter seinen Vorfahren gegeben hat! Jesus, wer hätte das gedacht! ... Und sie wollen ihm soviel Geld geben, wie er haben will! Er soll schnellstens nach Amerika reisen, um den Leuten dort den Kopf zurechtzurücken. Habe ich es dir nicht gesagt, du Schlingel? Der Herr im Himmel hat noch einiges mit dir vor ... Und du willst das ablehnen? ... Nichts da, das kommt ja gar nicht in Frage! Mit deiner ganzen edlen Verwandtschaft, die da wie ein Kaninchen aus dem Bau aufgetaucht ist, hast du das doch wohl verdient!«

»Dann müssen wir ihn ja jetzt als edlen Herrn behandeln!«
meinte Doña Melchora.

»Also wirst du das Gewehr nicht mehr in die Hand nehmen?« wollte Don Roque von mir wissen.

»Und gerade jetzt werden doch Männer gebraucht«, fügte
Cuervatón hinzu. »Bald wird dieser infame Korse hier auf-
kreuzen.«

»Ja, denn die Sache von Espinosa de los Monteros scheint
ja wirklich ein großer Reinfall gewesen zu sein.«

»Was, Reinfall?« rief wütend eine Stimme. Ich brauche
Ihnen ja nicht mehr zu erklären, wer es war.

»Ja, Señor, ein Reinfall. Das wissen doch alle. Außerdem
verlief der Rückzug sehr unglücklich, so daß auch dabei viele
Verluste eintraten.«

Der Oberhauptmann Don Santiago Fernández, der
sowieso schon sehr schlechter Stimmung war, wurde wieder
krebsrot. Nachdem er einen Augenblick überlegt hatte, ob er
solche Unverschämtheiten mit schneidender Verachtung
oder energischer Verneinung beantworten sollte, entschied er
sich für letzteres und rief:

»In diesem Hause werden Unwürdige nicht gelitten! Ich
schwöre immer wieder, daß diejenigen, die so von der
Schlacht bei Espinosa de los Monteros sprechen, Spione der
Franzosen sind! Jetzt aber will ich nichts mehr darüber sagen.
Jeder verkauft eben seine Seele, wie es ihm richtig erscheint.
Und nun soll jeder achtgeben, daß er mir nicht den schuldi-
gen Respekt versagt, denn hier in der Wohnung habe ich das
Sagen.«

10.

Ich muß mich jetzt in dieser Erzählung von dem Oberhauptmann abwenden, weil seine gewichtige Person sonst hier
einen zu großen Platz einnehmen würde. Also lasse ich auch
die Heldentaten aus, die er noch zu verüben gedachte sowie

seine bewundernswerten Aussprüche, die von seinem profunden Wissen über diesen Krieg zeugten, und wende mich wieder Don Diego de Rumblar zu. Ich traf ihn nämlich eines Abends an der Ecke der Calle de la Pasíon und heftete mich an seine Schritte, entschlossen, ihm – falls notwendig – bis zum Morgen zu folgen.

»O Gabriel! Wie rar du dich doch machst! Hier, nimm deine beiden Real. Ich mag es nicht, Schulden zu haben.«

»Ja, sind Sie denn nicht mehr in Bedrängnis? Der Señor Cuervatón wird Ihnen doch nichts mehr gegeben haben?«

»Dieser elende Wucherer! Ich brauche dich jetzt um nichts mehr zu bitten, denn vorläufig habe ich alles, was ich brauche. Und weißt du, wer mir aus der Klemme geholfen hat? Der Señor Santorcaz!«

»Das ist aber seltsam, denn ich dachte, daß Don Luis mehr auf der Nehmer- als auf der Geberseite sei.«

»Dann mußt du eben deine Meinung ändern. Er hat jetzt jedenfalls viel Geld, ohne daß ich weiß, woher es stammt. Santorcaz kommt mir nun wie ein Potentat vor. Wie wohl er mir gesonnen ist, und welche guten Ratschläge er mir gibt! Du solltest mal sehen ,wie er mir immer wieder Geld anbietet. Natürlich muß ich ihm dafür Quittungen geben. Gestern lieh er mir doch tausendfünfhundert Real, die ich für eine Korallenkette für die Zaina brauchte.«

»Ist es denn möglich, daß Sie das Geld für solche Geschenke ausgeben, wo Sie doch eine so schöne Braut haben, die Sie bald heiraten wollen?«

»Ach was, Junge! Ein Verlöbnis ist eine Sache und sich mit einer Frau zu vergnügen, die man braucht, eine andere. Die Zaina macht mich nämlich rein verrückt.«

»Aber wollen Sie denn nicht mehr heiraten?«

»Ob ich nicht mehr heiraten will? Das will ich schon noch, aber es scheint mir, als ob jemand in der Familie jetzt gegen mich eingestellt ist. Jedoch mache ich mir keine großen Gedanken darüber, solange die Marquise auf meiner Seite ist. Die Heirat ist notwendig, weil es sich so gehört. Meine Mutter warnt mich in allen ihren Briefen, daß ich nun endlich bald heiraten solle. Die Hochzeit auf jeden Fall, aber die Katze läßt dadurch das Mausen nicht ... Hast du jemals eine feschere, verführerischere Frau als die Zaina kennengelernt?«

»Aber ich habe doch gehört – und ich sage es Ihnen nur, damit Sie nicht hintergangen werden –, daß der Señor de Mañara der Liebhaber der Zaina ist.«

»So sagt man – aber das ist leeres Geschwätz! Es kann sein, daß mein Freund Don Juan früher einmal um sie geworben hat. Aber das ist vorbei ...«

»Ich habe aber gesehen, daß Don Juan de Mañara am frühen Morgen aus dem Haus der Zaina kam.«

»Solche Neuigkeiten können mich nicht erschüttern«, erwiderte Don Diego starrköpfig. »Ich weiß, daß die Ignacia – so lautet ihr richtiger Name – sterblich verliebt ist in den, der hier in meinem Umhang steckt. Heute nacht wirst du sehen, daß sie kein Auge von mir läßt. Außerdem weiß ich, daß Mañara verrückt nach einer anderen Frau ist.«

»Nach einer anderen?«

»Besser gesagt, nach zweien. Er hat eine Beziehung zu einer Frau angeknüpft, die – wie man mir erzählt hat – die Ursache eines Skandals im vorigen Jahr war, und außerdem rennt er den Röcken der María Sánchez, der Schwester der *Pelumbres*, hinterher. Übrigens hat er sich mit der Zaina völlig überworfen. Vorgestern war er mit der Pelumbres-Schwester bei der Vorstellung der Jungstiere. Die hatte ein wunderschönes Spitzentuch und eine prächtige weiße Mantille[30] angelegt, die er ihr geschenkt hatte. Heute abend waren sie zusammen bei dem Prinzen-Essen und sind dann zum Nachtmahl zum Haus der González gegangen. Also wird mir heute keiner die *Zainilla* meines Herzens streitig machen.«

Inzwischen hatten wir das Haus der Halbgöttin der Kohlköpfe, Salatblätter und Tomaten erreicht. Wir sahen, wie sie aus einem kleinen Brandweinfaß einen Krug füllte. Am anderen Ende des kleinen Saales wärmten sich an einem Kohlenbecken der gewisse Gevatter ›Mörserfaust‹ (Vater der Zaina), Pujitos und der sympathische Metzger, den sie *Majoma* nannten. Alle drei waren in einem hitzigen Gespräch über öffentliche Angelegenheiten verwickelt. Ohne von dieser Gruppe

Notiz zu nehmen, die uns übrigens auch nicht wahrnahm, begaben Don Diego und ich uns geradewegs zu Zaina.

Die Ignacia Rejoncillos, alias Zaina, war die schönste Skulptur aus Fleisch und Blut, die ich jemals gesehen hatte. Ich sage das nicht, weil ich sie je in dem Aufzug der Aphrodite, der von Milo[31] oder anderer marmorner Damen des gleichen Genres gesehen hätte, sondern weil ihre eindrucksvollen, eleganten und wohlproportionierten Formen auch in der Kleidung der damaligen Zeit voll zu erkennen waren. Ja, die Kleider, die sie trug, unterstrichen diese Schönheit noch.

Auch das Gesicht war blendend hübsch mit einer Alabasterhaut, die kein anderes Mittel als klares Wasser verspürt hatte. Ihre braunen Augen konnten Funken sprühen, aber auch schmachtend blicken, wie bei jenem Menschenschlag, der halb Bet- und halb Saufschwester, beziehungsweise -bruder, ist und den man überall auf spanischem Boden, sowohl im Trubel eines Festplatzes als auch hinter den Gittern eines Klosters antrifft. Sie war etwas plattnasig, aber ihre Marmorzähne, ihr hübscher Mund (der die Tür so mancher Unverschämtheit war) und ihr Alabasterhals ließen diesen kleinen Makel übersehen. Die Hände waren nicht zart, wie man sich bei dem Beruf ja denken kann, aber ihre Füße waren würdig, königliche Tanzschuhe zu tragen. Sie hatte einen ganz besonderen Charme, der von einer weichen, einschmeichelnden und etwas rauchigen Stimme noch verstärkt wurde, welche die Sprachschnitzer, die ihr von Zeit zu Zeit über die Lippen rutschten, geradezu attraktiv erscheinen ließ.

»Liebste Zaina«, redete Don Diego sie schmachtend an, »letzte Nacht habe ich von dir geträumt.«

»Und ich von den Affen des Retiro-Parks«, antwortete sie.

»Ich träumte, daß du mich sehr liebtest, und als ich aufwachte, mußte ich eine halbe Stunde lang weinen, weil alles nur ein Traum war.«

»Und wie sehr lieben mich denn Euer Gnaden? Was mich betrifft, so zerspringt mir fast das Herz im Leibe vor lauter Liebe zu Euch.«

»Ach, wenn du doch die Wahrheit sagen würdest, undankbare Proserpina, stolze Juno, kunstvolle Circe! Dein Herz ist so hart und prachtvoll wie ein Diamant, und meine Liebe versucht vergebens, mit ihren Amorpfeilen dort einzudringen.«

»Was für einen Unsinn geben Sie da von sich, mein lieber Herr Graf?« rief die Zaina, begleitet von einer Lachsalve, aus. »Da komme ich mir ja wie ein Stachelschwein vor! Was soll denn das nun wieder heißen von wegen harter Diamant und Amorpfeile?«

»Das habe ich aus einem Gedicht, das gestern abend auf der Rosenkreuzer-Sitzung vorgetragen wurde und das genau auf dich zutrifft. Sag mal, warum hast du mir nicht auf mein zärtliches Schreiben geantwortet, das ich dir letztens schickte?«

»Ich und antworten – Mann Gottes! Hat man denn so etwas schon gehört? Wie kann ich wohl antworten, wenn ich nicht richtig schreiben kann? Wenn ich versuchen würde, etwas zu Papier zu bringen, um es Ihnen zuzusenden, würden Sie das womöglich Ihren Freunden zeigen, die sich dann vor Lachen über die dumme Schnepfe nicht mehr halten könnten. Übrigens, was wollen Sie denn damit sagen, daß Ihre Liebe für mich ›ideal und fantasmisch‹ ist?«

»›Ideal und phantastisch‹ schrieb ich in meinen Brief. Das bedeutet, daß meine Liebe rein und platonisch ist, also ohne niederes fleischliches Verlangen.«

»Ach, geh'n Sie doch weg damit! Sprechen Sie nicht mit mir auf lateinisch, das verstehe ich nicht.«

»Wie hat dir denn die Korallenkette gefallen?«

»Ach, die Korallen? Einfach prästisch, wie man so sagt. Es hätten nur noch eine Kleinichkeit wie ein schönes Ohrgehenke und ein Schildpattkamm, wie man ihn jetzt so trägt, dabei sein können. Vergessen Sie nich, mein Herzensgraf, daß Sie mir eine Kutsche versprochen haben, um am Montag zum Jungstiertreiben zu fahren, und elf Ellen Baumwollstoff erste Kwalidät, um daraus ein Savillé-Kleid machen zu lassen, versprochen haben. Wenn Sie Versprechen nich halten, wird sich meine Liebe etwas abkühlen.«

»All das wirst du bekommen – und noch viel mehr«, säuselte Don Diego und tätschelte ihren Arm.

»Na, bis dahin aber Pfoten weg, mein lieber Don Diego, denn wer mich so platisch und fantasmorgisch liebt, wie Sie sagen, der braucht doch nicht mein schwammiges Fleisch begreifen. Aber antworten Sie mir mal ganz ehrlich. Stimmt das eigentlich wirglich, was Sie mir da gestern abend über den Señor de Mañara erzählt haben?«

»Wort für Wort, Zainilla meiner Träume.«

»Mir macht's ja eigentlich nichts aus, was dieser Tugnichtgut so anstellt«, meinte die Grünzeugkönigin, »aber eine Freundin von mir möchte's doch ganz gerne wissen.«

»Du kannst deiner Freundin sagen, daß der Señor de Mañara sie nicht mehr liebt, weil er sich in eine gewisse Herzogin verknallt hat und außerdem noch mit der Schwester von der Pelumbres schöntut.«

»Meine Güte, jetzt auch noch Herzochinnen!« rief die Ignacia aus und hob die Rechte. »Wenn das diejenige ist, die Sie gestern erwähnten – ja, ja die kenne ich gut. Vor zwei Jahren pflegte sie in die ›Primarosa‹ mit einer Freundin zu kommen – eine Gräfin oder so was, groß und dunkel – und mit der Pepita González, der Komödischen vom Prinzentheater. Die hatten alle drei ganz schön auf die Pauke gehauen … Und er ist auch mit der Pelumbres zusammen?«

»Nein, nein, mit ihrer Schwester Mariquilla. Das weiß schon das ganze Viertel. Und die Mariquilla bildet sich darauf eine Menge ein. Aber wollen wir doch nicht mehr davon reden, denn das geht dich ja nichts an, Zaina. Liebst du mich wirklich sehr?«

»Aber wie sollte ich dich denn nicht lieben, mein Kleiner«, erwiderte die Zaina, ohne Don Diego anzusehen, »wenn man mir das Herz schon mit Pfeilen spickt! … Kommt Don Juan heute abend?«

»Was macht das dir denn aus, ob er kommt oder nicht, mein rosa Engel?«

Als er das sagte, streckte Don Diego wieder die begierigen Finger aus, um ihren Arm zu streicheln. In diesem Moment erschallte die Stimme von ›Mörserfaust‹:

»Da ist man also eine Rühr-mich-nicht-an. Aber der Señor Don Diego ist doch ein Ehrenmann und kommt mit den besten Absichten. Nacia, behandele ihn man nicht zu schlecht. Wenn der Herr Graf deinen Arm mal anfassen will, so ist das doch wohl, um zu sehen, ob du nicht zu fett wirst. Ich achte ja auf Sitten in diesem Hause, aber man darf es nicht übertreiben. Wo sind denn die Silbersporen, die der Herr Graf mir versprochen hat?«

»Morgen, wenn Gott will, wird sie der Silberschmied fertig haben«, entgegnete Don Diego und schritt auf die Gruppe der Männer zu.

»Haben Sie schon das Neueste gehört?«

»Wir haben eine Schlacht in Espinosa de los Monteros verloren!«

»Es sieht auch so aus, als ob es der Armee von Castaños gleichfalls nicht gutgeht und daß Napoleon schon auf Burgos zumarschiert.«

»Das ist doch aber schon nicht mehr neu«, warf der Pujitos ein, »und nicht so gravierend, denn in Portugal sind zwanzigtausend Engländer unter dem Befehl eines gewissen Gevatter Mor[32] angekommen.«

»Gute Zeiten fürs Geschäft kommen auf Sie zu – nicht wahr, Vater ›Mörserfaust‹?« meinte der ›Majoma‹. »Mit diesem Kriege, wo die Franzosen an der einen Ecke des Landes und die Engländer an der anderen sind, muß doch der Güterverkehr auf vollen Touren laufen.«

»Das kann man wohl sagen, mein Jungchen. Die Kaufleute in Madrid wollen so manches aus Portugal. Dort gibt es auch viele billige englische Waren. Auf der anderen Seite, an der französischen Grenze, in der Nähe der Gebirge von Gata und Peña, sieht man keinen Grenzposten mehr, denn die haben sich alle der Armee angeschlossen. Von mir aus kann also der Herr Krieg noch lange herrschen – aber dennoch nieder mit Napoleon!«

»Wenn der infame Korse nach Madrid kommt«, meinte Pujitos, »wird er überrascht sein über die Bataillone, die wir dort im Handumdrehen gebildet haben. Haben Sie die neuen Truppen schon gesehen? Das ist doch was! Und wenn wir erst einmal Gewehre statt Knüppel haben, werden wir der Kaisergarde Beine machen!«

»Ich habe mich nicht zum Militär gemeldet«, meinte der Majoma; »weil eine Pesete pro Tag wenig ist, und wenn der

Gevatter Mörserfaust mich zu den Grenzen mitnimmt, geht's mir doch viel besser. Ich lasse die anderen jetzt zu den Waffen greifen, denn als ich's einmal gegen einen Verwalter tat, hat mir das zehn Jahre in Melilla (Spanisch Marokko) eingebracht, und wenn Don Ferdinand der Siebte nicht ein Einsehen gehabt hätte, wären es noch einmal zehn gewesen.«

»Ach, denk nicht mehr daran, Majomachen«, tröstete ihn Mörserfaust. »Wir müssen eben immer auf der Hut sein. Mir haben sie mal zwei Jahre aufgebrummt, weil sie mich erwischten, wie ich vierzig Ballen London-Stoffe und Garn über die Grenze bringen wollte. So schnell wird man mir nicht wieder die eisernen Fußringe anlegen!«

Es kamen Stimmen von der Tür, und die Herren Mañara und Santorcaz traten ein. Der erste äußerst elegant mit scharlachrotem Umhang und spitzem Hut.

»Welche Ehre, Sie wieder hier begrüßen zu dürfen, Euer Ehren«, empfing ihn der mörserfäustige Vater der Zaina und stellte Mañara eilfertig einen Stuhl hin.

»Sie haben es jetzt mit einem Ratsherrn von Madrid zu tun«, rief ihm Santorcaz zu.

»Der Señor de Mañara – ein Ratsherr!«

»Bravo, möge er tausend Jahre leben!« riefen alle.

»Ja, die Bürgermeisterversammlung hat mir den Posten angeboten«, erklärte Don Juan de Mañara, »und ich werde ihn wohl annehmen.«

»Und das Stierhetzen an Montagen wird nicht abgeschafft?« wollte der Majoma wissen.

»Wenn ich erst mal tonangebend bin, wird es Stiertreiben geben, auch wenn alle Kaiser der Welt an den Toren der Plaza stehen.«

»Hoch der Ratsherr!«

»Sagen Sie, Ratsherr meines Herzens«, erkundigte sich Mörserfaust mit sichtlicher Rührung, »was wird denn aus den armen Kerlen, die jetzt seit zwei Monaten im Stadtkerker sind, weil sie mit Weinschläuchen an den Hauswänden von Gilimón Ball spielten. Das sind eigentlich hochanständige Burschen. Sollten Sie denen nicht Ihre Milde angedeihen lassen? Diese lieben Burschen! Wie es mein Herz zusammenzieht, wenn ich daran denke, daß sie hinter Gittern sind. Die Burschen, mein hochwohlgeborener Herr, habe ich praktisch an meiner Brust aufgezogen, und es war mir immer ein Vergnügen, sie so leichtfüßig und aufgeweckt zu sehen, wenn sie mich auf meinen Reisen begleiteten. Jetzt vermodern sie da zwischen Lumpenpack und Kerkerwächtern.«

»Beruhigen Sie sich, Sie gute Mörserseele«, erwiderte Mañara. »Wenn mein Einfluß ausreicht, werden Sie Ihre Freunde bald umarmen können.«

»Möge der Señor Don Juan in den fünften Himmel kommen! Ich schwöre Ihnen, Sie werden die elegantesten Hemden tragen, die je ein Ratsherr besessen hat. Na, dann wollen wir tanzen und singen. Nacia, schenk doch mal den Weißen aus dem Fäßchen ein, das wir von der letzten Reise haben.«

»Sind denn Menegilda, Alifonsa und Narcisa nicht gekommen?« fragte Mañara. »Das ist ja hier trauriger als bei einem Begräbnis. Liebe Zaina, tanz doch mal ein paar Boleros zum Anheizen!«

»Ich habe jetzt keine Lust!« erwiderte die Zaina mürrisch.

»Ach, laß dich doch nicht so bitten!«

»Ich habe doch gesagt, daß mir nicht der Sinn danach steht! Bin ich denn ein Spieldosen-Tanzpüppchen?«

»Nacia«, sprach ihr Vater streng, »so antwortet man hochgestellten Leuten nicht! Wenn der Herr Rat meines Herzens es befiehlt, wirst du singen, und wenn es dir auch noch so gegen den Strich geht!«

»Wenigstens ein paar Seguidillas.«

Die Zaina besann sich eines Besseren, nahm ihre Gitarre, schlug ein paar Akkorde an und sang:

All die kleinen Herzoginnen
von Madrid und der Umgebung
können mir noch nicht einmal
das Wasser für das Waschen
meiner zarten Füßchen reichen.
Sie sollen sich ja nicht einfallen lassen,
mir jemals in die Quere zu kommen!
Tarram, tarram!

»Weiter, weiter! Wenn die Zaina so singt und sich wiegt, hat sie doch richtig den Teufel im Leibe!«

Sie stimmte ein neues Lied an:

Hochwohlgeborene Prinzessin
mit dem wackelnden Bauche,
für Euch ist gut genug,
was ich Euch übriglasse.
Hier diesen Kamm
brauch ich nicht mehr.
Drum könnt ihr ihn jetzt haben.

Wieder brausten Beifall und Trampeln so laut auf, daß man fürchten konnte, daß Haus werde bald zusammenstürzen. Die Zaina warf die Gitarre so heftig zur Seite, daß das empfindliche Instrument einen klagenden Laut von sich gab, als es an einen Stuhl krachte und zwei Saiten barsten. Zaina setzte sich zu Don Diego. Aus Liebe zu einer wahrheitsgetreuen Berichterstattung jener längst vergangenen Ereignisse muß ich nun sagen, daß ich die beiden zu diesem Zeitpunkt ihrem amourösen Zwiegespräch überließ – die Zaina eitel Süßholz raspelnd und Don Diego geschmeichelt wie ein Pfau. Meine Aufmerksamkeit richtete sich auf den Eintritt der Menegilda, der Alifonsa und der Nacisa. Obwohl es nur drei Personen waren, hätte man nach dem Lärm meinen können, alle Dämonen der Hölle hätten sich hier Zugang verschafft.

»Spät kommt ihr ja, meine Nymphen«, empfing sie der Mann, den alle nur Mörserfaust nannten.

»Wir mußten erst einmal Fleisch für die Würste hacken. Vorher konnten wir es ja nicht tun, weil wir zum Rosenkranzbeten gehen mußten«, erwiderte eine von ihnen.

»Ich habe meinen Eisenwarenladen geschlossen, um ja rechtzeitig zum Rosenkranzbeten zu kommen«, sagte eine andere. »Danach mußte ich dann Nägel sortieren.«

»Ach, wie schön war doch dieser ›Rosenkranz‹! Hast du die Feierlichkeiten gesehen, *Majornilla?*«

»Ich war doch beim Kartenspielen und habe auf eine Herz-Fünf gewartet, die einfach nicht kommen wollte. Dann hielten mich auch noch zwei Kerle aus Valmojado auf. Aber ich werde morgen zum Rosenkranzbeten gehen – für das Gute kommt man ja nie zu spät.«

»Ich habe einfach alles stehen- und liegenlassen«, sagte die Nacisa, »meinem Mann gesagt, er soll auf die Kinder und die Suppe auf dem Herd aufpassen. Dies Rosenkranzbeten wurde von der Vereinigung der Anbeterinnen der Heiligen Maria von der Gemeinde San Ginés[33] organisiert. Welch eine Pracht, welch eine Andacht! Alle kamen – von den Höchsten bis zu den Geringsten, und alle mit ihren Kerzen. Sind Sie nicht dagewesen, Mörserfaust?«

»Ich war leider verhindert, und es hat mir fast das Herz vor Bedauern herausgerissen. Morgen werde ich aber an der Andacht der Laienbruderschaft der Heiligen Mutter der Schmerzen teilnehmen. Ich werde sie bitten, ein gutes Wort für mich bei ihrem göttlichen Sohn einzulegen. Soviel ich weiß, wird mein großer Freund Pater Salmón predigen.«

»Diese Andacht«, fügte Pujitos hinzu, »findet im Kloster der Dominikaner-Pater statt. Dort wird für die göttliche Unterstützung der Waffen unserer Monarchie, die Gesundheit unseres Heiligen Vaters Pius VII und die Freiheit unseres geliebten Königs gebetet werden.«

»So ist es«, fuhr Mörserfaust fort, »und da auch eine Prozession stattfindet, werde ich mit einer Kerze kommen, wie alle. Die Großen wie die Kleinen, wir sind alle voller Sünden, und ich gehe mit allen anderen, denn der Gerechte sündigt nur dreimal, bevor er Buße tut. Was mich angeht, so wäre es auch mir recht, wenn Gott den spanischen Truppen Glück beschert, denn wir sind doch alle Spanier. Auch dem Heiligen Vater Pius wünsche ich tausend Jahre Gesundheit. Was aber Ferdinands Freilassung betrifft, die ja wohl das Ende des Krieges bedeuten würde, so muß ich sagen, daß der Krieg für meinen Geschmack noch ein paar Jährchen länger dauern kann. Die Franzosen hier und die Engländer dort, das ist doch ein Segen Gottes für uns Arme, die wir nicht wissen, wie wir unser Geld verdienen sollen, als es mit Garnrollen in Kohlensäcken zu verbergen, um sie an Zoll- und Steuerwächtern vorbeizuschleusen, denn die sind nämlich unsere größten Feinde.«

»Dann ist der Señor Mörserfaust aber ein schlechter Patriot«, meinte Pujitos emphatisch. »Er nimmt weder eine Flinte zur Hand, noch will er für die Freiheit unseres geliebten Monarchen beten!«

»Zehn Flinten würde ich in die Hand nehmen, wenn es notwendig wäre. Da sind so manche Narben im Fell von Zollwächtern und Grenzern, die bezeugen, daß ich sehr geschickt mit dem Finger am Abzughahn bin. Auch ich liebe und verehre unseren König, denn ich kann nicht vergessen, daß er mir die Hand reichte, als er nach Aranjuez kam, und daß er die Anmut meiner Zainilla beim Tanzen lobte – aber man muß eben auch Verdienstmöglichkeiten haben, und schließlich ist der Brotkorb immer am wichtigsten.«

»Heute habe ich aber den ›Señor Pujitos‹ auch nicht beim Truppenantreten gesehen«, warf Santorcaz ein, der sich zu der Gruppe gesellt hatte.

»Wie hätte ich denn gehen können, mein Freund«, erwiderte der Angesprochene, der sich freute, auf diese Weise auch zum Gespräch beitragen zu können, »wenn ich doch den ganzen Tag im Waffenpark Flinten zusammensetzen, Feuersteine zählen und Gewehrkugeln überprüfen mußte. Ich bin rein erschöpft davon.«

»Wird denn Madrid verteidigt werden?«

»Aber natürlich! Zwar sind nicht viele Gewehre da, aber es ist eine große Menge alter Säbel, Lanzen und Helme aus alten Zeiten gesammelt worden. Außerdem haben wir Topfdeckel als Schilde und Keulen, um den Franzosen die Köpfe einzuschlagen; dazu noch Bratspieße, Hacken, Mistgabeln, Sensen und andere tödliche Werkzeuge.«

»Unser Mut wird uns nichts nützen«, meinte Santorcaz, »wenn wir nicht vorher alle Verräter, die es in Madrid gibt, ausrotten.«

»Das meine ich auch«, stimmte Mörserfaust zu.

»Überall stecken Franzosenspione. Es ist jetzt Zeit, daß der Ratsherr, den wir hier haben, dem ein Ende bereitet.«

»Der Ansicht bin ich auch«, warf ich selbst ein. »Ich weiß von vielen, die vorgeben, gute Patrioten zu sein, aber sich in Wirklichkeit den Franzosen verkauft haben. Die, welche die größten Gebärden vollführen und am lautesten patriotische Parolen, sind die Schlimmsten, nicht wahr, Señor Santorcaz?«

»Na, dann sollte doch Schluß mit ihnen gemacht werden!«

»Dazu sind wir doch genug«, meinte der Majoma. »Man sollte schlechte Patrioten und Franzosenfreunde beim Wickel nehmen!«

»Ich kenne Charaktere«, sagte Mañara, »die man aufhängen müßte, wenn Gott dem nicht ein Ende bereitet. Wenn ich erst mal im Rat etwas zu sagen habe, wird es den Herren Franzosenfreunden schlecht gehen.«

»Es gibt da ganz Hinterhältige«, stimmte Santorcaz mit großer Dreistigkeit zu. »Das sind die unverschämtesten Verräter, die man sich nur vorstellen kann. Wenn wir die nicht unschädlich machen, werden wir aus diesem Krieg nicht siegreich hervorgehen können. Ich weiß, daß einige schon planen, im Falle einer Belagerung die Tore von Madrid zu öffnen.«

»Na, dann weg mit ihnen, daß ein für allemal Schluß ist«, rief Pujitos. »In meiner Kompanie sind die Kameraden schon so wütend, daß sie über einen herfallen, von dem auch nur gesagt wird, daß er ein Franzosenfreund ist.«

»Die Schlimmsten«, wiederholte ich, durch die Zustimmung von Gevatter Mörserfaust beflügelt, »sind diejenigen, die einen großen Wirbel machen und immer von Verrätern reden. Señor Santorcaz hier wird das wohl bestätigen können, nicht wahr?«

»Ja, so ist es«, erwiderte der Freimaurer, nun schon ein wenig verärgert. »Es besteht gar kein Zweifel, daß da etliche Verräter ihr Unwesen treiben.«

11.

Don Diego, die Zaina und drei andere, nicht minder bekannte Damen hatten ein anderes Grüppchen gebildet, das in angeregtem Gespräch begriffen war.

»Das gnädige Gräfchen«, meinte die Menegilda, »sollte

nicht vergessen, daß er versprochen hat, uns eines Abends mal seine Braut vorzustellen.«

»Was, ich? Ich habe doch gar keine Braut.«

»Aber ja, er hat eine. Nicht wahr, Gabriel, er hat doch eine Verlobte?«

»Und dazu noch die schönste unter der Sonne!« antwortete ich und trat näher.

»Na ja, ich habe eine Verlobte«, gab Rumblar schließlich zu, »aber ich liebe sie doch nicht, meine kleine Zaina. Du brauchst also auf sie nicht eifersüchtig zu sein!«

»Ich bin ja auch schon ganz zerfressen von Eifersucht, mein Kleiner«, antwortete die Schöne. »Aber wirklich, warum bringen Sie sie denn nicht mal eines Abends her?«

»Eher wird es ihm gelingen, einen Stern vom Himmel mitzubringen«, mischte sich Mañara ein, der auf die Frauen zutrat.

»Don Diego hat auch mir versprochen, sie einmal mitzubringen – und das wird er halten«, sagte Santorcaz, den dieses Gespräch auch angezogen hatte.

»Sofern«, warf Mañara ein, »die Familie dieses edlen Herrn erlaubt, daß ein so zartes Fräulein ein solches Haus betritt.«

»Ein solches Haus!« rief die Zaina aus. »Ist das hier etwa eine Spelunke? Mein lieber Don Juan, mein Haus ist bestimmt ehrenwerter als das so mancher hochnäsigen Dame, mit der Sie herumschwänzeln.«

»Nun halt aber mal deinen Mund, du Dumme!« erwiderte; Mañara verärgert.

»Sie haben doch schon Prinzessinnen hierhergebracht und zum Beispiel auch die Pelumbres und die Primorosa«, fügte Ignacia hinzu. »Und erst vorgestern haben Sie doch diese Herzogin da zur Pelumbres mitgeschleppt. Alifonsa, weißt du, wer die ist? Erinnerst du dich an diese aufgedonnerte Schnepfe, die wie ein Kleiderladen auf einem Knochengerüst aussieht? Wenn Don Juan die zu uns bringt, können wir einen Knopfladen aufmachen.«

»Was schwatzt du da, du alberne Gans?« schrie Mañara, der jetzt regelrecht wütend geworden war. »Dir müßte man ja deine freche Zunge festbinden!«

»Kommt mir ja nicht so, Herr nachgemachter Rat!« geiferte die Zaina. »Das ist ja wohl, weil ich Sie abgewiesen habe, weil ich Ihnen ins Gesicht spucken mußte, damit Sie mir nicht auf Schritt und Tritt folgen. Den Bart eines solchen Menschen würde ich zum Auswischen der Küche benutzen und seine Eingeweide meinem Kater vorwerfen.«

»Verruchte Dirne!« schrie der Don Juan noch rasender. »Das hat man davon, wenn man sich mit niederem Pack abgibt. Wie kannst du es wagen, den Namen dieser respektablen Damen in dein Schandmaul zu nehmen. Du bist doch noch nicht einmal wert, ihre Schuhsohlen zu küssen. Das ist doch alles schäbige Eifersucht!«

»Ich und eifersüchtig?« kreischte die Kartoffelvenus, deren Gesicht puterrot angelaufen war. »Sie schmieriger Ritter! Das halte ich von Ihnen«, und dabei spuckte sie ihn vor allen Leuten an.

»Nichtswürdige Metze! Und dich hatte ich mal zu einem respektablen Menschen machen wollen!«

»Halt mal, immer langsam, ja?« mischte sich da Mörserfaust ein, der sich von einem eher gleichgültigen Zuschauer zu einem Mitbetroffenen wandelte.

»Das da mit Metze gehört sich einfach nicht. Ich dulde nicht, daß man hier schlecht über Anwesende spricht, und schon gar nicht über meine Tochter. Der Herr Don Juan soll sich hüten, die Ehre meiner Tochter anzugreifen, denn ich brauche keinen Sack mit Goldunzen, um Eindruck zu schinden. Und du, meine Prinzessin, wie kommt es eigentlich, daß du jetzt den Señor de Mañara derart angreifst, wo du dich doch noch vor ein paar Tagen so um ihn gerissen hast? Wenn er mal an einem Abend nicht zu dir kam oder dich beim Rosenkranzbeten nicht begleitete, hast du doch Seufzer gen Himmel geschickt, die höher waren als Kathedralen. Macht euch doch nicht gegenseitig verrückt. Jeder sollte doch ein wenig auf den anderen zugehen.«

»Also, Seufzer gen Himmel geschickt, ja?« meinte Don Mañara spöttisch.

»Und wenn sie Seufzer ausgestoßen hat«, sprach Mörserfaust, »so ist doch meine Tochter ein anständiges Mädchen.

Sie kann so viele ausstoßen, wie sie nur will. Das kann ihr auch der König nicht verbieten. Wenn sie auch jetzt noch einen Gemüsestand hat, so habe ich ihr doch versprochen, ihr ein Haus für feine Getränke einzurichten.«

»Ich soll nach diesem Biest seufzen?« rief die Zaina. »Nur schade, daß ich ihn mal freundlich angesehen habe, als er mir am Gemüsestand Blumen zuwarf!«

»Das hättest du wohl gerne! Aber so wie man Perlen nicht vor die Säue wirft, so wirft man ihnen auch keine Blumen zu!«

Da riß der Zaina der Geduldsfaden. Vor Haß ihrer Sinne nicht mehr mächtig, nahm sie eine auf einem Tisch neben ihr stehende Flasche und schlug sie dem angehenden Ratsherrn mit solcher Wucht über das Haupt, daß sie zerbrach – was wohl noch ein Glück im Unglück war, denn wenn die Flasche nicht zerbrochen wäre, so wäre wohl der Schädel des Galans geborsten (und das will etwas heißen, weil er ja wohl den härtesten des ganzen Rates von Madrid hatte). Er sprang auf, um diesen unerhörten Übergriff der Zaina zu züchtigen, aber Don Diego stellte sich mit einer solchen Geschwindigkeit vor seine angebetete Tomatengöttin, daß er die ersten Hiebe empfing. Nun geriet auch Don Diego in Wut ob dieser ungewohnten Behandlung und ging auf Mañara los, so daß sich der Mann mit der Mörserfaust genötigt sah, seinem Spitznamen Ehre zu machen und die beiden Kampfhähne mit der besagten Faust zu bearbeiten. Narcisa, Menegilda und Alifonsa riefen ebenfalls den Kriegszustand aus, da sie in der Aufregung ihre Hände einfach nicht mehr im Zaum halten konnten. Bald gab es im Raum keinen, der zu der Kollekte von Schlägen und Schreien nicht auch seinen Obulus entrichtete. Ich schwöre, daß ich mich aus dieser Keilerei herausgehalten hätte, wenn ich nicht eine von diesen brutalen Zärtlichkeiten zwischen meinen Schulterblättern gespürt hätte, was in mir einen Funken auslöste. Majoma, der immer schnell dabei war, eine Situation zu seinem ganz persönlichen Vorteil auszunutzen, versetzte dem Leuchter, der dieses Pandämonium beleuchtete, einen Schlag, so daß plötzlich alles in Dunkelheit getaucht war. So schrien, schlugen und purzelten alle durcheinander. Man hörte Schmerzensschreie und solche der Wut und Rache, aber über allem war die dröhnende Stimme von Mörserfaust zu hören:

»In meinem Hause gibt es keine Skandale! Macht doch nicht solch einen Unsinn, Freunde! Das sind doch nur Mißverständnisse. Wollen wir es doch als einen Scherz betrachten, wieder Frieden schließen und uns vergnügen!«

Der Lärm hatte die Nachbarschaft aufmerksam gemacht, die nun neugierig vor dem Hause stand – nicht, weil so etwas neu für sie war, sondern weil sie sich das Vergnügen nicht entgehen lassen wollte. Der Señor Mörserfaust fürchtete das Eingreifen der Polizei, weil die ihm am meisten schaden könnte. Schließlich riß einer die Tür des kleinen Saales auf, so daß ein wenig Licht hereinfiel und wir uns erkennen konnten. Alles deutete daraufhin, daß wir einen Besuch der Ordnungswächter zu erwarten hatten; daher griff ich Don Diego an einem Arm und zog ihn aus der Wohnung. Wir stürzten die Treppe hinunter, bis wir fast auf die Straße fielen, auf der wir uns flugs vom Ort des Streites entfernten.

Erst als wir uns weit genug vom Haus entfernt hatten, verlangsamten wir unsere Schritte und musterten uns gegenseitig. Don Diego hatte mehr Havarien als ich in dieser Schlacht erlitten. Ein mächtiger Fausthieb hatte seine Augenpartien in ein dunkles Ei verwandelt.

»Welch ein Unglück!« rief er aus, als er seine Taschen absuchte. »Da hat man mir doch meine zwei Uhren und auch das ganze Geld gestohlen!«

»Damit war zu rechnen, schließlich sind wir ja nicht zu einem Rosenkranzbeten gegangen«, antwortete ich und forschte nun in meinen Taschen. »Wie ich feststelle, hat man auch mich nicht ungeschoren gelassen.«

»Haben sie dir auch die Uhr gestohlen?«

»Nein, eine Uhr haben sie mir nicht geklaut und werden es auch nie können, weil ich keine besitze. Aber immerhin ist mein Geld weg – was aber nicht viel war.«

»O mein Gott! Ohne Uhren, ohne Geld …«, klagte Don Diego. »Womit zahle ich nun die siebzehn Ellen feinen Baumwollstoff für die Zaina, und womit soll ich die Kutsche mieten, um sie am Montag zum Stiertreiben zu fahren? Wenn

Santorcaz mir nicht wieder etwas leiht, werde ich sterben müssen.«

»Siebzehn Ellen Sackleinen verdient dieses Volk allerhöchstens«, erwiderte ich. »Man muß ja doch wohl verrückt oder sehr verliebt sein, um seine Füße in solche Häuser zu setzen!«

12.

Wie ich schon einmal angedeutet habe, konnte ich keine Erlaubnis erhalten, Madrid zu verlassen, weil General Villa, der sich plötzlich in großer Bedrängnis sah, auf keinen Mann verzichten konnte. Warum ging ich nicht trotzdem? Wer hinderte mich daran? Wer verbaute mir den Weg? Wer konnte es schon gewesen sein, als der große Vereitler aller Pläne, der linke Arm des Schicksals – der, welcher das Leben von Großen und Kleinen seinem eigensüchtigen Willen unterwarf. Ja, die Geißel Europas, der Vertreiber der Bourbonen, der Erfinder neuer Königreiche, der Mann, der England im Würgegriff hatte, Rußland erzittern ließ, Preußen und Österreich erniedrigte und das schöne Italien unterdrückte, der wagte es auch, die Hand an mein Schicksal zu legen und mich daran zu hindern, die Armee zu wechseln.

Anfang November 1808 nämlich war der Kaiserliche oder Königliche Don Quijote, wie ihn einige Spanier nicht ganz ohne Grund nannten, mit weiteren Truppen in Spanien eingedrungen, um in Madrid wieder einen ihm hörigen Hof einzusetzen. Ihn kümmerte es wenig, daß die Spanier seinen Bruder den ›Schieler‹ nannten. Da er die Anzahl und Stärke unserer Soldaten kannte, wollte er nicht mehr abwarten und nutzte die Gelegenheit aus. Als er erst einmal selbst seinen Fuß auf spanischen Boden gesetzt hatte, gefiel es ihm gar nicht mal so sehr, daß sein Marschall Lefèbvre die Schlacht von Zornoza gewann; bekanntlich gefiel es ihm gar nicht, wenn in seiner Gegenwart ein anderer Ruhm erlangte. Er befahl seinem Marschall Victor, unseren unglücklichen General Blake zu verfolgen, dessen Truppen sich aber mit den aus Dänemark geflüchteten Einheiten des Marquis de la Romana[34] vereinigt hatten. Dies war die Lage vor der Schlacht von Espinosa de los Monteros am 10. und 11. November 1808, die wir verloren, so energisch der Oberhauptmann das auch verneinen mochte. Der Leser möge sich über die Entrüstung dieses streitbaren Patrioten hinwegsetzen und mir glauben, daß dieser Kampf von Espinosa ein Desaster war – wenn auch nicht ohne Ehre für unsere verhungerten, abgerissenen und erschöpften Truppen. Viele tapfere Offiziere starben dort, und alle Soldaten, die am Leben geblieben waren, mußten große Entbehrungen erleiden – ohne das kleinste Stückchen Brot oder eine Binde für ihre Wunden.

So ging die Armee des linken Frontabschnitts unter. Die Reste retteten sich in die Unwegsamkeiten der Liébana und zogen sich von dort nach Campos zurück, wo sie unter den Befehl des Marquis de la Romana gestellt wurden. Die Extremadura-Armee hatte auch nicht mehr Glück, denn sie wurde von Bessières und Lasalle, wieder an jenem fatalen 10. November, bei Gamonal in der Nähe von Burgos geschlagen. Am 12. November marschierte die Geißel der Welt in die Hauptstadt von Kastilien ein, wo der von ihm eingesetzte Verräter ein Amnestiegesetz verkündete. Es blieb uns noch eine Armee, die des Mittelabschnitts, die am Ufer des Ebro bei Tudela stand und von Castaños befehligt wurde. Aber keiner vertraute darauf, daß wir dort erfolgreicher sein würden, denn da die Tür zu den Katastrophen erst einmal aufgestoßen worden war, würden weitere, eine nach der anderen, kommen, wie es auf dieser vertrackten Welt üblich ist. Der Himmel bereitete uns auch wirklich am Ebro ein weiteres großes Unglück vor, aber Mitte November, als die traurigen Nachrichten von Espinosa und Gamonal Madrid erreichten, hatte sich die Schlacht von Tudela[35] noch nicht ereignet.

Die Panik in Madrid war groß. Man war sich sicher, daß der Korse bald vor den Toren der Stadt auftauchen würde. Wer konnte sich ihm dann entgegenstellen? Es war keine andere Armee als die des Mittelabschnitts mehr da, und die stand ziemlich weit entfernt an den Ufern des Ebro. Wer könnte den Eindringling auf seinem schrecklichen Marsch aufhalten? Die Junta verzweifelte, und die Madrider glaubten, den Ernst der Lage durch Begeisterung mindern zu können. Ach – nach Heranbeorderung einiger Kräfte aus Somosierra und Navacerrada, welche Linientruppen hatte man dann, um Madrid verteidigen zu können? Man wagt es kaum zu sagen: fünfhundert Mann!

Gewiß, es gab viele bewaffnete Zivilisten, aber sehr wenige Gewehre, und für die Hälfte der vorhandenen gab es keine Kugeln. Und wozu nutzten Kugeln, wenn es kein Schießpulver gab? So tief waren wir vier Monate nach dem Sieg von Bailén gesunken.

Alles wiederholte sich nun unter umgekehrten Vorzeichen. Gestern hatten wir die Franzosen geschlagen, und heute schlugen sie uns. Gestern noch waren wir stark und furchteinflößend, heute schwach und zerstreut. Gegensätze und Antithesen der Welt wie Freud und Leid, Essigwasser und guter Wein. O Spanien, wie gut man dich erkennen konnte in diesem Abschnitt deiner Geschichte! Es gab für dich keine Verstellung mehr, weder Maske noch Schminke, denn wo du auch auftauchtest, warst du nicht zu verkennen: Festtagsstimmung auf der einen Hälfte deines Gesichts, der Ausdruck von Elend auf der anderen, einen Lorbeerkranz in der einen Hand und mit der anderen deinen Aussatz kratzend.

»Hola, Gabriel! Was machst du denn hier?« rief mir Pujitos am 20. November an der Puerta del Sol zu. »Weißt du schon, daß unser Freund Don Juan de Mañara jetzt Ratsherr ist? Man hat ihn mit der Munitionsversorgung beauftragt. Hast du ein Gewehr?«

»Und ein gutes sogar! Aber es ist ja noch nichts zur Befestigung von Madrid angeordnet worden – keine Befehle zum Ausheben von Gräben, Errichten von Schutzwällen und Unterständen, wo doch diese Stadt überhaupt keine Mauern oder Befestigungsanlagen hat.«

»Das alles kommt noch. Am dringendsten ist jetzt aber die Beschaffung von Waffen und Munition.«

»Wo wird denn Munition angefertigt?«

»An verschiedenen Stellen. In der Schule der Friedenstöchter arbeiten mehr als sechzig Leute Tag und Nacht daran.«

»Aber was nutzt uns Munition, wenn wir keine Waffen haben, mein lieber Herr Pujitos«, erwiderte ich. »Ich kenne viele tapfere Männer, die nichts als Spieße, Steinschleudern und rostige Säbel haben.«

»Das sind Lappalien – und wenn es keinen Verrat gibt ...«

»Verrat?«

»Ja, hier gibt es viele Verräter!«

»Jetzt, da alle so aufgeregt sind, kommt es doch nicht selten vor, daß die treuesten Patrioten Verräter genannt werden.«

»Gabriel«, erwiderte er, hielt mitten auf der Straße an und betonte mit erhobenem Zeigefinger seine Worte, »wenn ich so etwas sage, dann weiß ich, wovon ich spreche. Erinnerst du dich, was vor einigen Tagen im Haus des Gevatters Mörserfaust gesprochen wurde? Weißt du noch, wie sich der Herr von Santorcaz über die Verräter aufregte? Wir haben herausgefunden, daß dieser Señor de Santorcaz oder Don Dämon ein Spion des Korsen ist. Natürlich hat er versucht, das unter einem großen patriotischen Gehabe zu verbergen.«

»Das höre ich nicht zum ersten Male.«

»Er schreibt den Franzosen Briefe mit Berichten über das, was hier vorgeht, und sie geben ihm Geld für Leute, die Zwietracht unter der Truppe säen sollen. Davon soll es viele geben, und es heißt, daß sogar hochgestellte Personen sich den Franzosen verkauft haben. Aber, Gabriel, wir werden uns davon nicht beirren lassen. Andere gibt es, die sind zwar keine Verräter, aber kleinmütig und wollen keine Verfassung, die wir doch brauchen, um mit dem ›Esputimus‹ fertig zu werden. Weißt du, was ›Esputimus‹[36] ist? Das ist etwas sehr Schlechtes. Da wir mit Godoy und seiner Bande abgerechnet haben, werden wir auch mit dem Korsen fertig werden, und danach werden die Reichen Spaniens auf eine andere Art regiert. Und wir werden uns darin so wohl fühlen, daß wir nicht mit den Engeln im Himmel tauschen würden.«

Sprach's, drehte sich um und eilte von dannen. Ich ging darauf zu meiner Kompanie.

Angesichts der nicht zu übersehenden Anzeichen der Besorgnis, die man überall in Madrid beobachten konnte, hatte es der Optimismus des Oberhauptmanns schwer. Pujitos hielt sich für eine Art Adler des Vaterlandes, den weder Gefahr noch Furcht veranlassen könnte, seine majestätischen Schwingen einzuziehen. Er konnte jetzt aber die Niederlagen von Espinosa und Gamonal nicht mehr abstreiten. Nur Verrückte konnten noch glauben, daß Napoleon auf seinem Siegesmarsch einhalten würde. Mehrere Tage verwehrte sich der starre Geist meines Freundes dem Beweis so vieler Katastrophen, beharrte darauf, daß unsere siegreichen Waffen die Franzosen und ihren größenwahnsinnigen Kaiser auf die andere Seite des Bidasoa[37] werfen würden. Wie sehr er auch fortfuhr, solche unfaßbaren Ereignisse, die nicht in sein heroisches Hirn paßten, dem Lügenreichtum der Zeitungen zuzuschreiben – schließlich ließen die allgemeine Sorge, der Tumult der Angst und der Wirrwarr der Verteidigungsvorbereitungen Schlag für Schlag das mit so vielen Illusionen aufgebaute Schloß seiner Starrköpfigkeit zusammenbrechen. Der Held ließ sich davon aber nicht völlig unterkriegen – o nein, er lachte nach einer Weile sogar noch und faßte das Ganze wie eine große Fiesta auf. Voller Vertrauen in die Möglichkeiten seiner Stadt Madrid, verneinte er die Möglichkeit, Napoleon könne es wagen, die Hauptstadt anzugreifen. Diese Zuversicht bewahrte er bis zum Abend des 25. November, als ihn seine Frau Gregoria bei der Rückkehr von seiner Arbeit wie immer nach den neuesten Nachrichten fragte.

»Nichts, Frau«, entgegnete er mit einem verächtlichen Lächeln, ein für ihn typischer Ausdruck seines Optimismus, und rieb sich die Hände, »eigentlich nichts – wir werden dem Kaiserchen einen Empfang bereiten.«[38]

13.

Und das ›Kaiserchen‹ marschierte am 22. November 1808 von Burgos ab, erreichte am 24. November Aranda[39], am 29. Boceguillas und am 30. schließlich Somosierra[40].

In Madrid wuchs die Unruhe, schon am 23. November gedachte man die Verteidigung mit einem Ring von Befestigungsanlagen vorzubereiten, welche die Hauptstadt Spaniens zu einem zweiten Zaragoza machen sollte. Der Generalkapitän von Castilla la Nueva war der Marquis de Castelar[41], der Ortskommandant war Don Fernando de la Vera y Pantorja. Letzterer war dieser besonderen Situation aber allein nicht gewachsen, so daß ihm als Festungsexperte der berühmte Don Tomás de Morla zugeordnet wurde, der fünf Monate vorher Solano in Cádiz abgelöst hatte. Tomás de Morla war ein Mann mit einem vertraueneinflößenden Gesicht, er wirkte nach außen energisch, war aber in Wahrheit sehr schwach. Er besaß jedoch große Kenntnisse auf dem Gebiet der Artillerie. Diesen Ruf hat er bis heute bewahrt, denn seine Studien dienen jetzt noch der Ausbildung des militärischen Nachwuchses.

Morla leitete also die Verteidigungsarbeiten. Dazu gehörte das Ausheben von großen offenen Gräben vor den Stadttoren Fuencarral, Santa Bárbara, Los Pozos, Atocha und Recoletos, das Ausbrechen von Schießscharten an der ganzen Mauer im Norden, das Ausheben der Steine in den Straßen Alcalá, Carreara de San Jerónimo und Calle Atocha zum Errichten von Barrikaden, der Bau mehrerer Schützengräben im Retiro-Park sowie die Errichtung einer Artilleriestellung, die nur einige Sechser- und wenige Achter-Geschütze umfaßte. Dies alles erfolgte in letzter Stunde, aber mit so großer Begeisterung und Entschlossenheit, daß man annehmen konnte, die vorgesehenen Fertigstellungstermine würden weit unterschritten.

An diesen Arbeiten nahmen alle teil, ohne Klassenunterschiede. Die Damen der Wasch- und Nähvereinigung, die sich mit ihren traditionellen Arbeiten nicht mehr ausgefüllt sahen, richteten ein Angebot an die Behörden, in dem sie anführten, daß sie auch Kiepen und Säcke voll Erde tragen und überhaupt alle Arbeiten ausführen wollten, für die man sie einsetzen werde. Das ist keine Erfindung von mir, denn das Angebot besteht noch als Druckschrift, ein Ungläubiger kann darin alles nachlesen, wenn er an der Seelengröße der Damen jener Zeit zweifelt. Und unter der Bezeichnung ›Damen‹ verstehe ich auch die, die ich an einer anderen Stelle dieser Erzählung erwähnte, denn die von Rastro und Maravillas fanden besonderen Gefallen daran, zur Begleitung von Seguidilla- und Scherzliedern Kanonen durch ganz Madrid zu ziehen. Ich entdeckte die angesehensten Frauen bei Arbeiten, für die ihre zarten Hände eigentlich ungeeignet waren.

Von den Männern braucht man nicht viel zu sagen, denn wir alle schufteten Tag und Nacht und gruben und schleppten Erde aus den Gräben, um Schutzwälle für die Artillerie zu errichten. In kurzer Zeit war die Calle de Alcalá so von Steinen entblößt wie ein Ackerfeld, und von Las Baronesas bis Carmen Calzado erhob sich eine mächtige Schutzmauer.

Das Verteidigungspersonal setzte sich wie folgt zusammen:

Erstens die fünfhundert Liniensoldaten, die kaum zur Bedienung der Geschütze reichten. Zweitens die Freiwilligen vom 7. August, zu denen auch meine Wenigkeit gehörte (wir waren nicht mehr als dreitausend Mann). Drittens die zweihundertfünfzigtausend Wehrpflichtigen, gemäß dem Dekret der Junta am 23. November nach Los gezogen wurden, und viertens die Stadtmiliz, genannt ›die Ehrenwerten‹, die sich aus Freiwilligen vom 24. November zusammensetzte.

An dieser Stelle muß ich dem Leser noch mehr von den Wehrpflichtigen und ›Ehrenwerten‹ erklären. Diese Wehrpflicht erstreckte sich auf alle männlichen Bürger von sechzehn bis vierzig Jahren. Die Ausnahmen dieser Aushebung zum Reserveheer gemäß den Befehlen vom 27. Oktober 1800 wurden für nichtig erklärt. So wurden also auch Witwer mit Kindern, Mündel der Stadt Madrid, Adlige, die keine andere Entschuldigung als ihren Adelsstand hatten, Geistliche ohne Amt (zur Aufnahme in den militärischen Seelsorgedienst), auf die sich das Konzil von Trient bezogen hatte, Kaplane, die noch nicht *in sacris* geweiht worden waren (von denen viele zu den sogenannten ›Abates‹, d. h. Weltgeistlichen, gehörten), Novizen religiöser Orden, Doktoren und Lizentiaten, die keine Professur innehatten, aus dem aktiven Militärdienst ausgeschiedene Berufssoldaten, Ausgehobene, die ihren Dienst abgeleistet hatten, und geschwisterlose Bauernsöhne eingezogen. Das heißt, es gab eigentlich keine Ausnahmen mehr, außer die durch Krankheit und fortgeschrittenes Alter gezeichneten Männer.

Die ›Ehrenwerten‹ waren eine ortsgebundene Miliz, die zur Aufrechterhaltung der Ordnung in den Städten gegründet worden war. Sie sollte Unruhen verhindern und Aufhetzer, Banditen, Deserteure und andere Widerspenstige an Übergriffen zur Befriedigung ihrer eigenen Begierden hindern.

Am 23. November fand also in Madrid die Auslosung für die Auffüllung der Armee statt, einige Tage danach die Einschreibung der *ehrenwerten Milizionäre,* und zwar jeweils von zehn Uhr vormittags bis drei Uhr nachmittags in den Klöstern der Prämonstratenser, Franziskaner und Trinitarier und in zwei oder drei anderen Klöstern statt, die alle etwa in der Mitte ihres Stadtviertels lagen. Dabei waren jeweils ein Stadtdirektor oder ein Ratsherr von Madrid, ein Offizier, ein Bezirksamtmann und ein Schreiber zugegen. In wenigen Tagen füllten sich also die Kasernen und andere militärische Einrichtungen von Madrid mit vielen Tausenden von Männern. Zu den wenigen Soldaten der Linientruppe und der auch nicht sehr großen Anzahl von schon gedrillten Freiwilligen kamen Massen von Wehrpflichtigen – begeisterungsfähige Männer, denen jedoch in der Regel Gewehre fehlten und die hinsichtlich ihrer militärischen Aufgaben so unwissend wie Neugeborene waren.

Die Freiwilligen von schon einigen Monaten Dienstzeit, die seit August ihre neuen Uniformen stolz durch Madrid paradiert hatten, schauten die sogenannten ›Ehrenwerten‹ der Miliz mit scheelen Augen an, da diese die Ehrbarkeit Spaniens gepachtet zu haben schienen. Die Milizionäre dagegen, die keine Schußwaffen trugen, waren der Meinung, daß man ihnen einige von den längergedienten Freiwilligen zuteilen sollte. Die wiederum fluchten, sie würden sich eher noch Napoleon als den ›Ehrenwerten‹ übergeben. Was jene unglücklichen Witwer, Adligen, Küster, Novizen, Geistliche ohne Amt und andere ehemals vom Wehrdienst befreite Männer betraf, so schauten sie in den Himmel und warteten darauf, daß man ihnen überhaupt irgendeine Art von Waffe gab. Zusammengefaßt: viele, ja eine große Masse Männer der letzten Stunde, wenige und schlechte Waffen, keine rechte Koordination, Mangel an Persönlichkeiten, die auch nur eine Truthahnschar führen konnten, viel Bewegung von Zungen und Beinen und ein ständiges Kommen und Gehen, begleitet von einer reichlichen Dosis von Schreien, Drohungen und Eifersüchteleien. Dazu ein Gerangel um Standarten, Kokarden, Wimpel, Feldzeichen und Embleme, die den Einwohnern von Madrid so gefielen.

Die Szenen in diesen Klosterräumen, in denen die ersten Schritte der Umwandlung von Zivilisten zu Soldaten stattfanden, wären es wert gewesen, von geschickten Pinseln für die Nachwelt festgehalten zu werden. So will ich denn wenigstens versuchen, dies mit der Schreibfeder zu tun. Es handelte sich um das Kloster der Trinitarier in der Calle de Atocha, das wohl den größten Teil der betreffenden Sehenswürdigkeiten bieten konnte.

In der Mitte eines großen Saales stand ein Tisch, auf dem ein Ratsherr vom Schreiber die Namen eintragen ließ. Vor diesem Tisch herrschte ein solcher Lärm, daß ich nicht weiß, wie der Señor de Mañara, denn um niemand sonst handelte es sich bei dem Ratsherrn, es überhaupt aushalten konnte. Es war zwecklos, Ruhe zu befehlen, weil die Haufen von Frauen, die sich an der Tür drängten, auch nicht geschwiegen hätten, wenn ihnen der Heilige Geist das befohlen haben würde. Ein armer Polizist war zur Aufrechterhaltung der Ordnung abgestellt worden, aber der wagte es nicht, einen solchen Befehl durchzusetzen, weil es ihm dann unter den Händen dieser Weiber schlechtgegangen wäre.

»Aber was sucht ihr denn alle hier?« rief der Pujitos aus und breitete die Arme aus, als ob er diesen Aufmarsch der

Frauen vertreiben wollte. »Weg, ihr Frauen! Seht ihr denn nicht, daß ihr hier nur stört? Warum helft ihr nicht beim Gräbenausheben bei Los Pozos?«

»Wir haben schon genug Erde getragen! Schade, daß es nicht für deine Beerdigung ist!«

»Aber was wollt ihr denn eigentlich, verflixt noch mal?«

»Was wir wollen – Gewehre, du Rotznase! Du und dein Bataillon haben doch auch welche bekommen. Wir wollen uns in die Armee einschreiben lassen!«

»Haut bloß ab, wir können euch nicht gebrauchen!«

»Friede, Friede, meine Kinder«, ertönte vom Innern des Klosters eine volltönende, salbungsvolle Stimme, in der ich die des verehrungswürdigen Bruders Salmón erkannte. »Gebt Ruhe, sonst werde ich wirklich wütend.«

Da teilte sich die dichtgedrängte Gruppe in zwei Hälften und ließ die massige Figur des Barmherzigen Bruders hindurch, der mit majestätischen Schritten und lächelnder Miene vorantrat.

»Hier ist das Paterchen. Hoch der Pater Salmón! Nun versuch mal, uns rauszuwerfen, du vermaledeiter Pujitos!«

»Bürschchen«, rief eine Frau, griff Pujitos beim Kragen und hielt ihm die Faust vor die Augen. »Du hast ja wohl deine Zähne heute morgen noch zur Messe beim Singen gezeigt. Wenn du willst, daß du sie auch noch zur Vesper hast, dann halt mal schön den Mund!«

»Laßt diesen armen Mann doch in Frieden«, rief Pater Salmón beschwichtigend, »und tragt ihm seine Grobheit gegenüber solch eifrigen Señoras nicht nach. Ich verspreche, daß er sich bessern wird. Ich habe euch doch schon so manches Mal gesagt, daß ich euch nicht mehr mögen werde, wenn ihr nicht manierlich seid. Also, meine Damen, meine Herzoginnen und Prinzessinnen – warum drängelt ihr euch denn hier so?«

»Auch wir wollen in die Armee aufgenommen werden!«

»In die Armee aufgenommen werden! Oh, ihr tapferen Amazonen! Aber seht ihr denn nicht, meine Mädchen, daß eure Hände eher für den Goldfaden und die Perlenschnur geschaffen sind als für den schrecklichen Damaszenersäbel? Also, nun rasch zum Beten, wie es sich für ehrbare Frauen geziemt, und dann ab nach Hause, wo doch auch Arbeit auf euch wartet.«

»Das sind doch wieder mal typische Männerworte. Wir haben schon viele Kiepen voll Erde getragen. Jetzt bringen wir zwei Kanonen nach Los Pozos und wollen, daß man uns die auch abfeuern läßt!«

»Nun gut, nun gut. Wir können das wohl arrangieren. Kehrt jetzt erst einmal zu euren Familien zurück und denkt mal über eure Fehler nach, die ich so erfahren habe. Du, Nicolasa, bist eine Schelmin, die bei jedem Pfund Fleisch zwei Unzen weniger einpackt. Dich Bastiana, muß ich wegen Wucherei tadeln, weil du auf dem Fleischmarkt für jeden Duro* zwei Peseten Zinsen von den Leuten nimmst. Und du, Alfonsa, Branntweinausschenkerin, in deiner Todesstunde wirst du die Dutzende von Liebhabern vor dir sehen, die du im Leben schon gehabt hast. Das andere will ich hier noch gnädig verschweigen, den Anstand nicht verletzen.«

Mit solchen und anderen Kampfreden gelang es dem Pater schließlich, das dichte Knäuel von Frauen vor der Tür zu entwirren, daß man hindurchgehen konnte. Der beliebte Predigermönch blieb aber noch bei ihnen und sagte jeder ein paar Wörtchen seiner Meinung über sie, worauf er ihnen das Kreuz an der Kuttenkordel zum Küssen reichte. Als er mich sah, legte er mir in liebevoller Begrüßung die Arme um den Hals.

»Läßt du dich auch einschreiben?« fragte er mich.

In diesem Moment stürzte ein Mann auf den Pater zu, küßte inbrünstig seine Hände und sprach:

»Ach, Paterchen meines Herzens! Gott sei Dank, daß ich Euch hier antreffe. Darüber freue ich mich mehr, als wenn alle Grenzen dieser Welt fallen würden. Hat Seine Hochwürden die sieben Pfund Schnupftabak und das Fäßchen erhalten?«

»Ja, mein Sohn, und Dank sei Euch, denn Ihr seid wirklich der Ehrenmann, der sein gegebenes Wort am treuesten hält.«

»Wie könnte ich denn mein Wort gegenüber einem solchen Engel wie Euch nicht halten? Befiehlt, barmherziges Brüder-

---

* Fünf Peseten (Anm. d. Übers.)

chen, und ich werde Euch England auf einem Tablett servieren, obwohl ich mein ganzes Geld für Pulver und Kugeln ausgeben müßte.«

»Und wie geht es der Zaina?«

»Diese Wirrköpfige! Neulich hatten wir wieder einmal eine Gesellschaft im Hause, und zum Abschluß wurde ein Schwänkchen aufgeführt, daß es nur so eine Freude war. Aber seit jenem Abend ißt und trinkt diese meine Tochter nicht mehr und schickt Seufzer gen Himmel, daß es ihrem Vater das gestählte Herz zerreißt.«

»Du bist doch ein Tölpel, Gevatter Mörserfaust«, sagte Salmón. »Als ich neulich am Tag der Verstorbenen in deinem Hause war ... Erinnerst du dich an die haarsträubenden Geschichten, die du mir unter dem Einfluß eines gewissen Branntweins aus Chinchón zum besten gabst und die den Bart des Kaisers vom Heiligen Römischen Reich ergrauen lassen würden?«

»Ich erinnere mich daran – ja.«

»Also, an jenem Abend sagte ich dir doch: ›Mörserfaust, paß mal etwas auf. Die Zaina und der Señor de Mañara scheinen sich ja recht gut zu verstehen. Schau doch mal, wie sie dort in der Ecke die Köpfe zusammenstecken wie zwei überreife Feigen am Baum.‹ Und wie deine Tochter ihn anhimmelte!«

»Ich weiß ja, mein guter Herr, daß alles daher kommt.«

»Neulich sagte ich dir doch auch: ›Mörserfäustchen, paß auf, der Mañara bezirzt deine Tochter so sehr, daß die Pläne, die du doch mit ihr hast, ins Wasser fallen werden.‹ Erinnerst du dich?«

»Nun – ich wollte es mir mit dem Mañara nicht verderben«, entgegnete der Mann des Mörsers und kratzte sich am Ohr. »Es ist schon wahr, er kam jeden Abend ... aber meine arme Kleine ist unschuldiger als eine Friedenstaube.«

»Ich wette, daß der Teufel seine hämische Schnauze in dein Haus gesteckt hat, Fäustchen des Mörsers. Du sagst, daß dein Töchterlein weder ißt noch trinkt und seufzt – lange Seufzer?«

»O ja. Drei Tage lang habe ich jetzt schon kein Wort aus ihr herausbekommen können. Manchmal habe ich mich an ihre Zimmertür gestellt und sie angefleht, doch etwas zu sagen ...

wie die Komödianten im Theater ... Manchmal quellen ihr die Tränen nur so aus den Augen, und dann wieder sprühen diese Augen Funken ... ›Erzähl mir doch, was du hast, du Balsam meines Herzens‹, habe ich ihr schon oft gesagt, aber sie antwortet mir so viel wie ein Türpfosten. Gestern abend haben wir den Rosenkranz gebetet, denn ich versäume nie diese fromme Pflicht zu erfüllen – weder zu Hause noch unterwegs, und sie betete die Ave-Marias mit einer Inbrunst, daß einem schier die Seele schmelzen konnte. Aber dann, mein guter Pater, schlug sie mit der Faust um sich, zerriß den Rosenkranz, sprang auf, preßte die Hände an den Kopf und rief: ›Jungfrau der Friedenstaube, ich kann nicht, ich kann nicht!‹ Dann zog sie sich den Mantel an und lief auf die Straße, wohin ich ihr folgte ... Was glaubt Ihr, Pater meiner Seele, da rannte sie doch bis zu dem Haus, wo dieser verflixte Ratsherr wohnt, preßte die Stirn an das Türgitter und heulte wie ein Schloßhund. Ich mußte sie in meinen Armen nach Hause tragen, und am folgenden Tage konnte sie nicht zum Gemüsestand gehen, weil sie krank geworden war.«

»Das ist mir ganz klar: Der Mañara hat ihr den Kopf verdreht – und sie ist nicht die erste. Nein, Mörserfaust, die erste ist sie nicht. Aber ich werde mal zu euch kommen, ein Gebet für die Kleine sprechen und sehen, ob wir sie nicht heilen können ... Aber sag nichts davon ... Ist sie es denn nicht, die da drüben kommt? Ja, das ist doch die Zaina. Zainilla, komm doch mal her!«

»Ja, das ist die Blume meines Alters, die Sonne ihres Vaters. Komm her, hat dir doch der Pater gesagt!« rief der Gevatter Mörserfaust seiner Tochter zu. »Wo kommst du denn her?«

»Vom Erdeschleppen«, erwiderte die Zaina, in deren angeregtem Gesicht kein Anzeichen des tiefen Kummers zu erkennen war, über den ihr Erzeuger gerade noch so geklagt hatte. »Wir haben eben drei Kanonen an der Puerta de Atocha aufgestellt. Da haben wir auch Pfähle eingerammt und Brustwehren errichtet, daß den Franzmännern die Augen übergehen werden.«

»Und warum hast du dich denn noch vor kurzem so seltsam betragen?«

»Pater«, sagte ihr Vater, »sprecht doch ein – oder wenn's nötig ist auch zwei – Gebete, damit sie zu Hause bleibt.«

»Du siehst angegriffen aus, Zaina«, meinte der Priester. »Du bist eigentlich traurig – ich kenne dich doch.«

»Was Sie nicht alles so erkennen wollen! Und warum sollte ich wohl traurig sein?«

»Sag mir mal, du hast doch wohl gehört, daß der Don Juan de Mañara hier ist, nicht wahr?«

Die Zaina wurde blaß und hörte auf zu lachen.

»Da haben wir dich erwischt«, rief der Pater aus. »Dein Gesicht kann es nicht verbergen. Schau, Ignacia, im Garten meines Klosters lebt ein Vögelchen, daß jeden Morgen an mein Zellenfenster kommt und mir alle Dummheiten erzählt, die die mir bekannten Mädchen so verübt haben. Weißt du, was es mir von dir erzählt hat? Nämlich, daß …«

»Du wirst ja roter als eine Tomate«, bemerkte ihr Vater. »Es ist wohl besser, wenn Seine Hochwürden sie jetzt mal allein lassen.«

»Warum denn jetzt allein lassen? Ich denke nicht daran … Also, Mädchen, da hat es wohl Herzzerbrechen gegeben? Vorsicht mit den Kavalieren, die ins Haus kommen! Da könnte etwas passieren, was mich sehr zornig machen würde. Bei Todsünden hilft bei mir nicht mehr ›Paterchen hier, Paterchen da‹. Da kann ich sehr böse werden! Komm doch mal näher, du Törichte. Hat dir dieser Señor de Mañara den Verstand völlig durcheinander gebracht?«

»Was, mir?« kreischte Zaina. Die Empörung machte sie stolzer und schöner, als sie eigentlich war. »Dieser Angeber? Ich kann mir vorstellen, daß der so etwas verbreitet. Der soll mich aber kennenlernen. Ich habe viel mehr Stolz, als der sich vorstellen kann, und bin mir für so einen doch viel zu schade.«

»Hör auf, streite es doch nicht ab!«

»Ich – ich bin eine, der es auf die Frucht ankommt, und nicht auf die Schale. Die geschniegelten Ekstellentsen und die aufgedonnerten Matammen, die so nach Bergamotteöl stinken, machen auf mich doch kein' Eindruck – besonders nicht, wenn es sich um verdammichte Franzosenfreunde und Verräter handelt!«

116

»Der Señor de Mañara ein Verräter?« rief der Barmherzige Bruder erstaunt aus. Wie kannst du in diesem Ton von einem Ehrenmann sprechen, der so viel für das Vaterland leistet und sich so große Mühe gibt, daß er jetzt da drinnen sitzt und die Einschreibung von Wehrpflichtigen beaufsichtigt?«

»Ja, Verräter – ein Verräter schlimmer als Judas«, bekräftigte Zaina. »Ist das für Seine Hochwürden neu? Alle wissen es doch. In Madrid gibt es keinen, der das nicht weiß!«

»Über andere habe ich das ja schon sagen gehört, aber nicht über Mañara«, meinte Mörserfaust.

»Der ist von den Franzosen gekauft worden, und all das patriotische Getue soll doch nur seine Schandtaten verdecken«, erwiderte Zaina. »Aber der wird schon noch seine Strafe bekommen, dieser Schurke, dieser Speichellecker des Onkel Dreispitz. Hoch Ferdinand der Siebte!«

»Ich dachte, du seist vernarrt«, bemerkte Pater Salmón dazu«, aber jetzt sehe ich, daß du verrückt geworden bist.«

»Aber mein Töchterchen«, warf der Gevatter Mörserfaust ein, »red doch nicht solche Sachen! Die könnten zu Ohren des Señor de Mañara kommen, und du weißt doch, daß ich ihn brauche, damit er meine lieben Jungchen freiläßt, die im Kerker von Villa schmachten – den Agustinillo und den Afanco, die für zehn Schläuche schlechten Wein nun das Fegefeuer auf Erden erleben müssen, obwohl ich meine, daß man das im anderen Leben anrechnen muß.«

»Ich schreie so laut, daß es auch die Tauben hören!« entgegnete die Zaina. »Hier hassen wir Verräter. Wenn wir die erledigen, ist es auch mit Napoleon aus!«

»Vorsicht, Vorsicht, mein Kind«, sagte Pater Salmón, »daß deine Worte nicht auf dich zurückfallen. Einmal ausgesprochen, kann man sie nicht zurückholen!«

»Sei es, wie Gott es will. Wer mich verletzt, der muß dafür büßen.«

»Merkst du denn nicht, daß es die Eifersucht ist, die dich so rasend macht?«

Die Zaina wollte gerade darauf antworten, als Don Diego auftauchte. Die Zaina rief ihm zu:

»Hier bin ich! Hier ist Ihre Prinzessin, Herr Graf. Sie brauchen mich nicht mehr mit diesen Pinguinaugen zu suchen.«

»Der Herr Graf macht dir auch den Hof, du Kokette?« fragte sie der Mönch und grüßte Don Diego.

»Und ich liebe ihn mehr als meine Augäpfel!« bekräftigte die Schöne. »Die Ohrringe hier sind von ihm, und die stehen mir so gut, daß mir alle nachschauen. Da habe ich doch einen Anbeter, der mir die Schätze des Königs zu Füßen legen würde.«

Don Diego, den die Gegenwart des Predigermönchs verlegen stimmte, sagte kein Wort. Dagegen wandte sich jener aber an ihn:

»Ich weiß ja bereits, daß der Herr Graf auf schlechten Wegen wandelt. Die Frau Gräfin und die Frau Marquise haben mir das berichtet. Wie können Sie denn der Zaina den Hof machen? Ich will ja nicht sagen, daß sie nicht attraktiv ist, aber jeder Hirsch sollte doch in seinem eigenen Revier bleiben. Was wird wohl die Señora María Castro de Oro, Gräfin von Rumblar, die ich leider nicht persönlich kenne, sagen, wenn sie das von ihrem Sohn hört? Ein edler Jüngling, der einer Blume ohne Fehler, einem regelrechten Morgenstern versprochen ist, den er wie Gold im Korb hüten sollte! Ein Sohn eines solch alten Geschlechts in solche Angelegenheiten verwickelt! Schämen Sie sich denn nicht? Ich will gar nicht mal so herausstellen, daß Sie Stammgast im Hause dieses Herrn Mörserfaust sind, der ein ehrenwerter Mann ist, aber Sie frequentieren doch auch das Haus der Zancuda, wo man um große Summen spielt. Ich habe erlebt, wie reiche Jünglinge dort arm geworden sind.«

»Wahr gesprochen!« meinte *Mörserfaust*. »In meinem Hause wird niemand etwas abgenommen, es sei denn die schlechte Laune. Bei mir gibt es gehaltvolle Gespräche und anständige Ausdrücke. Keiner wird da ausgenommen, so daß man manchmal meinen könnte, es sei ein kirchliches Institut – mit so viel Anstand geht es bei mir zu!«

»Aber das ist ja noch nicht einmal alles«, fuhr der Pater Salmón fort. »Der saubere Herr Graf besucht ja auch diese infernalischen Logen der Freimaurer, wo man die Abende mit Ketzereien und Teufelsanbetereien verbringt! Die Frau Marquise hat mich gebeten, Sie mit Gebeten und Rat wieder auf den rechten Weg zu führen! Aber das ist ja wohl verlorene Liebesmüh. Eher werde ich wohl die Kutte ablegen, als Sie von Ihren verachtenswerten Gewohnheiten abzubringen.«

Don Diego stand wie ein geschlagener Esel da. Er hätte wohl gern geantwortet, was er schon alles Schlechtes über Mönche gehört hatte, wenn ihn nicht die Scham und die vielen empörten Blicke zurückgehalten hätten. So protestierte er nur halbherzig gegen *das Schlemmer-Mönchlein* und verdrückte sich dann in der Menschenmenge, gefolgt von der Zaina und dem Gevatter Mörserfaust, der die versprochenen Silbersporen endlich haben wollte.

Also blieben nur noch Pater Salmón und ich zurück. Als mein geistlicher Freund den Ausdruck *Schlemmer-Mönchlein* vernommen hatte, der in jenen Tagen ziemlich die Runde machte, wollte er eigentlich auch den adligen Jüngling verfolgen, um ihn wegen dieser Frechheit zur Rede zu stellen. Aber die Menschen, die nun um den Priester standen und ihm ihre Sympathie bekundeten, hielten ihn davon ab.

»Euer Hochwürden sollten besser seinen Zorn bändigen«, riet ich ihm, »und Don Diego ziehen lassen.«

»Hast recht«, meinte der beleibte Prediger. »*Aquila non capit muscas**. Der erhält seine Strafe dadurch, daß sich seine Braut von ihm abwenden wird.«

»Er ist aber so fest entschlossen zu heiraten, daß er das als unumstößliche Tatsache ansieht, und sagt, er würde sich durch nichts davon abbringen lassen.«

»Was für ein Träumer! Die Frau Gräfin und nun auch die Frau Marquise sind ja gar nicht zufrieden mit ihm – und was die Braut angeht ... Komm mal mit rein ins Kloster. Da werde ich es dir erzählen. Du hast doch lange mit der Frau Gräfin gesprochen, nicht wahr? Hast du ihr alles gesagt, was du von diesem Tunichtgut weißt?«

»Ja, jedenfalls einiges. Wird die Hochzeit nun nicht mehr stattfinden?«

* Ein Adler fängt keine Fliegen (Anm. d. Übers.)

»Das nehme ich wohl an, denn wenn die Erwachsenen der Familie schon nicht mit ihm zufrieden sind, so ist das junge Mädchen … Sie läuft so abwesend herum. Schließlich habe ich ihr alles erzählt. Ich hatte dir doch gesagt, daß weder ich mit meiner geistlichen Würde und meinen Scherzen und Spielen noch die Marquise mit ihrer Ungeduld geschweige denn der Marquis mit Geschenken und Aufmerksamkeiten sie veranlassen konnten, die Ursache ihrer Melancholie zu verraten. Aber eines Tages, als die Frau Gräfin, ihre Cousine, die sie sehr liebt, in die Arme nahm, hat sie unter Tränen und Seufzen alles gestanden.«

»Was war denn geschehen?«

»Diese Traurigkeit kommt daher, daß sie einen nichtswürdigen Burschen liebt, einen Gassenstrolch, den sie kennenlernte, als sie außerhalb ihrer Familie lebte, und den sie als ihren eigentlichen Verlobten ansieht. Kinderkram! Diese Standhaftigkeit des Charakters in einer unangenehmen Lage erscheint mir aber gar nicht mal schlecht. Die Marquise und ihr Bruder sind natürlich wütend, weil sie Inés nicht umstimmen können. Sie kamen zu mir und klagten: ›Pater Salmón, was sollen wir nur tun?‹ Ich ging aufs Zimmer der jungen Frau, sagte ihr ein paar freundliche Worte und imitierte das Grunzen der Schweine, das Wiehern eines Pferdes und das Murmeln der Alten, die in der Kirche beten, worüber sie lachen mußte, und sprach dann: ›Aber, meine Tochter, warum werfen Sie denn nicht allen Ballast ab, der gar nicht zu Ihrer Natur und hohen Abstammung gehört? Was streben Sie jetzt eigentlich an? Fehlt Ihnen etwas? Haben Sie jetzt nicht alle Annehmlichkeiten, die ein wohlgeborenes Fräulein wünschen kann?‹ Darauf antwortete sie mir, daß sie nichts wünsche, und schwieg dann wieder. Da nahm ich zärtlich ihre Hände und sagte zu ihr: ›Das Vögelchen meines Klostergartens hat mir erzählt, daß Sie einen jungen Burschen lieben. Warum schlagen Sie sich diese kindische Idee nicht aus dem Kopf? Verstehen Sie denn nicht, daß Leute niederen Standes in diese hohe Familie nicht einheiraten können? Ich bin sicher, daß dieser Schlingel, den Sie noch als Ihren Verlobten betrachten, Sie schon längst vergessen hat.‹ Darauf lächelte sie und sprach so geschickt von anderen Dingen, daß ich und der Pater Castillo, der auch dazugekommen war, ganz erstaunt waren.«

»Wenn zwei solch gute Prediger sie nicht davon abbringen können, dann wird sie das wohl nie tun.«

»Es sind ja auch schon etliche andere Versuche gemacht worden, damit sie sich das aus dem Kopf schlägt. Die Gräfin erzählte ihr, der Bursche sei gestorben, soviel sie gehört habe, und die Marquise und ihr Bruder berichteten, daß der Knabe ein schlimmer Schelm, ein Betrüger und Hochstapler sei, den die Justiz wegen Diebstahls und anderer Schandtaten verfolge.«

»Gott im Himmel!« rief ich aus, weil ich mich nicht mehr zurückhalten konnte. »Das sind doch Lügen, und ich werde es demjenigen zeigen, der mir so etwas erzählen will.«

»Aber Junge«, meinte der Mönch erstaunt, »was geht dich denn das an, daß du dich darüber so ereiferst?«

»Was hat sie denn zu alldem gesagt?«

»Nichts. Bis heute haben alle diese Versuche so gut wie keinen Erfolg gehabt, so daß die Frau Marquise täglich mehr verärgert ist und immer wieder ausruft: ›Das kann nicht so weitergehen!‹ Sie schilt ihre Nichte ständig aus. Diese weint dann, zeigt aber mehr Geduld als Schmerz. Die Gräfin verteidigt darauf ihre Cousine wie eine Tiermutter. Tante und Nichte tuscheln aufgeregt zusammen. Ich beruhige sie danach – und so ist das bis heute.«

Unterdessen waren wir an der Tür des Ordensgebäudes angekommen, worauf Pater Salmón stehenblieb und mich fragte:

»Möchtest du mit hineinkommen? Ich werde dir Schokolade geben.«

»Nein, danke, Pater. Ich bin wütend und möchte keine Schokolade.«

Und ohne weitere Worte verließ ich diesen Ort und ging nach Hause.

14.

Am 28. November 1808 kam die Nachricht von der Schlacht bei Tudela. Als wir erfuhren, daß auch unsere Armee des Mittelabschnitts und aus Aragón geschlagen worden war, sahen wir schon den Schatten des Napoleon-Dreispitzes westlich von Madrid auftauchen. Die Befestigungsarbeiten schritten fort, und ich erinnere mich, daß am 27., 28. und 29. November viele Bittgottesdienste, Novenen, Rosenkranzbeten und so weiter in den Kirchen San Ginés, Carmen Calzado[42], Nuestra Señora de Gracia, bei den Dominikanern und vielen anderen zu unserer geistigen Befestigung stattfanden. Bei diesen Gelegenheiten wurde nicht um Abwendung der Gefahr gebetet, sondern um Standhaftigkeit unserer Seelen, damit wir siegreich aus den kommenden Prüfungen hervorgingen. Auf dem Cebada-Platz wurde ein Neuntagebeten eingeleitet, an dem sehr viele Menschen teilnahmen, denn es predigten dort die bekanntesten geistlichen Zungen. Die ebenso frommen wie patriotischen Leute wußten gar nicht, wie sie ihre Zeit zwischen Beten und Ausheben von Gräben aufteilen sollten. In diesen Gebeten gab es alles, wie man sich wohl vorstellen kann – auf einigen Kanzeln christliche Hingabe und Begeisterung, auf anderen wieder Aufforderung zum Widerstand und Trotz gegen den schrecklichen Feind. Die Männer hatten weniger Zeit, in die Kirche zu gehen, und besonders wir Bewaffneten hielten häufig Übungen ab. Die Berufssoldaten, die länger gedienten Freiwilligen, die Wehrpflichtigen, die ›Ehrbaren‹, die Waffen hatten – wir alle schmolzen einige Tage lang zu einer Gemeinschaft der angestrengten Vorbereitungen zusammen, in der die kleinlichen Eifersüchteleien vergessen wurden. Jetzt kam es darauf an, zusammenzustehen, denn das Kommen Napoleons schien unausweichlich. Solange wir uns noch in der naiven Hoffnung wiegen konnten, daß die nach Somosierra entsandten Truppen den Marsch des Tyrannen aufhalten würden, wiegten sich noch viele in Illusionen und träumten davon, bald die Macht des Korsen zerbrechen zu sehen.

Am 1. Dezember aber machten schon am frühen Morgen Meldungen die Runde, daß der General San Juan bei Somosierra[43] eine vernichtende Niederlage erlitten hatte. Alle liefen auf die Straße, um sich nach weiteren Einzelheiten zu erkundigen. Die Neuigkeiten wurden von Mund zu Mund weitergegeben und durch Ignoranz oder Kleinmut noch übertrieben. Bald hieß es, daß der Feind schon Alcobendas[44] erreicht hätte, und es gab sogar schon einige, die Franzosen auf dem Campo de Guardias, dem Gardefeld, gesehen haben wollten. Seit dem denkwürdigen 2. Mai 1808 hatte Madrid sich nicht mehr in solch einer Erregung befunden. Männer und Frauen liefen durch die Straßen, man hörte Klagen und Ausrufe blinden Vertrauens, aber es gab jetzt wenige Anzeichen von Besonnenheit eines zum Widerstand entschlossenen Volkes. Der Oberhauptmann und ich waren schon früh aus dem Haus gegangen – er, um ›wichtige Entscheidungen‹ im Milizcorps der »Ehrenwerten«, dem er angehörte, zu treffen, und ich, um mich an meinen Posten zu begeben oder, falls ich noch nicht eingeteilt sein sollte, mich umzusehen.

»Ich lasse den Mut nicht sinken, wie all diese Hühner«, erklärte der sogenannte Oberhauptmann. »Im Gegenteil, es ist für mich ein Ansporn, den Feind so nahe zu wissen. Man soll mir auch nicht damit kommen, daß der General San Juan geschlagen worden ist. Für diejenigen, die die Kunstgriffe und Pfiffe des Kriegshandwerks kennen, ist diese Zerstreuung der Truppen von San Juan, die wie eine Niederlage erscheint, nichts anderes als eine geschickte Bewegung, um Napoleon zu täuschen und zu veranlassen, den Puerto zu überschreiten. Stell dir mal vor, wenn die Franzosen so ruhig beim Vordringen sind und sich sicher glauben, und plötzlich tauchen die spanischen Truppen wie vom Himmel gefallen in ihrer rechten Flanke auf und erwischen sie zwischen Alcobendas und San Agustín!«

»Das wäre wohl möglich«, sagte ich und verbarg meinen Unglauben, »aber wenn der Napoleon nun doch unbelästigt bis hierherkommt und uns angreift – wie werden wir da abschneiden?«

»Großartig werden wir abschneiden«, erwiderte er. »Es

kann schon sein, daß er viele, ja ungeheuer viele Truppen mitbringt – sagen wir ein paar Milliönchen. Dann wird die Belagerung zwei oder drei Jahre dauern, nach denen er wieder abziehen muß, denn es ist undenkbar, daß Madrid sich ergibt. Schau dir doch mal diese Verteidigungsanlagen an, die überall entstanden sind und an denen der Teufel sich das Genick brechen würde – diese tiefen Gräben, diese ausgedehnten Brustwehren, diese uneinnehmbaren Erdwälle und Batterien von Sechser-Geschützen. Wenn du dir das alles anschaust und mal richtig darüber nachdenkst, wirst du zu dem Schluß gelangen müssen, daß es unmöglich ist, Madrid einzunehmen, und wenn auch Napoleon mehr Truppen bringt, als damals unter dem Marquis de Sarria nach Portugal gingen.«

»Ihr Wort in Gottes Ohr. Ich werde jedenfalls tun, was ich kann. Und Sie, geben Sie Befehle oder empfangen Sie welche?«

»Ich *gebe* Befehle. Dazu haben mich alte einflußreiche Freunde veranlaßt, deren blindes Vertrauen in meine Kenntnisse schon an Fanatismus grenzt. Ich wollte ja gar keine Befehlsstellung haben, denn der damit verbundene Papierkram liegt mir nicht. Aber ich mußte nachgeben, und so haben wir eine Kompanie aufgestellt, die den Befehl erhalten hat, bei Los Pozos in Stellung zu gehen. Das ist der gefährlichste Ort der großen Belagerung, die uns erwartet. Wir haben fast alle Gewehre, und die, die keine haben, sind mit Lanzen ausgerüstet.«

»Lanzen, um Mauern und Wälle zu verteidigen!« rief ich aus, ohne mir das Lachen verkneifen zu können.

»Ja, so ist es, mein Sohn. Was verstehst du denn schon davon? Stell dir vor, diese Dummköpfe versuchen wirklich einen Angriff. Was gibt es denn Besseres, um ihn zurückzuschlagen? … Ich werde nun mit meinen Leuten diese Stellung besetzen, denn man kann nie wissen, ob der Korse mit seiner Hinterlist nicht überraschen will.«

»Gehen wir doch erst einmal mit all den Menschen hier zur Puerta del Sol, dem Sonnentor«, schlug ich vor, »denn es sieht ja so aus, als ob dort etwas Ernstes vor sich geht, weil sie alle so schreien.«

»Wirklich – aber das Schreien kommt von Frauen. Zweifellos wollen diese tapfren Matronen Waffen haben.«

»Gehen wir doch die Calle de la Montera hinunter … Wenn ich mich nicht täusche, kommt da der Señor Santorcaz. Wollen wir ihn doch mal herrufen. Der wird bestimmt wissen, was da vor sich geht … Hallo, Don Luis!«

»Was gibt es denn an der Puerta del Sol?« erkundigte sich Fernández, als der andere herangekommen war.

»Das Volk verlangt Waffen, und man will sie ihm nicht geben«, antwortete Santorcaz. »Das ist eine Schande, und alle diese Feiglinge von der Junta müßten dafür hart bestraft werden.«

»Die Junta, die Herren von der Zentraljunta?«

»Ich spreche hier nicht von der Zentraljunta«, erklärte Santorcaz. »Diese hat aber – wenn es wahr ist, was man sich erzählt – heute beschlossen, sich aus Aranjuez zurückzuziehen und nach Andalusien zu flüchten. Ich spreche von der kleinen Junta, der, die für die Verteidigung von Madrid gebildet worden ist und ihren Standort im Posthaus hat. Es gibt da viele Verräter«, fügte er mit lauter Stimme hinzu, »und einige haben Geld genommen, um die Stadt den Franzosen zu übergeben! Kanaillen von Verrätern! Jetzt lassen sie verlauten, daß keine Waffen und keine Munition mehr da sind. Das sind Lügen! Ich weiß, wo es Waffen und Munition gibt. Sie täuschen und verkaufen uns!«

Mit diesen Worten trennte er sich von uns, und wir gingen unseren Weg weiter. Als wir an der Puerta del Sol eintrafen, sahen wir den Platz davor voller Leute. Diese Lücke in den dichten Häusergruppen von Madrid ist das Herz der Altstadt, und zu ihm floß das Blut der Stadt in Form von Menschenströmen bei Zorn, Freude oder Angst des Volkes. Die Puerta del Sol kochte vor Wut. Alle – Männer wie Frauen – schrien gleichzeitig, mit drohenden Gesten. Die unruhigsten, brodelndsten Massen wogten vor dem Postgebäude.

»Wollen wir doch mal einen Bekannten suchen, der uns erzählen kann, was sich hier abspielt«, meinte ich und ging mit dem Oberhauptmann zu einer Stelle, wo man noch durchkam.

»Eigentlich ist nichts passiert«, sagte eine in einen Umhang eingehüllte Gestalt, in der ich unseren ›Majoma‹ erkannte. »Noch ist nichts passiert, aber wir werden ja sehen …«

»Was verlangen die Leute denn?«

»Was werden sie schon verlangen? Waffen und Munition!«

»Wenn aber doch schon alle verteilt sind …«

»Das kann man mir nicht erzählen!« rief unser wackerer Bekannter aus. »Da sind doch alles Verräter. Verdammtes Gesindel! Wenn wir dem nicht bald ein Ende machen, liefern sie uns noch an die Franzosen aus! Franzosenfreundliche Hunde! Die können mir nichts vormachen. Und wenn welche behaupten, das sind keine Verräter, so kriegen sie es mit mir zu tun, denn ich bin mehr Spanier als Santiago und mehr Patriot als Ferdinand der Siebte.«

»Seit etlicher Zeit ist doch aber bekannt, daß nur wenige Waffen in der Stadt sind, und was die Gewehrmunition betrifft, so ist doch die, die in dieser Woche hergestellt worden ist, schon verteilt worden. Der Señor de Mañara hat doch in den letzten acht Tagen die Munitionsfabrik geleitet und gestern Tausende von Patronen verteilt.«

»Ich will diesen Namen nicht hören!« rief der Majoma mit einer Entrüstung, die eher komisch als tragisch wirkte. »Hier haben wir einen schlimmeren Verräter als Judas. Der ist doch mehr Franzose als der Korse … Gabriel, bist du denn auch ein Verräter? Hast du dich auch an die Franzosen verkauft wie dieser Schuft? Wenn ich das herausbekommen sollte, dann werde ich es dir zeigen mit dem, was ich hier unter dem Umhang habe!«

»Das Messer da? Spar dir deinen Mut für eine nützlichere Gelegenheit auf, mein kleiner Majoma«, antwortete ich ihm. »Es scheint mir, du bist betrunken.«

»Ich und betrunken? Ich kann doch was vertragen! … Heute morgen hat mich der Herr von Santorcaz zu ein paar Gläschen eingeladen, aber bis jetzt habe ich nicht mehr als zwei *azumbres** getrunken … Man muß sich doch den Magen ein wenig aufwärmen … Aber sag mal wirklich – bist du etwa

* 2,016 l (Anm. d. Übers.)

126

auch ein Verräter? Sag nein, weil ich dich sonst absteche, denn ich«, und er schlug sich mehrmals heftig auf die Brust, »habe ein Herz wie Bronze und bin tapferer als der ›Schid‹[45]. Wenn man mich schief ansieht, wird man merken, wer der Majoma ist!«

Ohne weitere Worte trennten wir uns von diesem Helden.

»Das gefällt mir gar nicht«, bemerkte Fernández, »denn mir scheint, daß unsere Sache nicht so läuft, wie sie müßte. Das ist doch hier ein meuterisches Pack, das sich in kritischer Lage gegen seine Führer auflehnt. Gabriel, ich sage dir, wenn Don Tomás de Morla uns befiehlt, gegen dieses Gesindel vorzugehen, werde ich es mit Freuden tun. Diese Schreihälse stören doch nur bei der Verteidigung, und du wirst sehen, daß sie die ersten sein werden, die sich ergeben.«

Wir schauten zum Balkon des Postgebäudes hinauf, wo ein hochgewachsener, dunkler, finster blickender Mann in einer Uniform erschien. Wir sahen, wie er zu der Menge sprach, konnten aber seine Worte nicht verstehen, denn dieses infame Kreischen hätte auch Kanonenschüsse übertönt. Dann zuckte der Offizier – es war niemand anderes als Don Tomás de Morla – die Achseln und verschränkte die Arme. Diese Sprache verstanden wir besser, denn er wollte offenbar damit ausdrücken: »Was ihr haben wollt, kann ich euch nicht geben. Wir haben keine Waffen und Munition mehr!«

Die Menge wurde aber durch diese Absage noch wütender und pfiff ihn gellend aus. Man hörte Schreie, Castelar, der eine bekanntere Persönlichkeit als Morla war, solle herauskommen. So trat denn der Marquis de Castelar auf den Balkon, konnte jedoch mit seinen Worten seine einstigen Bewunderer auch nicht beruhigen, so daß er ebenfalls die Schultern hob und die Hände resigniert nach den Seiten ausstreckte. Wieder die Pfiffe, Schreie und Drohungen. Aber dann bildete sich eine Art Strudel in der Menge. Es war, als ob ein Drache mit tausend Schwänzen begann, sich in Bewegung zu setzen, und wir sahen viele in die Calle Mayor und andere in Richtung Santa Cruz strömen.

»Laß uns auch dorthin gehen und sehen, was passiert«, sagte Don Santiago Fernández, der Oberhauptmann, zu mir, ergriff meinen Arm und zog mich mit dem Menschenstrom. »Diese Bande wird nicht aufhören, bis sie eine Schandtat begangen hat. Warum wollen die denn Waffen, wenn die vorhandenen schon verteilt sind? Warum denn Patronen, wenn das beste Geschoß doch die spanische Begeisterung und das beste Pulver unsere Entrüstung ist?«

»Das ist alles wahr, Don Santiago«, erwiderte ich, »aber wäre es nicht besser gewesen, wenn die Zentraljunta oder der Staatsrat, statt sich mit Rivalitäten zu zerfleischen, Madrid einige Fässer von jener Entrüstung geliefert hätte, die sich aus Salpeter, Kohlenstoff und Schwefel zusammensetzt, weil die mehr nutzt als die andere. Es ist aber nicht genügend Vorsorge getroffen worden und gab zu wenig Initiative, zu wenige wirkliche Führungsköpfe. Zu viel der Verteidigungsvorbereitungen blieb dem Willen und der Erfindungsgabe des Volkes überlassen – und damit meine ich nicht dieses miserable kreischende Pack, das zu nichts nutze ist, sondern uns andere, Hohe und Niedere, Große und Kleine ... Aber wer läuft denn da? Da ist doch dieser wackere Patriot, den wir Pujitos nennen. He, Señor Pujitos, komm doch mal her und sag uns, was da vor sich geht!«

»Die Leute strömen jetzt zur Calle de la Magdalena«, antwortete er, »wo der Ratsherr Mañara wohnt. Heute morgen waren wir schon dort. Er trat auf den Balkon und sagte uns, daß er die Tausende von Patronen, die in den letzten Tagen angefertigt worden seien, alle schon verteilt habe und daß kein Pulver mehr da sei. Geht ihr nach Avapies? Dort ist großer Radau. Die schreien, daß Mañara ein Verräter sei und dieses und jenes.«

»Was hältst du denn von Mañara?«

»Ich sage euch, der Mañara ist ein Ehrenmann«, bekräftigte Pujitos mit geheimnisvollem Tonfall. »Die Verräter sind diejenigen, welche die Leute aufwiegeln und die Wut dann immer mehr schüren. Gabriel, erinnerst du dich, was wir hörten? Die, welche am meisten schreien, sind die Schlimmsten. Ich schaue mich überall aufmerksam um, denn mein Dienstherr hat es mir befohlen. Ihr werdet noch sehen, wer der Pujitos ist, wenn ich welche erwische!«

Er verschwand eilig in Richtung Puerta del Sol. Wir überschritten die Plaza Mayor, den Hauptplatz, und bogen in die Calle de Toledo ein, die Hauptader der Gauner, das Zentrum der Nichtsnutze, der Basar der dunklen Geschäfte, die Universität der Schurkereien, das Theater aller Gemeinheiten von Madrid.

Als wir dann die Calle de Embajadores, die Botschafterstraße, betraten, hörten wir von neuem Radau in Richtung Abapies. Dorthin gingen wir über die Abades und den Mesón de Paredes. Inzwischen hatte sich eine kompakte Menschenmenge gebildet.

Plötzlich tauchte Señor *Mörserfaust* vor uns auf und rief uns zu:

»Wie sie uns betrügen, Gabriel! Wer hätte das von einem Mann wie dem Señor de Mañara gedacht?«

»Aber ist der Señor de Mañara wirklich ein Verräter? Glauben Sie das denn auch, Mörserfaust? Sie haben doch so viel Menschenkenntnis ...«

»Doch, es wird wohl wahr sein, mein Junge. Jedenfalls sagen es hier alle – und dem schließe ich mich an. Wenn alle meinen, daß es hier Verräter gibt, dann wird es schon stimmen. Also: ›Nieder mit den Verrätern!‹«

»Was wirft man denn dem Mañara konkret vor?«

»Daß er mit den Franzosen abgesprochen hat, er werde das Toledo-Tor übergeben.«

»Und woher weiß man das?«

»Wie soll ich das wissen? Aber wenn da Rauch aufsteigt, wird wohl irgendwo ein Feuer sein. Ich will nicht weniger patriotisch sein als die anderen – deshalb: ›Nieder mit den Verrätern!‹«

»Was sagt denn die Zaina dazu?«

»Na, hörst du sie denn nicht? Das ist doch die, welche auf dem Platz am lautesten schreit. Heilige Jungfrau! Diese kleine Löwin ist wirklich wie rasend. Sie ist jetzt die leidenschaftlichste aller Patriotinnen von Madrid. Wie liebt meine Tochter doch ihr Vaterland!«

Die Plazuela del Avapies füllte sich immer mehr mit wenig vertrauenerweckend aussehenden Männern und bissigen

Weibern der umliegenden Stadtviertel. Sie geiferten und kreischten derart, daß jeder anständige Mensch davon abgestoßen sein mußte.

»Laß uns doch noch näher rangehen«, meinte der Oberhauptmann. »Ich versichere dir, wenn Seine Majestät, und in seinem Namen die Bürgermeisterversammlung mir befehlen würde, diesen Platz räumen zu lassen, so würde ich das mit Lanzenstichen und Säbelhieben tun – und eigenhändig welche austeilen!«

»Sagen Sie das bloß nicht so laut! Wollen wir doch mal zu dieser Frauengruppe da gehen.«

Aus dieser Gruppe trat die *Primorosa* hervor.

»He da, Primorosa! Was machst du denn hier?« fragte ich sie.

»Rache nehmen!« schrie die Harpie, streckte die Fäuste hoch und wandte sich an einige Männer, die sie umringten. »Warum seid *ihr* denn hier? Man will euch keine Patronen geben? Na, dann geht doch zu dem Ratsherrn und holt sie von ihm! Der hat sie doch versteckt – in Paketen vergraben, um sie den Franzosen zu übergeben!«

Da bahnte sich die *Zaina* den Weg in den Mittelpunkt der Menge, in dem sich die Primorosa befand. Der Grünzeug-Juno hingen die Haare aufgelöst hinunter, ihr Kleid war zerfetzt, und ihre Augen hatten einen so fanatischen Ausdruck, daß man erschaudern konnte. Sie biß auf eine Patrone und streute den Inhalt auf ihre Hand. Statt Schießpulver war Sand darin!

15.

»Die Patronen sind voller Sand«, schrie sie heiser und hielt das Corpus delicti hoch.

Da holten die umstehenden Männer andere Patronen aus ihren Beuteln, bissen darauf und mußten feststellen, daß auch fast alle von denen statt Pulver Sand enthielten.

»Der elende Verräter hat uns Sandpatronen gegeben!«

Dieser schreckliche, gellende Schrei verbreitete sich in Windeseile über den Platz. In der Nähe befand sich ein Posten von Reservegardisten. Sie holten ihren Munitionsvorrat hervor, bissen auf die Patronen und stellten fest, daß auf zwei oder drei mit Schießpulver eine mit Sand kam. Der Oberhauptmann und ich waren sprachlos vor Entrüstung.

»Dann hat hier also wirklich ein Verrat stattgefunden«, sagte ich.

»Sand in Patronen zu füllen – was für eine Schandtat! Das heißt doch, das Vaterland niederträchtig dem Feind auszuliefern!«

»Wer das getan hat«, rief nun auch ich aus, »muß dafür büßen!«

»Gabriel, ich hätte es nie geglaubt«, stieß mein Freund mit tränenerstickter Stimme hervor, »daß es Spanier gibt, die eine solche Gemeinheit begehen können. Nein – wer das verbrochen hat, ist kein Spanier!«

Fast ohne uns dessen gewahr zu werden, stimmten wir in den vielstimmigen Chor ein: »Tod den Verrätern!«

»Dieser Mañara, dieser Halunke!« hörten wir einige an unserer Seite brüllen.

»Der ist es gewesen! Tod dem Verräter und hoch Ferdinand der Siebte!«

»Sand! Patronen voller Sand!« Diese schrecklichen Worte liefen wie ein Lauffeuer in ganz Madrid um. An vielen Stellen wurde die Wahrheit dieser Behauptung durch Proben bestätigt. Die Wut war allgemein, so daß das Volk den Übeltäter schon zum Tode verurteilte. Mein Freund und ich beobachteten, wie sich Menschenströme in verschiedenen Richtungen bewegten, aber die Hauptrichtung war La Merced. Die Primorosa und Gevatter Mörserfaust verschwanden aus unserem Blickfeld, und auch die Zaina war nicht mehr zu sehen. Wir gingen durch die Calle de Jesús y María, und als wir die Magdalenenstraße erreichten, sahen wir sie voller Menschen. Etwa in der Mitte der einen Häuserreihe befand sich – und befindet sich heute noch – ein aufwendiges Haus, das aber eine recht lächerliche und verschrobene Architektur aufwies, denn es war von Pedro de Ribera, dem Schöpfer der Fassade des Hospiz, gebaut worden. Dieses historische Gebäude war damals – wie heute – das Domizil einer sehr respektablen Familie mit vielen Titeln. Gegen dieses Haus waren die Drohungen des von Wut trunkenen Mobs gerichtet. Alle wollten dort eindringen, doch die Tore waren fest versperrt. Dieses Hindernis konnte aber nicht lange standhalten. Gewaltige Axtschläge ließen die verzierten dicken Holzplatten des herrschaftlichen Tores erzittern, die von einem großen Wappen mit stolzen Symbolen der Heldentaten vergangener Zeiten geschützt waren. Wen aber kümmern diese Zeugen einer ruhmreichen Geschichte? Das Volk, das in Aranjuez schon die Königskrone mit Füßen getreten hatte[46], zögerte nicht, das prächtige Tor eines Adligen zu zertrümmern. Die Massen ergossen sich in den Palast wie ein Fluß, der seine Deiche gebrochen hatte, die ihn jahrhundertelang in ein festes Bett gepreßt hatten, und die er nun mit ungeheurer Wucht überwand. Die Befriedigung der niederen Instinkte ließ dann auch nicht lange auf sich warten, so daß sich uns eine eiskalte Hand ums Herz legte, als wir den Schrei vernahmen: »Sie haben ihn umgebracht, sie haben ihn schon umgebracht!«

»Armer, unglücklicher Mañara! Gestern noch Idol, Freund, Kamerad des niederen Volkes, dessen Aufzug, Gewohnheiten und Sprache er imitierte – heute barbarisch niedergemetzelt mit jener schnellen Grausamkeit, die die infame Furie bei allen Gelegenheiten kennzeichnet.

Aber das Schrecklichste, das Abscheulichste, die Schande für das ganze Menschengeschlecht geschah danach. Der Pöbel hat eine besondere Art, das Leichenbegängnis seiner Opfer zu vollführen. Diese besteht darin, ihnen einen Strick um den Hals zu legen und sie dann durch die Straßen zu schleifen, zweifellos um die abgrundtiefe Häßlichkeit ihres Verbrechens entsetzten Augen vorzuführen. So schleifte die entmenschte Horde den blutenden Leichnam des Mannes über das Pflaster, der der Liebhaber der Lesbia, der Zaina und vieler anderer gewesen war, der wie kein anderer mit seiner schönen Gestalt und unnachahmlichen Grazie der Hauptdarsteller hoher und niederer Abenteuer gewesen war. In dieser Erzählung habe ich ihm den Namen Juan de Mañara gegeben. Es war nicht der Name des wahren Opfers jenes unerhörten Ereignisses in der Geschichte dieses Krieges, denn ich möchte nicht die ehrenwerten Familien in dieser meiner nur bruchstückartigen Erzählung Verunglimpfungen aussetzen. Schauen wir nicht dorthin, wo die Reste dieses einst so strahlenden Mannes von Monstern – Männern wie Frauen –, die nur nach außen hin noch menschenähnlich wirkten, in grauenhafter Weise behandelt wurden. Halten wir uns die Ohren zu, um dieses hyänenartige Kreischen nicht zu hören. Wer nämlich gesehen hat, wie dieser noch warme Körper immer wieder von Tritten und Stößen getroffen und das Gesicht unkenntlich gemacht wurde, der wird das sein Leben lang noch in Alpträumen wieder erleben. Es war unfaßbar, daß dies noch Minuten vorher ein stattlicher, liebenswürdiger und – was noch mehr des Nachdenkens wert ist – offenbar vom Glück verwöhnter Mensch war. Und während dieses scheußliche Bacchanal vor sich ging, dachten wir über die Wechselfälle des Schicksals und besonders über das nach, was sich wohl im Hinblick auf den schändlichen Verrat in Wahrheit zugetragen hatte.

War Señor de Mañara wirklich dafür verantwortlich, daß die Patronen mit Sand gefüllt waren? Die Person, die ich – wie ich schon angeführt habe – hier mit diesem Namen bezeichne, ist keine Erfindung von mir, und auch nicht ihr ausschweifendes Leben, ihre Abenteuer und Umgang mit Einwohnern der wenig angesehenen Stadtteile. Historisch nachgewiesen ist auch die Existenz der Zaina – so fundiert wie der Schwur in der Santa Gadea und ihre Liebesbeziehungen zu dem Ratsherrn, ihre Wut, ihre Rachegelüste und die Aufdeckung des Geheimnisses der Sandpatronen durch sie. Um sich davon zu überzeugen, genügt es, eine halbe Seite der besten und bekanntesten Chroniken jener Zeit zu lesen. Aber in keinem dieser Werke werden Sie eine kategorische Antwort auf meine obige Frage finden (auch aus dem Munde nun greiser Zeitzeugen nicht): War *Mañara*[47] ein Verräter? Hatte er etwas mit dem Verbrechen der Sandpatronen zu tun?

Lieber Leser, ich gestehe Ihnen hier freimütig, daß ich es auch nicht weiß. Ich muß Ihnen auch jetzt schon sagen, daß ich niemanden fand, dem ich eine solche häßliche Tat zutrauen konnte. Mañara sündigte durch sein ausschweifendes Leben, durch seine Eitelkeit und besonders durch seine zahlreichen Liebschaften. Aber niemals konnte man ihn irgendwelcher Untaten bezichtigen – es sei denn in der Liebe, und die sind ja wohl verzeihlich. Er war unzuverlässig und betrügerisch, sobald es um amouröse Beziehungen ging, aber ich weiß von keinem ernsten Fall, in dem er die Gesetze der Ehre verletzt hätte. Unter diesen Voraussetzungen kann man mit großer Wahrscheinlichkeit annehmen, daß Mañara nicht der Schuldige dieses Patronen-Verrats war. Wer könnte es denn aber sonst gewesen sein? Eben das können weder die Geschichtsschreibung, noch die Tradition, weder die Alten noch ich heute beantworten. Haben Sie nicht auch schon beobachtet, daß alle Volksbewegungen einen Keim des Verrats in sich tragen, dessen mysteriöser Ursprung sich nie verfolgen läßt? In allem, was der Pöbel spontan und aus seinem brutalen Instinkt heraus tut, kann man unter dem Ungestüm der Leidenschaft ein Gewebe von Tücken, von kleinlichen Interessen oder kriminellen Täuschungen erkennen, aber kein noch so einfühlsamer Finger kann die Fäden dieses verborgenen Gewebes berühren, in dessen Maschen Tausende von barbarischen Unbedachtheiten stecken.

Wer brachte den Verdacht von Mañaras Verrat in Umlauf? War alles ein vorbedachter Racheplan der Zaina? Die Geschichte sagt ja, aber ich glaube mich entsinnen zu können, Verdachtsäußerungen über den armen Ratsherrn in ganz anderen Teilen der Straße der Leidenschaften gehört zu haben. Zweifellos hatte der häufige Umgang mit der Plebs den Don Juan in der Meinung seiner eigenen Kreise sehr herabgesetzt. Es mangelte ihm absolut an Respektabilität – und der, welcher diese bei den Oberen verliert und sie durch niedere Freundschaften ersetzen will, die immer unbeständig sind, setzt sich der Gefahr aus, alles in einem Augenblick zu verlieren, so daß ein zufälliger Funke das Gebilde seiner Reputation niederbrennen läßt.

Mañara hatte eine Neigung zur Plebs gehabt und sie imitiert. Mit diesem Tier spielt man aber nicht. Es ist wie der Stier, der so vielen zur Unterhaltung dient und den so viele reizen und verspotten, aber wenn jemand von ihm auf die Hörner genommen wird, so wird es schrecklich. Wir sehen Godoy fallen, den Favoriten der Könige, und heute haben wir Mañara fallen sehen, den Günstling des Volkes. Alle Gunstbeweise, die sich nicht auf Verdienst oder Tugend gründen, werden auf die gleiche Weise wieder entzogen. Es gibt aber nichts Abstoßenderes als die Volksjustiz, denn diese ist behaftet mit dem Fluch, niemals einer Sache auf den Grund zu gehen, denn sie basiert auf dem, was Cervantes ›die leeren Reden des Vulgären, das sich immer der Täuschung hingibt‹ nennt[48].

»Aber wollen wir doch diesen schrecklichen Ort verlassen«, sagte ich zu meinem Freund. »Haben Sie nicht gehört, was die gerade Vorbeigekommenen sprachen, nämlich daß die Franzosen schon in Fuencarral aufgetaucht sind!«

»Dann wollen wir unsere Posten beziehen und unsere Pflicht erfüllen«, erwiderte der Oberhauptmann und folgte mir durch die Calle de las Urosas. »Aber ich fürchte, daß das, was ein glorreicher Tag hätte sein können, durch diese Barbaren zu einem Schandtag geworden ist. Die Sache mit dem Sand in den Patronen hat mich unbeschreiblich traurig gemacht, und wer das verbrochen hat, der verdient allerdings tausend Tode.«

Nach der schrecklichen Hinrichtung von Mañara blieb Madrid unruhig, wie in Vorahnung großer Katastrophen. Empörte Mönche entrissen die entstellte Leiche den Händen der Unmenschen. Die Nachricht vom Auftauchen der Franzosen am Stadtrand ließ den Pöbel alles andere vergessen und erschreckt davonlaufen in der Furcht, vielleicht schon um die Straßenecke der markanten Figur der Geißel Europas zu begegnen.

16.

Das Freiwilligencorps, dem ich angehörte, erhielt den Befehl, die Puerta de Los Pozos, das Brunnentor (heute heißt es Puerta de Bilbao und befindet sich am Ende der Calle de Fuencarral) und den angrenzenden Bringas-Garten zu verteidigen. Unsere Verteidigungsanlage bestand aus einem nicht sehr tiefen Graben mit einem schnell aus Erde und Steinen aufgehäuften Wall sowie einer Stellung von sechs Sechser-Geschützen. Die angrenzende Lehmwand, die bestimmt nicht uneinnehmbar aussah, wie sich diejenigen wohl vorstellen können, die mal ihre Reste gesehen haben, war, wie gesagt, auf ihrer ganzen Länge mit Schießscharten versehen worden. Ähnlich waren die Befestigungen der benachbarten Tore Santa Bárbara und Fuencarral. Bedeutende Verteidigungsanlagen hingegen waren an der Puerta de Recoletos errichtet worden. Darin einbezogen waren die Veterinäranstalt und das Augustinerkloster.

Kehren wir aber zurück zur Puerta de Los Pozos, die ja der Schauplatz unseres Heldentums werden sollte. Am Abend des 1. Dezembers waren wir überzeugt, angegriffen zu werden. Viele Stunden warteten wir mit bereitgelegten Waffen darauf, unser Leben so teuer wie möglich zu verkaufen. Unsere Truppe setzte sich wie folgt zusammen: etwa sechzig reguläre Soldaten, die der Artillerie zugeteilt waren, obwohl sie nicht alle aus Artilleristen bestanden, aber man hatte ja keine geeigneteren; vier Kompanien länger gedienter Freiwilliger, gemischt mit Wehrpflichtigen, und ungefähr achtzig Mann der Ehrenwerten-Miliz, die der Oberhauptmann befehligte oder befehligen wollte – ich weiß nicht, mit welchem Rang – Feldwebel, Oberst oder General (jeder hätte für ihn gepaßt). Die Soldaten froren und waren wenig zuversichtlich. Die Freiwilligen waren vom Patriotismus entflammt und voller Illusionen, aber so unerfahren, daß sie nicht richtig wußten, was sie mit sich anfangen sollten, obwohl sich unter uns der »große« *Fujitos* befand. Die »Ehrenwerten« schließlich konnten sich vor Begeisterung kaum halten, obwohl sie alle friedliche Berufe hatten und einige von ihnen schon recht bejahrt waren. Darin tat sich besonders die Kompanie – oder besser die Gruppe – hervor, in der Don Santiago Fernández, der Oberhauptmann, tonangebend war. Sie bestand aus respektablen Hausmeistern und Boten des Amtes für Finanzen und Rechnungswesen.

Was die Führer angeht, so muß ich sagen, daß wir solche im eigentlichen Sinne des Wortes nicht hatten. Unter den regulären Soldaten gab es zwar tapfere und erfahrene Offiziere, aber die verstanden es nicht, sich bei den Zivilisten Gehorsam zu verschaffen, oder wollten es nicht, so daß jeder eigentlich das tat, was ihm gerade so einfiel. Zwar hatte der »Oberhauptmann« Ambitionen, seine Autorität durchzusetzen, aber diese gelangten nicht über das Stadium von theaterreifen Diktatorauftritten hinaus, die eher komisch als tragisch wirkten.

Andererseits herrschte eine allgemeine Kameradschaft, so daß wir zu fortgeschrittener Nachtstunde, als wir uns sicher waren, daß sich keine Franzosen in der Nähe befanden, ein großes Lagerfeuer im Bringas-Garten anzündeten und uns dort zu angeregtem Gespräch niederließen. Patriotische Themen wurden hier mit dem Wortreichtum, der Neigung zur Übertreibung und der Beredsamkeit der spanischen Zungen behandelt. Der eine schnitt die Ereignisse der Verteidigung von Zaragoza[49], ein anderer den Widerstand Valencias gegen Moncey[50] an, andere diskutierten über alte und neue Heldentaten; einer behauptete, keine würde der von Bruch[51] gleichkommen, und ein anderer lobte die Taktik der Truppen der Romana. Einer schließlich, und das konnte ja nur der Oberhauptmann sein, hob den Portugal-Feldzug von 1762 (an dem er teilgenommen hatte) in den Himmel.

Da die Angst wieder gewichen war, besuchten uns viele Frauen, unter denen Doña Gregoria und Doña Melchora mit ihren Töchtern nicht fehlen durften – auch nicht die Señora de Cuervatón, denn ihr Gatte diente in den Reihen der ›Ehrenwerten‹. Damit nicht der Eindruck aufkommt, wir wären alle nur unbedeutende Leute gewesen, füge ich hier hinzu, daß auch einige sehr hochgestellte Damen ihre Söhne, Brüder oder Ehemänner besuchten, die sich da Seite an Seite mit uns befanden, entweder als Freiwillige oder als durch das Los bestimmte Wehrpflichtige.

Wir aßen, tranken, sangen und sprachen, und schließlich kam uns der Gedanke, daß wir noch in dieser Nacht eine Heldentat vollbringen müßten. Der erste, der diese Idee in Worte faßte, war der Oberhauptmann Don Santiago, und bald darauf wurde beschlossen, auf Streife in die Gegend von Fuencarral vorzudringen, um festzustellen, ob die Franzosen wirklich schon so nahe waren, wie man annahm. In aller Eile machten wir uns fertig, und um zwei Uhr nachts setzten sich etwa zweihundert Mann diszipliniert in Marsch unter der Führung eines Obersten der regulären Armee.

»Wie schön wäre es doch«, äußerte Don Santiago zu mir, »wenn wir jetzt auf eine Vorhut des Feindes stoßen, sie besiegen und mit Tausenden von Gefangenen nach Madrid zurückkehren würden!«

»Alles kann geschehen, mein Freund«, erwiderte ich, »denn für Gott ist nichts unmöglich.«

»Noch schöner wäre es allerdings«, fuhr er fort, »wenn dieser Halunke von Kaiser sich gerade hier auf einem Spaziergang befinden würde, um die große Stadt, die er einnehmen will, von weitem zu betrachten, und wir ihn überraschen und auf einem Lastenesel nach Madrid mitnehmen würden!«

»Auch das ist nicht unmöglich«, entgegnete ich, »denn es könnte ja sein, daß dieser Herr sich in seinem Feldlager langweilt, eine Flinte nimmt und mit ein paar Generälen und einigen Hunden durch die Felder streift, um Rebhühner zu schießen, die alle Monarchen doch so gerne jagen.«

»Das erscheint mir aber nicht sehr wahrscheinlich«, meinte er, »aber es wäre sehr gut vorstellbar, daß dieser Mann in der Gewißheit, daß er uns nicht durch Stärke besiegen kann, sich eine List ausdenken will und sich als Landmann verkleidet, um unsere mächtigen Befestigungsanlagen aus der Nähe zu betrachten.«

Mit solchen und ähnlichen Gesprächen waren wir schon jenseits des Gasthauses an der Stelle angekommen, die sich heutzutage Cuatro Caminos* nennt – ohne eine lebende Seele angetroffen oder ein auffälliges Geräusch gehört zu haben. Als wir aber in der Nähe des Weges, der rechts nach Chamartín führt, angekommen waren, hörten wir ein fernes Geräusch, das uns alle aufhorchen ließ, denn es kam uns vor, als ob die Erde vom Galopp von Tausenden von Pferden zitterte.

»Das ist eine Kavallerievorhut«, schrie unser Oberst, »ziehen wir uns zurück!«

»Was soll denn das – zurückziehen?« schrie der Oberhauptmann zurück. »Sind wir nun Spanier oder nicht?«

»Wir haben nicht mehr als vier Pferde«, erklärte ihm der Oberst. »Wenn sie uns angreifen, was soll da aus uns werden?«

»Angriff oder nicht – die sollen nur kommen! He, Jungs! Ich gehe jedenfalls weiter. Wer will mitkommen?«

Die ›Jungs‹, deren Patriotismus Don Santiago angesprochen hatte, waren sechs oder sieben Ältere wie er, Hausmeister- und Portier-Kollegen aus dem Amt für Finanzen und Rechnungswesen. Aber diese wackeren Ersatzsoldaten, die mehr Erfahrung mit der Handhabung eines Besens als anderer Waffen hatten, hielten sich an jenen ebenso weisen wie berühmten Grundsatz, daß ein rechtzeitiger Rückzug auch ein großer Sieg ist, und erklärten ihrem Oberhauptmann, daß sie ihm bei einem so tollkühnen Unternehmen nicht folgen würden, denn es könnten doch noch zahllose Heldentaten hinter den Befestigungen vollbracht werden.

Nach dem Anschwellen des Lärms zu urteilen, rückte die französische Schwadron immer weiter vor, aber wir sahen nichts. Der Rückzugbefehl wurde erteilt, und zur größeren Sicherheit verließen wir den Weg und stolperten durch eine Schlucht, die uns zur Weide von Amaniel führte. Don Santiago verzichtete zähneknirschend auf die Glorie eines Kampfes mit den Dragonern, die offenbar im Galopp vorwärtsstürmten, und meinte:

»Uns auf diese Weise davonzuschleichen ist töricht. Im Kriege muß man doch gerade immer das Unvorhergesehene

* Vier Wege (Anm. d. Übersetzers)

tun. Wir hätten uns in einen Hinterhalt legen und diese Reiter überraschen sollen, so daß wir, die als Fußsoldaten von Madrid weggingen, als Reiter dorthin zurückgekommen wären.«

In diesem Moment sahen wir eine Gestalt, die hinter den Abfallhaufen einer ehemaligen Ziegelei hervor zur Straße lief, offenbar auf der Flucht vor uns.

»Da – ein Mann! Ein Spion! … Halt, wer da!« schrien wir, und einige rannten ihm hinterher.

Der Mann hielt mit allen Anzeichen der Angst an. Wir erkannten, daß er wie ein Bauer gekleidet war, mit einem breitrandigen Hut und einer Decke als Umhang. Als wir uns ihm näherten, schien er unentschlossen zu sein, aber dann hörte er uns sprechen und lief uns erleichtert entgegen mit den Worten:

»Ach – ihr seid Spanier! Dem Himmel sei Dank! Jetzt bin ich gerettet!«

Danach fiel er auf die Knie. Aber der Oberhauptmann trat entschlossen auf den Fremden zu, hielt ihm die Mündung seiner Flinte an die Brust und rief aufgeregt und wütend:

»Ergebe sich Eure kaiserliche und königliche Majestät! Ich hab's ja gesagt … Ihr könnt mich nicht täuschen! Eure Majestät muß nämlich wissen, daß ich ein alter Hase bin und gleich gesehen habe, daß Ihr als Bauer verkleidet unsere Befestigungen ausspionieren wollt!«

»Um Himmels willen«, rief da der Landmann aus, »Sie müssen doch wohl verrückt sein, mich womöglich für Napoleon zu halten!«

»Für was soll ich Euch denn sonst halten, Freundchen? Mich täuscht man nicht mit schönen Worten! Eure Majestät ist jetzt mein Gefangener – da lasse ich nicht locker! Hoch Spanien und Ferdinand der Siebte!«

Wir brachen alle in Gelächter aus, was Don Santiago verwirrte. Da sprach der Gefangene wieder:

»Meine Herren, ich bin Offizier der Armee des Don Benito San Juan[52] und habe an der schlimmsten Niederlage dieses Feldzugs teilgenommen. In der Schlacht bei Somosierra habe ich meinen Vater und zwei Brüder verloren und fliehe jetzt vor der französischen Vorhut, die die Versprengten verfolgt.

Ich mußte mich verkleiden, damit sie mich nicht fangen. Aber wenn Sie mehr hören wollen, geben Sie mir bitte etwas zu essen und zu trinken, denn ich habe seit zwei Tagen nichts mehr in den Magen bekommen und könnte umfallen.«

Einer meiner Kameraden gab ihm einen Schluck Branntwein, was ihn so weit kräftigte, daß er mit uns gehen konnte. In unserer Begleitung faßte er auch wieder Mut. Beschämt und verwirrt marschierte der Oberhauptmann an seiner Seite. Er war aber immer noch nicht völlig überzeugt und ließ den Fremden nicht aus den Augen, denn wenn er vielleicht nicht der Kaiser war, so könnte er doch irgendein Generälchen oder sonst was für ein Gefolgsmann des kaiserlichen Korsen sein …

»Ich bin ja auch ganz persönlich schwer betroffen«, sprach der Unbekannte, »denn – wie ich schon sagte – sind mein guter Vater und meine beiden Brüder bei den Kampfhandlungen gefallen – wir stammen aus einem alten Gut bei Sepúlveda. Meine Seele ist davon und von der nationalen Katastrophe, deren Zeuge ich war, immer noch ganz benommen. Wir hatten zu den Waffen gegriffen, um das Vaterland zu verteidigen. Nun sind die, die dabei heldenhaft starben, glücklicher dran als die Überlebenden, denn wir müssen nun von dem großen Unglück berichten. Haben Sie denn schon von der Niederlage des Generals San Juan erfahren? Wie soll man das eigentlich berichten? Was hat man Ihnen denn erzählt? Man wird uns wohl als Feiglinge beschimpfen. Oh, meine Herren! Heldenhafter konnte man einfach nicht gewesen sein. Unsere Soldaten haben mit ungeheurer Tapferkeit gekämpft, und wenn wir dennoch geschlagen wurden, so nur deshalb, weil uns der Feind an Anzahl der Männer und Waffen so sehr überlegen war.«

»Ja, alle werden das für eine Katastrophe halten«, meinte der Oberhauptmann, »aber wo ist denn General San Juan jetzt? Ich bin nämlich der Ansicht, daß er einen Rückzug nur vorgetäuscht hat, um danach in besserer Position wieder anzugreifen.«

»Vortäuschen – Mann, haben Sie eine Ahnung«, entgegnete der Offizier. »Wie soll man das vortäuschen! General San

Juan, wenn er überhaupt noch lebt, ist ein Flüchtling wie ich – ohne einen einzigen Soldaten!«

»Das kann nicht sein, caballero! – Dann wäre das ja doch eine Art von Niederlage!«

»Das will ich wohl meinen! Aber lassen Sie es mich eins nach dem anderen erzählen. San Juan nahm gute Positionen vor Somosierra ein und schickte eine Vorhut nach Sepúlveda. Vorgestern, im Morgengrauen, wurde diese von den Franzosen angegriffen, aber sie konnten unsere Linien nicht durchbrechen und mußten sich zurückziehen.«

»Na, also«, meinte der Oberhauptmann, »die Franzosen zogen sich zurück. Aber das kann dann doch keine Niederlage sein!«

»Nur Geduld, Señor. Da muß es einen Verrat gegeben haben. Statt nach ihrem Sieg in Sepúlveda zu bleiben, zog sich diese Vorhut nach Segovia zurück. Die Franzosen konnten so vorrücken und uns in unseren Stellungen bei Somosierra angreifen. Wir hatten nicht genügend Kräfte, um den Zugang zur Stadt zu verteidigen, besonders nicht nach dem Abfall – ich weiß nicht, wie man das anders nennen soll – unserer Vorhut. Trotzdem leisteten wir gestern den ganzen Vormittag Widerstand. Wir massierten unsere Kräfte auf und an der Straße nach Somosierra, hatten aber keine leichten Truppen als Flankendeckung auf den Hügeln. Die Franzosen verfügten über viele Truppen aller Art, so daß starke Jägereinheiten sofort die Höhen besetzten und wir von dort durch polnische Kavallerie in einem schrecklichen Ansturm überfallen wurden. Wenn man ihn nicht gesehen hat, kann man sich diesen Angriff gar nicht vorstellen. Ganze Schwadronen warfen sich auf unsere Batterien. Hunderte von feindlichen Reitern fielen in die Gräben neben der Straße. Sie hatten aber so viele Reiter! Wenn eine Schwadron unnütz geopfert war, wurde eine zweite und danach noch eine dritte geschickt, ohne daß es ihnen etwas ausmachte, daß ihre Offiziere zu Hunderten und Generäle zu Dutzenden fielen. Während dieses unaufhörlichen Angriffs wurde das Feuer der Jäger auf den Höhen fortgesetzt.

Schließlich gingen wir unter, nicht aus Mangel an Tapferkeit, sondern wegen der großen zahlenmäßigen Unterlegenheit. Die Franzosen hatten sich den Weg auf Kosten ungeheurer Verluste gebahnt und verfolgten nun die Reste unserer Truppe verbissen, so daß ich nicht glaube, daß viele überlebt haben. Die meisten, die in diesem unwegsamen Gelände fielen, hatten ihre Pflicht derart übererfüllt, daß sie so lange Widerstand leisteten, wie sie ihren Körper noch aufrecht halten konnten. Mehr war nicht möglich, denn das wäre ein Wunder gewesen – und Wunder kann nur Gott vollbringen.«

Dann schwieg der Offizier, und wir waren alle so bestürzt und traurig, daß keiner ein Wort herausbringen konnte. Auch der fremde Offizier sprach nicht mehr, und so kehrten wir schweigend nach Madrid und unserer Stellung an der Puerta de los Pozos zurück. Der unglückliche Flüchtling fand einen Platz an einem Lagerfeuer und Nahrung. Alle kümmerten sich um ihn, nur der Oberhauptmann Santiago Fernández nicht, der sein Mißtrauen und seine Enttäuschung nicht überwinden konnte.

»Gabriel«, sagte er zu mir und nahm mich beiseite, »ich will nicht immer weiterbohren, um nicht lästig zu werden, aber ich kann mir nicht helfen, der Mann gefällt mir nicht, und ich hoffe, daß wir es nicht bereuen müssen, ihm so vertraut zu haben, denn ich weiß ja – und du eigentlich auch –, daß es im Kriege oft vorkommt: Manche verkleiden sich, um ins feindliche Lager einzudringen und die Befestigungen *auszuspionieren*. Gleichfalls kommt es vor, daß jemand ausgeschickt wird, der sich als Freund ausgibt und falsche Nachrichten verbreitet, um die Belagerten zu entmutigen.«

Der Morgen des 2. Dezember graute, und im ersten Tageslicht konnten wir starke Kavalleriereihen auf den Höhen im Norden erkennen. Sie waren also da – und in Massen.

17.

Dieser Morgen war für uns aber von einer gewissen Fröhlichkeit beseelt, denn ohne sichtlichen Grund fühlten wir uns irgendwie ermutigt, so daß wir nicht mit den Belagerern getauscht hätten. Die Gefahr hatte fürs erste allen Zank zum Schweigen gebracht, und in der Begeisterung sahen wir die Nachteile unserer Lage in verkleinertem und die Vorteile in vergrößertem Maßstab. Alle fingen wir wieder an, ›Hoch und Nieder mit ...‹ zu schreien, denn es kostet ja nichts, mit einer so leicht einsetzbaren Waffe wie der Zunge zu triumphieren.

Zum Frühstück verzehrten wir sehr zufrieden alles, was uns die Frauen des Stadtviertels, ranghohe und rangniedrige, häßliche und attraktive, in vollen Körben brachten. Dazu trug auch Doña Gregoria bei, aber Don Santiago aß nichts von all den guten Sachen, die sie gebracht hatte, denn er behauptete, daß man in den Augenblicken höchster Prüfungen sich den Körper nicht mit vulgären Genüssen betäuben dürfe.

Da er nicht die geringsten Gaumengelüste verspürte, tadelte der Oberhauptmann die – wie er es ausdrückte – ›Vielfraße‹ und inspizierte dann seine Leute, die hinsichtlich Körperstatur, Bewaffnung und Kleidung äußerst verschieden waren und als einziges Zeichen der Einheitlichkeit und Respektabilität ihre grauen Haare aufweisen konnten. Er hielt ihnen folgende Rede:

»Jungs, denkt daran, daß ihr ganze Kerle seid und euch in den königlichen Übungen immer glorreich erwiesen habt! Jetzt ist der Zeitpunkt der höchsten Prüfung gekommen. Seit sich der Feind, dieses infame Monster, draußen vor den Toren von Madrid zeigt, gehört ihr nicht mehr euren Familien und auch nicht mehr dem Amt für Finanzen und Rechnungswesen, sondern nur noch dem Vaterland! Kameraden, ihr seid alle erfahrene Männer – nicht wie diese Rotzbuben, die noch nicht einmal ein Gewehr halten können. Wir haben schon viel mehr erlebt als die. Doch nun Schluß mit Predigten. Wir brauchen jetzt Taten und keine Worte. Gutes Zielen ist jetzt mehr wert als hundert Reden. Also Kameraden, hoch Ferdinand der Siebte! Denkt daran, daß euer Kamerad und Freund Santiago Fernández viel von euch hält und nicht enttäuscht sein möchte!«

Diese Ansprache des Veteranen brachte viele seiner Freunde zum Lachen, und fast – wenn ich nicht davor zurückschrecken würde, die Erinnerung eines so wackeren Mannes zu verletzen – hätte ich gesagt, daß sie ihre Witze und allerlei spöttische Bemerkungen über ihn machten, wie es auch in kritischen Situationen Sitte der Spanier ist. Fernández aber ließ sich davon nicht beirren und nahm weiterhin eine betont kriegerische Haltung ein. Er wollte auch bei der Artillerie Eindruck machen und gab sich als erfahrener Ballistiker aus. Dort aber wurde ihm beschieden, er solle schleunigst verschwinden und lieber einen Rosenkranz beten. Über diese Beleidigung wurde er so wütend, daß er sich beinahe auf den Mann stürzte, der ihn angesprochen hatte.

Im Vertrauen kann ich Ihnen, liebe Leser, ja verraten, daß der frechste von denjenigen, die die Annäherung des Oberhauptmanns an die Geschütze verhinderten, der wackere *Pujitos* war, dieser Hans in allen Gassen, den das Schicksal uns an dem großen Tag als Kamerad beigesellt hatte.

Gegen zwölf Uhr mittags suchten uns der Generalkapitan und Don Tomás de Morla auf, die wir hochleben ließen, bis wir heiser waren. Es schien mir, als ob die beiden Führer nicht besonders zufrieden wären. Wir konnten eine große Truppenansammlung der Franzosen bei der Mala de Francia erkennen. Es war die Vorhut Bessières' Armeekorps, die uns zur Übergabe auffordern wollte. Als der Unterhändler uns aufsuchte, hätten die angeberischsten Krakeeler unseres Trupps ihn mit Fußtritten traktiert, wenn sie nicht daran gehindert worden wären. So wurde er anständig empfangen und mit der Antwort zurückgeschickt, daß wir uns nicht ergeben würden.

»Wenn es da nicht noch schändliche Sachen etwa in der Art des ›Trojanischen Pferdes‹ gibt, werden wir uns nie ergeben«, meinte Don Santiago zu mir gewandt. »Schau doch, wie niedergeschlagen der Franzmann ist, daß er seinem Kaiser diese schlechte Nachricht bringen muß. Ich wette, der ›Korsiker‹

wird vor Wut auf dem Boden herumtrampeln und sich die Haare raufen!«

An jenem Nachmittag kamen keine Parlamentäre mehr, und die französischen Truppen rückten auch nicht näher. Von weitem sahen wir aber, wie Marschsäulen Positionen einnahmen und Gräben für die Artilleriestellungen ausgehoben wurden. Das ließ darauf schließen, daß die Franzosen den Angriff auf den dritten Dezember verschoben hatten. In der Nacht stellte der Marschall Ney[53] noch einmal eine Übergabeforderung, aber das war beim Recoletos-Tor oder bei der Puerta de Alcalá.

»Siehst du, sie wagen es nicht mehr, sich an uns hier zu wenden!« sprach der Oberhauptmann, als er das erfuhr. »Da drüben, an der Puerta de Alcala, werden sie mit schönen Worten gekommen sein. Da sie sehen, daß sie uns mit Waffen nicht einschüchtern können, raspeln sie nun Süßholz. Laß uns inzwischen erst einmal schlafen, Gabriel. Ich glaube nämlich, daß morgen, am dritten Dezember, auch nichts geschehen wird. Vielleicht werden sie sich angesichts unserer uneinnehmbaren Befestigungen auch zu einem Rückzug in die Berge entscheiden.«

Ich brauche wohl nicht zu erwähnen, daß sich mein optimistischer Freund gewaltig irrte, denn als wir da so tief in der Wärme eines schönen Lagerfeuers im Bringas-Garten schliefen, wurden wir durch Kanonenschüsse aufgeweckt, die mit schrecklichem Lärm ganz Madrid aus dem Schlaf rissen.

»An die Waffen«, brüllte Don Santiago. »Alles auf, und wenn eine Granate kommt, sofort hinschmeißen! Ich glaube, wir werden jetzt einen Ausfall machen, um es diesen Artillerieheinis zu zeigen. Seht doch mal, Jungs, da bei Chamberí steht eine Batterie!«

Unsere Artilleristen, die zur Hälfte aus regulären Soldaten und zur anderen Hälfte aus Freiwilligen und Wehrpflichtigen bestanden, schickten sich an, zu antworten, und als zwei ihrer Geschütze feuerten, wollten wir Infanteristen nicht zurückstehen und feuerten ebenfalls, ohne ein Ziel zu haben.

Es herrschte dichter Nebel, so daß wir den Feind nicht sehen konnten. Wir nahmen an, starke Truppenverbände vor uns zu haben, und feuerten eine nutzlose Salve nach der anderen ab. Die Franzosen dachten aber nicht daran, uns bei Los Pozos anzugreifen, und die Kanonenschüsse, die wir hörten, fielen auf die Puerta de Recoletos.

»Feuer einstellen!« befahl unser Kommandeur. »Sie greifen uns nicht an, und es stehen auch keine Feinde auf der Mala de Francia.«

»Natürlich nicht«, bemerkte der Oberhauptmann und stampfte kräftig mit dem Fuß auf den Boden, »wie können denn welche dort sein, wenn sie doch alle geflohen sind?«

»In Chamberí gibt es keinen Schützengraben oder irgend etwas, was dazu dienen könnte. Die Franzosen stehen bei der Kastellanischen Quelle.«

»Kommt mir doch nicht damit«, brummte der Oberhauptmann und lud seine Waffe. »Im Nebel versuchen uns diese Elenden zu täuschen. Ich schieße, solange ich noch eine Patrone habe!«

Er schoß, als ob er die dichte Nebelwand durchlöchern wollte, so daß er bald keine Munition mehr hatte. Da man immer noch Kanonenschüsse rechts von uns hörte, rief Santiago Fernández seinen Freunden zu:

»Sie ziehen sich zurück, meine Tapferen. Dank eures heldenhaften Einsatzes wird alles glücklich für uns enden!«

Geraume Zeit lang blieben wir nun still und warteten mit großer Beklemmung darauf, daß sie uns angreifen würden. Aber es vergingen so Stunden, und niemand – wohl ausgenommen Don Santiago – sah weit und breit einen Feind. Zwischen acht und neun Uhr nahm das Kanonen- und Gewehrfeuer aus der Richtung Puerta de Recoletos dermaßen zu, daß es keinen Zweifel gab, daß dieser Ort der Schauplatz eines erbitterten Kampfes war. Der Nebel lichtete sich zu diesem Zeitpunkt, und wir sahen, daß die Nichtachtung, mit der uns der Kaiser bisher gestraft hatte, wohl ein Ende haben würde: Von Osten bis Westen drängten sich feindliche Truppen, die augenscheinlich die vier nördlichen Tore in Schach halten sollten.

»Gott sei Dank, daß sie es nun wagen, uns anzugreifen«, bemerkte Santiago Fernández. »Es scheint, daß da hinter dem Dorfgasthof im Norden ein Stoß-Artilleriekorps vorrückt.«

Es dauerte auch nicht lange, und wir wurden in den Gräben von Los Pozos beschossen. Unsere Artillerie, die schon sehnlichst auf den Befehl gewartet hatte, antwortete mit Eifer, aber ihre Geschosse, die dicht über unseren Köpfen zur Zufahrtsstraße vor uns oder nach rechts flogen, erreichten den Gegner kaum – so unterlegen war die spanische Artillerie der französischen. Dann begann ein Gefecht, das eigentlich diesen Namen nicht verdient, denn es verlief völlig einseitig. Vielleicht wäre es besser gewesen, gleich zu fallen, als das erleiden zu müssen. Die Franzosen beschossen uns aus großer Entfernung mit Granaten schweren Kalibers, und wir konnten ihnen absolut nichts entgegensetzen.

»Diese Feiglinge, diese Kanaillen! Warum stellen sie sich uns nicht?« brüllte Fernández außer sich vor Wut. »Das ist doch nicht der Stil von echten *caballeros* – dieses unbarmherzige Kanonenfeuer aus sicherer Entfernung, dieses Zerstören der Brustwehren, die uns so viel Arbeit gekostet haben! Das ist nicht ritterlich. Es stimmt wirklich, daß Napoleon immer heimtückisch Krieg geführt hat.«

»Verdammt seien sie!« rief der Offizier, der uns befehligte. »Das verlangt nach einem Ausbruch, wenn ich eine Handvoll dafür geeigneter Leute finden könnte!«

»Und wir, und meine Freunde, diese tapferen Jungs von der Kompanie der Ehrbaren«, entgegnete der Oberhauptmann und stampfte dabei mit dem Gewehrkolben auf den Boden. »Die warten doch nur darauf, diese Kanaillen zu vertreiben oder in die Reichweite unseres Feuers zu holen!«

»Die Franzmänner wären schön dumm, wenn sie das tun würden, denn sie können uns doch so gefahrlos abknallen.«

»Machen wir einen Ausfall, ja, einen Ausfall!« beharrte mein Freund. »Jungs, ich sehe euch doch den Heldenmut und die glühende Vaterlandsliebe am Gesicht an. Ihr brennt doch darauf, es diesen Schurken zu zeigen. Greifen wir an, Herr Oberst?«

Der Oberst lachte traurig über den inbrünstigen Eifer des Alten. Einer der ›Ehrbaren‹, die Santiago Fernández mit ›Jungs‹ angesprochen hatte, versicherte, daß er wegen seines Rheumas keinen Schritt tun könne, ein anderer meinte, daß der Lärm der Kanonenschüsse ihn völlig taub gemacht hätte, und ein dritter ließ sich auf den Boden fallen und jammerte, daß er sich durch die feuchte, kalte Nacht eine Lungenentzündung zugezogen habe. Es gab zwar auch rüstige und tapfere Leute unter den ›Ehrbaren‹, aber die Gruppe um Don Santiago setzte sich aus so hinfälligen Methusalems zusammen, daß sie in dieser schwierigen Lage Mitleid erregen konnten. Es kamen Frauen aus Maravillas und Barquillo herüber und verlangten lärmend die Waffen der Alten. Ich glaube, es war ein Fehler, ihnen diese Forderung nicht zu erfüllen. Obwohl die so Angesprochenen ein solch beschämendes Angebot entrüstet zurückwiesen, habe ich den Verdacht, daß einige von ihnen insgeheim die heilige Jungfrau anflehten, diese wagemutigen Halbgöttinnen von San Antón und der Chispería ihren Willen durchsetzen zu lassen.

Der Beschuß dieser Stellung dauerte mehr als eine Stunde; die Antwort unserer Geschütze hatte so gut wie keinen Erfolg; offensichtlich wollten die Franzosen uns binden, während ein Teil ihrer Truppen Recoletos angriff. Ihres Sieges sicher, wollten sie keine Männer opfern, indem sie diese Stellungen angreifen ließen, die sich später doch ergeben müßten. Gegen zehn Uhr erhielt unser Kommandeur den Befehl, alle Männer der Infanterie, die er nicht unbedingt brauchte, zum Recoletos-Tor zu schicken. Ich war auch unter den etwa hundert Leuten, die dorthin abkommandiert wurden.

Auf dem Wege dahin, in den Straßen San Opropio und Las Flores und auf der Plazuela de las Salesas, begegneten wir vielen Leuten, die erschrocken flohen und uns durch Schreie und wilde Gesten zu verstehen gaben, daß die Dinge schlecht liefen. Wir zogen durch die Calle de los Reyes Alta (heute Las Salesas) und die Calle Almirante a la Ronda und de Recoletos, wo großer Wirrwarr herrschte. Aus der Richtung Veterinäramt, Hornos de Villanueva, und dann auch aus Pósito und Puerta de Alcalá‹ drang nun das sehr laute Dröhnen der Kanonenschüsse herüber. Das Recoletos-Kloster[54] war von spanischen Truppen besetzt. Als wir dort ankamen, strömten diese aber fast alle heraus, weil sie draußen dringender benötigt wurden. Zu Beginn des Angriffs hatte die hinter dem

Veterinäramt aufgestellte Batterie die feindlichen Stöße, die vom Kaiser selbst geleitet wurden, so energisch zurückgewiesen, daß dieser sich eiligst wieder zurückziehen mußte.

Stellen Sie sich das Stadtviertel Salamanca mit allen Gärten und Palästen auf der Ostseite der Castellana vor. Dieses war fast zu einer Trümmerwüste geworden, die von französischen Truppen aller Arten von Waffengattungen übersät war. Es gab hier zwei Frontlinien, eine gegen den Retiro-Park und die Plaza de Toros, die andere gegen das Veterinäramt und das Recoletos-Tor. In der Mitte dieser Truppenansammlungen, an der Stelle, die heute ein Teil der Calle de Sarrano ist, etwa zwischen dem Pajarito genannten Garten und den Häusern von Maroto, saß Napoleon ruhig und überlegen auf dem weißen Streitroß, das schon den Boden der meisten Nationen des Kontinents unter seinen Hufen gehabt hatte. Er dirigierte die Bewegungen seiner Truppen, ohne das Fernrohr von seinem rechten Auge zu nehmen, mit dem er einmal in der einen Richtung und dann in der anderen schaute. Ich sah ihn damals natürlich nicht, stellte mir ihn aber so vor, und diese Vorstellung wurde mir später auch von einem bestätigt, der den Herrscher aus nächster Nähe gesehen hatte. Dieser Augenzeuge beobachtete einige sehr seltsame Einzelheiten des Verhaltens von Napoleon, die man in der Geschichtsschreibung nicht findet – Grunz- und Brummlaute während er durchs Fernrohr schaute, eine mechanische Bewegung der linken Hand zum Bauch hin, häufiges Stirnrunzeln und ab und zu ein Lächeln zu seinem Stabschef, General Berthier[55]. Mit diesem seinem Fernrohr, seinem Grunzen, Hüsteln, seinen Schlägen auf den Bauch, seinen Tabakprisen und seinem feinen Lächeln schlug uns der ›Menschenfresser von Korsika‹ in Grund und Boden.

18.

Die Batterie hinter dem Veterinäramt fiel nach erbitterter Gegenwehr in die Hände der Franzosen, und zwar gerade in dem Augenblick, als wir von Los Pozos her anrückten. Zu spät: Es war schon nichts mehr zu machen. Konnte der Widerstand am Retiro-Park noch länger aufrechterhalten werden? Anfänglich glaubten wir es, mußten diese Illusion aber bald aufgeben, denn unter dem Beschuß aus dreißig Kanonen waren die Mauern, die als Parkeingrenzung und nicht als Verteidigungsanlage dienten, bald völlig zertrümmert. Die Verteidiger des Retiro-Parks zogen sich mangels Waffen, Munition und Führer in Richtung Prado hinter die Barrikaden der Calle de Alcalá zurück, während ein Regiment spanischer Freiwilliger und ein anderes der regulären Armee am Recoletos-Tor bewundernswerte Standfestigkeit bewies und die erste französische Angriffswelle, die sich dieses Tores bemächtigen wollte, mit Gewehrfeuer in Empfang nahm. In der Umgebung herrschten Panik und Bestürzung, aber neben vielen Ängstlichen gab es auch einige Mutige.

Als das Recoletos-Tor schließlich aufgegeben werden mußte, liefen wir alle zur Calle del Barquillo und von dort zur Alcalá. Dort waren die Franzosen schon Herren des Pósito sowie des Palastes San Juan und versuchten, sich San Fermíns und der Casa de Alcañices zu bemächtigen. Es war keine gute Idee gewesen, die große Barrikade oberhalb der Carmen Descalzo zu errichten, denn dadurch blieben die Calle del Turco und alle Gebäude am Endteil dieser großen Straße ungeschützt, so daß die Kaiserlichen sie leicht erobern konnten. Von dort aus nahmen sie die ganze Calle del Turco und beherrschten dann die Lage in solchem Maße, daß wir uns nach einer Viertelstunde nutzlosen Gewehrfeuers zu einer Stelle zwischen der Vallecas-Straße und der Sevilla-Gasse zurückziehen mußten. Auf beiden Straßenseiten wurde von den Balkons erbittert auf den Feind gefeuert. Jedes Haus hatte sich in eine Festung verwandelt, denn unsere Zivilisten, einschließlich der Frauen, waren so hartnäckig, daß sie sich von der zunehmenden Überlegenheit des Feindes und seiner Arroganz nicht entmutigen ließen. Die erst unentschlossene Bevölkerung raffte sich wieder auf, als sie sah, daß der Feind auf sie eindrang, und eine Raserei ähnlich der vom 2. Mai entflammte die Brust der Bewohner dieser Häuser. In den einzelnen Gebäuden spielten sich grausame Handgemenge ab. Diejenigen, die kein Gewehr hatten oder keine Munition mehr, schlugen sich mit der blanken Waffe, so daß der Kaiser aus der Nähe jene schon fast göttlich zu nennende Begeisterung und Volkswut beobachten konnte; er hat später mehrmals seine Verwunderung darüber geäußert, daß Zivilisten – zumal Frauen – in einen solchen Kampfesrausch verfielen.

Inmitten dieses Kampfes erging die dritte Aufforderung zur Kapitulation, und während wir glaubten, unsere Führer würden mit einem Befehl der Feuerverstärkung antworten, mußten wir feststellen, daß das Feuer unserer Landsleute an der großen Barrikade eingestellt wurde. Der Marquis de Castelar galoppierte auf einem Pferd zum Postgebäude, wo sich die Junta ständig aufhielt.

»Was gibt es denn, Don Diego?« rief ich, als ich diesen mit der Kokarde der ›Ehrenwerten‹ auf mich zukommen sah. »Ich wußte gar nicht, daß Sie auch bei uns sind.«

»Ich bin seit dem Morgengrauen bei den Verteidigern des Retiro-Parks gewesen«, antwortete er mir. »Aber was konnten wir schon mit so wenig und so schlechter Artillerie ausrichten?«

»Warum ist das Feuer denn eingestellt worden?«

»Der Marquis de Castelar hat um einen Waffenstillstand gebeten, um sich mit der Junta beraten zu können. Ich glaube, sie werden sich zur Kapitulation entscheiden. Hast du Santorcaz gesehen?«

»Ich? Nein – und verspüre auch nicht die Lust dazu.«

»Der hat dich aber gestern abend eifrig gesucht!«

»Hat denn Don Luis auch gekämpft?«

»Im Retiro-Park hat er noch vor kurzem wie ein Wahnsinniger geschrien und geschworen, er werde die töten, die uns verraten haben. Dann aber hat er uns geraten, in unsere Häuser zurückzukehren, weil es nutzlos sei, noch weiter gegen die Franzosen zu kämpfen. Aus der Straße da hinten kam eine große Anzahl von ›Ehrenwerten‹, Freiwilligen und auch einigen Frauen, alles kampfeswütige Leute. Aus ihren Schreien konnte ich entnehmen, daß die Verteidiger von Madrid mit dem Niederlegen der Waffen nicht einverstanden sind.«

»Wie sie uns doch hintergangen haben!« rief ein Patriot mit Donnerbüchse und Schärpe.

»Verkauft haben sie uns!« schrie eine Frau, in der ich die Witwe von Chinitas zu erkennen glaubte.

»Wenn ich den Castelar hier vor mir hätte, würde ich ihn in Stücke zerreißen!«

»Ich hatte doch schon so den Verdacht, daß der Morla vom Franzmann gekauft worden ist. Vielleicht war er es auch, der Sand in die Patronen füllen ließ?«

»Lieber sterben als sich ergeben! Kanaillen, Feiglinge! Wenn ihr Angst habt, zieht doch ab und laßt uns weitermachen!«

»Kameraden, bevor die Hauptstadt Spaniens und die Zierde der Welt in die Hände der verdammten Franzmänner fällt, wollen wir doch lieber hinter diesen Steinen hier sterben!«

»Das wir das noch erleben müssen!«

»Die Junta, der Rat, die Generäle, der Stadtrichter und die anderen Großkopferten haben doch keine Ehre im Leibe!«

Auf diese Weise drückte das Volk von Madrid seine Wut aus – nicht so sehr über die sich nun abzeichnende Niederlage, sondern darüber, daß es sich jetzt von seiner Führung verlassen und einem übermächtigen, schrecklichen Feind ausgeliefert fühlte, außerstande, die verzweifelten Heldentaten der Verteidiger von Zaragoza und Valencia zu wiederholen. Nach der Feuerpause griff die Entmutigung immer mehr um sich, so daß die Waffen schließlich doch aus den Händen fielen und sich der Gedanke einer unvermeidlichen Kapitulation bei dem größten Teil der Bevölkerung durchsetzte. Von einem überlegenen Feind eingeschlossen, konnten die Einwohner Madrids nichtS mehr ausrichten, da keine Begeisterung mehr vorhanden war; und wie sollte sich noch Begeisterung aufrechterhalten, wenn die Führer des Widerstands nicht über jenen göttlichen Funken verfügten, der zu einer überraschenden Taktik inspiriert, die KatastropheN aufhält oder sie glorreich veredelt und dem Feind nur noch die materielle Übernahme gönnt, die für das Tagesereignis zwar das Wichtigste, für die Geschichtsschreibung jedoch nur sekundär ist?

Die Flamme der Begeisterung des spanischen Volkes, die sich so schnell entzündet, erlischt aber ebensoschnell. In einem Moment lodert helles Feuer zum Himmel, im nächsten verstreut der Wind nur noch Asche über den Boden. Schon vor der Belagerung hätte ein logisch denkender Mensch die Niederlage voraussehen können wegen der mangelnden Umsicht, der geringen Verteidigungsmittel und des übermäßigen Vertrauens in die eigene Stärke, die sich an glorreichen Erinnerungen speiste und die immer wieder beschworen wurde, sehr zu unserem Schaden: Denn alles, was die Tollkühnheit erhöht, behindert nur die angemessene, praktisch wirksame Tapferkeit. Was trotz Zerstrittenheit, Größenwahns und mangelnden Weitblicks doch noch zustande gebracht worden war, wurde durch die übermäßige Vorsicht ängstlicher Führungskräfte zunichte gemacht. Sie konnten nicht zwei Handbreiten über ihre eigenen Belange hinaussehen, begriffen nicht, wie verhängnisvoll es war, wenn die Hauptstadt schneller kapitulierte als das kleinste Dorf Kastiliens. Die Gegenwart Napoleons schüchterte diese armen Herren ein, und sie waren mehr um ihre Stellungen, Privilegien, Schärpen und Gehälter besorgt als um unser Land. Die Spinnweben vor ihren Augen ließen sie nichts mehr deutlich erkennen.

19.

Es wurde der Befehl erteilt, daß alle Korps ihre ursprünglichen Stellungen – soweit noch nicht in Feindeshand – wieder einnehmen sollten. Ich begab mich also mit meinen Kameraden nach Los Pozos zurück und sah auf dem Wege dahin, wie niedergeschlagen und enttäuscht Madrid war. In einigen Stadtvierteln lärmte der Protest gegen die Führung mit lauten Drohungen und Flüchen, in anderen herrschte beschämte Stille und allgemeine Beklemmung.

Als ich die Puerta de Los Pozos erreichte, waren die regulären Soldaten und die Freiwilligen in sehr schlechter Stimmung. Der Oberhauptmann, der sich noch im Bringas-Garten befand, wollte die Nachricht von der bevorstehenden unvermeidlichen Kapitulation nicht glauben.

»Gabriel«, sagte er mir, »was man da erzählt, das kann doch nicht wahr sein. Das ist gewiß eine Taktik von Don Tomás de Morla. Wie viele Lügen man doch hört! Kannst du dir vorstellen, daß da ein paar unverschämte Frauen kamen und erzählten, daß der Prado und die Hälfte der Calle de Alcalá schon in der Hand der Franzosen seien? Das machte mich so wütend, daß ich auf sie eingeschlagen hätte, wenn sich meine eigene Frau nicht unter ihnen befunden hätte.«

Ich wollte ihn nicht noch mehr erzürnen und schwieg.

»Hier gab es einen fürchterlichen Kampf«, fuhr er fort. »Die Franzosen hatten es gewagt, auf uns zuzukommen, und diese Kompanie von Freiwilligen empfing sie mit einem solch ungeheuren Feuer, daß sie in die Flucht geschlagen wurden und sich nicht mehr trauten, die Nase herauszustecken. Wir hatten dabei nur fünf Tote und elf Verwundete.«

Der Pujitos war jetzt damit beschäftigt, diese Verwundeten mit Hilfe der großherzigen Bewohner in den umliegenden Häusern unterzubringen. Um die fünf Gefallenen standen Frauen, die herzzerreißend klagten. Dieser Kampf, von dem mir der Oberhauptmann Fernández soeben berichtet hatte, war der einzige an den vier nördlichen Stadttoren gewesen. Der Oberhauptmann fuhr fort:

»Es ist einfach undenkbar, daß wir uns ergeben. Und wenn ganz Madrid kapituliert, Los Pozos nicht! Nicht wahr, Jungs?«

Die ›Jungs‹ saßen im besagten Garten in der Runde in Begleitung von Frauen und Kindern. Sie aßen mit solchem Appetit, wirkten jetzt so phlegmatisch, daß sie mir nicht bereit schienen, die heldenhaften Pläne des Portiers des Amtes für Finanzen und Rechnungswesen zu unterstützen. Der eine mit seinem Rheuma, der andere mit seinem Husten und jener mit seinem Schüttelfrost schienen eher erleichtert zu sein, daß dieses Abenteuer, welches nun auch für sie persönlich zu einer Katastrophe zu werden drohte, sich endlich dem Ende zuneigte.

»Wenn es Gottes Wille ist, daß wir uns ergeben, na dann ergeben wir uns eben«, sagte ein wackerer Krieger, der schon einiges mehr als sechzig Jahre auf dem Buckel haben mußte.

»Wir haben alles getan, was unsere Ehre verlangte. Mehr ist einfach nicht möglich«, meinte ein anderer. »Wenn sich die Führer zu einer Kapitulation entschließen, werden sie schon wissen, daß es unmöglich ist, noch länger Widerstand zu leisten.«

»Ich«, erklärte ein anderer, »habe meine Pflicht getan. Mindestens drei Schuß habe ich abgefeuert.«

»Und ich, obwohl ich keinen Schuß abgab, habe immer das Gewehr jenes regulären Soldaten da mit dem blonden Schnurrbart geladen.«

»Das kann man ja nicht mehr mit anhören!« rief Don Santiago Fernández kochend vor Zorn. »Aber was darf man schon von Männern erwarten, die Suppe schlürfen, wenn in zehn Ellen Entfernung der Unterdrücker Europas steht? Weg mit euch, ihr Marzipanseelen, ihr Murmeltiere! Ihr seid doch eine Schande für eure weißen Haare! Was habt ihr denn schon in all euren Lebensjahren und in den glorreichen Feldzügen, an denen ihr teilnehmen durftet, gelernt? ... Nichts! Was gesagt ist, ist gesagt. Madrid kann sich ergeben, aber nicht Los Pozos!«

»Aber nun schau doch mal, Mann«, redete ihm Doña Gregoria zu, die zusammen mit den Nachbarinnen mit einem Körbchen voller Eßwaren und Getränken für Don Santiago gekommen war, »du hast doch deine Pflicht erfüllt und deine Tapferkeit bewiesen. In ganz Madrid erzählt man sich doch schon von deinen Heldentaten, und es heißt sogar, daß der Generalkapitan dich in einer Ansprache als Beispiel eines guten Patrioten erwähnt hat. Damit ist es aber genug. Der

Krieg ist vorläufig für uns beendet. Sei doch nicht so starrköpfig! Willst du ihn etwa allein weiterführen?«

Der Oberhauptmann ging, in seinen erregten Gedanken versunken, mit der Waffe im Arm hin und her.

»Mann, laß doch nun endlich diese Dummheiten«, sprach Doña Gregoria wieder, »und iß dieses *cocidito** zu dieser Flasche Wein hier. Kann denn der Napoleon behaupten, daß er dich besiegt hätte? Aber nein. Der wußte schon, warum er nicht an diese Stelle gekommen ist, denn wenn du ihn in die Hände gekriegt hättest …«

»Geh mir aus den Augen«, brüllte der Veteran plötzlich, »und verführe mich nicht mit deinem *cocidito* und Wein. Ich bin nicht der Mann, der sich in der Stunde der Gefahr Gelagen hingibt. Weg mit den Sirenengesängen, den Liebesverführungen und den Gaumenfreuden! Ich habe gesagt, daß ich nichts esse – und damit basta! Desgleichen habe ich gesagt, daß ich nicht als Besiegter nach Hause zurückkehren werde – und ich gehe auch nicht zurück! Soll Madrid doch kapitulieren – ich nicht!«

»Hat man so einen Starrkopf schon mal gesehen!«

Da rief der Oberhauptmann seine Frau zu sich und zog sie in meiner Begleitung in einen abgelegeneren Winkel des Gartens. Dort sprach er in feierlichem Ton zu ihr:

»Señora Doña Gregoria Conejo, wie viele Jahre sind wir jetzt verheiratet?«

»Das sind jetzt fünfundvierzig Jahre, drei Monate und neun Tage, wenn ich richtig gerechnet habe«, antwortete die alte Frau erstaunt, weil sie nicht wußte, was das bedeuten sollte.

»Habe ich der Señora Doña Gregoria Conejo in diesen fünfundvierzig Jahren, drei Monaten und neun Tagen irgendein Ungemach bereitet?«

»Nein, mein Gatte«, antwortete die Frau mit einem Anflug von Rührung.

»Nun gut – wenn ich Euch doch welche bereitete, dann

---

* Spanisches Gericht aus Suppenfleisch, Gemüse und Kichererbsen (Anm. d. Übers.)

bitte ich Euch hiermit um Verzeihung und möchte nichts mehr sagen.«

»Du bist ja nicht mehr bei Sinnen, mein Santiagochen! Warum redest du denn solchen Unsinn?«

»Habt Ihr irgend etwas gegen Euren Ehemann vorzubringen?«

»Ich, nein ... und ich hoffe, daß der auch nichts gegen mich vorzubringen hat.«

»Ich meinerseits«, fuhr der Oberhauptmann mit einer gewissen Rührung fort, »erkläre hiermit der Doña Gregoria Conejo, daß ich sie heute noch so wie am Tage unserer Hochzeit liebe, und daß sie mir immer noch so hübsch und fesch erscheint wie zu der Zeit, als wir Verlobte waren, und daß ich keine Klage gegen sie vorzubringen habe mit Ausnahme der, daß sie mir keine Kinder geschenkt hat, was ja wohl der Wille Gottes war.«

»Ja, mein Lieber«, erwiderte die Frau, »aber worauf willst du denn damit hinaus?«

»Daß du dich zurückziehst und mich in Ruhe läßt. Wenn nicht, werden wir uns zum ersten Male ernstlich streiten. Du mußt einfach weggehen und mir alles verzeihen, was ich dir im Laufe unseres gemeinsamen Lebens angetan haben könnte. In meinem Testament vermache ich dir alles, was ich besitze – was allerdings nicht viel ist. Zusätzlich zu den acht Messen, die ich mir ausbedungen habe, sollst du mir noch einmal acht lesen lassen. Ich wünsche, daß man mich mit meiner Lanze und den beiden Real begräbt, die mir Don Luis Daoíz[55a] damals gab, als ich ihm die Stiefel zur Calle de la Ternera brachte. Und nun genug der Worte!«

»Oh, heilige Jungfrau der Wunder, mein Gatte ist verrückt geworden und will sich umbringen!« rief Doña Gregoria aus und schlang die Hände um seinen Hals. »Mein guter Santiago, rede doch nicht solche Narrheiten ... Möchtest du mich denn zur Witwe machen? Was soll denn das mit dem Testament und den Messen heißen?«

Ich habe gesagt, daß Madrid sich ergeben kann, Los Pozos aber nicht, und wenn Los Pozos doch kapituliert, dann wird der Bringas-Garten nicht kapitulieren«, bekräftigte der Alte kategorisch und befreite sich aus den Armen seiner Frau. »Hinweg, Verführerin! Hinweg, Sirene! Hinweg Anfechtungen meiner Entschlossenheit!«

»Du Barbar, du Starrkopf!« schluchzte die gute Frau. »Das ist also der Dank dafür, daß ich dich so geliebt habe! Es ist mir, als wäre es erst gestern gewesen, daß wir geheiratet haben. Ich sehe dich noch mit der Soldatenmütze auf dem Kopf, so schmuck und fesch, an das Fenstergitter des Hauses kommen, in dem ich Dienstmagd war … Kannst du dich denn noch an die Liebesliedchen entsinnen, mein Guter, die du mir damals vorgesungen hast?«

»Mir steht nicht der Sinn nach Liebesliedchen, Señora. Geh jetzt weg!«

»Da liebt man nun bald fünfzig Jahre einen Mann, hat ihn immer noch sehr gern – und da sagt er einem solche Dinge ins Gesicht! … Santiago, jetzt werde ich ernstlich böse! Wir gehen nach Hause und kümmern uns nicht um diesen vermaledeiten Kaiser, den meinetwegen die Hunde fressen können, weil er die Quelle meines Unglücks ist.«

Weder die Bitten noch die Drohungen, geschweige denn die Tricks seiner Frau konnten den Starrsinn meines Freundes erschüttern. Er weigerte sich weiterhin, etwas zur Stärkung zu sich zu nehmen, wollte seine Entschlossenheit durch nichts aufweichen lassen. Er verwarf auch jeden Gedanken an Erholung und schritt weiterhin im Garten hin und her mit dem Gewehr in der Hand.

Zur gleichen Zeit überlistete eine Menge von Kindern dieses Stadtviertels, denen vorher der Zugang zur Kampfzone streng verweigert worden war, die Wachen und mischte sich unter die Krieger. Sie streiften überall in den Befestigungsanlagen umher und steckten ihre Nasen in alles, faßten die Kanonen und Lafetten an und waren glücklich, solch beeindruckendes Gerät aus der Nähe betrachten zu können. Da man die Verteidigung sowieso schon als beendet ansah, machte sich niemand mehr die Mühe, sich ihrer frechen Neugier zu widersetzen. Nachdem sie überall ihre Nasen, Hände und Augen hineingesteckt hatten, fingen sie an, selbst Soldaten zu spielen, stießen Kriegsgeschrei aus und marschierten herum, wie sie es bei den Großen gesehen hatten. So schallten denn Imitationen von Schüssen, Trompetenstößen, Kanonenschüssen und Pferdewiehern aus dem Munde junger Kehlen in einer grotesken Kakophonie durch den Garten. Als die Kinder Don Santiago Fernández erblickten, den die meisten von ihnen kannten, umringten sie ihn, machten Luftsprünge, Kapriolen und Purzelbäume und schrien: »Hoch der Oberhauptmann! Hoch, hoch der große Überhauptmann!«

Daraufhin hielt der ehrenwerte Veteran in seinem Schreiten inne, nahm den Hut ab, verbeugte sich nach allen Seiten und sprach:

»Danke, tausend Dank, meine Herren. Ich habe gesagt, daß ich mich nicht ergeben werde, auch wenn sich ganz Madrid ergibt!«

Die Schreie, das Kreischen – immer von Luftsprüngen und ausgelassenen Gesten begleitet – schwollen zu großem Lärm an.

»Ihr seid doch alle große Patrioten, nicht wahr?« fuhr mein Freund fort. »Nicht wie diese Feiglinge, die sich durch Annehmlichkeiten verweichlichen lassen. Ich sehe, daß die Jugend mehr wert ist als das reife Alter. Ich möchte euch an meiner Seite haben, ihr tapferen Spanier, um unseren geliebten Monarchen zu verteidigen.«

Der darauf einsetzende Tumult der Bengel spottete aller Beschreibung. Man konnte den Eindruck gewinnen, daß sich hier in Madrid eine ganze Generation von kleinen Schelmen ein Stelldichein gab. Da wurde mit den Händen geklatscht, gesungen, gekreischt, Rad geschlagen, man traktierte sich gegenseitig mit Kopfnüssen und Fußtritten und trieb Schabernack mit dem hehren Vaterlandsverteidiger, der sich, so eingekreist, längere Zeit nicht mehr von der Stelle rühren konnte.

»So viele Beweise der Anerkennung«, brachte er schließlich heraus, »rühren mich sehr, und ich ersehe daraus, daß meine Haltung in Madrid gutgeheißen wird. Dennoch muß ich darauf hinweisen, daß die Pflichterfüllung nicht so viel Aufheben verdient, denn das sollte nur ungewöhnlichen Heldentaten vorbehalten sein. Meine Pflicht ist es, diesen Ort zu verteidigen – und das werde ich tun! Also, nun genug der Begeisterungsbezeugungen!«

Von dieser Schar eine Befolgung dieser Aufforderung zu erwarten, war natürlich weltfremd, so daß einer der Führer den Befehl geben mußte, sie hinauszuwerfen – und auch dann kostete es noch Mühen, Don Santiago von seinen johlenden Anhängern zu befreien. Der Oberst befahl zusätzlich, daß alle nichtmilitärischen Personen den Verteidigungsbereich zu verlassen hatten, was ebenfalls nicht ohne Widerstand der Frauen durchzusetzen war. So mußte sich denn auch Doña Gregoria tief betrübt und weinend auf den Heimweg machen, nachdem sie mir eingeschärft hatte, ihren Gatten ja nicht aus den Augen zu lassen.

Ich weiß nicht, ob ich schon erwähnt habe, daß kurz zuvor Don Tomás de Morla zu Pferd auf seinem Weg nach Chamartín, wo der Korse sein Hauptquartier aufgeschlagen hatte, durch Los Pozos gekommen war. Seine Unterredung mit dem Kaiser dauerte sehr lange, so daß es schon spät war, als er zurückkehrte, und sein entmutigtes und blasses Gesicht ließ erkennen, daß er Schlangen und Kröten hatte schlucken müssen. Dieser Gigant mit dem Herzen eines Kindes war von Napoleon wie ein Schuljunge behandelt worden. Später erfuhr man, daß der Korse herausfand, daß Morla zugelassen hatte, daß die Kapitulation von Bailén nicht ausgeführt worden war, und daß er daraufhin drohte, ihn und seine Truppen erschießen zu lassen, wenn sich die Bevölkerung von Madrid nicht bis sechs Uhr am folgenden Morgen ergeben haben sollte.

Der Nachmittag und Abend vergingen ohne nennenswerte militärische Aktionen. Die Franzosen nahmen ihre Stellungen ein, ohne Schüsse abzufeuern, und wir, in der Gewißheit, daß alles zu Ende war, verhielten uns auch ruhig und abwartend. Nur in der Innenstadt gärte es weiter. Wie ich hörte, hatten sich viele Leute – bestimmt nicht die Besonnensten – an der Puerta del Sol vor dem Postgebäude versammelt, wo sich die Junta aufhielt.

Erschöpft legte sich der große *Pujitos* neben mich auf den Boden und sagte zu mir:

»Das, was jetzt gekommen ist, habe ich vorausgesehen. Habe ich dir nicht gesagt, daß die Verräter uns an die Franzosen verkaufen werden?«

»Mehr als dem Verrat«, sagte ich niedergeschlagen, »müssen wir dieses Unglück dem Mangel an Mitteln für die Verteidigung zuschreiben.«

»Was?« schrie der Held wütend. »Mangel – daß ich nicht lache! Wir hatten doch so viele Freiwillige und Wehrpflichtige! Aber, mein Lieber, gegen Verrat ist kein Kraut gewachsen. Da war doch vor kurzem erst dieser hinterhältige, undurchsichtige Santorcaz hier. Ich bin ihm nicht an die Kehle gegangen, weil ich die Lage nicht noch verschlimmern wollte, aber ...«

Und er ließ sich in einen Schwall von Ausrottungsprojekten gegen die Feinde des Vaterlands aus.

»Warum kam denn dieser heimtückische Scharlatan überhaupt her?«

»Um *dich* zu suchen, mein Junge. Weißt du, daß du dich vor dem sehr vorsehen mußt? Als wir ihm sagten, daß du nicht hier seist, stampfte er vor Zorn auf den Boden und knirschte mit den Zähnen. Er kam in Begleitung des *Majoma, Tres Pesetas* und anderen Gaunern, die jetzt Oberwasser spüren und sich einem gewissen Román angeschlossen haben, der Diener in einem reichen Hause war. Auch der war in der Gruppe, und als er hörte, daß du nicht hier seist, und sah, wie wütend Santorcaz mit dem Fuß auf den Boden stampfte, sprach er zu ihm: ›Aber heute nacht wird er uns nicht entwischen!‹ Stell dir das mal vor! Das ist doch eine gefährliche Bande, Gabriel. Ich sagte doch, die haben sich mit Haut und Seele den Franzosen verkauft. Jetzt muß man vor denen noch wie vor der Krätze fliehen, denn sie maßen sich die Rolle der Polizei an und nehmen Leute fest, die sie nicht mögen.«

»*Mich* werden die nicht mitnehmen«, meinte ich, »jedenfalls nicht, solange ich Soldat bin. Nach der Übergabe werde ich Mittel und Wege finden müssen, ihnen zu entwischen, obwohl ich überhaupt nicht weiß, was diese Señores mir denn vorzuwerfen haben.«

»Ich sagte doch, daß die schlimmer als Judas sind und jetzt

mit den Franzosen gemeinsame Sache machen. Die werden wohl die, auf die sie ein Auge geworfen haben, mit Stöcken traktieren oder noch schlimmer behandeln.«

Ich antwortete meinem Freund *Pujitos*, daß in dem, was er da sagte, viel Wahres stecke. Möge Gott uns nicht der Gewalt solcher Schurken aussetzen. Und wenn wir nicht mehr in Madrid leben könnten, so müßten wir eben die Stadt verlassen und dahin gehen, wo wir kämpfen könnten, ohne uns den Franzosen ergeben zu müssen.

Unser Held erhob sich, legte die Hand an die Brust, rief Worte der vaterländischen Begeisterung aus und trennte sich dann von mir.

Als der Abend hereingebrochen war, erhielten die regulären Soldaten in Los Pozos den Befehl, sich in ihre Quartiere zurückzuziehen, und gleich darauf sprach die Junta auch offiziell die Kapitulation aus. Da der Marquis de Castelar dieser Schmach nicht beiwohnen und seine Liniensoldaten nicht übergeben wollte, schmiedete er den Plan, mit ihnen zu fliehen, was ihm auch um Mitternacht an der Puerta de Segovia gelang. Welche Hoffnung blieb aber uns Zivilisten unter Waffen? Damit die Übergabe ehrenvoll erfolgte, mußte die Diplomatie eine Anstrengung unternehmen.

Ich erzählte dem Oberhauptmann, was sich da zutrug, in der Hoffnung, daß er nun endlich aufgeben und nach Hause gehen würde, wie es auch andere arme Veteranen einsichtsvoll vorgemacht hatten. Er erwiderte barsch, daß eine von der Junta beschlossene Kapitulation einfach nicht möglich sei. Aber zu meiner Überraschung fügte er dann hinzu:

»Ich muß nach Hause gehen, Gabriel. Kommst du mit?«

»Sofort«, beeilte ich mich zu antworten.

Wir baten den Kommandeur unserer Freiwilligeneinheit um Erlaubnis, die er uns sogleich erteilte. Es war schon recht spät am Abend.

20

Bald erreichten wir unser Haus in der Calle de Barquillo.
Mein Freund öffnete die Haustür mit dem Schlüssel, den er
bei sich hatte. Wir gingen hinauf, er öffnete die Wohnungstür
mit einem anderen Schlüssel, und wir befanden uns wieder in
dem Wohnzimmer, in dem ich schon so oft mit den Nachbarn
diskutiert hatte. An der gegenüberliegenden Wand, wo seit
undenklichen Zeiten schon seine bewußte Lanze gestanden
hatte, war eine Art Altar aufgestellt mit zwei Kerzen und Bildern der heiligen Jungfrau der Schmerzen, des heiligen Antonius und anderer Heiliger darauf, die man von den Wänden
abgenommen hatte. Einige Bänder und Schleifen dienten als
Ersatz für Blumenschmuck dieses improvisierten Taberna-
kels, ebenso wie einige Ziergefäße und dergleichen. Davor
stand der Ledersessel, und darin saß Doña Gregoria in tiefem
Schlaf. Der armen alten Dame, welche die Müdigkeit überwältigt hatte, war der Kopf auf die Brust gefallen. Das Gesicht
war noch tränenfeucht, und ihre gefalteten Hände zeigten an,
daß der Schlaf in einem inbrünstigen Gebet über sie gekommen war.

Ihr Gatte blieb wie gebannt stehen, als er sie da sah, und
flüsterte mir zu:

»Gabriel, wir dürfen sie nicht aufwecken. Es ist besser für
die Arme, wenn sie weiterschläft.«

Nachdem er eine alte Kommode in einer Ecke erreicht
hatte, flüsterte er wieder:

»Hier, in der dritten Schublade, ist mein Testament. Darin
ist über meine Ersparnisse verfügt, mit denen meine Frau den
Rest ihres Lebens fristen kann, der auch nicht mehr lange sein
wird. Ich werde noch letzte Worte dazuschreiben. Keine
Widerrede!«

Er setzte sich an den Tisch und schrieb mit einer schlecht
gestutzten Gänsefeder zwei Dutzend unregelmäßiger Zeilen
auf ein Blatt Papier.

»Hiermit bestimme ich«, bemerkte er dazu und schaute
von dem Papier auf, »daß die Messen für mich in der Kirche

von San Marcos abgehalten werden, wo Don Pedro Velarde[56], dieser Tapfere der Tapferen, begraben ist. Was meine sterblichen Überreste angeht, so verfüge ich nichts darüber, denn ich weiß ja nicht, wo sie zu Boden fallen werden.«

»Haben Sie denn immer noch diese fixe Idee?« fragte ich laut, in der Hoffnung, daß Doña Gregoria aufwachen würde und so noch einmal versuchen könnte, ihn umzustimmen.

»Wenn du noch einmal so laut redest, werde ich dich erwürgen«, zischte er, »denn ich will auf keinen Fall, daß sie aus ihren barmherzigen Träumen gerissen wird, um wieder in die harte Wirklichkeit versetzt zu werden. Hier in die erste Schublade lege ich meine letzten Anweisungen.«

Er stand auf und ging auf Zehenspitzen zu seiner Frau, betrachtete sie geraume Zeit lang, blaß und aufgewühlt. Dann führte er mich zur anschließenden Schlafkammer, setzte sich auf das Bett, von dem aus man durch die Türöffnung das von den Altarkerzen beleuchtete Gesicht seiner Frau sehen konnte und sprach zu mir:

»Wenn etwas meinen Entschluß noch abschwächen könnte, dann wäre es der Anblick dieser unschuldigen Frau, die ich zur Witwe machen werde. Ich muß dir gestehen, daß mir bei diesem Gedanken die Tränen in die Augen steigen, sich mein Herz zusammenkrampft, und der Gedanke aufkommt, meinen Stolz zu begraben. Siehst du sie von hier aus? Es kommt mir so vor, als sei es erst gestern gewesen, daß wir heirateten, und nicht vor fünfundvierzig Jahren. Ich stelle sie mir immer noch mit der gleichen himmlischen Figur vor, die sie vor langer Zeit hatte, als ich an ihr Fenstergitter trat mit Birnen oder ein paar Butterkuchen in einem zusammengeknoteten Tuch. In all diesen Jahren hat sie mich nie ernstlich erzürnt. Wir haben wie die Tauben zusammengelebt und uns auch noch zuletzt wie am ersten Tag geliebt. Siehst du von hier ihr schönes Gesicht, verklärt trotz ihrer Traurigkeit? Ich sehe sie jetzt im Geiste wieder mit ihren Goldhaaren, mit ihrem Mund so rot wie ein Granatapfel, mit ihren sanften blauen Augen, bei deren Anblick man das Gefühl hatte, in den Himmel zu schauen. Ich sehe wieder ihre Elfenbeinhaut und ihre Alabasterkehle. Oh, mein Gott! So schön – und nun so unglücklich!«

Unter dem Eindruck dieser Worte sah ich sie so, wie er sie mir beschrieb – und nicht die Doña Gregoria von jetzt mit ihren weißen Haaren, ihrer runzligen Haut und den anderen Anzeichen des Alters. O wundersame Wirkung der Gedanken!

»Denk mal, Gabriel, seit wir uns vor etwa fünfzig Jahren zum ersten Male sahen, haben wir uns geliebt. Uns sehen und verlieben war eins, wie man es sich von den Liebenden von Teruel[57] erzählt. Unsere Verlobungszeit dauerte ein Jahrfünft, denn ich war ja mittellos, aber vom ersten Tage an hatten wir uns die Heirat versprochen. Seit dieser Zeit gab es keine Meinungsverschiedenheiten und keine Eifersucht zwischen uns, denn das Vertrauen war vom ersten Tage an unsere Grundlage. Alle beneideten mich. Ach, als wir dann heirateten, waren wir so glücklich, daß wir kein Kaiserreich dafür eingetauscht hätten! Und seitdem, mein Sohn, ist dieses Glück geblieben. Ach! Mir zerreißt es das Herz, wenn ich daran denke, daß sie sich von heute morgen an allein in dieses Bett legen muß, das wir fünfundvierzig Jahre miteinander geteilt haben!«

Dabei drückte sich der Oberhauptmann das Taschentuch an die Augen.

»Also, mein Freund«, bemerkte ich dazu, »ich weiß wirklich nicht, ob ich nun lächeln oder zornig werden soll, wenn ich Sie so reden höre. Sind Sie denn wirklich verrückt geworden?«

»Du verstehst mich nicht«, erwiderte er, »weil du recht unwissend und egoistisch bist. Weißt du denn nicht, was das bedeutet, wenn jemand seine Pflicht erfüllen muß? Weißt du überhaupt, was Ehre bedeutet – und erst recht die Ehre des Vaterlandes, die mehr als die eigene ist? Hör mir gut zu: Wenn ich auch großen Kummer verspüre bei dem Gedanken, daß meine Gregoria hinfort als Witwe leben muß, so bereitet es mir noch viel mehr Schmerz, daran denken zu müssen, daß die Hauptstadt Spaniens sich den Franzosen ergibt. Das ist schrecklich, für mich nicht vorstellbar, und ich würde tausend Leben geben und alle Leiden auf mich nehmen, um das zu verhindern. Spanien von Frankreich besiegt! Spanien von

Napoleon unterjocht! Darüber kann man wirklich verrückt werden. Und Madrid, Madrid, die Perle aller spanischen Länder in der Hand dieses Ungeheuers! Eine Nation, die alle anderen Nationen – und besonders Frankreich – unter ihrem Stiefel gehabt hat, die früher in Europa tonangebend war, die soll sich jetzt so mir nichts dir nichts ergeben? Das kann ich nicht fassen. Diese Nation hat doch die Mauren aus ihrem Land geworfen, Amerika erobert, weise Gesetze geschaffen, die ersten Kirchen und Klöster gebaut, ihr Reich über die ganze Welt ausgedehnt, Monarchen gedemütigt und Throne gestürzt – und diese Nation soll sich nun einem lügnerischen, aus dem Nichts aufgetauchten, anmaßenden kleinen Kaiser unterwerfen? Madrid ist doch nicht mehr Madrid, wenn es kapituliert! Man komme mir nicht damit, daß es unmöglich sei, sich gegen eine solche Übermacht zu verteidigen. Wenn das nicht möglich ist, dann müssen die Einwohner von Madrid eben bis zum Tode hinter ihren festen Mauern kämpfen und im letzten Augenblick die Stadt anzünden, wie es schon oft in der Geschichte geschehen ist. Oh – alle meine Kameraden haben sich als feige entpuppt. Spanien ist entehrt. Gibt es denn hier niemanden mehr, der zu sterben weiß? Ziehen denn alle das Leben in Schmach der Ehre vor?«

»Aber wenn man nicht siegen kann«, meinte ich, »dann ist es vermessen, noch weiter zu kämpfen. Besser ist es doch, am Leben zu bleiben, und dieses dann bei einer günstigeren Gelegenheit einzusetzen.«

»Einfältiges Geschwätz! Die Ehre gebietet dem Volk von Madrid, lieber zu sterben, als sich zu ergeben. Und wir in Los Pozos haben die Pflicht, hier zu sterben, anstatt zu kapitulieren!«

»Ich glaube nicht, daß die anderen dazu bereit sind.«

»Aber ich bin es, denn mein Gewissen, das die Stimme Gottes ist, befiehlt es mir. Das Pozos-Tor mag sich ergeben. Der Bringas-Garten aber steht unter meinem Befehl, und wer da eindringen will, wird das nur über meine Leiche können.«

»Verrückte und geradezu lächerliche Tollkühnheit!«

»So sieht es für die aus, die kein Gefühl für die Ehre des Vaterlandes haben und die nur ihre eigene kleine Existenz und nicht über ihren täglichen Brotkorb hinaus sehen können.«

»Sich auf diese Weise dem Tode auszusetzen ist doch Selbstmord, und Selbstmord ist eine große Sünde!«

»Das ist kein Selbstmord – nein! Das eherne Gesetz des Vaterlandes hat mich auf einen Posten gestellt, den ich verteidigen muß, und wenn es mein Leben kostet. Es werden übermächtige Feindtruppen kommen? Na sollen sie doch! Das Vaterland verlangt von mir, bis dahin ruhig abzuwarten, und verbietet es mir, diesen Ort aufzugeben. Sind die Märtyrer nicht für die Religion gestorben? Das Vaterland ist eine zweite Religion, und der Mensch soll eher sterben, als deren Gesetz verletzen. Was ist der Tod denn schon? Die Dummen fürchten sich vor dem Tode, weil er ihnen die niederen Freuden wegnimmt. Das sind doch Kleinigkeiten. Sind die Freuden der Ewigkeit denn nicht unvergleichlich schöner? Wenn ich meine Gattin da so sehe, tut es mir wirklich abgrundtief leid, sie zu verlassen, aber ich weiß, daß ich sie ja nur eine gewisse Zeit nicht sehen werde und daß ihre Tugenden sie dahin bringen werden, wo ich sie immer und ewig vor Augen habe. Wenn ich davon nicht überzeugt wäre, würde mir wohl sogar der Himmel nicht so richtig gefallen. Was bedeuten schon Qualen des Todes, wenn sie uns den Himmel öffnen. Und Sterben für das Vaterland – nicht für irgendeinen Ehrgeiz oder eine Eroberung, sondern für eine reine Idee – ist süß. Das hebt uns auf die Stufe der Heiligen und bringt uns zu Gott.«

Er versank in Schweigen. Auch ich sagte kein Wort, denn ich war beeindruckt von diesen erhabenen Worten.

Nach längerer Zeit des stummen Sinnens gingen wir zurück ins Wohnzimmer. Er trat ganz vorsichtig auf Doña Gregoria zu und gab ihr viele angedeutete Küsse, die aber kaum ihre faltige Haut berührten, denn er wollte sie nicht aufwecken.

Er wischte sich die Tränen ab, schaute sich noch einmal im Zimmer um und sagte mir mit ernster und gefaßter Stimme:

»Nun laß uns gehen, Gabriel.«

21.

Er verschloß sich allen Vernunftgründen. Meine Worte waren in die Wüste gepredigt. Ich nahm mir vor, nun nicht mehr zu versuchen, ihn umzustimmen, aber nach einem Weg zu suchen, um ein Unglück zu verhindern. Da wir uns längere Zeit im Haus aufgehalten hatten, begann der Morgen schon zu dämmern, als wir es verließen. Wir trafen mehr Leute auf den Straßen an, als man zu solch früher Stunde erwarten konnte, so daß wir uns ein wenig umsahen, bevor wir nach Los Pozos zurückkehrten. Es wird so gegen sechs Uhr morgens gewesen sein, als wir die Calle de Fuencarral betraten. Es war die für die Kapitulation festgesetzte Zeit, und so hielten sich hier zahlreiche Menschengruppen auf, einige mit Waffen, andere ohne, aber alle in großer Aufregung befangen. Einige schimpften laut über die Kapitulation und belegten Morla, die Junta und Castelar mit allerlei abträglichen Namen. Andere verfluchten Napoleon, bis sie heiser waren. Viele machten ihre Waffen unbrauchbar und warfen sie in die Gosse. Es fehlte auch nicht an Männern, die ihre Munition in die Luft verschossen, wodurch die allgemeine Unruhe noch wuchs. Schließlich tauchten am Marienbogen einige Mönche auf, die versuchten, die Menge zu beruhigen.

»Gehen wir schnell auf unseren Posten«, meinte Don Santiago, »damit wir nicht noch überrascht werden.«

»Es ist doch noch nicht der festgesetzte Zeitpunkt«, erwiderte ich und versuchte, ihn aufzuhalten, damit er zu spät eintreffen würde.

»Das glaube ich nicht!« rief er aufgeregt und beschleunigte seine Schritte. »Wir müssen laufen, damit wir noch ankommen, bevor sie Los Pozos übergeben! Es war nicht richtig, unseren Posten wegen einer solchen Gefühlsduselei zu verlassen. Wer weiß, was die da machen werden, wenn ich nicht dabei bin. Auch wenn sich Madrid, Los Pozos, ja sogar der Bringas-Garten ergibt – der Oberhauptmann nicht!«

Wir begannen zu laufen, als ich plötzlich von einem Mann

angehalten wurde, der aus der Gegenrichtung kam. Es war *Pujitos.*

»Gabriel«, rief er keuchend, »lauf zurück! Gehe ja nicht nach Los Pozos. Fliehe, so schnell du kannst!«

»Warum denn? Was ist denn los?« fragte Don Santiago in höchster Erregung. »Ist etwa Napoleon persönlich gekommen?«

»Weder Napoleon noch der Erzengel!« schrie Pujitos und versuchte, mich aufzuhalten. »Lauf ja schnell weg, denn wenn du dorthin gehst, werden sie dich festnehmen. Eben haben sie nach dir gesucht.«

»Wer denn?«

»Na, wer schon – Don Luis Santorcaz, dieser Román und die drei oder vier Halunken, die mit ihnen sind.«

»Aber weshalb suchen die mich denn?«

»Um dich festzunehmen.«

»Aber wie können die sich denn anmaßen, mich festnehmen zu wollen?« fragte ich voller Zorn. »Haben sie denn nicht gesagt, warum sie mich haben wollen? Was soll ich denn ausgefressen haben?«

»Sie sagen, wegen deines Verrats, und noch anderem Unsinn. Die sind gleich hier! Nimm die Beine in die Hand – und viel Glück!«

»Nun ist aber Schluß mit den Narrheiten!« rief da der Oberhauptmann. »Ich kann mich hier nicht länger aufhalten lassen, denn ich werde dort doch gebraucht!«

Er marschierte entschlossen weiter, ohne noch etwas zu sagen, und ließ mich mit Pujitos stehen, der mich weiter drängte, sofort wieder zurückzulaufen. Ich wollte seiner Aufforderung nicht gleich nachkommen, denn es schien mir unglaubhaft, daß sich Santorcaz und Román nun in Häscher verwandelt haben sollten, die mich für Handlungen einsperren wollten, an die ich nicht im Traume gedacht hätte. Schließlich konnte er mich aber doch dadurch überzeugen, daß er mir Vorfälle ins Gedächtnis rief, welche die Situation, die nach einer Rache aussah, vielleicht etwas erklären, wenn auch nicht rechtfertigen, konnten. Ich hielt es also für besser, dem Rat meines Waffenbruders zu folgen, der weder dumm noch unaufrichtig war, und lief so schnell ich konnte in Richtung Espíritu Santo.

In der Nähe der Calle Ancha ließ mich ein guter Geist auf den guten Don Salmón stoßen, der aus der Gegenrichtung kam, gefolgt von etlichen Leuten.

»Wo willst du denn hin, Gabriel?« rief er und hielt mich an.

»Ich fliehe vor infamen Feinden, die mich ohne stichhaltigen Grund verfolgen«, antwortete ich ihm nach Luft ringend.

»Wer nimmt sich denn so etwas heraus?« rief er empört aus.

»Perfide, ruchlose Personen, die Spione für die Franzosen gewesen sind und sich jetzt als Justizvollstrecker ausgeben.«

»Aber Vollstrecker welcher Justiz denn? Wer regiert uns denn noch? Das möchte ich wirklich wissen. Regiert uns noch die Bürgermeisterversammlung oder schon ein schnurrbärtiger französischer General im Namen Napoleons? Hat die Stadt denn schon kapituliert?«

»Ich weiß es auch nicht, Padre. Es ist aber gewiß, daß diese Männer mich suchen, um mich festzunehmen – ob nun mit offizieller Beauftragung oder nicht. Jedenfalls tun sie so, als ob sie dazu befugt seien. Verflucht sei der, der ihnen die Gelegenheit gibt, auf diese Weise persönliche Rache zu üben!«

»Ich werde mich mal erkundigen, wer das sein kann …«

»Nein, Pater. Ich möchte jetzt nichts mehr sehen als die Straße, die vor mir liegt, denn ich kenne die Art von Leuten, in deren Hände ich fallen könnte.«

»Bei der heiligen Jungfrau, niemand wird dir ein Haar krümmen – jedenfalls solange du bei mir bist! He, Leute!« fügte Salmón zu den hinter ihm Stehenden gewandt hinzu, »ich gehe jetzt nach Hause. Der Pater Salmón vom Orden der Barmherzigen Brüder verabschiedet sich von euch. Ich bin jetzt nichts mehr, meine Kinder. Es gibt jetzt kein Paterchen Salmón mehr, keinen, der euch berät oder freundliche Worte sagt. Alles hat jetzt aufgehört. Spanien gehört nun den Franzosen. Aus für Predigtbrüder – wir müssen alle aufhören. Meine Kinder, macht keinen Unsinn, denn die Religion verteidigt man nicht mit unbesonnenen Taten! … Weint nicht, und fügt euch. Ich muß mich von euch verabschieden, denn sie werden euch jetzt zu Ketzern machen wollen, und da sind wir nicht mehr gewünscht. Ich segne euch. Vorsicht, Vorsicht mit den kleinen Sünden! Und du mein junger unglücklicher Freund, halte dich an mich. Denn solange ich ein wenig Einfluß habe, wird man dir in meiner Gegenwart nichts tun. Komm mit ins Kloster. Dort werden wir sehen, wie wir dich retten können.«

Als wir uns dann in Richtung der Calle Ancha in Bewegung setzten, hörten wir hinter uns begeisterte Männer- und Frauenstimmen rufen: »Hoch der Pater Salmón! Tod dem Korsen! Tod dem Dreispitz!«

»In meinem Kloster bist du sicher«, tröstete mich der barmherzige Bruder, »bis du Madrid verlassen kannst. Das willst du doch wohl?«

»Ja, denn ich kann doch nicht mehr hierbleiben.«

»Daran tust du recht. Einige meiner Freunde beabsichtigen auch, die Stadt zu verlassen, um die Bevölkerung der Dörfer zum Widerstand anzufeuern. Ich werde nicht aus Madrid hinausgehen, denn ich halte die Arbeit und die Entbehrungen einer Missionstätigkeit nicht aus. Ich bleibe hier – was auch kommen mag. Wenn auch manche erzählen, daß der Dreispitz-Kaiser uns vertreiben will, so glaube ich doch, daß das Lügen sind. Ich weiß, daß Abgesandte des Kaisers durch Madrid gehen, um zum Gehorsam gegenüber Napoleon und zur Zusammenarbeit mit ihm aufzurufen, weil sie uns dann auch nicht schlecht behandeln wollen. Da müssen wir uns eben nach der Decke strecken. Solange man uns unser Leben fristen läßt, halte ich aus – und sei es unter dem Türken.«

Ich war zu sehr in meinen verzweifelten Gedanken versunken, als daß ich ihm hätte antworten können, aber das störte ihn nicht in seiner Rede, die er den ganzen Weg über fortsetzte, auf dem nichts Bemerkenswertes mehr geschah.

»So, nun sind wir angekommen«, sagte er, als wir ins Kloster traten. »Komm mit rauf und koste von den Resten des gestrigen Mahls, die der Bruder Koch mir aufgehoben hat. Er ist ein Meister der Reisgerichte. Ich allerdings habe den Zusatz von Muscheln und Kaneel in der valenzianischen Paella erfunden!«

Wir traten in seine Zelle ein, wo er mich kurze Zeit allein ließ und dann mit einem Töpfchen unter dem Umhang zurückkam. Aus einem Wandschrank holte er eine Flasche Wein und einen Korb voller Brotscheiben, Feigen, Oliven, Nüssen, Würsten, Käse, Datteln und anderen Köstlichkeiten, die mir nach meinen Entbehrungen wie ein königliches Frühstück vorkamen.

»Diese Zelle, in der wir uns befinden«, erklärte er mir, während wir aßen, »wurde vor fast zweihundert Jahren, etwa um sechzehnhundertzwanzig von dem berühmten Barmherzigen Bruder Gabriel Téllez bewohnt, der allgemein als Meister Tirso de Molina[58] bekannt ist. Es heißt, daß er hier – und vielleicht an diesem Tisch – seine berühmte Chronik des Ordens schrieb. Komödien, wie vorher, wird er wohl nicht mehr geschrieben haben, nachdem er Mönch geworden war.«

»Haben Euer Hochwürden denn nicht auch Komödien geschrieben?« fragte ich ihn.

»Ja, ich gebe zu, daß ich das tat. Sie verschimmeln hier in diesem Wandschrank, denn ich habe nie versucht, sie aufführen zu lassen, weil unser Prior das verbietet – obwohl es alles fromme Lustspiele sind. Das eine erscheint mir gar nicht schlecht.

Es heißt ›Das heilige Kind der Wache‹. Pfiff hat auch ein anderes mit dem Titel ›Die Kirchentutorin und Doktorin der Jurisprudenz‹. Sie sind alle in Sonetten geschrieben, mit sogenannten königlichen Septimen dazwischen. Ich war damals so von dem Drang gepackt worden, daß ich zwei in einer Woche schrieb, und wenn man es mir nicht verboten hätte, so würde ich wohl den Rekord von Bustamante geschlagen haben, der dreihundertneunundzwanzig Komödien über Heilige schrieb.«

»Und womit beschäftigt sich denn Euer Hochwürden jetzt?«

»Weißt du denn nicht, daß ich der beste Grillenkäfigmacher von Madrid bin? Ja, ich baue Grillenkäfige. Ich brauche nicht lange für einen. Schau mal, hier habe ich schon wieder einige. Da ist auch einer mit drei Etagen und zwei sehr schönen Türmen mit einer imitierten Uhr. Der ist für die Konstantinopel-Nonnen. Der andere hier, der runde, den muß ich noch für die Barfüßigen Kameliterinnen fertigmachen, die schon seit einem Monat drängeln.«

Tatsächlich standen in einer Ecke der Zelle fertige und unfertige Grillenkäfige aus den verschiedenartigsten Materialien sowie die dazu erforderlichen Werkzeuge. Was Bücher betraf, so sah ich nur die Bände und Druckschriften, die er vor Tagen von der Gräfin Amaranta mitgenommen hatte.

»Ich bin ein Mensch, der immer etwas mit den Händen zu tun haben muß«, fuhr der Pater fort. »Andere in diesem Kloster sind nicht so. Die kümmern sich einfach um nichts, obwohl es viele Handarbeiten zu erledigen gibt. Pater Castillo zum Beispiel liest Tag und Nacht ein Meer von Büchern und anderen Schriften.«

»Das leuchtet mir ein, Pater«, meinte ich, »denn wenn keine Seelen zu retten sind, sollten die Mönche wohl einer nützlichen Tätigkeit nachgehen.«

»Es gibt aber etliche, die machen außer Wurfscheibenspielen im Garten oder einem Kartenspiel an einem sonnigen Plätzchen absolut nichts. Dann gibt es wieder andere wie Pater Rubio in der Zelle nebenan: Der verbringt sein Leben mit dem Ausdenken von Rätseln, die er an Nonnen schickt, damit diese sie lösen. Er setzt Preise und Strafen aus, die immer aus Eßbarem bestehen. Dann ist da der Pater Pacho, der schöne Sachen strickt, aber so etwas würde mir nicht gefallen, weil das Frauenarbeiten sind. Ich habe jedenfalls einiges in der Kunst des Grillenkäfigbauens geleistet, wofür man mir Anerkennung zollt. Aber ich beschäftige mich auch ein wenig mit der Medizin.«

Bei diesem Gespräch wurde ich langsam müde. Mein geistlicher Freund bat seinen Prior um die Erlaubnis, mich diesen Tag und die kommende Nacht beherbergen zu dürfen, um mich vor Verfolgung zu schützen. So führte er mich zu einer leeren Zelle, auf deren Bett ich sofort einschlief und erst am folgenden Tag aufwachte.

22.

Als ich das von Pater Salmón gebrachte Frühstück gegessen hatte, gingen wir zum oberen Kreuzgang hinaus, wo mein geistlicher Freund mir sagte: »Es gibt große Neuigkeiten. Gestern gegen zehn Uhr wurde die Stadt nach Unterzeichnung der Kapitulation[59] durch den Kaiser Napoleon in seinem Hauptquartier in Chamartín[60] übergeben.«

»Hat sich etwas in Los Pozos ereignet?« fragte ich, denn ich dachte mit Beklemmung an den Oberhauptmann.

»Ich glaube, das war die einzige Stelle, wo es etwas Widerstand gegeben hat, denn alle anderen Befestigungen wurden ohne Schwierigkeiten von den Leuten des Generals Belliard[61], der zum Gouverneur der Stadt ernannt worden ist, eingenommen.«

Ein kleiner alter, finster blickender Mönch, der sich auf einen Stock stützte und krank zu sein schien, trat auf Pater Salmón zu und fragte ihn:

»Kennt Ihr die Bedingungen der Übergabe, Pater Salmón?«

»Nein, Bruder Palomeque, ich kenne sie nicht, aber ich glaube, Bruder Agustín del Niño Jesús, der eben gekommen ist, hat eine Kopie, die ihm die Junta gab.«

»Was für ein Auflauf hier im Kreuzgang!« sagte ein junger Mönch mit Milchbart, dickem Hals, rötlicher Nase und recht einnehmendem Wesen, der sich uns zugesellte.

»Letzte Nacht hat man mir eine von den sechs Hennen gestohlen, die ich im Pferch hatte!« fauchte Bruder Palomeque und stampfte mit seinem Stock auf den Boden. »Ich habe da so einen Verdacht, daß es einer unserer Mitbrüder war. Der sollte sich in seinem heiligen Gewande schämen. Er wird mir dafür zahlen!«

»*Oh curas hominum! Oh quantum est in rebus inane! Oh cupidinitas gallinacea!** Und dieser Lärm um eine zähe Henne, deren Brühe man mit Taufwasser verwechseln könnte!«

---

* Ach, Geistliche sind auch nur Menschen! Was gibt es doch für dumme Streiche! Wie es manchem doch nach Hühnerfleisch gelüstet!

»Das ist nicht zum Scherzen. Wenn sie auch zäh gewesen sein sollte, ich habe sie jedenfalls nicht für jeden Hergelaufenen gefüttert!« rief Bruder Palomeque aus. »Ich möchte aber wissen, zu welchen Bedingungen diese vermaledeite Kapitulation erfolgt ist. Aber hier kommt ja Bruder Agustín del Niño Jesús!«

Tatsächlich näherte sich uns gemessenen Schrittes besagter ›Bruder Augustin vom Jesuskind‹, ein sehr hochgewachsener Mönch mit dunklen Kopfhaaren, behaarter Brust, flammenden Augen, aber einer überraschend hohen Stimme, die aus einer anderen Kehle zu kommen schien. Ihm folgten zwei andere Mönche.

»Jetzt werden wir es ja erfahren, Bruder Musikus«, meinte der Milchbartmönch. »Was steht denn nun in den Kapitulationsbedingungen?«

»Ich werde sie euch gleich erklären, wie Agrages sagte«, war die Antwort des Paters Agustín. »Ich glaube, Napoleon hat alle Artikel angenommen, außer zwei oder drei der unwichtigeren.«

»Der erste«, sprach Salmón, »bezieht sich doch darauf, daß die katholische Religion erhalten bleibt und keine andere eingesetzt wird.«

»Das stimmt«, erwiderte der Bruder Agustín und schwenkte ein Blatt Papier. »Und der zweite handelt von der Freiheit und Sicherheit von Leben und Eigentum der Einwohner von Madrid sowie von Leben und Eigentum der Geistlichen und Laienbrüder beider Geschlechter, von der Wahrung der Ehrerbietung vor Kirchen und anderen geweihten Stätten im Rahmen unserer Gesetze.«

»Die Frage ist nur, ob sie das auch wirklich einhalten werden«, meinte Palomeque, »aber fahrt fort.«

»Warum soll er uns hier noch mehr vorlesen, denn das andere ist doch nicht von so großem Interesse für uns. Es wird sich nur darum handeln, ob die Truppen mit allen Ehren von Madrid abziehen können oder nicht«, meinte ein anderer Mönch.

»Das ist richtig«, entgegnete Bruder Agustín. »Und dann ist da noch ein Artikel, der besagt, daß niemand wegen gesprochener oder geschriebener politischer Meinungen verfolgt werden darf.«

»Das ist aber schlecht ausgedacht und noch schlechter formuliert«, sagte ein weiterer der umstehenden Mönche. Es war der Pater Rubio, der so gern Rätsel verfaßte. »Da werden wir ja von den Freimaurern und den Gazettenschreiberlingen nicht erlöst.«

Da wandte sich das Milchbartmönchlein, das nichts weniger war als ein Magister der Theologie an Pater Salmón:

»Würde Euer Hochwürden heute nachmittag nach der Siesta eine Barras-Spielrunde[62] mit mir wagen?«

»Warum sollte ich das nicht wagen?« antwortete dieser. »Und du, Gabriel, kannst du dieses Spiel auch?«

»Ist denn dieser Jüngling«, fragte der gelehrte Mönch wohlwollend, »der ausgezeichnete Lateiner, von dem Euer Hochwürden mir erzählt hat?«

»Derselbe wie er liebt und lebt. Ihr könnt Euch ja selbst überzeugen.«

»Ich wiederholte nochmals, daß ich kein Wort Latein kenne und daß mein Ruf solcher Sprachkenntnisse auf einem Irrtum beruhe.

»*Modestus est**«, meinte der Theologe. »Da Sie ein so großer Lateiner sind, können Sie mir doch wohl sagen, was *Vino a lo que vino* bedeutet?«

»Das ist doch aber nicht lateinisch, sondern spanisch«, meinte Pater Salmón.

»Oh«, rief der andere aus, »die beiden Sprachen ähneln sich hier. Das ist doch so lateinisch wie *Arma virumque. Vino a lo que vino* oder, was das gleiche ist, *vi no aloque vino*, was wörtlich übersetzt heißt: Ich schwimme aus Leibeskräften und ernähre mich von Wein.«

»Dieser Bruder Jacinto de los Traspasos de María ist doch eine Quelle des Wissens«, meinte Pater Salmón dazu. »Gabriel, du bist gefordert.«

»Und sagen Sie mir doch«, fuhr der andere fort, »was das heißt: *Archiepiscopie toletani onerati sunt mulieribus.*«

* Bescheiden ist er (Anm. d. Übers.)

»Das ist doch klarer als Quellwasser, mein lieber Don Theologe«, entgegnete Pater Salmón. »Das ist doch eine Blasphemie, aber ich werde es trotzdem übersetzen: Die Erzbischöfe von Toledo sind mit Frauen belastet.«

»Was für ein Unsinn! Da habe ich Euch doch wieder reingelegt«, triumphierte der Bruder Jacinto. »*Archiepiscopi*, das hier wie ein Nominativ Plural erscheint, ist aber ein Genitiv Singular. Aus dem Wort *mulieribus* muß man zwei machen, nämlich *muli æribus*. Das ergibt dann: Die Maultiere des Erzbischofs von Toledo sind mit Reichtümern beladen. Ha, ha! Was heißt denn *comes caracoles?*«

»Mir ist jetzt nicht nach Kopfzerbrechen zumute«, antwortete Pater Salmón. »Lassen wir das. In Latein sehe ich mich als geschlagen an, aber beim Barras-Spiel werde *ich* den Sieg davontragen.«

»Heute nachmittag nicht«, sagte Bruder Rubio, »denn Fray Jacinto hat mir versprochen, zu den Konstantinopel-Nonnen mitzukommen, die ihn gerne kennenlernen möchten.«

»Wo ist denn Pater Castillo?« wollte Palomeque wissen.

»In der Messe.«

»O *patres conscripti* (»Ihr eingeschriebenen Väter«, was aber auch bei den Römern ›Senatoren‹ hieß)!« rief ein anderer eilig hinzukommender Mönch. »Es gibt erstaunliche Neuigkeiten! Drei Räte des Landes Kastilien sind gekommen und halten eine Unterredung mit dem Prior ab.«

»Was wollen denn diese sogenannten Räte?«

»Soviel ich gehört habe, schickt sie Napoleon, damit alle geistlichen Orden eine Abordnung zu ihm in sein Hauptquartier in Chamartín schicken, um ihm unsere Ehrerbietung zu erweisen.«

»Da begeben wir uns doch lieber zum Teufel!«

»Was, Ehrerbietung gegenüber der Geißel der Völker, dem Feind der Religion, dem Kerkermeister unseres Königs? Nachdem er uns hintergangen und überfallen hat, sollen wir ihm also jetzt auch noch die Hand küssen!«

»Da sollen sich doch die Steine gegen Napoleon erheben, so daß er eines Tages noch mit seinem Bruder zu Fuß aus unserem Lande fliehen muß, ohne daß wir ihn mit Handküssen verabschieden.«

In diesem Augenblick erschien Pater Castillo, der seine Messe beendet hatte. Ich hatte diesen scharfsinnigen Predigermönch ja schon bei der Buchbesprechung im Hause der Gräfin Amaranta kennengelernt.

»Was hören wir da, Pater Castillo, es sind Räte des Landes Kastilien gekommen, um uns zu überreden, daß wir uns vor Napoleon demütigen?«

»Davon weiß ich nichts.«

»Ich bin entschlossen, Madrid zu verlassen und in der Provinz für die Fortführung des Krieges zu predigen«, sagte Bruder Rubio.

»Auch ich werde alles in Bewegung setzen, und wenn es die Steine sind!« stimmte das ›Jesuskind‹ mit ein.

»Ich werde mich von hier nicht fortbewegen«, meinte Pater Castillo.

»In diesem Hause halten mich die Statuten fest, und hier werde ich bleiben, bis man mich davonjagt. Unser Orden wurde zur Gefangenenhilfe gegründet, und nicht zum Predigen von Krieg oder Anwerben von Soldaten.«

»Das ist gut gesagt. Aber unser Orden wurde auch nicht gegründet, damit Kaiser auf ihm herumtrampeln oder Junten ihn anspucken.«

»Gott wird mit unserem Orden machen, was er für richtig hält«, entgegnete Pater Castillo. »In unserem Kloster sind wir besser aufgehoben als beim Herumstreifen in Bergen und Tälern, wo wir Menschen zum Töten auffordern. Deshalb sind wir nicht weniger vaterlandstreu. Die Gebete eines frommen Mönches für unsere Soldaten richten mehr aus als die zornigen und grausamen Predigten jener Fehlgeleiteten, die sich im geistlichen Gewand in den Krieg stürzen. Und sagt mir doch mal, Ihr gutes ›Jesuskind‹, seht Ihr es denn als lobenswert für einen Christenmenschen und Geistlichen an, sich so aufzuführen wie dieser Dominikaner, dessen Namen ich hier nicht nennen möchte und der die Menschen in flammenden Reden zum Töten der Franzosen aufhetzt? Nein, nichts, was gegen die Gesetze der Barmherzigkeit verstößt, darf uns von unserem normalen Leben abbringen.«

»Da kommt uns der Pater Castillo jetzt mit schöner Rhetorik«, warf ein anderer der Umstehenden ein. »Also sollen wir den Kopf neigen, um vom kaiserlichen Stiefel getreten zu werden?«

»Hat der Herr Bücherwurm und Pergamentenwälzer nicht gehört, daß Napoleon die Anzahl der Ordensgeistlichen auf ein Drittel verringern will? Das ist ja wirklich sehr erbaulich. Wird der Pater Castillo dem auch Beifall zollen? Und wir anderen neigen das Haupt und schweigen dazu, ja? O, wie entzückt ich bin! Wenn also ein hergelaufener Eroberer unseren Orden in Gefahr bringt, nehmen wir das also als wohlgetan hin!«

»Was, wir sollen auf ein Drittel verringert werden?« empörte sich Pater Salmón. »Was für eine Vorstellung! Das sind die Folgen dieses Philosophen-Geschwätzes und der aus Frankreich kommenden Freimaurerideen!«

»Ich werde mich nicht darüber streiten, ob es angebracht ist, die Anzahl von Klöstern zu reduzieren oder nicht«, sagte Pater Castillo. »Das ist eine heikle Frage, über die viel gesagt werden kann. Es steht doch aber fest, daß eine Reduzierung der Anzahl von Ordensgeistlichen und eine Beschränkung der Gründung von so vielen Orden gar nicht neu ist und schon Tausende von maßgebenden Republikanern beschäftigt hat. Wißt Ihr denn nicht, daß im vorigen Jahrhundert schon viel darüber gesprochen worden ist? Selbst zu Anfang des siebzehnten Jahrhunderts, als man noch nicht an Enzyklopädien, Revolutionen, Freimaurer oder die heutigen Philosophien dachte, sprachen sich ehrbare Persönlichkeiten – und unter ihnen sehr weise Spanier – in diesem Sinne aus. Man spottet darüber, daß ich nach alten Schriften suche. Seht doch aber, meine lieben Brüder, welch ein Zufall sich da ergibt! In diesen Tagen habe ich zwei von solchen gefunden, die genau zu diesem Thema passen.«

Dann ging er rasch in seine ganz in der Nähe liegende Zelle und kam gleich darauf mit zwei alten Bänden zurück, die er seinen Mitbrüdern zeigte.

»Hier sind sie«, sprach er. »Der eine Band besteht aus einer Denkschrift, die Bruder Luis de Miranda, berühmter Lektor des Ordens des Heiligen Franziskus, König Philipp dem Dritten in seinem Staatsrat überreichte und die sich auf ›den Ruin und die Zerstörung, welche die Republik und Monarchie Spaniens bedroht‹ bezieht. Die Ursachen legt er wie folgt dar:

›ERSTENS: Die vielen weltlichen Institutionen, die sich in geistliche verwandeln.

ZWEITENS: Die unzähligen Personen, die sich aus persönlichen Vorteilen zu Geistlichen erklären, ohne daß es dafür eine Rechtfertigung gibt, und dadurch der Religion schaden.‹

Dieses wurde in den ersten Jahren des siebzehnten Jahrhunderts geschrieben. Wenn dieses Übel damals schon groß war, so können Euer Hochwürden ja beurteilen, ob es jetzt nicht noch viel größer ist, wo ihm inzwischen ja kein Einhalt geboten wurde.

Das andere Buch trägt den Titel: ›Vortrag des Doktors Don Gutiérrez, Marquis de Careaga, in dem er aufzeigt, daß die Monarchie Spaniens durch die Veränderungen des geistlichen Standes, die Gründung von religiösen Gemeinschaften, Kapellanpfründe, Majoratsrechte und dergleichen zerstört wird.‹ Dies wurde im Jahre sechzehnhundertundzwanzig gedruckt. Also, meine lieben Brüder«, sprach der gute Castillo mit Überzeugung, »schon vor zweihundert Jahren gab es Persönlichkeiten, die darauf hinwiesen, daß wir zu stark zunahmen. Sollte sich doch jeder von uns einmal fragen, ob er wirklich hier auf dem richtigen Platze ist. Ihr, Pater Palomeque, seid doch hauptsächlich daran interessiert, daß Eure Hühner viel Eier legen. Wieviel Zeit verwendet Ihr, Pater Salmón, nicht auf die Fabrikation Eurer Grillenkäfige! Und Euer Geist, lieber Pater Rubio, ist doch hauptsächlich mit solchen Rätselchen angefüllt, wie Ihr sie gestern den Konstantinopel-Nonnen geschickt habt. Und Ihr, Bruder Agustín, lebt doch größtenteils für Euer Flötenspiel!«

So hielt er jedem seine überwiegend weltlichen Beschäftigungen in liebenswürdigem Ton vor, und wegen des hohen Ansehens, das er unter den meisten genoß, wagte niemand energisch dagegen zu protestieren. Damit zog sich Pater

Castillo zurück, worauf sich auch die spontane Versammlung auflöste. Fast alle schwänzelten um die Tür der Priorzelle herum, um zu erfahren, was es mit der geheimnisvollen Abordnung von Kastilienräten auf sich hatte. Als Pater Salmón mit mir in den Garten ging, sahen wir einen Alten, der inbrünstig ein Gebetbuch lesend im unteren Kreuzgang auf und ab schritt. Auf meine Frage an meinen geistlichen Freund, wer denn diese ehrwürdige Persönlichkeit sei, antwortete er mir:

Das ist der Pater Chaves, der frommste und in sich gekehrteste aller Mönche dieses Klosters. Er scheint mir aber etwas wunderlich zu sein, denn er tut weiter nichts als beten, heilige Bücher lesen und den Kranken im Kloster zu helfen. Seit vierzehn Jahren ist er schon nicht mehr auf die Straße hinausgegangen. Er nimmt nichts für sich selbst an, nur das, was er den Armen geben kann. Er ißt kaum. Den größten Teil der Mahlzeiten, die man ihm gibt, verteilt er an Lumpenpack, das an das Tor kommt. Er sagt, wenn er schon keinem Gefangenen helfen könne, so doch wenigstens denjenigen, die die schlimmste Sklaverei erleiden müssen, nämlich das Elend. Obwohl ich ihn, wie gesagt, für wunderlich halte, ist er ein ausgezeichneter Bruder.«

Gott hat doch für eine große Mannigfaltigkeit auf Erden gesorgt, dachte ich mir, und wenn es auch nichts Vollkommenes gibt, so gibt es wiederum auch nichts, was unveränderlich schlecht wäre.

23.

Am nächsten Tage brachte mir Pater Salmón sehr schlechte Nachrichten.

»Weißt du schon das Neueste?« fragte er mich, als er sehr früh am Morgen in die mir zugewiesene Zelle trat. »Ich habe erfahren, daß die französische Stadtregierung, die jetzt eingesetzt worden ist, diesen Santorcaz zum Oberhäscher, Polizeichef oder wie man das so bezeichnet, ernannt hat! Denselben, der dich fangen will! Alle, die ihn kennen, sind darüber empört. Für sie ist das ein Beweis, daß er sich schon vor der Belagerung an die Franzosen verkauft hatte. Es ist aber auch eine Tatsache, daß er schon vor der Kapitulation von der Bürgermeisterversammlung zum Polizisten ernannt wurde, ohne daß man weiß, wie ihm dies gelingen konnte. Es begleitet ihn heute wie gestern immer diese Gruppe von Tunichtguten, die noch vor ein paar Tagen lauthals gegen die Verräter schimpften und sich als besonders treue Patrioten ausgaben. Sag doch mal, was hast du denn angestellt, daß sie so sehr hinter dir her sind? Mir ist nämlich berichtet worden, daß sie dich geradezu verbissen suchen und alle Ecken von Madrid durchforschen.«

»Ich kann mir den Grund gar nicht vorstellen«, erwiderte ich, »denn so sehr ich mir auch das Gehirn zermartere, mir fällt nichts ein, was ich Schlimmes verbrochen haben könnte. Aber diese Männer sind so schlecht, daß die Ursache wohl bei ihnen liegt.«

»Man hat mir erzählt, daß der Santorcaz gestern den ganzen Tag über nichts anderes getan hat, als verdächtige Leute festzunehmen – das heißt Leute, die er für franzosenfeindlich hält.«

»Das ist also eine persönliche Rache von ihm«, meinte ich, »oder er möchte sich meiner wegen einer gemeinen Intrige bemächtigen.«

»Was für eine infame Kanaille! So wollen also der Korse und sein Bruder die Zuneigung des spanischen Volkes erringen! Man hat uns auch wieder reingelegt. Es heißt nämlich, daß Napoleon die Kapitulationsurkunde zerrissen und mit Datum von gestern mehrere Verordnungen erlassen hat, die den ausgehandelten zuwiderlaufen.«

»Pater, ich muß also Madrid so schnell wie möglich verlassen«, rief ich besorgt aus.

»Madrid verlassen! Ja, glaubst du denn, daß das jetzt so einfach ist? Bleibe erst einmal noch ein paar Tage hier. Der Prior hat dagegen nichts einzuwenden. Danach werden wir sehen, wie wir dich aus der Stadt bringen können. Man hat mir nämlich erzählt, daß es jetzt sogar schon für eine Ratte sehr schwierig geworden ist, Madrid zu verlassen. Es sieht so aus, als ob die Bevölkerung der umliegenden Dörfer die Waffe gegen die Franzosen in die Hand genommen hat. Die Franzosen fürchten, daß sie Verbindung mit der Bevölkerung von Madrid aufnehmen wollen, um hier einen Aufstand vorzubereiten. Deshalb soll Madrid von seiner Umgebung abgeriegelt werden. Die Ausfallstraßen werden stärker bewacht als in den Zeiten der heftigsten Inquisition. Keine lebende Seele wird ohne Registrierung und genaue Überprüfung hinausgelassen. Wenn ein Reisender nicht ein Papierchen bei sich trägt, das ›Sicherheitsausweis‹ genannt und nur von dieser neuen verflixten, wohl aus Halunken bestehenden Polizeibehörde ausgestellt werden kann, wird er einem Kriegsrat vorgeführt. Ja, da bist du wirklich in Bedrängnis, mein Sohn. Du kannst nicht in Madrid bleiben, aber wirst es auch sehr schwer haben, hinauszukommen. Ach, da fällt mir etwas ein! Wir können um die Hilfe der Frau Gräfin bitten, bei der wir neulich waren, denn man hat mir erzählt, die sei eine Freundin der Franzosen.«

»Die Frau Gräfin eine Freundin der Franzosen?«

»Damit will ich sagen, daß sie eine Parteigängerin der französischen Sache ist. Sie hat einen Vetter, der Herzog von Arión ist und sein ganzes Leben in Frankreich verbracht hat. Der ist mit Bonaparte, dem er sehr ergeben ist, nach Spanien gekommen und befindet sich zur Zeit mit ihm in seinem Hauptquartier in Chamartín. Gestern war ich im Haus der Gräfin, und man erwartete ihn dort stündlich. Wenn er gekommen ist, wird es für uns nicht schwierig sein, die gute Frau Gräfin dazu zu bewegen, dir einen solchen Sicherheitsausweis ausstellen zu lassen. Inzwischen bist du aber hier noch am sichersten. Laß uns mal zum Prior gehen, der ist sehr weise und umsichtig, er weiß bestimmt Rat. Er wird uns sagen können, ob mein Einfall mit der Frau Gräfin gescheit ist, oder ob es eine andere Möglichkeit gibt, dich in Sicherheit zu bringen.«

So führte er mich schnurstracks zur Zelle des Paters Prior, der gerade seine Messe gelesen hatte und dabei war, zwei Unzen Schokolade zu verdrücken. Er hieß Pater Ximénez de Azofra und war ein kleiner Mann reifen Alters mit lebhaften

Augen, einem schelmischen Lächeln, gewandten Umgangsformen und angenehmer Ausdrucksweise. Er empfing uns
sehr gütig. Als er sich angehört hatte, was Pater Salmón ihm
über meine Bedrängnis erzählte, sprach er:

»Unter anderen Umständen, mein junger unvorsichtiger
Freund, wäre es nicht schwer gewesen, Euch zu helfen, indem
wir Euch hier Unterkunft gewährten. Jetzt ist aber alles
anders geworden. Die von den Franzosen eingesetzte neue
Regierung sieht uns mit mißtrauischen Augen an, und wenn
sie herausfinden würde, daß wir Euch hier Schutz gewähren,
würde man uns der Teilnahme an Aufstandsbestrebungen
bezichtigen, wie sie unsere heilige Sache nennen. Ich hasse
diese Kanaillen immer mehr. Seht, was sie jetzt anrichten.
Seitdem Madrid sich ergeben hat, haben sie nichts Eiligeres
zu tun gehabt, als die Vereinbarungen zu brechen. Obwohl sie
versprachen, Leben, persönliche Freiheit und Gut der Einwohner von Madrid zu respektieren, sperren sie seit gestern
ehrbare Leute ein, die sie beschuldigen, die Aufständischen
von Talavera und Cuenca zu unterstützen. Sie mißtrauen
allen, beschuldigen viele und fürchten sich schon vor den
Schatten. Da die Reste der Armee von General San Juan und
die Truppen von Castaños, die sich dem Herzog Infantado
angeschlossen haben, in der Umgebung von Madrid die Dorf-
bevölkerungen gegen die Franzosen aufwiegeln, sehen diese
in jedem Madrider Bürger einen Spion, so daß sie beschlossen
haben, jede Verbindung zwischen den Einwohnern unserer
Stadt und denen von Ocaña, Toledo, Talavera und Illescas
unmöglich zu machen. Deshalb dürfen keine Bauern, Obst-
und Gemüselieferanten mehr in die Stadt hinein, was zu
einem großen Mangel führt.«

»Das ist ja eine heikle Lage«, meinte Pater Salmón. »Wir
werden also auch keine Lebensmittel und andere Waren mehr
von den anderen Zulieferorten wie Leganés, Valmojado, Ca-
sarrubielos, Bayona de Tajuña und Santa Cruz del Romeral
erhalten? Das sind ja schöne Aussichten. Da sollen wir also
gehorchen und verhungern?«

»Ach, mein guter Freund Salmón«, antwortete der Prior
mit spöttischem Lächeln. »Jetzt heißt es eben *ventorumque*

regat pater, was so viel wie ›Wind im Bauch, Pater‹ bedeutet, wie es jener einfältige Barfußmönch übersetzte, über den wir schon so gelacht haben. Es ist die Zeit der Buße und Entbehrungen.«

»Nun gut, ich habe verstanden«, rief Pater Salmón verärgert. »Dann kann man ja ein Hoch auf den Kaiser der Franzosen, König von Italien und Schutzherrn des Rheinbunds ausrufen! Auf diese Weise wird sich Ihre Kaiserliche Majestät bestimmt die Sympathien der spanischen Geistlichen erobern.«

»Dem sind unsere Sympathien doch herzlich gleichgültig, Pater Salmón.«

»Aber kommen wir doch zum Dringendsten zurück, Pater Prior. Dieser junge Mann von hochstehender Moral und ausgezeichnetem Verhalten, für den ich mich verbürge, muß doch dringend Madrid verlassen. Ich zweifle nicht daran, daß Ihr mit Eurem Einfluß einen ›Sicherheitsausweis‹ für ihn erhalten könntet, so daß er in Verkleidung …«

»Was Ihr Euch so vorstellt, mein lieber Pater Salmón!« meinte Ximénez de Azofra. »Ich kann da wohl kaum etwas ausrichten. Habt Ihr denn nicht erfahren, daß die Franzosen den Ordensgeistlichen mißtrauen – und besonders denen unseres Hauses?«

»Das wußte ich nicht. Ich habe im Gegenteil gehört, daß Euer Hochwürden mit denen nach Chamartín gehen werden, die diesem kaiserlichen Schuft, König der Ausplünderer und Unterdrücker der Völker huldigen sollen.«

»Ich?« rief Ximénez erstaunt aus. »Ich wurde nicht dazu geboren, die Hand zu küssen, die mich schlägt. Ich bin Spanier und bleibe es, solange ich lebe. Ich habe auf der Kanzel der Barmherzigen Brüder gegen diesen Kaiser gepredigt und werde nicht denen nacheifern, die sich von Patrioten in Unterwürfige verwandelt haben. Tatsächlich wird eine Abordnung aller Schichten der Gesellschaft nach Chamartín geschickt, und man hat mich auch dazu eingeladen. Hier ist der Brief, den der Stadtrichter in dieser Sache an mich gerichtet hat. Der müßte von den Händen des Henkers verbrannt werden, wenn es überhaupt noch eine Gerechtigkeit gibt. Vor kurzem noch haben sie alle gegen die Geißel Europas, diesen Menschenschinder aus Korsika, gewettert, und heute sind sie alle unterwürfig. Dieser Herr Stadtrichter aus Madrid sagte doch noch in einer Rede vom 25. November: ›Der Tyrann aus Frankreich, der die heiligen Gesetze verletzt hat, ist in Spanien eingedrungen‹ und so weiter und so fort. Dieser Stadtrichter aus Madrid, Don Pedro de Mora y Lomas, Ritter des Ordens von Karl dem Dritten, Rat Seiner Majestät, Untersekretär zur Durchführung von Verordnungen, Intendant der Königlichen Einnahmen und der Steuereinnahmen dieser Provinz, Wahrer der Königlichen Vorrechte, Liegenschaften und des Adelsstandes, Oberaufseher der Unterstützungskassen, Gemeindesteuern und so weiter und so weiter, denn die Litanei seiner Titel nimmt kein Ende – also dieser so mit hohen Ämtern überhäufte Herr richtet doch jetzt einen Aufruf an alle Räte, Abgeordneten des Gemeinwesens, Richter, Staatsanwälte, Bürgermeister, Leiter der Vereinigung der Herdenbesitzer und Viehzüchter, den Bischofsstellvertreter, die Generalvikare für Zivil- und Militär-Seelsorge, die Ordenskapitel, die ehrenwerten Prälaten, das Adelskollegium, die Delegierten der fünf Hauptgremien und alle Abgeordneten der vierundsechzig Unterbezirke dieser Stadt. Und was steht wohl in dem Aufruf? ›Daß alle diese illustren Herrschaften Seiner Kaiserlichen und Königlichen Majestät zum Ausdruck bringen sollen, daß die Stadt Madrid es als eine Ehre ansieht, sich ihm zu Füßen zu werfen, zu danken für die Nachsicht, mit der er diese Stadt behandelt hat, daß sie es als eine Ehre ansehen würden, Seine Majestät empfangen zu dürfen, und daß sie sich glücklich schätzen würden, sich seiner Wertschätzung und Gnade würdig zu erweisen.‹ Was sagt Ihr dazu? Ist das eine einem Patrioten würdige Ausdrucksweise? In dieser Aufforderung«, fügte er hinzu und suchte eine Stelle in dem Schriftstück, »wird Napoleon überdies ›liebevoller Vater‹ genannt und seine Zwangsauflagen ›wohlwollende Maßnahmen‹. Dieser saubere Herr bezweckt damit, eine gewisse Anzahl von respektablen Persönlichkeiten zu finden, die sich gemeinsam nach Chamartín begeben, um Bonaparte zu bitten, ›so gütig zu sein, seinen erhabenen Bruder als unseren König Joseph nach Madrid zu schicken‹. Ich kann das gar nicht weiterlesen, denn so viel Speichelleckerei treibt mir die Schamröte ins Gesicht. Allerdings muß man dazu sagen, daß diejenigen, welche das unterzeichnet haben, das nur unter Bedrohung durch den Generalkommandeur Monsieur Belliard getan haben, der ihnen den Dolch auf die Brust gesetzt hat. Damit kann man sie aber nicht entschuldigen, denn wenn dies kein Verrat am Vaterland ist, so stellt es doch eine Schwäche und Rückgratlosigkeit dar, die schon ans Verbrechen grenzt.«

»Ihr geht also nicht nach Chamartín?«

»Ich denke ja nicht im Traum daran! Ich habe gehört, daß Pater Amadeos, Abt des Klosters San Bernardo, und Pater Calixto Núñez, Abt des Basilios-Klosters, als Vertreter der Ordensgeistlichen mitgehen. Was kann man schon von diesen Unglücklichen erwarten, die so aus der Hand Gottes gefallen sind? Es werden auch die Pauliner, einige bedauernswerte Franziskaner, nicht wenige Augustiner, die Johanniter, viele Laienbrüder, die Barfüßigen Karmeliterinnen, die Paulina und die Afligidos*, die ich als die einfältigsten der Ordensgeistlichen ansehe, den Köder schlucken, aber die Barmherzigen Brüder werden keinen Kaiser anhimmeln. Sie werden sich zusammen mit den Dominikanern weigern, sich vor den Karren des Tyrannen, seiner französischen Gauner und spanischen Hilfswilligen spannen zu lassen.«

»Und die Lebensmittel, die nicht mehr nach Madrid kommen werden – der gute Wein, das dicke Öl, die Eier, der Kohl, der Speck aus Extremadura, die Schinken aus Candelario? Gut, gut, dann wird eben Schmalhans unser Küchenmeister sein. Hoch das Vaterland, Pater Ximénez, hoch der Stolz, der uns bald wie Striche aussehen lassen wird!«

»Das, was ich Euch hier gesagt habe«, fuhr der Prior fort, »habe ich auch denen gesagt, die mich umstimmen wollten. Darauf haben sie mich so feindselig behandelt, daß ich Schlimmes für unseren Orden und unser Kloster befürchte. Ich werde daher für diesen jungen Mann nichts tun können.«

---

* Die Betrübten, Traurigen (Anm. d. Übers.)

In diesem Augenblick trat Pater Castillo mit zwei anderen Mönchen ein. Diese waren, wie ich später erfuhr, der Pater Vargas, der dem Trinitarierkloster angehörte, aber auch die Kutte der Barmherzigen Brüder der Gefangenenhilfe trug, und ein Dominikanermönch namens Pater Lucūno de Frías vom Kloster Santo Tómas.

»Da haben wir es also!« rief Pater Vargas mit Stentorstimme aus. »Es besteht nun kein Zweifel über diese Erlasse mehr, denn man hat sie in gedruckter Form verteilt, und ich habe hier ein Exemplar. All diese Erlasse oder Verordnungen tragen das Datum des vierten Dezember, und sie könnten als Fackeln für den Hexensabbath dienen.«

»Laßt doch mal sehen. Steht es denn nun fest, daß wir auf ein Drittel reduziert werden?«

»Das ist so sicher wie …«, entgegnete der Dominikaner, »nein – sie vernichten uns geradezu, Pater Ximénez de Azofra!«

»Hört zu, was hier steht«, sagte Pater Vargas, setzte sich eine Brille mit grünen Gläsern auf und las: »In Unserem Kaiserlichen Feldlager von Madrid, am vierten Dezember 1808, tue ich, Napoleon, Kaiser von Frankreich und so weiter und so weiter … kund, daß angesichts der Tatsache, daß sich der Rat von Kastilien in der Ausübung seiner Funktionen dermaßen unfähig und hinterlistig gezeigt hat …, daß er – nachdem Wir Unsere legitimen Rechte auf den Thron angemeldet haben – die Niederträchtigkeit besessen hat zu erklären, daß er diese diversen Akte nur mit geheimen Einschränkungen unterzeichnet hat, Wir hiermit folgendes verfügen: Artikel 1: Die Angehörigen des Rates von Kastilien sind hiermit ihres Amtes enthoben, da sie Feiglinge und unwürdig sind, weiterhin ein hohes Staatsamt einer tapferen und großmütigen Nation auszuüben.«

»Ich muß schon sagen, daß dies recht gewandt ausgedrückt ist«, meinte Pater Ximénez.

»Und es ist ja nicht so unwahr«, stimmte der Dominikaner zu, »denn diese Herren wollten auf zwei Hochzeiten tanzen und sich überall einschmeicheln. Aber fahrt doch fort.«

»Hier ein anderer Teil«, kündigte Vargas an, »der wieder

von vorn mit ›In Unserem Kaiserlichen Feldlager‹ usw. beginnt. Ein weiterer Artikel 1: ›Das Inquisitionstribunal wird aufgelöst, da es nicht mit dem Zivilrecht vereinbar ist. Artikel 2: Die Güter der Inquisition werden beschlagnahmt und der Krone von Spanien ausgehändigt.‹«

»Da sieht man mal«, meinte der Dominikaner wütend, »worauf der hinauswill. Inquisition raus und herein mit Ketzern und Freimaurern! Aber diejenigen, welchen die geistlichen Dinge egal sind, werden sich darum nicht scheren.«

»Das bedeutet doch nicht viel«, warf Pater Castillo ein, »denn das Heilige Tribunal besteht doch in Wirklichkeit fast gar nicht mehr. Es ist doch schon durch die Milde der Gewohnheiten völlig ausgehöhlt worden.«

»Aber die Paragraphen wurden noch bewahrt«, entgegnete der Dominikaner bitter, »und das geschriebene Wort hat immer noch Einfluß. Ja, es stimmt – heutzutage wird keiner mehr verbrannt oder geviertelt – nach meiner Meinung ist das allerdings zu große Milde, denn wir werden nun von Ketzerei überschwemmt. Es hat bis jetzt aber immer noch Drohungen und Ersatzmaßnahmen für Foltern gegeben, die bei so manchen Sündern ihre Wirkung nicht verfehlten.«

»In diesem Artikel 1 heißt es hier weiter: ›Eine Einzelperson darf nur Inhaberin von einer einzigen Komturei sein.‹«

»Weiter, weiter, denn das interessiert uns ja wenig.«

»Das spanische Feudalrecht ist abgeschafft. Artikel 2: Alle persönlichen Pfründe, alle exklusiven Fischerei- und ähnliche Rechte in großen und kleinen Gewässern, alle Rechte hinsichtlich Schmelzöfen und Wohnungsbewirtschaftung sind hiermit abgeschafft, so daß auf diesen Gebieten der freie Wettbewerb eingeführt wird.«

»Das ist doch nicht neu«, meinte Castillo. »Es ist eigentlich eine Schande, daß unsere Regierenden in ihrer Lethargie den Franzosen den Triumph überließen, solche guten Gesetze einzuführen.«

»Na, das ist ja fein – immer weiter so, Euer Hochwürden. Loben sie die Franzosen man noch!« bemerkte Bruder Luceño de Frías verärgert, setzte sich rittlings auf einen Stuhl und legte die Arme auf die Lehne. »Wenn das das Resultat des großen Lektürepensums von Pater Castillo ist, dann wird sich Gott wohl nicht darüber freuen.«

Er holte seine Schnupftabakdose hervor und bot sie dem Prior mit den Worten an:

»Eine kleine Prise, Pater Prior? Das mildert den Ärger etwas.«

»Ich mag das nicht«, antwortete der Prior.

»Aber Ihr, mein Freund Vargas, eine kleine Prise?«

»Nein, nein, das sind Sachen für alte Frauen. Aber ich habe hier ein paar Havanna-Zigarren[63], die es wert sind, von Engeln geraucht zu werden. Wenn der Herr Prior mir gütigst erlaubt ...«

»Na, her damit«, rief Pater Salmón aus, »denn die sind doch wie Räucherkerzen und machen das Leben angenehmer.«

»Das sind Geschenke der Marquise von Fresno«, erklärte Vargas. »Ich habe ihr bei einer Malerei geholfen.«

»Was Ihr da gerade an Verordnungen vorgelesen habt«, warf Castillo wieder ein, »dem muß ich meine Anerkennung zollen – und wenn sie der große Timur-Leng[64] erlassen hätte. Das basiert doch auf den Ideen, die unseren großen Jovellanos überall auf der Erde berühmt gemacht haben! Hat denn nicht sogar der Graf von Floridablanch solche Absichten gehegt? Und die weisen Räte Karls des Dritten, haben sich die nicht auch darüber ihre Köpfe zerbrochen, um dem freien Wettbewerb das Tor zu öffnen? Wir wissen doch alle, daß jener überragende König schon drauf und dran war, solche Verordnungen zu erlassen.«

»Das sind doch Jesuitenreden!« protestierte der Dominikaner und schaukelte auf seinem Stuhl herum. »Lobt diesen Napoleon nur immer weiter. Aber laßt uns doch hören, was sonst noch so darin steht.«

»Also dann weiter«, meinte Vargas. »In Anbetracht dessen, daß die Gesetze, die den Wohlstand Spaniens am meisten beeinträchtigen, die Zölle und Abgaben zwischen den Provinzen Spaniens sind, haben Wir folgendes beschlossen: Mit Wirkung vom ersten Januar sind die Zölle und Abgaben zwischen den Provinzen abgeschafft. Es bleiben nur noch die Zölle der Landesgrenzen.«

»Auch dagegen kann man nichts sagen«, bemerkte Castillo. »Das hatte die Junta ja auch schon erwogen. Sie hätte sich von den Franzosen nicht zuvorkommen lassen dürfen.«

»Also auch das erscheint dem verehrten Pater Castillo wie ein Himmelsgeschenk«, bemerkte Luceño. »Habt Ihr das auch alles aus Euren Büchern?«

»Achtung!« warf Pater Vargas mit einer dramatischen Geste ein. »Jetzt kommt nämlich der dicke Brocken: ›In Anbetracht dessen, daß sich die verschiedenen geistlichen Orden in Spanien übermäßig vermehrt haben, von denen nur eine gewisse Anzahl für die Ausübung sakraler Handlungen erforderlich, aber der größte Teil dem Wohle des Staates abträglich ist, haben Wir folgendes beschlossen: Artikel 1: Die Anzahl der gegenwärtig in Spanien bestehenden Klöster wird auf ein Drittel verringert. Diese Verringerung muß so erfolgen, daß die Angehörigen eines Ordens auf ein einziges Kloster beschränkt werden. Artikel 2: Es darf kein Novize aufgenommen und kein Gelübde abgelegt werden, bis diese Reduzierung der Ordensgeistlichen auf ein Drittel ihrer Anzahl erreicht worden ist. Artikel 3: Die Ordensgeistlichen, die den Mönchsstand aufgeben und ein säkulares geistliches Leben führen wollen, dürfen ihre Klöster verlassen. Artikel 4: Diejenigen, welche dem Mönchsstand entsagen, erhalten eine Pension gemäß ihrem Alter, die nicht geringer als dreitausend Real und nicht höher als viertausend sein darf. Artikel 5: Der Unterhalt der ordentlichen Pfarrer ist aus dem Ertrag der Güter zu erhöhen, die aufgrund der Reduzierung der Ordensbesitztümer auf ein Drittel beschlagnahmt werden. Artikel 6: Die Güter der abgeschafften Klöster verfallen dem spanischen Staat und sind zu vorgenanntem Zweck und zur Bestreitung der Staatsausgaben zu verwenden.‹«

Während diese Verordnung vorgelesen wurde, hörte man in der Zelle des Pater Ximénez keinen anderen Laut als das Summen einer Fliege, die nach den Resten der Schokolade des Priors gierte wie Bonaparte nach den spanischen Ländern. Auch nachdem dieser Abschnitt vollständig vorgelesen war, herrschte noch eine ganze zeitlang Schweigen.

24.

»Na, da sollte man doch Kastagnetten klappern lassen, Trompeten blasen, auf Töpfe hauen und Pauken schlagen, um diesem begnadeten Gesetzgeber Anerkennung für sein pompöses, unverschämtes Dekret zu zollen!« rief schließlich Bruder Luceño aus, schlug mit der Faust auf die Stuhllehne und stand auf.

»Wie soll denn das bewerkstelligt werden mit der Verringerung auf ein Drittel«, wollte Pater Salmón wissen. »Von jeweils drei von uns bleibt also nur noch einer?«

»So ist es, und die anderen auf die Straße zum Betteln, denn wer kann schon von dreitausend Real einigermaßen anständig leben!«

»Und es dürfen keine Novizen mehr aufgenommen werden!«

»Und keine Gelübde abgelegt werden!«

»Und der Unterhalt der ordentlichen Pfarrer ist aus dem Ertrag der Güter der beschlagnahmten Klöster zu erhöhen!«

»Aber das ist ja eine Meisterleistung«, meinte der Dominikaner, »für die sie den großen Kaiser loben können, Pater Castillo. Man nimmt also unser Eigentum und gibt es den ordentlichen Pfarrern! Was tun die Pfarrer denn mehr für die Christenheit als wir? Wo sie doch allgemein so laue Patrioten sind!«

»Wenigstens fallen die Güter der aufgelösten Klöster nicht in fremde Hände, sondern in die des spanischen Staats.«

»Und was soll der spanische Staat oder Sankt Spanien oder sonst eine anonyme Institution schon damit anfangen?«

»Unsere Landgüter in Leganés, Valmojado und so weiter, die all die guten Sachen produzieren, werden also ...?« stieß Pater Salmón erschreckt hervor.

»Da kann ich mir vorstellen, wie diese Pauliner, die Franziskaner und die Mönche vom Agidius Kloster, die alle nichts haben, schadenfroh sein werden!« unterbrach ihn Bruder Luceño. »Die sind ja davon nicht betroffen – desgleichen die Afligidos, die ja der einfältigste Haufen von Mönchen sind, den ich bis jetzt gesehen habe.«

»Denkt an Euren geistlichen Stand, Bruder«, ermahnte ihn Castillo.

»Gott wird es mir verzeihen«, meinte der Luceño, »denn es stimmt ja, und außerdem gibt es bei denen auch noch Unterschiede. Glaubt Ihr aber, daß man das mit der Verkleinerung auf ein Drittel durchsetzen wird?«

»Ich glaube, das wird recht schwierig werden.«

»Ich bin der Ansicht, daß die versuchen werden, diese Reduzierung mit aller Macht durchzusetzen«, entgegnete Luceño, »denn heute morgen hat mir ein Rat, der nach Chamartín gehen wird, im Vertrauen mitgeteilt, daß sie die Pläne schon fertig ausgearbeitet haben und daß der Abbruch der Klöster schon in ein paar Tagen beginnen wird.«

»Der Abbruch!«

»Ja, all diese Gebäude sollen Staatsdienststellen Platz machen, und das erste, das sie niederreißen, wird das Kloster der Barmherzigen Brüder sein, in dem wir uns hier befinden.«

»Was, das Merced, das Haus der Barmherzigen Brüder! Die werden das wirklich wagen?« rief Pater Ximénez de Azofra aus und schlug sich mit der Faust aufs Knie. »Sie werden es wagen, dieses Haus abzureißen, in dem einst der große Tirso de Molina wirkte? Und die Virgen de los Remedios, die Jungfrau der Immerwährenden Hilfe, die sich in einer unserer Kapellen befindet, und die von vielen so inbrünstig angebetet wird? Und die Gräber der Enkel von Hernán Cortés? Nein, nein – das kann nicht sein. Sie werden im Laufe der Zeit wohl andere geistliche Häuser abreißen, aber nicht dieses, das so viele Titel und dazu noch eine so ehrfurchtgebietende Geschichte aufzuweisen hat.«

»Das Trinitarier-Kloster ist auch bedroht«, bemerkte Luceño. »Wenn sie es wohl auch nicht niederreißen, so wird es doch geräumt werden.«

»Das kann einfach nicht sein«, erklärte Pater Vargas, »denn mein Haus hat doch mehr geistliche Herrlichkeiten hervorgebracht als alle anderen Klöster in Madrid zusammen. Da sind doch zum Beispiel der fromme Simon de Rojas und Pater Hortensio de Paravicino, Verfasser des Werkes *De locis theologicis* ...«

»Der *Oraciones evangelicas, der Geschichte von Philipp dem III.* und von *Das bewährte Spanien* wollt Ihr wohl sagen«, unterbrach ihn Pater Castillo verschmitzt, »denn es weiß doch jetzt schon jedes Kind auf der Straße, daß *De locis theologicis* von Melchor Cano ist.«

»Pater Castillo hat recht. Ich habe mich da geirrt. Wie dem auch sei, mein Kloster hatte die Ehre, unter den Patern Belia und Gilal einst dem unsterblichen Cervantes, dem Verfasser des ›Don Quijote‹, Zuflucht gewährt zu haben. Ja, Pater Castillo, auch ich verstehe etwas von Schriftstellern. Wenn es darum geht, aus Klöstern Dienststellen zu machen … da wäre doch das Santo Tomás[65], wo viele Büros hineingehen würden.«

»Was soll denn das heißen? Das Santo Tomás! Das berühmteste der Klöster von Madrid räumen!« rief der Dominikaner wild. »Und was soll aus dem Volk werden, wenn man ihnen die Prozessionen nimmt, die für das Heilige Amt von dort ausgehen? Es gibt doch so viele Klöster in Madrid, wenn man durchaus Stadtplätze schaffen will, wie auch schon gesagt wird. Allerdings finde ich, daß zweiundsiebzig Klöster für eine Bevölkerung von einhundertsiebzigtausend Seelen noch gar nicht mal viel ist. Die Klöster nehmen doch nur ein wenig mehr als die Hälfte des Umfangs dieser großen Stadt ein.«

»Sagt mal, Luceño«, fragte Pater Ximénez, »gehen auch Dominikaner zur Versammlung, die der Landvogt einberuft?«

»Ich glaube nicht. Soviel ich gehört habe, gehen nur der Propst von San Cayetano, der Abt von Montserrat, zwei aus der Bruderschaft zur Tröstung Sterbender, ein paar Franziskaner, eine Oberin der Friedensmädchen und ein Afligido.«

»Na, die werden dann um gut Wetter für sich selbst bitten, dessen können wir wohl sicher sein; auf uns werden bald Verordnungen niederregnen.«

»Meiner Meinung nach«, warf Pater Salmón ein, »kostet es doch recht wenig, wenn ein paar Pater von uns auch daran teilnehmen. Ich zum Beispiel würde nach Chamartín mitgehen, denn es ist nie von Schaden, sich mit allen gut zu stellen. Schließlich ist Stolz doch auch eine Sünde. Es heißt doch: ›Wer auf den Himmel spuckt, dem wird er ins Gesicht fallen.‹«

»Nicht, solange ich hier etwas zu sagen habe!« sprach Pater

Ximénez de Azofra mit Bestimmtheit. »Und was diesen jungen Mann da betrifft, so werden wir nichts machen können. Es wäre unwürdig, diejenigen, welche uns schlecht behandeln, die drohen, uns zu dritteln und aufzuteilen, als wären wir Äcker, um einen Gefallen zu bitten. Vielleicht findet Ihr einen anderen, der ihm den ›Sicherheitsausweis‹ zum Verlassen von Madrid ausstellen kann.«

»Das ist sehr schwierig«, stimmte Luceño zu, »denn ich habe gehört, daß sie genau nachprüfen, wem ein solcher Ausweis ausgestellt wird, und ohne einen solchen kann man jetzt keinen Schritt mehr aus der Stadt hinaus machen.«

»Trotzdem«, sagte der umsichtige Castillo, »gibt es etliche Personen, die diesem jungen Mann helfen könnten, weil sie sich gut mit den Franzosen stehen. Kennt denn keiner von Ihnen hier irgendeine Person von hoher Stellung und mit Einfluß?«

»Ja, ich dachte schon daran, die Frau Gräfin aufzusuchen«, entgegnete Pater Salmón, »denn ich bin überzeugt, daß deren Großzügigkeit dem jungen Mann aus seiner mißlichen Lage heraushelfen könnte. Der Señor Marquis ist ein Freund der Franzosen geworden, und man sagte, daß er ein Amt am Hofe des Königs Joseph erhalten wird.«

»Es heißt, der Marquis Don Felipe hänge sein Mäntelchen immer nach dem Wind«, bemerkte Pater Castillo dazu. »Daran muß etwas Wahres sein, denn, drei Tage nachdem er bei Belliard vorgesprochen hat, ist er mit seiner Tochter nach El Pardo gezogen. Wenn ich richtig unterrichtet bin, ist vorgesehen, daß der König Joseph zu diesem königlichen Ort kommt. Trotz des Einflusses, den der Marquis an diesem Verräterhof haben wird, würde ich mich in einer solch heiklen Angelegenheit nicht auf ihn verlassen. Mehr würde ich mir in dieser Hinsicht vom Herzog von Arión versprechen, dem Verwandten dieser Familie, der über großen Einfluß im Hauptquartier von Napoleon verfügt.«

»Eine blendende Idee! Gehen wir also zum Herrn Herzog.«

»Er ist aber noch nicht nach Madrid gekommen, und wenn sich der junge Mann nicht den Gefahren einer Reise nach Chamartín aussetzen will, kann er ihn bis dahin nicht sprechen.«

»Also wäre es am besten«, meinte Pater Salmón, »noch heute die Frau Gräfin Amaranta aufzusuchen. Gehen Sie heute auch wieder dahin, Pater Castillo?«

»Ich werde bald hingehen, denn die Frau Marquise hat heute dringend um meinen Besuch bitten lassen. Wenn der junge Mannes wünscht, nehme ich ihn mit.«

»Das trifft sich ja sehr gut«, bemerkte Salmón dazu. »Auch ich werde mitkommen. Aber, mein Sohn, wenn wir auf der Straße diesen Schurken begegnen …«

»Also, damit Ihr sicherer dorthin kommt«, warf Pater Ximénez ein, »stelle ich Euch meine Kutsche mit den zwei stämmigen Maultieren zur Verfügung, die schon im Garten warten dürfte.«

»Sehr schön«, erklärte Pater Salmón und klatschte in die Hände. »Das mit der Kutsche ist eine gute Idee. Zur größeren Sicherheit werden wir dich aber als Novizen verkleiden. Also auf zur Kutsche des Priors und dann nichts wie hin zur Gräfin!«

»Ihr könntet mich ja bei Santo Tomás absetzen«, warf Pater Vargas ein.

»Wenn Ihr mich bei Descalzas Reales absetzen könntet«, warf Bruder Luceño ein, »komme ich auch mit.«

Und so endete denn die Konferenz ohne andere Resultate als meiner schnellen Verkleidung in einen Novizen und der Fahrt zum Haus der Gräfin, wo ich folgendes erlebte, wenn der Leser noch soviel Geduld hat, es zu erfahren.

25.

Die Gräfin war sehr erstaunt, mich wiederzusehen. Sie befand sich in dem gleichen Zimmer, in dem sie mich einige Tage vorher empfangen hatte. Als wir eintraten, stand sie von dem ›Sekretär‹ auf, an dem sie gerade geschrieben hatte, und schritt auf uns zu. Pater Castillo erkundigte sich erst nach der Gesundheit der Familienmitglieder und erklärte ihr dann in kurzen Worten den Zweck meines Besuches und meiner Verkleidung. Er fügte hinzu, daß er gern die Frau Marquise gesprochen hätte, worauf er von einem Diener hinausgeleitet wurde, so daß Pater Salmón und ich mit der Gräfin zurückblieben.

»Man sagt, ich sei franzosenfreundlich geworden«, sprach die Gräfin, »aber das stimmt nicht. Mein Onkel, der Marquis ist es. Er hat sich der Sache des Königs Joseph so verschrieben, daß er uns am liebsten fressen würde, wenn wir ihm in dieser Hinsicht widersprechen. Seit drei Tagen wohnt er jetzt mit seiner Tochter in El Pardo, in dem gleichen königlichen Palast, in dem er als Angehöriger des Hofstaates dieses Eindringlings König Joseph wirken wird. Mein Onkel ist darüber verrückt vor Freude, und wenn er – wie er angekündigt hat – heute nachmittag nach Madrid kommt, werde ich ihn bitten, einen Sicherheitsausweis für den Jüngling ausstellen zu lassen.«

»Damit wärest du ja gerettet, Gabriel«, rief der Barmherzige Bruder erfreut aus. »Habe ich dir nicht gesagt, daß diese ausgezeichnete Dame dich aus dieser Klemme befreien wird?«

»Das könnte mir noch besser durch meinen Vetter, den Herzog von Arión, gelingen«, bemerkte die Gräfin dazu, »denn dieser ist nicht ein Franzosenfreund, sondern selbst ein Franzose. Wenn er, wie ich hoffe, morgen nach Madrid kommt, werde ich auch ihn deshalb ansprechen.«

»Nun, dann brauchen wir ja keine Angst mehr zu haben, daß man Hand an dich legen wird« meinte Pater Salmón und stand auf. »Du bist also schon gerettet, mein Kleiner. Wirf dich der Frau Gräfin zu Füßen und danke ihr tausendmal für ihre große Barmherzigkeit! Jetzt hätte ich, mit Ihrer Erlaubnis Frau Gräfin, auch gern die Frau Marquise gesprochen, denn sie hatte mich neulich um Rat hinsichtlich gewisser Quarkspeisen gebeten.«

So blieb ich denn unter vier Augen mit Amaranta zurück, was ich sehr begrüßte, denn ich wollte ohne Zeugen mit ihr sprechen.

»Gräfin«, fing ich an, »ich weiß gar nicht, wie ich Euer Gnaden für Ihre Güte danken kann. Ich muß Sie aber auch um Verzeihung bitten, daß ich Madrid nicht schon verlassen habe, wie es eigentlich meine Absicht gewesen war.«

»Du warst ja Angehöriger der Armee.«

»Genau, und jetzt, da die Auflösung der Freiwilligenverbände es mir ermöglichen würde, kann ich die Stadt trotzdem nicht verlassen, weil ich verfolgt werde, aber ich weiß nicht warum. Deshalb muß ich mich im Kloster der Barmherzigen Brüder verstecken.«

In aller Eile erzählte ich ihr den Vorfall mit Santorcaz und fügte hinzu, daß dieser treulose ehemalige Gutsverwalter der Familie sich nun anmaßte, Polizeigewalt auszuüben.

»Das habe ich schon erfahren«, erwiderte die Amaranta, »und ich fürchte, daß unserem Hause dadurch auch Gefahr droht. Deshalb bin ich auch froh, daß Inés bei meinem Onkel im Palast El Pardo ist, wo ihr nichts geschehen kann. Am ersten Tage nach der Kapitulation war ich sehr besorgt. Aber wir haben noch alte Freundschaften und Verbindungen zu hochgestellten Personen unter den Franzosenanhängern, so daß ich mich wieder beruhigen konnte. Jetzt fürchte ich nichts mehr von diesen Elenden.«

»Ich muß mich auch noch bedanken für die anderen Gnadenbeweise, die Sie mir durch den Lizentiaten Lobo erteilten«, fügte ich hinzu. »Die brauchte ich aber nicht, um bei meinem Entschluß zu bleiben. Auch ohne eine hohe Anstellung in Peru, ohne Adelsbrief und ohne Geldzuwendungen werden Sie mit mir zufrieden sein können.«

»Aber nein«, sagte sie mir lächelnd, »diese Anstellung, um die ich die Junta bat, die werde ich wohl auch von der französischen Regierung Spaniens bewilligt erhalten, so wie die anderen Maßnahmen, mit deren Durchführung ich den Lizentiaten Lobo beauftragt habe. Dem habe ich Briefe für Cabarrus und Urquijo gegeben. Du gehst nach Peru, wirst deinen Adelstitel erhalten; damit und mit Gottes Hilfe kannst du deinen Weg machen. Mein Gewissen befiehlt mir, einem Benachteiligten wie dir, der ein Anrecht auf meine Dankbarkeit hat, zu helfen. Im Gegenzug darfst du nicht vergessen, daß du mir ein Versprechen gegeben hast, und was ich jetzt für dich tue, ist nicht mehr als die vorgezogene Belohnung für einen Vertrag, den du noch erfüllen mußt.«

»Frau Gräfin, ich werde mein Versprechen peinlichst genau erfüllen«, erwiderte ich mit Bestimmtheit, »aber kann Ihre Belohnung dafür nicht annehmen. Meine Würde läßt das nicht zu.«

»Ach, du hast also Würde?« sagte sie lächelnd. »Aber nein, entschuldige, ich sollte nicht darüber lachen. Warum willst du denn mehr Würde haben als andere? Wir von hohem Stand sehen doch nur uns selbst. Was nun deinen Entschluß angeht, nichts anzunehmen, so werde ich die Dinge so regeln, daß du sie annehmen kannst.«

In diesem Moment kehrte Pater Salmón zurück und sagte:

»Was ich soeben aus dem Munde der Frau Marquise erfahren habe, erfüllt mich mit großer Befriedigung. Der Friede Gottes sei mit diesem Hause. Es scheint alles in Ordnung zu gehen, Gott sei gedankt!«

»Sprechen Euer Hochwürden von meiner Cousine?« fragte Amaranta. »Ja, ich glaube, sie ist auf dem Wege der Heilung.«

»Wie ich sehe, hat die Methode, die sich Euer Gnaden ausgedacht hat, ihren Erfolg nicht verfehlt. Wie hat sie denn die Nachricht aufgenommen? Hat sie viele Tränen vergossen? Denn es war ja doch wohl wirklich angebracht, ihr zu sagen, daß dieser Jüngling …«

Da hielt Pater Salmón als vorsichtiger Mann inne, denn er wollte solch eine heikle Angelegenheit vor einem Außenstehenden, als den er mich in diesem Zusammenhang ansah, nun doch nicht ausbreiten.

»Euer Hochwürden kann ohne Rücksicht darüber reden«, forderte ihn die Gräfin mit einem Tonfall auf, der mir etwas künstlich erschien, »denn für den hier noch außer uns Anwesenden ist das ja von wenig Bedeutung.«

»Ja, Frau Gräfin, ich hätte gern gewußt, ob die junge Dame die Nachricht vom Tode dieses Jünglings mit einem Ohnmachtsanfall, Schreien, Tränengüssen und dergleichen Ausdrücken weiblicher Schwäche aufgenommen hat.«

»Nichts von allem, Pater«, erwiderte die Amaranta mit Anzeichen der Befriedigung. »Zu Anfang wollte sie es nicht glauben. Dann, als wir es ihr unwiderlegbar mit Papieren bewiesen, die der Lizentiat Lobo mitgebracht hatte, schien sich ihrer doch ein Zweifel zu bemächtigen, und schließlich, als ich ihr zu verstehen gab, daß ich den Tod dieses Unglücklichen auch sehr bedauerte, begann sie es offenbar zu glauben. Was sie wohl am meisten überzeugt hat, waren die wahrhaft theaterreifen Szenen, die ich spielte, um es glaubhaft erscheinen zu lassen. Als ich wie zufällig in das Zimmer kam, sprachen alle von diesem Ereignis. Ich zeigte mich sehr erbost, daß man ihr solch eine traurige Nachricht so unvorbereitet überbracht hatte, riß diese Papierchen, die dieses Ableben anzeigten – Abschriften der Krankenhauseintragungen und so weiter – aus Lobos Händen und zerriß sie vor ihren Augen. Gleichzeitig befahl ich, ihr Stärkungsgetränke und andere Mittel zu geben und erklärte, daß ich es gut verstehen könne, daß sie von dem Tode eines Menschen, mit dem sie eine so innige Freundschaft verbunden hatte, sehr betroffen sei. Dies verfehlte seine Wirkung bei ihr nicht. Als ich uns beide in mein Schlafzimmer eingeschlossen hatte, sagte ich ihr: ›Beruhige dich doch. Es kann ja sein, daß er doch noch gerettet wurde. Ich verspreche dir, daß du ihn sehen kannst, wenn er gegen alle Anzeichen doch noch mit dem Leben davongekommen ist – und vielleicht, meine kleine Cousine … es könnte ja sein … vielleicht …« Das betrübte sie sehr, so daß ich dann hinzufügte: ›Jetzt heißt es, gefaßt zu sein und abzuwarten. Ich möchte mich einer so tiefen Neigung nicht entgegenstellen, denn dein Glück ist die Hauptsache. Unglücklicherweise scheint Gott diese Angelegenheit auf andere Weise lösen und den jungen Mann zu sich rufen zu wollen. Heute morgen bin ich im Hospital gewesen, aber ich muß leider sagen, daß ich keine Hoffnung habe.‹ Da wurde sie noch trauriger, aber ohne Schreie und Seufzer. Dann weinte ich auch, umarmte sie, gab ihr viele Küsse und redete auf sie ein: ›Ja, du siehst, es ist mir nicht gegeben, dich glücklich zu machen, aber ich kann dir versichern, daß ich alles getan habe, um das doch zu erreichen, aber Gott bestimmt es eben anders. Versuche, dich zu beruhigen und damit abzufinden.‹ Das überzeugte sie offenbar. Ach! Danach war sie voller Resignation. Sie sprach kaum und schien nachzudenken. In wenigen Tagen hat sich ihr Aussehen sehr verschlechtert, aber das wird vorübergehen. Jetzt hat der Marquis sie ja zum El Pardo mitgenommen, denn ein Ortswechsel ist immer hilfreich bei Krankheiten der Seele. Die verstockte Haltung, die sie vorher an den Tag gelegt hatte, war für uns ja auch schlimm gewesen. Ich meine, daß nach einiger Zeit alles vorüber sein wird.«

»Oh, welch ein Glück!« rief Pater Salmón aus. »Für den Schmerz gibt es einen großen Arzt, der Doktor Zeit heißt. Wenn die Hoffnung unter dem Eindruck des Todes erst einmal dahingeschwunden ist, verrichtet dieser große Arzt in ein paar Wochen Wunder.«

Ich hörte mir diesen Dialog an und bewunderte das Geschick dieser bezaubernden ehemaligen Hofdame, die in Täuschungen und Vorspiegelungen so bewandert war.

»Euer Gnaden hat sehr wohl daran getan«, fuhr Pater Salmón fort, »solche Kunstgriffe anzuwenden, die Ihr großes Talent auf diesem Felde beweisen. Es war für mich eine Schande, dieses Mädchen, für das ich so viel väterliche Zuneigung empfinde, verliebt zu sehen in einen Gassenstrolch, der bestimmt einer der elendsten Charaktere ist, den je eine Mutter auf die Welt gebracht hat.«

»O nein!« widersprach da die Amaranta in jovialem Tonfall. »Wir gaben uns Mühe, ihn so darzustellen. Aber in Wirklichkeit hat er nichts Abträgliches an sich. Ich habe Beweise seiner Herkunft und Führung. Außer, daß er bei etlichen Gelegenheiten einen Adel der Gefühle gezeigt hat, den man eigentlich nur bei wohlgeborenen Personen findet, verläuft sein Leben in mehr als geordneten Bahnen. Er ist zwar durch ein Unglück, das seine Familie betroffen hat, in Armut gefallen, aber es hat sich herausgestellt, daß er einer edlen Familie der besten Ländereien von Andalusien entstammt, wie ich aus den Dokumenten in meinem Besitz ersehe. Überdies, stellen Sie sich vor, Pater, hatte ihm die Zentraljunta spontan eine bemerkenswerte Anstellung in Peru verliehen, die offenbar nun auch von der französischen Regierung Spaniens bestätigt wird.«

Ich mußte mich zusammennehmen, das Lächeln zu unterdrücken, das schon um meine Lippen spielte.

»Das habe ich allerdings nicht gewußt«, meinte Pater Salmón. »Dann hatte also das verschwiegene Elfchen seine Augen nicht auf irgendeinen Nichtsnutz geworfen! Jedenfalls ist es gut, daß die beiden durch seine Anstellung in Peru nun völlig getrennt werden. Aber an Don Diego ist doch auch nicht weiter zu denken, nicht wahr?«

»O nein! … Da haben wir uns entschieden. Inés wird auf keinen Fall Don Diego heiraten, obwohl wir dadurch die Freundschaft der Rumblar verlieren. Ich habe jetzt auch meine Tante davon überzeugen können, und nächstens werden wir dem jungen Mann unser Haus verbieten. Noch kommt er ja her, aber seine Auftritte ärgern uns dermaßen, daß wir ihm wohl bald die Tür weisen werden.«

»Und dieser Ihr Verwandter«, warf der Barmherzige Bruder ein, »dieser Herzog von Arión, der als ein sehr gebildeter junger Mann angesehen wird – könnte der denn nicht der Ehemann des Juwels dieses Hauses werden? Verzeihen Sie meine Neugier.«

»Ich weiß es nicht«, antwortete Amaranta. »In der Hinsicht ist nichts geplant. Mein Vetter hat vierzehn Jahre in Paris gelebt und kennt uns kaum.«

So verlief das Gespräch noch einige Zeit lang, bis wir Stimmen vor dem Tor hörten und dann den Diplomaten, den Herrn Marquis, in Reisekleidung wichtigtuerisch, als sei er mit den höchsten Staatsgeheimnissen betraut worden, eintreten sahen.

»Meine liebe Nichte«, rief er schon gleich von der Tür her, »hier bin ich wieder. Aber ich stehe unter dem Druck wichtiger Angelegenheiten des Hofes, die ich erledigen muß, so daß mir kaum Zeit bleibt. Ich habe hier nämlich eine Liste von hundertzwei Personen, die ich um vier Uhr sprechen muß. Ich weiß gar nicht, wo mir der Kopf steht vor Aufträgen. Ständig liegt man mir da am Hofe in den Ohren mit solchen Sachen wie: ›Könnte der Herr Marquis nicht herausfinden, ob der Herzog von Alba dem oder jenem zustimmt oder nicht? Könnte der Herr Marquis eine Liste der hochgestellten Personen aufstellen, die dem König Joseph zugeneigt wären? Könnte der Herr Marquis den Stadtrichter von Madrid aufsuchen? Könnte der Herr Marquis sich bei den Fünf Zünften erkundigen, ob sie Geldmittel vorstrecken oder nicht?‹ Er möge doch bitte hier und dort hingehen, beraten, sich erkundigen, die Fühler ausstrecken und so weiter und so fort ... Jesus, María und Joseph! Das kann man ja kaum noch aushalten! Ich wollte mir eigentlich gar nicht so viele wichtige Angelegenheiten aufladen, aber man kommt augenscheinlich nicht ohne mich aus. Der König Joseph sagte doch letztens, daß er gar nicht wüßte, wie er das ohne mich alles bewältigen könnte. Er stellte mich seinem Bruder, dem Kaiser Napoleon, vor und lobte mich derart, daß ich es hier gar nicht wiederholen möchte, um nicht in den Verdacht der Prahlerei zu geraten ... Nichts wird ohne meine Zustimmung gemacht. Und Sie, Vater Salmón, was sagen Sie zu alldem?«

»Was soll ich sagen? Möge Gott Euer Gnaden tausend Jahre an der Seite dieses Königs schenken, um für diese Jahre zu verhindern, daß wir auf ein Drittel verringert werden, wie es uns die Verordnungen androhen.«

»Alles wird in Ordnung kommen, guter Mann – alles. Trotz der Achterklärung haben wir Infantado, Alba, Santa Cruz del Viso, Medinaceli Híjar, Fernán-Núñez, Altamira, Castel-France, Cevallos und den Bischof von Santander, die nach dem Erlaß von Burgos vom zwölften November zum Tode verurteilt worden waren, das Leben gerettet. Sie werden jetzt nur nach Frankreich geschickt. Auch in anderer Hinsicht hat der Kaiser seine ursprünglichen Entschlüsse wieder geändert. Aber über diese Dinge darf ich nicht reden – nein, nein, meine liebe Nichte, kein Wort darüber ... Ich sehe schon, wie du wieder die Waffen deiner Verführungskunst schärfst, um die Festung meiner Verschwiegenheit zu erobern. Aber nein, nicht eine Silbe. Auch nicht zu Ihnen, Pater Salmón, der Sie mich mit Augen ansehen, aus denen die Neugierde sprüht.«

»Davon möchte ich gar nichts wissen«, entgegnete die Amaranta. »Aber wie geht es denn meiner kleinen Cousine?«

»Ach, den Umständen entsprechend nicht schlecht.«

»Was heißt denn ›den Umständen entsprechend‹?«

»Na ja, ich würde sagen, sie ist recht traurig. Ich glaube, in zwei Tagen hat sie nicht mehr als sechs Worte gesprochen. Sie beschäftigt sich mit ihren Aufgaben so hingebungsvoll, daß es mich erstaunt. Sie muß aber nächstens im großen Salon des Palastes vorgestellt werden.«

»Sie taten schlecht daran, sie allein zu lassen«, sagte die Gräfin mit einer gewissen Verärgerung.

»Was soll ihr denn da geschehen? Es sind doch überall Dienstboten dort. Deine Zofe kümmert sich doch um sie, und außerdem läßt sie die Serafina nicht aus den Augen.«

»Ich habe Ihnen aber doch gesagt, daß Inés nirgendwo mit Zofen und Dienerinnen allein bleiben darf«, protestierte die Gräfin entrüstet.«

»Ja, leben wir denn in der Wildnis?« meinte der Marquis lachend. »Sie ist doch im Pardo, im großen Palast El Pardo, wo der König mit zahlreicher Dienerschaft und Wächtern lebt. Kann denn meine Tochter nicht mal vier oder fünf Stunden allein bleiben? Wenn du sehen würdest, welche herrliche Wohnung im Erdgeschoß mir zugewiesen wurde. Die Balkone gehen auf den Mediodía-Garten hinaus, mit einer herrlichen Sicht. Gestern und heute morgen hat Inés einen Spaziergang im Garten gemacht. Die Arme hat sich eine ganze Weile dort aufgehalten ... Aber wann kommst du denn zum El Pardo? Komm nur recht bald! Die Abende sind dort so interessant, und du kannst dir gar nicht vorstellen, wie liebenswürdig, wie diskret und gütig der König Joseph ist. Was haben wir doch am letzten Abend gelacht. Er fragte mich: ›Warum sagen die Spanier, daß ich ein Trunkenbold bin, wo ich doch nur Wasser trinke?‹ Ich wußte nicht recht, was ich dazu sagen sollte, entschuldigte mich dann aber für meine Landsleute, so gut ich konnte.«

»Morgen«, erwiderte Amaranta, »werden meine Tante und ich kommen. Durch vieles Zureden hat sie ihre Abneigung gegen die Franzosen überwunden. Da fällt mir aber ein, Onkel – ich muß Sie bitten, mir einen Sicherheitsausweis für eine Person zu besorgen, die aus Madrid fliehen muß, weil sie ungerechterweise verfolgt wird.«

»O nein, das geht nicht!« erwiderte der Marquis. »Ich gebe mich nicht dafür her, Aufständischen zur Flucht zu verhelfen. Einen Sicherheitsausweis? Nein, meine Nichte, keinen Schutz für Leute, die nicht davon ablassen, die Schwierigkeiten des Vaterlandes zu vergrößern. Wendet euch doch alle an diesen gesegneten Herrscher, der nur Wasser trinkt, dann braucht ihr keine Kunstgriffe und Tricks anzuwenden. Der Aufstand, der um Madrid herum glimmt, muß ausgetreten werden, und deshalb ist es nur richtig, daß auch nicht eine Fliege aus der Stadt hinausgelassen wird.«

»Nun gut«, entgegnete die Gräfin Amaranta, »morgen kommt mein Vetter, der Herzog von Arión, und der wird mir so viele Sicherheitsausweise beschaffen, wie ich nur haben will.«

»Also morgen soll er erst kommen?« fragte der Marquis. »Ich erwarte ihn schon heute abend. Wie ich hörte, hat er den Auftrag des Kaisers in Burgos schon ausgeführt und ist ins Hauptquartier zurückgekehrt. Auch er wird sich dem Hofstaat des Königs anschließen. Wenn er dich morgen aufsucht, dann kommt doch bitte alle zusammen so bald wie möglich zum El Pardo. Wie gerne ich ihn wiedersehen möchte! Er war ja noch ein Kind, als seine Mutter vor vierzehn Jahren mit ihm nach Paris ging. Einen ausgelasseneren Jungen habe ich noch nicht gesehen. Ich brachte ihm die Grundbegriffe der vaterländischen Geschichte bei. Hat Gott mir ihn vielleicht zum Schwiegersohn vorgesehen?«

»Wir werden sehen«, erwiderte die Amaranta. »Solange ich ihn nicht richtig kennengelernt habe, kann ich mich darüber nicht äußern. Der Herzog von Arión hat seine Bildung ja in Paris erhalten.«

»Eine Bildung à la française?« rief Pater Salmón aus. »*Vade retro*. Da ist ja wohl anzunehmen, daß der Herr Herzog zu einem der neuen Philosophen, wie sie im Buche stehen, geworden ist.«

»Keineswegs!« entgegnete der Marquis. »Seit er sich der napoleonischen Seite angeschlossen hat, ist er sehr zurückhaltend. Sein Einzug in Spanien mit dem Kaiser, die schwierigen Aufträge, die ihm dieser anvertraut hat, wie zum Beispiel die Verhandlungen mit den aufständischen Städten, beweisen doch ... Aber was rede ich denn hier, wo ich doch auch so furchtbar viele Aufträge habe ... Adieu, meine Nichte, Adieu

Pater Salmón und Begleiter. Ich weiß ja nicht, wo mir noch der Kopf steht ... Es ist doch schlimm, daß diese Herren nichts ohne einen machen können. Auf Wiedersehen, auf Wiedersehen!«

Ohne mit dem Reden aufzuhören, verließ er den Raum und eilte geschäftig aus dem Hause.

26.

Nach der Wiedergabe dieser sonderbaren Gespräche muß ich Ihnen jetzt erzählen, welche Mittel die einfallsreiche Gräfin noch anwandte, um mir zu der ersehnten Flucht zu verhelfen. Sie wies mich an, ich solle am Tage darauf wiederkommen, bis dahin werde sie alles vorbereitet haben, damit ich mich auf den Weg machen könne, ohne von den Wachen an den Ausfallstraßen von Madrid aufgehalten zu werden. In dieser Hoffnung kehrten wir wieder ins Kloster zurück. Am nächsten Tag, als wir uns schon anschickten, wieder die Gräfin aufzusuchen, ließ uns der Prior rufen und sprach:

»Dieser junge Mann darf keinen Tag länger hierbleiben. Noch heute abend muß er ein sicheres Asyl finden, wenn er nicht fliehen kann.«

»Ein sichereres Asyl als das Kloster der Barmherzigen Brüder?«

»Ja«, bekräftigte Ximénez de Azofra. »Es ist mir mitgeteilt worden, daß die Klöster verdächtigt werden, Verschwörer und Spione der Aufständischen zu verstecken, und es ist anzunehmen, daß sie morgen alle Klöster durchsuchen werden – als erstes unseres.«

»Glücklicherweise wird dir die Frau Gräfin gerade heute zur Flucht verhelfen«, meinte Pater Salmón. »Also wollen wir sofort zu ihr gehen!«

In der Kutsche und als Novize verkleidet, wie am Tag zuvor, fuhren wir also zur Gräfin. Als sie uns eintreten sah, empfing sie uns fröhlich:

»Mein Vetter, der Herzog von Arión, ist gestern abend angekommen und hat mir versprochen, innerhalb von drei Tagen den Sicherheitsausweis zu beschaffen.«

»Ich möchte aber schon heute abend die Stadt verlassen, Frau Gräfin«, sagte ich.

»Heute abend schon?«

»Morgen werden diese Unterdrücker unser Kloster durchsuchen«, erklärte der Pater.

»Also müssen wir uns etwas anderes einfallen lassen«, entgegnete die Gräfin. »Das Schlimmste ist, daß man niemandem vertrauen kann. Man hat mich informiert, daß die französische Polizei ihre Fühler schon in viele adlige Familien ausgestreckt hat, und daß sie verdächtige Familien durch bestochene Lakaien und Pagen überwacht. Ich möchte also keine Diener ins Vertrauen ziehen und ... Aber könnte er denn nicht in dieser Novizenkleidung hinausgehen?«

»Das ist unter den jetzigen Umständen nicht ratsam, meine Dame«, meinte Pater Salmón. »Ich habe gehört, daß die Überprüfungen an den Toren so genau sind, daß eine Täuschung dieser Art kaum Erfolg haben wird. Manche müssen sich ganz entkleiden – auch schamhafte Mädchen und andere, die es nicht sind. Sie sehen sich im Schein von Fackeln genau die Gesichter an und vergleichen sie mit den Beschreibungen auf dem Sicherheitsausweis. Ferner müssen alle Taschen ausgeleert werden. Und dieser Vorgang wiederholt sich zwei oder drei Male an verschiedenen Stellen und mit verschiedenen Wächtern.«

»Ein Diener unseres Hauses hat einen solchen Sicherheitsausweis«, meinte die Gräfin. »Wenn er sich nun als Dienstbote verkleidet und diesen Ausweis vorzeigt, könnte er dann nicht diese Wächter überlisten?«

»Die Dienstboten«, warf ich ein, »sind diejenigen, die man am genauesten überprüft und am häufigsten festnimmt, weil man annimmt, daß sie die Verbindung der Verschwörer in der Stadt mit den Aufständischen draußen herstellen.«

»Da fällt mir die rettende Idee ein!« rief die Amaranta aus.

Sie ließ einen Diener kommen und gab ihm eine Nachricht für den Herzog von Arión, der sofort erschien, denn er hatte im gleichen Hause Unterschlupf gefunden. Dieser Herzog von Arión, den ich hier nur so nenne, weil ich seinen wirklichen Namen verschweigen will, denn er gehört zu den bekanntesten von Spanien, war ein junger Mann von zwei- oder dreiundzwanzig Jahren, schlank, von mittlerer Statur, zurückhaltendem Wesen und eleganten, bedachten Bewegungen – eben wie jemand, der an den Umgang in den höchsten Gefilden gewöhnt ist. Das Bemerkenswerteste an seiner Person war die Vollkommenheit seiner Kleidung. Da muß ich mich verbessern. Nein, bemerkenswert waren auch sein ausgeprägter französischer Akzent und die Fehler, die er in der spanischen Sprache machte und die mich fast zum Lachen brachten. Er war das einzige Kind einer Dame, deren Namen ich hier auch nicht nennen will und die in den letzten Jahren des vorausgegangenen Jahrhunderts sehr bekannt und sprachgewandt war. Als er sieben Jahre alt war, nahm sie ihn in der Zeit des Direktoriums nach Paris mit, wo er unterrichtet wurde und seinem Vaterland drei Jahrfünfte fern blieb. Er war auch der Vetter – ich weiß nicht, ob zweiten oder dritten Grades – einer Familie von Leiva. Die Marquise von Leiva, die sich sehr um seine Erziehung gekümmert hatte, sah ihn fast wie einen Sohn an. Ich habe ja schon erwähnt, daß dieser junge Mann von zurückhaltendem Wesen und hoher Intelligenz ein fester Anhänger Bonapartes war – nicht so sehr aus politischen Gründen, sondern durch die enge Freundschaft, die ihn mit dem Marschall Berthier verband. Als der Kaiser sich zu seiner Spanien-Expedition entschloß, nahm er ihn mit sich und gab ihm einen Posten in seinem Gefolge. Von Somosierra aus wurde ihm ein geheimer Auftrag für Burgos anvertraut, den er, soviel ich erfuhr, zur großen Zufriedenheit ausführte. Nach einem Ruhetag in Chamartín kam er dann nach Madrid, um seine Verwandten wiederzusehen und auch seine Besitzung in Parla zu besichtigen, wo er geboren worden war. Arión kam abends an, und am folgenden Tag hatte ich die Ehre, ihn zu sehen. Es ereigneten sich dann bemerkenswerte Dinge in der Folge eines Gespräches, das ich Ihnen hier – so gut ich mich noch erinnern kann – mitteilen möchte:

»Mein lieber Cousin«, sprach die Gräfin Amaranta, »ich muß dich um einen Gefallen bitten.«

»Oh, meine liebe Cousine!« erwiderte der Herzog von Arión. »*De tout mon coeur**!«

»Leih mir, oder besser gesagt, gib mir deinen ›Sicherheitsausweis‹. Ich zweifel nicht daran, daß du mir diesen Gefallen erweisen wirst, denn du hast mir ja schon oft angeboten, mir in allem zu helfen, was ich wünsche.«

»Oh, *ma belle comtesse!*« entgegnete der edle Geck und legte die Hand aufs Herz. »Ich bin Ihnen so verpflichtet, und wenn ich ausdrücken könnte, was ich fühle … Ich hatte mir schon gewünscht, daß Sie mich um *quelque chose* sehr Schwieriges, Außergewöhnliches und Gefährliches bitten würden, damit ich Ihnen beweisen kann …«

»Dank für deine Bereitwilligkeit, aber lassen wir doch die Galanterien. Ich bin doch schon eine alte Frau. Machen denn in Frankreich jetzt die Jünglinge alten Damen den Hof? Aber mal etwas anderes – deine Kleidung ist nach einer Mode geschnitten, die man hier noch nicht gesehen hat.«

»O ja?«

»Wirst du nicht ungehalten sein, wenn ich dich für ein Werk der Nächstenliebe beim Wort nehme? Ich möchte die Flucht eines unglücklichen jungen Mannes aus Madrid bewerkstelligen, den elende Häscher wegen einer persönlichen Rache verfolgen.«

»Oh, *volontiers***! *Ma belle comtesse* kann über mich in jeder Hinsicht verfügen.«

»Du wirst mir doch auch Kleidung von dir geben, nicht wahr, mein lieber Cousin?« sprach die Gräfin mit einem gewinnenden Lächeln und musterte den jungen Mann schnell vom Kopf bis zu den Füßen. »Einen dieser herrlichen Anzüge, die du aus Paris mitgebracht hast, die nach der letzten Mode geschneidert worden sind und den Neid aller Gecken hier erregen.«

---

* Von ganzem Herzen (Anm. d. Übers.)
** Gern (Anm. d. Übers.)

»O ja, ich werde *très* glücklich sein, Ihnen mein *habit* zu geben.«

»Also, dann«, meinte die Amaranta zufrieden, »kann ich wohl meinen Plan bekanntgeben. Bei Einbruch der Nacht kann der junge Mann Madrid noch unter der geringstmöglichen Gefahr verlassen.«

Sie nahm den Sicherheitsausweis aus Arións Hand und reichte ihn mir weiter mit den Worten:

»Heute nachmittag, bevor ich mit meiner Tante und meinem Cousin zum El Pardo fahre, werde ich alles geregelt haben. Dieser junge Mann hier kann dann ohne Schwierigkeiten aus Madrid verschwinden. Wenn der verschwiegene Pater Salmón die Güte haben würde, heute nachmittag herzukommen, werde ich ihm Anweisungen geben, damit alles glatt verläuft.«

»Meine Dame«, antwortete der Mönch, »ich werde natürlich heute nachmittag, oder wann immer Sie befehlen, kommen, denn diese Angelegenheit ist mir sehr ans Herz gewachsen.«

»Also, Hochwürden, kommen Sie vor drei Uhr, denn wir müssen zeitig zum El Pardo aufbrechen, weil wir auf dem Wege dahin noch meine Patin im Moncloa-Palast aufsuchen müssen, die dort wohnt und krank ist, wenn auch nicht schwer.«

Ich dankte der Gräfin für ihre Bemühungen, und sie bat mich, ihr sofort meinen Aufenthaltsort mitzuteilen – falls alles gutgehen würde, wie sie hoffte. Sie würde mir dann neue Dokumente zu meinem Schutz dorthin schicken. Der Pater und ich machten uns sehr zufrieden auf den Weg zurück ins Kloster.

Später dann, als der Mönch von seinem zweiten Besuch im Hause der Gräfin an diesem Tage zurückkehrte, erfuhr ich den ganzen wunderbaren Plan der Gräfin, ein weiteres Zeugnis ihres großen Talents auf diesem Gebiet.

»Ich habe noch nie von einem solch gut ausgedachten Trick gehört«, meinte mein geistlicher Freund beeindruckt. »Du legst die Kleidung an, die man dir schicken wird, damit du dich als hochgestellte Persönlichkeit ausgeben kannst. Es kommt dir gut zu passen, daß du die gleiche Statur wie der Herzog hast. Du bist also heute abend nicht mehr Gabriel oder sonstwer, sondern der Herr Herzog von Arión, der aus dem Toledo-Tor hinausfährt zu seinem Besitz nach Parla. Es steht dir auch eine Kutsche zur Verfügung – und was für eine Kutsche! Die Frau Gräfin hat ja den Verdacht, daß jemand aus ihrer Dienerschaft von diesen Schurken bestochen ist, so daß sie sich keinem von ihnen anvertrauen will. Deshalb hat sie eine Freundin gebeten, ihr zu helfen. Der Kutscher und der Lakai, die dich begleiten, werden bezeugen, daß du der Herzog bist. Da diese den Herzog gar nicht kennen, sind sie auch überzeugt, daß du es bist, und werden deshalb gar nicht auf den Gedanken kommen können, dich etwa zu verraten. Sie haben den Auftrag, dich dorthin zu fahren, wo du willst, aber sie rät dir, nicht weiter als Navalcarnero zu fahren, wenn du die Stadt durch das Segovia-Tor verläßt, und nicht weiter als Leganés, wenn es das Toledo-Tor ist. Ich glaube, daß an diesen beiden Toren am wenigsten Gefahr besteht. Also, gnädiger Herr Herzog, ich küsse Ihre Hände. Die Wächter werden unmöglich Verdacht schöpfen können, wenn sie deinen Aufzug und den Sicherheitsausweis sehen … Du wirst erleben, anstatt dir irgendwelche Schwierigkeiten zu machen, werden diese Elenden den Hut vor dir ziehen und dir sogar anbieten, dich bis zu deinem Palast von Parla zu begleiten.«

Der Erfolg von Amarantas[66] Plan schien garantiert. Wenn ich nicht unglücklicherweise auf Santorcaz, Román oder das andere Gesindel, das mich persönlich kannte, stoßen würde, wäre meine Flucht eigentlich gar nicht zu verhindern, denn mein Sicherheitsausweis trug ja den Namen einer sehr hochgestellten Persönlichkeit, deren Zugehörigkeit zur Sache Frankreichs allgemein bekannt war. In dieser Zuversicht wiegte ich mich den ganzen Tag, und noch bevor es dunkel wurde, kam ein Diener mit dem Anzug, der mir wie angegossen paßte. Er war äußerst elegant im Schnitt und sehr luxuriös im Stoff und den Zutaten. Es war keine Galakleidung, sondern ein Alltagsanzug, aber von der Art, die den Träger über den Durchschnittsmenschen weit hinaushebt. Er bestand aus einem Wams, einer Weste und Beinkleidern aus sehr dunklem

Grün, mit Strümpfen der gleichen Farbe, einem weißen Spitzenkragen und einen braunen Überrock mit Pelzaufschlägen. Diese Kleidung war nicht mehr brandneu, aber doch wunderbar anzuschauen.

Als ich sie angelegt hatte, kamen alle Mönche, um mich zu begutachten, und lobten, daß man wohl nicht geschmackvoller gekleidet sein könnte. Es sei ja, als ob der Schneider meine Maße geahnt habe. In diesem Aufzug könne ich mich in jede hohe Gesellschaft von Madrid begeben und dort Aufsehen erregen. Ich antwortete mit Lachen und Scherzen auf diese Ausdrücke der Bewunderung, aber in Wirklichkeit fühlte ich mich nicht sehr wohl darin (ich will es hier nicht verheimlichen, obwohl es für mich ja nicht gerade sehr schmeichelhaft sein mag). Alle ließen mich vor einem Spiegel posieren, denn auch in den Klöstern gab es damals schon Spiegel. Am meisten befriedigt war der Pater Salmón, der nicht aufhörte, Verbeugungen vor mir zu machen und mich Señor Herzog zu nennen. Schließlich führte man mich mit Begeisterungsrufen zur Zelle des Priors, der herzlich lachte und gleichfalls meine elegante Verpackung übermäßig lobte.

In diesem Augenblick trat ein Mönch in die Zelle des Priors und meldete, daß ein junger Mann den Pater Salmón dringend sprechen wolle. Als wir beide auf den Kreuzgang hinausgingen, fanden wir dort Don Diego, blaß, verstört, beunruhigt. Er stürzte sofort auf Pater Salmón zu und rief:

»Pater, die Zaina stirbt und möchte die Beichte ablegen!«

»Arme kleine Zaina!« sprach der Geistliche. »Was hat sie denn?«

»Eine Krankheit, die keiner kennt. Einige halten sie für Wahnsinn, andere für Auszehrung, diese für schweren Rheumatismus und jene für heftige Melancholie. Es steht jedenfalls fest, daß es keine Rettung für sie gibt. Jetzt weint sie, nachdem sie zwei Tage lang sich ständig gebissen, die Haare gerauft und alle Besucher beleidigt hatte – besonders mich, den sie einen Dummkopf und unausstehlich nannte.«

»Sie waren doch ihr Liebhaber«, sagte Pater Salmón mißbilligend. »Oh, unter welche Leute hat sich der Graf von Rumblar da begeben!«

»Pater, lassen wir das doch jetzt, und kommen sie schnell, denn die Zaina stirbt. Bisweilen ist sie bei Sinnen, weint sehr und sagt, sie wolle Gott ihre Sünden beichten, um in den Himmel zu kommen. Dann aber verfällt sie wieder in ein Delirium und schreit viele Ungereimtheiten, so zum Beispiel, daß man die Steine am Bachufer abwaschen solle, denn die seien voller Blut. Dann wieder fragt sie, wann denn endlich der Schleier vor ihren Augen verschwinden würde, den sie nun schon jahrhundertelang sähe – und tausend gleichermaßen verworrene Dinge.«

»Ich komme sofort, aber vorher muß ich den Prior noch um Erlaubnis bitten, weil es ja schon Abend ist.«

»Gabriel«, sagte Graf von Rumblar zu mir, als wir uns allein im Kreuzgang befanden, »was hast du denn für einen Anzug an? Bist du etwa ein Edelmann geworden?«

»Mein Freund Don Diego«, antwortete ich, »sind wir nicht alle gleich zur Welt gekommen?«

»Was machst du denn so? Man sieht dich ja nirgends mehr. Wie kommt es denn, daß du dich hier bei dem Mönchsvolk herumtreibst?«

»Mehr Respekt vor diesen guten Leuten, Don Diego«, ermahnte ich ihn, »denn wir befinden uns hier unter ihrem Dach.«

»Ich kann sie nicht ausstehen. Santorcaz, der so viel weiß, hat mir so einiges von den Untugenden der Mönche erzählt, das beweist, was für Kanaillen das sind. Mit denen muß Schluß gemacht werden. Ich kann nicht verhehlen, daß wenn ich so einen Kuttenbruder sehe, ich eine starke Abneigung verspüre – besonders vor diesem Salmón, den ich ›Vater Vielfraß‹ nenne. Auch er kann mich nicht leiden. Gewiß war er es, der meine Hochzeitspläne im Hause der Marquise zunichte gemacht hat.«

»Ach, der Herr Graf heiraten also nicht? Aber das kann Sie doch nicht so sehr schmerzen, denn ich glaube, Sie sagen gehört zu haben, daß Sie Ihre Braut nicht sehr lieben?«

»Ich muß zugeben, daß mir diese Inés nicht besonders gefällt, aber ich bin entschlossen, sie zu meiner Frau zu machen, denn das dient meinen Interessen, weißt du? Santorcaz hat mich gelehrt, daß jeder Mann auf seine eigenen Interessen bedacht sein muß, denn sonst kümmert sich keiner auf der Welt darum. Außerdem sagt er, der alles weiß und so gewandt ist, daß ich Talent habe und zu sehr großen Dingen ausersehen sei. Deshalb schärfte er mir ein: ›Don Diego, Sie müssen sich eine gute Position erobern, die Ihnen erlaubt, Ihre großen Fähigkeiten zu zeigen.‹«

»Aber haben Sie denn nicht schon eine hohe gesellschaftliche Stellung?«

»Ach, was! Der Besitz der Rumblars macht in kleinen Städten wohl einigen Eindruck, aber hier stehe ich kaum in fünfter Reihe. Unsere Familie hat seit langem von der Erwartung gezehrt, nach dem geltenden Recht von der Familie Leiva, die eine der ersten Spaniens ist, zu erben. Als Inés dann als legitime Erbin auftauchte, ärgerte sich meine Mutter sehr, aber handelte dann die Heirat zwischen uns aus, um Streit aus dem Wege zu gehen, und war sehr zufrieden damit. Nun kannst du dir wohl die Wut meiner Mutter – aber auch meine – vorstellen, als sie erfuhr, daß die Marquise und die Gräfin nun von diesen Abmachungen zurücktreten wollen. Auf meinen Brief, in dem ich ihr das mitteilte, schrieb mir meine Mutter, ich sei ein Dummkopf und Tölpel und drohte mir tausend Peitschenhiebe an, wenn ich diese Hochzeit nicht doch noch als entschlossener und selbstbewußter *caballero* zustande bringe. Ehrlich gesagt, ich weiß nicht, was ich da noch retten kann, aber zu meinem Glück habe ich ja den guten Herrn Santorcaz, der mich wie ein Pater der Kirche berät. Letztens hat er mir eine geniale Methode erklärt, damit die von Leivas sich nicht über mich hinwegsetzen können.«

»Ich glaube, daß es dem Herrn Grafen nicht so sehr schwerfallen wird, die Heirat doch noch zustande kommen zu lassen und damit das Erbrecht der Leivas zu erlangen, wenn dieses junge Mädchen bereit ist, Ihnen ihre Hand zu geben.«

»Nein, das ist nicht der Fall. Ich bin ja auch nicht verrückt nach ihr und würde ja verzichten, wenn es nur von mir abhängen würde. Du mußt wissen, mein lieber Begleiter, daß ich mehr als alle Erbberechtigten der Welt den Drang nach einer grenzenlosen Freiheit empfinde, um machen zu können, was mir gefällt, zum Beispiel Freimaurerlogen zu besuchen, auf der Straße zu brüllen, wenn etwas los ist, den Mädchen von Avapies den Hof zu machen, Geld auf Rassepferde zu setzen – kurz und gut, mich nach Herzenslust zu amüsieren. Santorcaz, der mein bester Freund und Mentor ist, wie er sagt, spornt mich aber ständig an, mir das Erbrecht nicht entgehen zu lassen und schilt mich, in solch einer wichtigen Frage zu sorglos zu sein. Ich schulde ihm ja auch riesige Summen, die ich in meinen jetzigen Verhältnissen nie zurückzahlen kann und die er nun auch einfordert. Deshalb muß ich unbedingt dieses Erbrecht der Leivas bekommen. Ich muß gestehen, daß es mich sehr reizt, einmal Einnahmen zu haben, die mich in die Lage versetzen, so viel Geld auszugeben, wie es mir gefällt. Wie schön wäre es, wenn ich eines Tages zu allen Freunden gehen könnte, um sie zu einem Festmahl für mehr als vierhundert Münder einzuladen, mit solchem Luxus wie bei der Hochzeit von Camacho! Was kann es Schöneres geben, als die ›Pelumbres‹, die nach der Zaina das hübscheste Mädchen von Madrid ist, am Arm zu nehmen, mit ihr zu feiern, daß sich die Balken biegen, und sie dann in ihre Wohnung zu begleiten! Was für ein Gefühl wäre es, das Teatro del Príncipe oder ›Los Caños‹[67] zu besuchen und zu wissen, daß keine der liebreizenden spanischen Schauspielerinnen, italienischen Sängerinnen und französischen Tänzerinnen einem widerstehen können! Stell dir vor, ich würde den Eintritt für eine ganze Stierkampfarena bezahlen, dem Stierkampfpersonal doppelten Lohn geben und selbst einen Stierkampf in der feschen gold- und silberbestickten Tracht des Toreros versuchen! Das und noch mehr erhoffe ich mir von dem, was wir ausgeheckt haben.«

Ich blieb stumm vor Bestürzung und dachte darüber nach, wie tief doch dieser so streng von seiner Mutter erzogene junge Adlige in wenigen Monaten gefallen war: er, den man immer nur scheinbar gute Dinge gelehrt hatte wie Furcht vor den Höheren, Ablehnung des Neuen, Abneigung vor den Philosophien, Respekt vor der Tradition und Hingabe zur Religion und der erzogen worden war, um als großer Herr alle patriarchalischen Tugenden zu verkörpern. Da sah man, in welche Richtung sich ein Mensch entwickeln kann, dem man sie in seiner Kindheit mit hundert Ketten gefesselt hatte, in welche düsteren Tiefen sein Wille hinabgestiegen war, der doch so sehr gegen Anfechtungen gestählt worden war. Welch erschreckendes Küken war dem behüteten Ei entstiegen, so daß die ehemals so stolze Henne nicht fassen konnte, was sie da hervorgebracht hatte!

»Wenn Inés Sie aber auch nicht mag«, warf ich ein, »wird das, was Sie da vorhaben, wohl nicht einfach so gelingen, oder?«

»Das dachte ich auch, aber Santorcaz, der in allen Dingen Bescheid weiß, schimpfte mich da gehörig aus und nannte mich einen Gimpel ohne Selbstbewußtsein, einen Schwächling und noch viel Beleidigenderes, so daß ich es nicht mehr hören konnte und ausrief: ›Ich werde listiger sein als Judas und wagen, was man nur wagen kann. Denn weder die Leivas noch Sie noch sonst jemand soll über mich spotten können!‹«

»Was macht denn der Señor de Santorcaz jetzt eigentlich?«

»Die Franzosen haben ihn zu einer Art Leiter des Dienstes für Überwachung der öffentlichen Ordnung gemacht, was ihm sehr liegt. Alle diejenigen, die sich gegen die neue Regierung äußern, setzt er fest. Unter der Hand kritisiert man ihn sehr im Volke und nennt ihn einen Verräter, aber er lacht nur darüber und sagt, es gäbe keinen besseren König als den Joseph und daß die Spanier eben dumme Tölpel seien. Erst hat mich das ja geärgert, aber dann habe ich mich daran gewöhnt, daß er so redet. Ich, der früher spanischer als Ferdinand der Siebte war, gebe jetzt keine zwei Feigen mehr für Spanien. Nach der Musik, die gespielt wird, tanze ich ... Aber du wirst sehen, was wir geplant haben. Um ihm und allen seinen Freunden zu beweisen, daß ich ihren Spott nicht verdiene, habe ich mich entschlossen, Inés zu zwingen, mich zu heiraten, wenn sie es nicht freiwillig tun will.«

»Das wird aber schwierig werden.«

»So scheint es, aber es ist nicht so. Du hast nicht solche großen Ideen und ein so wagemutiges Herz wie ich jetzt, mein Lieber, daher kannst du das nicht so richtig verstehen. Ich werde ins Haus der Inés eindringen und sie ohne Wissen ihrer Verwandten entführen …«

»Aber das wird Ihnen doch nicht gelingen, denn dieses aufrechte junge Mädchen wird doch nicht mit Ihnen gehen – besonders nicht, wenn sie Sie nicht mag, wie Sie ja selbst zugeben.«

»Wie ich sehe, bist du naiv«, spottete er mit spitzbübischer Unverschämtheit. »So habe ich allerdings auch erst gedacht, aber Santorcaz und seine Freunde haben mir das ausgeredet. Man müsse etwas wagen und schlau vorgehen, um etwas zu erreichen, sagten sie mir. Ich werde schon wissen, wie ich sie aus dem Haus bekomme. Dann bringe ich sie zu einem Haus, das wir schon dafür vorbereitet haben, und danach muß uns ihre Familie ihren Segen geben.«

Ich mußte meine Entrüstung über die Gemeinheit mit äußerster Gewalt unterdrücken.

»Ich werde mich nicht darum kümmern«, fuhr er fort, »daß mich Inés jetzt noch nicht liebt. Ich bin sicher, daß sie sich unsterblich in mich verlieben wird, sobald wir erst einmal in gewisse Intimitäten miteinander eingetreten sind. Alle sagen, daß ich auf Frauen sehr anziehend wirke. Ich sei praktisch wie ein Angelhaken zum Fangen von Mädchen … Ich hoffe nur, daß ihre Traurigkeit bald vergeht … Ich weiß nicht, ob ich dir schon erzählt habe, daß meine Braut in der Zeit, die sie nicht bei ihrer Familie verbracht hatte, einen Gassenstrolch, einen Habenichts als Verlobten hatte … Was es nicht alles auf der Welt gibt! Das Erstaunlichste aber ist, daß sie diesem Lumpenkavalier seine romanhafte Treue bewahrt hat, die ihren Verwandten großen Verdruß bereitet. Da sind sie dann auf den Ausweg gekommen, ihr zu erzählen, daß der Kerl gestorben sei, damit sie nicht länger an ihn denkt und damit die Familie entehrt.«

»Aber das macht es für Sie doch noch um so schwieriger, dieses ehrbare junge Mädchen aus dem Hause zu locken!«

»Einfaltspinsel – natürlich wird sie nicht mit mir kommen, wenn ich ihr erzähle, wohin ich sie bringen will. Ich werde mich natürlich hüten, ihr das zu sagen. Wir haben uns da einen gewissen Trick ausgedacht …«

»Welchen denn?«

»Ich habe schon Serafina, ihre Dienerin, bestochen. Ich mußte ihr dafür eine beträchtliche Summe geben. So haben wir arrangiert, daß die beiden morgen ganz früh in den Palastgärten spazierengehen werden. Die Dienerin wird es so einrichten, daß sie zu einem gewissen einsamen Ort kommen, wo es einfach sein wird, unseren Plan auszuführen. Santorcaz hat mir versichert, daß alles gut verlaufen wird. Er ist es, der alles vorbereitet, die Kutsche bestellt, das verschwiegene Haus ausgesucht und das Bestechungsgeld vorgestreckt hat. Wenn du wüßtest, wie eifrig er bei der Sache ist!«

»Das glaube ich wohl.«

»Morgen früh ist alles bereit. Zu der Zeit geht die Marquise zu ihrer Andacht, die Gräfin wird noch nicht aufgestanden und der Marquis noch im ersten Schlaf sein.«

»Señor Don Diego«, sagte ich und versuchte meinen immer größer werdenden Zorn so gut wie noch möglich zu verbergen, »Sie meinen nicht, daß das infame Gemeinheiten sind, unwürdig selbst des heruntergekommensten Scharlatans – um von einem *caballero* gar nicht zu reden? Glauben Sie nicht, daß jemand, der so etwas fertigbringt, dafür bestimmt ist, seine Tage in einem Zuchthaus zu beenden?«

»Ich muß ganz offen zugeben, daß ich in meinem Herzen einen gewissen Widerwillen verspürte, als Santorcaz und seine Freunde mir das eröffneten. Ich verschwieg ihnen das auch nicht. Dann fingen sie an, mich Feigling, Hasenfuß, Nichtsnutz und noch vieles andere zu nennen, was mich sehr aufbrachte. Gleichzeitig drängte mich Santorcaz, nun doch endlich die großen Summen zurückzuzahlen, die ich ihm schulde und die sich schon auf fünf Jahreseinnahmen meiner Familie belaufen. Außerdem hat mir meine Mutter einige Briefe aus Bailén geschickt, in denen sie mich furchtbar abkanzelte. Sie schreibt, ich sei ein Unwürdiger und Nichtskönner, wenn ich diese Heirat nicht zustande brächte. Ich würde mit meiner Sorglosigkeit und meinen Ausschweifungen den Ruin unserer Familie herbeiführen. Sogar mein Hauslehrer Don Paco hat mir geschrieben, daß er mich für alle Zeiten unwürdig des ehrwürdigen Namens Rumblar ansehen würde, wenn ich nicht in den Genuß des Erbrechts der Leivas käme ... Es bleibt mir also nichts anderes übrig, als das alles zu tun. Also weg mit den Nonnenskrupeln und frisch gewagt! Ich werde beweisen, daß ich ein Mann bin, der sich von nichts abschrecken läßt! Was denkst du? Kannst du dich nicht in mich hineinversetzen, mir unter diesen Umständen zustimmen und zu meiner Entschlußfreudigkeit gratulieren?«

»Also, morgen früh wird das in die Wege geleitet?« fragte ich, ohne ihm eine Antwort auf seine Frage zu geben.

»Im Morgengrauen. Ich weiß nicht, ob ich dir schon erzählt habe, daß sie sehr früh aufzustehen pflegt. Santorcaz meint, je früher, um so besser. Niemand aus der Familie wird davon erfahren, bevor wir in Madrid sind. Ich habe schon einen Brief an die Marquise geschrieben, in dem ich mich als sehr verliebt in Inés ausgebe, so daß die unwiderstehliche Kraft meiner Leidenschaft mich dazu getrieben hat – und ähnliche wohl formulierte Sentenzen, die mir Santorcaz alle vorgesagt hat ... Aber, mein Lieber, es ist spät. Ich muß ja sehen, wie es der armen Zaina geht – ob sie nun sterben wird oder nicht. Ich muß sagen, daß sie mich ziemlich geliebt hat, und Gott weiß, ob das nicht zu ihrer Krankheit beigetragen hat ... Die Schwester von Pepa Ramos macht mich jetzt rein verrückt. Kennst du sie? Was für ein fesches Weibsbild! Also dann adiós – oder willst du mitkommen? Was machst du denn eigentlich in dieser feinen Schale? Hast du etwa geerbt? Ich kenne dich ja gar nicht wieder. Nimm dich nur vor den Mönchen in acht, denn die sind sehr intrigant ... Nun denn, auf Wiedersehen. Ich muß noch einiges für meine Fahrt in aller Frühe zum El Pardo regeln.«

Mit diesen Worten ließ er mich in dem Kreuzgang stehen. Eine große Erregung hatte mich befallen, aber ich wurde aus meinen besorgten Gedanken gerissen, als mir gemeldet wurde, daß die Kutsche, die die Gräfin Amaranta mir für meine Flucht besorgt hatte, angekommen sei. Ich lief sofort auf die Straße und fragte beim Einsteigen den Lakaien:

»Wo ist denn die Frau Gräfin?«

»Heute nachmittag ist die Frau Gräfin zum Pardo-Palast gefahren«, erwiderte er respektvoll, mit dem Hut in der Hand. »Wohin sollen wir Euer Gnaden bringen?«

»Auch in den Pardo-Palast«, antwortete ich entschlossen.
»Die Frau Gräfin hat uns angewiesen, die Straße nach Illescas durchs Toledo-Tor zu nehmen. Möchten Sie eine Spazierfahrt machen, wenn wir aus Madrid hinaus sind?«

»Zum Pardo habe ich gesagt, zum Pardo ohne Umwege!« rief ich verärgert aus. »Haben Sie das denn nicht gehört? Und gefälligst schnell!«

Die Maultiere setzten sich in Trab in Richtung Real Sitio.

27.

Am San-Vincente-Tor wurde die Kutsche zum ersten Male angehalten. Als die Tür geöffnet wurde, zeigte ich meinen Sicherheitsausweis. Daraufhin ergingen die Torwächter sich in Verbeugungen und ließen uns weiterfahren. Bei der San-Antonio-Kirche hielt man uns wieder an und dann ein drittes Mal an der Puerta de Hierro, dem Eisentor. Diese Kontrollen ließen erkennen, daß ein illegaler Versuch, Madrid zu verlassen, äußerst gefährlich war – und ohne Sicherheitsausweis gänzlich unmöglich. Es lief aber alles reibungslos, auch noch beim Toledo-Tor. Keiner der Männer, die in die Kutsche spähten, schöpfte den geringsten Verdacht, daß sich in Wirklichkeit meine gesuchte Wenigkeit darin befand.

Ich schwebte in einem Zustand undefinierbarer Erregung. Die Gangart der Maultiere entsprach so wenig meiner fieberhaften Ungeduld, daß ich das Verlangen spürte, auszusteigen und zu Fuß weiterzulaufen, um so schneller anzukommen. Ich wiederholte mir im Geiste immer wieder meinen festen Entschluß: »Ich muß schnellstens zur Gräfin, um ihr von der schändlichen Intrige zu berichten, und dann eiligst verschwinden! Nichts sonst ist wichtig!« Ich dachte dabei nicht an Schwierigkeiten, die sich ergeben könnten. Ich sah nur meine Aufgabe, verdrängte alles andere. Auch meine weitere Flucht kümmerte mich im Augenblick nicht. Es war mir sogar gleichgültig, ob ich nach erfolgreicher Erledigung der Aufgabe, die ich mir gestellt hatte, in die Hände der Häscher fallen würde.

In etwas mehr als einer Stunde erreichten wir den Vorplatz des Palastes, wo ich eine starke Kavallerie-Eskorte und viele Kutschen erblickte. Der Kutscher peitschte die Maultiere, so daß wir durch das breite Tor bis vor das Vestibül preschten, von dem die breite Treppe ausging. Alles war hell erleuchtet und voller spanischer und französischer Wächter. Eine Militärkapelle spielte die kaiserliche Hymne auf der Galerie über der Treppe. Napoleon war schon da. Er hatte sich mit seinem Bruder zum Mahl begeben.

Stellen Sie sich vor, wie jemand stirbt und auf einem anderen Planeten aufwacht, in einer anderen Welt, sich in anderer Form in einer anderen Atmosphäre, in einem anderen Medium wiederfindet, wo eine Flora und Fauna gedeiht, die völlig verschieden von der ihm bisher bekannten Welt ist. So war mein Eindruck. Ich war betäubt und verstört. Dennoch stieg ich schnell aus der Kutsche und fragte den erstbesten Bediensteten, der mir begegnete, nach den Gemächern des Marquis de Leiva. Da rief der mit mir gekommene Lakai: »Wenn Euer Gnaden sich mit mir bemühen würden – es ist hier im Erdgeschoß links.«

Zwei oder drei Diener zeigten mir eilfertig den Weg. Mein Lakai ging mir voraus und sagte anderen Bediensteten, die auf uns zukamen:

»Hier ist der Herr Herzog. Meldet, daß der Herzog von Arión angekommen ist!«

Ich weiß nicht mehr, durch welche Räumlichkeiten sie mich führten. Ich kann mich nur noch entsinnen, daß ich plötzlich in einem hell erleuchteten, warmen Zimmer stand, in dem der Marquis mit ausgebreiteten Armen mit folgenden Worten auf mich zukam:

»Du Schelm! Gott sei Dank, daß wir dich jetzt hierhaben! … Aber warum bist du so spät gekommen? Das Essen ist schon beendet. Ach, Schelm, wie groß du bist!«

Ich stammelte ein paar Entschuldigungen, aber brachte dann heraus:

»Ist die Frau Gräfin anwesend?«

»Sie ist nicht gekommen. Ich bin allein mit meiner Tochter hier. Aber, mein lieber Junge, du hast ja gar keinen französischen Akzent, wo man mir doch erzählt hat, daß du wie ein französischer Tanzmeister sprichst. Komm, komm, ich werde dich gleich dem König Joseph vorstellen, der dich so gern sehen möchte. Der Kaiser wird auch zugegen sein ... Er hat ja beschlossen, daß sein Bruder als König von Spanien eingeführt wird und alle Differenzen beseitigt werden müssen. Deshalb komm, komm ... Aber, Cousin, was sehe ich da?« fügte er hinzu und musterte meinen Anzug. »Warum bist du denn nicht nach Hofsitte gekleidet? Nun, hör doch mal! Die Uhren fehlen ja auch ... und deine Orden, die Ehrenlegion, den vom Christus von Portugal, Karls III., von San Mauricio, San Lazaro und auch der Schwarze Adler.«

»Ach, lassen wir das doch«, entgegnete ich, weil ich meine Ungeduld schon nicht mehr verbergen konnte. »Ich komme wegen einer Angelegenheit her, von der viel abhängt, nämlich ...«

»Das Geschick Europas?« fragte er begierig. »Lauf, lauf sofort und bringt es zur Kenntnis von Urquijo. Kommst du aus dem Hauptquartier? Ist ein Kurier aus Frankreich mit Nachrichten von Österreich gekommen?«

»Nein, nein, das ist es nicht«, gab ich zur Antwort, ohne zu wagen, ihn aufzuklären. »Aber sagen Sie mal, ist meine Frau Gräfin nicht hier?«

»Deine Cousine? Wir erwarten sie schon seit dem Nachmittag, aber sie mußte beim Moncloa-Palast Station machen, um ihre Patin zu besuchen, der es ja wohl sehr schlecht gehen soll. Ich nehme an, Amaranta und meine Schwester haben beschlossen, die ganze Nacht dort zu bleiben. Kommst du aus Madrid oder direkt aus Chamartín?«

»Ich bedauere sehr, daß die Frau Gräfin nicht hier ist«, brachte ich in größter Besorgnis heraus.

»Ich werde dich meiner Tochter vorstellen – komm. Es ist wirklich sehr schade, daß du dich nicht nach Hofsitte gekleidet hast. Aber du stehst doch bestimmt auf familiärem Fuß mit dem Kaiser, und wenn du dich melden läßt, könntest du wohl auch in diesem Anzug vor ihn treten ... Aber sag mir doch mal – was für Nachrichten bringst du denn? Es ist doch wohl ein Kurier ins Hauptquartier gekommen? Worauf muß ich mich nun einstellen? ... Wir meinen hier, daß Österreich ... Mir kannst du es doch erzählen. Du weißt doch wohl, daß mich der Kaiser in allem um meinen Rat fragt ... Junge, weißt du eigentlich, daß du eine stattliche Figur hast? ... Man hat mir gesagt, du seist ... du hättest ein wenig hohe Schultern, eine Stupsnase, und das eine Auge sei ein wenig ... Aber nein, ich sehe, daß man mich nicht richtig unterrichtet hat. Du siehst besser aus, als ich mir vorgestellt habe. Ja weißt du, es kommt mir so vor, als ob ich dein Gesicht schon vor einiger Zeit mal irgendwo gesehen habe. Wenn ich dich so anschaue.«

Wir befanden uns in einem luxuriösen Salon mit herrlichen Teppichen. Wir waren allein, aber aus den angrenzenden Zimmern hörte man Stimmen. Der Diplomat ergriff die Aufschläge meines Wamses, schüttelte mich, erstickte mich fast und machte mich ganz verrückt mit seinem andauernden Geschwätz. Vergebens versuchte ich, ihn zu unterbrechen und von anderen Dingen zu reden, vor allem natürlich vom Grund meines Kommens. Dieser Schwätzer ließ mich aber einfach nicht zu Worte kommen. Er mußte unbedingt alles an den Mann bringen, was er so dachte. Sein ständiges Gestikulieren, sein nicht abreißender Wortstrom, der wie eine Knarre in meine Ohren drang, machten mich fast taub, wütend und nervös.

»Ach, Neffe meiner Seele!« fuhr er fort. »Wenn du mir die Nachrichten, die du bringst, anvertrauen würdest ... hat man dir schon erzählt, daß ich von der gleichen Verschwiegenheit bin ... Ich zweifle nicht daran, daß du eine Nachricht mitbringst – etwas Ernstes, jawohl. Zum Essen hättest du die Kleidung wechseln müssen. Aber das macht ja nun nichts, denn der Generalstabschef Berthier hat dich ja wohl eiligst losgeschickt mit Wegproviant. Aber hör mal, sag's mir doch – mir ganz allein ... Wirst du jetzt den Kaiser aufsuchen? Wenn du willst, werde ich dich anmelden lassen. Nach dem Essen sitzen jetzt der Kaiser, der König Joseph, der Sekretär Hugues Maret, Urquijo und Monsignore de Pradt[68], Erzbischof von Malinas, beim Gespräch zusammen. Komm, wir melden dich an.«

»Mein Herr«, sagte ich brüsk, ohne meine Ungeduld und Unruhe verbergen zu können, »ich werde weder mit dem Kaiser noch mit dem König Joseph noch mit dem Erzbischof oder irgendeinem anderen dieser Herren sprechen. Ich komme doch, um …«

Da hielt ich inne, denn ich wagte plötzlich nicht mehr, den Zweck meines Besuches zu gestehen.

»Also, die Frau Gräfin ist nicht hier?« fragte ich noch einmal nach einer kleinen Pause.

»Ach, laß doch die Gräfin. Ich habe dir doch gesagt, daß sie nicht hier ist. Ja, wir haben sie schon heute nachmittag erwartet, aber wie ich gehört habe, wurde sie im Moncloa-Palast aufgehalten, weil es ihrer Patin zeitweise sehr schlechtgeht. Es könnte jedoch sein, daß sie noch vor Mitternacht kommt.«

»Ich werde auf sie warten«, sagte ich entschlossen und setzte mich in einen Sessel.

»Ich sehe, daß Amaranta dich mehr interessiert als das Schicksal der Welt. Möchtest du es mir denn nicht doch sagen? … Hier unter uns, ganz im Vertrauen … nur mir allein«, sagte er eindringlich und legte mir die Hand auf den Schenkel.

»Was soll ich denn sagen, Mann Gottes, wo ich doch nichts weiß?«

»Also du bist wirklich starrköpfig, mein kleiner Neffe. Für mich wäre es so befriedigend, etwas sogar vor dem Kaiser zu erfahren, um diese Tatsache allen hier, die so begierig nach Neuigkeiten sind, erzählen zu können.«

»Sie meinen also, daß die Gräfin noch vor Mitternacht kommen könnte? Wie weit ist es denn von hier zum Moncloa?«

»Aber was hast du denn nur mit der Amaranta? … Das soll doch wohl etwas verbergen … Aber komm. Ich möchte, daß du meine Tochter kennenlernst. Du hast ja schon von ihr gehört. Die Arme! Ich habe sie aufgenommen und anerkannt … Man muß doch irgendwie die Fehler seiner Jugend wiedergutmachen. In Paris wirst du wohl auch viel von mir gehört haben. Es gibt da wohl noch etliche Spuren meines amourösen Ungestüms. Doch nun komm, du wirst Inés kennenlernen. Sie ist sehr hübsch. Sie hat sich noch nicht richtig gefangen. Falls sie schon zu Bett gegangen sein sollte, werde ich sie wieder aufstehen lassen.«

»Nein«, sagte ich. »Ich werde morgen mit ihr sprechen.«

Meine Situation war reichlich heikel, das können Sie mir glauben, liebe Leser. Die Gräfin, die ich unbedingt sprechen mußte, war nicht anwesend. Ich wollte andererseits auch nicht das ihr gegebene feierliche Versprechen, daß ich ihre Tochter nie aufsuchen würde, brechen. Hätte mich Amaranta nämlich in Gegenwart von Inés überrascht, so hätten alle meine Erklärungen wie schäbige Ausreden geklungen, und mein Auftauchen in dieser Verkleidung im Pardo-Palast wäre wie ein Versuch erschienen, diesen Schatz der Familie, der mir durch den Standesunterschied und tausend andere Erwägungen versagt wurde, doch noch zu stehlen. Daran mußte ich ständig denken, während der alberne Diplomaten-Marquis mir zusetzte, ich möge ihm doch wenigstens etwas aus dem Hauptquartier berichten. Nachdem ich alles blitzschnell abgewogen hatte, gelangte ich zu dem Schluß, daß mir nichts anderes übrigblieb, als dem Marquis den Zweck meines Besuches anzuvertrauen, aber daß ich dennoch meine Identität nicht verraten dürfte, denn dann würde alles zusammenfallen und ich den Häschern überantwortet werden. So legte ich mir in aller Eile einen Plan zurecht und unterbrach ihn schließlich entschlossen mit den Worten:

»Mein lieber Onkel, ich werde Ihnen später alles erzählen, was man so im Hauptquartier hört. Aber jetzt muß ich erst einmal über eine andere wichtige Angelegenheit mit Ihnen reden.«

»Wichtig – na, dann erzähl mal schnell«, sagte er fast keuchend und so ungeduldig wie ein Kind.

»Sehr wichtig!«

»Ich kann mir schon denken – England, der gemeinsame Feind …«

»Nichts davon ist es. Was ich sagen möchte ist, daß dieser kleine Graf Rumblar … Oh, das ist ein Jüngling mit einem schlimmen Lebenswandel.«

»Das wissen wir schon. Aber lassen wir doch diesen Don Diego beiseite, verflixt noch mal!« rief er enttäuscht aus.

»Ich muß Ihnen mitteilen, daß …«

In diesem Augenblick traten zwei uniformierte Gestalten in den Salon. Einer war ein Spanier, der andere ein Franzose, aber beide drückten sich in unserer Sprache aus. Der Marquis erhob sich und stellte mich ihnen umständlich vor. Dann sagte er zu den beiden:

»Sosehr ich auch versuche, ihn zum Reden zu bewegen, er verrät nichts. Er kommt nämlich mit sehr interessanten Nachrichten vom Hauptquartier.«

»Gehen Sie nach oben, um mit dem Kaiser zu sprechen?« fragte mich einer von ihnen.

»Nein, mein Herr«, antwortete ich, da ich ja gezwungen war, die Farce weiterzuspielen. »Zur Zeit brauche ich seine Kaiserliche Majestät nicht zu sprechen.«

»Was sagt man denn so im Hauptquartier zur Haltung des Kaisers seinem Bruder gegenüber?«

»Oh!« rief ich aus und setzte eine wichtige Miene auf. »Es wird so manches geredet.«

»So manches!« wiederholte der Marquis mit einer Geste des Staunens.

»Noch ist nicht entschieden«, fügte der französisch aussehende Herr hinzu, »ob der Kaiser, unser Herrscher, seinem Bruder das Königreich Spanien übergibt. Was haben Sie denn so konkret in Chamartín gehört? Besteht Seine Majestät darauf, daß Spanien wie ein erobertes Land behandelt wird?«

»Ja, meine Herren, wie ein erobertes Land«, antwortete ich mit Überzeugung und gab damit meinen Kommentar zur großen Politik der Welt.

»Eigentlich sind doch die beiden Brüder nicht so recht einer Meinung«, bemerkte der andere dazu. »Nimmt vielleicht der Gedanke Gestalt an, Spanien Frankreich anzugliedern?«

»Ja, meine Herren«, bestätigte ich und empfand Trauer über das Schicksal meines Landes. »Spanien wird an Frankreich angeschlossen!«

»Oh, welch eine Katastrophe!« sagte der Spanier. »Da können wir doch nicht mehr der Sache Frankreichs dienen. Besteht man denn darauf, unser Land in fünf Vizekönigtümer aufzuteilen?«

»Haben Sie denn noch Zweifel daran?« entgegnete ich im Tone des eingeweihten Fachmanns. »Man weiß aber noch nicht, ob man fünf oder sechs schaffen soll.«

»Dennoch«, meinte der französisch aussehende Mann, »glaube ich, daß sie sich heute abend aussöhnen werden.«

»Wenn der Kaiser sich entschließt, Spanien wie ein erobertes Land zu behandeln, so werden ihn die Intrigen Englands dazu veranlassen.«

»Natürlich England«, erwiderte ich lebhaft. »Sie haben es mir aus dem Mund genommen.«

»Und auch der unvernünftige Widerstand des spanischen Volkes.«

»Natürlich ... der unvernünftige Widerstand ...«

»Trotz allem«, sagte der Spanier, »zweifle ich sehr daran, daß Napoleon solche gewagten Gedanken in die Tat umsetzt, und noch dazu jetzt, wo das Gerücht umgeht, daß Österreich ...

»Was sagen denn die letzten Meldungen? Es sieht doch so aus, als ob Österreich aufrüstet.«

»Ja, Señores«, erwiderte ich in prophetischem und geheimnisvollem Ton, »Österreich rüstet auf und ... aber ich will nicht mehr sagen.«

»Aber, Mann«, bohrte der Marquis, »wir sind doch hier alles Freunde. Nun, sag doch schon endlich alles, was du weißt.«

»Entschuldigen Sie mich, meine Herren«, bemerkte ich höflich dazu. »Ich würde gern so liebenswürdigen Personen einen Gefallen damit erweisen, aber meine Pflicht kommt vor meinen Wünschen. Wichtiger als die Befriedigung, netten Leuten einen Gefallen zu erweisen, ist doch meine Verschwiegenheit, die ich gegen alle noch so netten Aufforderungen verteidigen muß. Zur Zeit muß ich noch schweigen, aber so viel kann ich sagen: Österreich ... ja Österreich ...«

Die drei Höflinge sahen sich vielsagend an, und ich richtete meinen Blick auf die Deckengemälde.

Da trafen unvermittelt zwei weitere Personen ein, die mein beflissener »Onkel« wieder vorstellte. Aber hier wurde die Lage für mich unangenehmer, denn der eine von ihnen sagte mir bei der Begrüßung mit einem gewissen Argwohn:

»Das ist doch merkwürdig. Vor drei Jahren sah ich den Herrn Herzog von Arión in Paris, und ich erkenne ihn jetzt in Ihnen gar nicht wieder. Entweder läßt mein Gedächtnis so nach, oder Sie haben sich kolossal verändert.«

Zu meinem Glück hatte sich der Marquis etwas entfernt. Ich hielt es für ratsam, mich mit jenem Herrn möglichst nicht in ein Gespräch einzulassen. Mein guter Stern befreite mich auch aus dieser Verlegenheit, als plötzlich eine weitere Person in großer Eile eintrat und rief:

»Meine Herren, die Konferenz nimmt die Ausmaße eines Streites an. Die Lautstärke nimmt beträchtlich zu, so daß man die Schreie vom Westkorridor aus hören kann. Gehen wir doch mal dorthin, dann können Sie sich selbst ein Bild machen.«

Sie können sich wohl vorstellen, wie jene Höflinge durch die Korridore liefen, wie sie in die Labyrinthe des Palastes hineinhorchten, wie sie sich drängelten, weil jeder der erste sein wollte, der einen Hinweis, ein Wort aufschnappte – eine Kleinigkeit, die ihre Phantasie beflügeln könnte. Ich folgte ihnen. Wir hetzten durch einen großen Saal, in dem sich etwa zwanzig Personen in verschiedenen Uniformen befanden. Dann wieder durch Gänge und von einem Saal in einen anderen. Schließlich erreichten wir einen breiten, dunklen Korridor, dessen Fenster auf einen engen Innenhof hinausgingen. Es standen schon fünf oder sechs andere Gestalten an diesen Fenstern, aber ich konnte nicht erkennen, was ihre Aufmerksamkeit erregte. Alle flüsterten und spähten angestrengt nach draußen. Aber wonach schauten sie denn aus, worauf warteten sie?

Der Innenhof, auf den ich mich hier beziehe, war – wie gesagt – sehr klein. An der gegenüberliegenden Hausfassade war ein großes Fenster, dessen Flügel geschlossen waren. Durch einen Gazevorhang sah man Licht. Die dicken Wintervorhänge waren auf beiden Seiten gerafft, so daß man ein beleuchtetes Dreieck sah, dessen Licht im oberen Teil am stärksten war. In diesem Dreieck waren mehrere Schatten sichtbar. Einer zeichnete sich besonders gut ab, wie bei einer Laterna magica, weil er genau zwischen der Beleuchtung des Raumes und der Fensterscheibe stand. Dieser Schatten bewegte sich je nach der Heftigkeit der gesprochenen Worte. Auf ihn richteten sich die Blicke, die Ohren und die Seelen der im Korridor versammelten Höflinge.

»Jetzt sprechen sie nicht so laut«, sagte leise einer von ihnen, »aber eben hat man noch deutlich einige Worte gehört.«

Sie streckten die Oberkörper aus den Korridorfenstern in der Hoffnung, daß ihre Ohrmuscheln eine Silbe auffangen würden. Ich lauschte auch, mußte aber feststellen, daß ich keinen Ton von drüben vernehmen konnte. Der Schatten in der Mitte des Lichtdreiecks erregte auch meine Neugier. Es war der Schatten eines kleinen, untersetzten Mannes mit rundem Kopf und kurzen Haaren. Man sah, wie er die Arme langsam bewegte, offenbar zur Untermalung seiner Worte, und den Kopf beim Lauschen einer Antwort hob oder schüttelte. Man konnte deutlich vage und starke Verneinungen erkennen, desgleichen Hartnäckigkeit, Zweifel, bohrende Fragen und entschiedene Antworten. Dieser Schatten vermittelte so sehr die Persönlichkeit, daß man meinte, ein Lächeln, Stirnrunzeln, Erstaunen oder andere Mienenspiele erkennen zu können. Einige Male, wenn der Kopf sich zum Fenster wendete, bot er eine runde Silhouette, dann wieder war er im Profil zu sehen. Hin und wieder tauchte eine Hand mit erhobenem Zeigefinger auf, der augenscheinlich bestimmte Worte gestisch unterstrich. Dann verschwanden Hände und Arme wieder in der Masse des schattenhaften Körpers, so daß man vermuten konnte, die Person habe die Arme verschränkt. Schließlich verging eine geraume Zeit, ohne daß die Figur sich bewegte, ein Zeichen, daß sie zuhörte oder überlegte, bis sie wieder in Aktion trat.

»Sehen Sie doch jetzt«, sagte einer der Höflinge, »wie er nein und wieder nein mit dem Kopf ausdrückt.«

In der Tat schüttelte der Schatten einige Sekunden lang den Kopf.

»Sicherlich sagt er, daß er in keiner Hinsicht auf seine Rechte auf die Krone Spaniens verzichtet«, bemerkte einer.

»Was er zweifellos sagt«, meinte ein anderer, »ist doch, daß er alles daransetzen wird, damit sich die Engländer hier nicht einmischen.«

»Ach, was!« rief ein dritter aus, »was er da redet, ist doch wohl, daß die Spanier nicht mehr lange Widerstand werden leisten können.«

Dann nickte der Kopf mehrmals eifrig und bekräftigte dies mit Handbewegungen.

»Nun sagt er ja, ja und nochmals ja«, kommentierte ein Höfling.

»Bestimmt meint er, daß die Eroberungsrechte unzweifelhaft sind.«

»Und daß er mit dem Thron Spaniens machen kann, was ihm gefällt.«

»Ach, Unsinn! Ich wette, daß es nichts von alldem ist. Er wird doch versichern, daß er die Engländer schlagen wird.«

Gleich darauf führte der Schatten die Hand an die Nase.

»Jetzt nimmt er eine Prise Schnupftabak«, kommentierten die Höflinge.

»Das ist jetzt das dritte Mal, seit wir hier stehen.«

Dann hielt der Schatten einen kleineren dunklen Gegenstand an sein Gesicht, neigte den Kopf, und man hörte von unserer Position aus einen schwachen Laut.

»Jetzt niest er!« riefen die Hofschranzen aus.

»Das ist ein gutes Zeichen!« meinte einer.

»Im Gegenteil – ein sehr schlechtes!« konterte ein anderer.

Danach erhob sich der Schatten und vermischte sich mit den anderen Schatten im Zimmer. Gleich darauf zeichnete er sich wieder ab, aber verändert, denn der runde Kopf war einer Trapezform gewichen. Dieses Charakteristikum des Dreispitzes unterschied ihn nun von allen anderen Schatten, die die Nacht hervorbrachte oder die noch aus den Elysischen Feldern auftauchen und über die Welt ziehen konnten.

»Jetzt verläßt er den Raum«, bemerkten die Höflinge.

»Gehen wir schnell in den Saal.«

Es war aber kein ›schnelles Gehen‹, sondern ein Fliegen in aufgelöster Formation.

»Kommst du nicht mit in den Saal?« fragte mich der Diplomaten-Marquis.

»Sie sehen doch, daß ich nicht nach Hofsitte gekleidet bin!«

»Ja, das stimmt, aber du … Ich sage dir, der Kaiser wird den Palast verlassen. Willst du vielleicht mit dem König Joseph sprechen?«

»Ich möchte heute abend nicht mit dem Kaiser reden«, erwiderte ich ihm, »obwohl er mich recht familiär behandelt und wir manchmal ein wenig Tute spielen …«

»Das Kartenspielen pflegt er also auch! Das wußte ich ja gar nicht!«

»Ja, ich sagte doch, daß wir ein recht vertrauliches Verhältnis haben und einander wie Freunde behandeln. Ich kann aber heute nicht in den Saal gehen, wenn alle anderen dort nach Hofsitte gekleidet sind. Sie gehen ja auch nicht.«

»O doch! Ich werde in den Saal gehen … Weißt du, als der Kaiser hier ankam, sah er mich; und seitdem fragt er ständig, wer ich denn sei. Also muß ich jetzt …«

»Haben Sie denn noch nie mit ihm gesprochen?«

»Na ja, wenn man das so nehmen will … so wie wir jetzt miteinander sprechen – nein. Aber wir haben schon Notizen ausgetauscht … Also, gelegentlich haben wir mit der Feder in der Hand schriftlich miteinander geredet.«

»Sie werden doch jetzt bestimmt in Ihre Gemächer zurückgehen. Da können wir uns doch einen Augenblick unterhalten, worauf ich dann das Haus verlassen werde.«

»Um diese Zeit? Nein, nein – du bleibst hier. Die Gräfin wird spätestens morgen früh kommen. Wir können so viel miteinander sprechen, wie du willst, aber zuerst gehe ich in den Saal, um zu sehen, was Seine berühmte Majestät mir zu sagen hat. Gestern abend hatte mich doch der König Joseph rufen lassen, um ein wenig Unterhaltung zu haben.«

»Wir müssen vorher noch von einer Angelegenheit sprechen, die für uns wichtig ist … Es wird nicht lange dauern.«

»Gehen wir in mein Zimmer«, meinte er, als wir an dem

kleinen Saal angelangt waren, wo er mich zuerst empfangen hatte.

»Nein, gleich hier«, entgegnete ich, »denn ich muß gleich wieder abreisen.«

»Aber hör mal – hier ist es mir zu kalt. Komm in mein Zimmer.«

Wir betraten einen anderen Raum und setzten uns. Kaum hatten sich aber unsere Körper auf dem Sofa niedergelassen, als ein Diener mit den folgenden Worten eintrat:

»Es ist ein Herr gekommen mit der Botschaft, daß der Graf von Cabarrús Sie sofort sprechen möchte.«

»Sofort, ja sofort!« rief der Diplomat in großer Freude aus. »Das ist ja mein lieber Minister! Cousin, du bleibst hier. Inés wird dir Gesellschaft leisten.«

»Nein, sie soll sich nicht bemühen«, antwortete ich besorgt. »Ich werde hier allein warten.«

»Das gnädige Fräulein Inés möge kommen«, sagte er zu dem Diener.

Der Diener schaute mich aufmerksam an.

»Meine Tochter möge kommen!« wiederholte der Marquis. »Sag ihr, daß der Herzog von Arión, ihr Cousin, hier ist. Sie solle sofort herkommen, um ihm Gesellschaft zu leisten, denn der Kaiser ... ich will sagen der König Joseph ... das heißt, der Minister Cabarrús hat mich rufen lassen, damit ich ihn in einer ernsten Angelegenheit berate.«

Und ohne noch mehr zu sagen, denn seine Ungeduld war groß, verließ er den Raum und ließ mich allein. Ich war so aufgeregt, daß ich nicht ermessen konnte, wie lange ich da allein in diesem Zimmer wartete, ohne einen anderen Laut als das Ticken einer Uhr auf dem Kaminsims und das Knistern der brennenden Holzscheite zu hören. Ich hätte vor Unruhe und Beklommenheit aus der Haut fahren können. In mir stritten sich die unbeschreibliche Freude, Inés wiederzusehen, mit dem Schuldbewußtsein, ein feierliches Versprechen zu brechen. Manchmal erschien es mir, als ob die Minuten wie der Wind vergingen, und dann wieder, als ob sie vor mir stillstünden und mich wie unverschämte Kobolde anstarrten. Mein Geist, der voller Ungeduld und Liebessehnsucht war, trieb mich, weiter in die Wohnung hineinzugehen und die zu suchen, die nicht kam. Dann wieder hatte ich das Gefühl, ich müßte unbedingt das Fenster öffnen und mich daraus in den Garten stürzen, um für immer von diesem Hause zu fliehen. Im Sitzen hielt ich es nicht aus und auch im Stehen nicht. So schritt ich ungeduldig von einem Ende des Raumes zum anderen. Das Blut klopfte mir in den Schläfen und verursachte in meinem ganzen Körper eine große Hitze. Inés erschien immer noch nicht. »Wenn sie nicht kommt, werde ich sterben«, sagte ich mir und vergaß dann all mein Schuldbewußtsein, das mich anfänglich ihr Kommen hatte fürchten lassen. Ich weiß nicht, ob Stunden oder nur Minuten vergingen. Das einzige, an das ich mich noch entsinnen kann, war, daß viele Gedanken wild durch mein Hirn fuhren – einer löste den anderen ab. Die Uhr war schon beträchtlich weitergelaufen, aber nichts von Inés zu sehen. Dieses ungeduldige Warten in der Einsamkeit begann mir unerträglich zu werden. Der Gedanke kam in mir auf, daß sie gar nicht mehr kommen würde, und bereitete mir einen stechenden Schmerz. Nach meiner ersten Besorgnis hatte mich schon eine Vorfreude überfallen, die durch die unerfüllte Erwartung nun in eine Art fieberhafter Qual überging. Wie von einem unsichtbaren Magneten angezogen und ohne mich noch um die Lage zu kümmern, in der ich mich befand – ja, fast ohne mir bewußt zu sein, was ich tat – öffnete ich die kleine Verbindungstür zum anschließenden Zimmer. Dieses war unbeleuchtet, aber ich konnte mich durch die Helligkeit, die aus dem Zimmer kam, das ich gerade verließ, orientieren. Ich durchschritt vorsichtig den Raum. Als ich in den Spiegeln mein Ebenbild sah, erschrak ich. An der entgegengesetzten Wand erblickte ich eine andere Tür. Ich öffnete sie und befand mich in einem dritten, kleineren Zimmer, in dem völlige Dunkelheit herrschte. Aber dann entdeckte ich an der entgegengesetzten Seite einen Lichtstrahl. Es kam mir so vor, als ob ich von dort Frauenstimmen hörte, was mich in dieser Richtung weitergehen ließ. Ich bewegte mich ganz langsam vorwärts mit vorgestreckten Händen, um nicht an Möbel zu stoßen, wie ein Einbrecher, mit angehaltenem Atem und auf ganz leisen Sohlen, in der

234

Furcht, daß sogar die Luftschwingungen meine Gegenwart verraten könnten. Ich hatte die Herrschaft über mich selbst verloren und wollte instinktiv nur noch jenen Lichtstrahl erreichen, aus dessen Richtung ich jetzt die Stimme von Inés klar vernahm. Endlich erreichte ich die Tür. Durch den schmalen Spalt konnte ich nichts erkennen, aber ich hörte zwei Frauen irgendwo hinter der Tür sprechen.

Bald darauf sagte eine der Stimmen so etwas wie ein Abschiedswort. Dann wurde eine Tür geschlossen, und alles versank wieder in Schweigen. Ich wartete noch ein wenig, legte die Hand auf die Türklinke und drückte sie ganz langsam hinunter. Ich drückte die Tür vorsichtig auf, damit sie nicht knarrte oder sonst einen Laut von sich gab. Derweil gefror mir das Blut in den Adern. In dem Maße, wie die Tür sich öffnete, begann ich zu erkennen, was in dem Zimmer war. Zuerst erblickte ich ein Himmelbett mit weißen Vorhängen, dann einen Tisch mit Handarbeitsutensilien darauf und schließlich eine in einem Betstuhl kniende Figur. Sie hatte die Stirn auf das Betstuhlbrett gelegt, so daß ich das Gesicht nicht sehen konnte – nur das Haar. Aber ich wußte gleich – es war Inés!

Ich trat mit sehr vorsichtigen, aber entschlossenen Schritten auf sie zu.

28.

Als Inés den Kopf hob und mich vor sich stehen sah, durchfuhr sie ein heftiges Zittern. Sie konnte kein Wort hervorbringen und war der Ohnmacht nahe. Ich war so gerührt, daß ich kein Wort zu ihrer Beruhigung artikulieren konnte. Meine Gegenwart erschreckte sie offenbar über alle Maßen, und ich fürchtete, sie würde jeden Augenblick losschreien.

»Inés, meine kleine Inés«, konnte ich schließlich stammeln, »erschrick doch nicht – ich bin es doch, ja, ich selbst. Du glaubst, daß ich tot sei? Nein, das ist nicht wahr. Schau mich an – ich lebe. Hab doch bitte keine Angst vor mir!«

Darauf nahm ich sie in die Arme und drückte sie an meine Brust.

»Du hast wohl gedacht, du würdest mich niemals wiedersehen?« fuhr ich fort. »Ich weiß, daß man dir gesagt hat, ich sei gestorben. Dieses Lumpenpack, wie sie dich getäuscht haben! Aber jetzt bin ich hier. Frag mich nicht, wie ich hierher gelangt bin. Ich weiß es selbst nicht mehr genau. Ich glaube, Gott hat mich an die Hand genommen, um mich zu dir zu führen.«

Es dauerte lange, bis Inés sich von ihrem Schock erholt hatte. Es war, als ob sie für einige Minuten das Bewußtsein verloren hätte. Sie schaute mich nur mit großen Augen an. Dann flossen Tränen über ihr Gesicht, in dem sich Bestürzung und Lächeln immer wieder abwechselten. Nach einiger Zeit nahm sie meine Kleidung wahr, was sie wieder in tiefes Erstaunen versetzte. Schließlich lachte sie und sah mich fragend an. Ihre Hände und Arme zitterten in den meinen in einem solchen Maße, daß ich fürchtete, die Erregung könne zu viel für ihren Organismus sein. Ich führte sie ganz vorsichtig zu dem nahen Sofa, setzte mich neben sie und versuchte, sie zu beruhigen, indem ich ihr nun, wo auch ich mich wieder etwas gefangen hatte, mein plötzliches Erscheinen erklärte.

»Aber woher kommst du denn hier im Palast?« fragte sie mich.

»Aus dem Zimmer deines ›Vaters‹. Er ließ mich da, als er abgeholt wurde. Dort wartete ich die ganze Zeit über. Warum bist du nicht gekommen? Meine Ungeduld war so groß, daß ich nicht mehr widerstehen konnte und mich wie eine Maus zu dir geschlichen habe.«

»Wie bist du denn überhaupt in den Palast gekommen?«

»Das ist eine lange Geschichte. Mir sind so manche Dinge widerfahren, Inésilla meines Herzens. Ich weiß im Augenblick auch schon fast nicht mehr, wie das alles so gekommen ist. Jedenfalls hatte ich versprochen, dich nicht mehr zu sehen und zu sprechen. Aber ohne es zu wollen, bin ich nun doch an deiner Seite und spreche mit dir. Du hast also wirklich geglaubt, ich sei tot?«

»Ja – tot!« antwortete sie traurig. »Dann habe ich aber auch wieder gehofft, daß es eine Lüge sei, und dachte immer wieder daran, daß du vielleicht eines Tages wieder auftauchen würdest. Gestern und sogar heute hatte ich wieder diesen Gedanken. Wenn ich allein war, erfüllte mich ein Gefühl der Erwartung. Ich glaubte, dich in Spiegeln zu erblicken oder hinter einem Schrank oder einer Tür wie ein Gespenst auftauchen zu sehen. Wie hast du das bloß geschafft, hierherzukommen? Welchen Trick hast du dir da ausgedacht? Und wenn sie herausfinden, wer du bist? Du bist allerdings wie ein *caballero* gekleidet.«

»Ja, meine kleine Inés«, erwiderte ich und küßte ihre Hände. »Aber obwohl ich diese Kleidung eines *caballero* trage, mußt du nicht glauben, daß ich einer geworden bin. Ich bin noch der, welcher ich früher war, so zum Beispiel im Hause des Don Mauro[69] – das heißt, ich bin nichts, und du stehst so weit über mir, daß du dich doch eigentlich meiner schämen müßtest.«

Als sie das hörte, hellte sich ihr Gesicht endgültig auf. Ich sah sie strahlend lächeln. Die schmerzliche Erregung des ersten Augenblicks war endgültig überwunden.

»Ich hatte schon damit gerechnet, dich nie mehr wiederzusehen«, fuhr ich fort. »Aber das Schicksal oder die Vorsehung haben es anders gewollt. Wie unglücklich sind wir doch – oder genauer gesagt: Wie unglücklich bin ich doch! Denn ich muß auf dich verzichten und von hier weggehen, ohne dich je wiedersehen zu dürfen. Verstehst du, daß das so sein muß, daß es nicht anders geht? Ich wünschte, ich wäre nicht geboren worden. Warum habe ich dich überhaupt kennengelernt? Warum hat Gott, der dich aus dem bescheidenen Leben in Paläste geführt hat, mich in der Armut und der Bedeutungslosigkeit meines Namens gelassen?«

»Du hast mir immer noch nicht erzählt, wie du in diese Kleidung gekommen bist«, fragte sie wißbegierig weiter.

»Kein Stück davon gehört mir, meine kleine Inés«, antwortete ich mit tiefem Schmerz.« Das ist so wie bei den Komödianten, wenn sie als Könige verkleidet die Bühne betreten. Danach legen sie die feinen Kostüme wieder ab und verkleiden sich womöglich als Bettler. So geht es mir auch. Wenn deine Dienstboten jetzt die Komödie erfahren würden, die mich hierhergeführt hat, würden sie mich mit Verachtung aus dem Palast jagen. Ich bin niemand, ich bin ein Nichts. Der Gedanke, daß ich dich nie mehr sehen würde, hatte sich schon in mir festgesetzt, aber eine höhere Macht hat uns für diesen Abend wieder zusammengeführt, und ich, der deiner ›Cousine‹, der Gräfin, geschworen habe, daß ich dich im Leben nie mehr sehen würde, sitze jetzt an deiner Seite und sage dir, daß ich dich liebe, dich anbete und mich nach dir verzehre. Ich bin ein Betrüger, ein Elender, der sich über alle Konventionen der Gesellschaft hinwegsetzt, aber dennoch sage ich dir, daß ich es nicht lassen kann, dich zu lieben – auch wenn es mir alle Mächte dieser Erde verbieten und sich alle deine Verwandten und Vorfahren mit dem Schwert in der Hand zwischen uns stellen werden.«

Inés schien zu überlegen. Nach einer Weile des Schweigens sprach sie traurig:

»Meine Verwandten sind sehr grausam zu mir.«

»Nein, mein kleines Mädchen. Du mußt begreifen, welche Position sie innehaben, welchen Namen sie tragen, welche Pflichten sie der Gesellschaft gegenüber haben. Dann wirst du verstehen, daß sie nicht anders handeln können. Wie haben sie dich nur in ihre Familie aufnehmen können? Der Gedanke, daß du mich liebst, erschreckt sie, und sie glauben sich entehrt, wenn du mich nur anblickst. Deine ›Cousine‹, die Gräfin, ist aber sehr gut. Wenn ich die Zeit hätte, dir zu erzählen, was sie alles für mich getan und wieviel Wohlwollen sie mir gezeigt hat, würdest du staunen.«

»Es ist der Zeitpunkt gekommen, in dem ich meiner Familie alles zurückgebe, was sie mir gegeben hat, und mir selbst nehme, was sie mir nicht geben will«, sprach Inés.

»Du wirst vorsichtig sein und warten!«

»Ich werde freimütig mit meiner Cousine reden, denn sie hat mir ja gesagt, daß sie mich unter allen Umständen glücklich sehen will. Sie ist es auch, die mich vor den Unverschämtheiten meiner Erzieher in Schutz nimmt und mich vor den gesellschaftlichen Gepflogenheiten und Konventionen rettet, die ich am wenigsten mag. Ich werde ihr erzählen, daß du hier gewesen bist …«

»Um Himmels willen, nein! Sag ihr bloß nicht, daß ich hier gewesen bin! Ich muß nun gleich gehen, Inés, denn es schickt sich nicht, daß ich hier weiter an deiner Seite bleibe.«

»Du mußt nicht gehen«, entgegnete sie und schlang beide Arme um meinen Körper, um mich aufzuhalten. »Ich werde meiner Cousine alles erzählen – daß du nicht tot bist, daß ich das weiß, daß wir uns gesehen haben und daß du wiederkommen mußt.«

»Nein, nein, sag ihr das nicht! Dann werde ich ihr Wohlwollen verlieren.«

»Oh«, rief Inés mit großem Schmerz in der Stimme aus, »was bleibt uns denn sonst noch? Was sollen wir denn sonst machen? Wann wirst du überhaupt wieder zurückkommen?«

»Niemals«, antwortete ich, ohne mir der Bedeutung dieses Wortes so richtig klar zu sein, denn meine Erregung ließ einfach keinen besonnenen Gedanken zu.

»Warum niemals?«

»Ach, doch – doch, ich werde wiederkommen, wann du willst!« sprach ich inbrünstig und drückte sie an mein Herz. »Wenn du es mir befiehlst. Wenn du unter Nichtachtung der Beschlüsse deiner Familie darauf bestehst, mich weiterhin so zu lieben, wie zu der Zeit, als wir beide arme Menschenkinder waren, dann werde ich zurückkommen und die Versprechen brechen, die ich deiner Cousine gegeben habe, denn – ach – deine Cousine weiß ja nicht, wie sehr ich dich liebe, wie ich dich anbete und daß wir einen Schwur geleistet haben, der über allem anderen steht. Sag ihr, daß ich nicht tot bin und auch nicht sterben werde, solange du lebst, denn ich will und darf nicht sterben. Sag ihr, daß ich wiederkommen werde, wenn du mich nicht verstößt, und daß du, bevor du Gräfin oder Herzogin oder Prinzessin geworden bist, dich entschlossen hattest, mich zu heiraten, daß ich kein *caballero* bin, sondern ein Nichts, aber daß ich mit keinem Edlen dieser Erde tauschen möchte, solange ich deine Liebe besitze!«

Als sie das hörte, war Inés sehr gerührt. Ihre Wangen glühten, und der starke Glanz ihrer Augen zeigte an, daß sich ihrer ein Glücksgefühl bemächtigt hatte, das ihre Niedergeschlagenheit völlig unterdrückte. Sie nahm meine Hand und sprach:

»Ich schwöre, daß ich nur dich heiraten werde, was immer auch dein Schicksal und deine Lebensstellung sein werden! Man sagt mir, ich sei reich und adlig. Ist das nicht genug? Ich werde ihnen sagen, daß sie mir alles wieder nehmen können, wenn sie mich mit meiner Einstellung nicht lieben können. Ich werde ihnen sagen, daß du für mich adliger als alle anderen bist und daß keine Macht der Welt mich zwingen kann, dich nicht mehr zu lieben, weil Gott das so bestimmt hat. Laß uns in Gott vertrauen und hoffen. Was jetzt noch so schwierig erscheint, kann bald schon leicht sein. Ohne daß es mich jemand gelehrt hat, weiß ich, daß die Dinge geschehen, wenn sie geschehen müssen und daß der Wille der Kleinen manchmal über die Sturheit der Großen triumphiert.«

Mit diesen Worten, die außer von ihrer tiefen Liebe auch von einer festen Entschlossenheit zeugten, bewies mir Inés die Überlegenheit ihrer Seele, die stark genug war, um die unsterblichen Gesetze des Herzens über die Konventionen, Gepflogenheiten und künstlichen Vorschriften der Gesellschaft zu stellen. »Inés!« rief ich mit allen Anzeichen der zärtlichsten Empfindungen aus. »Obwohl du so hoch gestellt wurdest, bist du doch jetzt so unglücklich wie ich. Es werden aber bestimmt noch glückliche und ruhige Tage für uns kommen!«

Ich war drauf und dran, die Ursachen meiner Gegenwart in diesem Palast und die späte Stunde zu vergessen. Ich dachte nicht mehr an ihre Familie, meine Flucht, die Polizei oder überhaupt an etwas anderes als an die kleine – ach, unendliche – Welt, die unsere Blicke schufen.

»Du denkst und fühlst besser als ich«, stieß ich hervor. »Du zeigst mir den Weg, den ich nehmen muß und werde. Ich liebe dich so sehr, daß ich hier auf der Stelle sterben möchte, wenn ich wüßte, daß du einen anderen heiraten würdest. Mögen doch Schwierigkeiten, mögen der Stolz der Adligen und ihre Verbohrtheit, mögen Hindernisse aller Art kommen – ich stelle mich ihnen! Was sind schon zehntausend Grafenkronen und die größten Reichtümer der Erde wert? Alles wäre nicht genug, um das aufzugeben, was mir gehört: die Inésilla meines Herzens und meiner Seele. Wenn ich auch arm und elend bleiben mag – so sei es, denn du liebst mich doch mehr als alle Kronen und Schätze aller Herzöge der Welt, nicht wahr? Sollen doch die ganze Gesellschaft, ganz Europa und die ganze Geschichte kommen und sagen, daß du mir nicht gehören kannst. Sollen sie doch kommen – ich werde ihnen antworten, daß wir uns nicht um sie kümmern, denn wir brauchen sie nicht, weil wir uns mehr wert sind als alles andere. Ist es nicht so? Als ich deiner Cousine versprach, auf dich zu verzichten, versprach ich das Unmögliche, das Absurde – etwas, was gar nicht meinem Willen unterlag, denn unsere Liebe ist das Werk Gottes, wie das Leben, und nur der kann sie nehmen, der sie gegeben hat.«

In diesem Sinne sprachen wir noch ein wenig weiter, aber dann wechselten wir das Thema und redeten mal ernst, mal im Scherz, über tausend Dinge, die wir inzwischen erlebt hatten, ohne an etwas anderes zu denken – am wenigsten an die Zeit, die dabei verstrich. Ich sprang von einem Thema zum anderen und kam schließlich auf den Zweck meines Auftauchens in diesem Palast zu sprechen, erzählte ihr von meinem Gespräch mit Don Diego und von dessen brutalem und widerwärtigem Plan. Sie war überrascht und sagte mir, sie habe nie geglaubt, daß der Graf von Rumblar so abgrundtief schlecht sein würde. Dann sprachen wir von anderen Dingen; sie lachte über meine Kleidung und ich über ihre Erlebnisse mit den Hofschranzen. Einige Male klopfte jetzt allerdings schon der Gedanke an die große Gefahr, in der ich mich hier befand, bei meinem Verstand an, aber ich sperrte diesen Störenfried einfach aus. Schließlich trat eine Dienerin ein mit der Frage:

»Kann ich dem gnädigen Fräulein etwas bringen?«

Inés lehnte ab, und die Dienerin entfernte sich, aber ich hatte bemerkt, daß sie mich verstohlen gemustert hatte.

Wir sprachen weiter miteinander, und bald darauf erschien eine andere Dienerin, die mich ebenfalls prüfend anschaute und fragte:

»Hat das gnädige Fräulein gerufen?«

Als sie sich zurückgezogen hatte, war mir, als ob ich Flüstern und Schritte hinter der Tür hörte. Ich machte Inés darauf aufmerksam, worauf wir beschlossen, daß ich sofort gehen müsse. Welch ein Skandal! Es war schon über Mitternacht hinaus. Sie selbst führte mich in das Zimmer zurück, in dem mich der Diplomat zurückgelassen hatte. Wir sprachen noch darüber, wie wir am besten aus dieser Zwickmühle herauskommen könnten, und gelangten zu dem Schluß, daß ich in dem Zimmer auf den Marquis warten und weiterhin den Herzog von Arión spielen sollte. Vor der Morgendämmerung und dem Eintreffen von Gräfin Amaranta oder ihrer Tante würde ich dann verschwinden. Inés verabschiedete sich von mir, machte mir wieder Hoffnung und versprach, daß wir uns sehen würden, wenn ich es am wenigsten erwarten würde – und dann war ich wieder einsam in jenem Raum.

Als ich schließlich des Wartens auf den Marquis müde war, wollte ich das Zimmer verlassen – aber ich fand die Tür von außen abgeschlossen. In dem Moment, da ich das feststellte, hörte ich, wie auch die Tür, durch die Inés entschwunden war, von einer unbekannten Hand verschlossen wurde. Ich war gefangen!

Ich horchte und vernahm das Zischen verschiedener Stimmen, unterdrücktes Lachen und allerlei Geräusche wie von Dienstboten und anderen niederen Leuten, was mir die Gefahr offenbarte, in der ich mich befand. Sollte das Ende meiner Karriere als Herzog von Arión nahen?

Jetzt hörte ich auch die Stimme des Marquis, der bestürzt sagte:

»Holt Wachen! Seid ihr sicher, daß er keine Waffen trägt?«

Die Geräusche erstarben, aber im entgegengesetzten Zimmer ertönten andere. Es waren diesmal Stimmen eines Mannes und einer Frau in heftigem Streit. Ich hörte auch die Stimme von Inés, aber ich konnte nicht verstehen, was alle sagten. Voller Besorgnis, aber auch voller Zorn, daß man mich für einen Gauner halten könnte, schlug ich mit Händen und Füßen an die Tür und forderte, daß man mir öffnete. Meine Verzweiflung löste im angrenzenden Zimmer aber nur ein höhnisches Lachen aus.

»Es ist doch sehr gut möglich, daß er Pistolen bei sich hat«, meinte der Diplomat. »Schließt nicht auf, bis ein Zug der Wache hier ist!«

Aber der Diener, an den die Warnung gerichtet war, kümmerte sich nicht darum und öffnete die Tür. Mit zwei anderen trat er auf mich zu und rief:

»Versuch ja nicht zu fliehen! Na, da wollen wir doch mal sehen … Durchsucht ihm die Taschen und nehmt alles heraus!«

»Kanaillen!« brüllte ich und wehrte mich gegen sie. »Ich habe nichts. Die Gauner und Lumpen seid ihr, nicht ich!«

»Ich glaube, daß ihr ihn fesseln müßt, Burschen«, sagte der Diplomat, der nun auch wichtigtuerisch das Zimmer betrat. »Natürlich hatte ich schon den Verdacht, daß dieser junge Mann nicht mein Verwandter ist. Er müßte doch die Taschen voller gestohlener Schmuckstücke haben. Schaut genau nach! Ihr sagt, daß er mehr als drei Stunden im Zimmer meiner Tochter war? Großer Gott – ist denn das möglich? Mein Herr«, wandte er sich an mich, »wer sind Sie denn? Das ist doch wirklich geheimnisvoll!«

»Das ist doch der, der im El Escorial Page der Frau Gräfin war«, sagte einer der Diener und gab mir einen solchen Stoß, daß ich zu Boden fiel.

»Der war vor einem halben Jahr in Córdoba und kam jeden Tag an die Tür des Hauses, in dem ich diente«, fügte ein anderer hinzu und gab mir einen Fußtritt, während ich noch am Boden lag.

»Und es ist auch der, der am Fenstergitter Süßholz raspelte, wenn ich mich nicht sehr täusche«, warf eine Dienerin ein und kratzte mich mit den Fingernägeln.

»Mir kommt es so vor, als ob ich ihn mal als Mönch verkleidet gesehen habe«, sagte eine andere und schlug mir mit der Kaminzange auf den Kopf.

»Den kenne ich, und ich weiß sehr gut, was den hierherführt«, äußerte ein weiterer Diener und zog mich heftig an den Haaren.

»Also, nichts weniger als der Herzog von Arión, ja?« lachte ein Lakai spöttisch und schlug mir mit solcher Wucht auf die Brust, daß ich aus aufgerichtetem Zustand wieder umfiel.

»Na, schaut euch doch nur diesen Herzog von Weißnichtwo an! Gar nicht bescheiden, was?« rief ein weiterer und riß mir so an der Krawatte, daß mir die Luft wegblieb.«

»Zieht ihn doch aus!«

»Nein, wartet, bis die Wachen kommen!« befahl der Marquis. »Wie paßt denn das alles zusammen: Er war ein Page der Amaranta, kam nach Córdoba und raspelte als Mönch Süßholz am Fenstergitter? Es kam mir doch schon so vor, als ob ich das Gesicht irgendwo bereits gesehen hatte. Im Escorial, in Córdoba ... Heißt du etwa Gabriel? Ja, Gabriel, Gabriel! Der bist du also!«

Bei diesen Worten machte der Marquis Felipe Pacheco y López de Barrientos einige Schritte im Zimmer und wälzte offenbar widerstreitende Gedanken. Der Leser kann sich wohl mein Martyrium unter diesen boshaften Dienstboten vorstellen, die sich eine unheilige Freude daraus machten, denjenigen zu erniedrigen, den sie erst für einen Herzog gehalten hatten, und meine vorgespielte Ehrwürdigkeit mit Füßen zu treten. Zuerst verteidigte ich mich wütend gegen ihre Beleidigungen und Tätlichkeiten, aber ich konnte gegen diese Übermacht nicht viel ausrichten und mich nicht aus den Händen dieses rachsüchtigen Domestikenmobs, der die Anmaßung eines der ihren nicht verzieh, befreien. Ich glaube, sie hätten mir die Knochen gebrochen, mich durch das Gebäude geschleift und die Kleidung in Fetzen vom Körper gerissen – und mit der Kleidung auch die Haut –, wenn nicht die Ankunft der Gräfin Amaranta dieser Szene meiner Kreuzigung ein Ende bereitet hätte. Sie trat in dem Augenblick ein, als auch das erste Tageslicht ins Zimmer drang. Sie kam mir wie ein rettender Engel vor. Die Überraschung dieses Schauspiels – und wohl auch das, was man ihr bei der Ankunft schon erzählt haben mochte – brachte sie außer sich. Zorn und Mitleid wechselten sich in schneller Folge auf ihrem Antlitz ab. Sie schien ihren Augen nicht trauen zu wollen. Sie sah mich da schon fast ohnmächtig vor Mißhandlungen und erkannte die Kleidung des Herzogs von Arión, die sie mir zur Flucht gegeben hatte. Trotz ihres Zorns befreite sie mich erst einmal von dieser Kanaille, befahl meinen Peinigern, den Raum zu verlassen und blieb allein mit mir, während ihr Onkel offenbar zur Benachrichtigung der Häscher nach draußen gegangen war.

29.

»Meine Dame«, sprach ich und erriet dabei blitzschnell ihre Gedanken, »verurteilen Sie mich nicht, bevor Sie mich angehört haben. Sehen Sie mich bitte nicht als undankbar und wortbrüchig an, wenn Sie mich hier so vorfinden.«

»In welch unwürdiger Weise hast du mich doch hintergangen!« erwiderte sie mit vor Wut zitternder Stimme. »Das hätte ich nie geglaubt! Ich hatte gedacht, daß du in der niederen Seele einen Funken vom Feuer der Ehre hättest. Aber nein, deine schändliche Natur offenbart sich durch deine Taten. Man kann also von einem elenden Straßenstrolch nichts als Hinterlist und Bosheit erwarten! Heuchler, wo hast du gelernt, dich so zu verstellen? Wie hat dein mit so viel Schlechtigkeit und perfiden Absichten angefüllter Geist sich hinter scheinbarer ehrlicher Schlichtheit und vorgespielten edlen Gefühlen verbergen können?«

»Señora«, antwortete ich, »Sie werden mich anders betrachten, wenn Sie den Grund wissen, der mich hergebracht hat.«

»Ich möchte nichts mehr hören. Hast du meine Tochter gesehen? Hast du mit ihr gesprochen?«

»Ja, Frau Gräfin.«

»Oh, wie ist es bloß möglich, daß ich bei deinem Anblick vergessen habe, zu welcher Menschenklasse du gehörst? Wo ist denn Inés? Sie soll sofort herkommen und sich diesen lädierten Strolch ansehen, der sich als großer Herr verkleidet hat, um bis zu ihr vorzudringen. Sie wird den richtigen Eindruck von dir bekommen, wenn sie dich zerschunden um Gnade flehend am Boden sieht. Wenn Inés dich dann immer noch in ihrem Herzen behält, ist sie nicht die, die ich haben will, ist sie nicht meine Tochter, nicht von meinem Blut.«

In der Tat lag ich zerschunden am Boden und bat unter dem Eindruck des Bannfluchs der Gräfin in ungelenken Worten um ihre Nachsicht, versuchte mit halben Sätzen die Tatsachen zu erklären, die meine Schuld verringern konnten.

»Gnädigste Frau Gräfin«, rief ich aus und reckte mich, so daß ich ihre Schuhe mit den Lippen berühren konnte, »es ist ja wahr, daß ich mein Versprechen nicht eingehalten habe. Lassen Sie mich von hier wegjagen oder übergeben Sie mich den Schergen, damit sie mich in den Kerker, ins Zuchthaus werfen – sogar mich töten, wenn ihnen das gefällt. Aber verlangen Sie nie mehr von mir – o nein, verlangen Sie auf keine Weise mehr, daß ich aufhöre, Inés zu lieben, denn damit verlangen Sie das Unmögliche, etwas, das nicht in meiner Macht steht zu versprechen! Euer Gnaden werden nun die Größe Ihres Hauses und Ihrer Vorfahren anführen. Ich gebe ja zu, daß ich ein Nichts bin, daß ich mich neben Euer Gnaden ausnehme wie ein Staubkorn im Vergleich zur Erdkugel. Ja, ich bin ein Unvernünftiger, ein Elender, und alles, was Sie nur vorbringen können, aber ich kann nicht aufhören, Inés zu lieben. Als ihre Eltern sich nicht um sie kümmerten, liebte ich sie. Als sie ganz allein auf der Welt stand, war ich ihr Freund. Als ich arm war, arbeitete ich für sie. Ich hatte geglaubt, daß ihr plötzlicher Aufstieg sie für immer von mir trennen würde. Deshalb versprach ich etwas, was ich nicht hätte tun sollen – etwas, was ich nicht halten konnte und auch nicht durfte, etwas, was außerhalb meines Willens lag. Ich versprach, auf etwas zu verzichten, das immer mein gewesen war. Dieser Irrtum und diese Blindheit dauerten bis heute nacht, bis ich sie wiedergesehen und gesprochen hatte. Jetzt habe ich aber verstanden, daß Inés die erdrückende Last ihres Adels nicht abwerfen kann.«

Amaranta stieß mein gedemütigtes Gesicht mit den Füßen. Ich fühlte die Sohlen ihrer Schuhe an meinen Kopf schlagen und den Saum ihrer Röcke über meine Stirn streifen. Die Gräfin war rasend und grausam in ihrer ausufernden Wut.

»Was hast du gesagt?« schrie sie. »Du willst nicht verzichten? ... Weißt du nicht, daß ein Elender wie du verschwinden kann, ohne daß die Welt davon Kenntnis nimmt? Ekelhafter Wurm! Ich habe dich aus Mitleid nicht zertreten und du dankst mir dafür, indem du mich beleidigst!«

»Ich habe Sie nicht beleidigt«, entgegnete ich, »denn ich achte und verehre Sie doch, die mir so viel Wohlwollen bewiesen hat. Euer Gnaden können mich von dieser Welt verschwinden lassen, wenn es Ihnen gefällt. Zweifelsohne habe ich das verdient. Ich versprach Euer Gnaden, sie nie mehr wiederzusehen, und habe dieses Versprechen gebrochen. Ich bin ein elender Strolch. Aber ich kam zu diesem Palast ohne die Absicht, sie aufzusuchen. Dann befand ich mich allein in diesem Raum, und eine unwiderstehliche Kraft, ein Fieber, das mich verzehrte, trieben mich zu ihrem Zimmer, wo ich sie sah. Wir sprachen dann lange miteinander. Oh – Sie verlangen von mir, daß ich aufhöre, sie zu lieben? Das ist unmöglich! Sie verlangen, daß ich sie nie mehr sehe? Aber dann müssen Euer Gnaden mich töten lassen, denn solange ich noch einen Lebenshauch habe, werde ich sie suchen, in die entferntesten Winkel und die höchsten Sphären eindringen und von dieser Suche nicht ablassen, bis Inés mir sagen wird, daß dieser erbitterte Kampf zwischen ihr und ihrer edlen Familie ein Ende gefunden hat!«

»Oh, ich möchte dem ein für alle Male ein Ende setzen!« rief sie, ohne ihre Erregung verbergen zu können. »Meine Tochter soll herkommen. Ich werde sie herholen. Sie wird dich hier vor mir sehen, und wenn sie dann immer noch ... Nein, nein das ist unmöglich. Mein Gott! Welch eine Verirrung spielt sich hier ab! Elender Bettler«, fügte sie zu mir gewandt hinzu, »geh weg! Das alles kommt nur daher, daß man dir mehr Bedeutung zugemessen hat, als du verdienst. In Wirklichkeit verachtet dich Inés nämlich. Wenn du etwas anderes glaubst, irrst du dich. Warum hast du nicht getan, was ich von dir verlangte. Warum bist du nur hierhergekommen? Du verdienst den Tod, ja den Tod! Aber ich bin nicht grausam. Darf jedoch das Leben eines unwürdigen Wesens, dessen Verschwinden von der Erde niemand bedauern würde, das Glück einer Familie und meine Ruhe stören und die Größe eines Hauses wie des meinen in den Schmutz zerren? Nein, das darf nicht sein! Geh weg von hier. Mögen sie dich fangen und dich behandeln wie den Lumpen, der du bist. Wenn Inés darüber traurig ist, na, dann ist sie es eben. Wenn sie darunter leidet, so leidet sie eben! Ich werde nun unnachgiebig sein und meiner Tochter einschärfen, was ihre Pflichten sind. Ich werde sie den Respekt lehren, den sie ihrem Namen schuldet, und sie wird mir gehorchen, koste es, was es wolle!«

»Sie werden sie von den anderen töten lassen«, entgegnete ich, »und wenn sie der Gewalt, den Qualen und der Tyrannei ihrer Verwandten erlegen ist, werden Sie sich trösten, daß sie selbst nicht Hand an sie gelegt haben.«

»Was sagst du da? Was hast du eben gesagt?« fragte die Amaranta in einem veränderten Ton und mit einem gänzlich anderen Blick. »Was war das eben?«

»Ich habe damit sagen wollen, daß Sie nicht dazu beitragen können und dürfen, daß sie getötet wird.«

»Daß sie getötet wird!« rief sie erstaunt aus. Es war, als ob sie zwischen Zustimmung und Ablehnung dieser Vorstellung schwankte.

»Ja, meine Dame. Euer Gnaden wissen doch, daß Inés sehr unglücklich ist.«

Da sah ich, wie der Zorn vom Antlitz der Gräfin Amaranta verflog, wie alle Anzeichen der Entrüstung, der Aggressivität und der nervösen Anspannung verschwanden und dafür eine nachdenkliche Ruhe von ihr Besitz ergriff. Ein Wechsel von den Gipfeln der Wut zu den Schluchten der Überlegung. Sie sah mich lange an und ich sie auch. Sie stand unter der Macht eines dieser Gedanken, die plötzlich auftauchen und die ganze Seele einnehmen, die alle Gefühle und Sinne überschatten. Schließlich, ohne die Lider zu bewegen oder den Blick von mir abzuwenden, ohne jegliche Bewegung, stieß sie einen tiefen Seufzer aus und sagte dann:

»Ja, meine Tochter ist sehr unglücklich.«

Es war bestimmt nicht das erste Mal, daß sie sich diese Worte sagte.

Sie setzte sich auf das Sofa, stützte das Kinn auf Zeigefinger und Daumen und blieb mit dem Ellbogen auf die Armlehne gestützt längere Zeit sitzen. Ich sehe sie wieder vor mir. Wie schön, wie imposant, wie bezaubernd sie doch war! ›Würdige Muschel einer solchen Perle!‹ wie ein großer zeitgenössischer Dichter es einmal bei einer anderen Gelegenheit ausdrückte.

Dann hob sie den Blick und sah mich aufmerksam an. Aber in welcher Art, mit welchem Interesse das war! Aus ihren Augen waren die Blitze der Entrüstung verschwunden, die sie vorher so furchterregend hatten aussehen lassen. Ich wagte nicht, auch nur ein Wort zu sagen. Eine sanfte Benommenheit bemächtigte sich meines Geistes.

Amaranta wiederholte wie automatisch:

»Ach ja, meine Tochter ist sehr unglücklich, und ich kann sie nicht glücklich machen.«

Danach sah sie mich mit einer gewissen Bestürzung an. In ihren Augen zeichnete sich ein tiefes Mitleid mit mir ab, vielleicht auch ein noch günstigeres Gefühl. Zuerst glaubte ich mich zu täuschen, aber mein Herz, mit seinem mysteriösen Spürsinn, sagte mir, daß sich die Gefühle der Gräfin zu mir jäh gewandelt hatten. Meine eigenen wollten aus meiner Brust hervorquellen.

Sie beugte sich zu mir und fragte:

»Was hast du mit Inés gesprochen. Was hat sie dir gesagt?«

Ich konnte nicht anders, als mich vor ihr auf die Knie zu werfen. Sie wiederholte die Frage und versuchte, mein Gesicht, das ich fest auf ihre Knie gedrückt hatte, mit ihren Händen zu ihr aufzurichten.«

»Señora«, antwortete ich schließlich, »sie hat mir die Wahrheit gesagt. Sie hat mir gesagt, daß sie niemanden als mich lieben kann.«

Ich küßte ihre Hände und fühlte, wie sie weinte.

Dieser Zustand dauerte aber nur kurze Zeit, denn wir hörten draußen laute Stimmen. Die Tür flog auf, und auf der Schwelle erschien die Marquise, furchterregend, voller Zorn und Strenge. Hinter ihr kamen der Diplomat, Don Diego, der wirkliche Herzog von Arión, einige Diener und Wachsoldaten. Weder Amaranta noch ich sagten ein Wort. Die Situation, in der sie uns fanden, überraschte sie wohl mehr als die Meldung, daß ein Verbrecher im Hause sei. Ich bin sicher, daß jedes Mitglied der Familie diese Szene anders interpretierte. In diesem Zusammenhang werden meine verehrten Leser später noch Interessantes erfahren.

Da ich in der Meinung der Dienstboten ein Strolch war, kam dann auch die Polizei. Santorcaz trat ins Zimmer ein und befahl den ihn begleitenden Ordnungshütern, mich festzunehmen. Mit den schnellen Schritten des Entsetzens flohen die beiden edlen Damen. Das Durcheinander dieses Moments verhinderte nicht, daß ich aus dem Hause ferne Schreie und aufgeregte Frauenstimmen hörte. Ein Offizier der französischen Garde, der von irgend jemandem geholt worden war, scheuchte Häscher und Gehaschte schließlich mit verächtlichen Gebärden wie Abschaum aus dem Palast.

30.

Wenn Sie, liebe Leser, mich hätten dort sehen können, an diesem schändlichen Strick, der mich mit neunzehn anderen Unglücklichen verband! Aber haben Sie kein Mitleid mit mir! Wir waren keine Mörder, Diebe oder Fälscher, sondern nur Patrioten, Aufständische dieses großen Epos – und man brachte uns nach Frankreich. Glücklicherweise wurde an uns der Rat jenes Unterdrückers der Welt, den er seinem Bruder gab, nicht praktiziert: »Hängt doch einige von diesen Halunken auf, und ihr werdet sehen, welche Wunder das bewirkt!« Später sollte sogar der Alvarez von Gerona[70] zu diesen ›Halunken‹ gehören! Jedenfalls hängten sie uns nicht auf, sonst würde ich das ja hier nicht berichten können. Ich sagte, Sie sollten kein Mitleid mit mir haben, weil die Polizei mich nach meiner Festnahme keines anderen Delikts als des Verrats an der Sache Frankreichs bezichtigte und ich mich durch die Verschleppung aus meinem Lande genug gestraft ansah.

»Ich weiß sehr wohl, daß du kein Verbrecher bist«, sagte

Santorcaz in Madrid zu mir, als sie meine Hände mit achtunddreißig anderen Händen von Aufständigen an den Strick anbanden, »aber du bist ein elender Störenfried und Spitzel, der so weit wie möglich von Madrid weggebracht werden muß. Wenn du dich unserer Sache anschließen würdest, könnte ich dir einen Posten bei der Polizei verschaffen, wo du diese Talente dann gut für uns anwenden könntest.«

Ich antwortete ihm nicht mit Worten, denn er verdiente darauf keine, sondern mit einem Blick der abgrundtiefen Verachtung. Dann hatte ich Zeit, über mein Schicksal zu grübeln, bis die Kette sich zu bewegen anfing und die menschliche Schlange aus vierzig Beinen sich in Marsch setzte. Wir waren die ›Halunken‹, die die großzügige französische Regierung nicht aufhängen wollte und nun nach Frankreich trieb. Unter uns befanden sich der große Dichter Cienfuegos[71]; Isidoro Máiquez[72] und Sánchez Barbero[73] folgten, aber nicht in einer Massenkette.

Als ich die ersten Schritte machte, schaute ich mir meinen Leidensgenossen zur Rechten an, dessen Ellbogen an meinen gefesselt war. Oh, welcher Zufall! Es war Don Roque, der fanatische Zeitungsleser!

»Ach, Señor Don Roque!« rief ich aus. »Wird die ›Patriotische Wochenzeitschrift‹ auch darüber berichten?«

»Mein lieber Gabriel, Gott hat uns nun also auch im Unglück zusammengefügt. Nur Geduld, die heilige Jungfrau wird uns eines Tages unsere geliebte Stadt auch wiedersehen lassen!«

»Warum hat man Sie denn verhaftet?«

»Ach, Söhnchen, durch eine Unüberlegtheit. Ich beging die Unvorsichtigkeit, auf der Straße zu erklären, daß unser unglücklicher Nachbar Don Santiago Fernández ein nicht weniger großer Held ist als die der Antike, und daß man ihn mit Codrus, Leónidas, Horaz Cocles, Mutius Scävola[74] und sogar mit Cato in bezug auf Seelengröße vergleichen kann. Glaubst du nicht auch?«

»Ist unser Freund denn tot?«

»Ja, als die Truppen des Generals Belliard Los Pozos übernehmen wollten, übergaben alle ihre Waffen, aber Don Santiago blieb weiter im Bringas-Garten verschanzt. Was denkst du wohl, was er dann tat? Am Morgen, als er von seinem Haus zurückgekommen war, hatte er alles Holz, das wir gesammelt hatten, um uns zu wärmen, zusammengetragen. Du wirst dich entsinnen können, daß auch eine Menge Holz des Hauses vorhanden war, das an der Ecke zerstört worden war. All das hatte er zu einem hohen Wall in der Ecke des Gartens, wo sich der leere Hühnerstall befand, aufgeschichtet und sich in dieser behelfsmäßigen Festung verschanzt. Die Franzosen stürzten durch das Gartentor und stießen auf diesen Holzwall, hinter dem eine Stimme erscholl: »Madrid ergibt sich, Los Pozos ergibt sich, aber der Oberhauptmann ergibt sich nicht!‹ Sie sahen ihn als einen Verrückten an und lachten ihn aus. Aber Fernández hatte sich etliche Patronen besorgt und begann, aus Öffnungen in diesem Holzwall zu feuern. Es wurden einige Franzosen verwundet – und einer starb sogar. Daraufhin erwiderten die Franzosen das Feuer und zerschossen die Holzmauer. Fernández hörte jedoch nicht auf, Schüsse abzufeuern. Plötzlich sah man Rauch, Flammen züngelten empor und breiteten sich rasch aus. Aus dem Inneren schallte die Stimme des Hühnerstall-Verteidigers: »Es lebe Spanien. Tod den Franzosen und diesem Lumpen Napoleon!«

Der kommandierende Offizier befahl, das Holz wegzuräumen, um diesen Unglücklichen, der offenbar seine Bewunderung erregte, herauszuholen. Aber Fernández schrie wieder: »Madrid ergibt sich, Los Pozos ergibt sich, aber der Oberhauptmann ergibt sich nicht!« Dann ergriffen die gierigen Flammen alles. Dieser riesige Scheiterhaufen brannte den ganzen Tag. Als er endlich niedergebrannt war, suchte man nach dem Körper, aber man fand nur noch Asche.«

Don Roque schwieg, und in dem Augenblick wurde Anhalten befohlen. Als wir da so auf der Mala de Francia standen, sahen wir einige Kutschen und eine große Anzahl von Reitern in prächtigen Uniformen in Richtung Chamartín vorüberziehen. Es war der Kaiser, der seinen Besuch in Madrid beendet hatte und zu seinem Hauptquartier zurückfuhr. Er saß in einer Kutsche, und als er sich uns näherte, befahlen uns die Wachsoldaten, ›Hoch‹ zu rufen. Wir wollten aber nicht gehorchen, so daß sie uns mit Kolbenschlägen traktierten. Damit erreichten sie, daß ihn einige doch grüßten. Diese und ähnliche Ovationen veranlaßten ihn wohl dazu, mit Datum vom 17. Dezember in seinem Tagebuch zu schreiben: »Die Bevölkerung, an der ich vorbeikam, bezeugte mir viel Sympathie und Bewunderung.«

»Was gibt es noch über den Tod unseres Freundes zu berichten?« fragte ich Don Roque, als sich die Prozession wieder in Bewegung setzte.

»Da ist eigentlich nichts mehr zu sagen«, erwiderte dieser, »höchstens, daß der Mächtige, der eben an uns vorbeigefahren ist, nicht entfernt an die Größe des Oberhauptmanns heranreicht. Einige haben erzählt, unser Freund sei verrückt gewesen – aber der, den wir eben sahen, hat der denn noch seinen gesunden Verstand?«

Januar 1874

ENDE

ZARAGOZA

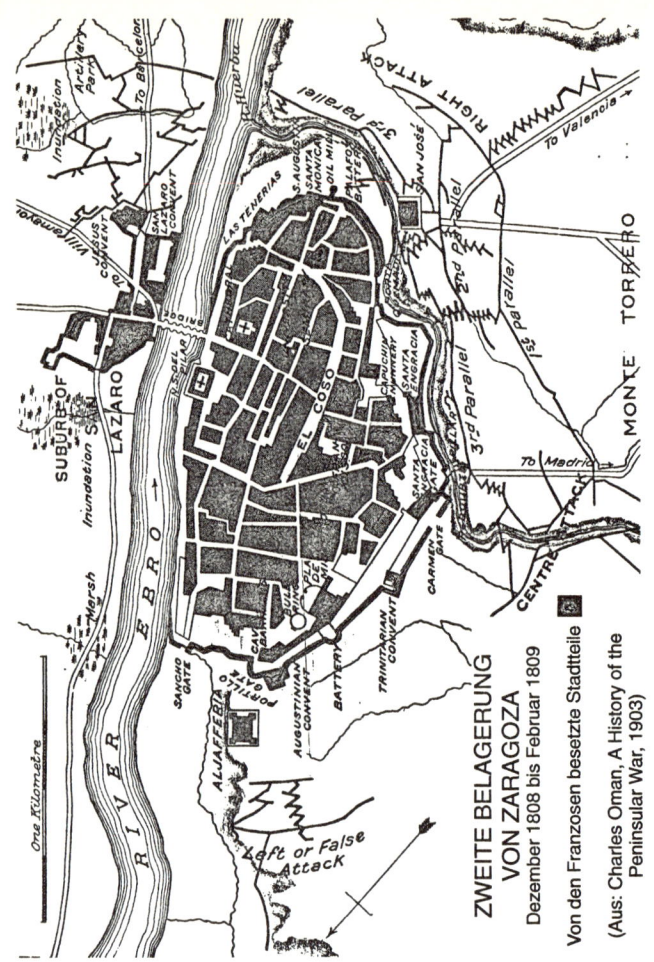

ZWEITE BELAGERUNG
VON ZARAGOZA
Dezember 1808 bis Februar 1809

Von den Franzosen besetzte Stadtteile ▣

(Aus: Charles Oman, A History of the
Peninsular War, 1903)

1.

Ich glaube, es war am Abend des 18. Dezember 1808, als wir aus der Ferne Zaragoza erblickten. Als wir durch das Sancho-Tor kamen, hörten wir die Uhr des Torre Nueva, des Neuen Turms, zehn schlagen. Was Ernährung und Kleidung betraf, so befanden wir uns in einem schlimmen Zustand, denn wir hatten einen weiten Weg zu Fuß hinter uns, über Lerma, Salas de los Infantes, Cervera, Agreda, Tarazona und Borja, wobei wir über Berge steigen, Flüsse durchwaten, Abgrenzungsmauern überklettern und etliche Umwege machen mußten, bis wir bei Gallur y Alagón auf die Königliche Straße stießen. Diese Strecke hatte uns völlig erschöpft, so daß wir dem Umfallen nahe waren. Aber die Freude, wieder frei zu sein, versüßte unsere Leiden beträchtlich.

Wir waren vier, denen zwischen Lerma und Cogollos die Flucht gelungen war, nachdem wir unsere Hände von dem Strick hatten befreien können, der so viele Patrioten miteinander verband. An unserem Fluchttag hatten wir zusammen ein Kapital von elf Real, aber nach drei Tagen Marsch, als wir in der Hauptstadt von Aragón ankamen, belief sich unsere Barschaft nur noch auf einunddreißig Cuartos*. Bei der Pía-Schule kauften wir uns Brot und teilten es untereinander auf.

Don Roque, der auch zu den Geflohenen gehörte, hatte gute Bekannte in Zaragoza, aber es war jetzt nicht die Zeit, sich diesen zu nähern. Das verschoben wir also auf den nächsten Tag, und da wir in keiner Herberge unterkommen konnten, schlenderten wir durch die Stadt auf der Suche nach einem Unterschlupf, in dem wir die Nacht verbringen konnten. Die Torwege des Marktes schienen uns als Ruheplatz für unsere zerschundenen Körper nicht einladend genug. Wir gingen zum schiefen Turm. Einer meiner Begleiter meinte, wir könnten uns doch dort Sockelnischen zum Schlafen suchen, worauf ich entgegnete, daß wir dann nicht viel besser geschützt seien als auf freiem Feld. Allerdings ließen wir uns

---

* Kleine Kupfermünze, Wert von vier Maravedís (Anm. d. Übers.)

an dieser Stelle erst einmal zum Verschnaufen und Verspeisen unseres trockenen Brotes nieder. Dabei schauten wir immer wieder mal verstohlen zum Turm hinauf, der über uns hing, als ob er mißtrauisch beobachtete, wer denn da zu seinen Füßen lagerte. Im klaren Mondlicht streckte dieser Wachtposten aus Backsteinen seine magere Figur, die sich nicht gerade halten konnte, gen Himmel. Die Wolken zogen über seinen Kopf hinweg. Der Betrachter von unten konnte Angst bekommen, denn es sah so aus, als ob die Wolken stillstanden und der Turm umkippe. Dieses absurde Gebilde, an dessen Fuß der Boden nachgegeben hatte, als ob er es müde geworden war, den Turm weiter zu tragen, schien ständig zu fallen, aber nie herunterzukommen. Wir schritten darauf die Coso-Straße[1] hinunter vom Haus der Giganten bis zum Seminar. Darauf bogen wir in die Calle Quemada und dann in die Calle del Rincón ein, beide voller Ruinen, bis wir die Plazuela de San Miguel erreichten. Von dort irrten wir weiter durch enge, krumme Gassen, bis wir vor den Ruinen des Klosters Santa Engracia standen, das nach der ersten Belagerung von den Franzosen[2] gesprengt worden war. Wir stießen alle vier den gleichen Ruf aus, der anzeigte, daß wir den gleichen Gedanken hatten. Hier hatten wir ein Nachtasyl gefunden.

Die Fassade stand noch: ein marmorner Säulengang verziert mit zahlreichen Heiligenfiguren, die dort stillstanden, als ob sie keine Kenntnis von der Katastrophe hatten. Im Innern sahen wir halbe Säulenbogen, die aus den Trümmern hervorragten und gegen das Mondlicht wie die absurden Geschöpfe eines Deliriums aussahen. Wir sahen gezackte Mauerreste, Winkelstücke, Labyrinthe, Höhlen und tausend andere Überbleibsel dieser einst imposanten Architektur. Es gab auch grottenartige Öffnungen in der Wand, wie in einem Felsen in der Natur. Teile des Altaraufsatzes lagen von der Feuchtigkeit befallen zwischen den Resten des Gewölbes, an denen noch eine rostige Blockrolle zum Aufhängen der Lampen hing. Zwischen den Holz- und Backsteinresten lugten schon Gräser hervor. Zwischen den vielen zerstörten ragten aber auch unversehrte Gegenstände hervor wie zum Beispiel Orgelpfeifen und ein Beichtstuhlgitter. Das Dach lag zerschmettert am Boden, und die Überreste des Klosterturms waren mit denen der Kirchengräber vermischt. Beim Anblick dieser Ansammlung von Trümmern, die aber die einstige Form nicht völlig verloren hatten, dieser Mauerreste mit teilweise noch Putz daran, der wie Zuckerguß aussah, hatte man den Eindruck, daß diese Reste noch eine endgültige Zustandsform suchten. Dieses skelettartige Gebilde schien noch unter den Nachwirkungen der Sprengungswucht zu zittern.

Don Roque erzählte uns, daß es unter der Klosterkirche noch eine andere gäbe, in der die Gebeine der Heiligen Märtyrer von Zaragoza verehrt worden waren, aber der Zugang war verschüttet. Zuerst kam es uns vor, als ob überall tiefes Schweigen herrschte, aber dann hörten wir doch schwach menschliche Stimmen aus diesen Ruinen aufsteigen. Es war, als würden sie von den Schatten dieser beiden berühmten Chronisten stammen, den christlichen Märtyrern und den Patrioten der Geschichte, die unter diesen Trümmern lagen, als würden sie protestieren, daß wir ihren Schlaf störten. Dann erkannten wir aber im Scheine einer Flamme, die einen Teil der Szenerie beleuchtete, eine Personengruppe in einer Gewölbeecke. Es waren Bettler von Zaragoza, die sich in diesen Ruinen einen Unterschlupf errichtet hatten und sich mit Sparren und Matten vor dem Regen schützten. Wir fanden eine ähnlich geschützte Ecke, wickelten uns in unsere Umhänge und warteten auf den Schlaf. Da sprach mich Don Roque noch einmal an:

»Ich kenne hier Don José de Montoria, einen der reichsten Landbesitzer der Umgebung von Zaragoza. Wir stammen beide aus Mequinenza, waren zusammen in der Schule und spielten zusammen auf dem Hügel der Landvogtei. Obwohl ich ihn jetzt dreißig Jahre nicht mehr gesehen habe, glaube ich, daß er uns freundlich empfangen wird. Als guter Aragónese hat er ein weiches Herz. Jungs, wir werden ihn aufsuchen, wir werden Don José de Montoria einen Besuch abstatten ... Ich selbst habe Blut der Familie Montoria über eine mütterliche Linie. Ja, ja, wir werden ihm sagen ...«

Und damit schlief Don Roque ein und ich auch.

2.

Unser Lager war nicht komfortabel genug, uns bis zur vollen Morgensonne friedlich durchschlafen zu lassen. Ein Steinbett macht Frühaufsteher, wie man so sagt. Wir standen also in der ersten Dämmerung auf, und da wir keine Toilette machen konnten, waren wir gleich zum Fortgang bereit. Alle vier hatten wir den gleichen Gedanken, daß es sehr schön sein würde, ein Frühstück in den Magen zu bekommen, aber mit gleicher Einträchtigkeit gelangten wir zu dem Schluß, daß unsere Mittel für ein solches Unterfangen nicht reichten.

»Laßt den Mut nicht sinken, Jungs«, sagte Don Roque, »denn ich werde euch jetzt zum Hause meines Freundes führen, der uns helfen wird.«

Als er das sprach, sahen wir zwei Männer und eine Frau aus den Trümmern kriechen. Es waren unsere Schlafnachbarn, und sie schienen es gewohnt zu sein, an diesem Ort die Nacht zu verbringen. Der eine war ein armer Krüppel, der ein Bein unterhalb des Knies verloren hatte und sich mit zwei Krücken nur mühselig dahinschleppen konnte. Er hatte ein gütiges, altes, von der Sonne verbranntes Gesicht. Da er uns freundlich grüßte, als wir vorübergingen, und uns einen guten Tag wünschte, fragte Don Roque ihn, wo denn das Haus des Don José de Montoria sei. Darauf antwortete der Krüppel:

»Don José de Montoria? Den kenne ich doch wie meinen Augapfel. Vor zwanzig Jahren wohnte er in der Calle de la Albadería, und später zog er in die Parra-Straße. Danach … aber wie ich sehe, sind Sie Fremde.«

»Ja, mein guter Freund, Fremde sind wir und kommen, um uns der Armee dieser tapferen Stadt anzuschließen.«

»Dann waren Sie also am 4. August[3] nicht hier?«

»Nein, mein Freund«, antwortete ich ihm, »wir haben dieser großen Kriegstat nicht beigewohnt.«

»Haben Sie auch die Schlacht von Eras[4] nicht gesehen?« fragte der Bettler und setzte sich vor uns hin.

»Nein, diese Ehre hatten wir auch nicht.«

»In dieser Schlacht war Don José de Montoria bei denen, die vorstürmten, bis sie die Kanonen mit der blanken Waffe angreifen konnten ... aber ich sehe, Sie haben ja gar nichts gesehen. Aus welchem Teil der Welt kommen Sie denn?«

»Aus Madrid«, erwiderte Don Roque. »Aber können Sie uns denn nicht sagen, wo Don José, mein guter Freund, jetzt wohnt?«

»Nein, das kann ich nicht«, sprach der Einbeinige und holte ein Stück Brot hervor, um Frühstück zu machen. »Von der Parra-Straße zog er dann in die Enmedio. Sie müssen wissen, daß dort aber alle Häuser zerstört wurden ... Dort stand nämlich Esteban López, Soldat der zehnten Kompanie der ersten Freiwilligen-Legion von Aragón. Er und vierzig andere zwangen die Franzosen zum Rückzug.«

»Das ist ja wirklich großartig«, bemerkte Don Roque dazu.

»Aber wenn Sie das vom vierten August nicht gesehen haben, haben Sie gar nichts gesehen!« meinte der Bettler. »Ich war auch am 4. Juli dabei, denn ich schleppte mich gerade durch die Calle de la Paja und sah unsere *Artilleristin*[5] dort die Vierundzwanziger-Kanone abfeuern.«

»Ja, ja, wir haben von den Heldentaten dieser großartigen Frau gehört«, meinte Don Roque anerkennend, »aber können Sie uns denn nicht ...«

»Aber doch. Don José de Montoria ist gut Freund mit dem Kaufmann Don Andrés Guspide, der am 4. August die Barrikade in der Gasse des Torre del Pino verteidigte. Dort regnete es geradezu Granaten, Kugeln und Schrapnellstücke. Mein Don Andrés aber stand fest wie eine Eiche. Mehr als hundert Tote lagen zu seinen Seiten. Er allein hat fünfzig Franzosen getötet.«

»Ein ehrfurchtgebietender Held – und der ist Freund meines Freundes?«

»Ja, mein Herr«, erwiderte der Einbeinige, »und beide sind die besten *caballeros* von Zaragoza und geben mir samstags immer ein Almosen. Sie müssen nämlich wissen, daß ich Pepe Pellejas bin. Man nennt mich aber *Sursum Corda**, weil ich

---

* (Lateinisch:) Erhebet die Herzen (Anm. d. Übers.)

vierundzwanzig Jahre lang Küster war und meine Stimme …
aber das steht auf einem anderen Blatt … aber Sie werden
doch wohl in Madrid schon von ›Sursum Corda‹ gehört
haben?«

»Aber ja«, log Don Roque in einem Anfall von Großzügigkeit, »ich glaube, ich kann mich an einen solchen Namen entsinnen. Nicht wahr, Jungs, ihr doch wohl auch?«

»Also dann …«, meinte der Bettler. »Sie müssen wissen,
daß ich vor der Belagerung am Tor dieses Klosters Santa
Engracia hier, das von jenen Banditen am 13. August in die
Luft gesprengt wurde, um Almosen zu bitten pflegte. Jetzt
tue ich das am Jerusalem-Tor, wo Sie mich immer antreffen
können. … Am 4. August war ich auch hier und sah Francisco Quilez, Oberfeldwebel des ersten Schützenbataillons,
aus der Kirche kommen. Sie wissen ja wohl, daß der es war,
der mit fünfunddreißig Mann die französischen Banditen
aus dem Encarnación-Kloster warf … Ich sehe, Sie verstehen
nicht ganz … Im Garten des Santa-Engracia-Klosters, [6] hier
hinten, starb der Leutnant Don Miguel Gila. Es lagen mindestens zweihundert Leichen in diesem Garten. Dort wurde
auch Don Felipe San Clemente y Romeo, Kaufmann von
Zaragoza, an den Beinen verwundet. Wenn Don Miguel
Salamero nicht gewesen wäre … Aber haben Sie denn davon
nichts gehört?«

»Nein, mein Freund«, sprach Don Roque, »von alldem wissen wir nichts, und obwohl es sehr interessant ist, Ihnen über
diese Ereignisse zuzuhören, ist es für uns jetzt wichtiger zu
wissen, wo wir Don José, meinen alten Freund, finden können, denn wir vier sind von einem Leiden befallen, das man
Hunger nennt, und dieses läßt sich leider nicht mit der
Bewunderung von Heldentaten kurieren.«

»Ich bringe Sie jetzt dorthin, wo immer Sie nur hinwollen«,
antwortete ›Sursum Corda‹ und bot uns einen Teil seiner
Brotstücke an. »Aber vorher muß ich Ihnen noch sagen, daß,
wenn Don Mariano Cereso nicht die Alfarería, die Töpfer-
werkstatt, so tapfer verteidigt hätte, es nicht zu den Ereignissen am Portillo gekommen wäre. Diesem Don Mariano
Cereso haben wir so viel zu verdanken! An jenem 4. August

stapfte er mit seinem Schwert und mit seinem altertümlichen Rundschild so wild durch die Straßen, daß er einem angst machte. Das Kloster Santa Engracia hier war ein Höllenofen, meine Herren. Die Granaten prasselten nur so herunter, aber die Verteidiger nahmen davon nicht mehr Kenntnis, als ob es Regentropfen gewesen wären. Ein großer Teil des Klosters war schon eingestürzt, die Gebäude zitterten, und das ganze Stadtviertel hier schien nur aus Kartenhäusern zu bestehen, so schnell fing alles Feuer und fiel zusammen. Feuer in den Fenstern, Feuer oben, Feuer unten. Aber die Franzosen fielen wie die Fliegen, jawohl, und die Leute aus Zaragoza verstanden auch zu sterben. Als Don Antonio Quardos hierherkam und die französischen Batterien erblickte, konnte er sich vor Wut nicht halten. Die Banditen feuerten aus sechzig Kanonen auf unsere Mauern. Sie haben es nicht gesehen, aber ich. Die Ziegelstücke und Erdbrocken der Wälle flogen nur so herum. Aber die Leichenberge dienten dann als Wälle. Die Augen von Antonio Quadros sprühten Flammen. Die Jungs feuerten, ohne aufzuhören. Sie waren nur noch Schießautomaten. Sie haben das nicht gesehen – aber ich! Die französischen Artilleristen fielen einer nach dem anderen. Als er sah, daß eine französische Kanone nicht mehr bemannt war, schrie der spanische Kommandeur: ›Eine Offiziersepaulette für den, der den Verschluß dieser Kanone zerschlägt!‹ Und Pepillo Ruiz lief durch den Garten wie durch Schmetterlinge und Blumen im Mai, nur daß die Schmetterlinge Kugeln und die Blumen Granateinschläge waren. Pepillo Ruiz zertrümmerte den Verschluß der Kanone und sah sich lachend um. Aber in diesem Moment krachte ein Trümmerstück des Klosters auf ihn herunter, so daß er zerschmettert wurde. Aber Don Antonio Quadros meinte, wir sollten uns nicht darum kümmern, und als er sah, daß eine Granate eine Bresche in die Mauer gerissen hatte, stopfte er diese selbst mit einem Sack voller Wolle zu. Da traf ihn eine Kugel am Kopf. Man trug ihn hierher. Er sagte nur noch, daß wir uns nicht darum kümmern sollten, und verschied.«

»Oh,« kommentierte Don Roque nun schon recht ungeduldig, »wir sind sehr beeindruckt, Señor ›Sursum Corda‹. Der glühendste Patriotismus ergreift uns, wenn wir Sie so erzählen hören, aber wir hätten nun doch endlich gern gewußt, wo ...«

»Mann Gottes«, erwiderte der Bettler, »ich erinnere mich noch an das Haus von Don José de Montoria damals. Das war doch in der Nähe der Kirche San Pablo, nicht weit vom Krankenhaus – das hätten Sie sehen sollen! Dort krachte es immerzu von Einschlägen. Die Kranken, die sahen, daß das Dach auf sie fallen würde, stürzten sich aus den Fenstern auf die Straße. Andere schleppten sich über die Treppen nach unten. Die Backsteinwände glühten. Man hörte Schreie, und die Verrückten in den Käfigen brüllten wie Raubtiere. Andere konnten sich befreien, rannten durch die Kreuzgänge, lachten und tanzten, daß es einem grauen konnte. Einige gebärdeten sich, als sei Karneval. Es gab da einen, der kletterte auf das Kreuz von der Coso-Straße, von wo er schrie, er sei der Ebro[7] und werde das Feuer löschen. Frauen rannten herbei, um den Kranken zu helfen. Man konnte die Straßen nicht mehr passieren. Vom Neuen Turm aus wurden Zeichen gegeben, wenn eine Kanonenkugel kam. Das Schreien der Leute übertönte die Glocken. Die Franzosen rückten auf der Straße der Santa Engracia vor und bemächtigten sich des Krankenhauses und des Klosters San Francisco. Dann begann der Kampf im Coso und in den Straßen ringsherum. Don Santiago Sas, Don Mariano Cereso, Don Lorenzo Calva, Don Marcos Simono Renovales, der Tierarzt Martin Albantos, Vicente Codé, Don Vicente Marraco und andere griffen die Franzosen mit entblößter Brust an, und hinter einer von ihr selbst errichteten Barrikade erwartete die Gräfin von Bureta den Feind mit der Flinte in der Hand.«

»Wie – eine Frau, und dazu noch eine Gräfin«, fragte Don Roque begeistert, »errichtete eine Barrikade und schoß auf die Franzosen?«

»Ja, wissen Sie denn das nicht?« fragte ›Sursum Corda‹ erstaunt. »Ja, wo leben Sie denn? Die Señora María Consolación Azlor y Villavicencio, die dort beim Ecce-Homo wohnte, ging durch die Straßen, sprach den Entmutigten Trost zu, und als man eine Barrikade errichtete, setzte sie sich an die Spitze einer Gruppe von Zivilisten und schrie: ›Hier sterben wir eher, als den Feind durchzulassen!‹«

»Oh, welche Erhabenheit!« rief Don Roque mit knurrendem Magen aus. »Aber wie begeistert wäre ich erst, solchen großartigen Erzählungen mit vollem Bauche lauschen zu dürfen. Sie sagten also, daß das Haus von Don José ...«

»Das war in der Richtung«, entgegnete der andere. »Sie müssen wissen, daß die Feinde sich da beim Cineja-Bogen festliefen. Heilige Mutter Gottes auf der Säule! Das war ein Franzosenschlachten! In der Calle de la Parra, auf der Plazuela de Estrevedes, in der Calle de los Urreas, in der Santa Fe und in der Azoque zermalmten die Zivilisten die Franzosen. Das Donnern der Kanonen und die Schreie der Verwundeten gellen heute noch in meinen Ohren. Die Franzosen zündeten die Häuser an, die sie nicht verteidigen konnten – und das gleiche taten die Einwohner von Zaragoza ... Überall Flammen, dazwischen Männer, Frauen, Kinder ... Es genügte, zwei Hände zu haben, um etwas gegen den Feind zu unternehmen. Wenn Sie das nicht gesehen haben, haben Sie nichts gesehen! An dem Tage kam auch Palafox de Zaragoza, [8] um ...«

»Entschuldigen Sie bitte, guter Mann«, unterbrach ihn Don Roque, der nun endgültig die Geduld verloren hatte, »wir wissen Ihre Darstellung dieser Ereignisse sehr zu schätzen, aber wenn Sie uns nicht unverzüglich zum Hause jenes Herrn führen können, der uns sagen kann, wo sich mein Freund jetzt befindet, machen wir uns allein auf die Suche.«

»Gleich doch, meine Herren, werden Sie doch nicht ungeduldig«, erwiderte ›Sursum Corda‹ und setzte sich an seinen Krücken in Bewegung. »Ich führe Sie jetzt dorthin. Sehen Sie dieses Haus da? Dort wohnt Antonio Laste, Hauptfeldwebel der vierten Legion. Der hat dem Stadtschatz sechzehntausendvierhundert Pesos gerettet und den Franzosen die Wachskerzen, die sie geraubt hatten, wieder abgenommen.«

»Vorwärts, mein Freund«, trieb ich ihn an, denn ich sah, wie der unermüdliche Erzähler wieder anhielt, um die Taten jenes Antonio Laste in allen Einzelheiten zu beschreiben.

»Bald sind wir doch da«, meinte ›Sursum Corda‹. »Hier

ging ich am ersten Juli entlang und traf Hilario Lafuente, den Oberkorporal der Schützenkompanie des Gemeindepriesters Sas. [9] Er sagte mir: ›Heute werden sie das Portillo-Tor angreifen!‹ Darauf ging ich dorthin, um zu sehen, was ...«

»Ja, davon haben wir gehört«, unterbrach ihn Don Roque, »aber führen Sie uns erst einmal schnell zu Ihrem Bekannten. Später können wir darüber weiterreden.«

»Dieses Haus, das Sie da verbrannt und in Trümmern sehen«, fing der Einbeinige wieder an, als wir um eine Ecke bogen, »loderte den ganzen 4. August lang, als Don Francisco Ipas, Leutnant der zweiten Schützenkompanie der Gemeinde von San Pablo hier eine Kanone aufstellen ließ und ...«

»Doch, doch, wir haben davon schon erfahren, mein Guter«, unterbrach ihn Don Roque abermals. »Aber nun vorwärts bitte.«

»Noch toller war ja, was Codé, der Landwirt von der Gemeinde Magdalena mit einer Kanone in der Calle de la Parra machte«, fuhr der Bettler fort und hielt abermals an. »Als sie gerade beim Laden waren, wurden sie von den Franzosen angegriffen. Alle flohen, aber Codé legte sich unter die Kanone. Die Franzosen liefen vorüber, ohne ihn zu sehen. Mit der Hilfe einer Alten, die ihm einen Strick gab, zog er dann die Kanone bis zur Straßenmündung. Kommen Sie mal, ich werde Ihnen zeigen ...«

»Nein, nein, wir wollen nichts mehr sehen – nur endlich unser Ziel erreichen!«

Wir protestierten schließlich so sehr, daß er uns doch noch – wenn auch sehr langsam – zum Coso, dann zum Markt und schließlich zur Calle de la Hilarza brachte, wo die besagte Person wohnen sollte.

3.

Aber ach, Don José war nicht dort, so daß wir ihn weiter suchen mußten. Zwei meiner Begleiter, die des ständigen Herumlaufens müde waren, trennten sich von uns, um auf eigene Faust eine militärische oder zivile Unterkunft zu finden. So blieb ich denn noch mit Don Roque zusammen. Wir machten uns schließlich mühevoll auf den Weg zum ›Turm‹ unseres Freundes (›Turm‹ nennt man in der Gegend von Zaragoza ein Landhaus) bei Poniente auf der Straße nach Muela, nicht weit von der Bernardona. Ein so weiter Weg war für unsere ausgemergelten Körper mit leeren Mägen recht qualvoll, aber die Not trieb uns an, denn wir brauchten ja dringend die Hilfe jenes ersehnten Herrn.

Don José de Montoria war gerade beim Abholzen seiner prächtigen Olivenbäume, denn der Plan der Verteidigungsanlagen schrieb das angesichts der Gefahr einer zweiten Belagerung vor. Es war nicht nur dieser unser Freund, der eigenhändig und ohne Skrupel sein ererbtes Landgut zerstörte. Alle benachbarten Landbesitzer taten das gleiche mit solcher Ruhe, als sei es eine Wiederanpflanzung oder eine Weinlese. Montoria sagte uns:

»Bei der ersten Belagerung habe ich meine Olivenhaine bei Huerva abgeholzt. Man sagte, daß die zweite, die uns bevorsteht, noch schrecklicher sein wird, angesichts der Truppenkonzentrationen der Franzosen.«

Wir erzählten ihm von der Kapitulation von Madrid, was ihn sehr erschütterte. Als wir die Heldentaten der Verteidiger von Zaragoza vom 15. Juni bis zum 14. August lobten, zuckte er mit den Achseln und meinte:

»Wir haben getan, was wir konnten.«

Dann äußerte sich Don Roque so lobend über mich – in militärischer wie ziviler Hinsicht –, daß ich errötete, denn einige seiner Behauptungen waren doch reichlich übertrieben oder sogar glatte Lügen. Gleich zu Anfang erzählte er ihm, ich stamme aus ›einer der achtbarsten Familien des unteren Andalusiens in der Gegend von Doñana‹ und daß ich als Seekadett an der Seeschlacht von Trafalgar teilgenommen hätte. Die Junta habe mich für eine hohe Stellung in Peru vorgesehen gehabt, und bei der Puerta de Los Pozos sei ich ein so heldenmütiger Kämpfer gewesen, daß die Franzosen es nach der Kapitulation als erforderlich ansahen, einen so schrecklichen Gegner unschädlich zu machen, so daß sie mich mit anderen Patrioten nach Frankreich verschleppen wollten. Er fügte hinzu, daß es meinen genialen Einfällen zu verdanken gewesen sei, daß wir vier fliehen und uns bis Zaragoza durchschlagen konnten. Er schloß dieses Heldenepos mit der Versicherung, daß meine großen Fähigkeiten mich zu höchsten Ehren führen würden.

Montoria musterte mich von Kopf bis Fuß. Mein erschöpfter Zustand und die häßlichen Beschädigungen meiner Kleidung fielen ihm natürlich auf, aber wohl auch deren eleganter Schnitt und teurer Stoff, die noch gut zu erkennen waren. Schließlich sagte er mir:

»Na ja, ich werde Sie nicht in die dritte Schützenkompanie des Regiments von Don Santiago Sas, deren Hauptmann ich bin, aufnehmen können. Aber in die Einheit, in der sich mein Sohn befindet, können Sie eintreten. Wir brauchen hier jeden fähigen Mann – keine Faulenzer. Und Sie, Don Roque, mein lieber Freund, da Sie über das Alter des Waffendienstes hinaus sind, mache ich Sie zum Sanitätshelfer.«

Don Roque versuchte, ihm mit allerlei Umschweifen, Pausen und Entschuldigungen anzudeuten, daß wir etwas bräuchten, um unsere leeren Mägen zu füllen – vielleicht einige Schinkenscheiben und Brot. Der große Montoria runzelte die Stirn, und wir fürchteten schon, wegen unserer Unverschämtheit, um Nahrung zu bitten, weggejagt zu werden. So stammelten wir abermals schüchterne Entschuldigungen, worauf unser künftiger Beschützer mit gerötetem Gesicht ausrief:

»Ach, Hunger haben Sie? Schockschwerenot, warum haben Sie denn das nicht gleich gesagt? Man soll mir doch nicht nachsagen können, daß ich meine Freunde hungern lasse! Ich habe doch zehn Dutzend Schinken in der Speisekammer und zwanzig Fässer alten Wein im Keller. Da ist es für mich doch wie eine Beleidigung, wenn man Hunger hat und es mir nicht sagt! Hallo, ihr Burschen«, rief er seinen Knechten zu, »bringt vier Speckseiten, schlagt zwei Dutzend Eier in die Pfannen, schlachtet sechs Hühner und bringt sieben Krüge Wein aus dem Keller, denn ich will auch mit meinen Freunden frühstücken. Alle Nachbarn, alle Arbeiter und meine Söhne sollen kommen, wenn sie hier sind. Und Sie, meine Herren, Sie müssen jetzt Abbitte leisten, indem Sie alles essen, was Ihnen aufgetischt wird. Sie, Don Roque und Sie, Señor de Araceli (womit ich gemeint war), sind heute, morgen und immer hier zu Hause. *Caramba, porra!** Niemand soll sagen können, daß José de Montoria seine Freunde nicht gut bewirtet!«

Die rauhe Herzlichkeit dieses Landpatriarchen verblüffte uns. Da wir merkten, daß die gekünstelten Redewendungen der höheren Gesellschaft von Madrid hier keinen Anklang fanden, unterließen wir diese schleunigst und frühstückten zusammen in erfrischender Einfachheit.

»Was, Sie essen nicht mehr?« tadelte mich Don José. »Sie sind doch hoffentlich nicht einer von diesen gezierten Jünglingen, die nicht aus sich herausgehen. Mir würde so etwas gar nicht gefallen, mein kleiner *caballero*. Ich muß doch wohl nicht noch böse werden, damit Sie mehr zugreifen? Trinken Sie schnell dieses Glas Wein aus, damit ich nachschenken kann. Ist der Wein bei Hofe vielleicht besser? Das wird bestimmt nicht der Fall sein. Also, Prost!«

So kam es denn, daß ich viel mehr aß und trank, als mein Körper vertragen konnte. Ich wollte aber Montoria auf keinen Fall durch Ablehnung beleidigen. Was waren schon Magenbeschwerden gegen die Gefahr, eine solche Freundschaft zu verlieren!

Nach dem Frühstück gingen die Abholzarbeiten weiter, und der reiche Landbesitzer leitete sie, als ob es ein freudiges Ereignis sei.

»Wollen wir doch mal sehen, ob sie es diesmal wieder wagen werden, uns anzugreifen. Haben Sie gesehen, welche

---

* (Spanisch:) Donnerwetter! Verflixt noch mal! (Anm. d. Übers.)

269

Befestigungsarbeiten wir vollbracht haben? Das wird ein harter Brocken für sie werden. Ich habe zwanzig Sack Wolle gespendet, aber das ist ja eine Lappalie, denn ich würde meinen letzten Heller geben.«

Als wir zur Stadt zurückgingen, zeigte uns Montoria die Befestigungsanlagen, die in diesem westlichen Teil im Gange waren. Am Portillo-Tor war ein halbkreisförmiger Wall entstanden, der die Mauern des Fecetas-Klosters mit denen des Klosters Agustinos Descalzos verband. Von hier bis zu den Trinitarios verlief eine andere Mauer mit Schießscharten über ihre ganze Länge und einer starken Schanze in der Mitte. Vor allem lag ein tiefer Graben zum bekannten Feld der Eras oder des Grabmals hin, das Schauplatz der heldenhaften Ereignisse vom 15. Juni gewesen war. Weiter nach Norden, zum Sancho-Tor hin, das zum Ebrodamm führt, schlossen sich andere Befestigungsanlagen an, die in einem weiteren Bollwerk endeten. Alle diese Arbeiten, obwohl intelligent geplant, zeichneten sich aber nicht durch große Festigkeit und Gründlichkeit aus, da sie ja in aller Eile ausgeführt werden mußten. Jeder feindliche General, der die Ereignisse der ersten Belagerung und die ungeheure moralische Kraft der Einwohner von Zaragoza, diese Erdhaufen zu verteidigen, nicht kannte, würde über solche unerheblichen Verteidigungsanlagen angesichts der ihm verfügbaren Belagerungsmittel gelacht haben. Gott läßt jedoch von Zeit zu Zeit zu, daß die im Kriege geltenden physischen Gesetze umgestoßen werden. Im Vergleich zu anderen berühmten befestigten Städten wie Antwerpen, Danzig, Metz, Cartagena, Gibraltar und anderen Festungsanlagen, die nur unter hohen Verlusten oder gar nicht eingenommen werden konnten, war Zaragoza damals eine Pappfestung. Und dennoch ...

4

Wieder auf seinen Landsitz zurückgekehrt, erzürnte sich Don
José de Montoria über Don Roque und mich – diesmal, weil
wir die großzügige Geldsumme, die er uns für unsere ersten
Ausgaben in der Stadt anbot, nicht annehmen wollten. Wieder gab es die Faustschläge auf den Tisch und den Schwall
von ›Potztausend!‹ und ›Verflixt!‹ sowie anderen Kraftaus-
drücken, die ich hier lieber nicht zitieren möchte. Schließlich
schlossen wir einen für beide Seiten ehrenhaften Kompromiß.
Jetzt fällt mir auf, daß ich die Handlungen dieses bemerkenswerten Mannes zu oft erwähne, ohne Näheres über seine Person gesagt zu haben.

Don José war ein Mann von sechzig Jahren, kräftig gebaut,
mit gerötetem Gesicht und robuster Gesundheit, der mit sich,
seinem Gewissen und dem Schicksal zufrieden war. Was er an
patriarchalischen Tugenden und beispielhaften Gewohnheiten zuviel hatte (ja, man kann davon auch zuviel haben), das
mangelte ihm an Bildung, das heißt an jener ›Bildung‹, die
man damals begann, einigen Söhnen reicher Familien zu
erteilen. Don José kannte die Winkelzüge und Komplikatio-
nen der Etikette und der gewandten Umgangsformen nicht.
Von Charakter und Gewohnheit her war er diskreten Lügen
und liebenswürdigen Täuschungen, die die Grundlagen der
Höflichkeit darstellen, abgeneigt. Da er sein Herz immer auf
der Hand trug, erwartete er, daß auch die anderen das ständig taten, und seine rauhe Güte tolerierte die oft falschherzi-
gen Koketterien der Konversation nicht. Wenn er von Zorn
ergriffen wurde, ließ er sich zu Extremen hinreißen, die er in
der Regel später bereute.

Es gab in ihm kein Stückchen Verstellung. Er besaß die großen christlichen Tugenden im Rohzustand, ohne Tünche, wie
die grobe Oberfläche eines herrlichen Marmorblocks, den
noch kein Meißel bearbeitet hat. Das muß man verstehen,
wenn man von seinen exzentrischen Handlungen hört,
obwohl man ihn, der so viel bei seinen Dienstboten und Nachbarn galt, eigentlich nicht einen Exzentriker nennen kann.

Seine Gewohnheit war, nie zu verbergen, was er fühlte, auch wenn ihm dies im Laufe des Alltagslebens und bei manchen unerheblichen Vorfällen einige Schwierigkeiten einbrachte. Bei Angelegenheiten von Belang war er ein unschätzbarer Edelstein, denn da sein Seelenzustand jederzeit erkennbar war, brauchte man sich bei geschäftlichen Verhandlungen mit ihm nie vor Fallen oder Täuschungen zu fürchten. Er verzieh Beleidigungen in der Regel schnell, war ständig dankbar für ihm erwiesene Hilfe und gab einen großen Teil seiner Einkünfte Bedürftigen.

Er kleidete sich sauber und ordentlich, aß reichlich, aber hielt auch die Fastenzeit peinlich genau ein, liebte die Statue der sogenannten ›Muttergottes auf dem Pfeiler‹ fanatisch wie ein verehrtes Familienmitglied. Seine Sprache entsprach, wie Sie bereits bemerkt haben, nicht den Stilidealen der höheren Kreise. Er bekannte freimütig, daß einer seiner größten Fehler darin bestand, bei allen möglichen Gelegenheiten sein ›Porra‹ oder ›Caramba‹ anzubringen, auch wenn es nicht im entferntesten paßte. Mehr als einmal hörte ich ihn sagen, daß er diesen Fehler nicht ablegen könne, denn solche Kraftausdrücke entfleuchten seinem Mund, ohne daß er sich dessen im Augenblick bewußt war.

Er hatte eine Frau, Doña Leocadia Sarriera aus Navarra, zwei Söhne und eine Tochter. Von den Kindern waren der älteste Sohn und die Tochter verheiratet und hatten ihren Eltern schon einige Enkelkinder geschenkt. Der jüngere Sohn hieß Agustín und war der Kirche versprochen, wie sein Onkel gleichen Namens, der Erzdekan der Seo war. Alle diese Familienmitglieder lernte ich am gleichen Tag kennen. Es waren die nettesten Menschen der Welt. Sie behandelten mich mit so viel Aufmerksamkeit, daß mir ihre Großzügigkeit schon fast peinlich war. Ich war aber überzeugt, daß, wenn sie meine wahre Identität gekannt hätten, sie um keinen Deut kälter zu mir gewesen wären. Ihre spontane Gutherzigkeit wärmte mir die Seele, und da es mir schon immer leichtgefallen war, Menschen zu lieben, brachte ich ihnen gleich von Anfang an eine ehrliche Zuneigung entgegen.

»Don Roque«, sagte ich an jenem Abend zu meinem Kameraden, als wir uns in dem Zimmer, das man uns zur Verfügung gestellt hatte, zu Bett legten, »ich habe noch nie Menschen wie diese erlebt. Sind denn alle Aragónesen so?«

»Ach, das nicht«, antwortete er mir, »aber Leute vom Schlage des Don José de Montoria und Familien wie diese hier trifft man hier in Aragón besonders häufig.«

Am nächsten Tage beschäftigten wir uns mit meiner Rekrutierung. Die Entscheidung dieser Stadt, dem Feind die Stirn zu bieten, begeisterte mich so sehr, daß mir nichts so ehrenwert erschien, wie an deren Ausführung beizutragen. Jeder von Ihnen wird wohl wissen, daß Zaragoza in jenen Tagen einen fabelhaften Ruf errungen hatte. Die Heldentaten ihrer Bevölkerung heizten die Vorstellungen an, und alles, was mit der berühmten Verteidigung dieser unsterblichen Stadt zu tun hatte, erschien in den Worten der Erzähler wie eine antike Heldensage. Aus der Entfernung nahmen die Taten der Bürger von Zaragoza noch größere Ausmaße an. In England und Deutschland sah man sie als die modernen Numantianer[10] an. Diese halbnackten Gestalten mit Hanfschuhen an den Füßen und einem Tuch um den Kopf gewickelt, wurden zu Gestalten hellenischer Größe. »Kapituliert, und wir werden euch einkleiden«, sagten die Franzosen bei ihrer ersten Belagerung in Bewunderung der Hartnäckigkeit einiger in Lumpen gekleideter Dorfbewohner. »Wir wissen gar nicht, was das heißt, zu kapitulieren«, antworteten sie, »und unsere Haut bedecken wir nur mit Glorie.«

Diese und andere Aussprüche machten die Runde um die Welt.

Aber kommen wir doch auf meinen Eintritt in die Armee zurück. Palafox Verordnung vom 13. Dezember war ein Hindernis, denn sie verlangte, daß alle Fremden innerhalb von vierundzwanzig Stunden abziehen. Der Grund dafür waren die vielen zweifelhaften Charaktere, die von außerhalb hierhergeströmt waren und Zwietracht säten. Aber gerade in den Tagen meiner Ankunft in Zaragoza wurde ein neuer Aufruf veröffentlicht, in dem die versprengten Soldaten der Mittelarmee, die in Tudela geschlagen worden war, aufgefordert wurden, sich den Verteidigern von Zaragoza anzuschließen. Das gab mir einen Anlaß, mich zu melden, denn obwohl ich ja nicht zur Mittelarmee gehört hatte, hatte ich doch an der Verteidigung von Madrid und davor an der Schlacht von Bailén teilgenommen. Diese beiden Tatsachen zusammen mit der Unterstützung durch Don José de Montoria ermöglichten mir die Aufnahme in die Truppen von Zaragoza. Man gab mir einen Posten im Freiwilligenbataillon von San Pedro, das in der ersten Belagerung ziemlich viele Verluste erlitten hatte, sowie eine Uniform und ein Gewehr. In das Schützenbataillon des Santiago Sas, eines kämpferischen Geistlichen, konnte ich, wie Don José schon erklärt hatte, nicht eintreten, weil dieses sich ausschließlich aus Bewohnern der Gemeinde von San Pablo zusammensetzte. Man wollte auch keine Jünglinge in diesem Bataillon, so daß nicht einmal der Sohn von Don José, Agustín Montoria, dort dienen konnte, und er auch wie ich in das Bataillon Peñas de San Pedro* eintrat. Damit schenkte mir das Schicksal einen guten Kameraden und ausgezeichneten Freund.

Seit dem Tage meiner Ankunft hörte ich vom Näherrücken der französischen Truppen reden, aber bis zum 20. Dezember 1808 war das bloß ein Gerücht. Am Nachmittag jenes Tages erschien eine Division von ihnen bei Zuera, am linken Ebro-Ufer, wo sie die Vorstadt bedrohte. Eine weitere französische Division, unter der Führung von Suchet, lagerte auf der rechten Seite des Flusses oberhalb von San Lamberto. Moncey[11], der Kommandierende General, zog mit drei Divisionen bis Canal, und in der Umgebung von Herva schlossen uns vierzigtausend Mann ein.

Die Franzosen brannten ungeduldig darauf, uns zu schlagen; bekanntlich begannen sie ihre Operationen am frühen Morgen des 21. mit einem wuchtigen Angriff auf den Torero-Berg und gleichzeitig auf die Vorstadt auf der linken Ebroseite. Ohne die Eroberung dieser Punkte war nämlich an die Niederwerfung der Stadt nicht zu denken. Zwar mußten wir den Torero-Berg räumen, aber die Vorstadt wurde so heldenhaft verteidigt, daß dieser Tag zu einem der glänzendsten von Zaragozas großer Geschichte wurde.

---

* Bataillon Felsen von Petrus (Anm. d. Übers.)

Um vier Uhr morgens wurde dem Bataillon Peñas de San Pedro befohlen, die Befestigungsanlagen von Santa Engracia bis zum Trinitarier-Kloster zu verteidigen, eine Verteidigungslinie, die mir am wenigsten schwach von allen erschien. Seitlich von Santa Engracia lag die Batterie des Märtyrer-Klosters. Von da ab verlief die Schießscharten-Lehmmauer bis zur Huerva-Brücke, die von einer Schanze geschützt war. Dann verlief die Frontlinie nach Westen und bildete einen stumpfen Winkel bis zu einem weiteren Bollwerk beim Pino-Turm. Danach verlief sie fast geradlinig über das Carmen-Tor bis zum Trinitarier-Kloster. Wer sich einmal Zaragoza angesehen hat, wird diese kurze Beschreibung genau verstehen, denn es gibt heute noch die Ruinen von Santa Engracia, und auch das Carmen-Tor steht noch, nicht weit von der Glorieta mit ihrer zertrümmerten Schwelle und den verwitterten Quadersteinen.

Wir nahmen also die oben beschriebene Stellung ein, und ein Teil von uns, zu dem ich gehörte, bereitete ein Biwak im Garten neben dem Carmen-Kolleg. Agustín Montoria und ich blieben zusammen, denn sein friedvoller Charakter, die Zuneigung, die er mir von Anfang an zeigte, und eine gewisse, schwer definierbare Harmonie unserer Ideen machten mir seine Gegenwart angenehm. Er war ein junger Mann von schöner Figur, mit großen lebhaften Augen, hoher Stirn und einem gewissen melancholischen Ernst. Sein Herz quoll wie das seines Vaters bei dem geringsten Impuls vor Güte über, aber er hatte ihm gegenüber den Vorteil, daß die in dieser Gegend verbreitete Ungeschliffenheit durch seine fundierte Bildung weitgehend beseitigt worden war. Agustín trat ins Mannesalter ein mit einem starken Herzen, einem aufmerksamen Verstand und einer mutigen und gesunden Seele, die nur ein weites Feld, weiten Raum brauchte, um ungeahnte Taten der Menschlichkeit zu vollbringen. Diese Fähigkeiten wurden noch verstärkt durch eine glänzende Vorstellungsgabe, deren Flug aber sicher und zielstrebig war – nicht wie bei den modernen kleinen Genies, die meistens gar nicht wissen, wohin sie eigentlich gehen, sondern voller Gemütsruhe und Besonnenheit, wie sie in der großen Schule der Lateiner gelehrt werden.

Obwohl er eine starke Neigung zur Dichtkunst spürte

(denn Agustín war ein Poet), hatte er Theologie studiert und sich darin, wie in allem, was er anpackte, ausgezeichnet. Die Pater des Seminars, große Wissenschaftler ihres Faches und von hohem Verständnis für die Jugend, hielten ihn für ein Wunderkind in geistlicher und humanistischer Literatur, und beglückwünschten sich, ihn bald voll in ihre Kirche aufnehmen zu können. Die Familie Montoria platzte fast vor Freude und wartete auf seine erste Messe wie auf das Kommen des Heilands.

Denn ich muß hier anführen, daß Agustín keine Berufung zum Priesterstand fühlte. Seine Familie wie auch die guten Pater des Seminars verstanden das nicht und würden es auch nicht verstehen, wenn sie es vom Heiligen Geist in Person erfahren würden. Der frühreife Theologe, der Humanist, der Horaz auswendig kannte, der Dialektiker, der in den wöchentlichen Exerzitien die Meister der Scholastik oft sprachlos werden ließ, verspürte nicht mehr Neigung zum Priesterstand wie Mozart zum Kriege, Raffael zur Mathematik und Napoleon zum Tanz.

5.

»Gabriel«, fragte er mich an jenem Morgen, »hast du eigentlich Lust zu kämpfen?«

»Hast du sie denn?« erwiderte ich. Wie man sieht, duzten wir uns schon nach drei Tagen Bekanntschaft.

»Nicht viel«, sagte er. »Stell dir vor, die erste Kugel tötet uns …«

»Dann sterben wir doch für das Vaterland, für Zaragoza, und wenn auch die Nachwelt sich unserer nicht erinnern würde, so gilt es doch immer als eine Ehre, auf dem Schlachtfeld für eine Sache wie diese zu sterben.«

»Das ist wohlgesprochen«, meinte er traurig, »aber es ist doch schade zu sterben, wo wir doch noch so jung sind. Wer weiß, was uns im Leben noch alles bestimmt wäre!«

»Ach, das Leben ist doch eine Qual – und man denkt am besten nicht daran, was es wert ist.«

»So können die Alten sprechen, aber doch nicht wir, deren Leben erst beginnt. Offen gesagt, ich möchte nicht in diesem schrecklichen Kreis sterben, in den die Franzosen uns eingeschlossen haben. Bei der vorherigen Belagerung hatten wir Seminaristen auch alle die Waffen ergriffen, und ich muß gestehen, damals war ich tapferer als heute. Ich weiß nicht, welches Feuer mein Blut anheizte, so daß ich zu den gefährlichsten Stellen eilte, ohne den Tod zu fürchten. Heute bin ich anders, ängstlich, und der Knall eines Gewehrschusses läßt mich zusammenzucken.«

»Das ist doch natürlich«, antwortete ich, »denn man hat keine Furcht, wenn man die Gefahr nicht kennt. Man sagt, daß die Unerfahrenen die tapfersten Soldaten sind.«

»Das ist es nicht. Ich gestehe, daß dieses Sterben, so ohne weiteres und jäh, für mich etwas Schreckliches ist. Für den Fall, daß ich getötet werde, bitte ich dich um einen Gefallen, von dem ich hoffe, daß du ihn als guter Freund ausführen wirst. Bitte höre genau zu: Siehst du diesen Turm da, der sich nach einer Seite neigt, als ob er wissen möchte, was hier geschieht und was wir zu sagen haben?«

»Den Neuen Turm – ja, den sehe ich natürlich. Welchen Auftrag wirst du mir für diesen schiefen Herrn geben?«

Der Morgen graute, und zwischen den unregelmäßigen Dächern der Stadt, zwischen den Kirchtürmen, den Aussichtstürmen und spitzen Minaretts nahm sich der Neue Turm wie ein alter aus, der nie gerade gewesen war.

»Also hör zu«, fuhr Agustín fort. »Sollten mich die ersten Kugeln an diesem Tage, der jetzt beginnt, töten, geh bitte zum Neuen Turm, wenn die Kampfhandlungen zu Ende sind und die Formationen sich auflösen.«

»Soll ich dort hinaufsteigen?«

»Nein, Mann, hinaufsteigen nicht. Du gehst zur Plaza de San Felipe, wo sich dieser Turm befindet. Schau mal, siehst du da neben dem Neuen den kleinen Glockenturm? Er erscheint neben dem anderen wie ein Chorknabe im Vergleich zu einem Domherrn.«

»Ja, ich sehe den Chorknaben. Wenn ich mich nicht täusche, ist es der Kirchturm von San Felipe. Der läutet jetzt gerade.«

»Ja, er läutet zur Messe«, sprach Agustín mit großer Rührung. »Hörst du, daß die kleine Glocke gesprungen ist?«

»Soll ich vielleicht dem ›Chorknaben‹ sagen, daß seine Glocke gesprungen ist?«

»Witzbold – du gehst also zur Plaza de San Felipe. Du wirst sehen, daß der kleine Kirchturm auf einer Ecke steht, die eine Gasse teilt. Diese gehst du nach links und wirst dann nach einer kurzen Strecke auf eine andere Gasse stoßen, die Anton-Trillo-Gasse heißt. In diese biegst du ein und erreichst die Rückseite der Kirche. Dort wirst du ein Haus sehen …«

»Und was dann?«

»Neben diesem Haus befindet sich ein Garten mit einem schokoladenfarbenen Tor, vor dem du anhältst.«

»Nun gut, ich stehe dann vor dem Tor …«

»Warte doch mal ab!«

»Hör mal, mein kleiner Agustín. Was sollen denn diese ganzen Haltepunkte?«

»Wenn du dort bist …«, fuhr mein Freund fort, der immer verlegener wurde. »Denke daran, daß du abends oder bei Nacht dorthin gehen mußt! Nun gut, du wartest dort ein wenig, gehst zum gegenüberliegenden Bürgersteig und reckst den Hals, um über die Gartenmauer schauen zu können. Du wirst ein Fenster erblicken. Wirf einen Kieselstein an die Scheibe, so daß nur ein geringes Geräusch entsteht.«

»Und dann wird ›sie‹ herauskommen?«

»Nein, Mann, hab doch Geduld! Was weißt du denn, ob sie herauskommt oder nicht?«

»Nun gut, nehmen wir an, sie kommt heraus.«

»Vorher muß ich dir noch sagen, daß dort der Gevatter Candiola wohnt. Weißt du, wer das ist? Das ist ein bekannter Mann in Zaragoza. Man sagt, er habe den Keller voller Geld. Er ist geizig und ein Wucherer, und wenn er jemandem Geld leiht, saugt er ihn völlig aus. Er kennt Gesetze, Moratorien und Ausführungsbestimmungen besser als der Rat und die Kammer von Kastilien. Wer sich geschäftlich mit ihm einläßt, ist verloren.«

»Demnach führt das schokoladenfarbene Tor zu einem herrlichen Palast?«

»Von wegen – du wirst ein jämmerliches Haus erblicken, das so aussieht, als würde es bald zusammenfallen. Ich habe doch gesagt, daß der Gevatter Candiola geizig ist. Auch wenn sie ihn mit Erschießen bedrohen würden, rückte er keinen roten Heller heraus, und wenn du ihn so auf der Straße sehen würdest, müßtest du ihm wohl ein Almosen geben. In Zaragoza bekommt ihn aber kaum jemand zu Gesicht. Sein vollständiger Name ist Jerónimo de Candiola, und er stammt aus Mallorca, wenn ich mich nicht täusche.«

»Und dieser Gevatter Candiola hat also eine Tochter.«

»Nun warte doch ab. Wie ungeduldig du bist!« sprach er und versuchte, mit diesen Ausweichmanövern seine Verlegenheit zu verbergen. »Also der Gevatter Candiola ist wegen seines Geizes und seiner Bösartigkeit in Zaragoza berüchtigt. Viele kleine Leute hat er arm gemacht und dann in den Kerker werfen lassen. Bei der vorherigen Belagerung hat er nicht einen Heller für die Verteidigung der Stadt gespendet, weder eine Waffe angerührt noch einen Verwundeten aufgenommen. Keine Pesete konnte man aus ihm für die Belange der Stadt herausbekommen, und als er eines Tages erwähnte, daß es ihm egal sei, wer in der Stadt regierte, wäre er beinahe von den Patrioten zusammengeschlagen worden.«

»Das ist also ein herziger Typ, dieser Mann mit dem verfallenden Haus und dem Garten mit schokoladenfarbenem Tor. Und wenn ich nun den Kieselstein an die Scheibe geworfen habe, und dieses Monster kommt heraus und greift mich an, weil ich seine Tochter belästigt habe?«

»Halt den Mund und hör weiter zu! Du mußt wissen, daß der Candiola sich bei Einbruch der Dunkelheit in einen Kellerraum einschließt und bis nach Mitternacht sein Geld zählt. Der wird dann also beschäftigt sein. Die Nachbarn haben erzählt, daß sie zu der Zeit immer ein Geräusch aus dem Hause hören, als würden Geldsäcke geleert.«

»Also: ich komme, werfe den Kieselstein an die Scheibe, warte, sie kommt heraus – und was sage ich ihr?«

»Du sagst ihr, daß ich gestorben bin … nein, nein, das wäre zu brutal. Sag ihr … Ach, es ist besser, du sagst ihr gar nichts.«

»Dann gebe ich ihr dein geweihtes Band?«

»Auch nicht. Bring ihr nicht das Skapulier.«

»Also, wenn sie herauskommt, wünsche ich ihr einen guten Abend und ziehe von dannen mit dem Absingen von ›Die Muttergottes auf dem Pfeiler sagt‹ …«

»Nein, sie muß von meinem Tode erfahren. Du tust das, was ich dir auftrage.«

»Aber du trägst mir ja nichts auf.«

»Sei doch nicht so voreilig. Es kann doch auch sein, daß ich nicht getötet werde.«

»Also, weißt du! So viel Lärm um nichts!«

»Da drückt mir nämlich etwas das Herz ab. Gabriel, ich möchte dir so schrecklich gern ein Geheimnis anvertrauen. Wem soll ich es denn sonst sagen als dir, der du mein Freund bist? Ich glaube, mein Herz würde sonst zerspringen wie eine Granate. Ich habe schon immer befürchtet, ich könnte mich im Schlaf verraten, so daß ich schon nicht mehr zu schlafen wage. Wenn mein Vater, meine Mutter oder mein Bruder das wüßten, würden sie mich erschlagen.«

»Und die Pater des Seminars?«

»Ach, die brauchst du gar nicht erst zu erwähnen. Ich werde dir mal erzählen, was geschehen ist. Kennst du den Pater Rincón? Dieser Pater Rincón hat mich sehr gern und nimmt mich gewöhnlich jeden Nachmittag zu einem Spaziergang am Flußufer, zum Torero-Berg oder in Richtung Juslibol mit. Wir sprechen dann von Theologie und humanistischer Literatur. Rincón ist so begeistert von dem großen Dichter Horaz, daß er zu sagen pflegt: ›Es ist wirklich schade, daß dieser Mann nicht Christ gewesen ist, denn sonst müßte er seelig gesprochen werden!‹ Er trägt immer ein Elzevir-Büchlein[12] mit sich herum, das er wie seinen Augapfel hütet. Wenn wir vom Spazieren müde geworden sind, setzt er sich, liest daraus vor, und wir besprechen das Gelesene … Nun gut … Der Pater Rincón war ein Verwandter von Doña María Rincón, der verstorbenen Ehefrau von Candiola. Sie vererbte ihrem Ehemann ein Grundstück mit

einem elenden Haus – eher eine Hütte – am Wege nach Mon-
zalbarba, das aber von dichtbelaubten Bäumen umstanden
ist und wunderschöne Aussichten auf den Ebro bietet. Eines
dieser Nachmittage, als wir *Quis multa gracilis te puer in rosa*
lasen, wollte der Pater seinen Verwandten besuchen, aber
Candiola war nicht anwesend. Wir wurden jedoch von seiner Tochter empfangen, und Pater Rincón sagte zu ihr:
›Mariquilla, gib diesem Jüngling doch ein paar Pfirsiche und
mir ein Gläschen von dem Besagten‹.«

»Ist die Mariquilla hübsch?«

»Ach, frag doch nicht. Ob sie hübsch ist? Na, du wirst ja
sehen ... Pater Rincón faßte sie unter dem Kinn, drehte ihr
Gesicht zu mir und sagte: Agustín, du mußt doch zugeben,
daß du in deinem Leben noch kein so schönes Antlitz wie dieses gesehen hast, nicht wahr? Schau doch mal, welche feurigen Augen, welch engelsgleicher Mund und welche himmli-
sche Stirn! Ich zitterte, und Mariquilla, die rot wie ein
Granatapfel angelaufen war, lachte. Dann sprach Pater Rincón weiter: ›Dir, der du ein angehender Priester bist und ein
beispielhafter Jüngling, der keine andere Leidenschaft als die
Bücher hat, kann ich ja diese Schönheit unbesorgt zeigen.
Bewundere in ihr das Werk des Schöpfers. Schau diesen
Gesichtsausdruck an, die Sanftheit dieses Blickes, die Grazie
dieses Lächelns, die Frische dieses Mundes, diese weiche
Haut, diese Eleganz des Körpers – und du wirst bestätigen
müssen, daß die Schönheit des Himmels, der Berge, der
Sonne, der Blumen und aller anderen Schöpfungen des Herrn
neben diesem Kunstwerk aus seinen Händen verblassen.‹ Ich
stand stumm und bezaubert da, konnte meine Augen von dieser meisterhaften Schöpfung nicht abwenden. Was ich in diesem Augenblick fühlte, kann ich dir gar nicht beschreiben.
Stell dir vor, der Ebro, dieser große Strom, der von Fontibre
kommt und sich bei den Sandbänken ins Meer ergießt, würde
plötzlich in seinem Lauf innehalten und dann anfangen,
zurückzufließen. So etwas ereignete sich in meinem Geist. Ich
wunderte mich zu erleben, wie alle meine Gedanken anhiel-
ten und auf unbekannten neuen Wegen scheinbar rückwärts
liefen. Ich war damals bezaubert und bin es heute noch. Ich

konnte mich nicht satt sehen und sagte mir: ›Ich liebe dieses Geschöpf in einer unbeschreiblichen Weise. Wie ist es nur möglich, daß ich bis jetzt ohne sie leben konnte?‹ Ich hatte nämlich Mariquilla bis zu jenem Tage noch nie gesehen.«

»Und die Pfirsiche?«

»Mariquilla war von mir ebenso verwirrt wie ich durch sie. Pater Rincón erkundigte sich bei einem Knecht nach den Schäden, die die Franzosen an dem Grundstück angerichtet hatten (denn dies geschah Anfang September, einen Monat, nachdem die erste Belagerung aufgehoben worden war), so daß ich und Mariquilla allein waren. Allein! Mein erster Impuls war davonzulaufen. Sie fühlte ähnliches, wie sie mir später gestand. Aber weder sie noch ich liefen weg. Da fühlte ich eine seltsame Energie in meinem Hirn, so daß ich mit ihr sprechen konnte. Zuerst unterhielten wir uns über allerlei unwichtige Sachen. Dann aber kamen mir Gedanken, die über das Allgemeine hinausgingen, und ich erzählte sie alle Mariquilla. Diese antwortete wenig, aber ihre Augen waren dafür um so beredter. Schließlich rief uns der Pater Rincón, und wir gingen zu ihm. Es war Zeit zum Aufbruch. Beim Abschied sagte ich ihr leise, daß wir uns bald wiedersehen würden. Dann kehrte der Pater mit mir nach Zaragoza zurück. Ach! Auf dem Wege erschienen mir die Bäume, der Ebro, die Kuppeln der Pilar-Kirche, die Türme der Stadt, die Passanten, die Häuser, die Mauern der Gärten, der Boden, das Geräusch des Windes, die Hunde auf den Straßen verändert. Himmel und Erde hatten sich gewandelt. Mein guter Meister fing wieder an, von Horaz vorzulesen, worauf ich ihm sagte, Horaz tauge nichts. Er wurde sehr wütend und drohte, mir seine Freundschaft zu entziehen. Ich lobte begeistert Virgil und zitierte diese berühmten Verse:

Est nollis flamma medullas interea, et tacitum vivit sub pectore vulnus *

»Dies war also Anfang September«, sagte ich. »Und was ist inzwischen geschehen?«

---

* Die Flamme des Herzens stirbt nicht. Sie brennt auch heimlich unter der verwundeten Brust weiter (Anm. d. Übers.)

»Seitdem hat für mich ein neues Leben begonnen. Zuerst überfiel mich eine heftige Unruhe, die mir den Schlaf nahm und mir alles lästig erscheinen ließ, was mich daran hinderte, an Mariquilla zu denken. Ich wurde des eigenen Elternhauses überdrüssig, so daß ich allein in der Umgebung der Stadt herumstreifte und in der Einsamkeit Seelenfrieden suchte. Ich verabscheute das Kolleg, die Bücher und die Theologie. Als es Oktober wurde und ich eingeschlossen im heiligen Haus leben sollte, gab ich vor, krank zu sein, um im Elternhaus bleiben zu können. Dank des Krieges, der uns alle zu Soldaten gemacht hat, kann ich freier leben, jederzeit das Haus verlassen – auch abends – und sie oft sehen und sprechen. Ich ging zu ihrem Haus, machte das verabredete Zeichen, sie kam herunter, und wir unterhielten uns stundenlang an einem vergitterten Fenster. Passanten konnten mich nicht erkennen, denn erstens war es dunkel und zweitens war ich bis zu den Augen in meinen Umhang eingehüllt. Deshalb fragen sich die Jungen des Ortes: ›Wer mag wohl der Anbeter der Candiola sein?‹ Seit einigen Tagen haben wir uns aber nicht mehr am Fenstergitter getroffen, aus Angst, daß wir entdeckt werden könnten. María kommt jetzt herunter, öffnet das Gartentor und ich gehe hinein. Dort kann uns niemand entdecken, denn Don Jerónimo, der glaubt, daß sie im Bett liegt, zieht sich dann immer in sein Zimmer zurück, um sein Geld zu zählen, und die alte Dienerin, die einzige im Hause, schützt uns. Im Garten setzen wir uns auf eine Steintreppe, und durch die Zweige einer großen Pappel fallen Strahlen des Mondlichts. In dieser majestätischen Stille verstehen unsere Seelen das Göttliche und fühlen mit einer Intensität, die man nicht in Worten ausdrücken kann. Unser Glück ist so groß, daß wir manchmal Angst bekommen. Es gibt Momente, da möchten wir uns verhundertfachen, und dann wieder welche, wo wir aufhören möchten zu existieren. So verbringen wir lange Stunden. Bis gestern war es so, daß ich immer fast bis zum Morgengrauen blieb, denn meine Eltern glaubten mich auf Wache bei der Truppe. Wenn die Morgendämmerung beginnt, verabschieden wir uns. Über die Gartenmauer sieht man die benachbarten Häuser und die Spitze des Neuen Turms. Mariquilla zeigte auf ihn und sagte: ›Erst wenn dieser Turm gerade steht, werde ich aufhören, dich zu lieben.‹«

Agustín verstummte plötzlich, denn vom Torero-Berg hörte man einen Kanonenschuß, und wir schauten in diese Richtung.

6.

Die Franzosen griffen mit großem Ungestüm die Befestigungen auf dem Torero-Berg[13] an. Diese wurden von zehntausend Mann unter der Führung von Don Felipe Saint-Mach und O'Reilly verteidigt, beides Generäle von hohem Verdienst. Die Freiwilligen von Borbón, Castilla, Campo Segorbino, Alicante und der Provinz Soria, die Jäger von Ferdinand VII., das Murcia-Regiment und andere Einheiten, an die ich mich nicht mehr erinnern kann, eröffneten das Feuer. Vom Märtyrer-Bollwerk aus sahen wir den Beginn dieser Operation, und die französischen Reihen, die den Kanal entlangliefen um den Torero-Berg von der Flanke her anzugreifen. Das Gewehrfeuer dauerte geraume Zeit, aber es konnte nicht mehr lange weitergehen, weil jener Punkt nach dem Verlust der umliegenden Stellungen wie Buenavista, Casa Blanca und des Kanaldamms nicht ständig zu verteidigen war. Dennoch zogen sich unsere Truppen erst sehr spät und in großer Ordnung zurück. Sie sprengten die Amerika-Brücke und nahmen alle Geschütze mit, außer einem, das durch Feindfeuer beschädigt worden war.

Dann hörten wir wieder großen Lärm aus der Ferne, und weil das Feuer vorher fast eingeschlafen war, nahmen wir an, daß sich eine neue Operation in der Vorstadt anbahnte.

»Dort steht der Brigadegeneral Don José Manso«, erklärte mir Agustín, »mit dem Schweizer-Regiment von Aragón, das von Don Maríano Walker befehligt wird, den Freiwilligen von Huesca, deren Chef Don Pedro Villacampa ist, den Freiwilligen aus Katalonien und anderen tapferen Truppenteilen. Und wir haben hier nichts zu tun. Auf dieser Seite scheint wohl für heute alles abgeschlossen zu sein. Es sieht so aus, als ob sich die Franzosen fürs erste mit der Eroberung des Torero-Berges begnügen.«

»Wenn ich mich nicht sehr täusche«, erwiderte ich, »werden sie jetzt das Kloster San José angreifen.«

Wir schauten in die Richtung dieses großen Gebäudekomplexes, der sich zu unserer Linken erhob und durch die Huerva-Schlucht von der Puerta Quemada getrennt war.

»Dort war Renovales«, sagte mir Agustín, »der mutige Don Mariano Renovales, der sich während der ersten Belagerung so auszeichnete und heute die Jäger von Orihuela und Valencia befehligt.«

In unserer Stellung war alles für einen erbitterten Widerstand vorbereitet. Auf der Pilar-Schanze, auf dem Bollwerk am Märtyrer-Kloster, am Pino-Turm und am Trinitarier-Kloster standen die Artilleristen mit brennender Lunte bereit, und die Infanterie wartete mit angelegten Gewehren hinter den Brustwehren, die uns im Falle eines Angriffs am besten zum Schießen geeignet erschienen. Es war sehr kalt, und die meisten fröstelten, so daß man glauben könnte, sie hätten Furcht. Nein, es war die Kälte, und wer etwas anderes behauptet, der lügt.

Es dauerte nicht lange, und die Bewegung, die ich vorausgesehen hatte, fand statt: Das San-José-Kloster wurde von einer starken Einheit französischer Infanterie angegriffen – oder besser gesagt, es war das Ziel eines Angriffs- oder Überraschungsversuchs. Wie es schien, hatte der Feind ein kurzes Gedächtnis. In drei Monaten hatte er vergessen, daß es unmöglich war, jemanden in Zaragoza zu überraschen. Die Franzosen rückten selbstbewußt auf Gewehrschußweite heran. Bestimmt dachten diese Unglücklichen, daß unsere Krieger schon bei ihrem Anblick vor Angst umfallen würden. Die Armen rückten dann von der Silesia vor und wußten nicht, was ein Krieg in Spanien bedeutete. Da ihre Kameraden den Torero-Berg ohne große Verluste erobert hatten, glaubten sie, sie könnten sich nun alles erlauben. Sie rückten also immer weiter vor, ohne daß sich im San-José-Kloster etwas rührte. Als sie die Gewehrschußentfernung schon um einiges unterschritten hatten, spieen alle Öffnungen des Gebäudekomplexes so wütendes Feuer, daß die Franzosen, die es noch vermochten, in wilder Flucht davonrannten. Viele blieben aber liegen. Als wir von der Märtyrer-Batterie aus diesen Erfolg sahen, brachen wir in Jubelschreie und Händeklatschen aus. Auf diese Weise feiert der wilde Soldat im Kampfgeschehen den Tod seiner Mitmenschen, und so mancher, der bei einer Jagd Hemmungen spürt, ein Kaninchen zu töten, springt vor Jubel hoch, wenn er Hunderte von robusten, jungen, lebensfrohen Männern fallen sieht.

Das war der Angriff auf das San-José-Kloster: ein sofort bestrafter Akt des Leichtsinns. Von diesem Zeitpunkt an mußte den Franzosen wohl klar sein, daß der Torero-Berg aus taktischen Gründen aufgegeben worden war, und nicht aus Feigheit oder Schwäche. Abgeschnitten, ohne äußere Bollwerke, ohne Festungen oder Forts, stellte Zaragoza wieder seine Erdwälle und Brustwehren aus rohen Ziegeln, seine am Vorabend errichteten Lehmtürme dem Feind entgegen, einem Feind, der die besten Soldaten, die stärkste Artillerie und die hervorragendsten Pioniere der Welt besaß. Ein großes Truppenaufgebot, mächtiges Kriegsgerät, enorme Mengen von Pulver, wissenschaftliche Vorbereitungen und Materialien – Kraft und Intelligenz in höchster Form – können die Belagerer einsetzen, um diesen Verteidigungsring zu bezwingen, der sich wie eine Anreihung von Kinderspielwerk ausnimmt und dessen Lehmmauern offenbar mit einem Fußtritt umgeworfen werden können. Aber hinter diesen für den mächtigen Feind so lächerlichen Verteidigungsanlagen schlägt das stählerne Herz der Aragónesen, das nicht bricht oder sich beugt und den ganzen Ring mit einer unbezwingbaren Menschenkette verstärkt.

Die Glocke des Neuen Turms läutete Sturm. Wenn dieser unheilvolle Klang erschallt, ist die Stadt in Gefahr und braucht alle ihre Söhne. Was geschieht? Wo lauert Gefahr?

»In der Vorstadt muß die Lage schlimm sein«, sagte Agustín.

»Während sie uns hier angreifen, um viele Männer auf dieser Seite zu binden, stürmen sie den Stadtteil auf der anderen Seite des Flusses.«

»So war es auch bei der vorigen Belagerung.«

»In die Vorstadt, in die Vorstadt!«

Während wir das ausriefen, sandten uns die Franzosen einige Kugeln, um uns zu zeigen, daß wir uns besser still verhalten sollten. Glücklicherweise hatte Zaragoza viele Männer zur Verfügung, die leicht alle Stadtteile erreichen konnten. Mein Bataillon verließ die Santa-Engracia-Front und setzte sich in Richtung Coso in Marsch. Wir wußten nicht, wohin man uns führte, aber wahrscheinlich zur Vorstadt. Die Straßen waren voller Menschen. Die Neugier trieb die Alten und Frauen aus dem Haus. Sie wollten die Gefahrenpunkte wenigstens aus einiger Entfernung beobachten, wenn sie schon nicht selbst dort helfen durften. Die Straßen San Gil, San Pedro und Cuchillería (sie nennt sich heute Don Jaime I), die alle zur Brücke führten, waren fast unpassierbar, denn eine große Menge von Frauen marschierte dort in aller Eile in Richtung Pilar und Seo. Der ferne Kanonendonner ermunterte das aufgewühlte Volk eher, als daß es ihm Schrecken einjagte, so daß überall geschrien und gedrängelt wurde. Alle wollten möglichst schnell zu den Gefahrenstellen kommen. Am Seo-Platz sah ich Kavallerie, die zusammen mit der großen Menschenmenge den Zugang zur Brücke fast vollständig versperrte. Wir waren gezwungen, einen anderen Weg zu suchen. Als wir am Säulengang der Seo-Kirche vorbeieilten, hörten wir Frauen klagend die Santa Patrona, die heilige Schutzpatronin, anrufen. Die wenigen Männer, die in die Kirche hineingehen wollten, wurden wieder hinausgewiesen.

Wir marschierten zum Flußufer in der Nähe von San Juan de los Panetes, wo wir am Damm auf weitere Befehle warteten. Vor uns, am anderen Ebro-Ufer, lag das Schlachtfeld. Im Vordergrund sah man die Baumpflanzungen von Macanaz und weiter hinten, bei der Brücke, das kleine Kloster Altabas. Dahinter das Kloster San Lazaro und anschließend das Jesus-Kloster. Hinter diesen Gebäuden, die sich zum Teil im Wasser spiegelten, war der Widerschein eines schrecklichen Kanonenfeuers zu sehen. Die Geschosse kamen in ununterbrochener Folge von beiden Seiten. Dazu der Donner der Kanonen und heiseres Schreien. Dichte Rauchwolken stiegen auf und erneuerten sich ständig, so daß man sie von den Wolken am Himmel nicht mehr unterscheiden konnte. Die Brustwehren dort waren aus Ziegeln der nahen Brennereien gebaut und bildeten mit dem Lehm und der Erde der Brennöfen eine rötliche Masse. So entstand der Eindruck, das Land sei mit Blut getränkt.

Die Front der Franzosen verlief von der in Richtung Barcelona führenden Straße bis zur Landstraße nach Juslibol und dann über die Ziegelbrennereien und Gärten zur Linken dieser Landstraße hinaus. Seit zwei Uhr hatten sie unsere Gräben wild befeuert, ungeachtet des Kreuzfeuers von San Lazaro und Macelo. Ihr Ziel bestand darin, mit kühnen Handstreichen die Batterien zu nehmen. Ihre Hartnäckigkeit verursachte eine regelrechte Hekatombe. Die Reihen der Franzosen lichteten sich, aber wurden sofort wieder aufgefüllt, damit der Angriff gleich wiederholt werden konnte. Stellenweise drangen sie bis zu den Brustwehren vor, so daß tausend Einzelkämpfe den Schrecken der Szene erhöhten. Die Offiziere stürmten mit gezogenem Säbel voran, wie Verzweifelte, die es sich zu einer Frage der Ehre gemacht hatten, vor einem Ziegelhaufen zu sterben. So wurden in einer Minute Hunderte von Männern niedergemäht – der Soldat wie der Sergeant, der Fähnrich wie der Hauptmann und der Oberst. Es war eine Schlacht zwischen zwei Völkern. Während das Kampfesgetümmel die Herzen der Unseren entflammte, stürmten die Franzosen frenetisch und rachedurstig mit aller Wut des beleidigten Mannes heran, die vielleicht schlimmer als die des Kriegers ist.

Aber gerade diese vorzeitige Konfrontation war ihr Verderben. Sie hätten erst einmal systematisch unsere Befestigungen mit ihrer Artillerie beschießen und die Gemütsruhe bewahren sollen, die eine Belagerung verlangt, und nicht wie Guerillas gegen Positionen anlaufen, die von Leuten verteidigt wurden, die sie schon am 15. Juli und 4. August nicht hatten bezwingen können. Sie hätten die Verachtung für den scheinbar nicht ebenbürtigen Feind ablegen sollen, ein Gefühl, das immer ihr schlechter Stern gewesen ist, im Krieg gegen Spanien wie auch in unseren jetzigen Zeiten gegen Preußen. Sie hätten einen Plan anwenden müssen, der in dem Belagerten eher Erschöpfung als Erregung hervorruft. Wären sie mehr vom Geist ihres unsterblichen Kaisers durchdrungen gewesen, dessen Siege sie nicht nur seinen Kanonen, sondern auch seiner bewundernswerten Strategie verdankten, hätten sie bei dieser Belagerung von Zaragoza ein wenig die Gesetze der menschlichen Psyche beachtet, ohne deren Studium – so absurd es klingen mag – der Krieg, der brutale Krieg, nicht mehr als ein fürchterliches Gemetzel ist, so wäre ihnen mehr Erfolg beschieden gewesen. Napoleon mit seiner außerordentlichen Einfühlungsgabe hätte den Charakter der Einwohner von Zaragoza durchschaut und hätte davon Abstand genommen, ungedeckte Wellen gegen sie zu werfen, nur um Tapferkeit zu beweisen. Dies ist nämlich äußerst gefährlich, besonders gegen Menschen, die für ein Ideal kämpfen – und nicht für ein Idol.

Ich möchte mich hier nicht so sehr in Einzelheiten über die schrecklichen Aktionen vom 21. Dezember 1808 ergehen, die heldenhaftesten der zweiten Belagerung dieser Hauptstadt von Aragón. Da ich sie nicht aus der Nähe erlebte, kann ich nur das wiedergeben, was man mir erzählte, so daß ich dafür lieber später von anderen interessanten Begegnungen, an denen ich selbst teilnahm, berichten möchte. Außerdem sollte man eine gewisse Nüchternheit bei der Erzählung solcher blutigen Zusammenstöße wahren. Ich glaube, es genügt hier anzuführen, daß die Franzosen schließlich ihren Versuch aufgaben, und den Rückzug antraten, wobei sie ein Feld voller Leichen zurückließen. Das wäre eine günstige Gelegenheit gewesen, sie mit unserer Kavallerie zu verfolgen, aber nach einer kurzen Diskussion – wie ich später erfuhr – kamen die Kommandeure überein, keinen Ausbruch zu wagen, weil die Gefahren zu groß schienen.

7.

Als die Nacht anbrach und Teile unserer Truppen sich in die Stadt zurückzogen, ging die Bevölkerung zur Vorstadt, um die Zerstörungen und die Toten anzusehen und die Heldentaten in der Phantasie noch einmal ablaufen zu lassen. Die Bewegungen, das Gedränge in jene Richtung war groß. Auf der einen Seite Gruppen von Soldaten, die in fieberhafter Freude sangen, auf der anderen mitleidige Menschen, die Verwundete in ihre Häuser trugen. Überall Befriedigung, die sich in lebhaften Gesprächen, Fragen, Ausrufen der Begeisterung und Lachen ausdrückte, aber auch gemischt mit Tränen und Klagen über die Verluste.

Es wird so gegen neun gewesen sein, als sich unsere Formation auflöste, denn da wir keine Schlafgelegenheiten direkt an der Stellung hatten, erlaubte man, daß wir uns für einige Stunden von unseren Posten entfernten, aber unter der Voraussetzung, bei Gefahr sofort erreichbar zu sein. So liefen Agustín und ich zur Pilar-Kirche, wo eine große Menschenmenge waberte. Ich war überrascht, als ich sah, wie sich die Leute drängten, um in die Kapelle Virgen del Pilar, der María auf dem Pfeiler (Schutzpatronin Spaniens), zu gelangen. Die Gebete, Bitten und Manifestationen der Dankbarkeit bildeten ein Geräusch, das sich vom normalen Beten der Gläubigen unterschied. Es war eher ein ununterbrochenes monotones Sprechen, gemischt mit Schluchzen, Schreien, inbrünstigen Worten und Vertrauensbeweisen, wie sie das spanische Volk den Heiligen zuteil werden läßt, die es liebt. Die Menschen fielen auf die Knie, küßten den Boden, klammerten sich an die Gitter der Kapelle und streckten die Gesichter zu der heiligen Figur empor, die sie mit den zärtlichsten und pathetischsten Namen anredeten. Wer in dem Gedränge nicht näher herankam, sprach mit der Jungfrau von weitem und gestikulierte mit den Armen. Hier gab es keine Küster, die temperamentvolle Gesten und unehrerbietige Schreie verboten, denn hier handelte es sich um schon fast fanatische Menschen, die sich in einer Art Delirium befanden. Nichts war von der feierlichen Stille heiliger Orte zu spüren. Alle fühlten sich hier wie zu Hause, als ob das Haus der geliebten Muttergottes, Herrin und Königin der Bürger von Zaragoza auch ihr eigenes war. Überrascht von solcher Inbrunst, die durch die Vertrautheit noch interessanter wurde, drängte ich mich auch nach vorn ans Gitter und sah die berühmte Statue. Wer kennt sie nicht wenigstens aus den unzähligen Bildern und Reproduktionen, die von einem Ende zum anderen der Iberischen Halbinsel zirkulieren? Links von dem kleinen Altar, der sich im Hintergrund der Kapelle erhebt, in einer mit orientalischem Luxus geschmückten Nische, stand die Skulptur – gestern wie heute. Zahlreiche Kerzen beleuchteten sie, und die kostbaren Steine an ihrem Gewand und der Krone sendeten blendende Reflexe aus. Das Gold und die Diamanten am Kronreif, an ihrer Brust und den Ringen an ihren Fingern glänzten. Eine lebendige Frau wäre wahrscheinlich unter dem Gewicht eines solchen Schatzes zusammengebrochen. Das Kleid war ohne Falten und verlief steif von oben nach unten wie ein Überzug. Es ließ nur die Hände frei. Das Jesuskind, das sie im linken Arm hielt, zeigte kaum sein bräunliches Gesichtchen zwischen dem Brokat und den Pretiosen. Das Antlitz der Muttergottes war gleichfalls von der Zeit gebräunt. Es strahlte eine tiefe Ruhe aus, Emblem der ewigen Glückseligkeit. Ihr sanfter Blick war ständig forschend auf die Andächtigen gerichtet, und in ihren Pupillen blitzte ein Strahl der nahen Kerzen, was den Blick menschenähnlich machte. Hier, inmitten der ihrer Frömmigkeit freien Lauf lassenden Menschen konnte man nicht unbeteiligt bleiben, unwillkürlich stimmte man in das Konzert der begeisterten Zungen ein, die in verschiedenen Tönen mit der Muttergottes sprachen.

Ich war noch in dieser Betrachtung versunken, als mich Agustín am Arm packte und sagte:

»Schau, dort ist sie!«

»Wer, die heilige Jungfrau? Die sehe ich doch schon lange.«

»Nein, Mann – Mariquilla! Siehst du sie – dort vorn, an der Säule?«

Ich schaute in die Richtung, sah aber nur eine Traube von Menschen. In diesem Augenblick wurden wir von der Menge beiseite geschoben und mußten uns einen Menschenstrom suchen, der in die andere Richtung strebte.

»Der Gevatter Candiola ist nicht bei ihr«, meinte Agustín freudig. »Sie ist mit der Dienerin gekommen.«

Dabei ließ er seine Ellbogen spielen, um sich einen Weg zu bahnen, drückte gegen Brustkästen und Schultern, trat auf Füße, zerknüllte Hüte und zerknitterte Kleider. Ich folgte in seinem Kielwasser und vollführte ebenfalls Ruderbewegungen nach links und rechts. Schließlich gelangten wir zu dem Mädchen, das wahrlich schön war, wie meine Augen bestätigten. Die Leidenschaft meines Freundes war verständlich: Mariquilla verdiente es, so maßlos geliebt zu werden. Ihre bräunliche, makellose Haut, die tiefschwarzen Augen, die elegante Nase, der unvergleichliche Mund und die schöne, wenn auch kleine Stirn zogen den Blick an. Ihr Gesicht wie ihr schlanker Körper strahlten eine gewisse sinnliche Hingabe aus. Als sie die Augen niederschlug, schien ein sanfter, liebevoller Schatten über ihr Antlitz zu fallen. Sie lächelte vorsichtig, und als wir uns näherten, verrieten ihre Blicke Angst. Alles an ihr zeigte die ernste und reservierte Leidenschaft an, wie sie Frauen von hohem Charakter zu eigen ist. Ich hatte den Eindruck, daß sie wenig gesprächig war, aber auch frei von jeder Gekünsteltheit und Koketterie. Dieser frühe Eindruck sollte sich im Laufe der Zeit noch bestätigen. Mariquillas Gesicht strahlte eine platonische Ruhe und eine gewisse Selbstsicherheit aus. Im Unterschied zu den meisten anderen Frauen geriet diese Seele nicht so leicht in Erregung, aber wenn, dann mit Inbrunst. Andere weiche und sensible Seelen schmelzen schon bei geringer Wärme dahin, aber die von Mariquilla, die aus hartem Metall bestand, brauchte die Flamme eines großen Feuers, um die Ausgeglichenheit ihres Charakters zu verlieren, und wenn das geschah, so mußte das wohl sein wie bei geschmolzenem Metall, das in seinem Lauf alles verbrennt.

Neben ihrer Schönheit erregte die Eleganz – und bis zu einem gewissen Grade auch der Luxus – ihrer Kleidung meine Aufmerksamkeit. Da ich ja von dem extremen Geiz des Gevatters Candiola erfahren hatte, war ich davon ausgegangen, daß er seine Tochter, was Kleidung und Aufmachung betraf, sehr knapp hielt. Dem war aber nicht so. Wie Montoria mir später erzählte, erlaubte der König der Knauser seiner Tochter nicht nur einige Ausgaben, sondern beschenkte sie auch von Zeit zu Zeit mit Kleidungsstücken, von denen er annahm, das sie das *Non plus ultra* der eleganten Welt darstellten. Wenn Candiola auch fähig war, nahe Verwandte Hungers sterben zu lassen, so war seine Börse für seine Tochter nicht verschlossen. Er war nicht nur ein Geizhals, sondern auch ein liebender Vater. In seinem tristen Dasein war seine Tochter wohl der einzige Lichtstrahl.

Über diese Vater-Tochter-Beziehung werde ich im Laufe meiner Erzählung noch einiges berichten. Jetzt möchte ich erwähnen, daß mein Freund noch keine zehn Worte zu seiner angebeteten Mariquilla, was ja ein Kosename von María ist, gesprochen hatte, als sich uns ein Mann näherte. Nachdem er uns einen Augenblick mit funkelnden Augen gemustert hatte, ging er zu dem jungen Mädchen, packte sie am Arm und sagte verärgert:

»Was machst du denn hier? Und Sie, Guedita, warum haben Sie sie denn zu dieser späten Stunde hierhergebracht? Nun aber ab nach Hause!«

Mit diesen Worten schob er Tochter wie Dienstmagd zur Kirchentür hinaus auf die Straße, wo sie unseren Blicken entschwanden.

Das war Candiola gewesen. Ich sehe ihn noch vor mir und erschauere wieder. Später werden Sie erfahren, warum. Seit dieser kurzen Begegnung in der Pilar-Kirche blieb das Bild dieses Mannes in meinem Gedächtnis eingegraben. Sein Anblick war auch der Art, die man nicht so leicht vergißt – alt, gebeugt, von kränklicher, gelblicher Gesichtsfarbe, mit schiefem, unruhigem Blick und eingefallenen Wangen. Schon auf den ersten Blick war Candiola mir unsympathisch. Seine krumme, scharfe Nase glich der eines Habichts, das Kinn war ebenfalls scharf, die Brauen buschig und graumeliert, die Pupillen grünlich, die Stirn durchzogen von vielen Falten, die Stimme heiser und metallisch klingend, die Kleidung nachlässig, die Gesten aggressiv. Von den Haaren, besser gesagt, von der ungepflegten Perücke bis zu den Schuhen erweckte diese Gestalt unüberwindbaren Widerwillen. Man verstand gleich, warum er keine Freunde hatte.

Candiola trug keinen Bart, wie es damals Mode war. Allerdings machten diese mageren Wangen nur einmal pro Woche mit dem Rasiermesser Bekanntschaft. Hätte dieser Don Jerónimo Candiola einen Bart getragen, so wäre er völlig das Abbild eines gewissen venezianischen Kaufmanns[14] gewesen, den ich später in der Welt der Bücher kennenlernte, denn die Beschreibung deckte sich mit dem Erblickten.

»Hast du gesehen, wie schlecht und lächerlich dieser Alte aussieht?« fragte mich Agustín, als wir wieder unter uns waren. Er starrte zur Kirchentür, durch welche die drei Personen soeben entschwunden waren.

»Es gefällt ihm nicht, daß seine Tochter eine Bekanntschaft hat.«

»Ich bin aber sicher, daß er uns nie miteinander sprechen gesehen hat. Er wird wohl einen Verdacht hegen – aber mehr auch nicht. Wenn dieser Verdacht zur Gewißheit werden sollte, sind Mariquilla und ich verloren. Hast du den Blick gesehen, den er uns zugeworfen hat? Vermaledeiter Geizhals, Seele in Teufelsfell!«

»Na, dann wirst du ja einen netten Schwiegervater bekommen!«

»Einen so netten«, bekräftigte der junge Montoria traurig, »daß ich ihn für jeden anderen eintauschen würde. Bestimmt wird er ihr gleich eine gehörige Standpauke halten. Nur gut, daß er zu ihr nicht handgreiflich wird.«

»Würde es dem Señor Candiola denn nicht gefallen«, fragte ich, »seine Tochter mit einem Sohn von Don José Montoria verheiratet zu sehen?«

»Bist du verrückt? Na ja, ich muß es dir ja erst erklären. Abgesehen davon, daß dieser Geizhals auf allen Gebieten seine Tochter hütet, als wäre sie ein Sack voller Edelsteine, hat er nämlich noch eine alte und tiefe Abneigung gegen meinen Vater, weil dieser einige unglückliche Schuldner aus seinen Krallen befreite. Ich sage dir, wenn der erfährt, daß seine Tochter mich liebt, wird er sie in einen Käfig in dem Keller einsperren, wo er alle seine Peseten aufhebt. Wenn mein Vater das erfahren würde, hätte ich auch nichts zu lachen … Bei dem bloßen Gedanken daran zittere ich schon. Es ist für mich der schlimmste Alptraum, daß mein Herr Vater und meine Frau Mutter einmal davon in Kenntnis gesetzt werden könnten, daß ich Mariquilla abgöttisch liebe. Ein Sohn des Don José Montoria verliebt in die Tochter des Gevatters Candiola! Welch schrecklicher Gedanke! Und noch dazu ein Jüngling, der eigentlich dazu bestimmt ist, Bischof zu werden! Bischof Gabriel – nach dem Willen meiner Eltern soll ich Bischof werden!«

Bei diesen Worten schlug Agustín mit dem Hinterkopf an die geweihte Wand, an der wir uns anlehnten.

»Und du glaubst, du wirst Mariquilla weiterhin lieben können?«

»Ach, frag mich doch nicht«, antwortete er unwirsch. »Du hast sie doch gesehen, nicht wahr? Natürlich hast du diese Schönheit gleich bemerkt. Weshalb fragst du mich denn noch, ob ich sie weiterhin lieben kann? Ihr Vater und die meinen würden mich lieber tot als mit ihr verheiratet sehen. Bischof Gabriel, als Bischof wollen sie mich sehen! Vergleiche diesen Bischofsstand mal mit meiner Liebe zu Mariquilla für unser irdisches und ewiges Leben. Bedenke das mal – und dann bedauere mich!«

»Gott öffnet immer wieder unbekannte Wege«, tröstete ich ihn.

»Das stimmt. Manchmal habe ich auch ein unbegrenztes Vertrauen. Wer weiß denn, was uns der morgige Tag bescheren wird? Gott und die heilige Jungfrau auf dem Pfeiler werden mir helfen.«

»Betest du diese Statue an?«

»Ja. Wir haben ein Abbild von ihr zu Hause, und meine Mutter zündet ständig Kerzen davor an, damit ich nicht verwundet werde. Ich schaue sie an und sage ihr im stillen: ›Heilige Mutter Gottes‹, dieses Kerzenopfer hilft vielleicht auch, Euch daran zu erinnern, daß ich es nicht lassen kann, die Candiola zu lieben!«

Wir befanden uns in dem Kirchenschiff, dem die Apsis dieser Kapelle entspricht. Dort gibt es eine Öffnung in der Wand, durch die die Gläubigen treten, um nach Hinabsteigen von zwei oder drei Stufen den Fuß der Statue küssen zu können. Agustín küßte den roten Marmor – und ich auch. Dann verließen wir die Kirche, um zu unserem Biwak zurückzukehren.

8.

Am folgenden Tage, dem 22. Dezember 1808, sprach der Generalkapitän Palafox zum Parlamentarier des französischen Generals Moncey, der ihm die Übergabe empfahl[15], folgende Worte:

»Ich kann mich nicht ergeben. Nach dem Tode können wir darüber reden.«

Danach übergab er ihm einen langen Brief, den die *Gaceta* veröffentlichte (denn auch in Zaragoza gab es eine *Gaceta*). Man war aber allgemein der Ansicht, daß die Proklamation mit der Unterschrift des Generalkapitäns nicht von diesem verfaßt worden war, sondern von seinem Freund, dem Pater Basilio Boggiero[16], einem sehr weisen Mann, der oft in der Begleitung von führenden Patrioten und hohen Offizieren die gefährlichsten Orte besuchte.

Es erübrigt sich wohl herauszustellen, daß die Verteidiger durch die heldenhaften Taten vom 21. sehr ermutigt worden waren. Um ihrer Begeisterung und ihrem Tatendrang Luft zu schaffen, war es notwendig, einen Ausbruch zu unternehmen. Und so geschah es auch. Es wollten aber alle zur gleichen Zeit daran teilnehmen, so daß die Einheiten sorgfältig ausgewählt werden mußten. Gut geplante und umsichtig durchgeführte Ausbrüche waren angebracht, denn die Franzosen, die den Ring um die Stadt verstärkten, bereiteten sich auf eine längere Belagerung vor und hatten die Arbeiten zu einer ersten Parallel-Befestigungslinie begonnen. Außerdem bestand der Verteidigungsring aus vielen Truppen, was auf den ersten Blick gesehen ja für Zaragoza ein großer Vorteil war, aber bei einigem Nachdenken auch große Nachteile mit sich brachte, nicht nur wegen des Gedränges, sondern vor allem wegen der vielen hungrigen Münder, denn der schreckliche General Hunger ist ja in den meisten Fällen der Besieger eingeschlossener Orte. Schon allein wegen der großen Anzahl von Verteidigungstruppen waren Ausfälle angebracht. Einer wurde am 24. von Renovales mit den Truppen der Behelfsfestung von San José unternommen. Dabei wurde ein Olivenhain abgeholzt, in dessen Deckung der Feind Schanzarbeiten vorgenommen hatte. Aus der Vorstadt brach am 25. Don Juan O'Neille mit den Freiwilligeneinheiten Aragón und Huesca aus. Sie trafen den Gegner unvorbereitet an und konnten deshalb viele seiner Männer töten. Der wirksamste Ausbruch jedoch wurde am 31. Dezember 1808 von zwei verschiedenen Punkten aus und mit beträchtlichen Kräften vollführt.

Schon in den Tagen davor hatten wir die Arbeiten an der ersten Parallel-Befestigungslinie der Franzosen deutlich erkennen können. Sie arbeiteten angestrengt, ohne in der Nacht zu ruhen, denn wir beobachteten farbige Lichtsignale in der Dunkelheit. Von Zeit zu Zeit feuerten wir mit unseren Mörsern in diese Richtung, konnten ihnen jedoch kaum Schaden zufügen. Dagegen wurden ihre Spähtrupps von uns immer abgefangen. Es nahte der Morgen des 31., und mein Bataillon wurde Renovales unterstellt, der den Auftrag erhalten hatte, den Feind an seiner Mitte anzugreifen, vom Torero-Berg bis zur Landstraße nach Muela, wogegen der Brigadegeneral Butrón einen gleichzeitigen Angriff bei der Bernardona unternehmen sollte, das heißt an der linken Seite der französischen Linien, indem er mit beträchtlichen Infanterie- und Kavalleriekräften durch das Sancho- und das Portillo-Tor ausbrach.

Um die Aufmerksamkeit des Feindes abzulenken, befahl unser Kommandeur, daß sich ein Bataillon als Plänkler auffällig über das Gebiet der Lohgerbereien verstreute. Inzwischen rückten wir gemeinsam mit Jägern aus Olivenza und Valencia auf der Straße nach Madrid direkt auf die französische Linie vor. Da wir auf beiden Seiten der Straße Guerillas disloziert hatten, waren wir schon flink wie Wiesel. Wir hatten den Feind erreicht, bevor er uns entdeckt hatte, und überrollten die erste Infanteriereihe der Franzosen, die sich uns entgegenstellte. Von einem halbzerstörten Haus aus schossen einige Franzosen erbittert und zielsicher auf uns. Einen Augenblick lang verharrten wir unentschlossen, dann umzingelten etwa zwanzig Mann, unter denen auch ich mich befand, unter Führung von Renovales diese Hausruine, während die anderen die flüchtigen Franzosen auf der Straße verfolgten. Wir drangen in das Haus ein und töteten die sich dort verteidigenden Franzosen mit Schüssen und Bajonettstößen. Als wir den Fuß in den kleinen Innenhof setzten, merkte ich, daß sich unsere Reihen lichteten. Ich hörte einige Kameraden ihren letzten Schrei ausstoßen. Da schaute ich nach rechts in der Furcht, auch meinen Freund gefallen zu sehen, aber Gott hatte ihn verschont: Der junge Montoria und ich kamen aus dieser Kampfhandlung ohne Verletzungen heraus.

Wir hatten kaum Zeit, uns darüber zu freuen, daß wir zu den wenigen Überlebenden gehörten, denn Renovales befahl uns, in Richtung jener Gräben vorzudringen, welche die Franzosen kurz zuvor ausgehoben hatten. Wir verließen den Straßenverlauf und zogen nach rechts, um uns mit den Freiwilligen aus Huesca zu vereinigen, die auf und neben der Straße nach Muela vorrückten. Sie werden schon ahnen, daß die Franzosen diesen Ausbruch nicht erwartet hatten. Neben geringen Schutzeinheiten befanden sich hier nur die Pioniere, die die Gräben der ersten Parallel-Befestigungen aushoben. Wir griffen sie nach einigen konzentrierten Gewehrfeuersalven mit Wucht an und nutzten die Minuten, bis sie Verstärkung heranführen konnten, gut aus. Die Unbewaffneten nahmen wir gefangen, die Bewaffneten töteten wir. Neben den Waffen nahmen wir auch so viele Picken und Schaufeln wie möglich mit, wobei wir uns angesichts des Panoramas unserer belagerten Stadt mit glühenden Worten anfeuerten: Unser Elan war aufs neue erwacht.

Bei diesem Vorstoß verlief alles bestmöglich, denn während wir die Arbeiter der ersten Parallel-Befestigungen überrannten, führten die Truppen unter Führung des Brigade-Generals Butrón auf der linken Seite einen sehr erfolgreichen Kampf gegen feindliche Detachements auf der Bernardona.

Derweil drängten die Freiwilligen aus Huesca, die Grenadiere von Palafox und die wallonische Garde die französische Infanterie zurück, während Kavallerieschwadronen aus Numantia und Olivenza auftauchten, die überraschend vom Sancho-Tor ausgebrochen waren, und genau zu dem Zeitpunkt in einem weiten Bogen zwischen der Straße nach Alagón und der nach Muela ausschwärmten, als die Franzosen sich von ihrer linken Flanke zum Zentrum zurückzogen, um dort um Verstärkung zu bitten. Die feurigen Pferde hatten nun wieder Auslauf und überrannten die unglücklichen französischen Infanteristen, die in Richtung Torero-Berg flohen. Viele von ihnen wurden direkt in unsere Bajonette getrieben. So groß wie ihre Angst, der ungestümen Kavallerie zu entfliehen, war unser Eifer, sie zu empfangen. Einige fielen in die Bewässerungsgräben, weil sie diese nicht überspringen konnten, andere warfen die Waffen weg und kamen mit erhobenen Händen auf uns zu. Etliche wehrten sich heldenhaft und ließen sich lieber töten, als daß sie sich ergeben hätten. Einige schließlich verschanzten sich in einer mit trockenem Holz gefüllten Ziegelei. Sie zündeten den Brennofen darin an und starben lieber in den Flammen, als sich gefangennehmen zu lassen.

Was ich hier so knapp beschrieben habe, spielte sich tatsächlich in bemerkenswert kurzer Zeit ab. Erst jetzt konnte das feindliche Hauptquartier, das zu dieser Stunde noch nicht voll in Funktion war, genügend Kräfte zusammenziehen, um sich unserer gewagten Expedition entgegenzustellen. Wir hörten Trompetensignale aus der Richtung des Torero-Berges und sahen starke Kavallerieeinheiten von weitem heranstürmen. Wir, die Soldaten von Renovales und von Butrón, hatten aber unsere Ziele erreicht und dachten gar nicht daran, uns diesen so spät eingesetzten Rächern zu stellen. Sofort zogen wir uns zurück und verhöhnten sie mit den buntesten Ausdrücken unseres Wortschatzes. Wir nahmen uns aber noch die Zeit, einige Kanonen unbrauchbar zu machen, sammelten großen Mengen von Pioniergerät ein und zerstörten in aller Eile so viel wie möglich von ihren Befestigungen, ohne die Dutzende von Gefangenen aus den Händen zu lassen.

Juan Pirli, einer unserer Kameraden, nahm zur Überraschung der Einwohner von Zaragoza eine Pionierhaube und eine Pfanne mit Resten eines Frühstücks mit, das weit vor Zaragoza begonnen worden war und in einer anderen Welt endete.

Unser Bataillon hatte neun Tote und acht Verwundete. Als Agustín beim Carmen-Tor wieder zu mir stieß, bemerkte ich, daß eine seiner Hände blutete.

»Bist du verwundet?« fragte ich besorgt und untersuchte ihn. »Ach, es ist ja nur ein Kratzer.«

»Ja, aber das stammt weder von einer Kugel, noch von einer Lanze, einem Säbel oder Messer. Das ist eine Bißwunde. Als ich einen Franzosen, der sich aus einem Winkel auf mich stürzte, nur noch mit den Händen am Hals packen konnte, schlug der seine Zähne in meine Hand wie ein Jagdhund.«

Während wir wieder in die Stadt einzogen, eine Gruppe durch das Carmen-, die andere durch das Portillo-Tor, feuerten alle Geschütze der Behelfsforts der Mediodía-Seite auf die uns verfolgenden feindlichen Einheiten. Unsere beiden kombinierten Ausfallaktionen hatten den Franzosen großen Schaden zugefügt. Sie hatten nicht nur beträchtliche Menschenverluste erlitten, sondern es wurde auch ein Teil – wenn auch kein großer – ihrer Befestigungsarbeiten zunichte gemacht sowie eine große Menge an Waffen und Geräten erbeutet. Ferner hatten die spanischen Pionieroffiziere, die Butrón mitgenommen hatte, Zeit gefunden, die Arbeiten der Belagerer in Augenschein zu nehmen und auszumessen, um dem Generalkapitän Bericht zu erstatten.

Die Einwohner hatten sich bis an die Mauern vorgedrängt. Bis in die Innenstadt hatte man das Feuer der Guerillas gehört, so daß Männer, Frauen, Alte und Kinder herbeieilten, um zu sehen, welche gewagten Aktionen außerhalb der Stadt stattfanden. Wir wurden mit Freudenrufen begrüßt. Von der San-José-Kirche bis zum Trinitarier-Kloster sahen wir bei unserem Einrücken Hände winken, Tücher wehen und hörten die Schreie der Begeisterung und das Händeklatschen. Es war ein erhebender Moment. Danach dröhnten wieder die Kanonen, die auf die Felder schossen, die wir soeben verlassen hatten. Für uns war das wie ein Salut. In den umstehenden Häusern waren die Fenster und Balkons voller Frauen. Einige rannten aber auch zu den Kanonen, um ihre mutigen Herzen und angespanntcn Ncrven mit dem Donnern der Geschütze abzureagieren. Am Behelfsfort Portillo mußte deshalb die Menge zurückgedrängt werden. Beim Kloster Santa Engracia nahm das Getümmel die Form einer Theateraufführung oder eines Volksfestes an. Dann verstummten die Feuerschlünde, denn sie hatten nur zum Schutz unseres Rückzuges gebrüllt. Nur die Batterie von Aljaferia schoß noch von Zeit zu Zeit auf die feindlichen Schanzarbeiten.

Als Belohnung für unseren Einsatz durften wir von nun an ein rotes Band anstelle eines Ordens auf der Brust tragen. Der Pater Boggiero ließ uns aus dem Munde des Generalkapitäns folgendes ausrichten:

»Gestern habt ihr den letzten Tag des Jahres mit einer Tat gefeiert, die eurer würdig ist ... Die Trompete schmetterte, und eure Säbel und Degen schlugen gleichzeitig die hochmütigen Häupter ab. Der Feind wurde durch eure Tapferkeit und euren patriotischen Heldenmut gedemütigt. Hoch die Leute von Numantia, hoch die von Olivenza! Ich habe gesehen, wie eure leichte Kavallerie die Ehre dieser Armee und die Begeisterung dieser heiligen Mauern zu wahren weiß! ... Eure blutigen Säbel und Degen sind der Unterpfand eures Glücks und der Schutz des Vaterlandes! ...«

9.

Seit diesem Tag der zweiten Belagerung, der so erinnerungswert war wie der von Eras[17] bei der ersten, begann die große Arbeit, die große Erregung, das heiße Fieber, die Belagerte und Belagerer eineinhalb Monate lang in ihren Bann zogen. Die in den ersten Januartagen durchgeführten Ausfälle waren von keiner großen Bedeutung. Die Franzosen rückten nach dem Abschluß der ersten Parallel-Schanzarbeiten im Zickzack vor, um die zweite Schanzlinie zu beginnen. Sie machten sich mit einem solchen Eifer daran, daß wir bald unsere besten Positionen auf der Seite Mediodía, San José und dem Pilar-Bollwerk durch imposante Belagerungsbatterien von je sechzehn Kanonen bedroht sahen. Es braucht wohl nicht erwähnt zu werden, daß wir sie immer wieder störten – durch fortwährendes Feuer oder kühne Ausfälle. Aber dennoch brachte Junot[18], der in jenen Tagen Moncey[19] vertrat, die Schanzarbeiten zügig voran.

Unser Bataillon blieb in seiner Stellung im Bereich der Brücke von Huerva. Von unserem Bollwerk am Brückenkopf aus hatten wir eine beträchtliche Reichweite, so daß wir gemeinsam mit unseren Leuten von San José Kreuzfeuer eröffnen konnten. Unsere Batterien am Märtyrer-Kloster, am Botanischen Garten und am Pino-Turm, die weiter einwärts lagen, hatten nicht die Bedeutung dieser beiden vorgeschobenen soliden Stellungen. Aragónesische Freiwillige, Reservesoldaten und bewaffnete Zivilisten, die sich ganz spontan den Einheiten angeschlossen hatten, die ihnen am meisten gefielen, verstärkten unsere Truppe. Das von Don Domingo Laripa befehligte Bollwerk hatte acht Kanonen unter dem Kommando von Don Francisco Betbezé. Kommandeur der Pioniere war der große Simonó, mit seinem Mut und seiner Intelligenz ein Musteroffizier dieser ausgezeichneten Waffengattung.

Unser Bollwerk – obwohl in aller Eile und mit beschränkten Mitteln erstellt – war recht stark und wurde in gutem Zustand gehalten. Über der Eingangspforte am Brückenende hatten die Erbauer ein Schild mit folgender Inschrift angebracht: »Uneinnehmbares Bollwerk unserer Señora del Pilar (der Muttergottes auf dem Pfeiler). Zaragozaner, sterbt für die Señora del Pilar oder siegt!«

Innerhalb dieser Befestigungsanlage hatten wir wenig Platz, und wenn auch der Winter nicht sehr hart war, so war der Aufenthalt hier wenig angenehm. Die Belieferung mit Nahrungsmitteln wurde von einer eigens dafür von der Militär-Administration gebildeten Kommission durchgeführt. Trotz deren Eifers war sie aber nicht sehr wirksam. Zu unserem Glück und zu Ehren jener hochherzigen Bevölkerung wurden uns täglich die besten vorhandenen Lebensmittel aus den umliegenden Häusern gebracht. So wurden wir oft von jenen opferbereiten Frauen besucht, die sich seit den Aktionen vom 21. in ihren eigenen Wohnungen um Verletzte kümmerten.

Ich weiß nicht, ob ich Pirli schon erwähnt habe. Pirli war ein Bursche aus einer der Vorstädte, ein Landarbeiter, etwa zwanzig Jahre alt und von so unternehmungslustigem Gemüt, daß gefährliche Unternehmungen eine hektische Freude in ihm auslösten. Niemals sah ich ihn traurig. Er schlug sich singend mit den Franzosen, und wenn die Kugeln um ihn herumpfiffen, schüttelte er Hände und Füße in grotesken Gesten und machte Kapriolen. Er nannte den Gewehrbeschuß ›Hagelwetter‹, die Kanonenkugeln ›heiße Torten‹, die Granaten ›die Señoras‹ und das Pulver ›schwarzes Mehl‹. Er hatte noch ein ganzes Arsenal solcher Spitznamen, die mir aber entfallen sind. Obwohl er nicht besonders höflich war, muß ich Pirli jedoch als aufmerksamen und hilfsbereiten Kameraden bezeichnen.

Ob ich schon vom Gevatter Gracés gesprochen habe, weiß ich auch nicht. Das war ein Mann von fünfundvierzig Jahren, stammte aus Garrapinillos, stämmig gebaut mit Armen wie aus Stahl, sonnengebräunt, sehr behend, unerschütterlich wie eine Maschine bei Beschuß, nicht sehr gesprächig, jedoch recht frech, wenn er sprach, aber mit einem gewissen Mutterwitz begabt. Er besaß ein kleines Stück Land in der Umgebung der Stadt mit einem bescheidenen Haus. Mit seinen eigenen Händen hatte er sein Haus abgerissen und seine Obstbäume gefällt, damit der Feind vor der Stadt keine Deckung bekam. Ich hörte von vielen großartigen Taten, die er bei der ersten Belagerung vollbracht hatte. Auf dem rechten Ärmel trug er das Auszeichnungswappen des 16. August. Er kleidete sich so schlecht, daß man fast sagen konnte, er ginge halbnackt – dabei fehlte es ihm gar nicht mal an Kleidern, sondern er nahm sich nur nicht die Zeit oder machte sich die Mühe, diese anzulegen. Er und andere Männer seines Schlages haben wohl zu jenem berühmten Ausspruch inspiriert, den ich schon einmal zitiert habe: Er bedeckte seine

Haut nur mit Tapferkeit und Glorie. Er schlief an ungeschützten Stellen und aß weniger als ein Einsiedler, denn mit zwei Stück Brot und einigen Bissen Rauchfleisch, das hart wie Leder war, kam er einen ganzen Tag lang aus. Als er die Arbeiten der Franzosen an ihrer zweiten Gegenfront sah, sagte er:

»Gott sei Dank, daß sie sich jetzt näher an uns heranschieben. *Caramba!* Dieses Volk läßt einen wirklich langsam die Geduld verlieren.«

»Warum haben Sie es denn so eilig, Don Garcés?« fragten wir anderen ihn.

»Na, verflixt noch mal, ich muß doch die Bäume wieder pflanzen, bevor der Winter kommt«, entgegnete er, »und im nächsten Monat würde ich gern das Häuschen wieder aufbauen.«

Kurz gesagt: Der Gevatter Garcés müßte wie unser Bollwerk ein Schild um den Hals tragen mit der Aufschrift: »Unbezwingbar.«

Wer näherte sich uns da langsam auf dem Hohlweg von Huerva, auf einen dicken Stecken gestützt und von einem ausgelassenen Hund begleitet, der alle Vorbeigehenden anbellte, ohne sie beißen zu wollen? Das war der Bruder Mateo del Busto, Lektor der Paulaner sowie Militärgeistlicher der zweiten Legion der Zaragoza-Freiwilligen, ein vortrefflicher Mann, der trotz seines hohen Alters bei der ersten Belagerung an allen Gefahrenstellen aufgetaucht war, Verwundete verbunden und Sterbenden Beistand gegeben, den Gesunden Munition gebracht und alle mit wohltuenden Worten aufgemuntert hatte.

Als er das Bollwerk betrat, zeigte er uns einen großen, schweren Korb, den er recht mühsam schleppte. In diesem befanden sich Lebensmittel, die besser waren als unsere täglichen Rationen.

»Diese Kuchen hier«, sagte er, setzte sich dabei auf den Boden und holte besagten Leckerbissen hervor, »habe ich aus dem Haus der vortrefflichen Gräfin von Burela, und diesen hier aus dem Haus von Don Pedro Ric. Hier habt ihr auch ein paar Schinkenscheiben aus meinem Kloster. Die waren eigentlich für den Pater Loshoyos bestimmt, der sehr magenkrank ist. Er aber wollte unbedingt, daß ich sie euch bringe.

Was haltet ihr denn von dieser Flasche Wein? Was die Franzmänner vor uns wohl darum geben würden!«

Bei diesen Worten schauten wir alle auf die Felder vor uns.
Der kleine Hund hatte die Mauer lässig übersprungen und
bellte die französischen Linien an.

»Hier sind auch ein paar getrocknete Obstschnitten aus
unserer Speisekammer. Die sind in Branntwein konserviert
worden. Ihr tapferen Burschen sollt keine Not leiden. Euren
lieben Pirli habe ich auch nicht vergessen. Er ist ja immer fast
halbnackt und ohne Mantel. Hier habe ich ihm einen schönen
Überrock gebracht. Ist das nicht ein Prachtstück? Das ist eine
Kutte von mir. Ich hatte sie aufgehoben, um sie einem Armen
zu geben. Jetzt soll sie dich warm halten. Eigentlich ist das ja
keine Kleidung für einen Soldaten, aber ebensowenig, wie die
Kutte einen Mönch macht, macht die Uniform einen Soldaten.
Leg sie an, und du wirst nicht mehr frieren.«

Der Mönch reichte unserem Freund die Kutte, und dieser
zog sie unter Lachen und Scherzen der anderen über. Da er
sich dazu wieder den hohen Lederhut aufsetzte, den er am 31.
Dezember im feindlichen Lager erbeutet hatte, machte er
wirklich einen seltsamen Eindruck.

Bald danach brachten einige Frauen Körbe voller Lebensmittel. Dieses Auftauchen des weiblichen Geschlechts verän-
derte plötzlich die Atmosphäre in unserem Bollwerk. Ich
weiß nicht, woher auf einmal eine Gitarre herkam, jedenfalls
wurde eine angeschlagen im Rhythmus des unvergleichlichen, des göttlichen, des unsterblichen Jota-Tanzes, und im
nächsten Moment hatten wir eine Tanzveranstaltung. Pirli,
der oberhalb seiner Schultern ein französischer Pionier und
unterhalb dieser ein spanischer Mönch war, zeichnete sich
unter den Tänzern besonders aus. Er hatte ja auch eine bemerkenswerte Partnerin, die in der Tracht der Bergbäuerinnen
gekleidet war und die man Manuela rief. Sie war zwischen 20
und 22 Jahre alt, von schlanker Gestalt und hatte helle glatte
Haut. Die Tanzbewegungen röteten bald ihr Gesicht. Sie entflammte immer mehr und dachte nicht mehr an ihre Müdigkeit. Mit den halb geschlossenen Augen und den geröteten
Wangen, wie sie so im Takt die Arme schwenkte und die

Röcke schwingen ließ, während sie zierliche Tanzschritte vollführte und sich den Blicken einmal von vorn und einmal von hinten bot, bezauberte sie uns. Längere Zeit konnten wir unsere Augen kaum von ihr abwenden. Ihr choreographisches Feuer heizte auch den Musiker und die anderen Tänzer an, worauf sie selbst noch feuriger wurde, bis sie sich außer Atem auf den Boden fallen ließ.

Pirli setzte sich neben sie, und schon bildete sich ein Kreis, dessen Mitte ihr Lebensmittelkorb bildete.

»Wollen wir doch mal sehen, was du uns gebracht hast, Manuelilla«, rief Pirli. »Ohne dich und den guten Pater Busto hier würden wir vor Hunger sterben. Und wenn wir nicht dies bißchen Tanzen hätten, um den schlechten Geschmack der ›heißen Torten‹ und der ›Señoras‹ zu vertreiben – was sollte aus uns armen Soldaten wohl werden?«

»Ich bringe euch, was ich habe«, erwiderte Manuela und holte ihre Mitbringsel hervor. »Es ist nur noch wenig da, und wenn das noch länger so weitergeht, müßt ihr Ziegelsteine essen.«

»Wir werden Schrapnell mit ›schwarzem Mehl‹ speisen«, sagte Pirli. »Na, kleine Manuela, hast du die Angst vor den Schüssen verloren?«

Dabei nahm er ein Gewehr und schoß es in die Luft ab. Das Mädchen stieß einen Schrei aus, fuhr hoch und flüchtete.

»Ach Kind, das ist doch nichts«, sprach der Mönch. »Tapfere Frauen dürfen doch vor dem Knall des Pulvers keine Angst haben. Im Gegenteil – sie sollten nun so viel Gefallen daran finden wie am Klang der Kastagnetten und Tambourine.«

»Wenn ich einen Schuß höre«, bekannte Manuela und kam furchtsam wieder näher, »bleibt mir kein Tropfen Blut mehr in den Adern.«

In diesem Augenblick schossen die Franzosen, die offenbar die Artillerie ihrer zweiten Gegenfront ausprobieren wollten, eine Kanone ab, deren Kugel die Mauer unseres Bollwerks traf, so daß die recht leichten Ziegel in tausend Stücke zerbarsten.

Wir standen alle auf und blickten zur feindlichen Seite. Manuela stieß wieder einen Schreckensschrei aus, und der Gevatter Garcés brüllte aus einer Schießscharte den Franzosen seine Empörung hinüber, worin so manches *caramba!* enthalten war. Das Hündchen lief von einem Ende des Frontabschnitts zum anderen und bellte wütend.

»Manuela, tanzen wir doch noch eine Jota zu dieser neuen Musik aus dem französischen Lager – und hoch die Muttergottes auf dem Pfeiler!« rief Pirli aus und sprang in die Luft wie ein Verrückter.

Von Neugier getrieben, trat Manuela an die Mauer und reckte sich, um darüber auf das Feld zu schauen. Als sie so ihre Blicke über die Ebene schweifen ließ, schien sich ihre Furcht allmählich zu legen, und schließlich sahen wir, wie sie die feindliche Linie mit einer gewissen Gemütsruhe und einem beinahe schon militärischen Interesse beobachtete.

»Eine, zwei, drei Kanonen«, zählte sie die Feuerschlünde ab, die von weitem zu erkennen waren. »Ihr braucht keine Angst zu haben, Jungs. Das ist doch nichts für euch.«

Kurz darauf hörten wir aus der Richtung von San José Gewehrfeuer, und in unserem Bollwerk wurde die Trommel gerührt, um die Männer zu den Waffen zu rufen. Aus dem nahen Behelfsfort war eine kleine Einheit ausgebrochen, um die französischen Befestigungsarbeiter und ihre Schutzmannschaften besser beschießen zu können. Einige Mitglieder dieser Schutzmannschaften schienen in die Reichweite unseres Feuers zu laufen, so daß wir alle an die Schießscharten rannten. Einige von uns schossen ihre Gewehre mit großem Eifer ab. Alle Frauen, die sich zu diesem Zeitpunkt bei uns befanden, flohen über die Brücke in die Stadt – mit Ausnahme von Manuela Sancho, der Bergbäuerin. Hinderte sie die Angst daran wegzulaufen? Nein. Ihre Furcht war zwar groß – sie zitterte so sehr, daß ihre Zähne klapperten, ihre Züge sich verzerrten und ihr Gesicht gelblich anlief. Aber es war vor allem eine unwiderstehliche Neugier, die sie im Bollwerk festhielt. Ihre erstaunten Augen konnten sich nicht von den Schützen und der Kanone lösen, die in diesem Augenblick abgefeuert wurde.

»Manuela«, sprach Agustín zu ihr, »willst du denn nicht lieber auch von hier weggehen? Bekommst du als Frau nicht Angst bei diesem Anblick?«

Die Bergbäuerin starrte weiter auf dieses Schauspiel, tief erschrocken, zitternd, mit blassen Lippen und wogender Brust. Sie konnte sich weder bewegen noch sprechen.

»Manuelita«, rief da Pirli und rannte auf sie zu, »hier, nimm mal mein Gewehr und schieße auch!«

Entgegen unseren Erwartungen machte »Manuelita« keine erschreckt ablehnende Bewegung.

»Nimm schon«, sprach Pirli weiter und legte ihr die Waffe in die Hände, »ziele so wie ich jetzt und drücke hier auf den Hahn. Hoch die Artilleriebatterie Manuela Sancho und die Mutter Gottes auf dem Pfeiler!«

Die Bergbäuerin nahm die Waffe aus den Händen von Pirli. Nach ihrem Gesichtsausdruck und ihren Bewegungen zu urteilen, war sie sich nicht bewußt, was sie da tat. Sie hob jedoch das Gewehr, zielte und drückte auf den Abzug.

Schreie und lebhafter Beifall belohnten diesen Schuß. Die Bergbäuerin stellte das Gewehr an die Wand. Sie strahlte vor Befriedigung, und das Blut stieg wieder in ihre Wangen.

»Siehst du? Jetzt hast du die Angst verloren!« sagte Pirli. »Man muß nur selbst mitmachen, um Gefallen daran zu finden. Das gleiche müßten alle Einwohner von Zaragoza tun. Dann wären die Agustína[20] und die Casta Alavarez keine heldenhaften Ausnahmen unter deinem Geschlecht.«

»Her mit einem anderen geladenen Gewehr«, rief die Bergbäuerin, »ich möchte noch mal schießen!«

»Der Feind ist schon weg, meine Kleine. Siehst du, jetzt macht es dir Spaß!« bemerkte Pirli und machte sich über einen der von den Frauen gebrachten Körbe her. »Wir laden dich für morgen zu weiteren Schießübungen auf den Feind ein. Setzen wir uns doch erst einmal und stillen wir unseren Hunger!«

Sein Kamerad, der kämpfende Mönch, meinte dazu:

»Schrei man nicht so, du wirst ja noch ganz heiser. Spar dir das für morgen auf. Für heute haben die genug und ziehen sich hinter ihre Brustwehren zurück.«

Und so war es. Das Scharmützel der Truppe von San José war beendet, so daß keine Franzosen mehr in unser Blickfeld kamen. Einen Augenblick später summte wieder die Gitarre, die Frauen kehrten zurück und das Besuchstreiben begann wieder mit dem Jota-Volkstanz, wobei Manuela Sancho und der große Pirli sich abermals auszeichneten.

10.

Als ich am nächsten Morgen aufwachte, sah ich Montoria an der Mauer auf und ab schreiten.

»Ich glaube, das Bombardement wird gleich wieder beginnen«, meinte er. »Auf der Feindseite kann man Bewegung erkennen.«

»Sie werden erst mal diese Feldschanze bauen, die sie da geplant haben«, erwiderte ich und richtete mich widerwillig auf. »Wie häßlich der Himmel doch heute aussieht. Der Tag beginnt ja recht traurig.«

»Ich glaube, sie werden heute von allen Seiten angreifen, weil sie ihre zweite Befestigungsfront fertiggestellt haben. Man sagt, daß Napoleon, als er in Paris vom Widerstand unserer Stadt bei der ersten Belagerung erfuhr, Lefebvre-Desnouettes Vorwürfe machte, weil er bei Portillo und Aljaferia angegriffen hatte. Danach ließ er sich einen Plan von Zaragoza bringen und zeigte darauf an, daß die Stadt bei Santa Engracia angegriffen werden muß.«

»Warum eigentlich? Na, wir werden ja sehen. Es wird wohl ein schlechter Tag für uns werden, wenn Napoleons Taktik angewandt wird. Sag mal – hast du noch was zum Essen?«

»Hier habe ich dir eine Überraschung aufgehoben«, antwortete er mir und zeigte mir einen Korb, der als Grab für zwei gebratene Hühnchen diente. Darin lagen auch ein paar Gläser mit Konfitüre und einige Konserven.

»Hast du das letzte Nacht geholt? ... Ja wirklich? Wie bist du denn aus dem Bollwerk hinausgekommen?«

»Ich habe den Kommandanten um Erlaubnis gebeten und erhielt sie für eine Stunde. Mariquilla hatte diesen Korb vorbereitet. Wenn der Gevatter Candiola wüßte, daß zwei seiner

Hühner für die Verteidiger der Stadt gestorben und gebraten worden sind, würde er vor Wut rasen. Also essen wir, Señor Araceli, bevor das Bombardement beginnt ... Da! Da haben wir's! ... Ein Einschlag – jetzt noch einer und wieder einer!«

Die auf das Kloster San José und das Pilar-Bollwerk gerichteten acht Feindbatterien begannen zu feuern. Aber welch ein Feuer das diesmal war! Alle rannten an die Schießscharten oder Kanonen. Kein Gedanke mehr an Frühstück und Labungen. Im Ernstfall ernähren sich die Einwohner des Landes Aragón von Ruhm und Ehre. Das vermeintlich uneinnehmbare Bollwerk antwortete auf den aggressiven Belagerer mit stolzem Kanonendonner, die Opferbereitschaft für das Vaterland ließ uns die Brust schwellen. Aber die Granateinschläge zerstörten die Ziegelmauer und die Erdwälle wie Kinderspielzeug, und die über unseren Köpfen dahinziehenden Mörsergeschosse fielen auf die Straßen und die Dächer der Häuser.

Da hörte man diese Aufrufe: »Alles auf die Straßen! In unserer Stadt darf es keine Feiglinge und Nutzlose mehr geben! Die Männer an die Verteidigungsmauern, die Frauen in die Hospitäler, die Kinder und die Mönche an die Verteilungsstellen zum Munitiontragen! Laßt euch nicht von den Flammen auf den Dächern abschrecken. Auch wenn dieses Höllenfeuer die Kranken und Hinfälligen in ihren Betten und die Säuglinge in der Wiege überrascht und bis in den Keller dringt! Wichtiger ist jetzt, daß alle, die dazu noch in der Lage sind, auf die Straße kommen und die Ehre retten. Mögen das eigene Haus, die Kirche, das Kloster, das Hospital und die Speicher zerstört werden. Das sind nur irdische Dinge. Wir Zaragozaner verachten die materiellen Werte und auch das Leben. Wir leben mit dem Geist in den unendlichen Räumen des Ideellen!«

In der ersten Zeit besuchte uns der Generalkapitän Palafox mit zahlreichen anderen hochgestellten Persönlichkeiten wie Don Mariano Cereso, Pater Sas, General O'Reilly und Don Pedro Ric. Darunter befand sich auch der tapfere, großzügige und leutselige Don José Montoria. Er umarmte seinen Sohn und sagte ihm: »Heute ist der Tag, an dem es heißt, zu siegen oder zu sterben. Wir werden uns im Himmel wiedersehen!« Hinter Don José Montoria erschien auch Don Roque, der zum Santitätsdienst-Beauftragten geworden war. Noch bevor es Verwundete gab, hatte er sich in fieberhafte Tätigkeit gestürzt. Er zeigte uns stolz eine Tasche voller Verbandsmaterial. Nach den ersten Einschlägen hatten sich auch einige Mönche unter die Kämpfenden gemischt. Sie inspirierten uns mit einem mystischen Furor aus dem Buch der Makkabäer[21].

Die Franzosen beschossen das Pilar-Bollwerk und das Behelfsfort San José mit gleicher Wucht. Das letztere, obwohl es mächtiger aussah, wurde schwerer beschädigt, vielleicht weil es dem Feind ein besseres Ziel bot. Dort war aber Renovales mit den Freiwilligen aus Huesca und Valencia, einigen Angehörigen der Wallonengarde und mehreren Kämpfern der Soria-Miliz. Der große Nachteil dieses Forts bestand darin, daß es an ein großes Gebäude gebaut worden war, das die feindliche Artillerie fortschreitend in eine Ruine verwandelte. Viele Verteidiger wurden von den Trümmern dieses Gebäudes erschlagen. Wir waren besser dran. Über unseren Köpfen hatten wir nur den Himmel. Und wenn uns auch kein Dach schützte, so konnten uns auch nicht Dachsparren und Ziegel auf den Kopf fallen. Sie zerschossen bei uns die Mauern vorn und an den Seiten. Es war schmerzvoll, mit ansehen zu müssen, wie eine Brustwehr nach der anderen verschwand und uns schutzlos ließ. Dennoch gelang es den Franzosen in vier Stunden ununterbrochenen Feuers schwerer Artillerie nicht, eine entscheidende Bresche in die Verteidigungslinie zu schlagen.

So verging der ganze Tag, der 10. Januar 1808, ohne dem Gegner einen großen Vorteil bei unserem Bollwerk zu bringen. Bei San José allerdings war es den Franzosen gelungen, eine breite Bresche zu schlagen, was angesichts des zu einer vollständigen Ruine zusammengeschossenen Nebengebäudes die Übergabe notwendig erscheinen ließ. Aber obwohl dieses Behelfsfort in eine Trümmerstätte voller Toter und Verwundeter verwandelt worden war, hatten die wenigen unversehrten Verteidiger die Hoffnung noch nicht aufgegeben. Sie erhielten Verstärkung, so daß Renovales einen

Angriff in den mit Blut getränkten Ruinen zwischen Leichenbergen und mit nur noch einem Drittel seiner Artillerie abwehren konnte.

Das Feuer auf die beiden Befestigungen ließ auch in der Nacht nicht nach, sondern schwoll eher noch an. Auch wir hatten schon etliche Tote und viele Verwundete. Die letzteren wurden von den Mönchen und Frauen in die Stadt gebracht. Die Toten aber dienten mit ihren kalten Körpern dazu, die Bresche zu füllen, und man legte Säcke voller Wolle und Erde über sie.

Die ganze Nacht über ruhten wir nicht einen Moment, und der Morgen des 11. Januar sah uns in der gleichen Raserei. Entweder richteten wir die Kanonen auf die feindlichen Gräben, oder wir empfingen die französischen Truppen, die uns von der Seite her anzugreifen versuchten, mit Gewehrfeuer. Währenddessen füllten andere unermüdlich die Bresche auf, die dennoch von Stunde zu Stunde bedrohlich größer wurde. Das ging so den ganzen Morgen durch bis zum Angriff der Franzosen auf das Kloster San José, das nur noch aus Ruinen und einer erbittert kämpfenden Restbesatzung bestand. Gleich nach dem Angriff auf San José richteten die Franzosen eine kühne Truppenbewegung auch gegen uns, fest entschlossen, die Bresche auszunutzen. Es gelang ihnen, mit zwei durch eine Infanterieeinheit geschützten Sturmgeschützen auf der Straße von Torero vorzudringen.

In diesem Augenblick wähnten wir uns verloren. Die schweren Wände bebten, und die notdürftig gemauerten Ziegel fielen auseinander. Wir eilten zu der ständig größer werdenden Bresche. Die Franzosen belegten uns dort mit einem fürchterlichen Feuer. Da sie sahen, daß unser Bollwerk immer mehr zusammenfiel, schöpften sie neuen Mut und gelangten bis an unseren Schutzgraben. Es war blanker Wahnsinn, weiterhin zu versuchen, die gähnende Bresche zu stopfen, und dennoch stürzten sich viele Männer mit Säcken voller Wolle und Schaufeln mit Erde dorthin. Mehr als die Hälfte wurde niedergestreckt. Dann verstummte das Kanonenfeuer, denn es schien überflüssig zu sein. Es gab einen Augenblick der unbeschreiblichen Panik, denn ein ununterbrochener

Gewehrkugelregen ging auf uns nieder. In diesem Moment kamen wir nicht mehr dazu, an die Ehre, den Heldentod, das Vaterland und die Muttergottes auf dem Pfeiler zu denken, deren Namen auf dem Eingang unserer angeblich uneinnehmbaren Befestigung stand. Wer noch auf den Füßen stand, hatte in seiner Seele nur noch den einen Gedanken, am Leben zu bleiben. Wir gaben dieses schreckliche Grab auf, bevor es sich vollends über uns schloß, sprangen über die Verwundeten und rannten über die Leichen zur Brücke.

Auf der Brücke drängten wir uns in wirrer Unordnung. Es gibt keine größere Raserei als die Todesangst. Sie erreicht mindestens solche Höhen wie die größte Opferbereitschaft. Unsere Führer brüllten: »Zurück, Kanaillen! Das Pilar-Bollwerk wird nicht aufgegeben!« Gleichzeitig bearbeiteten sie unsere eingezogenen Schultern mit ihren Säbeln. Auf der Brücke wurden wir von anderen Truppen, die aus der Stadt kamen, am Weiterlaufen gehindert. Unsere Angst stieß auf ihren Kampfesmut.

»Zurück, zurück ihr Feiglinge!« schrien die Offiziere weiter. »Jetzt heißt es, in der Bresche sterben!«

Das Bollwerk war jetzt von Verteidigern entblößt. Es gab darin nur noch Tote und Verwundete. Plötzlich sahen wir durch den dichten Rauch und Staub über den Ruinen und zerfetzten Trägern eine bleiche Gestalt in tragischer Ruhe auf uns zuschreiten. Es war eine Frau, die sich einen Weg durch die Flüchtenden gebahnt hatte und unerschütterlich auf die gähnende Bresche zuschritt. Pirli, der am Bein verwundet am Boden lag, rief erschüttert aus:

»Manuela Sancho, wohin gehst du denn?«

All dies geschah in viel weniger Zeit, als man braucht, es zu beschreiben. Hinter Manuela Sancho lief erst einer her, dann drei, dann viele und schließlich alle, die vorher in der Flucht begriffen gewesen waren und die jetzt von den Offizieren mit Säbelhieben auf ihren Posten zurückgetrieben wurden. Diese Umkehr erfolgte auf einen einzigen Impuls, den wir alle in uns spürten, ohne zu wissen, wodurch er ausgelöst worden war. Ebensowenig waren wir uns in diesem Moment bewußt, warum sich unser noch Sekunden vorher eine solche

Angst bemächtigt hatte. Ich weiß jedenfalls nur, daß wir uns alle, wie von einer außerordentlichen, übermenschlichen Kraft getrieben, hinter der heldenmütigen Frau in die Bresche stürzten, genau in dem Augenblick, da die Franzosen über Leitern dort einzudringen versuchten. Es schien uns, als hätten sich unsere Kräfte verhundertfacht, so daß wir in einem unbeschreiblichen Elan diese Angreifer aus Fleisch und Blut, die uns vorher aus Stahl erschienen waren, mit ihren Leitern in den Graben warfen. Unter Schüssen, Säbelhieben, Handgranaten[22], Schaufelschlägen und Bajonettstößen starben viele von uns, um noch als Leichen den Überlebenden als Brustwehr zu dienen. So konnten wir die Bresche verteidigen. Die Franzosen traten den Rückzug an – ihre Toten ließen sie am Fuße der zerstörten Mauer zurück. Die Kanonen fingen wieder an zu donnern, und das uneinnehmbare Bollwerk fiel an diesem 11. Januar nicht in die Hand der Franzosen.

Als der Kanonendonner abnahm, kannten wir uns selbst nicht wieder. Wir waren verwandelt. Etwas Neues lebte im tiefsten Innern unserer Seelen und verlieh uns eine nicht für möglich gehaltene Entschlossenheit.

Am Tage darauf sagte unser Oberbefehlshaber Palafox: »Die Granaten und die Kugeln können uns nicht bezwingen, und wenn ganz Frankreich hierherkäme!«

11.

Das Behelfsfort San José[23] war gefallen, das heißt: Die Franzosen waren dort eingedrungen, nachdem ihre Artillerie nichts als Trümmer mehr übriggelassen hatte und seine Verteidiger alle am Boden lagen. Die Eroberer sahen überall nur noch Ruinen, Krater und Blut. Sie konnten sich dort nicht festsetzen, denn sie wurden von unseren Batterien des Märtyrerklosters und des Botanischen Gartens unter Feuer genommen, so daß sie versuchten, diese auszuschalten und einzunehmen. Die Befestigungsanlagen, die sich auf dieser Front noch in unseren Händen befanden, waren dermaßen beschädigt, daß sie dringend repariert werden mußten. Alle Einwohner von Zaragoza wurden zu dieser Arbeit abkommandiert. Die Männer mußten mit dem Gewehr in der einen und der Schaufel in der anderen Hand erscheinen.

So wurde am 12. und 13. Januar 1809 ohne Unterlaß gearbeitet. Das Kanonen- und Gewehrfeuer hatte beträchtlich nachgelassen. Offenbar wagten die Belagerer nach ihren Verlusten[24] vorläufig keinen Handstreich mehr. Sie hatten wohl verstanden, daß sie mit Besonnenheit und eingehender Analyse der Lage auf die Dauer mehr Erfolg haben würden. So könnten sie in Sicherheit verdeckte Gräben und Tunnel graben, die ihnen die Einnahme unseres Bollwerks erleichtern und solche hohen Verluste wie vorher ersparen würden. Wir mußten die Mauer fast wieder von neuem errichten oder, besser gesagt, sie durch Sandsäcke ersetzen. Außer der ganzen Truppe arbeiteten daran auch viele Mönche, Priester, Gerichtsbeamte, Kinder und Frauen. Unsere Kanonen im Bollwerk waren fast unbrauchbar geworden und der Graben beinahe zugefallen. Künftig würden wir uns also vornehmlich mit Gewehrfeuer verteidigen müssen. Den ganzen 13. Januar waren wir damit beschäftigt, auf diese Weise unsere Ausbesserungsarbeiten vor feindlichen Anschlägen zu schützen. Dabei erlitten wir starke Verluste, erhielten aber wieder Ersatz. Am 14. schoß sich die feindliche Artillerie auf unsere Mauer aus Sandsäcken ein und schlug Breschen vorn und an den Seiten. Die Franzosen wagten aber keinen neuen Angriff und begnügten sich damit, einen Graben so anzulegen, daß wir ihn nicht unter Feuer nehmen konnten.

Dieses tapfere und provokative Fort aus Erde stand bald unter dem konzentrierten Feuer der nächstliegenden feindlichen Batterien, das die mühsam zusammengetragene Erde in alle Winde zerstäuben ließ. In dieser Situation war wohl eine Aufgabe des Bollwerks früher oder später unvermeidlich. Unter dem massierten Feuer der Franzosen glich es einer Barke, die den Sturmwellen des Ozeans ausgesetzt ist. Auf überdeckten Wegen und in Zickzackgräben rückte ein intelligenter Feind unter Ausnutzung aller Hilfsmittel der Kriegskunst an uns heran. Unsere Kanonen im Bollwerk waren, wie schon gesagt, unbrauchbar geworden, und andere konnten wir nicht aufstellen, weil die Erdwälle eine solche Last nicht getragen hätten.

Wir beschränkten uns jetzt darauf, Sprenggruben anzulegen, um die Anlage in die Luft zu sprengen, falls die Franzosen sie einnehmen wollten. Danach sollte auch die Brücke gesprengt werden, damit die Franzosen uns nicht verfolgen konnten. In der Nacht vom 14. zum 15. Januar 1809 arbeiteten wir ohne Unterbrechung an der Verminung und Anbringung von Sprengladungen an der Brücke in der Hoffnung, daß wir am nächsten Tag damit Verfolger in die Luft jagen könnten. Dies geschah aber nicht, denn die Franzosen wagten keinen direkten Angriff, sondern gruben sich immer näher an unseren Graben heran. Unser unaufhörliches Gewehrfeuer konnte sie dabei nur wenig stören. Wir waren verzweifelt, weil wir nichts tun konnten. Diese Verzweiflung half uns nicht weiter, sie war eine nutzlose Kraftverschwendung wie die Raserei der Verrückten in ihrem Käfig.

Wir nahmen auch das Schild mit der Aufschrift ›Uneinnehmbares Bollwerk‹ ab, zur Erinnerung an unseren Widerstand. Bei Einbruch der Dunkelheit zogen wir uns aus dem Bollwerk zurück. Es blieben nur vierzig Mann, um noch ›so viele Eindringlinge wie möglich zu töten‹ wie unser Hauptmann sagte, denn es durfte keine Gelegenheit versäumt werden, dem Feind Verluste beizubringen. Vom Pino-Turm aus beobachteten wir dann den Rückzug auch dieser Nachhut, nachdem sie die ersten Franzosen, die die Nase dort hineinsteckten, mit Bajonettstößen empfangen hatten. Die Sprengladung im Bollwerk fügte dem Feind kaum Verluste zu, aber die an der Brücke erfüllten ihren Zweck so gut, daß sie zusammenfiel und das aufgegebene Bollwerk von unserem Ufer abgeschnitten war. Nach der Eroberung dieser Anlage und des San-José-Behelfsforts hatten die Franzosen genügend Stützpunkte, um ihre dritte Parallel-Befestigungsfront einzurichten und den ganzen Umkreis der Stadt bekämpfen zu können.

Wir waren traurig und ein wenig entmutigt. Aber was war

schon eine vorübergehende Niedergeschlagenheit, wenn wir uns am Tage darauf mit einer Fiesta ablenken konnten? Wenn man unter Einsatz des Lebens gekämpft hat, kommt jede Abwechslung recht; es gab dennoch genug Hände, um nach den Kämpfen die Toten zu begraben und die vielen Verwundeten in den Häusern unterzubringen. Meldungen über spanische Armeen, die zu unserer Hilfe heranrückten, über Niederlagen der Franzosen an verschiedenen Punkten der Iberischen Halbinsel und andere Gerüchte lösten Freude aus. Das Volk strömte auf den Seo-Platz und vor den Magdalena-Bogen, um auf die neueste Ausgabe der ›Gaceta‹ zu warten. Als diese kam, schöpften alle Herzen wieder Mut. Ich weiß nicht, ob wirklich solche Nachrichten nach Zaragoza gekommen waren oder der Herausgeber der Zeitung, Don Ignacio Asso, sie als Notlüge[25] erfunden hatte: Jedenfalls stand da schwarz auf weiß, daß Reding mit einer Armee von sechzigtausend Mann zu unserem Entsatz heranrückte, daß der Marquis von Lazan nach einem Sieg über die feindlichen Kräfte im Norden von Katalonien in Frankreich eingedrungen war ›und überall Schrecken verbreitete‹, daß der Herzog des Infantado ebenfalls zu unserer Hilfe eile, daß die Truppen von Blake und La Romana sogar Napoleon in die Flucht geschlagen hatten, wobei ›zwanzigtausend Franzosen getötet‹ worden waren, einschließlich der Generäle Berthier, Ney und Savara, und daß ›sechzehn Millionen Duros‹ in Cádiz eingetroffen waren, die die Engländer uns zur Bestreitung der Kriegskosten zur Verfügung stellten.

Dies und noch mehr glaubten wir, so daß es zu Freudenkundgebungen kam. Die Glocken läuteten, und auf den Straßen wurde die Jota getanzt, um nicht noch von zahlreichen anderen patriotischen Aufwallungen zu reden, die uns alle die zum Durchhalten bitter nötige Hoffnung verliehen. Unsere Freude konnte das Bombardement aber nicht beenden – ganz im Gegenteil. Die Unverschämten schienen sich über unseren Auftrieb lustig zu machen und erhöhten die Dosis ihrer verderblichen Medizin.

Voller Eifer, ihnen ins Gesicht zu lachen, rannten wir zu den Schutzwällen, wo die Regimentskapellen mit einer gewissen Herausforderung das berühmte Lied anstimmten, in das wir alle inbrünstig einstimmten:

Die Muttergottes auf dem Pfeiler sagt,
sie wolle nicht Französin werden.

Der Feind antwortete mit verstärktem Beschuß, so daß die Stadt in weniger als zwei Stunden mehr Einschläge erlitt als über den Rest des Tages. Es gab keinen sicheren Zufluchtsort mehr. Keine Handbreit Boden, kein Dach war vor diesem satanischen Feuer gefeit. Die Familien flohen in die Keller. Die vielen Verwundeten in den frontnahen Häusern wurden in die Kirche geschafft, um dort unter den starken Bogengewölben Schutz zu finden. Manche schleppten und schleiften sich selbst dahin. Andere, die noch mehr Kräfte hatten, zogen ihre Betten hinter sich her. Die meisten wurden in der Pilar-Kirche untergebracht, wo sie sogar auf den Altären und in den Kapellen lagen. Sie schöpften Trost aus dem Anblick der spanischen Schutzheiligen, die ihnen mit ihren glänzenden Augen zu verstehen gab, daß sie wirklich ›niemals Französin werden wollte‹.

12.

Mein Bataillon nahm an den Ausbrüchen vom 22. und 24. Januar nicht teil und auch nicht an der Verteidigung der Ölmühle und der Stellungen hinter San José, wo erbittert gekämpft wurde und besonders die Franzosen große Verluste zu beklagen hatten. Sie hatten es aber an Vorsichtsmaßnahmen nicht fehlen lassen, denn in ihrer dritten Parallel-Befestigungslinie von der Huerva bis zum Carmen-Tor hatten sie nicht weniger als fünfzig Kanonen von schwerstem Kaliber aufgestellt, welche die schwächsten Punkte unserer Befestigungen unter wirksames Feuer nahmen. Aber wir lachten nur darüber oder gaben vor, darüber zu lachen, wie es die großsprecherische Antwort unseres Befehlshabers Palafox an eine

Aufforderung des Marschalls Lannes[26] (der seit dem 22. an der Spitze der Belagerungstruppen stand) bewies: »Die Eroberung dieser Stadt würde dem Herrn Marschall große Ehre einbringen, wenn er sie im ehrlichen Kampf Mann gegen Mann und nicht mit Bomben* und Granaten erreichen könnte, denn das sind die Waffen der Feiglinge, die aber auch nur Feiglinge erschrecken.« Nach einigen Tagen setzte sich aber die Erkenntnis durch, daß die Meldungen von Verstärkungen und mächtigen Befreiungsarmeen eine reine Erfindung waren, hauptsächlich die des Chefredakteurs.

Ich hatte schon bald erfahren, daß besagte Nachrichten in der ›Gaceta‹ vom 16. falsch waren, und sagte das auch Don José de Montoria und seiner Frau, die mich daraufhin einen Pessimisten schalten. Ich war mit Agustín und anderen Freunden zum Haus meiner Wohltäter gegangen, um ihnen bei dringenden Arbeiten zu helfen. Das Dach ihres Hauses war zum Teil von Granaten zerstört worden, und eine tragende Mauer drohte zusammenzustürzen. Deshalb mußten sie eiligst umziehen. Der älteste Sohn der Montorias, der bei den Kämpfen an der Ölmühle verwundet worden war, hatte mit Frau und Sohn Unterschlupf im Keller eines Nachbarhauses gefunden, und Doña Leocadia rannte hin und her und spornte alle an, die notwendigsten Dinge aus dem bedrohten Gebäudeteil zu holen. »Ich kann einfach nicht anders – ich muß mich um alles selbst kümmern. Obwohl ich Dienstboten habe, bin ich nicht zufrieden, wenn ich nicht selbst anpacke. Wie hat sich« denn mein Sohn Agustín so gehalten?«

»So wie es ihm geziemt, Señora«, antwortete ich. »Er ist ein tapferer Bursche, und im Umgang mit Waffen ist er so geschickt, daß ich mich nicht wundern würde, wenn er es in ein paar Jahren zum General bringen sollte.«

»General sagen Sie!« rief die Mutter überrascht aus. »Mein Sohn wird nach der Belagerung die Messe zelebrieren, denn Sie wissen doch, daß wir ihn dazu bestimmt haben. Gott und die Jungfrau auf dem Pfeiler werden ihn beschützen, damit er

---

* Dieser Ausdruck wurde auch damals schon für bestimmte steile Geschosse angewandt (Anm. d. Übers.)

danach auf eigenen Füßen auf seinem vorbestimmten Weg fortschreiten kann. Die Pater des Seminars haben mir versichert, daß sie ihn schon mit dem Bischofshut und dem Krummstab sehen.«

»Gewiß, meine Dame, so wird es sein. Aber wenn man ihn kämpfen sieht, dann kann man sich nicht an den Gedanken gewöhnen, daß diese Hand, die den Gewehrhahn so behend zieht, bald den Segen austeilen wird.«

»Gewiß, Señor de Araceli, ich habe ja immer gesagt, daß es den Männern der Kirche nicht gut ansteht, die Waffe in die Hand zu nehmen. Aber inzwischen sind doch so viele aus deren Reihen zu Verteidigern unserer Stadt geworden: Don Santiago Sas, Don Manuel Lasartesa, Don Antonio La Casa, der Domherr von San Miguel de los Navaros, Don José Martinez, und sogar Don Vicente Casanova, der als der größte Theologe von Zaragoza gilt. Wenn die alle am Kampf teilnehmen, darf es mein Sohn auch, obwohl ich annehme, daß er viel lieber ins Seminar zurückkehren würde, um sich wieder seinen Studien widmen zu können. Ich sah ihn mal in Büchern lesen, die wohl einen halben Zentner schwer sind. Wenn ich ihn so lange Passagen rezitieren höre, natürlich auf lateinisch – alles auf lateinisch – bin ich immer wie verzaubert. Obwohl ich es nicht verstehe, weiß ich, daß es etwas über unseren Herrn Jesus Christus sein muß und seine große Liebe zu unserer Kirche, denn es kommen immer wieder solche Worte darin vor wie ›amoren‹, ›formosa‹, ›pulcherrima‹ und ›inflammavit‹.«

»O ja«, erwiderte ich, »das muß sich um den vierten Band eines geistlichen Werkes handeln, das man die *Encida* nennt und die ein Mönch Virgil aus dem Orden der Prediger geschrieben hat, wo viel von Jesus Christus' Liebe zu seiner Kirche steht.«

»So wird es sein«, meinte Doña Leocadia. »Jetzt, mein guter Herr von Araceli, könnten Sie mir helfen, diesen Tisch da hinunterzutragen.«

»Mit Freuden, meine Dame. Ich werde ihn allein tragen«, antwortete ich und packte den Tisch, als Don José de Montoria eintrat und einige ›Donnerwetter‹ und ›Verflucht‹ erschallen ließ.

»Was ist denn das, zum Donnerwetter?« wollte er wissen. »Sind die Krieger jetzt dabei, Frauenarbeiten zu verrichten? Zum Möbeltragen hat man Ihnen nicht ein Gewehr in die Hand gegeben, Señor de Araceli. Und du, Frau, warum hältst du Männer auf diese Weise von ihren eigentlichen Arbeiten ab. Kannst du nicht mit den Mädchen diese Möbel hinuntertragen? Seid ihr euch denn zu schade dafür? Schau doch mal: Auf der Straße dahinten trägt die Gräfin von Bureta Bettzeug, während ihre zwei Kammerzofen einen verwundeten Soldaten auf einer Trage wegbringen.«

»Nun gut«, sagte seine Frau, »aber deshalb brauchst du doch nicht solch einen Lärm zu veranstalten. Also, dann mal alle Männer wieder an eure Posten! Laßt uns hier allein das machen. Auch du, mein Sohn Agustín, geh nun. Gott möge dich in dieser Hölle gesund erhalten!«

»Es müssen zwanzig Sack Mehl vom Trinitarier-Kloster zum Speicher der Proviantaufteilungs-Kommission getragen werden!« befahl Montoria. »Alle mit mir!«

Als wir auf der Straße waren, fügte er hinzu:

»Bei den vielen Soldaten, die sich in Zaragoza befinden, werden wir bald nur noch halbe Rationen ausgeben können. Es sind aber viele Lebensmittel bei Privatpersonen versteckt. Obwohl befohlen worden ist, daß jeder seine Vorräte genau angibt, halten sich viele nicht daran und verkaufen Nahrungsmittel zu Phantasiepreisen. Welch eine Gemeinheit! Wenn ich solche finde, werden sie erfahren, wer Montoria, der Vorsitzende der Proviantaufteilungs-Kommission, ist!«

Kurz vor der Kirche San Pablo begegnete uns der Predigermönch Mateo del Busto, der sich in Begleitung eines anderen Mönches, welcher mit Pater Luengo angeredet wurde, mit müden Schritten dahinschleppte.

»Na, was gibt es denn so, meine Herren Mönche?« fragte Don Montoria.

»Don Juan Gallart hat der Kommission zwei Zentner Wurst zur Verfügung gestellt.«

»Und Don Pedro Pizuela, der Kaufmann aus der Calle de las Moscas, stellt großzügig sechzig Sack Wolle und alles

Mehl und Salz aus seinem Lager zur Verfügung«, fügte Pater Luengo hinzu.

»Mit dem Gevatter Candiola haben wir aber einen Kampf geführt, der noch schlimmer war als der von Eras«, meinte der erste Mönch.

»Aber«, fragte Don José verwundert, »hat denn dieser elende Geizhals nicht gehört, daß wir ihm für sein Mehl zahlen werden? Er ist jetzt der einzige von allen Einwohnern Zaragozas, der noch nicht einmal eine Feige für die Ernährung der Truppen gegeben hat.«

»Na, dann sagen Sie das mal dem Candiola selbst«, entgegnete Pater Luengo. »Er hat kategorisch erklärt, daß wir von ihm Mehl nur zu hundertvierundzwanzig Real pro Sack bekommen. Achtundsechzig davon hat er in seinem Speicher.«

»Das ist ja eine Unverschämtheit sondergleichen!« rief Montoria mit einer Serie von Flüchen aus, deren getreue Wiedergabe den Leser nur langweilen würde. »Zu hundertvierundzwanzig Real! Diesem Wucherer müssen wir beibringen, welche Pflichten ein Einwohner von Zaragoza in diesen schweren Zeiten hat! Der Generalkapitän Palafox hat mir die Vollmacht erteilt, alles zu beschlagnahmen, was ich brauche, und zwar zum festgesetzten Preis.«

»Wissen Sie, was Candiola sagt?« bemerkte Pater Busto dazu. »Wenn jemand sein Mehl wolle, dann müsse er auch den Preis zahlen, den er verlange. Wenn die Stadt sich nicht mehr halten könne, müsse sie sich eben ergeben. Er sei nicht verpflichtet, Opfer für den Krieg zu bringen, denn er habe ihn nicht begonnen.«

»Dann wollen wir mal zu ihm gehen«, meinte Don José zornig und mit entschlossener, finsterer Miene. »Das ist ja nicht das erste Mal, daß ich diese Kanaille, diesen Blutsauger in die Schranken weise!«

Ich ging mit Agustín hinter Don José her. Agustín war blaß geworden und starrte auf den Boden. Ich wollte mit ihm sprechen, aber er gab mir ein Zeichen, daß ich schweigen solle. So trotteten wir in ungewisser Erwartung weiter. Bald befanden wir uns in der Calle de Anton Trillo, und Don José rief:

»Jungs, vorwärts. Klopft an die Tür dieses unverschämten

Wucherers. Schlagt sie ein, falls niemand öffnet. Geht hinein und sagt ihm, er solle herunterkommen, und wenn ihr ihn an seinen Ohren herunterschleifen müßt. Paßt aber auf, daß er euch nicht beißt, denn er ist wie ein tollwütiger Hund oder eine Giftschlange.«

Als wir auf die Haustür zuschritten, schaute ich wieder Agustín an und bemerkte, daß er noch fahler geworden war und zitterte.

»Gabriel«, sagte er zu mir mit leiser Stimme, »ich möchte am liebsten von hier fliehen …, ich wünschte, die Erde würde sich auftun und mich verschlingen. Mein Vater bringt mich damit noch um. Ich kann einfach nicht tun, was er befohlen hat.«

»Tu einfach so, als hättest du dir eben einen Fuß verrenkt, so daß du nicht mit mir hineingehen kannst«, riet ich ihm.

Meine Begleiter und ich begannen, an die Tür zu klopfen. Die Alte schaute aus dem Fenster und beschimpfte uns. Es verging einige Zeit, dann hob eine schöne Hand den Vorhang und gab für einen Moment ein verstörtes, blasses Gesicht frei, dessen große lebhafte und dunkle Augen erschreckt auf die Straße blickten. In diesem Augenblick schrien meine Begleiter und die Knaben, die uns gefolgt waren, in einem grellen Chor:

»Der Gevatter Candiola soll herunterkommen! Her mit diesem Geizhals!«

Ganz entgegen unseren Erwartungen leistete Candiola der Aufforderung Folge. Er war aber im Glauben, daß es sich um Gassenjungen handelte, die ihm eine freche Serenade darboten, und erwartete nicht, mit dem Vorsitzenden der Proviantaufteilungs-Kommission und zweien ihrer Mitglieder konfrontiert zu werden. Bald wurde er sich aber des Irrtums bewußt, denn als er die Haustür aufriß und sich mit einem Knüttel auf uns stürzen wollte, wobei seine finsteren Augen Funken sprühten, stieß er auf Don José de Montoria und blieb überrascht stehen.

»Ach, Sie sind es also, Señor de Montoria«, sagte er aufgebracht. »Da Sie ja vom Sicherheitsausschuß sind, könnten Sie doch diesen Kanaillen hier befehlen, gefälligst keinen Lärm vor der Haustür eines ehrenwertes Mannes zu machen.«

»Ich bin nicht vom Sicherheitsausschuß«, erklärte Don José, »sondern von der Kommission für Proviantaufteilung und will mit Ihnen sprechen. Ich trete aber nicht in dieses Haus voller Spinnweben und Mäuse!«

»Wir Armen«, entgegnete Candiola höhnisch, »können nicht Paläste bieten wie der Señor Don José de Montoria, der die Güter der Allgemeinheit verwaltet und schon lange Zeit Vergabebevollmächtigter für Lieferverträge ist.«

»Ich verdanke meinen Wohlstand meiner Arbeit und nicht dem Wucher«, entgegnete Montoria. »Aber Schluß damit, Don Jerónimo Candiola. Ich komme nämlich wegen dieses Mehls ... Diese beiden guten Priestermönche werden Sie ja wohl schon unterrichtet haben.«

»Ja, ich verkaufe das Mehl, natürlich«, erwiderte Candiola mit hämischem Grinsen, »aber nicht zu dem von diesen geistlichen Herren mitgeteilten Preis. Der ist viel zu niedrig. Ich kann das Mehl nicht für weniger als hundertzweiundsechzig Real pro Sack von vier *arrobas** abgeben.«

»Ich kann nicht um Preise feilschen«, entgegnete Don José, der seine Entrüstung noch unterdrückte.

»Die Kommission kann Preise festlegen, wie sie will, aber in meinem Geschäft habe ich das Sagen«, meinte der Geizhals, »und damit Schluß! ... Es gehe jetzt also jeder zu seinem eigenen Haus.«

»Komm her, du unverschämter Wucherer«, rief da Don Montoria aus und packte ihn am Arm, so daß Candiola, der schon wieder ins Haus hineingehen wollte, sich umwenden mußte. »Komm her, du Satans-Candiola! Ich habe gesagt, daß ich wegen des Mehls komme, und ich werde ohne Mehl nicht wieder gehen! Die Verteidiger von Zaragoza sollen nicht Hungers sterben, verdammt noch mal! Alle Einwohner müssen zu ihrem Unterhalt beitragen.«

»Beitragen, Soldaten zu unterhalten!« sprach der Geizhals zischend wie eine Giftschlange. »Habe ich die vielleicht bestellt?«

---

* 1 arroba = 11,5 kg (Anm. d. Übers.).

»Elendes Krämerhirn! Gibt es denn in deiner leeren, schwarzen Seele kein Stäubchen Vaterlandsliebe?«

»Ich trage doch nicht zum Unterhalt von Vagabunden bei! Mußte es denn so weit kommen, daß die Franzosen uns beschießen und die ganze Stadt zerstören? Verfluchter Krieg! Und ich soll die, die ihn führen, noch ernähren? Da gebe ich ihnen doch lieber Gift!«

»Kanaille, elender Wurm, Schande von Zaragoza und ganz Spanien!« brüllte mein Wohltäter und hielt dem Wucherer die Faust vor das faltige Gesicht. »Lieber würde ich ins ewige Höllenfeuer gehen, als eine Minute lang in deine verfluchte Haut zu schlüpfen. Du hast doch ein Gewissen, das schwärzer ist als die Nacht. Schämst du dich denn nicht, der einzige in dieser Stadt zu sein, der sich weigert, der Befreiungsarmee unseres Vaterlandes Unterstützung zu gewähren? Lastet die öffentliche Verachtung denn nicht schwerer auf dir als die Felsen von Moncayo?«

»Schluß mit der Großtuerei! Lassen Sie mich jetzt in Frieden!« rief Don Jerónimo Candiola und wandte sich wieder der Haustür zu.

»Hiergeblieben, du ekelhaftes Reptil!«, schrie Don José und hielt ihn wieder fest. »Ich habe dir doch gesagt, daß ich ohne das Mehl nicht weggehen werde. Wenn du es nicht freiwillig rausrückst, wie alle braven Spanier, dann müssen wir eben Gewalt anwenden. Ich werde dir achtundvierzig Real pro Sack zahlen. Das ist der Preis, der vor der Belagerung gültig war.«

»Achtundvierzig Real!« schrie Candiola empört. »Dafür bekommt ihr keinen einzigen Sack von mir. Ich selbst habe ja schon mehr dafür gezahlt. Verfluchte Soldaten! Würden die mich denn auch ernähren?«

»Du nichtswürdiger Bastard mußt ihnen dankbar sein, daß sie deinem unnützen Leben nicht ein Ende bereitet haben. Ist dir die Großzügigkeit dieses Volkes denn nicht ein Beispiel? Bei der vorigen Belagerung, als wir dringend Waren und Geld brauchten, blieb dein Herz aus Stein völlig ungerührt. Nicht ein altes Hemd hast du gegeben, damit ein armer Soldat sich damit bedecken konnte, und keinen Kanten Brot, um seinen Hunger zu stillen! Zaragoza hat dein schändliches Verhalten nicht vergessen. Erinnerst du dich daran, wie die Verwundeten nach der Offensive vom 4. August über die Stadt verteilt wurden? Dir wurden zwei zugeteilt, aber du hast sie nicht über deine elende Schwelle gelassen! Ich erinnere mich noch sehr gut daran. In der Nacht kamen sie an deine Tür und klopften mit schwachen Händen. Ihr Jammer konnte dein Herz nicht rühren. Im Gegenteil – du bist zur Tür gegangen und hast die Verwundeten mit Fußtritten und den Worten, daß dein Haus doch kein Krankenhaus sei, auf die Straße zurückgetrieben. Unwürdiger Sohn von Zaragoza, was hast du bloß für eine Seele und ein Gewissen? Aber du hast ja gar keine Seele und bist auch kein Sohn von Zaragoza, denn du wurdest ja in Mallorca geboren, als wer weiß was für ein Mischling.«

Die Augen von Candiola sprühten jetzt Flammen. Er bebte vor Wut. Seine krallenartigen Hände umklammerten den Knüttel, der ihm als Krückstock diente.

»Ja, du bist eine mallorquinische Mischlingsbrut, du bist kein Sohn unserer stolzen Stadt. Klingt das Jammern dieser beiden armen Verwundeten nicht noch immer in deinen Fledermausohren? Einer von ihnen verblutete hier, wo wir jetzt stehen. Der andere konnte sich noch bis zum Markt schleppen, wo er uns deine Schandtat erzählte. Infamer Schurke, hast du dich nicht gewundert, daß das Volk von Zaragoza dich am Morgen des 5. nicht umgebracht hat? Candiola, gib mir jetzt das Mehl, und dann wollen wir es dabei belassen!«

»Montoria«, erwiderte der andere, »mit den Früchten meiner Arbeit werde ich keine faulenzenden Strolche mästen. Ha, ihr wollt mir was von Mitleid, Großzügigkeit und Anteilnahme für die armen Soldaten erzählen! Die so viel davon reden, sind doch nur Schmarotzer, die von der öffentlichen Hand leben wollen. Die Proviant-Kommission wird sich nicht auf meine Kosten ins Fäustchen lachen! Als ob wir nicht alle wüßten, was das mit der Unterstützung der Armee auf sich hat! Dabei fällt immer was für die Einsammler ab, nicht wahr? Von dem Mehl wird so manches in den Öfen der guten Patrioten verbraucht werden. Zu achtundvierzig Real! Was für ein Preis! Nachher steht dann in den Abrechnungen des Generalkapitäns, daß sie für sechzig gekauft wurden. Alles wird mit dem Schlagwort ›Die Muttergottes auf dem Pfeiler will nicht Französin werden!‹ entschuldigt.«

Don José de Montoria, der schon bei den vorausgegangenen Worten des Wucherers innerlich gekocht hatte, verlor jetzt endgültig die Beherrschung und stürzte sich mit der Absicht auf Candiola, ihm ins Gesicht zu schlagen. Dieser aber hatte, achtsam wie eine Schlange, einen solchen Angriff vorausgesehen. Mit einem Satz sprang er seinerseits vor und krampfte seine Hände um den Hals meines Wohltäters. Seine knochigen, kräftigen Finger krallten sich in das Fleisch, und dabei knirschte er mit den Zähnen, als wollte er seinen Feind zermalmen. Es gab ein kurzes Handgemenge, in dem Montoria Mühe hatte, sich aus dieser katzenartigen Umklammerung zu lösen. Dann aber sah ich, daß die rachsüchtige Energie des Wucherers nicht gegen die von der Empörung angetriebenen Muskeln des Patrioten standhalten konnte. Er versetzte Candiola einen so wuchtigen Stoß, daß dieser zu Boden fiel wie einer seiner Mehlsäcke. Am Fenster oben hörten wir den Schrei einer Frau und dann den Knall der zugeschlagenen Fensterläden. In diesem dramatischen Augenblick schaute ich mich nach Agustín um – aber der war verschwunden.

Rasend vor Wut, bearbeitete Don José de Montoria den am Boden liegenden Geizhals mit Fußtritten und schrie mit kaum noch verständlicher Stimme:

»Du schmutziger Gauner, der sich am Blut der Armen gemästet hat, du willst mich und die Mitglieder der Proviant-Kommission des Betrugs bezichtigen? Ich werde dich lehren, ehrliche Leute zu respektieren! Du kannst noch dankbar sein, daß ich dir diese verleumderische Zunge nicht rausreiße und den Hunden zum Fraß vorwerfe!«

Wir Umstehenden waren alle vor Schrecken stumm. Schließlich retteten wir den unglücklichen Candiola vor den Fußtritten seines Widersachers. Candiola aber machte daraufhin Anstalten, sich wieder auf Montoria zu stürzen. Dieser eilte zum Haus und rief seiner Begleitmannschaft zu:

»He, Jungs! Geht in den Speicher und holt die Mehlsäcke heraus! Beeilt euch!«

Die vielen Leute, die sich inzwischen auf der Straße vor dem Haus angesammelt hatten, verhinderten, daß Candiola in sein Haus zurückkehrte. Im Nu war er von einer Meute von Gassenjungen umringt. Sie bewarfen ihn johlend mit Straßendreck und zerfetzten seine Kleidung. Mittlerweile waren wir in das Erdgeschoß eingedrungen, das auch als Vorratsraum diente. Da trat uns eine Frauengestalt entgegen, die ich als die schöne Mariquilla erkannte. Sie war völlig verstört, zitterte am ganzen Körper und schwankte bei jedem Schritt. Sie konnte vor Entsetzen nicht sprechen. Als wir sie in diesem Zustand sahen, ergriff uns tiefes Mitleid – auch Don José.

»Sind Sie die Tochter des Señor Candiola?« fragte er, holte aus seiner Jackentasche eine Handvoll Münzen hervor und machte mit einem Stück Holzkohle eine kurze Berechnung an der Wand.

»Achtundsechzig Sack Mehl zu achtundvierzig Real pro Sack macht dreitausendzweihundertvierundsechzig. Eigentlich sind die Säcke nicht die Hälfte wert, denn sie riechen schon recht feucht. Hier nehmen Sie, mein Kind. Da ist der genaue Betrag.«

María Candiola machte keine Anstalten, das Geld in Empfang zu nehmen. Don José de Montoria legte es auf eine Kiste und sagte:

»Das wäre also dann bezahlt.«

Da nahm das Mädchen mit einer wilden Handbewegung, die von verletzter Würde zeugte, die Gold-, Silber- und Kupfermünzen und warf sie Don José ins Gesicht, als ob sie ihn steinigen wollte. Die Münzen klirrten auf dem Boden und rollten umher, teilweise in Winkel und Spalten, wo sie wohl nie mehr gefunden wurden.

Darauf stürzte die Candiola-Tochter auf die Straße und blickte sich nach ihrem Vater um. Mit Hilfe einiger Jünglinge, die die Verzweiflung der jungen Frau nicht gleichgültig lassen konnte, gelang es ihr dann, ihren Vater vor der aggressiven Meute der Gassenjungen zu retten.

Während wir begannen, die Mehlsäcke hinauszutragen, verschwanden Vater und Tochter durch das Gartentor.

13.

Nachdem alle Säcke fortgeschafft waren, suchte ich Agustín, konnte ihn jedoch nirgends finden – weder im Hause seines Vaters noch im Speicher der Proviantverteilungs-Kommission, weder in der Coso-Straße noch in der Santa-Engracia-Kirche. Schließlich stieß ich in der Pulvermühle bei San Juan de los Panetes auf ihn. Ich habe vergessen, hier zu erwähnen, daß die umsichtigen Zaragozaner dort eine kleine Fabrik eingerichtet hatten, in der täglich neun bis zehn Zentner Schießpulver hergestellt wurden. Ich sah, wie Agustín den Arbeitern fieberhaft half, die erzeugte Tagesmenge in Säcke und Fässer zu füllen.

»Sieh mal diesen Riesenhaufen von Pulver da«, sagte er zu mir, als ich auf ihn zutrat. »Alle diese Säcke und Fässer sind voll davon – aber das erscheint mir immer noch wenig, Gabriel.«

»Was willst du damit sagen?«

»Ich wünschte, wir hätten noch viel mehr davon. Die ganze Stadt müßte voller Pulver sein und ich noch der einzige Einwohner dieser großen Stadt. Was wäre das für eine Freude, Gabriel! Ich würde dann Feuer daran legen, so daß alles in einer unbeschreiblichen Explosion zum Himmel fliegen würde. Über Hunderte von Meilen würde man das hören. Nichts bliebe mehr übrig als ein riesiger Krater wie von einem Vulkan. Den Tod ersehne ich, Gabriel! Aber ich wünsche mir einen Tod, der ... Ich weiß nicht, wie ich dir das erklären soll. Meine Verzweiflung ist so groß, daß mir der Tod durch eine Kugel oder einen Degenstoß nicht genügt. Ich möchte in tausend flammende Teile zersprengt werden, möchte mich in der Mitte einer Flammenwolke fühlen, so daß mein Geist – und sei es auch nur einen ganz kurzen Augenblick lang – die Befriedigung spüren könnte, daß dieses elende Fleisch in Staub verwandelt wird. Ich bin so unendlich verzweifelt! Siehst du all dieses Pulver hier? Stell dir vor, daß in meiner Brust alle diese Flammen wüten, die aus diesem Schießpulver entstehen können ... Hast du sie gesehen, als sie hinausging, um ihrem Vater zu helfen? Hast du ihre Miene gesehen, als sie meinem Vater die Münzen ins Gesicht warf? ... Ich habe an der Straßenecke gestanden und alles beobachtet. María weiß ja nicht, daß der Mann, der ihren Vater mißhandelte, mein Vater ist. Hast du gesehen, wie die Gassenjungen den armen Candiola mit Unrat bewarfen? Ja, ich weiß, Candiola ist ein elender Kerl – aber sie, was kann sie denn dafür? Sie und ich, welche Schuld haben wir denn daran? Doch überhaupt keine! O Gabriel, mein zerrissenes Herz sehnt sich nach tausend Toden! Ich kann so nicht mehr weiterleben und werde zum Ort der größten Gefahr eilen und dort in das Feuer der Franzosen laufen, denn von jetzt an, nachdem, was ich heute gesehen habe, sind die Erde und ich unvereinbar geworden.«

Ich zog ihn aus der Pulvermühle zur Mauer hin, wo wir bei den Befestigungsarbeiten in der Nähe der Lohgerbereien, mithalfen. Das war nach dem Fall des Bollwerks San José und des Behelfsforts Santa Engracia die schwächste Stelle der Stadt. Ich habe ja schon erwähnt, daß von der Mündung der Huerva bis zu den Ruinen des San-José-Klosters nun fünfzig große Feuerspeier des Feindes standen. Was konnte unsere Verteidigungslinie schon gegen eine solche Feuerkraft ausrichten?

Die Vorstadt der Gerbereien erstreckt sich im Osten der Stadt von der Huevamündung bis zur alten Stadtmauer, klar abgegrenzt durch die Coso-Landstraße. Zu jener Zeit bestand dieses Stadtviertel aus ärmlichen Häusern, die fast alle von Landarbeitern und Handwerkern bewohnt waren. Auch die geistlichen Gebäude dort waren nicht so prachtvoll wie die in der Innenstadt. Der Grundriß dieser Vorstadt entsprach etwa einem Kreissegment, dessen Bogen zu den Feldern gerichtet war und dessen Sehne an die eigentliche Stadt angrenzte, von der Puerta Quemada bis zur Sepulcro-Anhöhe. Von dieser Sehne verliefen bis zum Umfang mehrere Straßen, einige gekrümmt oder kurz wie die Añon, Alcover und die der Arkaden, und andere langgestreckt wie die Palomar und San Agustín. Von diesen gingen enge Gassen ab wie die Diezma, Barrio Verde, Los Clavos und Pabostre. Einige von ihnen waren nicht durch Häuserreihen, sondern durch Mauern begrenzt, und manchmal fehlten auch die. Die Straßen endeten meistens in unförmigen kleine Plätzen oder Pferchen. Zu der Zeit, die ich hier beschreibe, waren aber schon etliche Gebäude bei der ersten Belagerung in Trümmer gelegt worden, und diese dienten nun dazu, Batteriestellungen anzulegen und Barrikaden an den Stellen zu errichten, wo keine Häuser Deckung boten. In der Nähe des Ebrodamms standen noch einige alte Mauerstücke und Ruinenwände, von denen manche annahmen, daß sie noch aus der Römerzeit stammten, wogegen andere meinten, sie seien von den Arabern errichtet worden. Einige dieser Mauerreste grenzten an die bewohnten Häuserzeilen an und waren auch schon ein Teil von ihnen geworden. Es sah aus, als ob sich diese durch die Jahrhunderte geschwärzten Spuren längst vergangener Epochen an die Gebilde unserer Tage anlehnten und in sie hineinkrochen. So war das Neue zwischen und zum Teil sogar auf den Resten des Alten errichtet worden in einer Mischung, die ähnlich der Entwicklung des spanischen Volkes war.

Die Betrachtung dieses von den Gerbereien beherrschten Stadtviertels war für die Phantasie sehr anregend. Da waren vage Erinnerungen an die Araberherrschaft – die bevorzugte Anwendung von Lehmziegeln, die großen Traufdächer, die Unordnung der Fassaden, die kleinen vergitterten Fenster, die architektonische Anarchie, die oft nur erahnen ließ, wo ein Haus endete und das nächste begann. Auch war es oft unmöglich zu erkennen, ob dieses Haus zwei oder drei Etagen hatte oder das Dachwerk des einen Gebäudes zur Abstützung des danebenstehenden diente. Die Bögen, die zu den kleinen Plätzen führten, erinnerten mich an eine andere kleine Stadt Spaniens, die aber weit entfernt lag.

Nun, dieser Häuserwirrwarr, den ich hier so kurz beschrieben habe, diese von mehreren Generationen von Gerbern und Landarbeitern nach der Laune jedes einzelnen ohne Ordnung und Harmonie gebaute Vorstadt wurde am 24. und 25. Januar 1809 für die Verteidigung vorbereitet, nachdem die Franzosen in der Umgebung bedrohliche Truppenkräfte in Stellung gebracht hatten. Alle Familien dieser Vorstadt machten sich daran, je nach ihrem strategischen Instinkt, ihre unmittelbare Umgebung zu befestigen. Da gab es Einwohner, die gewisse

Lücken ausfüllten und andere wieder für die Sicht öffneten. Die Mauern im Osten der Stadt wurden mit Schießscharten versehen. Die Quadern der Cäsar-Augustus-Mauer, die einstmals gegen Pfeile und Schleudersteine errichtet worden war, mußten nun Geschützstellungen Platz bieten. Wenn das Schußfeld dieser Geschütze durch ein vorstehendes Dach, einen Söller oder auch ein ganzes Haus behindert wurde, mußte es weichen. Viele Durchgänge wurden zugemauert, und zwei für religiöse Zwecke bestimmte Gebäude dieser Vorstadt, San Agustín und Las Monicas, wurden regelrecht in Festungen verwandelt. Die Lehmmauern wurden erhöht und verstärkt. Unsere Pionieroffiziere hatten die Schußweite der feindlichen Stellungen berechnet und erteilten den Befestigungsarbeitern der Außenmauern entsprechende Anweisungen. Dieses Gebilde hatte zwei vorgeschobene Punkte: die Goicoechea-Mühle und ein Haus, das den Namen ›Casa de González‹ trug, weil es einmal einem Don Victoriano González gehört hatte. Die Frontlinie verlief auf dieser Seite von der Puerta Quemada über die Palafox-Batterie, die Stadtmühle, die Eras de San Agustín und dann Goicoechea-Mühle, die außerhalb der Haupteinfriedung lag, bis zum Kloster San Agustín. Danach kam eine große Schanze und endlich das besagte Haus von González. Das ist alles, was ich von dieser Gerbervorstadt noch in Erinnerung habe. Es gab dort auch eine Anhöhe, die man El Sepulcro, das Grabmal, nannte, weil in der Nähe die Grabeskirche lag. Diese ganze Vorstadt hätte bald auch diesen Namen tragen können. Sie werden noch sehen warum, lieber Leser.

14.

Agustín de Montoria und ich bewachten mit unserem Bataillon die Stellung an der Stadtmühle bis zum Einbruch der Dunkelheit: Dann wurden wir von den Huesca-Freiwilligen abgelöst. Für die Nacht erhielten wir Urlaub. Man denke aber nicht, daß wir in dieser Zeit Däumchen drehen konnten, denn jetzt begann für uns ein nicht minder anstrengender Dienst in der Stadt, der darin bestand, Verwundete zur Seo- und Pilar-Kirche zu tragen, beim Löschen brennender Häuser zu helfen oder den Geistlichen und Gerichtsbeamten, die in der im Kloster San Juan de los Panetes eingerichteten Werkstatt Patronen anfertigten, Material zu bringen.

Der junge Montoria und ich kamen so durch die Pabostre-Straße. Ich aß mit Heißhunger ein Stück Brot. Mein schweigender und finster blickender Freund warf seine Brotration den Hunden hin. Immer wieder versuchte ich, ihn aus seiner Verzweiflung zu reißen, aber er antwortete nur einsilbig auf meine aufmunternden Worte. Als wir zum Coso gelangten, wandte er sich an mich:

»Die Glocke im Neuen Turm schlägt zehn. Weißt du, wo ich heute nacht hingehen möchte, Gabriel?«

»Heute nacht geht es nicht. Verdecke mit der Asche die Flamme deiner Liebe, während die anderen Flammenherzen, die man Bomben und Granaten nennt, die Häuser zerschmettern und die Leute töten.«

Das Bombardement hatte tatsächlich den ganzen Tag über nicht aufgehört und wurde auch in der Dunkelheit fortgesetzt, wenn auch in etwas verringertem Maße. Immer wieder wurden Einwohner der Stadt tödlich getroffen oder von einem Augenblick zum anderen obdachlos. »Heute nacht werde ich dorthin gehen«, erwiderte er. »Ob mich Mariquilla wohl gesehen hat, als ich vor diesem schrecklichen Auftritt mit den anderen vor ihrer Tür stand? Ob sie wohl denkt, ich sei bei denen gewesen, die ihren Vater mißhandelt haben?«

»Das glaube ich nicht. Dieses Mädchen wird zu unterscheiden wissen. Aber du kannst das ja später herausfinden. Jetzt haben wir keine Zeit dafür. Siehst du da? Aus diesem Haus ruft man nach Hilfe, und hier kommen einige arme Frauen. Die eine kann nicht mehr gehen und schleppt sich kriechend dahin. Das Fräulein Mariquilla Candiola wird wohl auch Verwundeten in der San-Pablo- oder Pilar-Kirche helfen.«

»Das glaube ich nicht.«

»Vielleicht ist sie auch in der Patronenwerkstatt.«

»Auch das glaube ich nicht. Sie wird sich zu Hause verkrochen haben, und dort will ich hingehen, Gabriel. Geh du zum Verwundetentransport, zur Pulverfabrik oder sonstwo hin – ich gehe zu ihrem Haus.«

Bei diesen Worten stieß Pirli zu uns. Seine Mönchskutte war voller Löcher, und die von ihm erbeutete französische Sturmhaube, die er immer noch trug, hatte viele Beulen und einen zerdrückten Federbusch: Pirli glich mehr einer Karnevalsfigur als einem Soldaten. »Helfen Sie mit, die Verwundeten aufzusammeln?« fragte er uns. »Uns sind eben zwei gestorben, die wir nach San Pablo gebracht hatten. Sie brauchen dort Leute zum Ausheben von Gruben für die vielen Toten von gestern. Ich bin jetzt zu erschöpft und werde mir etwas Schlaf im Hause der Manuela Sancho holen. Vorher tanzen wir vielleicht noch ein wenig, wenn ich mich etwas erholt habe. Wollt ihr vielleicht doch mitkommen?«

»Nein, wir gehen nach San Pablo«, erwiderte ich, »denn die Toten müssen doch unter die Erde.«

»Man sagt, die Leichen vergiften die Luft, so daß viele Leute Fieber bekommen und noch eher als die Verwundeten sterben. Ich brauche jetzt etwas warmes Essen von gütiger Frauenhand und möchte einmal nicht an solche schlimmen Dinge wie die Epidemie denken. Ihr wollt also Tote begraben?«

»Ja«, entgegnete Agustín, »wir müssen da unsere Menschenpflicht tun.«

»In der San-Pablo-Kirche liegen mindestens vierzig Leichen, alle in einer Kapelle«, fügte Pirli hinzu, »und wenn das mit den Begrabungsarbeiten so langsam weitergeht, werden wir dort bald mehr Tote als Lebende haben. Wollt ihr euch nicht ein wenig ablenken? In der Patronenwerkstatt sind Mädchen, und ab und zu wird dort gesungen und getanzt, um die Seelen etwas aufzumuntern.«

»Aber dort braucht man uns nicht. Ist die Manuela Sancho auch dort?«

»Nein, das sind alles Señoritas aus gehobenen Kreisen, von der Junta dorthin bestellt. Es sind auch welche aus den Lazaretten gekommen. Wer von den jungen Damen nicht zur Aufmunterung der Kämpfer beitragen will, wird mit scheelen Augen angesehen, und es heißt, die werden dann im nächsten Jahr keinen Bräutigam finden.«

In unserem Rücken hörten wir schnelle Schritte. Wir wandten uns um, sahen viele Leute und hörten die Stimme von Don José de Montoria. Als er uns erblickte, rief er zornig:

»Was macht ihr denn hier, ihr Faulenzer? Drei gesunde und kräftige Männer beim Schwatzen, während noch so viele Hände gebraucht werden! Seht ihr die zwei hohen Pfähle da auf der Trenque-Höhe mit dem Querbalken und den Schlingen dran? Das ist der Galgen für die Verräter – aber er kann auch für Faulenzer dienen! Also an die Arbeit, oder ich werde Gewalt anwenden!«

Wir gingen also mit und kamen am Massengalgen vorbei, dessen sechs Schlingen im Winde pendelten und auf Kehlen von Verrätern und Feiglingen warteten.

Don José packte seinen Sohn am Arm und wies mit folgenden Worten auf das schreckliche Gestell:

»Das haben wir heute nachmittag aufgestellt. Ein schönes Geschenk für die, welche ihre Pflicht nicht tun! Ich, der ich schon alt bin, ermüde nie, aber ihr Jungen seid weich wie Butter. Die unbesiegbaren Leute der ersten Belagerung gibt es wohl nicht mehr. Señores«, wandte er sich an einige Bekannte seines Alters, »wir müssen diesen Grünschnäbeln immer wieder ein Beispiel geben! Wenn sie mal eine zeitlang nichts zum Essen erhalten, schreien sie schon nach Suppe. Pulversuppe können sie haben und einen Brei aus Schrapnellen und Gewehrkugeln! Feiglinge! Nun, vorwärts, es müssen Tote begraben und Patronen an die Mauern geschafft werden!«

»Auch den Kranken dieser vermaledeiten Epidemie, die sich jetzt ausbreitet, muß geholfen werden«, sagte einer von Don Josés Begleitern.

»Ich weiß nicht, was ich von dem halten soll, was die Ärzte da als Epidemie bezeichnen. Ich nenne es Angst, meine Herren, reine Angst«, meinte Don José, »denn diese Schüttelfröste, Krämpfe und Fieberanfälle, was sind die schon anderes als Folgen der Angst? Es gibt eben keine beherzten Leute mehr. Was waren das für tapfere Seelen bei der ersten Belagerung! Wenn sie jetzt einmal über zehn Stunden schießen müssen – mit den Anstrengungen der ersten Belagerung verglichen eine Lappalie – fallen sie schon vor Erschöpfung um und sagen, sie können nicht mehr. Wenn sie eineinhalb Beine verlieren, werden sie schon feige und schreien zu den heiligen Märtyrern, man möge sie doch ins Bett legen. Alles Feigheit, reine Feigheit! Heute haben sich doch verschiedene Soldaten von der Palafox-Schanze zurückgezogen, die noch einen gesunden Arm hatten! Und dann wollen sie noch Suppe haben ... Sollen sie doch ihr eigenes Blut saugen. Das ist die beste Suppe. Ja, ja, die Leute mit stählernem Herzen gibt es nicht mehr – Donnerwetter und tausend *carambas*!«

»Morgen werden die Franzosen die Gerber-Vorstadt angreifen«, meinte ein anderer. »Wenn das viele Verwundete gibt, weiß ich nicht, wo wir die unterbringen sollen.«

»Verwundete!« rief Don José de Montoria aus. »Wir wollen hier keine Verwundeten. Die Toten stören nicht – im Gegenteil, mit denen kann man immer noch Brustwehren aufschichten ... aber die Verwundeten ... Es ist einfach nicht mehr der richtige Kampfeswille da. Ich kann mir vorstellen, daß unsere Leute die Stellungen verteidigen werden, bis die Besatzungen auf ein Zehntel zusammengeschrumpft sind, aber sie werden fliehen, wenn sich einige Dutzend Franzosen auf jeden einzelnen stürzen ... Was für Schwächlinge! Aber wie Gott will – wenn es eben Verwundete und Kranke gibt, müssen wir ihnen helfen. Sind heute eigentlich genügend Hühner eingesammelt worden?«

»Etwa zweihundert, von denen mehr als die Hälfte freiwillige Gaben sind. Für die anderen haben wir sechseinhalb Real zahlen müssen. Einige wollten überhaupt keine geben.«

»Also so etwas! Daß ein Mann wie ich sich in solchen Zeiten um Hühner kümmern muß! Einige wollten also gar keine Hühner herausrücken? Der Generalkapitän hat mich bevollmächtigt, diejenigen, die nicht zur Verteidigung beitragen wollen, zu bestrafen. Die Feiglinge und Verräter erhalten sowieso, was sie verdienen ... Auf, meine Herren! Eine Bombe ist in der Nähe des Neuen Turms gefallen. Sehen Sie? Hören Sie es? Was für ein schrecklicher Knall! Ich wette, daß es mehr die göttliche Vorsehung und weniger die französischen Mörser waren, die die Bombe auf das Haus dieses seelenlosen Wucherers gelenkt hat, der das Unglück seiner Mitmenschen mit Gleichgültigkeit, ja sogar mit Verachtung betrachtet. Die Leute laufen dorthin. Es scheint, daß ein Haus Feuer gefangen hat oder zerstört worden ist ... Nein, nein, ihr Unglücklichen – lauft nicht auch noch dorthin! Laßt es doch brennen! Soll es doch zusammenfallen! Es ist das Haus von Candiola, der nicht eine Pesete geben würde, um die Menschheit vor einer neuen Sintflut zu retten ... He, Agustín! Wohin willst du denn? Du läufst auch dorthin? Komm mit mir, denn wir werden woanders mehr gebraucht!«

Wir schritten an der Pía-Schule vorbei, aber Agustín, der sich offensichtlich dem Ruf seines Herzen nicht länger widersetzen konnte, begann so schnell er konnte in Richtung der Plazuela de San Felipe zu laufen, wohin alle anderen strömten. Sein Vater rief ihn erneut mit energischer Stimme zurück, so daß er uns mit finsterer Miene folgte. Ganz offensichtlich brannte es in der Nähe des Neuen Turms, der von Flammen in rötliches Licht getaucht wurde und sich in einem Purpurmantel aus der Dunkelheit hervorhob, während seine gewaltige Glocke lange Klagen ausschickte.

Inzwischen hatten wir die San-Pablo-Kirche erreicht.

»Also, Burschen«, befahl uns Don José, »helft denen, die da die Grube ausheben. Sie muß tief und lang sein. Darin sollen vierzig Körper ihre letzte Ruhe finden!«

Mit Spaten und Schaufeln begannen wir ein Massengrab im Hof der Kirche auszuheben. Agustín grub neben mir. Seine Augen schweiften immer wieder in Richtung Neuer Turm.

»Da ist doch ein schrecklicher Brand«, sagte er zu mir. »Schau doch mal. Aber jetzt scheint das Feuer doch etwas nachzulassen. Am liebsten würde ich mich auch in dieses Massengrab werfen, das wir hier ausheben.«

»Das hat keine Eile«, bemerkte ich dazu, »denn vielleicht schon morgen werden sie uns auch dort hineinwerfen, ohne daß wir darum bitten. Also, laß die dummen Reden und grabe lieber.«

»Siehst du nicht? Ich glaube, das Feuer erlischt.«

»Ja, das ganze Haus ist abgebrannt. Der Gevatter Candiola wird sich zu seinem Geld in den Keller geflüchtet haben, wo das Feuer nicht hingekommen ist.«

»Gabriel, ich muß unbedingt für einen Moment dorthin gehen! Ich muß wissen, ob es ihr Haus war. Wenn mein Vater aus der Kirche wieder herauskommt, sag ihm …, ich würde gleich wiederkommen.«

Da Don José aber ausgerechnet in diesem Augenblick wieder auftauchte, konnte Agustín seine Absicht nicht ausführen, so daß wir beide Seite an Seite weitergruben. Es wurden Leichen aus der Kirche herausgeholt, und die Verwundeten oder Kranken, die ebenfalls ständig vorbeigetragen wurden, konnten einen Blick auf das geräumige Erdbett werfen, das sie vielleicht schon am nächsten Tag aufnehmen würde. Schließlich wurde die Grube für groß und tief genug befunden, und man befahl uns, die Arbeit einzustellen. Kurz darauf wurden die Leichen herbeigeschafft und eine nach der anderen in dieses große Grab geworfen, während einige Geistliche, umgeben von frommen Frauen, niederknieten und klagende Gebete gen Himmel schickten. Jetzt mußte nur noch Erde darüber geschüttet werden. Mit entblößtem Haupt und mit lauter Stimme betete Don José de Montoria ein Vaterunser und warf die erste Handvoll Erde. Unsere Schaufeln vollendeten das traurige Werk in aller Eile. Daraufhin sanken auch wir auf die Knie und beteten mit leiser Stimme. Agustín de Montoria flüsterte mir ins Ohr:

»Laß uns jetzt gehen … Mein Vater wird jetzt woanders hin wollen. Sag ihm bitte, wir hätten soeben gehört, daß ein Bekannter krank geworden sei, den wir jetzt besuchen müßten. Um Gottes willen, sag es ihm, ich selbst wage es nicht! Wir müssen sofort zum Haus von Candiola gehen.«

15.

Ich erzählte also dem Alten die Ausrede, und wir eilten darauf in Richtung Neuer Turm. Es war schon spät am Abend, denn das Massenbegräbnis hatte mehr als drei Stunden gedauert. Man sah keine Flammen mehr aus dieser Richtung. Der schiefe Turm war jetzt von Dunkelheit umhüllt, und seine mächtige Glocke erschallte nur noch ab und zu, um das Aufsteigen einer Mörserbombe anzuzeigen. Bald erreichten wir die Plazuela de San Felipe. Da sahen wir Rauch vom Dach eines nahe der Kirche stehenden Hauses aufsteigen und erkannten, daß es dieses Haus gewesen war, das drei Stunden vorher von der Bombe getroffen worden war, und nicht das des Gevatters Candiola.

»Gott hat ihr Haus geschützt«, rief Agustín erleichtert aus. »Wenn die Schlechtigkeit ihres Vaters auch das Unglück anzieht, so wenden es die Tugenden und Mariquillas Unschuld wieder ab. Gehen wir trotzdem dorthin!«

Es standen einige Leute auf der Plazuela de San Felipe, aber die Straße, in der Candiolas Haus stand, war menschenleer. Wir hielten an der Gartenmauer und lauschten. Alles war so still, daß man meinen konnte, das Haus sei verlassen worden. War es wirklich so? Obwohl diese Gegend bisher nur wenig von dem Bombardement in Mitleidenschaft gezogen worden war, hatten viele Familien sie verlassen oder waren in ihre Keller geflüchtet.

»Wenn ich in den Garten gehe«, sagte Agustín zu mir, »kommst du mit. Nach der heutigen Szene fürchte ich, daß Don Jerónimo mit seinem Mißtrauen die ganze Nacht wachen und im Garten Runden drehen wird aus Furcht, daß man ihm nun noch mehr wegnimmt.«

»Dann wäre es doch besser, gar nicht hineinzugehen«, meinte ich, »denn außer, daß wir uns der Gefahr aussetzen, von diesem Scheusal angegriffen zu werden, würde es einen großen Skandal geben. Dann weiß ganz Zaragoza, daß José de Montorias Sohn, der für einen Bischofshut vorgesehen ist, der Tochter des Wucherers Candiola nachstellt.«

Aber diese und alle anderen Worte, mit denen ich versuchte, ihn von seinem Vorhaben abzuhalten, waren wie Predigten in der Wüste. Er wollte einfach keine Vernunft walten lassen, bestand wieder darauf, daß ich ihm folgte, gab das verabredete Zeichen mit einem Steinchen und wartete gespannt auf eine Antwort. Es verging einige Zeit, in der wir Candiolas Haus von der anderen Straßenseite aus beobachtetet. Endlich sahen wir Licht im oberen Fenster, und bald darauf hörten wir, wie der Riegel des Gartentors so leise wie möglich zurückgeschoben wurde. Das Gartentor öffnete sich ohne Quietschen, Mariquilla war bestimmt so vorsichtig gewesen, die alten Scharniere zu schmieren. Als wir beide in den Garten schlüpften, wurden wir nicht mit der zauberhaften Schönheit einer parfümierten Geliebten, sondern mit einem zornzerfurchten, faltigen Gesicht konfrontiert, welches ich sofort als das der Haushälterin Guedita erkannte.

»Eine wirklich passende Stunde für einen Besuch!« fauchte sie. »Und dann kommt auch noch ein zweiter! *Caballeros*, seien Sie bloß leise! Gehen Sie auf Zehenspitzen, und treten Sie ja nicht auf welke Blätter, denn ich glaube, der Herr ist wach.«

Sie sprach so leise, daß wir sie kaum verstehen konnten, machte uns Zeichen, daß wir ihr folgen sollten, und legte den Finger an die Lippen, um uns unbedingtes Schweigen zu befehlen. Der Garten war so klein, daß wir ihn rasch durchschritten hatten. Wir stießen auf eine Steintreppe, die ins Haus führte. Wir waren noch keine sechs Stufen hinaufgestiegen, als uns eine vermummte Gestalt entgegentrat. Es war Mariquilla. Auch ihre erste Geste war eine Aufforderung, ja leise zu sein. Ängstlich schaute sie zu einem Seitenfenster hinauf, das auf den Garten hinausging. Als sie merkte, daß Agustín in Begleitung erschienen war, zeigte sie sich überrascht. Er beruhigte sie jedoch mit den Worten:

»Das ist Gabriel, mein bester Freund, mein einziger Freund, von dem ich dir schon erzählt habe.«

»Sprich leiser«, flüsterte die ›kleine Marie‹. »Vor kurzem hat mein Vater noch mit einer Laterne die Runde durch Haus und Garten gemacht. Ich glaube, er schläft auch jetzt noch nicht. Die Nacht ist aber recht dunkel. Verstecken wir uns im Schatten der Zypresse. Wir dürfen nur ganz leise sprechen!«

Die Steintreppe führte zu einer Art Korridor oder Balkon mit Holzvordach. Am Ende dieses Korridors verbreitete eine große Zypresse noch mehr Dunkelheit als die Nacht und hielt das Mondlicht ab. Auf der anderen Seite warfen die Zweige einer Ulme filigrane Schatten auf der Hauswand. Im Schatten der Zypresse setzte sich Mariquilla auf den einzigen Stuhl, der dort stand. Agustín ließ sich neben sie auf den Boden sinken, die Hände auf die Knie gelegt, während ich mich in gebührendem Abstand niederkauerte. Es war eine typische Januarnacht, still, trocken und kalt. Die beiden Liebenden fühlten wohl die Kälte wegen ihrer brennenden Herzen nicht. Ich aber, der ich von dieser Leidenschaft nicht ergriffen war, hüllte mich fröstelnd in meinen Umhang. Guedita war verschwunden. Mariquilla begann das Gespräch – gleich mit dem heiklen Thema:

»Heute vormittag habe ich dich auf der Straße vor dem Haus gesehen. Als Guedita und ich den Lärm von vielen Leuten hörten, die an unsere Tür schlugen, ging ich ans Fenster und sah dich an der gegenüberliegenden Straßenecke.«

»Das ist wahr«, entgegnete Agustín bestürzt, »dort stand ich wirklich. Ich mußte aber gleich gehen, weil meine Abwesenheitserlaubnis von der Truppe abgelaufen war.«

»Hast du denn nicht gesehen, wie diese Barbaren meinen Vater behandelt haben?« flüsterte Mariquilla erregt. »Als dieser grausame Mann ihn mit den Füßen trat, schaute ich umher in der Hoffnung, daß du einschreiten würdest, aber ich sah dich nirgends mehr.«

»Mariquilla, du Sonne meines Herzens, ich habe dir doch gesagt, daß ich schon vorher gehen mußte«, entschuldigte sich Agustín. »Erst später erfuhr ich, daß man deinen Vater mißhandelt hat. Das hat mir einen Stich ins Herz gegeben, und ich wollte gleich kommen.«

»Ach, ja? Unter so vielen Leuten«, sagte Candiolas Tochter weinend, »war nicht ein einziger, der Anstalten machte, sich für ihn einzusetzen. Ich bin dort oben fast gestorben, als ich meinen Vater so in Gefahr sah. Wir schauten ängstlich nach

Hilfe aus, aber auf der Straße waren nur Feinde ... Keine barmherzige Hand, keine mitfühlende Stimme. Unter diesen Männern war einer besonders roh. Er warf meinen Vater auf den Boden ... Oh, es zerreißt mir noch jetzt das Herz, wenn ich daran denke! Ich war eine zeitlang wie gelähmt. Dann kam in mir ein Zorn auf, den ich bis dahin noch nicht gekannt hatte. Dieser Kerl bearbeitete meinen Vater mit Fußtritten wie ein giftiges Reptil. Bei diesem Anblick fühlte ich das Blut in mir kochen. Ich suchte nach einer Waffe – einem Messer, einer Axt, irgend etwas. Aber ich fand in der Eile nichts. ... Ich hörte das Klagen meines Vaters bis in die oberen Zimmer hinauf schallen, so daß ich nicht mehr suchte, sondern auf die Straße hinunterlief. Als ich mich im Lager im Erdgeschoß unter so vielen Eindringlingen sah, konnte ich mich vor Angst nicht rühren. Der Mann, der meinen Vater mit Fußtritten traktiert hatte, legte mir eine Handvoll Gold- und andere Münzen hin. Ich wollte sie nicht annehmen und warf sie ihm ins Gesicht. Es war mir, als hätte ich Blitze in der Hand, die ich als Vergeltung gegen die Angreifer meines Vaters schleuderte. Ich schaute wieder ängstlich nach dir aus, aber du warst nirgends zu sehen. Allein unter dem Pöbel rief mein Vater um Hilfe.«

»Oh, María, Mariquilla meines Herzens!« sprach Agustín voll Schmerz und küßte die Hand der unglücklichen Tochter des Geizhalses, »sprich nicht mehr von diesem schlimmen Ereignis, das mir das Herz zerreißt. Ich konnte dich doch nicht verteidigen, mußte doch zur Truppe ... wußte doch nichts davon ... glaubte doch, diese Leute wollten etwas anderes. Du hast ja recht, aber hör doch bitte davon zu sprechen auf. Es tut mir so leid und beleidigt mich.«

»Wenn du meinen Vater verteidigt hättest, würde er sich dankbar erwiesen haben. Aus Dankbarkeit hätte dann Zuneigung werden können. Du hättest Zutritt zu unserem Hause gehabt ...«

»Dein Vater ist nicht imstande, Zuneigung für irgend jemanden zu entwickeln«, erwiderte der junge Montoria. »Erwarte nicht, daß wir auf diesem Wege etwas erreichen. Laß uns darauf vertrauen, daß wir auf eine uns jetzt noch unbekannte Weise an unser Ziel gelangen, mit der Hilfe Gottes und zu einem Zeitpunkt, wo wir es am wenigsten erwarten. Wollen wir doch jetzt nicht an das Alltägliche und das, was uns bevorstehen könnte, denken, denn alles, was uns jetzt umgibt, ist voller Gefahren und Hindernisse. Laß uns auf Gott, das Unvorhergesehene und die Kraft unserer Liebe vertrauen und uns schon jetzt auf das Wunder freuen, das uns vereinen wird. Solch ein Wunder wird geschehen, María, ein Wunder, wie man es sich aus alten Zeiten erzählt und woran die Leute jetzt nicht mehr glauben.«

»Ein Wunder«, flüsterte María verwundert und melancholisch. »Es ist ja wahr, du bist ein hochgestellter Ehrenmann, der Sohn einer Familie, die niemals gestatten wird, daß du die Tochter des Señor Candiola heiratest. Mein Vater wird in der ganzen Stadt verabscheut. Alle meiden uns, keiner kommt uns besuchen. Wenn ich ausgehe, zeigt man mit dem Finger auf mich, schaut mich unverschämt an und läßt mich die Verachtung spüren. Die Mädchen meines Alters wollen nicht mit mir sprechen, und die jungen Burschen, die in der Nacht Liebeslieder an den Fenstergittern ihrer Angebeteten singen, rufen vor meinem Fenster nur Beleidigungen gegen meinen Vater und belegen auch mich mit häßlichen Worten. O mein Gott! Es ist wirklich ein Wunder notwendig, damit ich einmal glücklich werde! … Agustín, wir kennen uns nun schon vier Monate, und du hast mir noch immer nicht den Namen deiner Eltern sagen wollen. Er wird bestimmt nicht so verhaßt sein wie der meine. Warum verheimlichst du ihn vor mir? Ich fürchte, du wirst nicht zu unserer Liebe stehen, wenn es darauf ankommt, und dich vor den hämischen Blicken deiner Freunde fürchten, so daß du die Tochter des geschmähten Candiola meiden wirst.«

»O nein, sag so etwas nicht!« entgegnete Agustín inbrünstig, umklammerte die Knie des Mädchens und verbarg sein Gesicht in ihrem Schoß. »Sag nur nicht, daß ich mich unserer Liebe schämen werde, denn das fasse ich als eine Beleidigung Gottes auf, der uns zusammengeführt hat. Es ist nicht so, wie du fürchtest. Heute muß unsere Liebe noch geheim bleiben, weil es nicht anders geht, aber wenn es notwendig ist, werde ich alles aufdecken, auch wenn ich mir dadurch den Zorn meines Vaters zuziehe. Ja, María, meine Eltern werden mich beschimpfen und aus dem Hause werfen. Vor ein paar Nächten sagtest du mir mit dem Blick auf diesen Turm, der da im Mondlicht erscheint: ›Wenn dieser Turm gerade steht, werde ich aufgehört haben, dich zu lieben.‹ Ich schwöre dir, daß die Stärke meiner Liebe größer ist als das Gleichgewicht dieses Turms. Er wird eher umfallen, als sich aufrichten. Die Werke des Menschen sind veränderlich, die der Natur nicht, denn sie ruhen auf dem Sockel ewiger Gesetze, der sich nicht senkt wie der des Turmes. Kennst du den Moncayo, diesen hohen Berg, den man mit anderen Bergen von der Vorstadt der Gerber aus im Westen erblickt? Wenn es dieser Moncayo müde wird, dort zu stehen, wenn er sich auf Zaragoza zubewegt und unsere Stadt unter sich begräbt, erst dann werde *ich* aufhören, dich zu lieben.«

Auf diese hyperbolische und poetische Weise drückte mein Freund seine große Liebe aus, als Gegenstück zu dem phantasievollen Vergleich seiner Geliebten. Beide schwiegen einen Moment, aber darauf stießen wir alle drei einen unterdrückten Schrei aus, denn die Glocke des Neuen Turms schickte einen Alarmruf in den Wind, und gleich danach zog ein Feuerball mit schnellen Wellenbewegungen über den Nachthimmel.

»Eine Bombe! Eine Mörserbombe!« rief María erschreckt aus und stürzte sich in die Arme ihres Freundes.

Der fürchterliche Glutkörper zog schnell über unsere Köpfe hinweg und beleuchtete auf seiner Bahn den Turm, die benachbarten Dächer und auch den Winkel, in dem wir uns verbargen. Wir hörten einen fürchterlichen Einschlag. In das Glockengeläut mischten sich nun gellende Schreie. Wir hörten die Menschen durch die umliegenden Straßen rennen.

»Diese Bombe hat uns also nichts getan«, meinte Agustín und streichelte seine Angebetete tröstend. »Hast du Angst?«

»Furchtbare Angst«, erwiderte das Mädchen, »obwohl es mir manchmal vorkommt, daß ich auch viel Tapferkeit beweisen könnte. Ich verbringe die Nächte damit, Gott zu bitten, das Feuer von uns fernzuhalten. Bis jetzt ist uns ja durch den

Beschuß auch noch kein Leid widerfahren. Aber wie viele Unglückliche ihr Leben schon lassen mußten, und wie viele Häuser von ehrbaren Leuten, die niemals jemandem etwas zuleide getan hatten, sind schon von den Flammen zerstört worden! Ich würde so gern wie die anderen Verwundete pflegen gehen, aber mein Vater verbietet es mir und wird immer wütend, wenn ich ihn um seine Erlaubnis dafür bitte.«

Während sie dies sagte, hörte man innen im Hause ein vages Geräusch, dann die Stimme der Haushälterin Guedita und schließlich die aufgebrachte des Gevatters Candiola. Wir drei duckten uns gleichzeitig in den tiefsten Winkel des Schattens und hielten den Atem an. Anschließend erklang die Stimme des Wucherers aus der Nähe:

»Warum sind Sie denn um diese Zeit noch wach, Guedita?«

»Ach, Herr«, antwortete die Alte, die sich aus einem zum Korridor hinausgehenden Fenster gelehnt hatte, »wie soll ich denn bei diesem schrecklichen Bombardement schlafen? Wenn wir von einer dieser Bomben getroffen werden, ist es doch besser, angekleidet und bereit zu sein.«

»Schläft denn meine Tochter?« wollte Candiola wissen, dessen Kopf aus einem Fensterchen am anderen Gartenende aufgetaucht war.

»Die schläft da oben wie ein Murmeltier«, erwiderte die Alte. »Es heißt doch, daß nichts den Schlaf der Jugend stören kann. Die Kleine hat vor einer Bombe nicht mehr Angst als vor einer Feuerwerksrakete.«

»Wenn man nur sehen könnte, wo diese letzte Bombe eingeschlagen ist!« meinte Candiola und reckte den Hals aus dem Fenster, um über die Nachbardächer, die tiefer als sein eigenes lagen, blicken zu können. »Da ist ein roter Schein wie von einem Brand, aber ich kann nicht erkennen, ob es nahe oder weit ist.«

»Wenn ich mich nicht sehr täusche«, meinte die Guedita aus dem Korridor, »ist diese Bombe auf den Markt gefallen.«

»So scheint es zu sein. Wenn nur alle auf die Häuser von denen fallen würden, die die Verteidigung immer weiter fortsetzen wollen, so daß diese Schrecken nie ein Ende nehmen … Ich glaube, der Feuerschein kommt aus der Triperia-Straße.

Sind dort nicht die Speicher der Proviantaufteilungs-Kommission? Oh, gesegnete Bombe! Ich hoffe, du bist auf das Haus dieses elenden Strolches in der Calle de la Hilarza gefallen! ... Señora Guedita, ich gehe mal schauen, ob diese gute Bombe auf das Haus dieses überheblichen, brutalen José de Montoria gefallen ist. Ich habe den ganzen Abend über die Muttergottes auf dem Pfeiler und alle Heiligen Spaniens darum gebeten, und ich glaube, daß sie mich erhört haben.«

»Don Jerónimo«, schalt ihn die Haushälterin, »lassen Sie doch solche Dummheiten, denn es ist kalt und lohnt doch nicht, sich eine Lungenentzündung zu holen, nur um zu sehen, wo die Bombe eingeschlagen ist. Es genügt doch zu wissen, daß sie uns nicht getroffen hat. Wenn das Haus dieses Barbaren nicht heute getroffen wurde, kann es doch morgen sein, denn die Franzosen haben offenbar viele von solchen Geschossen. Es wäre doch besser, wenn Sie wieder zu Bett gingen. Ich werde noch einmal hier bei uns nach dem Rechten sehen.«

Candiola änderte wohl seine Meinung angesichts der Kälte der Nacht, denn er schloß das Fenster, und man hörte den Rest der Nacht über nichts mehr von ihm. Aber auch nachdem er nicht mehr zu sehen und zu hören war, nahmen die Liebenden ihr Gespräch nicht gleich wieder auf, da sie weiterhin fürchteten, überrascht zu werden. Erst als die alte Frau kam und meldete, daß ihr Herr wie eine Baumsäge schnarche, setzten die beiden den unterbrochenen Dialog fort.

»Mein Vater wünscht, daß die Bomben auf das Haus seines Feindes fallen«, meinte María, »aber ich möchte, daß sie nirgendwo in unserer Stadt einschlagen. Wenn es aber eine Situation gibt, in der es verständlich ist, daß man seinem Nächsten etwas Schlechtes wünscht, dann wäre es doch in der meines Vaters, nicht wahr?«

Agustín gab keine Antwort darauf.

»Du bist weggegangen«, fuhr das Mädchen fort, »und hast nicht gesehen, wie jener grausame Mann, der Schlimmste, den ich je gesehen habe, meinen Vater blind vor Wut zu Boden warf und auf ihm herumtrampelte. So behandeln die Dämonen die Seelen in der Hölle, nicht wahr?«

»Ja«, antwortete der Jüngling lakonisch.

»Heute nachmittag, als alles vorbei war, haben Guedita und ich die Wunden meines Vater versorgt. Er wand sich im Bett vor Verzweiflung, biß sich in die Fäuste und beklagte, daß er nicht mehr Kraft als sein Gegner gehabt hatte. Wir wollten ihn trösten, aber er gebot uns zu schweigen. Dann beschuldigte er mich in seiner Wut, daß ich das Geld für das Mehl weggeworfen habe. Er war sehr zornig auf mich und meinte, daß man doch wenigstens die mehr als dreitausend Real hätte behalten können, wenn man schon nicht mehr bekommen konnte, und daß ich eine dumme Verschwenderin sei, die ihn noch vollends ruiniere. Wir konnten ihn nicht beruhigen. Als es dunkel wurde, hörten wir wieder Lärm auf der Straße. Wir dachten, es seien wieder dieselben Kerle. Mein Vater wollte vor Wut schnaubend nach draußen stürzen. Ich hatte zuerst große Angst, aber dann sagte ich mir, daß es notwendig sei, Mut zu zeigen. Bei dem Gedanken an dich sagte ich mir: ›Wenn er hier wäre, würde es keiner wagen, uns zu beleidigen.‹ Als der Lärm draußen zunahm, legte ich alle Riegel vor und bat meinen Vater, still im Bett zu bleiben, weil wir doch erst einmal abwarten sollten. Während Guedita auf den Knien alle Heiligen im Himmel anflehte, ging ich durchs Haus und suchte wieder nach einer Waffe. Schließlich konnte ich ein Messer finden. Der Anblick dieser Waffe hatte mir immer Abneigung eingeflößt, aber heute ergriff ich sie entschlossen. Oh, ich war außer mir, und ich bin auch jetzt noch entsetzt, wenn ich daran denke. Vorher wäre ich oft fast in Ohnmacht gefallen beim Anblick eines Verwundeten, und ich zitterte schon, wenn ich nur einen Tropfen Blut sah. Wenn man einen Hund vor meinen Augen züchtigte, hätte ich weinen können, und ich brachte es nie über das Herz, eine Fliege zu töten. Aber heute nachmittag, Agustín, heute nachmittag, als ich diesen Lärm auf der Straße hörte und glaubte, wieder die Schläge an der Tür zu hören, als ich im Geiste schon wieder diese Männer vor mir auftauchen sah … Wenn dieser Mann, der ihn einige Stunden vorher mißhandelt hatte, am Bett meines Vaters erschienen wäre, Agustín, ich schwöre es dir, hätte ich ihm ohne Zögern das Messer ins Herz gestoßen!«

»Schweig um Gottes willen«, unterbrach sie Agustín entsetzt. »Du machst mir angst, María. Wenn ich dich so höre, ist es mir, als ob deine Hände, diese göttlichen Hände, *mir* diese kalte Klinge ins Herz stoßen würden. Diese Leute werden deinen Vater nicht mehr mißhandeln. Du hast doch gesehen, daß deine Angst am Nachmittag unbegründet war. Nein – du wärest nicht imstande gewesen, so etwas zu tun! Du bist doch eine Frau, eine schwache, empfindsame Frau, die keinen Menschen töten kann. Das Messer wäre dir aus der Hand gefallen. Du hättest deine Reinheit nicht mit dem Blut deines Nächsten befleckt. Solche schlimmen Taten bleiben uns Männern vorbehalten, die für den Kampf geboren wurden und manchmal eine Befriedigung darin finden, einem Feind das Leben zu nehmen. María, bitte sprich nicht mehr davon. Denk nicht mehr an die, welche dich beleidigt haben. Verzeihe ihnen – und vor allem töte niemanden, auch nicht in Gedanken!«

16.

Während er dieses sagte, beobachtete ich das Gesicht der jungen Candiola, das im schwachen Licht wie aus Wachs mit einem Farbton zum Marmor hin geformt schien. Aus ihren schwarzen Augen blitzte jedesmal ein leichter Strahl, wenn sie diese zum Himmel erhob. Ihre dunklen Pupillen, in denen sich das Mondlicht spiegelte, leuchteten wie zwei Lichtpunkte auf und verlöschten, je nach der Bewegung der Lider. Es war interessant, den Ausdruck der Leidenschaft zu beobachten, den diese wunderschöne Frau im Augenblick der Krise zeigte. Sie schien in eine Art faszinierter Verzückung zu fallen – ich finde keine anderen Worte dafür –, die nicht nur mit dem heroischen Aufbegehren in der Verteidigung ihres Vaters zu erklären sein konnte. Eine nähere Beobachtung hätte aber ergeben, daß beide Gefühle der gleichen Quelle entsprangen.

»Ich bewundere deine außerordentliche Kindesliebe«, fuhr

Agustín fort. »Nun aber muß ich dir etwas anderes sagen. Ich will die nicht entschuldigen, die deinem Vater so übel mitspielten. Du darfst aber nicht vergessen, daß dein Vater der einzige ist, der noch nichts für die Verteidigung gegeben hat. Don Jerónimo mag wohl ein ehrenwerter Mann sein, aber er besitzt keinen Funken Patriotismus. Das Unglück der Stadt ist ihm gleichgültig, und es würde ihm offenbar sogar Freude bereiten, wenn wir nicht siegreich wären.«

Candiolas Tochter stieß einige Seufzer aus und richtete den Blick zum Himmel.

»Das ist wahr« sagte sie dann. »Jeden Tag, jede Stunde bitte ich ihn, doch etwas für die Verteidigung unserer Stadt zu tun. Ich kann aber nichts erreichen, obwohl ich ihm schildere, was die armen Soldaten erleiden müssen und wie schlecht wir in Zaragoza angesehen sind. Dann wird er wütend und antwortet, daß der für den Krieg zahlen solle, der ihn gewollt hat. Bei der vorherigen Belagerung freute ich mich so über für uns günstige Meldungen, und am 4. August ging ich allein auf die Straße, weil ich mich einfach nicht zurückhalten konnte. Eines Abends war ich im Haus der Urries, und als sie die Heldentaten des Tages dort feierten, lobte ich auch das Vorgefallene und zeigte mich begeistert. Da sagte eine alte Frau mit lauter Stimme zu mir: ›Statt hier so zu heucheln, hättest du doch wenigstens ein altes Bettlaken zum Feldlazarett bringen können! Gibt es im Haus des Señor Candiola, der den Keller voller Geld hat, nicht eine einzige milde Gabe für die Verwundeten? Dein Vater ist der einzige, der wirklich einzige Einwohner von ganz Zaragoza, der nichts zur Verteidigung unserer Stadt beigetragen hat!‹ Da lachten alle Umstehenden, und ich stand stumm vor Scham da. So blieb ich in einer Ecke des Zimmers bis zum Ende des Treffens, ohne daß jemand noch mit mir sprach. Die wenigen Freundinnen, die immer zu mir gehalten hatten, beachteten mich nicht mehr. Aus dem Tumult dieser Gesellschaft hörte ich noch oft den Namen meines Vaters mit sehr abfälligen Kommentaren. Es hat mir schier das Herz zerrissen! Als ich mich verabschiedete, um nach Hause zu gehen, erwiderte man meinen Gruß nur knapp und kühl. Ich warf mich ins Bett und weinte bis zum Morgen vor Scham.«

»Mariquilla«, tröstete sie Agustín liebevoll, »die Güte deines Herzens ist so groß, daß Gott die Grausamkeiten deines Vaters darüber vergessen wird.«

»Einige Tage danach«, fuhr die Candiola-Tochter fort, »am vierten August, kamen diese beiden Verwundeten, von denen heute mittag der Feind meines Vaters sprach. Als man uns vorher erklärt hatte, daß die Junta, unsere Stadtregierung, unserem Haus zwei Verwundete zur Pflege zugewiesen habe, freuten Guedita und ich uns darüber sehr und begannen eifrig, Binden und Betten vorzubereiten. Wir erwarteten sie schon ungeduldig und steckten alle paar Minuten den Kopf aus dem Fenster, um zu schauen, ob sie schon kämen. Endlich kamen zwei. Mein Vater, der erst einige Augenblicke vorher mit sehr schlechter Laune nach Hause gekommen war und geklagt hatte, daß viele seiner Schuldner gestorben seien, so daß es für ihn keine Hoffnung gebe, die Schulden einzutreiben, empfing die beiden Verwundeten schroff. Ich umarmte ihn weinend und bat ihn inständig, ihnen doch Unterkunft zu gewähren. Aber er wollte nicht auf mich hören, stieß die armen Menschen in die Gosse, warf die Tür zu und stieg die Treppe hinauf mit den Worten: ›Sollen die für sie sorgen, die sie geboren haben!‹ Es war schon dunkel. Guedita und ich waren fast tot vor Verzweiflung. Wir wußten nicht, was wir machen sollten, und die Klagen dieser beiden Unglücklichen, die sich durch die Straße schleppten und um Hilfe jammerten, klangen bis zu uns herauf. Mein Vater schloß sich in sein Zimmer ein, um Abrechnungen zu machen, und kümmerte sich weder um die Verwundeten noch um uns. Ganz leise gingen wir nach unten und warfen ihnen Verbandsmull aus dem Fenster zum Verbinden ihrer Wunden zu. Sie aber konnten das in der Dunkelheit nicht sehen. Wir riefen sie, sie erblickten uns und streckten ihre Arme nach uns aus. Wir befestigten ein Körbchen an einem Stock und reichten ihnen etwas zu essen, aber der eine hatte die Besinnung verloren und der andere so große Schmerzen, daß er nichts essen konnte. Wir versuchten, ihnen mit liebevollen Worten Mut zuzusprechen und beteten zu Gott um sie. Schließlich entschlossen wir uns, hinauszugehen und ihnen zu helfen, und wäre es auch nur für einen Augenblick gewesen, aber mein Vater überraschte uns und wurde wütend. Heilige Mutter Gottes, was für eine Nacht das war! Einer von ihnen starb mitten auf der Straße, und der andere schleppte sich weiter, um woanders Mitleid zu erflehen.«

Agustín und ich schwiegen und dachten über die ungeheuerlichen Gegensätze in diesem Hause nach.

»Mariquilla«, sagte mein Freund schließlich, »wie stolz ich doch bin, dich zu lieben! Die Stadt kennt dein goldenes Herz nicht, aber sie muß davon erfahren. Ich werde allen sagen, daß ich dich liebe, und meinen Eltern beweisen, daß ich eine ausgezeichnete Wahl getroffen habe.«

»Ich bin doch nicht besser als irgendeine andere«, bemerkte Mariquilla bescheiden dazu, »und deine Eltern werden in mir nur die Tochter von dem sehen, den sie den *Wucherer aus Mallorca* nennen. Oh, ich sterbe vor Scham! Ich würde so gern Zaragoza verlassen und nie mehr hierher zurückkehren. Mein Vater stammt aus Palma, gewiß, nicht aus einer jüdischen Familie, wie hier angedeutet wird, sondern aus einer alten christlichen, und meine Mutter stammt aus der aragónesischen Familie der Rincón. Daß man uns hier so verachtet!«

Ihre Lippen verzogen sich zu einer halb schmerzlichen, halb verächtlichen Miene. Offenbar von bedrückenden Gedanken gepeinigt, schwieg Agustín weiterhin, die Stirn auf die Hände seiner Angebeteten gelegt. Schreckliche Vorstellungen stiegen zwischen ihnen auf. Mit den Augen der Seele starrten er und sie darauf.

Nach längerer Zeit hob Agustín das Gesicht.

»María, warum sagst du nichts mehr?«

»Warum schweigst du denn, Agustín?«

»Woran denkst du denn?«

»Und woran denkst du?«

»Ich denke daran«, erwiderte der Jüngling, »daß Gott uns beschützen wird. Nach der Belagerung werden wir heiraten. Wenn du Zaragoza verlassen willst, werde ich dich begleiten. Wo du hingehst, gehe auch ich. Hat dein Vater denn nicht mal davon gesprochen, daß du heiraten sollst?«

»Niemals.«

»Er wird uns nicht daran hindern zu heiraten. Ich weiß auch, daß meine Eltern sich uns widersetzen werden, aber mein Entschluß ist unumstößlich. Du bist für meine Seele absolut notwendig. Ohne dich wäre ich wie das Universum ohne Licht. Keine Macht der Welt kann uns trennen, solange du mich liebst. Davon bin ich felsenfest überzeugt. Schon der Gedanke an eine Trennung käme mir vor wie etwas Widernatürliches. Ohne dich zu leben, wäre für mich die schlimmste der Verirrungen! Was für eine Hölle wäre das und wie absurd – als ob das Meer auf die Berge steigen und Schnee in den Tiefen des leeren Ozeans liegen würde, die Flüsse zum Himmel fließen und die Sterne als Feuerasche auf die Erde fallen, die Bäume sprechen und die Menschen in den Eingeweiden der Erde leben würden! Manchmal beschleicht mich ja auch die Furcht vor all den Hindernissen, die sich uns entgegenstellen, aber dann ermutigt mich immer wieder der Glaube an uns, der meinen Geist beleuchtet wie der Glaube an die heiligen Dinge. Wenn ich manchmal den Tod fürchte, dann flüstert mir eine Stimme zu, daß ich nicht sterben werde, solange du lebst. Du siehst doch alle die Leiden, die wir durch die Belagerung ertragen, wie viele Bomben, Granaten und Kugeln auf unsere Stadt abgeschossen werden und wie viele meiner Kameraden fallen, ohne jemals wieder aufzustehen. Nach einem Aufwallen der Furcht kann mich all das aber nicht mehr erschüttern, denn ich bin davon überzeugt, daß die Jungfrau auf dem Pfeiler mich in diesem Kampfe vor dem Tod bewahren wird. Dein gutes Herz hält dich in ständiger Verbindung mit den Engeln des Himmels. Du bist ja selbst ein Engel, und dich zu lieben und von dir geliebt zu werden verleiht mir eine göttliche Kraft, gegen die die Kräfte der Menschen nichts ausrichten können.«

In diesem Stil sprach Agustín längere Zeit. Er breitete die Welt seiner von der Liebe inspirierten Phantasie vor ihr aus.

»Auch ich habe ein gewisses Vertrauen in das, was du hier geschildert hast«, entgegnete Mariquilla. »Dennoch habe ich große Angst, daß du getötet werden könntest. Dann höre ich aber auch immer wieder Stimmen in meiner Seele, die sagen, daß du am Leben bleibst. Ob es wohl deshalb ist, weil ich ständig zu Gott bete, daß er dein Leben in diesem schrecklichen Beschuß schützen möge? Ich weiß es nicht. Wenn ich mich abends zu Bett lege und an die Bomben denke, die schon gefallen sind und noch fallen werden, höre ich dann auch im Traum noch den Kampfeslärm. Ich habe ständig solche Alpträume, und Guedita, die im selben Zimmer schläft, sagt, daß ich im Schlafe spreche. Ich spreche im Traum zu dir, und du antwortest. Die Kugeln können dich nicht treffen, und ich glaube dann, daß das wegen der Vaterunser ist, die ich im Traum und im Wachen bete. Vor ein paar Nächten träumte ich, daß ich mit anderen Mädchen Verwundete pflegte und daß wir viele wieder zum Leben erwecken konnten. Im Traum ging ich dann nach Hause und fand dich dort mit deinem Vater vor, der ein lieber alter Mann war, welcher mit meinem Vater auf dem Sofa saß und sprach. Beide schienen sich sehr zu mögen. Dein Vater sah mich lächelnd an und stellte mir Fragen. In anderen Nächten träumte ich aber Trauriges. Wenn ich dann aufwache und nicht den Lärm der Bomben höre, sage ich mir: ›Vielleicht haben die Franzosen die Belagerung aufgegeben.‹ Wenn ich dann wieder Kanonendonner höre, schaue ich das Bild der Muttergottes auf dem Pfeiler an, das in meinem Zimmer hängt, und stelle ihr im Geiste Fragen. Sie antwortet mir dann, daß du nicht gestorben bist, ohne daß ich sagen kann, wie sie mir die Antwort übermittelt. Am Tage denke ich so oft an die Kämpfe an den Mauern und lehne mich aus dem Fenster, um zu hören, was die Gassenjungen sich so im Vorbeigehen erzählen. Manchmal bin ich versucht, sie zu fragen, ob sie dich gesehen haben. Neulich packten Guedita und ich heimlich einige Nahrungsmittel zusammen. Wir gaben sie dem kleinen Mönch, den sie Pater Busto nennen, und der abends kommt unter dem Vorwand, Doña Guedita zu besuchen, deren Verwandter er ist. Wir fragten ihn, wie denn die Dinge stehen, und er antwortete uns darauf: ›Gut. Unsere Truppen vollbringen große Heldentaten, und die Franzosen werden sich wie das letzte Mal zurückziehen müssen.‹ Das erfüllte uns mit großer Freude, aber dann kam abermals der Lärm des Bombardements, was uns wieder traurig machte. In unserem Zimmer bereiten wir abends immer Binden und Verbandzeug vor, die der Pater Busto auch heimlich mitnimmt, als sei es gestohlenes Gut. Wenn wir die Schritte meines Vaters hören, verstecken wir alles schnell und löschen das Licht, denn wenn er es erfahren würde, könnte er sich bestimmt vor Wut nicht beherrschen.«

So erzählte Mariquilla von ihren Ängsten und Freuden mit göttlicher Einfachheit. Sie lächelte dabei in einer gewissen feierlichen Art. Den Zauber ihrer Stimme kann ich hier nicht beschreiben. Ihre Worte waren wie Schwingungen kristalliner Töne, die ein harmonisches Echo in der Seele erzeugten. Als sie aufhörte, begann der erste Schein der Morgendämmerung ihr Antlitz zu beleuchten.

»Der Tag zieht herauf, Mariquilla«, bemerkte Agustín dazu, »so daß wir wieder zur Truppe zurück müssen. Heute werden wir das Gerbereiviertel verteidigen. Ich glaube, es wird einen fürchterlichen Beschuß und viele Tote geben, aber die Muttergottes auf dem Pfeiler wird uns schützen, und wir werden siegreich sein. María, Mariquilla, die Kugeln werden mich nicht treffen.«

»Geh doch noch nicht«, antwortete Candiolas Tochter. »Der Morgen graut zwar schon, aber noch braucht man euch nicht an der Mauer.«

Die Glocke des Neuen Turms begann zu läuten.

»Schau, wie viele Vögel da im Morgenrot fliegen!« meinte Agustín mit beißender Ironie, denn ein, zwei, drei Bomben zogen über den noch schwach erhellten Himmel.

»Was für ein Grauen!« rief María aus und ließ sich von dem jungen Montoria umarmen. »Wird Gott uns heute auch so schützen, wie er uns gestern geschützt hat?«

»An die Front!« rief ich und stand sofort auf. »Hörst du nicht, daß jetzt alle Glocken läuten und die Trommeln der Einheiten wirbeln? An die Mauer!«

Mariquilla wurde nun doch von einer Panik ergriffen, weinte, und wollte Agustín festhalten. Ich drängte ihn zum Aufbruch.

Aus der Stadt riefen die Glocken und Trommeln die Männer an die Waffen. Wenn wir nun nicht sofort wieder zu unserer Einheit stoßen würden, könnte man uns als Deserteure erschießen oder für Feiglinge halten.

»Ich kann nicht anders, María – ich muß gehen!« sprach mein Freund tief erregt. »Hast du Angst vor dem Beschuß? Nein, das brauchst du nicht, denn dieses Haus ist heilig, weil du darin wohnst. Das Feuer des Feindes wird ihm nichts anhaben können, denn Gott wird dich nicht für die Fehler deines Vaters bestrafen. Adiós!«

Da erschien Guedita und meldete, daß ihr Herr eiligst aufgestanden sei. María schob uns nun auch zum Ausgang und bat uns, schnell zu verschwinden. Agustín war vor Schmerz außer sich und wollte am Tor noch einmal zu seiner Angebeteten zurückgehen, die starr vor Furcht, tränenüberströmt und mit zum Beten gefalteten Händen im Schatten jener Zypresse stand, die uns so lange in ihrem Schatten Schutz gewährt hatte.

In dem Augenblick, da wir das Gartentor öffneten, hörten wir einen Schrei vom oberen Geschoß des Hauses: Candiola stapfte mit drohenden Gebärden die Treppen hinunter. Agustín wollte sich ihm stellen, aber ich stieß ihn auf die Straße, und wir liefen zu unserer Stellung.

»Zur Truppe! Zur Truppe!« rief ich. »Die braucht uns jetzt nötig, Agustín. Laß deinen künftigen Schwiegervater sich allein mit deiner künftigen Frau auseinandersetzen.«

Wir liefen schnell bis zur Hauptstraße, wo wir einen Überblick über die vielen Bomben hatten, die auf die unglückliche Stadt gefallen waren und wieder fielen. Der Feind hatte es auf bestimmte Stellen wie die Gerberei-Vorstadt, das Portillo-Viertel oder die Klosterkomplexe Santa Engracia und Trinitarios abgesehen. Als wir den Cineja-Bogen erreichten, stießen wir auf Don José de Montoria, der, gefolgt von seinen Freunden, in Richtung der Almudi lief. Im gleichen Augenblick hörten wir einen furchtbaren Einschlag hinter uns. Agustín drehte sich um und wollte zurücklaufen.

»Wo willst du denn hin? Zum Donnerwetter!« rief sein Vater und hielt ihn auf. »Zu den Gerbereien, aber schnell!« Die Leute in der Umgebung riefen uns zu:

»Drei Bomben sind auf das Haus des Candiola gefallen!«

»Die himmlischen Engel haben zweifellos diesmal die Hände der französischen Richtschützen geführt!« meinte Don José de Montoria mit einem schadenfrohen Lachen. »Nun soll der Wucherer aus Mallorca doch sehen, wie er sein Geld in Sicherheit bringt!«

»Wir müssen dorthin, um den Unglücklichen zu helfen«, rief Agustín erregt.

»Zur Truppe, ihr Feiglinge!« brüllte sein Vater und zog ihn mit eiserner Hand zurück. »Das ist Frauensache. Die Männer müssen in den Breschen sterben!«

In der Tat wurde es höchste Zeit, daß wir unsere Posten einnahmen, und wir konnten auch schon gar nicht mehr zurück, denn wir wurden von einer Welle von Männern mitgerissen, die alle zur Verteidigung der Gerberei-Vorstadt stürmten.

17.

Während die im Süden stehenden Mörser Bomben in die Innenstadt schickten, beschossen die Kanonen an der östlichen Front die schwache Mauer bei Las Monicas und die Erd- und Lehmziegel-Befestigungen der Ölmühle und Palafox-Batterie. Bald waren drei große Breschen geschlagen, und der Angriff der Franzosen stand unmittelbar bevor. Sie sammelten sich bei der Mühle von Goicoechea, die sie am Vortage genommen hatten, nachdem die Unseren sie angezündet und aufgegeben hatten.

Im Gefühl ihres sicheren Triumphes gruppierten sich die Franzosen auf dem Feld zum Angriff. Mein Bataillon verteidigte einen Gebäudekomplex der Calle de Pabostre, dessen Mauern überall mit Schießscharten versehen war. Dort warteten viele bewaffnete Zivilisten und Angehörige der Freiwilligeneinheiten voller Tatendrang, ohne an die Möglichkeit eines bevorstehenden Todes zu denken. Sie waren alle entschlossen, den Feind nicht durchkommen zu lassen.

Es verging eine geraume Zeit. Die Franzosen ließen ihre

Artillerie mit Dauerfeuer sprechen und versuchten, unsere Stellungen so sehr zu zerstören, daß wir die Vorstadt aufgeben müßten. Die Mauern wurden zerrissen und die Häuser fielen mit ohrenbetäubendem Lärm zusammen, aber die Verteidiger, die kaum ein Stück Brot zum Frühstück gegessen hatten, schrien hinter den übriggebliebenen Mauerteilen, der Feind solle nur kommen. Schließlich rückten starke französische Kräfte, unterstützt von ebensolchen in ihrem Rücken, auf eine Bresche in der Mitte und auf eine in der rechten Seite vor. Es war offensichtlich die Absicht der Franzosen, sich schnellstens und ohne Rücksicht auf Verluste des schwer beschädigten Mauerabschnitts zu bemächtigen, der von einigen hundert fanatischen Patrioten verteidigt wurde. Die ersten Reihen der Angreifer wurden niedergemäht, aber es stiegen sofort andere über die am Boden Liegenden.

Zur Ehre der Unsrigen muß ich erwähnen, daß nicht nur die Franzosen ohne Deckung kämpften. Die Verteidigungsanlagen boten inzwischen kaum noch Deckung. Die Soldaten prallten mit Bajonetten und Säbeln aufeinander – wie wilde Bestien. Wir in den Häusern schossen unaufhörlich und sahen die Feinde buchstäblich haufenweise vor den Stellungen fallen, die sie erobern wollten. Es folgten aber immer neue Angriffswellen, und die Heldentaten des Widerstandes wurden mit wilden Racheakten beantwortet.

Auch auf unserer Seite war die Anzahl der Ausfälle enorm. Unsere Männer fielen dutzendweise auf dieser Linie, die einmal eine Schutzmauer gewesen war und jetzt aus einem unförmigen Gemisch von Erde, Lehmziegeln und Leichen bestand. Das Menschliche und Normale war von diesen Stellungen gewichen, die gegen alle Elemente der militärischen Macht und Wissenschaft verteidigt wurden. Es handelte sich aber nicht mehr um Menschliches und Normales, sondern um eine Steigerung des Widerstandsgeistes der Einwohner des Landes Aragón in unbekannte Dimensionen hinein, die außerhalb aller wissenschaftlichen Berechnungen der Kriegskunst lagen.

Die Verteidigungslinien waren unter diesen Umständen nur unter höchsten Verlusten zu überrennen. Denn alle Spanier befanden sich in einem Rausch und hatten nur noch den einen Gedanken: die Angreifer aufzuhalten. Der Tod war nur noch ein unwichtiger Unfall, eine Einzelheit, von der man nicht mehr Kenntnis nahm.

Während dieses Geschehens versuchten andere Angriffswellen, das González-Haus, von dem ich schon gesprochen habe, zu erobern, aber sie wurden mit einem solchen mörderischen Gewehrfeuer aus den Häusern der Umgebung und von den Mauerresten her, unterstützt von den in Reichweite liegenden Geschützbatterien, empfangen, daß sie diesen Versuch aufgeben mußten. Ähnliche Angriffe führte der Feind zu unserer Rechten durch, in Richtung der Gärten des Campo Real und der am Märtyrer-Kloster, jedoch mit größerem Erfolg. Diese ungeheure Wucht von Menschen und Material, die auf eine verhältnismäßig kurze Frontstrecke prallte, mußte über kurz oder lang wohl Erfolge zeitigen.

Wir feuerten aus dem Haus in der Calle de Pabostre, unmittelbar neben der Stadtmühle. Da richteten die französischen Batterien von San José, die bis dahin die Ringmauer zerstört hatten, ihr Feuer auf diese Mühle, und wir fühlten die Wände erbeben. Die Balken ächzten wie die Spanten eines Schiffes im Sturm, und die Holzpfosten zersplitterten. »Verdammt!« schrie der Gevatter Gracés. »Das Haus fällt über unseren Köpfen zusammen!«

Der Staub und der Pulverdampf ließen uns nicht erkennen, was draußen und drinnen vor sich ging.

»Auf die Straße, auf die Straße!« brüllte Pirli und sprang aus einem Fenster.

»Agustín, Agustín, wo bist du?« rief ich nach meinem Freund.

Aber Augustin war nicht zu sehen und antwortete auch nicht. In diesem Haus herrschte ein solcher Wirrwarr, daß ich keine Tür fand, die zur Treppe nach unten führte. Ich eilte auf ein Fenster zu, um mich aus dem ersten Stockwerk zu stürzen, aber das Bild, das sich mir bot, ließ mich zurückschrecken: Während die Geschütze der französischen Batterie des San-José-Klosters von rechts versuchten, uns unter den Trümmern der Häuser zu begraben und auf dem besten Wege dazu waren, war es der französischen Infanterie schließlich doch gelungen, in die Breschen einzudringen. Sie setzten der Agonie der verzweifelten Verteidiger ein Ende. Aus den benachbarten Gassen wurden die Eindringlinge unter ein mörderisches Gewehrfeuer genommen, und die Kanonen der Diezma-Straße sprangen für die zerschossene Märtyrer-Batterie ein. Es war aber unmöglich, die Eindringlinge auf diese Weise wieder zu vertreiben, denn sie hatten sich schon in den Ruinen festgesetzt. Angesichts dieser Katastrophe sank nun doch der Kampfesmut.

Vor dem Kugelregen auf der Straße schreckte ich also wieder ins Innere des Hauses zurück. In die Frontwand wurde ein Loch gerissen, und ein quadratisches Fenster nahm die Form eines gleichschenkligen Dreiecks an. Durch eine Bresche im Dach sah man jetzt den Himmel. Wandputzpartikel und Holzsplitter prasselten auf mein Gesicht. Ich folgte den Rufen anderer:

»Hier lang, hier!«

»Agustín, Agustín!« schrie ich wieder.

Endlich sah ich ihn, wie er von einem Zimmer zum anderen lief und schließlich mit anderen Fliehenden eine Stiege zum Dachboden erklomm.

»Bist du verwundet?« fragte ich.

»Ich weiß nicht«, antwortete er, »und es ist mir auch gleichgültig.«

Auf dem Dachboden gelang es uns, eine Trennwand zu durchbrechen und zu einer steilen Treppe zu gelangen. Die stiegen wir hinunter und befanden uns in einer kleinen Wohnung. Einige liefen weiter, um nach einem Ausgang zur Straße zu suchen, und andere ruhten sich dort einen Moment von ihrer Erschöpfung aus.

Dieses Zimmer prägte sich mit seinen Linien und Farben unauslöschlich in mein Gedächtnis ein. Dieser kleine Raum war durch ein zur Straße hinausgehendes Fenster von Sonne durchflutet. An den Wänden hingen Bilder von Heiligen und der Muttergottes. An einer Wand standen zwei oder drei mit Ziegenfell bedeckte Truhen. An einer anderen hingen Frauenkleider an Nägeln und Haken. In einer Ecke befand sich ein bescheidenens Bett mit aufgeschlagener Bettdecke. Auf dem Fensterbrett standen drei große Töpfe mit Kräutern, und hinter diesen zwei Frauen mit Gewehren. Die eine zielte und schoß auf die Franzosen, die sich in der Bresche festgesetzt hatten, und die andere lud derweil ein anderes Gewehr. Die Schützin steckte den Kopf vor, um besser auf eine in den Trümmern in Stellung gebrachte Sturmkanone schießen zu können.

»Manuela Sancho!« rief ich aus und legte meine Hand auf die Schulter dieses heldenhaften Mädchens. »Aller Widerstand ist hier zwecklos! Ziehen wir uns zurück. Das Nachbarhaus ist schon von den Batterien von San José zerstört worden, und das Dach von diesem hier kommt auch schon durch den Beschuß herunter. Es ist besser, jetzt hier rauszugehen!«

Sie nahm aber keine Notiz von meinen Worten und schoß weiter. Das Haus, das schwächer war als seine Bewohnerinnen, erbebte unter einem neuen Einschlag. Da warf Manuela Sancho das Gewehr doch auf den Boden, und beide Frauen stürzten in ein benachbartes Zimmer, aus dem ängstliche Schreie erschallten. Als wir ihnen folgten, sahen wir zwei kleine Mädchen, die eine alte, offenbar kranke Frau umarmten, welche sich vor Angst aus dem Bett stürzen wollte.

»Mutter, das ist nicht so schlimm«, redete ihr Manuela Sancho zu und bedeckte sie mit dem erstbesten Kleidungsstück, das ihr in die Hände fiel. »Wir werden jetzt ruhig auf die Straße gehen, weil das Haus nicht mehr sicher ist.«

Die alte Frau konnte vor Schrecken nicht sprechen. Die beiden jungen Frauen wollten die Alte hinuntertragen, aber wir nahmen sie ihnen ab und baten sie, dafür unsere Gewehre und so viel Kleidung wie möglich aus dem Hause zu bringen. Wir stiegen zu einem Innenhof hinunter, von wo wir eine Straße erreichen konnten, die nicht unter so starkem Beschuß lag.

18.

Die Franzosen hatten auch die Märtyrer-Batterie erobert, so daß sich jetzt mit den Klöstern Santa Engracia und Trinitarios die strategisch wichtigsten Punkte in ihren Händen befanden. Kann sich eine Stadt weiter verteidigen, die den bedeutendsten Teil ihres Befestigungsrings verloren hatte? Nein, es ist unvorstellbar. In der Kriegskunst ist es auch nicht vorgesehen, daß nach Eroberung einer Hauptbefestigungslinie durch gewaltige Übermacht an Menschen und Material immer wieder neue Verteidigungsstellungen durch die Initiative jedes einzelnen Einwohners entstehen. Es ist kaum zu glauben, daß die Belagerer für jedes Haus immer wieder einen neuen Eroberungsplan entwickeln mußten, mit Minengräben, Bajonettattacken und so weiter. Man kann sich kaum vorstellen, daß die Belagerer nach dem Fall eines Bürgersteigs zur Eroberung des gegenüberliegenden die Theorien von Vauban anwenden und zur Überquerung eines Fahrdamms Parallel- und Zickzackgräben anlegen mußten.

Die französischen Generäle riefen entsetzt aus: »Das haben wir ja noch nie erlebt!« In den glorreichen Annalen des Kaiserreiches von Frankreich sind viele Eintragungen zu finden wie: »Wir sind in Spandau eingedrungen und werden morgen in Berlin sein.« Neu darin war nun: »Nach zwei Tagen und zwei Nächten Kampf haben wir das Haus Nr. 1 der Pabostre-Straße erobert. Wir wissen nicht, wann wir Nr. 2 einnehmen können«.

Die Einwohner von Zaragoza hatten keine Zeit, Atem zu schöpfen. Die Kanoniere der beiden spanischen Feuerschlünde an der Puerta Quemada waren gefallen. Einige von uns liefen dorthin, um sie zu ersetzen, und wir anderen unseres Bataillons besetzten mehrere Häuser in der Calle de Palomar. Die Franzosen hörten auf, die Häuser, die wir verlassen hatten, unter Kanonenbeschuß zu nehmen, und bauten sie so gut sie konnten zu Stellungen aus. Die zusammenzustürzen drohten, wurden niedergerissen, und die so entstandenen Lücken füllte man mit Balken, Trümmerstücken und Sand- und Wollsäcken.

Da sie die Strecke zwischen den Resten der Ringmauer und ihren neuen Häuserstellungen nicht ohne Gefahr überqueren konnten, begannen die Franzosen, von der Stadtmühle bis zu jenem Haus, das wir verlassen hatten und in dem nur noch das Untergeschoß instand war, Zickzackgräben anzulegen.

Wir begriffen, daß sie, sobald sie dieses Haus in Besitz genommen hätten, die Zwischenwände durchbrechen würden, um auf diese Weise den ganzen Häuserblock zu besetzen. Dies mußten wir verhindern. Alle Männer unseres Bataillons, die nicht dringend gebraucht wurden, verteilten sich auf die gefährdeten Häuser. Gleichzeitig errichteten wir Trümmerbarrikaden an den Straßeneingängen. Unser Bataillon war also pausenlos beschäftigt, und der direkte Kampf mit dem Feind war sicherlich noch die am wenigsten mühevolle unserer vielen Aktivitäten. Die Soldaten in den Häusern warfen alle Möbel von den Balkons auf die Straße. Die draußen transportierten Verwundete aus der unmittelbaren Gefahrenzone oder schleppten die Leichen an die Häuser, denn die einzige Totenehre, die wir ihnen erweisen konnten, bestand darin, sie aus dem Wege zu räumen.

Die Franzosen beabsichtigten auch, das Kloster Santa Monica zu erobern, das nördlich von der Pabostre-Straße im Gerbereiviertel lag. Dessen dicke Wände boten aber guten Schutz, so daß es nicht so schnell einzunehmen war wie die leichten Häuser, die schon der Donner der Kanonen erbeben ließ. Dieses Kloster wurde von den Huesca-Freiwilligen erbittert verteidigt. Nach mehreren vergeblichen Angriffen gaben die Franzosen ihr Vorhaben für diesen Tag auf. Sie waren jetzt also nur im Besitz einiger Häuser in dieser Vorstadt – und wehe, wenn einer den Kopf dort aus dem Fenster steckte! Alle umliegenden Fenster, Luken und Spalten waren von aufmerksamen Spaniern besetzt, welche die kleinste Unaufmerksamkeit zu einem wohlgezielten Schuß ausnutzten.

Als die Dunkelheit einbrach, begannen wir, Durchgangslöcher in die Zwischenwände zu schlagen, um alle Häuser eines Blocks miteinander zu verbinden. Trotz des unaufhörlichen Lärms der Kanonen und des Gewehrfeuers konnten wir im Innern der Häuser die Pickenschläge des Feindes hören, der mit den gleichen Arbeiten wie wir beschäftigt war. Auch sie stellten Durchgänge her. Da diese Gebäude leicht gebaut und fast alle Zwischenwände aus Lehm waren, konnten wir in recht kurzer Zeit mehrere Häuser miteinander verbinden.

Um etwa zehn Uhr abends befanden wir uns in einem Gebäude, das sich ganz in der Nähe des Hauses von Manuela Sancho befand, als wir aus unbekannten Zugängen französische Stimmen hörten. Eine Frau stieg einige Stufen empor und meldete, daß die Franzosen ganz in der Nähe an einem Durchbruch arbeiteten, so daß wir schnell auf der anderen Seite wieder verschwanden. Kaum hatten wir aber den engen, kalten Innenhof erreicht, als wir aus nächster Nähe beschossen wurden. Ein Kamerad wurde dabei an der Schulter verwundet.

Im Halbdunkel konnten wir undeutlich einige Gestalten an der gegenüberliegenden Hofwand entlanghuschen sehen. Wir feuerten unsererseits und rannten auf sie zu.

Auf den Knall des Gewehrfeuers hin eilten weitere Kameraden von uns herbei, und wir drangen in das angrenzende Haus ein. Die Feinde waren aber schon durch die Bresche, die sie geschlagen hatten, entwichen und schickten uns einige Kugeln herüber. Das Licht einer Feuerstelle der Franzosen drang durch die Öffnung und tauchte die Szene dieses Kampfes in einen rötlichen Schein.

Ich habe nie wieder einen solchen Kampf erlebt wie diesen: zwischen vier dunklen Wänden, im Zwielicht eines fernen Feuers, das phantastische Schattengebilde erzeugte.

Durch ihr Lagerfeuer boten die Franzosen natürlich ein besseres Ziel für uns. Aber dennoch wurden zwei Kameraden von ihren Kugeln getroffen und fielen auf den feuchten Boden. Andere von uns wollten weiter vordringen. Der Feind löschte sein Feuer aber schnell, so daß wir in völlige Dunkelheit getaucht wurden. Wir tasteten umher und stießen gegeneinander. Diese Blindheit und die Furcht, von einem unsichtbaren Feind angegriffen zu werden, womöglich mit Handbomben, veranlaßte uns, schleunigst zum Hof hinaufzusteigen.

Wir nahmen uns aber noch die Zeit, nach den beiden zu Boden gefallenen Kameraden zu suchen und sie hinaufzutragen. Wir verbarrikadierten die Zugangstür mit allem, was wir in der Eile fanden – Steinen, Trümmerstücken, Balken und Fässern. Unser Führer verteilte einige Männer an verschiedene Stellen des Häuserkomplexes und ließ andere als Horchposten im Hof, für den Fall, daß die Franzosen wieder versuchen würden, dort durchzubrechen. Ich wurde mit einigen anderen dafür eingeteilt, nach Eßbarem Ausschau zu halten, das wir alle dringend nötig hatten.

Nach der Ruhe im Innenhof empfing uns auf der Straße wieder die Hölle des Kampfes, der auch in der Nacht zwischen den Häusern und den von den Franzosen besetzten Resten der Ringmauer tobte. Das Mondlicht gestattete es, ohne zu stolpern und mit anderen zusammenzustoßen von einem Punkt zu einem anderen zu laufen, so daß die Straßen ständig von Soldatengruppen und Zivilisten durchzogen wurden, die dorthin dirigiert wurden, wo gerade die größte Gefahr war. Viele dieser Mutigen gehörten keiner bestimmten Einheit an, richteten sich nur nach ihrem eigenen Instinkt und feuerten, wo es ihnen am nötigsten erschien. Die Glocken aller Kirchen läuteten unheilvoll, und ständig begegnete man Trupps von Frauen, die Verwundete trugen.

Überall – und besonders an den Enden jener Straßen, die zur Mauer der Gerbervorstadt führten – sah man Menschen auf dem Boden liegen. In der Eile konnte man den Verwundeten oft nicht vom Toten unterscheiden, und es war schwierig festzustellen, aus welchen Mündern die flehentlichen Bitten um Hilfe kamen. Ich hatte noch nie ein solches Grauen gesehen. Schlimmer noch als das Los der Verletzten erschien mir das der Epidemie-Kranken, die sich aus ihren zusammenstürzenden Häusern schleppten, auf der Suche nach einer halbwegs sicheren Stelle. Vor Kälte klapperten sie mit den Zähnen, und sie streckten jammernd die Arme aus. Worte konnten sie nicht mehr artikulieren.

Die von Verwundung und Krankheit verschont geblieben waren, konnten sich dennoch kaum auf den Beinen halten – denn sie litten Hunger.

»Wo können wir nur etwas zum Essen bekommen?« klagte Agustín.

»Das muß bald alles auf die eine oder andere Weise ein Ende nehmen«, antwortete ich, »denn entweder die Stadt ergibt sich, oder wir sterben alle.«

Endlich stießen wir bei den Trümmern auf der Hauptstraße auf einen Trupp der Verwaltung, der Rationen verteilte. Wir nahmen gierig alles, was wir für uns und unsere Kameraden ergattern konnten. Diese empfingen uns mit einer gewissen Heiterkeit, die in dieser Situation völlig unangebracht war – aber so ist der spanische Soldat schon immer gewesen. Während alle die harten Brotstücke kauten, wurde im Bataillon die Meinung laut, daß Zaragoza sich nie ergeben dürfte und würde.

Gegen Mitternacht nahm der Beschuß ab. Die Franzosen konnten keinen Boden vor den von ihnen eroberten Häusern gewinnen, aber wir konnten sie auch nicht wieder hinauswerfen. Diese Entscheidung blieb den darauffolgenden Tagen vorbehalten, und als die einflußreichen Männer der Stadt – die Montorias, die Ceresos, die Sas, die Salameros und die San Clements – von den Monicas zurückkamen, die in dieser Nacht der Schauplatz kaum glaublicher Taten gewesen waren, trugen sie ein Vertrauen in unsere Sache und eine Verachtung des Feindes zur Schau, daß alle, die sie hörten, wieder Mut schöpften.

»Heute nacht ist ja noch nicht viel geschehen«, meinte Montoria. »Die Leute mußten ja noch nicht alle ihre Kräfte einsetzen, weil die Franzosen nicht sehr stark angegriffen haben ... Nun ja, es hat einige Zerstörungen und Verluste gegeben ... Das ist aber nicht so schlimm. Da werden eben ein paar Pflaster aufgelegt ... Es gibt nicht so viel zu essen, wie alle wohl mögen, aber die Nonnen haben jetzt Öl mit Wein für Stärkungstrunke gemischt ....Wir müßten etwas mehr Zeit haben, um die Leichen da zu beerdigen, aber das werden wir auch bald bewältigen ... Die Epidemie nimmt zu? Ich meine, es müßten viel mehr Abreibungen gemacht werden, immer wieder Abreibungen! ... Man klagt, daß keine warme Suppe da ist? Ach was – ein Schluck Branntwein genügt, und schon kann man wieder schießen! Für heute nacht scheint das Fest zu Ende zu gehen. Wollen wir uns mal eine halbe Stunde aufs

Ohr legen. Ich glaube, daß die Franzosen uns morgen richtig angreifen werden.«

Dann wandte er sich an seinen Sohn, der neben mir stand: »Oh, mein kleiner Agustín! Ich habe schon nach dir gefragt, denn bei solchen Aktionen wie heute sterben ja einige. Bist du verwundet? Nein, wie ich sehe … Ach ja, hier – ein einfacher Kratzer. Ich hoffe, daß du dich eines Montoria würdig gezeigt hast, mein Junge. Und Sie, Araceli, haben Sie vielleicht ein Bein verloren? Auch nicht. Die beiden sehen ja wie neu aus. Nicht ein Härchen fehlt ihnen. Das erscheint mir aber gar nicht gut. Haben wir es hier etwa mit zwei Hasenfüßen zu tun? … Na, dann wollen wir mal ein Weilchen ruhen, aber wirklich nur ein kleines Weilchen. Wenn ihr euch von der Epidemie ergriffen fühlt, macht Abreibungen – Abreibungen und nochmals Abreibungen! Das ist das beste Mittel dagegen … Morgen müssen wir diese Häuser Wand für Wand verteidigen. So wird es überall am Stadtrand sein. In jedem Zimmer wird eine Schlacht stattfinden. Wollen wir doch mal zum Quartier des Generalkapitäns gehen und sehen, ob er das, was wir vorgeschlagen haben, genehmigt hat. Es gibt keinen Zwischenweg. Entweder übergeben wir ihnen die Stadt, oder wir machen ihnen jeden Ziegelstein streitig, als wäre es ein Schatz. Auf die Dauer wird ihnen das zu viel werden. Heute haben sie sechs- oder achttausend Mann verloren … Gute Nacht, ihr Burschen, und versucht, morgen eure Feigheit zu überwinden!«

»Laß uns ein wenig schlafen«, sagte ich zu meinem Freund, als wir allein waren. »Gehen wir doch wieder zu dem Haus, in dem sich jetzt unsere Stellung befindet, denn ich glaube, dort ein paar Decken gesehen zu haben.«

»Ich kann nicht schlafen«, erwiderte Agustín und schritt die Hauptstraße weiter hinauf.

»Ich weiß schon, wohin du willst. Es ist aber nicht erlaubt, sich so weit zu entfernen, Agustín!«

Auf dieser großen Straße strömten viele Leute, Männer und Frauen, in verschiedenen Richtungen. Eine Frau trat plötzlich auf Agustín zu und umarmte ihn, ohne etwas zu sagen. Ein Schluchzen stieg in ihrer Kehle auf.

»Mariquilla! Marquilla meines Herzens!« rief Agustín de Montoria aus und umarmte sie seinerseits jubelnd. »Wie kommst du denn hierher? Ich wollte dich gerade suchen.«

Mariquilla konnte immer noch nicht sprechen, und ohne den Halt ihres Geliebten wäre ihr geschwächter Körper wohl zu Boden gefallen.

»Bist du krank? Was hast du denn? Warum weinst du? Ist es wahr, daß die Bomben euer Haus zerstört haben?«

Es mußte wohl wahr sein, denn das Mädchen wirkte verzweifelt. Sie trug noch das Kleid der letzten Nacht. Ihr Haar war aufgelöst, und an ihren beschmutzten Armen sahen wir Quetschspuren.

»Ja«, konnte sie schließlich schwach herausbringen, »unser Haus steht nicht mehr. Wir haben nichts mehr – alles ist verloren! Heute morgen, als ihr fortgezogen seid, hat eine Bombe das Dach zerstört und danach kamen noch zwei …«

»Wie geht es deinem Vater?«

»Mein Vater ist dort geblieben. Er will die Ruine unseres Hauses nicht verlassen. Ich habe den ganzen Tag nach dir gesucht, damit du uns etwas hilfst. Ich bin bis in die Schußfelder gekommen, war in allen Straßen der Vorstadt und bin in einige Häuser eingetreten. Schließlich glaubte ich, du seist gefallen.«

Agustín setzte sich auf eine Türstufe und zog Mariquilla mit sich. Er bedeckte sie mit seinem Umhang und wiegte sie in seinen Armen wie ein Kind. Als sie sich etwas gefangen hatte, erzählte sie weiter. Sie hatten nichts retten können, nur ihr Leben. Die Unglückliche zitterte vor Kälte. Ich legte ihr auch noch meinen Umhang um, und wir versuchten, sie in das Haus unserer Stellung zu bringen.

»Nein«, protestierte sie, »ich will wieder zu meinem Vater! Er ist verrückt vor Verzweiflung, stößt tausend schlimme Flüche und Gotteslästerungen aus. Ich habe ihn nicht von den Trümmern unseres Hauses wegziehen können. Wir haben nichts zu essen und zu trinken. Wenn ihr mich nicht dorthin bringen wollt, gehe ich allein.«

»Nein, Mariquilla, nein, du gehst nicht dorthin!« sagte der junge Montoria. »Wir bringen dich in einem dieser Häuser da unter, wenigstens für den Rest dieser Nacht. Da bist du sicher, und inzwischen wird Gabriel mit ein wenig Nahrung zu deinem Vater gehen und ihn freiwillig oder mit Gewalt hierherholen.«

Candiolas Tochter bestand weiterhin darauf, zu den Trümmern ihres Hauses zurückzukehren, aber da sie keine Kraft mehr hatte, trugen wir sie zu einem Haus in der Calle de los Clavos, wo Manuela Sancho war.

19

Nachdem das Kanonen- und Gewehrfeuer nachgelassen hatte, beleuchteten hohe Flammen die Stadt. Es war das Gerichtsgebäude, das gegen Mitternacht in Brand geraten war. Dieses große Gebäude glich nun einer riesigen Fackel.

Ich eilte in die Calle Anton Trillo, wo Candiolas Haus gestanden hatte. Den ganzen Tag über hatte es gebrannt, aber nun waren die Flammen durch das zusammenfallende Dach erstickt worden, und es stieg nur noch eine Rauchwolke aus den schwarzen Resten. Durch die leeren Fensterlöcher des Obergeschosses sah man den Himmel. Einige gezackte Mauerreste ragten empor. Die zum Garten hinausgehende Wand war zusammengefallen und hatte die äußere Steintreppe völlig unter sich begraben. Die Trümmer waren bis auf die Straße gefallen. Inmitten dieser Ruinenlandschaft stand fast unversehrt die Zypresse wie ein Mahnmal.

Die Pforte war von denjenigen zerschlagen worden, die zur Hilfe geeilt waren. Als ich in den Garten trat, bemerkte ich, daß der größte Teil des Untergeschosses noch stand; aber es war zu befürchten, daß auch dieses bald unter den Trümmern – besonders denen des Daches – zusammenfallen würde.

Am Gitter eines Untergeschoßfensters standen einige Leute. Ich ging auf sie zu und erkannte den Gevatter Candiola unter ihnen. Er saß mit verschränkten Armen vor dem

Fenstergitter, den Kopf auf die Brust gesenkt und die Kleidung voller Staub und Brandspuren. Ein kleines Grüppchen von Frauen und Kindern umschwärmte ihn wie Wespen, bewarf ihn mit kleinen Steinen und rief ihm alle Arten von Beleidigungen zu. Es kostete mich nicht viel Mühe, sie aus der unmittelbaren Nähe des Alten zu vertreiben, aber sie entfernten sich nur ein paar Schritte und wühlten in den Trümmern, wohl in der Hoffnung, das Gold des reichen Candiolas zu finden.

»Herr Soldat«, sprach er mich an, »ich danke Ihnen, daß sie diese Kanaillen in die Flucht gejagt haben. Da wird einem das Haus über dem Kopf angezündet, und keiner hilft einem. Es gibt anscheinend keine Ordnungsgewalt mehr in Zaragoza. Was für ein Volk, mein Herr, was für ein Volk! Und dafür haben wir den Zehnten, Steuern und so weiter gezahlt!«

»Die Stadtregierung kümmert sich jetzt nur noch um die Verteidigung«, erklärte ich ihm. »Es sind so viele Häuser zerstört worden, daß es unmöglich ist, allen Bewohnern zur Hilfe zu kommen.«

»Tausendmal verflucht seien die, welche uns diese Katastrophen gebracht haben!« rief er aus, stand auf und hielt sich die Hände an den Kopf. »Tausend Ewigkeiten sollen sie in der Hölle schmoren, aber das wird auch nicht reichen zur Bezahlung dieser Schuld. Was suchen Sie denn hier, Herr Soldat?«

»Ich suche nach dem Herrn Candiola«, antwortete ich ihm, »um ihn dorthin zu bringen, wo wir seine Verletzungen versorgen und ihm etwas zum Essen geben können.«

»Was, mir? Ich werde mein Haus nicht verlassen!« rief er mit heiserer Stimme aus. »Wohin wollen Sie mich denn bringen? O je, jetzt bin ich schon so weit heruntergekommen, daß ich Almosen annehmen soll! Meine Feinde haben also ihr Ziel erreicht, mich zum Almosenempfänger zu machen! Aber ich werde nicht darum bitten, nein, auf keinen Fall! Eher esse ich mein eigenes Fleisch und trinke mein eigenes Blut, als mich vor denjenigen zu demütigen, die mich in diesen Zustand versetzt haben! Ah, diese Elenden! Sie nehmen einem das Mehl weg und schreiben nachher in ihren Abrechnungen, sie hätten es zu neunzig oder hundert Real gekauft. Die verlängern doch den Widerstand, um noch mehr Geschäfte zu machen ... Dann übergeben sie die Stadt und haben ihr Schäfchen im Trockenen.«

»Lassen Sie doch solche Gedanken, denn jetzt haben wir nicht die Zeit dafür«, sagte ich ihm, »und kommen Sie mit mir. Ihre Tochter hat ein Asyl gefunden, und wir nehmen Sie auch dort auf.«

»Ich bewege mich von hier nicht weg! Wo ist denn meine Tochter?« wollte er wissen. »Ach, diese Verrückte konnte nicht an der Seite ihres ins Unglück gestürzten Vaters bleiben! Sie hat sich meiner geschämt und ist geflohen. Verflucht sei ihre Leichtfertigkeit! Wenn ich sie wiederfinde, kann sie etwas erleben! Jesus von Nazareth und du, mein Schutzheiliger Santo Dominguito del Val, sagt mir doch: »Was habe ich getan, so viel Unglück an einem einzigen Tage erleben zu müssen? Tue ich denn nicht, was ich nur kann? Helfe ich meinen Nächsten nicht, indem ich ihnen Geld zu einem bescheidenen Zins leihe? Warum befällt mich dann so großes Mißgeschick? Wenigstens verliere ich nicht alles, was ich mit meiner Arbeit errungen habe, denn vieles befindet sich dort, wo es die Bomben nicht erreichen können. Aber das Haus, die Möbel und das, was noch im Speicher war! Ich will verdammt sein, wenn ich Zaragoza nicht verlasse, nachdem alles aufgehört hat und ich das, was mir geblieben ist, herausgeholt habe!«

»Genug davon. Kommen Sie jetzt mit mir, Señor Candiola!«

»Meine Tochter hat sich erniedrigt!« sprach er wütend weiter. Ich mußte mich heute morgen sehr zurückhalten, sie nicht zu erschlagen. Ich hatte immer gedacht, María sei ein Muster der Tugend, der Ehrlichkeit. Ich freute mich an ihrer Anwesenheit, und von allen guten Geschäften gab ich ihr einen Real, damit sie sich etwas kaufen konnte. Schlecht angelegtes Geld! Mein Gott, du strafst mich wohl, daß ich so viel Geld für unnütze Dinge ausgegeben habe? Es hätte bei guter Anlage schon verdreifacht sein können! Ich hatte Vertrauen zu meiner Tochter. Ich stand im Morgengrauen auf und betete inbrünstig zur Muttergottes auf dem Pfeiler, daß sie mich vor dem Bombardement verschonen möge. Dann ging ich ruhig ans Fenster, um zu schauen, wie der Tag werden würde. Versetzen Sie sich in meine Lage, Herr Soldat, und Sie werden verstehen, wie überrascht und entsetzt ich war, als ich bei der Zypresse zwei Männer sah. Ich sehe sie jetzt noch vor mir. Der eine umarmte meine Tochter. Beide waren in Uniform. Ich konnte ihre Gesichter nicht erkennen, weil es noch nicht hell war. Also stürzte ich aus dem Hause. Als ich aber im Garten ankam, waren die beiden schon auf der Straße. Meine Tochter war stumm, als sie sah, daß ich ihre Lüsternheit entdeckt hatte. Sie las in meinem Gesicht die Entrüstung über so viel Niedertracht, kniete sich vor mich hin und bat um Verzeihung. ›Schamlose‹, rief ich voller Zorn, ›du bist nicht mehr die Tochter des ehrenwerten Mannes, der niemals jemandem etwas zuleide getan hat! Verrückte, schamlose Dirne, ich kenne dich nicht mehr. Geh weg von mir! … Zwei Männer, zwei Männer in meinem Haus, in der Nacht bei dir! Hast du nicht an die weißen Haare deines Vaters gedacht? Nicht daran, daß diese Männer mich hätten berauben können? Weißt du nicht, daß dieses Haus tausend Wertstücke enthält, die man jeweils leicht in einer Tasche hinaustragen kann? … Du verdienst den Tod! Wenn ich mich nicht getäuscht habe, haben diese beiden Männer etwas mitgenommen. Zwei Männer! Zwei Liebhaber! Und meine Tochter empfängt sie nachts in meinem Haus! Das ist eine Entehrung für mich und eine Beleidigung Gottes! Und ich dachte, du seist so früh aufgestanden, um etwas Wichtiges zu verrichten, weil ich Licht bei dir sah … Also hat die ganze Zeit über in deinem Zimmer eine Kerze unnütz gebrannt, während du im Garten warst!‹ – So sprach ich. Oh, Herr Soldat, ich vergehe vor Entrüstung. Ich nahm sie dann am Arm und wollte sie auf die Straße stoßen. In meiner Wut wußte ich nicht, was ich tat. Die Unglückliche bat mich immer wieder um Verzeihung und beteuerte: ›Ich liebe dich, Vater! Ich kann nicht verschweigen, daß ich dich liebe.‹ Als ich das hörte, verdoppelte sich meine Wut, und ich schrie sie an: ›Verflucht sei das Brot, das ich dir in neunzehn Jahren gegeben habe! Strolche in mein Haus einzulassen! Verflucht sei die Stunde, in der du geboren wurdest, und verflucht die Leinentücher, in die man dich am dritten

Februar des Jahres einundneunzig wickelte! Es wird eher der Himmel herunterfallen und die Muttergottes auf dem Pfeiler ihre Hand von mir abziehen, als daß ich wieder dein Vater sein werde und du meine Mariquilla, die ich so sehr geliebt habe!‹ Kaum hatte ich das gesagt, Herr Soldat, da war es, als ob wirklich der Himmel einstürzte. Was für ein Lärm und eine Erschütterung! Eine Bombe fiel aufs Dach und innerhalb von fünf Minuten noch zwei andere. Wir liefen aus dem Garten ins Haus. Die Flammen fraßen sich gierig durchs Haus. Das Dach stürzte ein und hätte uns beinahe unter sich begraben. Wir wollten noch einige Dinge retten, aber es war nicht mehr möglich. Dieses Haus hatte ich im Jahre siebenundachtzig für fast nichts bekommen, denn ein Schuldner hatte es mir verpfändet. Ich hatte ihm fünftausend Real geliehen, zu denen dann noch über dreizehntausend Real Zinsen kamen. Dieses Haus zerfiel wie eine Marzipankugel. Hier krachte ein Balken herunter, dort zersprang eine Fensterscheibe und da fiel eine Wand ein. Der Kater schrie. Die Guedita rannte mich um, als sie aus ihrem Zimmer stürzte. Ich versuchte noch, in mein Zimmer zu kommen, wo ich eine Empfangsbestätigung auf dem Tisch hatte liegen lassen, aber ich wäre dabei fast umgekommen.«

So redete der Gevatter Candiola immer weiter. Sein Schmerz über den Verlust, gepaart mit der tiefen Entrüstung über seine Tochter war wie ein Nervenzusammenbruch, und jeder mußte erkennen, daß dieser Mann vor Angst, Abscheu und Hunger völlig zerrüttet war. Seine Gesprächigkeit glich dem Überlaufen eines Flusses. Scheinbar redete er mit mir, aber in Wahrheit wandte er sich an unsichtbare Mächte, von denen er – nach seinen Gesten zu urteilen – eine Antwort erwartete. Obwohl ich ihm nichts erwiderte, sprach er weiter, als ob man ihm geantwortet hätte.

»Ich habe gesagt, daß ich nicht von hier weggehen werde, bis ich das, was noch vorhanden ist, gerettet habe. Soll ich denn mein Hab und Gut aufgeben? Es gibt doch keine Ordnungsgewalt mehr in Zaragoza! Wenn ja, dann müßten doch hundert oder sogar zweihundert Arbeiter kommen und in den Trümmern nach Dingen suchen, die noch zu verwerten sind. Aber nein, mein Herr, es gibt keine Barmherzigkeit mehr, kein Mitgefühl mit diesem unglücklichen Alten, der niemandem jemals ein Unrecht zugefügt hat. Dafür habe ich also mein ganzes Leben für meine Nächsten geopfert, damit mir in der Not kein Freundesarm hilft? Nein, es wird keiner kommen – und wenn, dann ist es, weil sie hoffen, unter den Trümmern Geld zu finden … Ha, ha, ha!« krächzte er wie ein Geistesgestörter. »Die sollen es nur versuchen! Ich bin schon immer vorsichtig und weitblickend gewesen, und gleich zu Beginn der Belagerung versteckte ich meine Ersparnisse an einem sicheren Ort, den nur ich finden kann. Nein, ihr Strolche, nein, ihr Diebe, nein, ihr Egoisten! Ihr werdet keinen Real finden, auch wenn ihr jedes Trümmerstück umwendet oder das Holz zerteilt, daß nur noch Splitter als Zahnstocher übrigbleiben. Auch wenn ihr alles zu Pulver zerstampft und es dann durch ein Sieb schüttet!«

»Dann also, Herr Candiola«, sagte ich und griff ihn entschlossen beim Arm, um ihn wegzuziehen, »sind doch ihre Schätze in Sicherheit, so daß Sie hier nicht auf Wache stehen müssen! Dann kommen Sie doch!«

»Was verstehen Sie denn davon, Herr Einmischer?« schrie er und riß sich los. »Gehen Sie doch und lassen Sie mich in Frieden! Wie kann ich denn diesen Ort hier verlassen, wenn die Stadtregierung nicht Truppen zur Bewachung meines Eigentums schickt? Glauben Sie denn, daß das Haus nicht mehr voller Dinge ist, die man noch gebrauchen kann? Bis ich die herausgeholt habe, kann ich doch nicht weggehen! Sehen Sie denn nicht, daß das Untergeschoß noch steht? Wenn man dieses Gitter hier entfernt, kann man leicht hineinkommen und noch vieles herausholen. Wenn ich mich nur einen Moment von hier entferne, kommen die Aasgeier der Nachbarschaft und mästen sich an der Frucht meiner Arbeit. Da sind doch Gegenstände, die ich mit vierzig Jahren Fleiß angesammelt habe! Denken Sie doch, Herr Soldat, auf dem Tisch meines Zimmers steht ein kupferner Handleuchter, der mindestens drei Pfund wiegt. Der muß auf jeden Fall gerettet werden! Wenn die Stadtregierung eine Kompanie Pioniere herschicken würde, wie es eigentlich ihre Pflicht wäre …

Da ist auch noch Eßgeschirr im Wohnzimmerschrank, das

intakt geblieben sein muß. Wenn man sich vorsichtig dorthin vorarbeitet und die Dachtrümmer aufhebt, könnte man es retten. O ja! Das Geschirr muß gerettet werden. Aber das ist längst nicht alles. In einem Metallkasten habe ich alle meine Bescheinigungen und Quittungen. Die muß ich unbedingt haben! Dann ist da noch eine Truhe mit zwei alten Kitteln, einigen Strümpfen und drei Hüten. Alles ist hier unten und wahrscheinlich unbeschädigt. Die Aussteuer meiner Tochter aber ist verloren. Ihre Kleider, ihre Broschen, ihre Halstücher, ihre Riechwasserflaschen waren ein kleines Vermögen wert. Das alles ist zerstört worden! Welch ein Unglück! Gott wollte bestimmt die Sünde meiner Tochter bestrafen und ließ die Bomben auf ihre Riechwasserfläschchen fallen. Auf dem Bett in meinem Zimmer liegt auch noch mein Wams, in dem sieben Real und zehn Viertel stecken. Ach, wenn ich nur zwanzig Männer mit Picken und Spaten hier hätte! ... Oh, du gerechter und barmherziger Gott! Woran denken die von der Stadtregierung nur? ... Die Schnabellampe mit den zwei Dochten wird auch unbeschädigt sein. Das ist die beste ihrer Art auf der Welt! Sie muß gleich da vorn sein, wenn man die Trümmer des Eckzimmers vorsichtig beiseite räumt. Wenn ich hier eine Bergungsmannschaft hätte, würde ich bald alles herausgeholt haben ... Und da soll ich von hier weggehen? Wenn ich auch nur einen Moment einschlafe, kommen die Strolche, ja, und holen sich den Leuchter!«

Die Hartnäckigkeit des Geizhalses war so groß, daß ich es aufgab, ihn mitnehmen zu wollen. Da kam die Haushälterin Guedita eilig mit einer Picke, einer Schaufel und einem Korb mit einigen Lebensmitteln.

»Herr«, sagte sie und setzte sich außer Atem. »Die Geräte hier hat mir mein Neffe gegeben; sie werden für Befestigungsarbeiten nicht mehr gebraucht ... Hier sind auch ein paar halbverfaulte Rosinen und ein paar Brotstücke.«

Die Haushälterin aß gierig, aber nicht Candiola; der verachtete die Nahrung. Er packte die Picke und begann entschlossen, das Fenstergitter abzuschlagen, wobei er laut vor sich hin schimpfte. »Wenn die Stadtverwaltung von Zaragoza mir nicht helfen will, machen wir das beide ohne sie, nicht

wahr, Guedita? Räumen Sie mit der Schaufel den Trümmerschutt weg. Vorsicht vor den noch rauchenden Balken und
vor Nägeln darin!«

Dann wandte er sich mir zu, der ich auf Zeichen achtete,
die mir die Haushälterin so gab, daß ihr Herr sie nicht sehen
konnte, und sagte:

»Was wollen Sie denn noch hier? Gehen Sie doch! Alle, die
hierherkommen, wollen ja doch nur etwas stehlen!«

Ich hatte keine Hoffnung mehr, ihn in die Gerbervorstadt
zu Mariquilla mitnehmen zu können, und zog mich deshalb
zurück. Herr und Haushälterin arbeiteten angestrengt weiter.

20.

Um drei Uhr nachts legte ich mich schließlich schlafen. Am
Morgen hörten wir dann die Messe in der Hauptstraße. Auf
dem großen Balkon des ›Las Monas‹ genannten Hauses an
der Ecke der Calle de las Escuelas Pías wurde jeden Sonntag
ein Altar aufgestellt, wo dann der Gottesdienst abgehalten
wurde. Von diesem Punkte konnte man den Priester überall
auf der Hauptstraße sehen. In der ersten Morgensonne war
das sehr ergreifend. Alle knieten, und man hörte von einem
Ende der langen Straße zum anderen ein dumpfes Murmeln.

Kurz nach der Messe hörte ich vom Markt her eine lär-
mende Gruppe kommen. Einige Mönche versuchten, diesen
Menschenschwarm zu beruhigen, aber die Leute schrien
immer mehr und schleiften eine Gestalt mit sich, die sie sich
von den Mönchen nicht aus den Händen reißen ließen. Der
aufgeregte Mob lärmte rings um einen Galgen. Kurz danach
sah ich, wie ein Mann hochgezogen wurde. Er bewegte sich
noch einige Male ruckartig in der Luft und blieb dann
regungslos hängen. Ein Pappschild wurde angebracht, auf
dem zu lesen stand: »Hingerichtet, weil er zwanzigtausend
Bettdecken versteckt hat!«

Der Unglückliche war ein Don Fernando Estallo, Aufseher

des Gebrauchsartikel-Speichers. Während die Verwundeten und Kranken in der Gosse oder auf den kalten Fliesen der Kirchen starben, hatte man ein großes und gut verstecktes Bettzeuglager gefunden, dessen Vorhandensein der besagte Estallo nicht erklären konnte. Es war nicht mehr möglich, die aufgebrachte Volksmenge zurückzuhalten. Ich hörte, daß der arme Mann unschuldig sei. Viele waren über seinen Tod entsetzt, aber als das Feuer an den Gräben wieder begann, dachte niemand mehr daran.

Der Kommandant Palafox hielt an jenem Tage eine Rede, in der er versuchte, die Einwohner zu ermutigen. Er versprach jedem, der sich mit einer Hundertschaft neuer Freiwilliger melden würde, den Rang eines Hauptmanns, drohte aber auch allen wehrfähigen Männern mit dem Galgen und der Beschlagnahme ihres Eigentums, wenn sie bei Gefahr nicht schleunigst zu den ausgerufenen Stellen eilen würden. Dies waren Anzeichen, daß sich die Führung in arger Bedrängnis befand.

Dieser Tag blieb auch in Erinnerung durch den Angriff auf das Kloster Santa Monica[27], das von den Huesca-Freiwilligen verteidigt wurde. Am Vortag und während eines großen Teils der Nacht hatten die Franzosen das Gebäude mit Kanonen und Mörsern beschossen. Die spanischen Kanonen mußten aus den Klostergärten zurückgezogen werden, was unseren tapferen Kämpfern viele Verluste einbrachte, da sie dort dem feindlichen Feuer schutzlos ausgesetzt waren. Die Franzosen drangen in die Klostergärten ein und wollten auch das Gebäude stürmen, nachdem sie an den Vortagen immer wieder zurückgeschlagen worden waren. Der französische General Lannes, der über den ungewöhnlichen Widerstand der Verteidiger maßlos wütend war, hatte befohlen, das Kloster in Schutt und Asche zu legen. Dies war mit seiner starken Artillerie einfacher, als es zu erobern. Nach sechs Stunden Artilleriebeschuß war auch wirklich ein großer Teil der Ostwand eingestürzt zur ersichtlichen Freude der Franzosen, die sich zum Sturm anschickten, unterstützt durch Schrägfeuer aus der von ihnen besetzten Stadtmühle. Als sie die Franzosen kommen sahen, erteilten der spanische Kommandeur Villacampa, Führer der Huesca-Freiwilligen, und General Palafox, der zu dem Gefahrenpunkt geeilt war, den Befehl, die Bresche mit Wollsäcken und leeren Munitionskisten zu füllen. Die Franzosen griffen mit rasender Wucht an, aber in einem kurzen Kampf Mann gegen Mann wurden sie dennoch zurückgeschlagen. Die ganze Nacht hindurch bombardierten sie das Kloster weiter.

Am Tag darauf entschlossen sich die Franzosen zu einem Angriff, denn sie waren sich nun sicher, daß es keinen Verteidiger mehr in diesem Gebäudeskelett gab, von dem immer mehr einstürzte. Sie stürmten auf die Seite der Sprechzimmertür zu, aber den ganzen Vormittag über konnten sie keine Handbreit Boden im Kreuzgang erobern.

Am Nachmittag stürzte das Dach des östlichen Teils ein. Die dritte Etage konnte das Gewicht nicht tragen und stürzte auf die zweite, die auch zusammenbrach. Alle Trümmer fielen dann auf den Kreuzgang, wo Hunderte von tapferen Kämpfern verschüttet wurden. Es wäre natürlich gewesen, daß der Rest nun den Kampf aufgegeben hätte – aber das war nicht der Fall! Die Franzosen beherrschten jetzt einen Teil des Kreuzgangabschnitts, aber nicht mehr, und um sich des anderen Teils zu bemächtigen, mußten sie über die Trümmer klettern. Während sie das taten, nahmen sie aber die Huesca-Freiwilligen, von denen es sehr wohl noch welche gab, von den Treppenresten aus unter Beschuß. Diese kletterten auch auf die Mauerreste der oberen Stockwerke, um von dort Handbomben auf die Eindringlinge zu werfen.

Inzwischen waren französische Verstärkungen eingetroffen. Denen gelang es, auf die Dachtrümmer der Klosterkirche zu steigen und von dort aus die Verteidiger des Kreuzgangs anzugreifen. Die Franzosen, die sich schon in einem Abschnitt des Kreuzganges befanden, verdoppelten daraufhin ihre Anstrengungen; einige von ihnen erreichten die Treppe. Die Huesca-Freiwilligen waren nun einem Kreuzfeuer ausgesetzt. Obwohl sie sich durch eine der Breschen im oberen Kreuzgang zurückziehen könnten, schworen sie, lieber zu sterben, als zu weichen. Verzweifelt suchten sie nach einer Stelle, wo sie sich günstiger verteidigen konnten, aber sie wurden regelrecht durch den Kreuzgang gejagt. Der letzte Schuß zeigte an, daß alle bis auf den letzten Mann gefallen waren. Andere hatten durch eine kleine Pforte in einem verschwiegenen Winkel des Gebäudes entweichen können, so auch Don Pedro Villacampa, der Kommandeur des Freiwilligen-Bataillons aus Huesca. Als er auf der Straße hinter dem Kloster war, schaute er sich nach seinen »Jungs« um, aber fand kaum noch welche.

An jenem Tage befand sich mein Bataillon in den Häusern der Calle Palomar und feuerte auf die Franzosen, die sich zum Angriff auf das Kloster vorbereiteten. Nach den Kämpfen im Kloster mußten wir einsehen, daß auch der Rest des Klosters Santa Monica nicht mehr verteidigt werden konnte. Selbst Don José de Montoria, der sich uns angeschlossen hatte, mußte das zugeben.

»Die Freiwilligen aus Huesca haben sich nicht schlecht geschlagen«, stellte er fest. »Ich muß anerkennen, daß das brave Burschen sind. Jetzt werden wir sie einsetzen, um die Häuser da auf der Rechten zu verteidigen … allerdings ist da kaum noch eines stehengeblieben, wie ich sehe. Da kommt Villacampa, aber allein. Wo sind denn Mendieta, Paúl, Benedicto und Oliva? Die sind also alle dort gefallen?«

So ging das Kloster Santa Monica in die Hände der Franzosen über.

21.

An dieser Stelle meiner Erzählung möchte ich den Leser um Verzeihung bitten, daß ich die Daten dieser Ereignisse nicht immer genau angeführt habe. Die Schrecken der Zeit vom 27. Januar 1809 bis Mitte Februar 1809 verschmelzen in meiner Erinnerung so sehr, daß ich manchmal nicht mehr weiß, ob sich etwas bei Tag oder Nacht zugetragen hat. Bisweilen kommt es mir wie ein langer Tag und dann wieder wie eine endlose Nacht vor. Das Zeitgefühl verändert sich unter solchen Eindrücken. Die Handlungen, die Menschen, die verschiedenartigsten Gefühle – alles bildet in meiner Erinnerung ein ungeheures ineinander verschlungenes Bild, das an manchen Stellen nur durch den größeren Schrecken eines Ereignisses, den Wahnsinn eines zweiten oder die Panik eines dritten unterteilt war.

Aus diesem Grund kann ich ihnen auch nicht sagen, wann genau das stattfand, was ich Ihnen jetzt berichten werde, aber es muß wohl am Tag nach der heldenhaften Verteidigung von Santa Monica gewesen sein, also in den Tagen vom 30. Januar bis zum 2. Februar. Wir waren in einem Hause der Pabostre-Straße verschanzt. Die Franzosen hatten das gegenüberliegende Gebäude erobert und versuchten, durch die Häuserreihe dort bis zum Stadttor Puerta Quebrada zu gelangen. Nichts ist mit dem mühsamen Vordringen in Häusern vergleichbar, keine andere Art der Kriegführung – weder die blutigsten Schlachten auf offenem Feld noch die Belagerung einer Festung, noch der Kampf an Straßenbarrikaden übertreffen diese fortwährenden Zusammenstöße von Angreifern und Verteidigern in Schlafkammern, Wohnzimmern und Küchen.

Das dumpfe Geräusch von Pickenschlägen aus verschiedenen Richtungen machte uns angst, weil wir nicht wußten, von wo aus wir angegriffen werden würden. Wir stiegen in die Dachkammern hinauf oder in die Keller hinunter und lauschten an den Trennwänden, um die Absicht des Feindes nach der Richtung, aus der die Schlaggeräusche kamen, zu erraten. Schließlich merkten wir, wie die Trennwand des Zimmers, in dem wir uns befanden, unter Schlägen erzitterte. Wir türmten die Möbel zu einer Barrikade davor auf und warteten ab. Erst war ein kleines Loch zu sehen, dann wurden Lehmziegel und Putz mit wuchtigen Picken- und Kolbenschlägen zu einem Durchgang verbreitert. Wir waren zwanzig, und da die Franzosen eine solche Ansammlung nicht erwartet hatten, zogen sie sich zurück, kamen aber mit Verstärkung gleich wieder. Ihr Angriff war so heftig, daß wir unter Zurücklassung von zwei Toten und drei Verwundeten weichen mußten. In blinder Eile stiegen wir eine Treppe hinauf und befanden uns auf einem Dachboden, der für die Verteidigung ideal war. Die ersten Franzosen, die versuchten, die enge Treppe heraufzustürmen, mußten das mit dem Leben bezahlen. So konnten wir uns längere Zeit lang halten, während wir uns durch Anfeuerungsschreie gegenseitig Mut machten. Plötzlich erzitterte eine Trennwand dieses Dachbodens unter wuchtigen Schlägen, so daß wir erkannten, daß der Feind uns in die Zange nehmen wollte. Wir waren jetzt noch dreizehn, denn zwei andere lagen schwerverwundet auf den Dielen dieses Dachbodens.

Der Gevatter Garcés, der uns führte, schrie wütend:

»Verdammt noch mal! Sie sollen uns hier nicht wie die Ratten fangen! Steigen wir durch die Luke da aufs Dach, während sechs andere weiter feuern ... Auf, wer mit hinaussteigen will. Die schlagen da die Wand schon ein! Zum Teufel mit der Angst, und hoch die Muttergottes auf dem Pfeiler!«

Wir taten, was er vorgeschlagen hatte. Es war ein geordneter Rückzug. Während ein Teil unserer Gruppe den Gegner aufhielt, beschäftigten sich die anderen mit dem Ausstieg. Wir schlugen die Luke und Dachziegel rundherum heraus, so daß drei Mann gleichzeitig aufs Dach steigen konnten. Währenddessen gelang es den Franzosen nicht, weiter vorzurücken. Wir hievten uns geschwind aufs Dach. Oben waren wir noch neun. Drei waren unten gefallen, und ein anderer war beim Hinaufklettern verwundet worden. Dieser fiel lebend in die Hände der Franzosen.

Oben auf dem Dach stießen wir einen Jubelschrei aus. Der Blick schweifte über die Dächer der Vorstadt. Von weitem sahen wir die französischen Batterien. Wir ließen zwei Mann an der Dachöffnung zurück. Sie sollten auf die Franzosen feuern, die versuchen würden, heraufzukommen. Wir anderen krochen auf allen vieren über das Dach. Da hörten wir lautes Lachen und Stimmen, die uns französisch vorkamen. Tatsächlich schauten uns einige Franzosen aus einem breiten Dachfenster bei unseren katzenartigen Kletterkunststücken mit dem Gewehr auf dem Rücken zu. Kurz darauf eröffneten sie das Feuer auf uns, so daß wir schleunigst, so gut es ging, hinter Schornsteinen und Giebelvorsprüngen Deckung nehmen mußten. Diejenigen, die in der prekären Lage ihr Gewehr in Anschlag bringen konnten, feuerten zurück. In diesem Augenblick bedachten wir den Einfall des Gevatters Garcés, hier heraufzukommen, mit tausend Flüchen. Mit gewagten Sprüngen erreichten wir das Nachbardach. Von dort wollten wir durch ein Fenster zur Straße gelangen. Kaum waren wir aber vom Dach hinunter, als wir unter uns mehrere Schüsse hörten.

»Da wird gekämpft«, sagte Garcés. »Das sind wohl die Franzosen, die wollten in dieses Haus hinein und sind auf Kameraden von uns gestoßen. Also, alles runter!«

Wir mußten erst noch durch einige Dachkammern hindurch, bis wir zu einem Zimmer hinuntersteigen konnten, durch dessen Tür wir ein Stimmengewirr hörten, hauptsächlich von Frauen. Der Kampfeslärm war nun weiter entfernt und kam von unten. Als wir weiter vordrangen, befanden wir uns in einem großen Raum voller Menschen, hauptsächlich Alten, Frauen und Kindern, die dort Schutz gesucht hatten. Viele lagen auf Strohsäcken. Auf ihren ausgemergelten Gesichtern waren die Zeichen der schrecklichen Epidemie zu erkennen. Ein Körper lag wie im Krampf auf dem bloßen Boden ausgestreckt und hatte wohl erst kurz vorher sein Leben ausgehaucht.

Es waren aber auch Schwerverwundete da, die in ihren ungeheuren Schmerzen Schreie nicht unterdrücken konnten. Zwei alte Frauen beteten und weinten unaufhörlich. Dazwischen hörte man immer wieder flehentliche Bitten um Wasser. In einer Ecke des großen Raumes fanden wir den Gevatter Candiola, der dort Haushaltsgegenstände und Wäschestücke zusammenlegte. Fauchend jagte er immer wieder kleine Jungen weg, die ihre Hände nach den Gegenständen ausstreckten. Als wir näher kamen, rief er:

»Sie haben mir schon zwei Tassen gestohlen. Nirgendwo ist man mehr sicher! Es gibt keine Ordnungsgewalt mehr, die einem garantiert, daß man nicht beraubt wird! Raus hier, ihr Lausejungen! Oh, was ist nur aus uns geworden! Verflucht seien diese Bomben und ihre Erfinder! Meine Herren Soldaten, Sie kommen wie gerufen. Können Sie nicht Wachen hier lassen, die diese Gegenstände, die ich mit großen Mühen gerettet habe, beschützen?«

Wie zu erwarten war, lachten meine Kameraden über eine solche Zumutung. Wir waren auf dem Weg nach draußen, als ich Mariquilla erblickte. Die Unglückliche war vor Schlaflosigkeit, Schmerz und Schrecken kaum wiederzuerkennen. Das Leid rings um sie herum spiegelte sich in ihren immer noch hübschen Gesichtszügen wider. Als sie mich sah, trat sie sofort auf mich zu.

»Wo ist denn Agustín?« fragte ich sie.

»Unten«, antwortete sie mit bebender Stimme. »Da unten wird gekämpft. Alle Flüchtlinge waren erst auf mehrere Zimmer verteilt gewesen. Heute morgen kam mein Vater mit Frau Guedita. Agustín führte uns in ein Zimmer, wo eine Bettdecke lag, und brachte uns etwas zum Essen. Dann hörten wir Pickenschläge an den Wänden. Die Franzosen jagten uns hinaus. Wir mußten alle zusammen mit den Kranken und Verwundeten in diesen Raum. Darauf stießen die Franzosen auf Spanier und kämpfen jetzt mit ihnen. Agustín ist auch dabei.«

Als sie das erzählte, trat Manuela Sancho ein. Sie brachte zwei Krüge voll Wasser für die Verwundeten und Kranken. Wer sich von diesen noch einigermaßen bewegen konnte, fuhr hoch und versuchte gierig, an das Wasser zu kommen. Dabei gab es auch Schläge untereinander.

»Drängelt euch doch nicht so!« rief Manuela. »Es ist doch Wasser für alle da. Da unten gewinnen wir. Die Franzosen konnten schon aus dem Schlafzimmer verdrängt werden. Jetzt wird um die zweite Hälfte des Salons gekämpft; die erste haben wir schon. Der ganze Boden liegt dort voller Toter!«

Mariquilla fuhr vor Entsetzen zusammen.

»Ich habe auch Durst«, brachte sie dann heraus.

Ich bat Manuela Sancho um Wasser. Aber sie hatte nur noch einen Krug in der Hand, der andere war ihr entrissen worden. Sie konnte diesen einen Krug aber nicht mehr von den gierigen Händen und Mündern der Verdurstenden lösen. Daher nahm ich eine der Tassen, die der Gevatter Candiola an der Wand aufgereiht hatte.

»He, Herr Einmischling!« schrie der aber und hielt meine Hand fest. »Lassen Sie die Tasse da stehen!«

»Es ist doch nur, um dem Mädchen etwas Wasser zu geben!« antwortete ich entrüstet. »Geht Ihnen denn dieser Kram da über alles?«

Señor Candiola antwortete nicht, widersetzte sich auch nicht, als ich seiner Tochter Wasser gab. Ehe sie aber ihren Durst richtig löschen konnte, riß ihr ein Verwundeter die Tasse aus der Hand. Während ich den Raum verließ, um zu meiner Einheit zu eilen, sah ich, wie Don Jerónimo ungeduldig darauf wartete, die Tasse wiederzubekommen.

Manuela Sancho hatte recht: Wir gewannen in diesem Kleinkrieg die Oberhand. Die Franzosen waren schon aus dem Erdgeschoß hinausgeworfen worden und hatten sich ins Nebenhaus zurückgezogen, wo sie sich weiter verteidigten. Als ich hinunterstieg, war die Küche der Mittelpunkt der kleinen Schlacht. Sie wurde erbittert umkämpft, aber der Rest des Hauses war schon in unserer Hand. Viele Leichen beider Nationen lagen auf dem blutgetränkten Boden. Einige spanische Zivilisten und Soldaten rasten in ihrer Wut, weil sie die Küche nicht in ihre Gewalt bringen konnten, aus der sie so heftig unter Feuer genommen wurden, mit aufgepflanztem Bajonett in diese hinein. Obwohl das auch etliche von ihnen mit dem Leben bezahlen mußten, konnten auf diese Weise immer mehr Spanier in die Küche eindringen.

Die Franzosen flohen durch das Labyrinth von Hausdurchbrüchen von einem Raum zum anderen. Wir verfolgten sie durch Wohnungen und Korridore, deren Wirrwarr einen ausgezeichneten Topographen verrückt gemacht hätte, und machten sie nieder, wo wir sie erwischen konnten. Einige stürzten sich verzweifelt in die Innenhöfe. So gelang es uns schließlich, ein Haus nach dem anderen zurückzuerobern, so daß die Franzosen sich auf ihre vorherige Stellung in den ersten beiden Häusern der Calle de Pabostre zurückziehen mußten.

Danach holten wir die Toten und Verwundeten von den Kampfstätten. Unter den letzteren befand sich auch Agustín de Montoria. Er war aber nur von einer Kugel am rechten

Arm getroffen worden. An diesem Tage war mein Bataillon auf die Hälfte zusammengeschmolzen.

Die unglücklichen Alten, Verwundeten und Kranken, die in dem einen Raum zusammengepfercht waren, hätten nun wieder auf mehrere Zimmer verteilt werden können, aber dies wurde als nicht ratsam angesehen, und man suchte ein anderes Asyl für sie, das nicht so nahe am Kampfgeschehen lag.

Jeden Tag, jede Stunde wuchsen die Probleme der eingeschlossenen Stadt auch mit dem Anstieg der Anzahl von Opfern durch den Beschuß und die Epidemie. Diejenigen, die unter den Trümmern gesprengter Häuser begraben wurden, wie es den tapferen Verteidigern der Pomar-Straße neben dem Kloster Santa Engracia erging, waren noch glücklich zu schätzen. Die wirkliche Hölle waren jene Stellen, wo Menschen mit gräßlichen Verletzungen übereinanderlagen, ohne auf Hilfe rechnen zu können. Nur ein Hundertstel der Verwundeten und Kranken konnte ärztlich betreut werden. Die Opferbereitschaft der Frauen, die verzweifelten Bemühungen der Patrioten, die erfindungsreichsten Hilfsmaßnahmen in den Lazaretten reichten nicht aus – bei weitem nicht.

So kam ein Zeitpunkt, in dem sich eine gewisse Gefühllosigkeit, eher eine schreckliche und grausame Gleichgültigkeit, der Verteidiger bemächtigte. Wir gewöhnten uns daran, Haufen von Toten zu sehen, als wären es Haufen von Wollsäcken. Unser Herz krampfte sich nicht mehr zusammen, wenn wir an langen Reihen von Verletzten vorbeikamen, die an den Straßenseiten lagen oder lehnten und sich, so gut sie konnten, selbst zu helfen versuchten. In dem Übermaß an Leiden, der eigenen und der in der Umgebung, war ein Gefühl aufgekommen, als wären die physischen Notwendigkeiten und Bedürfnisse bedeutungslos geworden und als würde Leben nur noch aus Geist bestehen. Der ständige Umgang mit der Todesgefahr hatte unser Wesen verändert. Ein neues Element hatte die Oberhand gewonnen: eine absolute Verachtung des Materiellen und eine totale Gleichgültigkeit dem eigenen Leben und dem der anderen gegenüber. Jeder hoffte ›in Kürze‹ auch zu sterben, ohne daß dieser Gedanke noch Schrecken in sich barg.

Ich erinnere mich, wie mir von dem französischen Angriff zur Wiedereroberung des Trinitarier-Klosters erzählt wurde. Die unglaublichen Heldentaten und der unfaßbare Wagemut unserer Verteidiger erschienen mir wie etwas Natürliches und Alltägliches.

Ich weiß nicht, ob ich schon berichtet habe, daß sich unmittelbar neben dem Kloster Santa Monica das Anwesen der Agustínos Observantes befand, ein Gebäude mit einer ziemlich großen Kirche, hohen Gewölben und einem weiten Kreuzgang. Es war also anzunehmen, daß die Franzosen, die nun schon Herren von Santa Monica waren, alles daransetzen würden, auch dieses andere wuchtige geistliche Bauwerk zu erobern, um ihre Position in diesem Stadtteil noch mehr zu festigen.

»Wenn wir auch nicht mehr im Santa-Monica-Kloster kämpfen können«, sagte mir Pirli, »werden wir doch heute die Freude haben, San Agustín bis zum Tode zu verteidigen! Die von der Extremadura werden zur Verteidigung dort nicht ausreichen, so daß man uns auch holen wird. Aber wir haben ja kaum noch Vorgesetzte! Sind denn überhaupt noch Sergeanten in den Resten unseres Bataillons? Hat man uns nicht schon zu solchen gemacht?«

»Das kann ich nicht sagen, Freund Pirli«, erwiderte ich.

»Aber ja! Wie ich gehört habe, hat der General den Soldaten Araceli zum Rang des Sergeanten ersten Grades und Pirli zum Sergeanten zweiten Grades befördert! Das wollte ich dir jetzt als Überraschung sagen. Wir haben es auch redlich verdient. Agustín de Montoria ist wegen seiner Tapferkeit beim Häuserkampf zum Leutnant ernannt worden. Gestern abend hatte das Bataillon Peñas de San Pedro nur noch vier Sergeanten, einen Fähnrich, einen Hauptmann und zweihundert Mann.«

»Na, wollen wir doch mal sehen, mein lieber Pirli, ob heute nicht auch wieder einige Beförderungen gewonnen werden.«

»Alles ist zu gewinnen, besonders die Beförderung in den Himmel«, erwiderte er. »Die paar Soldaten, die vom Bataillon aus Huesca noch leben, müßten doch wohl zu Generälen gemacht werden. Da ist schon das Signal! Hast du etwas zum Essen?«

»Nicht viel.«

»Manuela Sancho hat mir vier Sardinen gegeben. Ich werde sie mit dir teilen. Du kannst auch ein paar Dutzend geröstete Erbsen haben. Kannst du dich überhaupt noch an den Geschmack von Wein erinnern? Ich habe schon tagelang keinen Tropfen mehr in der Kehle gehabt. Es geht das Gerücht um, daß man uns heute nachmittag etwas Wein austeilen wird – wohl nach dem Kampf um das Kloster San Agustín. Es wäre doch traurig, wenn wir sterben müßten, ohne erfahren zu haben, was das für ein Wein sein wird. Ich würde ja empfehlen, ihn vor dem Kampf auszuschenken. So hätten diejenigen, die fallen, dann wenigstens noch diese kleine Freude gehabt ... Aber ich kann mir schon vorstellen, daß die Kommission zur Proviantverteilung gesagt hat: ›Es ist so wenig Wein da. Wenn wir den jetzt schon austeilen, kann jeder kaum drei Tropfen bekommen! Wollen wir doch bis zum Nachmittag warten. Es wäre ein Wunder, wenn von den Verteidigern von San Agustín noch der vierte Teil übrigbleibt. Die Übriggebliebenen können einen guten Schluck nehmen.‹«

Er erzählte weiter von der Knappheit an Nahrungsmitteln, aber nicht mehr lange, denn kaum hatten wir den Befehl erhalten, die Truppe aus Extremadura bei der Verteidigung des Gebäudekomplexes San Agustín zu unterstützen, als uns ein heftiger Einschlag in Deckung gehen ließ. Ein Mönch rannte herbei und schrie:

»Meine Söhne, sie haben die Wand auf der Monica-Seite zerschossen und sind schon im Gebäude! Lauft zur Kirche! Sie haben wohl schon die Sakristei erobert. Wenn ihr noch rechtzeitig kommt, könnt ihr das Hauptschiff, die Kapellen und den Chor verteidigen. Hoch die Muttergottes auf dem Pfeiler und das Extremadura-Bataillon!«

Voller Kampfesmut liefen wir zur Kirche.

22.

Die guten Mönche sprachen uns Mut zu. Einer von ihnen ging mit uns vor und sprach:

»Meine Söhne, ich kann euch verraten, daß wir für diesen Fall einen Lebensmittelvorrat angelegt haben. Es ist auch Wein da. Jagt aber erst einmal diese Kanaillen hinaus, ihr lieben Jünglinge! Habt keine Angst vor ihren Kugeln! Eure Blicke sind schärfer als eine Schrapnell-Ladung von denen. Vorwärts, die Muttergottes auf dem Pfeiler ist mit euch! Im Pulverdampf wird euch das heilige Antlitz der Muttergottes erscheinen. Hoch Spanien und Ferdinand der Siebte!«

Als wir die Kirche erreichten, hatten die Franzosen, die durch die Sakristei eingedrungen waren, schon den Hochaltar besetzt. Ich hatte noch nie eine so prächtige Brustwehr für Infanterie gesehen, wie diesen mit Skulpturen und Goldbelag verzierten Altar. Noch nie hatte ich gesehen, daß Gewehrfeuer aus den zahlreichen Nischen der Heiligen kam. Die Goldblattstrahlen der Himmelsdarstellungen reflektierten die Mündungsblitze, und zu Füßen von Jesus und der Heiligen Jungfrau knieten Schützen mit verzerrten Mienen.

Der Hochaltar von San Agustín war ein riesiges vergoldetes Gebilde, wie es sie damals oft in Spanien gab. Er erstreckte sich vom Boden bis zum Gewölbe und von einer Seitensäule zur gegenüberliegenden mit Nischenreihen, die eine Art von himmlischer Hierarchie darstellten. Oben hing der blutende Christus am Kreuz, und unten umschloß ein kleiner Tempel das Symbol der Eucharistie. Obwohl sich das Gebilde an der Stirnwand erhob, war es von kleinen Gängen durchfurcht, die zur Wartung jener Republik von Heiligenstatuen dienten und durch die der Küster von der Sakristei aus zur heiligen Jungfrau gelangen konnte, um deren Kleider zu wechseln, die Kerzen des sehr hohen Kruzifixes anzuzünden oder den Staub von den Gewändern und rötlichen Gesichtern der Heiligen zu wischen.

Also: Die Franzosen hatten sich schnell der Muttergottes-Kapelle und der engen Gänge bemächtigt. Als wir dort ankamen, schaute hinter jedem Heiligen und aus den unzähligen Öffnungen ein Gewehrlauf hervor. Den Altarstein hatten sie etwas vorgeschoben und sich auch dahinter verschanzt, um die Stirnseite der Kirche zu einer kleinen Festung zu machen.

Aber auch wir waren nicht ohne Deckung, denn wir hatten die Beichtstühle, die Altäre der Kapellen und die Tribünen. Die am meisten Gefährdeten waren diejenigen, die im Hauptschiff vorrückten. Während die Kühnsten entschlossen zum Hochaltar stürmten, gingen wir anderen am unteren Chorgestühl, am Chorpult und am Gitterwerk hinter übereinandergestellten Bänken und Stühlen in Stellung und nahmen von dort aus die französischen Hochaltarbesetzer unter wohlgezieltes Feuer.

Der Gevatter Garcés lief mit neun vom gleichen kühnen Schlage vor, um die Kanzel zu besetzen, ein weiteres reichverziertes Kolossalgebilde, dessen wiederum mit einer Statue versehenes Dach fast bis zur Wölbungsspitze reichte. Es gelang ihnen, diese Kanzel und die Treppe einzunehmen, so daß sie von dort alle Franzosen, die aus dem Presbyterium zum unteren Kirchenabschnitt stürmen wollten, niederstrecken konnten. Allerdings litten sie auch beträchtlich unter dem Feuer der Franzosen vom Hochaltar, die dieses Hindernis unbedingt aus dem Wege räumen wollten. Schließlich konzentrierte sich alles auf etwa zwanzig Mann, die unter allen Umständen dieses verschnörkelte Holzfort erobern wollten, ohne dessen Besitz jeder Versuch, ins Hauptschiff vorzudringen, heller Wahnsinn gewesen wäre. In einer großen Schlacht hatte ich so etwas noch nicht gesehen. Wie es in einer solchen bisweilen geschieht, konzentrierte sich hier aber auch alles auf einen heißbegehrten Punkt, dessen Eroberung oder Verlust den Kampf entscheiden kann. Alle Aufmerksamkeit richtete sich also auf die Kanzel, die so heftig angegriffen wie verteidigt wurde.

Die zwanzig angreifenden Franzosen waren dem lebhaften Feuer aus dem Chorgestühl und den von den Tribünen geschleuderten Handbomben ausgesetzt. Trotz hoher Verluste stürmten sie aber mit aufgepflanztem Bajonett die Treppe zur Kanzel empor. Die zehn spanischen Verteidiger dieses

Miniforts ließen sich aber dadurch nicht beeindrucken und verteidigten ihre Stellung mit der blanken Waffe und der Erbitterung, die sich der Unseren in solchen Situationen meistens bemächtigte. Viele von uns, die bis dahin hinter den Altären der einzelnen Kapellen und den Beichtstühlen gefeuert hatten, stürmten hervor, um die französischen Angreifer nun ihrerseits von der Flanke aus anzugreifen. Dieses war eine Miniaturausgabe der Schlacht-Wechselfälle. Es kam zu einem Kampf Mann gegen Mann mit Bajonettstößen, Schüssen und Kolbenschlägen.

Aus der Sakristei drangen jetzt noch weitere Franzosen, und unsere Nachhut, die sich im Chor gehalten hatte, kam auch heraus. Einige, die sich auf den rechten Tribünen befanden, sprangen auf ein seitliches Kranzgesims. Von dort feuerten sie nicht nur auf die Franzosen, sondern warfen ihnen auch noch drei Statuen auf den Kopf. Die Kanzel wurde inzwischen weiterhin erbittert verteidigt. Inmitten dieses Infernos sah ich, wie der Gevatter Garcés sich in voller Größe aufrichtete und wie ein fanatischer Prediger mit heiserer Stimme den Franzosen Verwünschungen zuschrie. Wenn ich eines Tages den Teufel auf der Kanzel einer Kirche inmitten einer höllischen Gesellschaft die Sünde predigen sehen würde, könnte ich wohl auch nicht gebannter sein als bei diesem Anblick.

Das konnte natürlich nur kurze Zeit dauern, und Garcés fiel dann auch von hundert Kugeln getroffen mit einem letzten heiseren Schrei zu Boden. Nun rückten die Franzosen in Massen aus der Sakristei und von den drei Stufen vor, die das Presbyterium vom Rest der Kirche trennten, und bildeten eine für uns unüberwindbare Mauer. Eine Salve dieser Schlachtreihe beendete das Ringen um die Kanzel. Unter Zurücklassung vieler Toter auf den Fliesen zogen wir uns in die Kapellen zurück. Die ursprünglichen Verteidiger der Kanzel sowie die ihnen zur Hilfe Geeilten waren unter diesen Toten. Der von Kugeln durchlöcherte Körper des Gevatters Garcés wurde noch mit Bajonettstößen traktiert und über die Brüstung geworfen. So endete dieser große Patriot, dessen Name in der Geschichtsschreibung nicht erwähnt wird.

Auch der Hauptmann unserer Kompanie blieb leblos auf dem Boden liegen. Wir zogen uns in wilder Flucht auf verschiedene Punkte zurück und wußten nicht, wessen Befehle wir nun ausführen sollten. Die Initiative jedes einzelnen Kämpfers oder jeder Gruppe von zwei oder drei war eigentlich noch die einzige mögliche Organisation. Niemand dachte mehr an Begriffe wie Kompanie oder militärische Hierarchie. Ein wunderbarer Instinkt, aus der Not der Situation geboren, ließ uns fast unwillkürlich das Erforderliche tun. So erkannten wir auch nach einiger Zeit, daß wir verloren wären, wenn wir uns in den Kapellen auf der rechten Seite festsetzen würden. Eine weitere Verteidigung der Kirche wäre angesichts der nun erdrückenden Übermacht des Feindes ein vergebliches Opfer.

Einige meinten, daß wir mit den Bänken, den Statuen und dem Holz eines schweren Altaraufsatzes eine Barrikade errichten sollten, um hinter dieser bis zum letzten Mann zu kämpfen, aber zwei Augustinerpater widersetzten sich diesem unnützen Unterfangen mit den Worten:

»Ihr lieben Söhne, beharrt nicht in einem Widerstand, der euch das Leben kosten, aber der spanischen Seite keinerlei Vorteil bringen wird. Die Franzosen dringen jetzt von der Calle de los Arcadas in das Kloster ein. Lauft lieber dahin und versucht, sie dort aufzuhalten. Aber denkt nicht mehr daran, diese von den Unmenschen entweihte Kirche noch weiter zu verteidigen!«

Diese Aufforderungen veranlaßten uns, auf den Kreuzgang hinauszulaufen, während im Chor noch einige Soldaten des Extremadura-Bataillons auf die das Hauptschiff besetzenden Franzosen schossen.

Die Mönche hielten aber ihr Versprechen, uns eine nahrhafte Belohnung für die erbitterte Verteidigung der Kirche zuteil werden zu lassen nur zur Hälfte. Sie verteilten einige Scheiben Dörrfleisch und Stücke hartes Brot, aber vom Wein bekamen wir weder etwas zu sehen noch zu riechen, obwohl wir Augen und Nase anstrengten. Sie entschuldigten sich damit, daß die Franzosen schon den Hauptteil ihres Vorrats erobert hätten und lobten unseren ungeheuren Einsatz.

Als das Wort Wein fiel, erinnerte ich mich an den großen Pirli, den ich das letzte Mal während des Kampfes auf einer der Tribünen gesehen hatte. Ich fragte nach ihm, aber keiner konnte mir Auskunft geben.

Die Franzosen besetzten die ganze Kirche und einen Teil des oberen Klosters. Trotz unserer ungünstigen Lage im unteren Kreuzgang, waren wir entschlossen, den Widerstand fortzusetzen, indem wir uns die Freiwilligen aus Huesca zum Beispiel nahmen, die das Kloster Santa Monica verteidigt hatten, bis sie von den Trümmern begraben wurden. Auch ohne Wein waren wir in einem Zustand der Trunkenheit und sahen es als eine Beleidigung an, besiegt zu werden. Eine geheime, neu aufsteigende Kraft trieb uns an, die ich hier nicht erklären kann. Der inspirierte Geist hatte das erschöpfte Fleisch besiegt.

Es erreichte uns aber ein Befehl von außen, der von der Logik geprägt war. Der General Saint-March[28] ordnete an:

»Das Kloster San Agustín kann nicht mehr gehalten werden. Statt sich unnütz in diesem Kloster zu opfern, müssen die dort noch befindlichen Truppen nun die auf der Pabostre-Straße und am Puerta-Quemada-Tor angegriffenen Punkte verteidigen, wo der Feind immer wieder eindringen will.« So verließen wir schließlich San Agustín. Als wir die Straße gleichen Namens entlangzogen, die parallel zur Palomar-Straße verläuft, sahen wir, daß vom Turm der Kirche dort Handbomben auf die Franzosen auf dem kleinen Platz bei der Palomar-Straße geworfen wurden. Wer warf die wohl? Lassen Sie uns hier die Geschichtsannalen aufschlagen, wo es heißt: »Auf dem Turm hatten sich sieben oder acht Zivilisten mit Lebensmitteln und Munition eingerichtet, um dem Feind so viele Verluste wie möglich beizubringen. Sie konnten sich dort einige Tage lang halten ...«

Es war der vortreffliche Pirli. O Pirli! Du bist glücklicher als der Gevatter Garcés, denn du nimmst einen Platz in der Geschichtsschreibung ein!

23.

Wir wurden in das Extremadura-Bataillon eingegliedert und marschierten durch die Palomar-Straße bis zum Magdalenen-Platz, wo wir den Lärm einer Schlacht am Ende der Calle de la Puerta Quemada hörten. Wie es in dem Befehl gesagt worden war, versuchte der Feind, über die Pabostre-Straße vorzudringen, um sich der Puerta Quemada zu bemächtigen. Dieses Tor war ein sehr wichtiger Punkt, von dem aus die Franzosen mit ihrer Artillerie die ganze Strecke der Calle de la Puerta Quemada bis zum Magdalenenplatz unter Direktfeuer hätten nehmen können. Und da sie diesen zentralen Punkt von ihren neuen Stellungen in den Klöstern San Agustín und Santa Monica aus bedrohen konnten, sahen sie sich schon als Herren der ganzen Vorstadt. In der Tat, wenn es den französischen Einheiten gelingen würde, von San Agustín aus bis zu den Ruinen des Seminars und dann über die Pabostre-Straße bis zur Puerta Quemada vorzudringen, könnte ihnen das Stadtviertel der Gerbereien nicht mehr streitig gemacht werden.

Nach einer kurzen Wartezeit führte man uns zur Pabostre-Straße, und da der Kampf sowohl in den Häusern als auch auf der Straße stattfand, drangen wir von der Calle de los Viejos aus in den ersten Häuserblock ein. Von den Fenstern des Hauses aus, in dem ich Stellung beziehen mußte, sah man fast nur Rauch. Wir konnten kaum erkennen, was eigentlich vor sich ging. Dann sah ich, daß die Straße von einer Seite zur anderen voller Gräben und Barrikaden aus Möbeln und Trümmern war.

Von diesen Fenstern aus eröffneten wir ein konzentriertes Gewehrfeuer. Ich erinnerte mich an einen Ausspruch des einbeinigen Bettlers Pepe Pellejo, der sich ›Sursum Corda‹ nannte und den ich bei meiner Ankunft in Zaragoza kennengelernt hatte, ein Spruch, mit dem er den Zustand von Kämpfern bei der ersten Belagerung beschrieben hatte. Auch wir waren jetzt nur noch eine Maschine, die lud und feuerte. In den Häusern dort floß das Blut in Strömen. Die Wucht des französischen Angriffs war furchtbar. Um den Widerstand nicht erlahmen zu lassen, riefen die Glocken ständig das Volk zum Kampf auf, und die Generäle erließen grausame Befehle gegen Feiglinge und Deserteure. Die Mönche organisierten Gruppen von Einwohnern anderer Stadtviertel und führten sie wie in einer Prozession herbei. Einige heldenhafte Frauen gaben ein Beispiel, in dem sie sich mit dem Gewehr in der Hand ins Kampfgetümmel stürzten.

Entsetzlicher Tag, dessen fortwährender Lärm auf das Trommelfell der Teilnehmer eindrang und sie auch noch in der Erinnerung verfolgt. Eine Quelle von Alpträumen für das ganze restliche Leben. Wer diese Exzesse, das Schreien und Krachen nicht miterlebt hat, kann sich nicht vorstellen, welchem Übermaß an Schecken manche menschliche Seelen ausgesetzt werden. Man möge mir nicht sagen, daß ein Vulkanausbruch oder ein Sturm mitten im Ozean, den dieser oder jener wohl miterlebt hat, doch auch seine Schecken hat, wenn das Boot von einem Wasserberg zum Himmel getragen wird und dann in einen Abgrund fällt. Nichts ist vergleichbar mit den von Menschen ausgelösten Vulkanausbrüchen und Orkanen, deren Leidenschaften das Wüten der Natur in den Schatten stellen.

Da wir vom Fenster aus nicht so eingreifen konnten, wie es uns gelüstete, konnten wir nicht mehr länger an uns halten und stürmten einer nach dem anderen auf die Straße hinunter, ohne auf die Vorgesetzten zu achten, die uns zurückhalten wollten. Der Kampf hatte eine unwiderstehliche Anziehungskraft für uns gewonnen. Er rief uns, wie ein Abgrund den Bergwanderer anzieht.

Ich habe mich nie als einen Helden angesehen, aber es ist eine Tatsache, daß ich in diesen Augenblicken weder den Tod fürchtete noch mich vom Anblick der Katastrophen um mich herum beeindrucken ließ. Das Heldentum als Augenblickserscheinung und Direktergebnis der Inspiration gehört nämlich nicht ausschließlich den Tapferen, weshalb es auch oft bei Frauen und eigentlich ziemlich feigen Menschen anzutreffen ist.

Um nicht vielleicht doch in den Verdacht der Prahlerei zu

geraten, möchte ich hier den Kampf in der Pabostre-Straße nicht eingehender beschreiben. Er glich in vielem den Kämpfen, von denen ich schon berichtet habe – vielleicht mit dem Unterschied, daß er mit einer Inbrunst geführt wurde, von der man sagen kann, daß dort das Menschliche endete und das Göttliche begann. In diesen Häusern kam es zu solchen Szenen wie bei den vorausgegangenen Schlachten, aber mit noch größerer Erbitterung, weil Sieg oder Niederlage hier von noch größerer Bedeutung waren. Ein auf dem Dachboden begonnener Kampf setzte sich Stufe um Stufe bis zum Keller fort. Man brachte sich mit der blanken Waffe um, wobei der Vorteil meistens auf der Seite der sich besser in den Örtlichkeiten auskennenden Zivilisten lag. Die Kommandostimmen, die Bewegungen in diesen Labyrinthen dirigieren sollten, schallten mit unheimlichem Echo von Raum zu Raum.

Auf der Straße wurde von beiden Seiten Artillerie eingesetzt. Mehrmals versuchten die Franzosen, sich mit schnellen Handstreichen in den Besitz unserer Geschütze zu bringen, wobei sie aber viele Männer verloren, ohne etwas gewinnen zu können. Als die französischen Soldaten sahen, daß ihre ungeheuren Anstrengungen, auf dieser Straße zwei Ellen Boden zu gewinnen, keinen Erfolg zeitigten, verweigerten sie weitere Angriffe, so daß sie von ihren Offizieren mit gezogenem Säbel vorgejagt werden mußten.

Bei uns waren solche Maßnahmen nicht notwendig. Die Mönche kümmerten sich um alles. Ohne aufzuhören, den Sterbenden Beistand zu leisten, erkannten sie sofort eine Schwäche in einer Position und benachrichtigten die militärischen Führer.

In einer der Gruben auf der Straße zeichnete sich Manuela Sancho besonders aus. Nachdem sie fortwährend ihr Gewehr abgefeuert hatte, sprang sie ein, als die Bedienungsmannschaft eines Achter-Geschützes gefallen war und gab mehrere Schüsse mit diesem ab. Sie blieb lange unverletzt, munterte die Männer mit glühenden Worten auf und diente als leuchtendes Beispiel. Aber gegen drei Uhr nachmittags fiel sie mit einer Beinverletzung um und lag lange unter Toten, denn der große Blutverlust hatte ihre Sinne schwinden und sie wie eine

Leiche aussehen lassen. Als wir dann später merkten, daß sie atmete, zogen wir sie heraus und leisteten ihr erste Hilfe – mit so gutem Erfolg, daß ich später noch viele Jahre die Freude hatte, sie am Leben zu sehen. Die Geschichtsschreibung hat diese tapfere junge Frau nicht vergessen, und außerdem trägt die ehemalige Pabostre-Straße, deren kärgliche Häuser anschaulicher als die Seiten eines Geschichtsbuches sind, jetzt den Namen Manuela Sancho.

Bald nach drei Uhr erschütterte eine gewaltige Detonation die Häuser, die uns die Franzosen während des ganzen Vormittags so erbittert streitig gemacht hatten. Durch den dicken Rauch und Pulverdampf – letzterer war noch dichter als der Rauch – sahen wir ausschnittsweise das Dach und die Wände eines dieser Häuser zusammenfallen, mit einem Lärm, den man nicht beschreiben kann. Die Franzosen hatten begonnen, die Häuser zu sprengen, die sie uns nicht entreißen konnten. Ihre Pioniere hatten während der Kämpfe Minengräben vorgetrieben und Sprengladungen angebracht, so daß sie jetzt das Pulver die Arbeit verrichten lassen konnten.

Als das erste Haus so in die Luft flog, verhielten wir uns noch ruhig. Als aber ein zweites, näher an uns liegendes, mit noch stärkerem Knall zusammenfiel, begann unser Rückzug in verhältnismäßiger Auflösung. Trümmerstücke, aber auch Fleischfetzen fielen auf uns, sobald wir die Häuserdeckung verlassen mußten, und erinnerten uns daran, daß viele unserer Kameraden, die von der Armeskraft des Feindes nicht vertrieben werden konnten, nun von der gewaltigen Wirkung der heimtückisch angelegten Sprengladungen zerrissen wurden. Ein Haus nach dem anderen wurde so zu einem entsetzlichen Krater.

Unsere Führer hielten uns auf mit den Worten:

»Ruhe, Kameraden! Lauft nicht. Die wollen uns doch angst machen. Auch wir haben reichlich Pulver, um Minen zu legen. Meint ihr, die werden dadurch einen Vorteil erlangen? Im Gegenteil. Wir werden sehen, wie sie sich in den Trümmern verteidigen können.«

An der Straßenmündung erschien der Generalkapitän General Palafox und hielt uns einige zeitlang auf. Der Lärm machte seine Worte unverständlich, aber seinen Gesten konnten wir entnehmen, daß er uns antreiben wollte, über die Trümmer anzugreifen.

»Hört ihr den Oberkommandierenden Palafox, meine Söhne?« rief ein auf uns zukommender Mönch aus der Begleitung von Palafox. »Er sagt, wenn ihr noch eine kleine Anstrengung unternehmt, wird hier bald kein Franzose mehr am Leben sein!«

»Und recht hat er!« stimmte ein anderer Mönch zu. »In Zaragoza wird euch keine Frau mehr anschauen, wenn ihr jetzt nicht auf die Häuserruinen zustürmt und die Franzosen dort hinauswerft!«

»Vorwärts ihr Söhne der Muttergottes auf dem Pfeiler!« fügte ein dritter Mönch hinzu. »Seht ihr dort die Frauengruppe? Sie sagen, wenn ihr nicht angreift, werden sie es tun. Schämt ihr euch nicht vor ihnen?«

Das hielt uns auf. Zu unserer Rechten krachte ein weiteres Haus zusammen, und Palafox stürzte sich in die Straße hinein. Wie in einem Sog folgten wir ihm. Hier sollte ich nun einige Einzelheiten über diese herausragende Persönlichkeit berichten, deren Name untrennbar mit den Heldentaten von Zaragoza verbunden ist. Seinen Ruf hatte er vorwiegend seiner großen Tapferkeit zu verdanken, aber auch seiner edlen Herkunft, dem Respekt, der der Familie der Lazán schon immer entgegengebracht worden war. Für seinen hohen Rang war er noch jung, obwohl er auf normalen Wegen über die Kadettenschule und so weiter aufgestiegen war. Man zollte ihm Lob, daß er die Gunst und Förderung einer sehr hochgestellten Dame verschmäht hatte, die sowohl durch ihre Position als auch ihre Skandale berühmt war. Was diesen Führer der Truppen Zaragozas besonders sympathisch machte, war seine Besonnenheit, die mit jugendlichem Feuer und Einsatzbereitschaft für seine Ideale gepaart war und seine Umgebung zur Überwindung größter Schwierigkeiten mitriß.

Er hatte erkannt, daß seine strategische Intelligenz für ein solches Unterfangen nicht ausreichte, und sich deshalb mit ausgezeichneten Fachleuten umgeben. Diese hatten im Verlauf der Ereignisse alles an sich gerissen, so daß Palafox vorwiegend theatralische Funktionen ausübte. Auf ein Volk, bei dem die Phantasie eine so starke Rolle spielt, verfehlte dieser junge General aus edler Familie und mit sympathischer Erscheinung, der an allen Gefahrenpunkten auftauchte, die Wankenden aufmunterte und die Tapferen belohnte, seine Wirkung nicht.

Die Einwohner von Zaragoza sahen in ihm ein Symbol ihrer Tugenden, ihrer Standhaftigkeit, ihrer heißen Vaterlandsliebe gemischt mit einer gewissen Mystik. Was er anordnete, wurde überall als gut und richtig angesehen. Wie jene Monarchen, denen die Gesetze die Repräsentation der fundamentalen Prinzipien der Regierung verliehen haben, konnte Palafox nichts falsch machen. Wenn sich etwas als falsch erwies, dann war es das Werk seiner Ratgeber. In Wirklichkeit herrschte dieser illustre Führer, aber er regierte nicht. Das Regieren besorgten der geistliche Arzt Pater Basilio und die Generäle O'Reilly, Saint-Mach und Butrón[29].

Palafox tauchte immer an den Gefahrenstellen auf wie die menschliche Verkörperung des Triumphes. Seine Stimme ermunterte die Todgeweihten, und wenn die Muttergottes auf dem Pfeiler gesprochen hätte, so wäre es durch seinen Mund gewesen. Sein Antlitz drückte immer ein felsenfestes Vertrauen aus, und mit seinem triumphierenden Lächeln erzeugte er Mut wie andere mit wild entschlossener Stirn. Er nahm für sich in Anspruch, die treibende Kraft dieser großen Bewegung zu sein. Da er instinktiv verstand, daß sein Erfolg mehr auf seinen Fähigkeiten als Schauspieler als auf denen des Generals beruhte, erschien er immer in voller Gala-Uniform mit Federbusch und allen eindrucksvollen Orden, und die donnernde Musik des Beifalls und der Hochrufe berauschten ihn. All dies war notwendig, denn es muß immer eine gewisse gegenseitige Bewunderung zwischen Führer und Geführten vorhanden sein, damit der emphatische Siegeswille alle zum Heroismus mitreißen kann.

24.

Wie ich schon gesagt hatte, hielt Palafox unseren Rückzug auf, und obwohl wir fast die ganze Pabostre-Straße aufgegeben hatten, leisteten wir an der Puerta Quemada erbitterten Widerstand.

Wenn die Schlacht bis drei Uhr nachmittags – dem Zeitpunkt, zu dem wir uns in der Gegend des Magdalenen-Platzes konzentrierten – schon heftig gewesen war, so war sie es dann bis zum Einbruch der Dunkelheit nicht weniger. Die Franzosen arbeiteten emsig in den Hausruinen, und es war seltsam anzusehen, wie zwischen Trümmerschutt und Balken kleine Befestigungen entstanden, überdeckte Gänge und Plattformen für Geschütze. Diese Schlacht wurde einem konventionellen Krieg immer unähnlicher.

Aus dieser neuen Phase der Schlacht ging ein Vor- und ein Nachteil für die Franzosen hervor, denn wenn die Sprengung der Häuser ihnen auch erlaubte, dort einige Geschütze in Stellung zu bringen, so hatten doch ihre Soldaten dort wenig Deckung. Unglücklicherweise nutzten wir angesichts der ständig fortgeführten Sprengungen dies nicht aus. Die Furcht davor ließ uns diese Gefahr hundertfach vergrößert erscheinen, wo sie in Wirklichkeit doch schon abnahm. Da die Verteidiger von Zaragoza den Franzosen darauf keine Antwort schuldig bleiben wollten, begannen sie, die Häuser der Pabostre-Straße, die sie nicht halten konnten, anzuzünden.

In ihrem Eifer, endlich zu einem Abschluß zu gelangen, der aber in diesem Labyrinth nicht möglich war, begannen Belagerer und Belagerte die Festpunkte dieses Labyrinths einen nach dem anderen zu zerstören – die einen mit Sprengstoff, die anderen mit Feuer – und beraubten sich damit selbst der Deckung wie der ungeduldige Gladiator, der seinen Schild wegschleudert.

Was für ein Nachmittag, welch eine Nacht! An diesem Punkt der Geschichte angekommen, fühle ich mich nun auch erschöpft und wie außer Atem. Meine Erinnerungen umnebeln sich, wie meine Gedanken und Gefühle sich in dieser entsetzlichen Tageshälfte umnebelten. Es kam ein Zeitpunkt, an dem mein Körper wie der meiner Kameraden, die das Glück oder Unglück hatten, noch am Leben geblieben zu sein, nicht mehr widerstehen konnte und einfach umfiel – auf halb in Trümmern begrabene Leichen. Meine bis zu den Extremen des Deliriums aufgepeitschten Sinne ließen mich den Ort, an dem ich mich befand, nicht mehr klar erkennen und das Gefühl, noch am Leben zu sein, bestand aus einem Gemisch der verschiedensten Einflüsse und bisher nicht erlebter Schmerzen. Ich wußte auch nicht mehr, ob es Tag oder Nacht war, denn an manchen Punkten herrschte vorwiegend Dunkelheit. An anderen wieder fühlte ich mich durch die Flammen wie in der Hölle.

Ich schleppte mich dann über leblose oder sich noch bewegende Körper auf der Suche nach einem Stück Brot und einem Schluck Wasser. Welche entsetzliche Zerstörung! Welch ein Hunger! Was für ein Durst! Einige hatten noch die Kraft, zu laufen und zu schreien. Sie warfen unheimliche Schatten auf die noch stehenden Mauerteile. Ich weiß nicht, woher sie kamen oder wohin sie gingen. Aber ich war nicht der einzige, der nach so vielen Stunden des Kampfes völlig erschöpft war. Auch andere schleppten sich dahin wie ich. Wir flehten uns gegenseitig um Wasser an. Manche hatten noch die Energie, unter den Leichen nach Eßbarem zu suchen. Ab und zu hatten sie das Glück, ein Stück Brot oder Dörrfleisch voller Erde zu finden, das sie gierig verschlangen.

Auch ich mußte notgedrungen dazu übergehen, denn mein Hunger und Durst wurden nun unerträglich. So konnte ich mich wenigstens ein wenig stärken. Ich wußte nicht, ob ich verwundet war. Einige, die mit mir über ihren Hunger und Durst sprachen, hatten schlimme Verletzungen. Endlich stießen wir auf einige Frauen, die uns schlammiges und lauwarmes Wasser verabreichten. Wir stritten uns um solch einen Becher Lehmwasser. Bei einem Toten fanden wir, in ein Tuch eingebunden, zwei Stockfische und trockene Reibekuchen.

Durch diese hin und wieder aufgetriebenen Bissen konnte ich wenigstens so viel Kraft aufbringen, mich weiterzuschleppen. Da merkte ich, daß meine Kleidung voller Blut war, spürte Schmerzen im rechten Arm und meinte, ich sei schwer verwundet. Der Schmerz rührte aber nur von Kontusionen her und das Blut an meiner Kleidung vom Kriechen über Leichen und Blutlachen.

Ich konnte wieder etwas klarer denken, erkannte, daß die Abenddämmerung hereinbrach und nahm wieder eilige Schritte und Kanonendonner wahr.

Die Feuer brannten weiter. Über der Stadt lag eine dichte Wolke aus Pulverdampf und Rauch, die beim Flammenschein an Dantes Inferno erinnerte. Ich hatte so etwas vorher nur in schlimmen Träumen gesehen. Die klagenden Ruinen und die brennenden Balken waren weniger unheimlich anzusehen als die gehetzten Gestalten, die hier- und dorthin liefen, fast in die Flammen hinein. Das waren Einwohner von Zaragoza, die sich noch mit den Franzosen schlugen und ihnen wild entschlossen jede Handbreit dieser Hölle streitig machten.

In der Calle de la Puerta Quemada, etwa auf halbem Wege vom Seminar zur Kreuzung mit der Pabostre-Straße, übermannte mich wieder die Erschöpfung. Ein Mönch, der mich da so blutverschmiert sitzen sah, erzählte mir vom anderen Leben und der ewigen Belohnung für diejenigen, die für das Vaterland sterben. Ich sagte ihm, daß ich gar nicht verwundet sei, sondern daß mich Hunger, Durst und Erschöpfung niedergestreckt hätten. Außerdem glaubte ich auch, die ersten Anzeichen der Epidemie bei mir zu erkennen. Da setzte sich der gute Mann, in dem ich den Pater Mateo del Busto erkannte, neben mich und stieß einen tiefen Seufzer aus:

»Auch ich kann mich nicht mehr auf den Beinen halten und glaube, sterben zu müssen.«

»Euer Hochwürden ist verletzt?« fragte ich, denn ich sah einen Verband an seinem rechten Arm.

»Ja, mein Sohn. Eine Kugel hat mir Arm und Schulter durchschlagen. Ich habe starke Schmerzen, aber die muß ich aushalten. Christus hat mehr für uns gelitten. Seit dem Morgengrauen habe ich mich um Verwundete gekümmert und Sterbende auf den Weg in den Himmel vorbereitet. In sechzehn Stunden habe ich mich keine Minute ausruhen oder etwas zu mir nehmen können. Eine Frau hat mir diesen Verband am rechten Arm gemacht, und ich bin dann meiner Tätigkeit weiter nachgegangen. Ich glaube nicht, daß ich noch lange leben werde … Mein Gott, wie viele Tote! Und all die Verwundeten, die keiner holt! … Ach, ich kann nicht mehr. Hast du die Grube am Ende der Clavos-Straße gesehen? Dort liegt der unglückliche ›Corindo‹, ein Opfer seiner eigenen Kühnheit. Wir sind dorthin gegangen, um einige Verwundete wegzubringen, als wir aus der Richtung des San-Agustín-Klosters eine Gruppe von Franzosen von Haus zu Haus vorrücken sahen. ›Coridon‹, von seinem ungestümen Blut angetrieben, lief auf sie zu und beschimpfte sie. Mit einem Bajonettstoß schleuderten sie ihn in die Grube … Ach, wie viele Opfer an einem einzigen Tage, Araceli! Du hast aber sehr großes Glück, daß du nicht verwundet worden bist! Aber du wirst wohl der Epidemie zum Opfer fallen, was noch schlimmer ist. Ich habe heute sechzig an dieser Krankheit Sterbenden die Absolution erteilt. Auch dir erteile ich sie, mein Freund, denn ich weiß, daß du rechtschaffen gewesen bist und dich in diesen Tagen tapfer geschlagen hast … Was hast du? Geht es dir schlechter? Du siehst wirklich gelber als die Leichen hier ringsum aus. Während der Belagerung an der Epidemie zu sterben, ist auch ein Tod für das Vaterland. Hab Gottvertrauen, junger Freund. Der Himmel wird sich für dich öffnen und die Muttergottes dich in ihren Sternenmantel hüllen. Das Leben ist nicht wichtig. Viel wichtiger ist es, ehrenvoll zu sterben und mit den Leiden eines Tages den ewigen Sieg zu erringen! Im Namen Gottes vergebe ich dir alle deine Sünden.«

Nachdem er das entsprechende Gebet gemurmelt hatte, sprach er das *Ego te absolvo* und streckte sich auf dem Boden aus. Obwohl es mir wahrlich nicht gutging, sah ich mich noch gesünder an als den guten Mönch. Das war nicht der erste Fall, in dem der Beichtvater eher starb als der Todgeweihte oder der Arzt eher als sein Patient. Ich wollte ihn zur Besinnung zurückrufen, aber er gab nur noch klagende Laute von sich. Da richtete ich mich mühsam auf, um zu versuchen, Hilfe für ihn zu holen. Ich stieß auch auf einige Männer und Frauen und sprach sie an:

»Dort ist der Pater Mateo del Busto. Er kann sich nicht mehr bewegen.« Sie nahmen aber gar keine Kenntnis von mir und zogen weiter. Viele Verwundete baten mich wiederum um Hilfe, aber ich kümmerte mich auch nicht darum. In der Nähe der Coso-Straße begegnete ich einem Jungen von etwa acht bis zehn Jahren, der laut weinend dahinschritt. Ich trat auf ihn zu und fragte ihn nach seinen Eltern. Er deutete nur auf eine Stelle, wo viele Tote und Verwundete lagen.

Ich begegnete diesem Jungen später noch ein paarmal, immer weinend und immer allein. Niemand kümmerte sich um ihn.

Man hörte nur noch Fragen wie: »Hast du meinen Bruder gesehen? Weißt du, wo mein Kind ist? Wo ist mein Vater?« Aber der Bruder, das Kind oder der Vater waren nirgends zu finden. Es brachte schon keiner mehr die Kranken in die Kirchen, denn alle – oder fast alle – waren schon voll. In den Kellern und Erdgeschossen, die vorher als die beste Zuflucht angesehen worden waren, herrschte eine verpestete Atmosphäre. Es kam der Zeitpunkt, wo die Verletzten mitten auf der Straße noch am besten aufgehoben waren.

Ich schleppte mich zum Mittelabschnitt der Coso-Straße, denn man hatte mir erzählt, dort würde etwas zum Essen ausgeteilt, aber das stimmte nicht. So ging ich zum Gerbereiviertel zurück, und endlich – vor dem öffentlichen Kornspeicher – bekam ich etwas Warmes zu essen. Es ging mir gleich etwas besser, und das, was ich für Symptome der Epidemie angesehen hatte, verschwand allmählich. Meine körperlichen Leiden waren also von der Art, die mit Brot und Wein gelindert werden konnten. Da kam mir Pater Mateo del Busto wieder in den Sinn. Ich fand dann doch welche, die mit mir kamen, um ihn zu bergen. Der unglückliche alte Mann hatte sich nicht von der Stelle bewegt, und als wir ihn fragten, wie es ihm denn gehe, antwortete er:

»Was? Hat es schon zur Frühmette geläutet? Es ist noch Zeit. Lassen Sie mich doch noch ausruhen. Ich bin sehr müde, Pater González. Sechzehn Stunden lang habe ich Blumen im Garten gepflückt ... Ich bin ganz erschöpft.«

Trotz dieser Bitten hoben wir ihn zu viert hoch, aber kaum

waren wir einige Schritte mit ihm gegangen, starb er uns in den Händen.

Meine Begleiter gingen zum Kampfgeschehen zurück. Ich wollte ihnen folgen, als mir ein Mann auffiel. Es war Candiola, der mit versengter Kleidung aus einem Haus heraustrat, ein gackerndes Huhn umklammernd. Ich hielt ihn in der Straßenmitte an und fragte ihn nach seiner Tochter und Agustín. Aufgeregt antwortete er mir:

»Meine Tochter – ich weiß nicht ... Dort wird sie schon irgendwo sein ... Ich habe alles verloren! Die Quittungen! Alle Quittungen sind verbrannt! ... Als ich das Haus verlassen wollte, stieß ich auf dieses Huhn, das wie ich vor den schrecklichen Bränden floh. Gestern war ein Huhn schon fünf Duros wert! ... Aber meine Quittungen! Heilige Muttergottes auf dem Pfeiler und du, heiliger Dominguito meiner Seele! ... Warum mußten nur meine Quittungen verbrennen? ... Vielleicht können noch welche gerettet werden ... Können Sie mir nicht helfen? Unter einem großen Balken ist der Blechkasten, in dem ich sie aufbewahrte ... Wo kann man denn nur ein halbes Dutzend Leute auftreiben, die ich dafür haben müßte? ... Mein Gott! Diese Junta, diese Stadtverwaltung, dieser Generalkapitän – woran denken die nur?«

Dann rief er die Vorübergehenden an:

»He, Freund, mitleidige Seele ... hilf mir doch einen Balken hochzuheben! ...Eh, ihr guten Leute, laßt doch mal diesen Sterbenden sein, andere werden ihn schon ins Lazarett bringen. Helft mir lieber! Ist denn keine fromme, mitleidige Seele da? Die Herzen scheinen zu Eisen geworden zu sein! ... Es gibt ja keine menschliche Anteilnahme mehr! ... O ihr Einwohner von Zaragoza ohne Mitgefühl! Seht nur, wie Gott euch straft!«

Da er sah, daß ihm niemand helfen würde, ging er ins Haus zurück, aber gleich darauf kam er schreiend wieder heraus. »Es kann nichts mehr gerettet werden. O Muttergottes, warum läßt du kein Wunder geschehen? Warum verleihst du mir nicht die Gabe dieser Kinder von Babylon, damit ich ins Feuer gehen kann, um meine Papiere zu retten?«

25.

Candiola setzte sich auf einen Steinhaufen und schlug sich, in einer Hand noch immer das Huhn, mit der anderen rhythmisch an den Kopf und auf die Brust, wobei er tiefe Seufzer ausstieß. Ich fragte ihn wieder nach seiner Tochter, um auch zu erfahren, wo Agustín sein könnte, worauf er antwortete:

»Ich war in diesem Haus in der Añon-Straße, wo sie mich gestern hingeschleppt hatten. Dann hieß es aber wieder, daß man dort auch nicht mehr sicher sei. Besser sei es in der Innenstadt. Ich wollte aber nicht mit den anderen gehen. Die Welt ist voller Diebe und Gauner. Wir schlüpften also in einen unteren, noch nicht so sehr zerstörten Raum dieses Hauses. Meine Tochter hatte große Angst vor den Kanoneneinschlägen und wollte dort nicht bleiben. Als die benachbarten Häuser gesprengt wurden, flohen sie und Guedita entsetzt. Ich blieb also allein zurück und dachte an die Gefahr für die von mir geretteten Sachen. Bald traten auch spanische Soldaten mit brennenden Fackeln ein und kündigten an, sie würden das Haus anzünden. Diese Kanaillen ließen mir keine Zeit, etwas von meinem Hausrat hinauszutragen. Statt Mitgefühl mit mir zu haben, verspotteten sie mich noch! Ich versteckte den Blechkasten mit den Quittungen, denn sie hätten ja glauben können, er sei voller Geld, so daß sie ihn mir stehlen würden. Ich konnte aber nicht länger dort bleiben. Die Flammen und der Rauch trieben mich hinaus. Dennoch versuchte ich meinen Blechkasten zu retten ... Aber es war unmöglich! Ich mußte den Flammen weichen. Nichts konnte ich mehr mitnehmen. O barmherziger Gott! Nur dieses Huhn, das seine Besitzer in der Eile im Käfig vergessen hatten, konnte ich noch im letzten Moment greifen. Dabei hätte ich mir fast die ganze Hand verbrannt! Verflucht sei der, welcher auf den Gedanken gekommen ist, die Häuser da anzuzünden! Durch diese Helden habe ich mein Vermögen verloren! Ich habe außer dem Haus, in dem ich wohnte, noch zwei andere in Zaragoza. Das eine in der Sombra-Straße ist noch unbeschädigt geblieben, aber es sind keine Bewohner mehr drin. Das andere, das das

Koboldhaus genannt wird und hinter dem San-Francisco-Kloster und vor dem Garten des San-Diego-Kollegs steht, wurde von den spanischen Truppen besetzt, die alles zerstört haben. Ruinen – überall Ruinen! Da haben die sich etwas Schönes ausgedacht, die Häuser anzuzünden, nur damit sie nicht in die Hände der Franzosen fallen!«

»Der Krieg erfordert das«, erwiderte ich, »denn diese heldenhafte Stadt will bis zum letzten kämpfen.«

»Und was hat Zaragoza davon, daß ›bis zum letzten‹ gekämpft wird? Was haben die dabei Gestorbenen davon gehabt? Erzählt denen jetzt mal von Heldentum und all diesen verlogenen Phantastereien! Da gehe ich doch lieber in die Wüste, als nochmal in einer Stadt wohnen zu wollen, die sich heldenhaft verteidigt! Ich gebe zu, daß man den Franzosen einigen Widerstand entgegensetzen mußte – aber doch nicht bis zu solchen barbarischen Extremen! Die meisten Gebäude, die jetzt nur noch rauchende Trümmer sind, waren zwar wenig wert. Aber man komme mir nicht mit großen Worten. Das ist alles von den Großkopferten erfunden worden, die nachher einen schwunghaften Handel mit Holzkohle treiben!«

Da mußte ich lachen. Liebe Leser, denken Sie nicht, daß ich übertreibe. Das, was ich hier erzähle, hat er mir wörtlich gesagt. Diejenigen, welche das Unglück hatten, ihn richtig zu kennen, werden bestätigen, daß Candiola so war. Wenn er in der antiken Heldenstadt Numantia gelebt haben würde, hätte er die Einwohner dieser Stadt auch beschuldigt, als Helden verkleidete Holzkohlenhändler zu sein.

»Ich bin verloren, für alle Zeiten ruiniert!« fügte er hinzu und schlug die Hände in einer schmerzlichen Geste zusammen. »Diese Quittungen waren ein Teil meines Vermögens. Wie kann ich ohne Bescheinigungen meine Darlehen zurückfordern? Außerdem sind ja wohl fast alle Schuldner umgekommen und faulen auf diesen Straßen dahin. Nein, ich wiederhole es immer wieder: Was diese Elenden angerichtet haben, ist gegen die Gesetze Gottes. Es ist eine Todsünde, ein unverzeihliches Verbrechen, sich töten zu lassen, wenn man Schulden hat, die der Gläubiger dann nicht mehr eintreiben kann! Die denken sich: ›Zahlen ist sehr schwer. Wollen wir doch lieber sterben, um nicht zahlen zu müssen!‹ Aber Gott müßte mit diesen heroischen Kanaillen sehr streng sein und sie zur Strafe wiederaufstehen lassen, damit sie dem Gerichtsvollzieher und dem Kerker überantwortet werden. Mein Gott, laß sie auferstehen! Heilige Mutter Gottes auf dem Pfeiler und Santo Dominguito del Val, laßt sie auferstehen!«

»Und Ihre Tochter ist nicht verletzt?« fragte ich ihn begierig.

»Erwähnen Sie meine Tochter nicht mehr!« erwiderte er erregt. »Gott hat ihre Schuld an mir gerächt. Ich weiß jetzt, wer der Infame ist, der ihr nachstellt. Dieser verdammte Sohn Josés de Montoria, der doch Priester werden soll! María hat es mir gestanden. Gestern hat sie ihm die Wunde gepflegt, die er am Arm hat. Hat man schon mal ein solch schamloses Mädchen gesehen? Und sie tat es vor meinen Augen!«

Bei diesen Worten tauchte die Frau Guedita auf, die ihren Herrn schon eifrig gesucht hatte und in einem Tuch eingebunden ein paar Lebensmittel brachte. Er schlang sie heißhungrig hinunter. Danach gelang es uns mit vielen Bitten, ihn von dieser Stelle loszureißen und zur Orano-Gasse zu führen, wo seine Tochter sich mit anderen Unglücklichen in einem Hausflur aufhielt. Nachdem Candiola sie beschimpft hatte, machte er der Haushälterin Vorwürfe.

»Wo ist Agustín?« frage ich Mariquilla.

»Eben war er noch hier. Aber man hat ihm die Nachricht vom Tode eines Bruders gebracht, und da ist er sofort gegangen. Ich hörte, daß seine Familie in der Calle de las Rufas sei.«

»Sein Bruder, der Erstgeborene, ist gestorben?»

»So sagt man. Agustín war sehr entsetzt darüber.«

Ich lief auch sofort zur Calle de las Rufas, um zu versuchen, dieser großmütigen Familie, der ich so viel zu verdanken hatte, in ihrem Leid beizustehen. Noch bevor ich dort eintraf, kam Don Roque mit Tränen in den Augen und folgenden Worten auf mich zu:

»Gabriel, Gott hat unserem guten Freund heute einen großen Schmerz erleiden lassen.«

»Ist der älteste Sohn, Don Manuel de Montoria, gestorben?«

»Ja, und das ist nicht der einzige Schlag, der die Familie getroffen hat. Der Manuel war verheiratet, wie du wohl weißt, und hatte einen Sohn von vier Jahren. Siehst du diese Gruppe von Frauen da? Dort ist auch die Frau dieses unglücklichen Manuel de Montoria mit ihrem Sohn in den Armen, der von der Epidemie befallen ist und wohl im Sterben liegt. Welch schrecklicher Zustand! Hier haben wir eine der ersten Familien Zaragozas, die nur so von Katastrophen verfolgt wird. Wo sie doch schon das Dach über dem Kopf verloren hat und nicht mehr über das Notwendigste verfügt! Die ganze Nacht blieb diese unglückliche Mutter mit dem schwerkranken Kind auf dem Arm auf der Straße und erwartete, daß es jeden Moment seinen letzten Atemzug aushauchte. Hier auf der Straße ist es nämlich für den Kleinen noch besser als in den verpesteten Kellern, in denen man nicht mehr atmen kann. Wir haben ihr so viel wie möglich Beistand geleistet … aber was können wir schon tun? Es gibt ja kaum noch Brot, Wein schon gar nicht mehr. Man würde auch kein Stück Rindfleisch mehr bekommen, wenn man ein Stück von seinem eigenen Fleisch geben würde.«

Der Morgen dämmerte herauf. Ich näherte mich der Frauengruppe und wurde Zeuge der jammervollen Szene. In ihrer Angst und ihrem Eifer, das Kind zu retten, quälten sie es mit den Mitteln, die jeder gerade so einfielen und die noch vorhanden waren. Ein Blick genügte aber, um zu erkennen, daß der Tod schon seine gelbe Hand nach diesem unschuldigen Geschöpf ausgestreckt hatte.

Die Stimme von Don José de Montoria schreckte mich auf, und ich erblickte an der Straßenecke eine zweite schreckliche Szene. Am Boden lag dort die Leiche von Manuel de Montoria, der dreißig Jahre jung und nicht weniger sympathisch und großmütig als sein Vater und sein Bruder gewesen war. Eine Kugel war ihm in den Schädel gedrungen, und aus der kleinen Einschußwunde lief ein Blutrinnsal über die Schläfe, die Wange und den Hals in das Hemd hinein.

Als ich hinzutrat, hatte seine Mutter noch nicht begreifen wollen, daß er tot war. Sie legte seinen Kopf auf ihre Knie und versuchte, ihn mit zärtlichen Worten aufzuwecken. Don José de Montoria kniete rechts davon und hielt eine Hand seines Sohnes in den seinen. Er sagte nichts, wendete aber den Blick nicht von ihm. Der Vater war so bleich wie der tote Sohn, aber er weinte nicht.

»Frau!« rief er schließlich aus, »bitte Gott nicht um Unmögliches! Wir haben unseren Sohn verloren.«

»Nein, mein Sohn ist nicht gestorben!« entgegnete die Frau verzweifelt. »Das ist eine Lüge. Warum lügen mich denn alle an? Wie kann es denn möglich sein, daß uns Gott unseren Sohn nimmt? Was haben wir denn verbrochen, um eine solche Strafe zu verdienen? Manuel, mein lieber Sohn, antworte mir doch! Warum bewegst du dich denn nicht? Warum sprichst du nicht mit mir? … Wir werden dich gleich ins Haus bringen. Mein Sohn kann doch nicht auf diesem kalten Boden liegenbleiben. Wie kalt seine Hände und sein Gesicht schon sind!«

»Laß ihn doch, Frau«, sprach Don José zu ihr und unterdrückte dabei einen Seufzer. »Wir kümmern uns jetzt um den armen Manuel.«

»Oh, mein Gott!« schrie die arme Mutter wieder. »Was hat denn mein Sohn, daß er nicht aufwacht? Er sieht wie tot aus, aber ist es nicht und darf es nicht sein! Heilige Muttergottes auf dem Pfeiler, es ist doch nicht wahr, daß mein Sohn tot ist?«

»Leocadia«, wiederholte Don José und wischte sich die ersten Tränen ab, die aus seinen Augen quollen. »Um Gottes willen, laß ihn in Ruhe. Du mußt dich damit abfinden, daß Gott uns ein großes Leid auferlegt hat und unser Sohn nicht mehr lebt. Er ist für das Vaterland gefallen.«

»Mein Sohn ist tot?« schrie die Mutter und preßte den Leichnam an sich, als ob man ihn ihr wegnehmen wollte. »Nein, nein, nein! Was geht mich schon das Vaterland an! Meinen Sohn sollen sie mir zurückgeben! Manuel, mein Kleiner, verlaß mich nicht! Wer dich aus meinen Armen reißen will, muß mich töten!«

»O Herr, mein Gott! Heilige Muttergottes auf dem Pfeiler!« sprach Don José de Montoria mit Grabesstimme. »Ich habe Euch nie wissentlich geschmäht. Für das Vaterland, für die Religion und für den König habe ich meine Güter und meine

Söhne gegeben. Warum habt Ihr nicht mir statt meinem Sohn hundertmal das Leben genommen – mir elendem Alten, der zu nichts mehr taugt! Meine Herren hier, ich schäme mich, vor Ihnen zu weinen. Auch mit zerrissenem Herzen ist aber der Montoria der gleiche geblieben. Glücklich seist du gepriesen, mein Sohn, daß du für das Vaterland gestorben bist! Auf dem Posten der Ehre! Unglücklich sind die, die wir nach deinem Verlust weiterleben müssen. Aber Gott hat es so gewollt. Wir senken die Stirn vor dem Herrn aller Dinge. Frau, Gott hatte uns Frieden, Glück, Wohlstand und gute Söhne geschenkt. Nun sieht es so aus, als wolle er uns alles wieder nehmen. Füllen wir unser Herz mit Bescheidenheit, und beklagen wir unser Schicksal nicht! Gesegnet sei die Hand, die uns straft. Wollen wir doch gefaßt auf die Gnade unseres eigenen Todes warten.«

Doña Leocadia konnte nur noch weinen. Dabei küßte sie den kalten Körper ihres Sohnes unaufhörlich. Don José, der versuchte, seinen Schmerz zu unterdrücken, erhob sich und sprach mit fester Stimme:

»Leocadia, steh auf! Wir müssen jetzt unseren Sohn begraben.« »Begraben!« rief die Mutter aus. »Begraben! ...«

Sie konnte nichts mehr sagen, denn ihr schwanden die Sinne.

Im gleichen Augenblick hört man einen herzzerreißenden Schrei aus der Nähe, und eine Frau rannte entsetzt auf uns zu. Es war die Gattin des unglücklichen Manuel, die nun Witwe und ohne Kind war. Wir Umstehenden wollten sie von dem Anblick ihres toten Gatten zurückhalten, aber die unglückliche Dame versuchte, sich mit äußerster Anstrengung durch uns hindurchzudrängen und bat dabei, sie doch ihren toten Mann sehen zu lassen.

Da ging Don José zu der Stelle, wo sein toter Enkel lag. Er nahm ihn in die Arme und legte ihn zu seinem Vater. Die beiden so schwer geprüften Frauen erforderten unsere ganze Aufmerksamkeit. Während Doña Leocadia in ihrer Bewußtlosigkeit immer noch ihren toten Sohn umarmte, lief ihre Schwiegertochter nun von den Leichen weg auf der Suche nach imaginären Feinden, die sie zerreißen wollte. Wir fingen sie ein, aber sie entriß sich uns wieder. Dann stieß sie ein entsetzliches Lachen aus, warf sich jedoch vor uns auf die Knie und bat uns, ihr die beiden lieben Körper zu übergeben.

Es kamen Leute vorbei – Soldaten, Mönche, Zivilisten. Alle gingen gleichgültig an dieser Szene vorbei, denn überall gab es ähnliche. Die Herzen hatten sich versteinert, und die Seelen schienen ihre bewundernswerten Eigenschaften verloren zu haben. Sie hatten nur noch den primitiven Überlebens- und Widerstandswillen bewahrt. Schließlich blieb die arme Frau, von der Erschöpfung und dem unerträglichen Leid überwältigt, wie tot in unseren Armen. Wir riefen nach irgendeinem Stärkungsgetränk, um sie wiederzubeleben – aber es war nichts da. Die Umstehenden hatten auch genug zu tun, sich um ihre eigenen Angehörigen zu kümmern. Schließlich konnte Don José mit der Hilfe von Agustín, der auch versuchte, seinen heftigen Schmerz zu unterdrücken, den Körper seines toten Sohnes aus den Armen seiner Frau lösen. Der Zustand der Doña Leocadia war derart, daß wir fürchteten, noch einen Todesfall in der Familie beklagen zu müssen.

Dann wiederholte der Chef der Montorias:

»Wir müssen meinen Sohn begraben.«

Er sah sich um, und wir taten es auch. Überall sahen wir Leichen liegen. In der Nähe der Druckerei war eine Art Leichensammelstelle eingerichtet worden. Was ich jetzt beschreibe, ist keine Übertreibung. Unzählige Körper lagen übereinander aufgestapelt auf dieser engen Straße und bildeten eine Art breite Verbindungswand von einer Häuserreihe zur anderen. Wer dies sah, kann sein ganzes Leben lang diesen grauenhaften Scheiterhaufen nicht mehr vergessen. Ein Mann betrat die Druckereistraße und rief etwas. Aus einem kleinen Fenster antwortete ihm ein anderer:

»Komm herauf!«

Der erste stieg nun auf den Leichen empor bis zum ersten Stock und dann durch ein Fenster.

In vielen anderen Straßen geschah Ähnliches. Wer dachte schon daran, Gräber auszuheben? Für jedes Paar noch einigermaßen kräftiger Arme und für jede Schaufel gab es fünfzig Tote! Dreihundert bis vierhundert starben täglich allein an der Epidemie. Jeder erbitterte Kampf kostete Tausenden das Leben. Zaragoza hörte auf, eine Stadt der Lebenden zu sein. Als Don José das erkannte, sprach er:

»Mein Sohn und mein Enkel können nicht das Vorrecht beanspruchen, unter der Erde zu schlafen. Ihre Seelen sind ja im Himmel. Was ist da sonst noch wichtig? Legen wir sie hier an die Mündung der Calle de las Rufas ... Agustín, mein Sohn, es ist besser, wenn du jetzt wieder zu deiner Truppe gehst, denn deine Vorgesetzten könnten dich vermissen. Ich glaube, es werden Kämpfer am Magdalenenplatz gebraucht. Ich habe jetzt nur noch einen Sohn. Wenn du auch stirbst, was bleibt mir dann noch? Aber die Pflicht geht über alles. Ich ziehe es vor, dich wie deinen armen Bruder mit durchschossener Schläfe zu sehen, als einen feigen Sohn zu behalten.«

Dann legte er die rechte Hand auf den Kopf seines letzten Sohnes, der mit entblößtem Haupt neben der Leiche seines Bruders kniete, hob die Augen zum Himmel und sprach:

»Herr, wenn du beschlossen hast, auch meinen zweiten Sohn zu nehmen, bitte nimm mich dann zuerst! Wenn diese Belagerung vorbei ist, möchte ich nicht mehr leben. Meine arme Frau und ich sind schon genügend glücklich gewesen, wir haben schon zu viele Wohltaten empfangen, um die Hand, die uns jetzt Leiden zufügt, zu schmähen. Aber um uns zu prüfen – ist es nun nicht genug? Muß unser zweiter Sohn auch noch sein Leben lassen? ... Auf, meine Herren!« fügte er hinzu und blickte um sich. »Machen wir uns hier an die Arbeit! Vielleicht werden wir dann woanders noch dringend benötigt.«

»Señor Don José«, sprach Don Roque weinend, »Sie können auch jetzt schon gehen. Wir Freunde hier werden diese traurige Pflicht erfüllen.«

»Nein, ich bin ein Mann für jede Situation. Gott hat mir eine Seele gegeben, die nicht zerspringt!«

Und mit der Hilfe von uns anderen hob er Manuels Leiche auf, während Agustín seinen Neffen nahm. Wir trugen sie zur Mündung der Gasse, wo schon so viele Familien ihre Toten aufgestapelt hatten. Als wir die Körper darauf gelegt hatten, entfuhr Don José ein tiefes Stöhnen. Er ließ die Arme fallen, als ob ihn nun alle seine Kräfte verlassen hätten und sprach:

»Ja, meine Herren, ich kann es nun nicht mehr leugnen, daß ich erschöpft bin. Gestern fühlte ich mich noch jung – und heute uralt.«

Und wirklich, Don José war unwahrscheinlich gealtert. In einer einzigen Nacht hatte er die Lebenskraft von zehn Jahren verloren.

Er setzte sich auf einen Stein, stützte die Ellbogen auf die Knie auf und legte das Gesicht in die Hände. In dieser Stellung verweilte er einige Zeit, ohne daß jemand es wagte, ihn in seinem Schmerz zu stören. Doña Leocadia, ihre Tochter und ihre Schwiegertochter blieben mit zwei anderen Familienangehörigen auf der Coso-Straße. Don Roque, der von einer Gruppe zur anderen hin und her ging, sagte:

»Doña Leocadia ist zwar wieder zu sich gekommen, aber völlig teilnahmslos. … Jetzt beten alle inbrünstig und hören nicht auf zu weinen. Ihr müßt nun versuchen, in der Stadt Nahrungsmittel zu finden, damit sie etwas in den Magen bekommen.«

Don José erhob sich, wischte sich die Tränen, die nicht aufhören wollten, aus den entzündeten Augen und entgegnete darauf:

»Das muß sich doch auftreiben lassen. Don Roque, können sie nicht Lebensmittel besorgen – koste es, was es wolle?«

»Gestern hat man bei der Geflügelschlachterei fünf Duros für ein Huhn verlangt«, sagte ein ehemaliger langjähriger Diener des Hauses.

»Aber heute gibt es dort keins mehr«, erwiderte Don Roque, »denn ich bin vor kurzem da gewesen.«

»Freunde, sucht doch bitte! Aber nicht für mich – ich brauche nichts.«

Da hörten wir ein Hühnergackern. Wir schauten alle erfreut zur Straßenmündung, von wo das schon so ungewohnte Geräusch kam, und erblickten den Gevatter Candiola, der das schon erwähnte Huhn mit der linken Hand festhielt und mit der rechten das schwarze Federkleid streichelte.

Ehe wir ihn noch rufen konnten, kam er auch schon auf uns zu, stellte sich vor Don José auf und sagte fordernd:

»Eine Goldunze für das Huhn!«

»Was für ein ungeheurer Preis!« rief Don Roque aus. »Dieser Vogel besteht doch nur noch aus Haut und Knochen!«

Ich konnte meinen Zorn über dieses Beispiel der niederträchtigen Rache dieses ekelhaften Wucherers nicht unterdrücken, schritt auf ihn zu, entriß ihm das Huhn und schrie ihn an:

»Sie miserabler Wicht haben dieses Huhn doch gestohlen! Wenn es wenigstens Ihr eigenes gewesen wäre. Eine Unze! Fünf Duros hat gestern ein Huhn auf dem Markt gekostet. Fünf Duros, Kanaille, Gauner – fünf Duros und keinen Ochavo mehr!«

Candiola begann zu kreischen, er wolle sein Huhn wiederhaben, und wäre von den anderen beinahe erschlagen worden, aber Don José de Montoria kam dazwischen mit den Worten:

»Lassen Sie ihn los! Hier haben Sie die Unze für dieses Tier, Señor Candiola.« Er gab ihm diese große Münze, die der Elende sich nicht schämte anzunehmen. Dann fuhr mein Wohltäter fort:

»Señor de Candiola, wir müssen miteinander reden. Ich erinnere mich, daß ich Sie beleidigt habe … Ja … vor einigen Tagen, bei der Angelegenheit mit dem Mehl. Manchmal ist man nicht mehr Herr seiner selbst, und das Blut steigt einem zu Kopfe … Sie haben mich aber provoziert, und da Sie unbedingt mehr haben wollten, als der Oberbefehlshaber vorgeschrieben hatte … Jedenfalls, Freund Don Jerónimo, verlor ich die Beherrschung ….Man kann aber nichts ungeschehen machen und bald … ja, ich war wie von Sinnen … Ich glaube, das war etwas …«

»Señor Montoria«, knurrte der Wucherer, »es wird der Tag kommen, an dem es wieder eine Ordnungsmacht in Zaragoza gibt. Dann werde ich Sie dafür zur Rechenschaft ziehen.«

»Sie werden also Richter und Schreiberlinge bemühen? Das ist nicht richtig. Diese Handlung … sie wurde durch Zorn ausgelöst, den ich nicht unterdrücken konnte. Es kommt mir erst jetzt zum Bewußtsein, daß ich verkehrt gehandelt habe. Man darf seinen Nächsten nicht so beleidigen ...«

»Und erst recht nicht, nachdem man ihn bestohlen hat!« fauchte Don Jerónimo Candiola, blickte in die Runde und lächelte verächtlich.

»Das mit dem Stehlen stimmt nicht«, fuhr José de Montoria fort, »denn ich tat nur, was der Generalkapitän als Oberbefehlshaber mir befohlen hatte. Die mündliche und tätliche Beleidigung kann ich aber nicht leugnen, und als ich Sie jetzt mit dem Huhn gesehen habe, erkannte ich, daß meine Handlung damals falsch war. Mein Gewissen sagt es mir. Ach, Herr Candiola, ich bin jetzt sehr unglücklich! Wenn jemand im Glück ist, erkennt er seine Fehler nicht. Aber jetzt ... Als ich Sie so kommen sah, überkam mich das Gefühl, Sie wegen der Schläge und Tritte um Verzeihung bitten zu müssen ... Die Hand rutscht mir leider leicht aus ... Ja, bald ... Ich weiß nicht, was eigentlich so in mir vorgeht ... Also, ich bitte Sie um Verzeihung. Können wir nicht Freunde werden? Versöhnen wir uns doch und vergessen wir alten Streit. Der Haß vergiftet die Seelen, und der Gedanke, daß man nicht recht gehandelt hat, kann zu einem unerträglichen Gewicht werden.«

»Nachdem der Schaden angerichtet ist, soll alles mit heuchlerischen Wörtchen verniedlicht werden«, entgegnete der Wucherer, drehte Don José den Rücken zu und schritt von der Gruppe weg. »Besser wäre es, wenn Señor Montoria daran denken würde, mir den geforderten Preis für das Mehl zu zahlen ... Mir mit so süßlichen Bitten um Verzeihung zu kommen! Das fehlte noch, daß ich darauf reinfalle!«

Er sagte das mit leiser Stimme und stapfte schwerfällig davon. Don José, der sah, daß einer der Umstehenden ihm nachlief und beschimpfte, rief:

»Laßt ihn doch gehen. Auch dieser Unglückliche verdient Mitleid.«

26.

Am 3. Februar bemächtigten sich die Franzosen des Jerusalem-Klosters, das sich zwischen Santa Engracia und dem Krankenhaus befand. Die dieser Eroberung vorausgegangenen Kampfhandlungen waren so blutig wie die im Gerberei-Stadtviertel. Es fiel dabei auch der fähige Pionierkommandeur Don Marcos Simonó. In der Vorstadt konnten die Belagerer nur wenig vorrücken, und am 6. und 7. Februar hatten sie noch immer nicht die Calle de la Puerta Quemada einnehmen können.

Das Oberkommando der Verteidiger erkannte aber, daß es sehr schwierig werden würde, den Widerstand noch länger fortzusetzen. Man versuchte deshalb, die Patrioten mit in Aussicht gestellten Belohnungen und Ehren anzufeuern. In einer Proklamation vom 2. Februar, in der er um Spenden und weitere Anstrengungen bat, erklärte er:»Ich spende meine beiden Uhren und zwanzig Silberbestecke – das ist alles, was mir geblieben ist.« Am 4. Februar kündigte er an, daß er zwölf der Tapfersten zum Ritter schlagen würde. Dafür wurde ein Ehrenorden mit dem Namen Infanzones* gestiftet. Am 9. beklagte er die ›Gleichgültigkeit, die einige Einwohner dem Schicksal des Vaterlandes gegenüber erkennen lassen‹. Nachdem er angedeutet hatte, daß diese Mutlosigkeit wohl auf ›das französische Gold‹ zurückzuführen sei, drohte er denjenigen, die sich als feige erweisen würden, mit härtesten Strafen.

Die Kampfhandlungen am 3., 4. und 5. Februar waren nicht mehr so erbittert wie die, welche ich beschrieben habe. Franzosen und Spanier waren erschöpft. Die Straßeneinmündungen am Magdalenenplatz, wo der Feind bei seinem Vorrücken von der Palomar- und der Pabostre-Straße her ins Stocken geriet, wurden mit Kanonen verteidigt. Die Reste des Seminars wurden so sehr von Einschlägen durchfurcht, und die Franzosen, die erkannten, daß sie uns mit gewöhnlichen

---

* Landedelmänner (Anm. d. Übers.)

Mitteln von dort nicht vertreiben konnten, arbeiteten unaufhörlich an ihren Minengräben.

Mein Bataillon war ja in dem Extremadura-Bataillon aufgegangen, denn die Reste von beiden reichten noch nicht einmal mehr für drei Kompanien. Am 2. Februar wurde ich zum Fähnrich befördert. Wir wurden nicht mehr in der Gerber-Vorstadt eingesetzt, sondern bezogen Stellung im San-Francisco-Kloster, einem großen Gebäude, das gute Möglichkeiten für die Beschießung der im Jerusalem-Komplex eingenisteten Franzosen bot. Ab und zu wurden uns noch karge Rationen ausgeteilt. Wir Offiziere, zu denen ich ja nun im Anwärterrang gehörte, erhielten das gleiche wie die Mannschaften. Agustín hob sein Brot auf, um es Mariquilla zu bringen.

Seit dem 4. Februar 1809 verminten die Franzosen das Gelände vor dem Krankenhaus und dem San-Francisco-Kloster, denn sie wußten, daß sie sonst keine Möglichkeit hatten, diese Gebäude zu erobern. Wir trieben Gegenminen vor, um sie in die Luft zu sprengen, bevor sie das mit uns taten. Diese fieberhafte Arbeit in den Eingeweiden der Erde ist auch unvergleichlich. Wir schienen zu kalten, gefühllosen Höhlenbewohnern geworden zu sein, die weit entfernt von der Sonne und reiner Luft wie die Maulwürfe Gänge graben mußten. Oft lagen wir langgestreckt beim Vorwärtswühlen und hörten das dumpfe Echo der französischen Picken. Nachdem sie uns oben zugesetzt hatten, suchten sie uns nun in der unterirdischen Dunkelheit, um uns dort den Garaus zu machen.

Das Kloster San Francisco hatte unter dem Chor weite unterirdische Gewölbe, aber auch die Franzosen verfügten über solche unter den von ihnen besetzten Gebäuden. Man stieß immer wieder auf tiefe Keller. Viele Feinde starben dort, wenn die von unseren Kanonen schwer beschädigten Gebäude über ihnen einstürzten. Schließlich stießen auch die Minengräben aufeinander, und wir sahen die Franzosen im Schein flackernder Fackeln wie Ausgeburten von Hirngespinsten. Sie schossen auf uns und wir warfen Handbomben, die ihre Gänge zum Einstürzen brachten. Die Überlebenden verfolgten wir mit der blanken Waffe. Es war wie in einer schrecklichen Fieberphantasie, die sich aber immer wieder an verschiedenen Stellen wiederholte.

Bei dieser mühsamen, qualvollen Tätigkeit mußten wir oft abgelöst werden. In unserer Erholungszeit gingen wir zur Coso-Straße hinauf. Diese war Treffpunkt sowie Lazarett und Zentralfriedhof für die Belagerten geworden. Eines Nachmittags, ich glaube es war am 5. Februar, saßen wir vom Extremadura-Bataillon und einige Burschen vom San-Pedro-Bataillon dort zusammen und besprachen die Lage. Alle waren der Meinung, daß ein weiterer Widerstand bald unmöglich werden würde. Die Kampfpositionen änderten sich nun ständig. Don José de Montoria kam auf uns zu, grüßte uns traurig und nahm auf einer Holzbank am Tor Platz.

»Hören Sie mal, was hier gesprochen wird, Señor Montoria«, sagte ich zu ihm. »Alle meinen, es wird nicht mehr lange möglich sein, Widerstand zu leisten.«

»Verliert den Mut nicht, Jungs!« entgegnete er. »Der Generalkapitän hat in seiner Proklamation recht gehabt, daß viel französisches Gold in der Stadt im Umlauf ist.«

Ein Franziskanermönch, der einigen Dutzend Todgeweihten Trost zugesprochen hatte, ergriff das Wort:

»Es ist schlimm, was jetzt hier vorgeht. Hier wird von nichts anderem mehr gesprochen, als sich zu ergeben. Man erkennt Zaragoza ja gar nicht mehr wieder. Wer die tapferen Leute der ersten Belagerung miterlebt hat …«

»Euer Hochwürden hat wohl gesprochen«, stimmte ihm Don José zu. »Man muß sich schämen. Auch wir mit den Stahlherzen fühlen uns von dieser Schwäche bedroht, die mehr um sich greift als die Epidemie. Ich weiß gar nicht, woher dieser so übermächtige Gedanke an Kapitulation eigentlich kommt. Unsere Stadt hat sich doch noch nie ergeben. Zum Donnerwetter! Wenn es etwas nach diesem Leben hier gibt, wie es uns unsere Religion lehrt – warum sich denn an einen Tag mehr oder weniger klammern?«

»Man kann allerdings nicht verschweigen, Señor Don José«, warf der Mönch ein, »daß die Belieferung mit Nahrungsmitteln manchmal stockt.«

»Lappalien und Kleinmütigkeit, Vater Luengo!« rief Don José aus. »Es macht doch gar nichts aus, für einige Zeit mal nichts in den Magen zu bekommen. Irgend etwas läßt sich dann meistens doch noch auftreiben. Ich jedenfalls trete für Widerstand bis zum letzten ein – koste es, was es wolle! Ich habe furchtbare Schläge erlitten. Der Tod meines Erstgeborenen und meines Enkels hat mein Herz in abgrundtiefe Trauer gehüllt, aber auch die nationale Ehre erfüllt meine Seele so sehr, daß ich oft an nichts anderes denken kann. Ein Sohn ist mir noch geblieben, der mein Geschlecht fortsetzen kann. Aber anstatt ihn zu bitten, der Gefahr aus dem Wege zu gehen, fordere ich ihn ständig auf, erbittert Widerstand zu leisten. Sollte ich ihn auch verlieren, werde ich vor Kummer sterben. Die Ehre unseres Landes ist aber wichtiger als der einzige mir verbliebene Erbe.«

»Wie ich erfahren habe«, meinte der Pater Luengo, »hat Don Agustín wahre Heldentaten vollbracht. Das ist ein Beispiel dafür, daß die höchsten Ehren dieses Verteidigungskampfes den Kämpfern der Kirche gebühren.«

»Nein, mein Sohn gehört nicht der Kirche. Er muß jetzt auf das Priesteramt verzichten, denn ich kann nicht ohne direkten Nachfolger bleiben.«

»Ja, Sie müssen mit ihm über Nachfolge und Heirat sprechen. Seitdem er Soldat ist, scheint er sich auch ein wenig geändert zu haben. Vorher handelten unsere Gespräche immer von theologischen Dingen. Niemals hörte ich ihn von Liebe zum anderen Geschlecht reden. Er ist ein Bursche, der dem heiligen Thomas gleicht. Der weiß überhaupt nichts von den Mädchen.«

»Agustín wird meinetwegen seine Berufung aufgeben. Wenn wir die Belagerung überstehen und die Muttergottes auf dem Pfeiler mich am Leben läßt, werde ich ihn sofort mit einer Frau verheiraten, die ihm an Stand und Vermögen gleichkommt.«

Als er das sprach, sahen wir, wie sich Mariquilla Candiola verstört näherte. Sie trat auf mich zu und fragte mich:

»Señor de Araceli, haben Sie meinen Vater gesehen?«

»Nein, Señorita María«, antwortete ich ihr, »seit gestern

habe ich ihn nicht mehr gesehen. Vielleicht ist er wieder zu seinem Haus gegangen, um nachzusehen, ob er noch mehr retten kann.«

»Nein, dort ist er nicht«, entgegnete Mariquilla niedergeschlagen, »denn da habe ich ihn auch schon gesucht.«

»Er hat mir mal erzählt, daß er auch in seinem Hause im San-Diego-Viertel hinter dem San-Francisco-Kloster, das man das Koboldhaus nennt, nach dem Rechten schaut. Vielleicht ist er dort.«

»Dann werde ich sofort dort hingehen.«

Als sie verschwunden war, fragte Don José:

»Ist das nicht die Tochter des Candiola? Sie ist wirklich hübsch. Man sollte nicht meinen, daß sie von einem solchen Scheusal abstammt ... Gott möge mir den Ausdruck verzeihen – ich hätte eher sagen sollen ›von einem solchen Mann‹.«

»Ja, sie ist ein Bild von einem Mädchen«, stimmte der Mönch zu. »Aber ich fürchte, daß aus dem Holz des Candiola kein guter Sproß entstehen kann.«

»So sollte man doch nicht von seinem Nächsten reden«, entgegnete Don José de Montoria.

»Candiola ist kein ›Nächster‹. Seit sie das Haus, in dem sie wohnten, verloren haben, sucht die Tochter die Nähe von Soldaten.«

»Sie wird Verwundete pflegen.«

»Das kann sein. Aber mir kommt es so vor, als interessiere sie sich mehr für die Gesunden. Ihre hübsche Fratze verleitet zur Schamlosigkeit.«

»Das ist die Sprache des Skorpions.«

»Die reine Wahrheit«, erwiderte der Mönch. »Nicht umsonst sagt man, daß der Apfel nicht weit vom Stamm fällt. Heißt es denn nicht, daß ihre Mutter, die Pepa Rincón, so etwas wie eine öffentliche Dirne war – oder fast?«

»Vielleicht war sie nur eine lebenslustige Frau ...«

»Ha, welche Lebenslust! Als sie von ihrem dritten Bräutigam verlassen worden war, nahm sich Don Jerónimo Candiola ihrer an.«

»Jetzt aber Schluß mit den Verleumdungen«, befahl Don José. »Und wenn es sich um die schlechtesten Leute der Welt handeln würde, dürfen wir uns nicht den Mund darüber zerreißen.«

»Ich würde keinen roten Heller für die Seele aller Candiolas zusammen geben«, meinte der Mönch.

»Aber ist dort nicht der Candiola selbst? Er hat uns gesehen und kommt hierher.« Tatsächlich kam der Gevatter Candiola langsam auf das Klostertor zu.

»Einen guten Abend wünsche ich Ihnen, Don Jerónimo«, sprach ihn der Montoria an. »Wollen Sie vielleicht jetzt den Streit begraben?«

»Vor einem Moment war noch ihre unschuldige Tochter hier und erkundigte sich nach Ihnen«, sagte Pater Luengo boshaft zu ihm.

»Wo ist sie denn jetzt?«

»Sie ist zum San-Diego-Viertel gegangen«, antwortete ihm ein Soldat. »Hoffentlich fällt sie dort den Franzosen nicht in die Hände, denn die sind dort in der Nähe.«

»Vielleicht schonen sie sie, wenn sie erfahren, daß sie die Tochter des Señor Candiola ist«, meinte Pater Luengo. »Stimmt es denn, Freund Candiola, was man sich hier so erzählt?«

»Was denn?«

»Daß Sie vor kurzem zu den Franzosen gegangen sind, um mit den Kanaillen zu verhandeln.«

»Ich? Welch eine schmutzige Lüge!« rief der Geizhals aus. »Das haben meine Feinde in Umlauf gebracht, um mir zu schaden. Sind Sie es etwa, Montoria, der dieses Gerücht ausgestreut hat?«

»Um Gottes willen, nein!« entgegnete dieser. »Aber gehört habe ich es auch. Ich habe Sie jedoch verteidigt und gesagt, daß der Señor Candiola nicht imstande sei, sich an die Franzosen zu verkaufen.«

»Meine Feinde wollen meinen Untergang! Welche infamen Lügen die erfinden! Nun soll ich nach meinem Hab und Gut auch noch die Ehre verlieren! Señores, in meinem Haus in der Sombra-Straße ist ein Teil des Daches eingestürzt. Kann man sich solch ein Unglück vorstellen? Das, welches ich bei dem San-Francisco-Kloster im San-Diego-Viertel besitze, ist noch ziemlich in Ordnung, aber es ist von der Truppe besetzt, und die machen es mir auch kaputt.«

»Dieses Haus ist wenig wert, Don Jerónimo«, warf der Mönch ein. »Wenn ich mich richtig entsinne, will seit zehn Jahren keiner darin wohnen.«

»Weil man solche verrückten Gerüchte ausgestreut hat, daß es dort Kobolde und Geister gibt ... Aber lassen wir das. Meine Tochter ist also hier gewesen?«

»Dieser Ausbund jungfräulicher Tugend ist zum San-Diego-Viertel gegangen auf der Suche nach ihrem sympathischen Papa.«

»Meine Tochter hat den Verstand verloren.«

»So wird es wohl sein.«

»Auch daran hat der Señor de Montoria schuld. Meine Feinde, meine elenden Feinde lassen mich nicht zur Ruhe kommen!«

»Wie«, rief mein Wohltäter aus. »Jetzt habe ich auch die Schuld, daß dieses Mädchen die schlechten Angewohnheiten ihrer Mutter annimmt, das meinen Sie doch wohl? Das liegt mir aber fern, denn ihre Mutter war eine beispielhafte Frau.«

»Die Beleidigungen des Señor Montoria stören mich gar nicht mehr – ich verachte sie«, sprach der Wucherer geringschätzig. »Statt mich zu beleidigen, sollte Don José sich lieber um seinen lüsternen Sohn kümmern, der meiner Tochter den Kopf verdreht hat. Ich werde sie ihm nicht zur Frau geben, auch wenn er mich auf den Knien anflehen sollte und sonstwas verspricht. Der will sie aber stehlen. Ein feines Früchtchen, dieser Don Agustín! Der wird sie nicht bekommen! Meine Maria ist viel mehr wert als der!«

Don José Montoria wurde bleich, als er das hörte und machte einige Schritte auf Candiola zu, offenbar in der Absicht, die wilde Szene in der Trillo-Straße zu wiederholen. Dann hielt er sich jedoch zurück und sprach mit schmerzlicher Stimme:

»Mein Gott! Gib mir Kraft, um meine Wutanfälle zu bezwingen. Ist es wirklich möglich, sich gegenüber diesem Manne zusammenzunehmen und Bescheidenheit zu üben? Ich bat ihn wegen der Beleidigung, die ich ihm zugefügt hatte, um Verzeihung, demütigte mich vor ihm, bot ihm die Freundeshand an – und er stellt sich vor mich hin und beschimpft mich wieder in der schändlichsten Weise! ... Elender, bestrafe mich, töte mich, trinke all mein Blut und verkaufe dann meine Knochen für die Knopfherstellung, aber laß deine gemeine Zunge nicht solche Unflätigkeiten über meinen geliebten Sohn ausspucken! Was hast du gesagt über meinen Agustín?«

»Die Wahrheit.«

»Ich weiß nicht, wie ich mich noch zurückhalten kann. Meine Herren, Sie sind Zeugen meines Langmuts. Ich möchte mich nicht versündigen, möchte niemanden angreifen und dadurch Gott beleidigen. Deshalb verzeihe ich diesem Mann auch seine Schändlichkeiten. Aber er soll mir sofort aus den Augen gehen, denn sonst kann ich für mich nicht mehr garantieren!«

Eingeschüchtert durch diese Worte, schritt Candiola auf die Pforte des Klosters zu. Pater Luengo führte Don José die Coso-Straße hinunter.

Unter den Soldaten, die dort versammelt waren, erscholl ein zorniges Murmeln, was anzeigte, daß die feindselige Stimmung gegen Mariquillas Vater wuchs. Nach seinem Auftritt war das auch nicht verwunderlich. Candiola wollte fliehen, aber sie hielten ihn auf. Plötzlich wurde er von der drohenden Gruppe in den Kreuzgang des Klosters gezogen. Eine wütende Stimme schrie:

»In den Brunnen mit ihm, in den Brunnen!«

Candiola wurde von mehreren Händen ergriffen und durchgewalkt. Seine Kleidung hing bald nur noch in Fetzen an ihm herab.

»Der gehört zu denen, die Geld verteilen, damit die spanischen Truppen sich ergeben«, sagte einer.

»Ja, ja«, schrien die anderen, »gestern habe ich gehört, daß er auf dem Markt Geld verteilt hat.«

»Señores«, entgegnete der Unglückliche mit vor Angst fast zugeschnürter Kehle, »ich schwöre Ihnen, daß ich nie Geld verteilt habe!«

Und das war die reine Wahrheit.

»Gestern abend wurde erzählt, man habe ihn gesehen, wie

er die Front überquerte und zu den Franzosen ins Lager ging.«

»Am Morgen ist er dann von dort zurückgekommen. In den Brunnen mit ihm!«

Einer meiner Kameraden und ich bemühten uns eine Weile, Candiola vor dem sicheren Tode zu retten, mit unseren Fäusten und mit Worten wie:

»Kameraden, laßt uns doch nicht eine Untat begehen! Welchen Schaden kann denn dieser verachtenswerte Alte noch anrichten?«

»Das ist wahr«, stimmte der Wucherer in höchster Angst zu. »Welchen Schaden kann ich denn anrichten, wo ich doch immer bestrebt war, den Bedürftigen zu helfen? Ihr könnt mich doch nicht einfach umbringen! Ihr seid doch Soldaten der Einheiten Peñas de San Pedro und Extremadura, alles schmucke Burschen. Ihr habt doch jene Häuser in der Gerberei-Vorstadt angezündet, wo ich das Huhn gefunden habe, das mir eine Unze eingebracht hat. Wer sagt denn, daß ich mich den Franzosen verkaufe? Ich hasse sie, kann sie nicht ausstehen. Euch aber liebe ich wie meinen Augapfel. Ihr lieben Burschen, laßt mich doch gehen. Ich habe alles verloren – so laßt mir doch wenigstens noch das Leben!«

Diese Klagen sowie meine Bitten und die meines Kameraden besänftigten die Soldaten ein wenig, so daß wir nun, wo die erste Wutaufwallung abgeflaut war, den Wucherer aus ihren Händen reißen konnten. Es griff auch keiner mehr nach ihm, so daß die Gefahr vorbei war. Nachdem wir ihn vor dem sicheren Tode gerettet hatten, gaben wir ihm noch ein Stück Brot. Als er wieder genügend Atem geschöpft hatte, um gehen zu können, trat er auf die Straße, wo seine Tochter auf ihn zukam.

27.

An jenem Nachmittag richtete sich fast die gesamte Macht der Franzosen gegen die Vorstadt auf der linken Ebroseite. Sie griffen das Jesus-Kloster an und bombardierten die Pilar-Kirche, wohin die meisten Kranken und Verwundeten geflüchtet waren, im Vertrauen darauf, daß dieser heilige Ort mehr Sicherheit als andere bot.

In der Stadtmitte geschah an jenem Tage nicht viel. Die Aufmerksamkeit konzentrierte sich weiter auf die Minenstollen. Wir bemühten uns, den Feinden verständlich zu machen, daß wir uns nicht so ohne weiteres in die Luft sprengen lassen, sondern versuchen würden, ihnen zuvorzukommen – oder mindestens alles daranzusetzen, mit ihnen zusammen hochzugehen, wenn es nicht anders ginge.

Gegen Abend schienen sich beide Parteien eine Ruhepause zu gönnen. In den unterirdischen Gängen war das unheilvolle Schlagen der Picken verstummt. Ich ging hinauf. In der Nähe des San-Francisco-Klosters stieß ich auf Agustín und Mariquilla, die aneinandergeschmiegt auf der Schwelle einer Tür des Hauses der Kobolde miteinander sprachen. Sie freuten sich sehr, mich zu sehen. Ich setzte mich neben sie, und sie teilten die Brotstücke, die sie gerade essen wollten, mit mir.

»Wir wissen nicht, wo wir Zuflucht suchen sollen«, sagte Mariquilla. »Wir hatten uns in einen Torweg der Organo-Gasse zurückgezogen, aber man jagte uns von dort weg. Warum verabscheuen alle meinen armen Vater so sehr? Was hat er ihnen denn getan? Danach ließen wir uns in einem halbzerstörten Zimmer in der Calle de las Utreras nieder, aber auch von dort hat man uns wieder weggejagt. Dann setzten wir uns unter einen Torbogen an der Coso-Straße. Alle die schon dort waren, verließen den Ort. Mein Vater war rasend vor Wut.«

»Mariquilla meines Herzens«, sprach Agustín, »warte nur, die Belagerung wird auf die eine oder andere Weise bald zu Ende gehen. Wenn wir lebend nicht glücklich sein können, dann möge Gott uns beiden das Leben nehmen. Aber ich weiß nicht, warum in all dem Unglück mein Herz so voller Hoffnung ist. Ich weiß nicht, warum mir immer angenehme Gedanken an eine schöne Zukunft für uns kommen. Warum aber auch nicht? Muß sich denn das Leben in Unglück und Katastrophen erschöpfen? Meine Familie hat jetzt so viel Schlimmes erlebt. Meine Mutter kann und will sich nicht mehr trösten lassen. Keiner kann sie von der Stelle wegbringen, wo die Leichen meines Bruders und meines Neffen liegen, und wenn man sie doch mit Gewalt wegzieht, schleppt sie sich bald darauf bei der nächsten Gelegenheit wieder dorthin. Sie und meine Schwägerin bieten einen herzzerreißenden Anblick. Auch meine Schwester ist ein Bild des Jammers. Sie verweigern jede Nahrung, beten nur noch und verwechseln dabei die Namen der Heiligen. Heute nachmittag haben wir sie endlich in einen überdachten Raum bringen können, wo wir darauf bestanden, daß sie ein wenig Nahrung zu sich nehmen und sich ausruhen. Ach, Mariquilla, was hat Gott nur aus unserer Familie gemacht! Darf man nicht hoffen, daß er sich nun unserer erbarmen wird?«

»Aber ja«, antwortete sie, »mein Herz sagt mir, daß wir das Schlimmste hinter uns haben und daß wir von nun ab bessere Tage sehen werden. Die Belagerung wird bald zu Ende sein. Mein Vater sagt, es könne sich nur noch um Tage handeln. Heute morgen war ich in der Pilar-Kirche. Als ich vor der Muttergottes kniete, war mir, als ob die heilige Frau mich ansah und lächelte. Mit einer glühenden Freude im Herzen verließ ich die Kirche. Ich schaute in den Himmel, und die Bomben erschienen mir wie Kinderspielzeuge. Ich schaute die Verwundeten und Kranken an, und ich hatte das Gefühl, daß sie alle wieder gesund werden würden. Ich sah die Leute an, und es war mir, als ob sich die Freude in meiner Brust auch in ihnen widerspiegelte. Ich weiß nicht, was mit mir geschehen ist. Ich bin einfach froh. Gott und die heilige Jungfrau haben sich zweifellos unser erbarmt, und diese Schläge meines Herzens, diese frohe Unruhe, ist eine Ankündigung, daß wir nach so vielen Tränen wieder glücklich sein werden!«

»Was man erzählt, ist wahr«, bekräftigte Agustín und zog Mariquilla zärtlich an seine Brust. »Deine Vorahnungen werden sich bewahrheiten. Dein Herz hat das Göttliche erkannt und kann sich nicht täuschen. Wenn ich dich so höre, ist mir, als würde unser Leiden bald ein Ende nehmen. Ich spüre schon den Atem des Glücks. Ich hoffe nur noch, daß dein Vater sich deiner Heirat mit mir nicht widersetzen wird.«

»Mein Vater ist eigentlich kein schlechter Mensch«, meinte Mariquilla. »Ich glaube, daß er zugänglicher wird, wenn die Leute ihn nicht mehr schmähen. Sie können ihn aber jetzt nicht leiden, denn im Kreuzgang von San Francisco haben sie ihn wieder verprügelt, und als ich ihn in der Coso-Straße traf, war er rasend vor Wut und schwor, daß er sich rächen werde. Ich versuchte, ihn zu besänftigen, aber es war alles vergebens. Er ballte die Fäuste und beschimpfte die Vorbeigehenden. Dann ist er hierher gelaufen. Ich glaubte, er wolle nachsehen, ob dieses Haus noch in Ordnung sei, und folgte ihm. Als er meine Schritte hörte, drehte er sich wie erschrocken um und rief mir zu: ›Wer hat dir denn gesagt, daß du mir folgen sollst?‹ Ich antwortete nichts. Als ich aber sah, daß er auf die französische Frontlinie zuging, um sie zu überqueren, wollte ich ihn aufhalten und rief: ›Vater, wo gehst du denn hin?‹ Da antwortete er mir: ›Weißt du nicht, daß mein Freund, der Schweizer Hauptmann Carlos Lindener, der mich im vergangenen Jahr in Zaragoza besucht hat, in der französischen Armee ist? Vielleicht erinnerst du dich noch, daß er mir einiges schuldet?‹ Er befahl mir, hierzubleiben und ging weiter. Wenn seine Feinde erfahren, daß er zu den Franzosen hinübergegangen ist, werden sie ihn als Verräter ansehen. Aber mit meiner großen Liebe zu ihm kann ich das nicht glauben. Ich fürchte sehr, daß ihm ein Unheil geschehen wird, und schon aus diesem Grunde wünsche ich sehr, daß die Belagerung ein Ende nimmt. Nicht wahr, Agustín, sie wird bald aufhören?«

»Ja, Mariquilla, sie wird bald aufhören, und wir werden heiraten. Mein Vater möchte jetzt, daß ich heirate.«

»Wer ist denn dein Vater? Wie heißt du denn? Findest du nicht, daß es an der Zeit ist, mir den Nachnamen zu nennen?«

»Du wirst ihn schon noch erfahren. Mein Vater ist eine hochgestellte Persönlichkeit und sehr beliebt in Zaragoza. Warum willst du mehr wissen?«

»Gestern wollte ich mich erkundigen ... Wir Frauen sind doch neugierig. Mehrere bekannte Personen, die ich auf dem Coso traf, fragte ich: ›Wissen Sie, wer dieser Herr ist, der seinen Erstgeborenen verloren hat?‹ Aber da es jetzt so viele davon gibt, lachten mir die Leute ins Gesicht.«

»Ich werde es dir zu seiner Zeit sagen, wenn ich dir dazu eine gute Nachricht eröffnen kann.«

»Agustín, wenn ich mich mit dir verheirate, möchte ich, daß du mich für ein paar Tage aus Zaragoza herausbringst. Ich möchte mal wenigstens für eine kurze Zeit andere Häuser, andere Bäume, eine andere Landschaft sehen und mich an einem anderen Ort aufhalten als in der Stadt, in der ich schon so viel gelitten habe.«

»Ja, Mariquilla meiner Seele«, rief Agustín lebhaft aus, »wir werden hingehen, wo du willst – schon morgen ... Aber nein, nicht morgen, denn die Belagerung ist ja noch nicht aufgehoben. Nach ... jedenfalls, wenn Gott will!«

»Agustín«, fuhr Mariquilla mit schwacher Stimme fort, die eine gewisse Müdigkeit anzeigte. »Wenn wir dann zurückkommen, möchte ich, daß du das Haus, in dem ich geboren wurde, wieder aufbaust. Die Zypresse steht immer noch da.«

Mariquillas Kopf sank nach vorn, so müde war sie schon.

»Möchtest du schlafen, meine arme Kleine?« sagte mein Freund zu ihr und nahm sie in die Arme.

»Ich habe schon einige Nächte nicht mehr geschlafen«, erwiderte das junge Mädchen und schloß die Augen. »Die Unruhe, der Kummer und die Furcht haben mich nicht schlafen lassen. Jetzt bin ich vollkommen erschöpft, und die Ruhe, die jetzt über mich gekommen ist, wird mir Schlaf schenken.«

»Schlafe in meinen Armen, María«, sprach Agustín, »und möge die Ruhe, die deine Seele jetzt erfüllt, dich auch nicht verlassen, wenn du aufwachst.«

Nach einer kleinen Weile, als wir schon glaubten, sie schliefe, sagte Mariquilla halb im Wachen, halb im Schlaf:

»Agustín, ich hoffe, daß diese gute Doña Guedita bei mir bleiben kann, die uns so beschützte, als wir uns heimlich trafen ...Du siehst, ich hatte recht, als ich dir erzählte, daß mein

Vater zum französischen Lager ging, um dort Schulden einzutreiben …«

Sie sprach nicht weiter und fiel in einen tiefen Schlaf. Agustín hielt sie in seinen Armen und stützte sie auf seinen Knien. Ich deckte meinen Umhang über ihre Füße.

Agustín und ich schwiegen, damit der Schlaf des jungen Mädchens nicht gestört wurde. Diese Stelle war ziemlich einsam. Hinter uns lag das Haus der Kobolde in der Nähe des San-Francisco-Klosters und vor uns das San-Diego-Kolleg mit seinem runden Garten, dessen hohen Mauern sich über unregelmäßigen und engen Gassen erhoben. Durch diese zogen die Wachablösungen und die Truppeneinheiten, die zur Front marschierten oder von dieser kamen. Es herrschte überall Ruhe, was aber schwere Kämpfe für den nächsten Tag ankündigte.

Wegen der allgemeinen Ruhe konnte ich plötzlich dumpfe Schläge unter uns hören und verstand sogleich, daß da französische Mineure am Werke waren. Ich machte Agustín darauf aufmerksam, und der bestätigte mir meinen Verdacht mit den Worten:

»In der Tat, es hört sich so an, als ob sie da unten einen Minenstollen vortreiben. Aber wohin wollen die wohl? Die Gänge, die sie vom Jerusalem-Kloster aus gegraben haben, wurden doch alle von den unseren gestoppt. Sie können doch keine Elle mehr weitergraben, ohne auf uns zu stoßen.«

»Das Geräusch zeigt an, daß sie sich vom San-Diego-Kolleg aus vorarbeiten wollen. Sie sind doch schon im Besitz eines Teils dieses Gebäudes. Bis jetzt ist es ihnen nicht gelungen, zu San Franciscos Weinkellern vorzudringen. Vielleicht haben sie erkannt, daß es leicht ist, über den Keller dieses Hauses hier vom San Diego zum San Francisco zu kommen. Wahrscheinlich arbeiten sie sich jetzt darauf zu.«

»Laufe sofort zum San-Francisco-Kloster«, sagte mir Agustín, »steige dort in den Keller hinunter, und wenn du Geräusche hörst, dann benachrichtige sofort Renovales. Wenn sich etwas Neues ereignet, melde es mir sofort.«

Agustín blieb bei Mariquilla. Ich lief zum San Francisco, und als ich in den Keller kam, traf ich dort neben anderen

Patrioten einen spanischen Pionieroffizier an, der mir folgendes sagte, nachdem ich ihm unsere Befürchtungen mitgeteilt hatte:

»Durch die Gänge, die sie vom Jerusalem-Kloster und dem Krankenhaus aus unter der Calle de Santa Engracia gegraben haben, können sie nicht hierher vorstoßen, weil unsere Stollen dazwischenliegen. Den Untergrund der Kirche sowie die Wein- und die Vorratskeller auf der Seite des Ostkreuzgangs beherrschten wir. Es gibt nur einen Teil des Klosters, der nicht vermint ist, und das ist der im Westen und Süden. Dort gibt es aber keine Keller, so daß wir gedacht haben, daß sie von diesen beiden Seiten nicht kommen würden. Ich habe den Keller des Hauses daneben untersucht, der fast an den Keller des Kapitularsaals angrenzt. Wenn sie im Besitz des Hauses der Kobolde sind, so wird es ihnen leichtfallen, von dort Ladungen zur Sprengung des südlichen und westlichen Teils zu legen und diesen hochzujagen. Dieses Haus ist aber in unserem Besitz, und von dort zu den französischen Stellungen von San Diego und Santa Rosa ist es recht weit. Es ist nicht wahrscheinlich, daß sie uns von dort aus angreifen, wenn es nicht eine Verbindung zwischen dem Haus der Kobolde und dem San Diego oder dem Santa Rosa gibt, die es ihnen ermöglicht, sich uns zu nähern, ohne daß wir es merken.«

Wir sprachen bis zum Morgen über die Situation. In der Morgendämmerung kam Agustín recht fröhlich herein und teilte mir mit, daß es ihm gelungen sei, Mariquilla in dem gleichen Haus unterzubringen, wo auch seine Familie Unterschlupf gefunden hatte. Dann bereiteten wir uns auf eine erbitterte Abwehr vor, denn die Franzosen, die schon das Krankenhaus – oder besser gesagt dessen Ruinen – eingenommen hatten, drohten uns im San-Francisco-Kloster anzugreifen, im hellen Sonnenlicht, und nicht unter der Erde.

28.

Der Besitz des San-Francisco-Klosters würde das Schicksal der Stadt entscheiden. Jenes weitläufige Gebäude in der Mitte der Coso-Straße würde der Kriegspartei, die es eroberte, eine unbestreitbare strategische Überlegenheit sichern. Die Franzosen beschossen es mit schwerem Artilleriefeuer vom frühen Morgen an, um eine Bresche für den Angriff zu schlagen, und die Verteidiger zogen dort ihre besten Kräfte zum Widerstand zusammen. Da es nun schon an Soldaten mangelte, nahmen nun viele, die vorher nur als Helfer eingesetzt waren, auch die Waffen in die Hand. Auch alle hochgestellten Persönlichkeiten der Stadtregierung wie Sas, Cereso, Lacasa, Pidrafita, Escobar, Leiva und Don José de Montoria kamen.

An der Mündung der San-Gil-Straße und am Cineja-Bogen standen mehrere spanische Geschütze, um auf die Angreifer zu feuern. Ich wurde mit anderen vom Extremadura-Bataillon zur Bedienung dieser Kanonen eingeteilt, denn es waren kaum noch Artilleristen da. Als ich mich von Agustín verabschiedete, der an der Spitze einer Kompanie im San-Francisco-Kloster blieb, umarmten wir uns und glaubten, uns nie mehr wiederzusehen. Don José de Montoria wurde an der Barrikade an einer Kreuzung der Coso-Straße von einer Kugel in ein Bein getroffen und mußte sich von der unmittelbaren Kampflinie zurückziehen. An eine Häuserwand neben dem Cineja-Bogen gelehnt, bekämpfte er eine Weile die Schwäche, die ihm der Blutverlust verursachte, aber rief mich dann doch herbei, als er merkte, daß ihm die Sinne schwinden würden:

»Señor de Araceli, mein Blick trübt sich ... Ich sehe fast nichts mehr ... Verflixtes Blut, wie es doch wegfließt, wenn man es am nötigsten braucht! Könnten Sie mich stützen?«

»Mein Herr«, rief ich, rannte zu ihm hinüber und stützte ihn, »es wäre doch besser, wenn Sie von dem Kampfgeschehen hier wegkämen.«

»Nein, hier will ich bleiben ....Aber, Señor de Araceli, was wird wohl, wenn ich kein Blut mehr habe? ... Wo zum Teufel ist dieses verflixte Blut denn geblieben? ... Meine Beine sind wie aus Watte ... Ich werde wohl gleich wie ein leerer Sack zu Boden fallen.«

Er unternahm schreckliche Anstrengungen, sich zusammenzunehmen, aber er war nahe daran, die Besinnung zu verlieren – mehr durch den Blutverlust, den Mangel an Ernährung, der Schlaflosigkeit und den Qualen der letzten Tage als durch die Schwere der Wunde. Obwohl er uns bat, ihn an der Wand angelehnt zu lassen, um nicht einen einzigen Vorgang des Geschehens zu übersehen, brachten wir ihn zu seiner Zuflucht, die auch auf der Coso-Straße, an der Ecke der Calle del Refugio, lag. Die Familie war in einer Wohnung im obersten Stockwerk untergebracht worden. Das Haus war voller Verwundeter. Der Eingang war fast von den vielen Leichen versperrt, die man dort hingelegt hatte. In dem engen Hausflur und den Wohnungen konnte man kaum ein Bein vor das andere setzen, weil die Leute, die dort hingekommen waren, um zu sterben, alles versperrten. Es war nicht leicht, Lebende von Toten zu unterscheiden.

Als wir eintraten, sagte Don José:

»Bringt mich nicht nach oben, wo meine Familie ist, Jungs. Laßt mich in diesem Raum hier unten. Hier sehe ich einen Ladentisch, der mir wie gerufen kommt.«

Wir legten ihn auf diesen Ladentisch, auf dem schon einige Verwundete und Kranke ihr Leben ausgehaucht hatten. Der Boden rundherum war blutgetränkt, und überall lagen Kranke auf Stoffbahnen.

»Wollen wir doch mal schauen«, fuhr er fort, »ob es hier nicht eine mitleidige Seele gibt, die mir das Loch zustopfen kann, aus der das Blut nur so sprudelt.«

Eine junge Frau trat auf ihn zu. Es war Mariquilla Candiola.

»Gott segne Sie, mein Kind«, sagte Don José, als er sah, daß sie Verbandzeug in den Händen hielt. »Es genügt schon, wenn Sie mir dieses Bein ein wenig verbinden. Ich glaube nicht, daß ein Knochen getroffen worden ist.«

Inzwischen waren einige Zivilisten hereingekommen und schossen aus den Fenstern auf die Ruinen des Krankenhauses.

»Señor de Araceli, gehen Sie wieder zu ihrer Stellung? Warten Sie doch einen Moment, daß ich wieder aufstehen kann, denn ich glaube, ich werde nicht allein gehen können. Sie können ja auch das Kommando der Schützen dort am Fenster übernehmen. Die Franzosen in der Krankenhaus-Ruine dürfen nicht zur Ruhe kommen ….Nur zu, junge Dame, machen Sie schon. Haben Sie kein Messer zur Hand, um dieses Stück Fleisch, das da hinunterhängt, abzuschneiden? … Wie steht es denn, Señore Araceli? Gewinnen wir?«

»Es steht gut für uns«, antwortete ich ihm vom Fenster aus. »Die Angreifer ziehen sich jetzt zur Krankenhaus-Ruine zurück. Das San Fancisco ist ein zu harter Knochen für sie.«

Inzwischen verband Mariquilla sorgfältig José de Montorias Wunden und sah ihn dabei aufmerksam an.

»Sie sind ein Edelstein, Mädchen«, lobte mein Wohltäter sie. »Es ist mir, als ob die Wunde unter Ihren Händen schon zu heilen beginnt … Aber warum schauen Sie mich denn so an? Sehe ich denn so schrecklich aus? … Ist der Verband jetzt fertig? … Ich werde mal sehen, ob ich mich wieder auf die Beine stellen kann … Aber ich glaube, ich kann mich doch nicht auf den Füßen halten. Was habe ich bloß für Himbeersaft in den Adern! Donnerw… Daß ich diese verfluchte Angewohnheit nicht ablegen kann! … Señor de Araceli, ich kann nun doch nicht mehr stehen. Wie steht es denn jetzt?«

»Ganz prächtig, Señor! Unsere tapferen Zivilisten vollbringen wahre Wunder.«

In diesem Moment wurde ein verwundeter Offizier hereingebracht, und man legte ihm einen Verband an.

»Alles läuft wie gewünscht«, erzählte er uns. »Die Franzosen haben das San-Fancisco-Kloster nicht einnehmen können. Die in der Krankenhaus-Ruine sind schon dreimal zurückgeschlagen worden. Die eigentliche Überraschung aber ist auf der San-Diego-Seite geschehen. Als die tapferen Soldaten aus Orihuela sahen, daß die Franzosen sich des Gartens beim Haus der Kobolde bemächtigten, griffen sie sie unter der Führung von Pino Hermoso mit dem Bajonett an und warfen sie dort nicht nur hinaus, sondern töteten viele und nahmen dreizehn Gefangene.«

»Ich möchte dort hingehen! Hoch das Orihuela-Bataillon! Hoch der Marquis de Pino Hermoso!« rief Don José de Montoria verzückt aus. »Señor de Araceli, lassen sie uns dorthin gehen. Stützen Sie mich. Sind hier nicht irgendwo ein paar Krücken? Oh, meine Herren, die Beine versagen mir den Dienst. Ich werde eben mit dem Herzen gehen. Adieu, meine schöne Krankenschwester … Aber warum sehen Sie mich denn immer so an? ….Sie kennen mich wohl – und ich glaube auch, Ihr Gesicht schon einmal irgendwo gesehen zu haben ….ja … aber ich weiß nicht mehr wo.«

»Auch ich habe Sie schon einmal gesehen – ein einziges Mal«, sagte Mariquilla mit fester Stimme, »und ich will mich gar nicht daran erinnern!«

»Ich werde diesen Samariterdienst nicht vergessen«, sagte ihr Don José. »Sie scheinen ein gutes Mädchen zu sein ….und sehr hübsch dazu. Auf Wiedersehen, es hat mich gefreut – sehr gefreut … Also, nun her mit Krücken oder wenigstens einen Stock, Señor de Araceli, denn ich kann doch ohne den nicht gehen! Geben Sie mir Ihren Arm … Was habe ich denn nur für Spinnweben vor den Augen? … Lassen Sie uns gehen und die Franzosen aus dem Krankenhaus hinauswerfen!«

Ich riet ihm dringend von einem solch unsinnigen Unterfangen ab und wollte schon verschwinden, als eine unbeschreiblich starke Explosion alles erschütterte. Es schien, als ob die ganze Stadt durch den Ausbruch eines ungeheuren Vulkans aufgerissen würde. Alle Häuser bebten, und der Himmel verdunkelte sich durch eine dichte Wolke von Rauch und Pulverdampf. Auf der ganze Straße sah man Wandstücke, Gliedmaßen, Holzstücke, Stoffetzen und einen Regen von Erde und Werkstoffen aller Art durch die Luft fliegen. »Heilige Muttergottes stehe uns bei!« rief Don José de Montoria aus. »Das hört sich ja an, als ob die ganze Welt hochgeht!«

Die Verwundeten und Kranken schrien, denn sie dachten, ihr letztes Stündlein sei angebrochen. Im Geiste gaben wir uns alle schon in Gottes Hand.

»Was ist denn nur los? Steht Zaragoza überhaupt noch?« fragte einer.

»Werden wir auch alle in die Luft gejagt?«

»Diese schreckliche Detonation muß im Kloster San Francisco stattgefunden haben«, sagte ich.

»Lassen Sie uns dorthin gehen«, sagte Don José, der alle seine Kräfte zusammenriß. »Señor de Araceli, ist nicht immer gesagt worden, daß alle Maßnahmen getroffen wurden, um das San Francisco zu verteidigen? ... Ist denn hier nirgendwo ein Paar Krücken für mich?«

Wir gingen hinaus und die Coso-Straße hinunter. Bald sahen wir, daß ein großer Teil des San-Francisco-Gebäudes gesprengt worden war.

»Mein Sohn war in diesem Kloster«, rief Don José de Montoria bleich wie eine Leiche aus. »Mein Gott, wenn du beschlossen hast, daß ich ihn auch verliere, laß mich bitte nun auf dem Ehrenposten für das Vaterland sterben!«

Der gesprächige Bettler, den ich zu Anfang dieser Erzählung erwähnte, kam mühsam auf seinen Krücken auf uns zu. Er sah sehr krank aus.

»*Sursum Corda*«, begrüßte ihn Don José, »gib mir bitte deine Krücken! Du brauchst sie doch nicht.«

»Lassen mich Euer Gnaden bitte bis zu dem Torweg da gehen«, erwiderte der Einbeinige, »und ich werde sie Euch geben. Ich möchte nicht mitten auf der Straße sterben.«

»Du stirbst?«

»So sieht es aus. Das Fieber verzehrt mich. Gestern wurde ich an der Schulter verwundet, und man hat mir die Kugel immer noch nicht herausgeholt. Ich fühle mein Ende nahe. Nehmt also die Krücken, Euer Gnaden.«

»Kommst du vom San-Francisco-Kloster?«

»Nein, mein Herr. Ich war unter dem Trenque-Bogen ...Dort stand eine Kanone, aus der wir alle schossen. Das San-Fancisco-Kloster ist in die Luft geflogen, als wir uns das am wenigsten erwarteten. Der ganze Süd- und Westteil ist zusammengestürzt und hat viele Leute unter sich begraben. Es war Verrat, wie es heißt ... Adieu, Don José ... Ich kann jetzt nicht mehr. Es wird mir schwarz vor Augen. Die Zunge will nicht mehr ... Jetzt gehe ich dahin. ... Die Muttergottes auf dem Pfeiler stehe mir bei. Hier haben Euer Gnaden meine

Ruder.« Mit denen konnte Don José sich noch bis zum Ort der Katastrophe weiterschleppen. Wir mußten aber einen Umweg durch die Calle de San Gil machen, weil wir auf geradem Wege nicht mehr weiterkamen. Die Franzosen hatten aufgehört, das Kloster auf der Krankenhausseite zu beschießen, aber sie griffen es vom San Diego her an und besetzten in aller Eile die Ruinen, die ihnen keiner streitig machen konnte. Die Kirche und der Turm des San-Francisco-Komplexes standen noch.«

»He, Pater Luengo!« rief Don José den Mönch an, der eiligen Schrittes in die Calle San Gil einbog. »Was ist los? Wo ist der Generalkapitän? Ist er etwa unter den Trümmern?«

»Nein«, antwortete der Predigermönch, der angehalten hatte. »Er ist mit anderen Führern auf der Plazuela San Felipe. Ich kann ihnen melden, daß Ihr Sohn Agustín gerettet ist, denn er befand sich unter denjenigen, die den Turm besetzt hielten.«

»Gelobt sei Gott!« sprach Don José und faltete die Hände.

»Der ganze Süd- und Westteil ist zerstört worden«, fuhr Pater Luengo fort. »Man weiß nicht, wie sie Minenstollen bis zu dieser Stelle vortreiben konnten. Sie müssen die Sprengladungen unter dem Kapitelsaal gelegt haben. Die Unseren hatten dort keine Schutzstollen vorgetrieben, weil sie dachten, das sei ein sicherer Ort.«

»Außerdem«, ergriff ein bewaffneter Zivilist, der sich uns genähert hatte, das Wort, »war doch das Haus daneben in unseren Händen, und da die Franzosen doch nur einen Teil der Klöster San Diego und Santa Rosa besetzt hatten, konnten sie dort kaum vorwärtskommen.«

»Aus diesem Grunde«, bemerkte ein ebenfalls aufgetauchter bewaffneter Geistlicher, »glaubt man, daß sie einen geheimen Gang zwischen Santa Rosa und dem Haus der Kobolde fanden. Als sie dann im Keller dieses Hauses waren, konnten sie mit einem kleinen Stollen bis zum Keller unter dem Kapitelsaal kommen.«

»Es hat sich schon alles aufgeklärt«, warf ein Hauptmann der Armee ein. »Das Haus der Kobolde hat einen großen Keller, der uns unbekannt war. Von dort aus gab es zweifelsohne eine Verbindung zum Santa Rosa, denn diesem Kloster gehörte das Haus früher und diente als Speicher und Vorratslager.«

»Aber wenn es gewiß ist, daß dieser Verbindungsgang besteht«, sagte Pater Luengo, »kann ich mir schon vorstellen, wer das den Franzosen verraten hat. Sie wissen doch, daß einige Gefangene gemacht wurden, als der Feind aus dem Garten des San-Diego-Klosters vertrieben wurde. Unter denen befand sich auch der Gevatter Candiola, der in diesen Tagen das französische Lager schon mehrmals besucht hatte und gestern abend auch zum Feind überging.«

»So muß es gewesen sein«, stimmte Don José de Montoria zu, »denn das Haus der Kobolde gehört Candiola. Dieser verdammte Wucherer kannte jeden Winkel in und unter dem Gebäude doch genau. Meine Herren, lassen Sie uns zum Generalkapitän gehen … Glauben Sie, daß der Coso noch gehalten werden kann?«

»Warum sollte diese Straße nicht gehalten werden können?« meinte der Offizier. »Was dort passiert ist, stellt doch keine so ungeheure Katastrophe dar – ein paar Tote mehr. Wir versuchen schon, die San-Francisco-Kirche wiederzuerobern.«

Wir schauten alle diesen Mann an, der so ruhig von dem Unmöglichen sprach. Seine Zuversicht kam uns wie Hohn vor, aber dennoch – Hohn von dieser Art bewahrheitete sich in diesem unglaublichen Epos manchmal.

Diejenigen, welche meinen Worten keinen Glauben schenken, mögen nur einmal die Geschichtsbücher öffnen. Sie werden lesen, daß ein paar Dutzend erschöpfter, ausgehungerter, schuhloser, halbnackter Männer, unter ihnen auch Verwundete, sich den ganzen Tag lang im Turm verteidigten. Damit aber nicht zufrieden, stiegen sie auf das Dach der Kirche hinunter, ohne sich um das Gewehrfeuer von der Krankenhaus-Ruine her zu kümmern, öffneten zahlreiche Luken und warfen Handbomben auf die Franzosen, so daß diese am Abend die Kirche aufgeben mußten. Die ganze Nacht über versuchte der Feind die Kirche wiederzuerobern, was ihm aber erst am Tag darauf gelang, als unsere Schützen sich vom Kirchendach ins Sastago-Haus zurückziehen mußten.

29.

»Ob sich Zaragoza ergibt? Tod demjenigen, der das sagt!«

Zaragoza ergab sich nicht. Sie zerschossen und zersprengten seine historischen Gebäude zu Pulver. Kein Stein blieb mehr auf dem anderen. Ihre hundert Kirchen wurden zerstört, ihr Boden öffnete sich und spie Flammen. Die Dächer fielen in die Brunnen. Aber inmitten der Trümmer und unter all den Toten erschallte immer wieder eine Stimme, die behauptete, daß Zaragoza sich nicht ergeben würde.

Dann kam der Moment der höchsten Verzweiflung. Die Franzosen kämpften nicht mehr – sie schauten nur noch zu. Die Hälfte der wichtigen Coso-Straße war schon in ihren Händen, und die erschöpften Spanier hatten sich auf die gegenüberliegende Seite zurückgezogen. Auch in der Gerbereien-Vorstadt und der auf der linken Ebroseite hatten sie Boden gewonnen, und die Arbeiten an ihren Stollen ruhten keinen Augenblick.

Man kann es kaum glauben, aber wir gewöhnten uns schließlich an die Sprengungen, wie wir uns vorher an das Bombardement gewöhnt hatten. Einmal hörte man wieder einen Knall wie tausend Donnerschläge zusammen. Was das gewesen war? Ach, nicht viel. Die Universität, die Blutkapelle, das Aranda-Haus, dieses Kloster oder jene Kirche, die heutzutage schon vergessen sind, waren in die Luft gejagt worden. Das war kein richtiges Leben mehr, sondern nur noch ein Vegetieren in einer Welt der Blitze und des Donners, wo es keinen ruhigen Punkt mehr gab. Es existierte keine Zufluchtsmöglichkeit mehr, denn der Boden war kein fester Boden mehr, weil überall im nächsten Moment ein Krater auftauchen konnte. Und dennoch, diese Leute verteidigten sich gegen die schreckliche Gewalt eines ständigen Vulkanausbruchs und gegen ein immerwährendes Gewitter. Die Klöster hatten in Ermangelung von Festungen als Bollwerke gedient. Statt Klöster nahm man dann Paläste und statt Paläste bescheidene Häuser. Es standen sogar noch einige Wände.

Man aß nicht mehr. Wozu auch, wenn man den Tod von

einem Moment zum anderen erwartete? Hunderte, Tausende von Menschen starben durch die Sprengungen, und die Epidemie galoppierte. Wenn jemand das Glück hatte, dem Kugelregen zu entrinnen, ergriff ihn an der nächsten Straßenecke ein fürchterlicher Schüttelfrost und Fieber, die in kurzer Zeit zum Tode führten. Es gab keine Verwandten und Freunde mehr. Noch schlimmer: Die Menschen erkannten sich untereinander nicht mehr. Die Gesichter waren voller Schmutz, Rauch und Blut, abgezehrt und leichenähnlich, so daß man sich fragen mußte: »Wer bist du denn?«

Die Glocken läuteten nicht mehr Sturm, weil es keine Glockenläuter mehr gab. Man hörte keine öffentlichen Ankündiger mehr, weil es keine Ankündigungen mehr gab. Es wurden keine Messen mehr gelesen, weil es keine Priester mehr gab. Die Jota wurde nicht mehr getanzt. Statt dessen hörte man überall das Röcheln von Sterbenden. Von Stunde zu Stunde hörte man weniger menschliche Stimmen. Es waren fast nur noch die Sprengungen und Geschoßeinschläge zu hören. An den Frontlinien riefen sich die Kämpfer keine Flüche mehr zu. Statt Wut zog eine ungeheure Traurigkeit in die Seelen ein. Die todgeweihte Stadt verteidigte sich stumm, um nicht ein Kraft-Partikelchen durch unnötige Anstrengung der Stimmbänder zu verschwenden.

Die Notwendigkeit der Kapitulation schwirrte vage in allen Köpfen, aber keiner sprach darüber. Jeder bewahrte den Gedanken tief in seinem Innern, wie eine Schuld, die er nicht eingestehen möchte. Kapitulation! Das konnte nicht ausgesprochen werden – ein unmögliches Wort. Da war es doch leichter zu sterben. Ein Tag nach der Sprengung des San-Francisco-Klosters war vergangen, ein schrecklicher Tag, der nicht im wirklichen Zeitgeschehen zu existieren schien, sondern in den Wahnvorstellungen eines schaurigen Traumes. Ich war in der Calle de las Arcadas, kurz bevor die Häuser dort zusammenstürzten. Danach rannte ich zum Coso, um einen Auftrag auszuführen. Ich erinnere mich noch, wie die drückende und verpestete Atmosphäre der Stadt mich so würgte, daß ich glaubte, nicht mehr weiterlaufen zu können. Auf dem Wege stieß ich auf jenen Jungen, den ich Tage zuvor weinend und einsam im Gerbereiviertel gesehen hatte. Auch jetzt war er wieder allein und weinte; der Unglückliche steckte seine Hände in den Mund, als wolle er die Finger essen. Trotz dieses Jammerbildes kümmerte sich niemand um ihn. Auch ich ging stumpf an ihm vorbei, aber dann wachte mein Gewissen auf. Ich drehte mich um und gab ihm einige Brotstückchen.

Nachdem ich meinen Auftrag ausgeführt hatte, lief ich zur Plazuela de San Felipe, wo die Reste meines Bataillons lagerten. Es war schon Abend, und obwohl es auf dem Coso von einer Straßenseite zur anderen Feuergefechte gab, wurden wir für den nächsten Tag in Reserve gehalten, weil alle vollkommen erschöpft waren.

Als ich dort ankam, sah ich einen in seinen Umhang eingehüllten Mann, der gedankenverloren auf und ab schritt. Es war Agustín de Montoria.

»Agustín! Bist du das?« rief ich und ging auf ihn zu. »Wie blaß und ausgezehrt du aussiehst! Bist du verwundet?«

»Laß mich«, erwiderte er bitter. »Ich will mit niemandem reden!«

»Bist du verrückt geworden? Was ist denn geschehen?«

»Laß mich, habe ich doch gesagt«, wiederholte er unwillig. »Ich will niemanden sehen – niemanden!«

»Mein Freund«, redete ich auf ihn ein, denn ich erkannte, daß etwas sehr Schlimmes die Seele meines Kameraden erschüttert haben mußte, »erzähle mir doch, was dich so bedrückt, und erleichtere dich damit etwas!«

»Ja, weißt du denn nicht, was geschehen ist?«

»Nein, denn man hatte mich doch mit zwanzig Mann zur Calle de las Arcadas geschickt. Seit gestern, seit der Explosion des San-Francisco-Klosters habe ich dich doch nicht mehr gesehen.«

»Das stimmt«, entgegnete er. »Gabriel, ich habe den Tod auf dieser Barrikade auf dem Coso gesucht, aber der Tod hat mich nicht gewollt. Unzählige Kameraden sind an meiner Seite gefallen, aber es war keine Kugel für mich ausersehen. Gabriel, mein lieber Freund, schieß mir mit einer deiner Pistolen in die Schläfe, damit ich endlich aufhören kann zu leben. Kannst du dir vorstellen, daß ich mich vor kurzem selbst umbringen wollte? ... Ich weiß nicht ... Es war, als ob eine unsichtbare Hand mir die Waffe von der Schläfe wegriß. Dann strich mir eine sanfte und warme Hand über die Stirn.«

»Beruhige dich, Agustín, und erzähle mir doch, was dich so bedrückt.«

»Was mich bedrückt? ... Wie spät ist es denn?«

»Neun Uhr.«

»Noch eine Stunde!« rief er erschrocken aus. »Sechzig Minuten. Es kann ja sein, daß die Franzosen unter diesem San-Felipe-Platz hier einen Minenstollen vorgetrieben haben, so daß vielleicht im nächsten Moment der Boden sich mit einem Knall öffnet und uns alle verschlingt – alle, das Opfer und die Henker.«

»Welches Opfer denn?«

»Ja, weißt du denn nichts? Der unglückliche Candiola! Er ist im Neuen Turm eingesperrt.«

An der Eingangstür des Neuen Turmes standen einige Soldaten bei Fackelschein. »In der Tat«, erwiderte ich, »ich weiß, daß dieser elende Alte zusammen mit einigen Franzosen im Garten vom San-Diego-Kloster gefangengenommen wurde.«

»Sein Verbrechen ist unwiderlegbar. Er führte die Feinde vom Santa-Rosa-Kloster zum Haus der Kobolde durch einen Gang, den nur er kannte. Außer den klaren Beweisen hat der Unglückliche auch noch gestanden – in der Hoffnung, sein Leben retten zu können.«

»Er ist also verurteilt worden ...?«

»Ja. Der Kriegsrat hat nicht lange beraten. Candiola soll in einer Stunde als Verräter erschossen werden. Das ist die Geschichte. Diese verdammten Epauletten! Da stehe ich nun als Hauptmann des Bataillons der Peñas de San Pedro mit dem Befehl in der Tasche, dieses Urteil hier um zehn Uhr zu vollstrecken! Hier, siehst du den Befehl? Er ist vom General Saint-March unterschrieben.«

Ich brachte kein Wort hervor. Was sollte ich ihm auch in dieser schrecklichen Situation sagen?

»Freund, du mußt deinen ganzen Mut zusammennehmen!« stieß ich schließlich hervor. »Dieser Befehl muß ausgeführt werden.«

Agustín hörte mich schon gar nicht mehr. Er wirkte wie geistig umnachtet, wandte sich von mir ab, um gleich wieder zurückzukommen, wobei er verzweifelte Wörter murmelte. Dann schaute er auf den Turm, der sich in seiner majestätischen Schlankheit über unseren Köpfen erhob, und rief entsetzt:

»Gabriel, siehst du ihn? Siehst du nicht – der Turm steht gerade!!! Siehst du das nicht, Gabriel? Er hat sich aufgerichtet!«

Ich schaute erstaunt auf den Turm. Er war so schief wie immer.

»Gabriel«, fuhr Agustín de Montoria fort, »töte mich doch endlich! Ich möchte nicht mehr leben. Nein – ich werde diesem Mann nicht das Leben nehmen. Übernimm du diese Exekution. Wenn ich leben bleibe, möchte ich fliehen. Ich bin krank. Ich werde mir die Epauletten abreißen und sie dem General Saint-March ins Gesicht werfen. Nein, sage mir nicht, daß der Neue Turm noch immer schief ist! Siehst du denn nicht, daß er jetzt gerade ist? Freund, du willst mich täuschen. Um mein Hirn liegt ein rotglühender Reif, und das Blut brodelt in mir. Ich werde vor Schmerz sterben.«

Ich versuchte wieder, ihn zu trösten, als eine weiße Figur von der Calle de Torresecas her auf den Platz trat. Als ich sie erkannte, fuhr ich vor Entsetzen zusammen – es war Mariquilla. Agustín hatte keine Zeit zu fliehen. Das unglückliche junge Mädchen warf sich an seinen Hals und rief in furchtbarer Erregung aus:

»Agustín, Agustín! Gott sei Dank, daß ich dich hier finde. Wie ich dich liebe! Als man mir sagte, daß du der Bewacher meines Vaters seist, bin ich vor Freude fast verrückt geworden, denn jetzt bin ich sicher, daß du ihn retten mußt. Diese unerbittlichen Menschen des Kriegsrats haben ihn zum Tode verurteilt. Zum Tode! Ihn, der niemandem etwas zuleide getan hat! Aber Gott will nicht, daß ein Unschuldiger stirbt, und hat ihn in deine Hände gegeben, damit du ihn entfliehen läßt.«

»Mariquilla, María meines Herzens«, entgegnete Agustín, »laß mich, geh weg von hier! … Ich möchte dich jetzt nicht sehen.. ... Morgen, morgen können wir reden. Auch ich liebe dich ... Ich bin verrückt nach dir. Zaragoza möge untergehen, aber deine Liebe mir erhalten bleiben. Man will, daß ich deinen Vater töte ...«

»O mein Gott, sag so etwas nicht! Du?«

»Nein, tausendmal nein! Sollen andere seinen Verrat bestrafen.«

»Nein, das ist eine Lüge. Mein Vater ist kein Verräter. Du beschuldigst ihn also auch? Das hätte ich nie gedacht ... Agustín, es ist jetzt Nacht. Binde seine Hände los und öffne die Eisen, die ihm die Fußknöchel quetschen. Laß ihn frei! Niemand wird es sehen. Laß uns fliehen. Wir werden uns hier in der Nähe verstecken, in der Ruine unseres Hauses, dort im Schatten der Zypresse, an dem gleichen Ort, wo wir so oft auf den Neuen Turm geschaut haben.«

»María, ... warte doch mal ...«, sagte Agustín de Montoria ebenfalls in höchster Erregung. »Das geht so nicht ... Es sind doch viele Leute auf dem Platz. Die Soldaten sind sehr wütend auf den Gefangenen. Morgen ...«

»Morgen! ...Was hast du gesagt? Machst du dich über mich lustig? Setze ihn sofort frei, Agustín! Wenn du das nicht tust, weiß ich, daß ich den gemeinsten, den feigsten und verächtlichsten aller Männer geliebt habe.«

»María, Gott hört uns jetzt. Gott weiß, daß ich dich anbete. Ich schwöre bei Gott, daß ich meine Hände nicht mit dem Blut dieses Unglücklichen beflecken werde. Eher werde ich meinen Degen zerbrechen. Aber bei Gott sage ich dir auch, daß ich deinen Vater nicht freisetzen kann. María, der Himmel ist über uns zusammengefallen.«

»Agustín, du enttäuschst mich ungemein«, sagte das junge Mädchen bebend. »Du wirst ihn also nicht freilassen?«

»Nein, ich kann es nicht. Selbst wenn Gott mich darum bitten würde, könnte ich diesem Mann, der unsere Kameraden verkauft hat, nicht die Freiheit geben. Es gibt Grenzen, die man nicht überschreiten kann. Die vielen Opfer durch Verrat, die untergegangene Stadt, die besudelte nationale Ehre würden unerträglich auf meinem Gewissen lasten.«

»Mein Vater kann nicht Verrat begangen haben«, sagte

Mariquilla und verfiel plötzlich von tiefem Schmerz in heißen Zorn. »Das sind Verleumdungen seiner Feinde. Die ihn einen Verräter nennen, sind Lügner, und du, der du grausamer und unmenschlicher als alle bist, lügst auch. Nein, nein, es ist nicht möglich, daß ich dich geliebt habe. Ich schäme mich, wenn ich daran denke. Du hast also gesagt, du wirst ihn nicht freilassen? Aber wozu lebst du denn, wozu bist du denn nutze? Hoffst du mit deiner Grausamkeit die Gunst der unmenschlichen Barbaren zu erringen, die die Stadt zerstört haben, indem sie vorgaben, sie zu verteidigen? Für dich ist das Leben des Unschuldigen und auch die Verzweiflung einer Waise nichts wert! Elender, heuchlerischer Egoist, ich hasse dich mehr, als ich dich geliebt habe! Hast du etwa gedacht, du könntest dich noch vor mir sehen lassen mit den Händen befleckt vom Blute meines Vaters? Nein, *er* ist kein Verräter. Der Verräter bist du und mit dir alle um dich herum. Mein Gott! Gibt es denn keinen großmütigen Arm hier, der mich schützt? Gibt es unter all den Männern hier keinen einzigen, der dieses Verbrechen verhindert? Eine arme Frau läuft durch die ganze Stadt auf der Suche nach einer mildtätigen Seele und trifft nur auf wilde Tiere!«

»María«, sprach Agustín, »du zerreißt mir die Seele. Du bittest mich um das Unmögliche. Um etwas, was ich nicht machen werde und auch nicht kann, auch wenn du mir dafür das ewige Glück bieten würdest. Ich habe mich innerlich schon von allem gelöst und damit gerechnet, daß du mich verabscheuen wirst. Sieh, wie ein Mann mit seinen eigenen Händen sein Herz herausreißt und es in den Schmutz wirft. Das habe ich getan. Mehr kann ich nicht.«

Maria Candiolas heftige Erregung ging nun von unbändigem Zorn in pathetische Verzweiflung über, und sie zerfloß in bitteren Tränen.

»Was habe ich jetzt gesagt, und welche Verrücktheiten hast du von dir gegeben! Agustín, du kannst mir meine flehentliche Bitte nicht verweigern! Wie habe ich dich geliebt, und wie liebe ich dich noch! Seit ich dich zum ersten Male in unserem Landhaus sah, warst du ständig in meinen Gedanken. Du bist für mich der liebenswürdigste, der großmütigste, der behutsamste, der tapferste aller Männer gewesen. Ich liebe dich, ohne zu wissen, wer du bist. Ich kannte den Namen deiner Eltern nicht, aber ich habe dich geliebt, auch wenn du der Sohn des Henkers von Zaragoza gewesen wärst. Agustín, du mußt mich vergessen haben, seitdem wir uns das letzte Mal sahen. Ich bin es doch, deine Mariquilla! Ich habe immer geglaubt und glaube auch jetzt noch, daß du mir meinen guten Vater, den ich so sehr liebe wie dich, nicht wegnehmen wirst. Er ist gut, hat niemandem etwas zuleide getan. Er ist doch nur ein armer alter Mann … Gewiß, er hat einige Fehler, aber ich sehe sie nicht mehr. Ich sehe in ihm nur noch Tugenden. Ich kenne meine Mutter nicht, die starb, als ich noch sehr klein war. Ich habe von der Welt zurückgezogen gelebt. Mein Vater hat mich in der Einsamkeit aufgezogen, und in der Einsamkeit hat sich die große Liebe gebildet, die ich dir entgegenbringe. Wenn ich dich nicht kennengelernt hätte, wäre mir die ganze Welt gleichgültig gewesen ohne ihn.«

Ich konnte von Agustín de Montorias Antlitz Unentschlossenheit ablesen. Er schaute mit verstörten Augen auf das Mädchen und auf die Wache am Eingang des Turms. Candiolas Tochter verstand es mit bewundernswertem Instinkt, diese Neigung zur Schwäche auszunützen, warf ihm wieder die Arme um den Hals und sprach:

»Agustín, laß ihn frei! Wir werden uns an einem Ort verstecken, wo uns niemand finden wird. Wenn sie dich beschuldigen, deine Pflicht verletzt zu haben, so kümmere dich nicht darum und komm mit mir. Wie wird dich mein Vater lieben, wenn er sieht, daß du ihm das Leben rettest! Welch ein Glück wird uns erwarten, Agustín! Wie gut du bist! Ich hatte es schon so gehofft, und als ich erfuhr, daß der arme Gefangene in deinem Gewahrsam ist, öffneten sich für mich alle Himmelstore!«

Mein Freund ging einige Schritte vor und dann wieder zurück. Zahlreiche Soldaten und andere Bewaffnete säumten den Platz. Plötzlich tauchte vor uns ein Mann auf Krücken auf, begleitet von anderen Zivilisten und einigen hohen Offizieren.

»Was geht hier vor?« erkundige sich Don José de Montoria.

444

»Ich glaube, Frauenkreischen gehört zu haben. Agustín, du weinst. Was hast du denn?«

»Mein Herr«, schrie Mariquilla erschreckt zu Don José gewandt, »auch Sie werden sich meiner flehentlichen Bitte, meinen Vater freizulassen, nicht versagen können. Erinnern Sie sich nicht an mich? Gestern habe ich doch ihre Wunde verbunden.«

»Das ist richtig, Mädchen«, sagte Don José ernst. »Ich bin Ihnen sehr dankbar. Erst jetzt wird mir klar, daß Sie die Tochter des Señor Candiola sind.«

»Ja, mein Herr. Gestern, als ich ihre Wunde pflegte, erkannte ich an ihrem Gesicht denjenigen, der vor vielen Tagen meinen Vater mißhandelte.«

»Ja, meine Tochter. Das war ein Übergriff ... aber bald danach ... Ich kann es nicht ungeschehen machen ... Ich habe sehr heißes Blut ... Und Sie haben mich gepflegt ... So handeln gute Christen. Sie vergelten ihnen zugefügte Untaten mit Wohltaten. Gott gebietet ja, denen, die uns schlagen, Gutes zu tun.«

»Señor«, rief das Mädchen in Tränen aufgelöst, »ich verzeihe meinen Feinden. Bitte verzeihen auch Sie den Ihrigen! Warum können Sie meinen Vater denn nicht freilassen? Er hat doch nichts getan!«

»Sie verlangen da etwas Unmögliches. Der Verrat des Señor Candiola kann nicht verziehen werden. Die Truppe ist wütend.«

»Es ist alles ein Irrtum! Wenn Sie sich für ihn verwenden würden ... Sie gehören doch zu denen, die bestimmen.«

»Ich?« entgegnete Don José de Montoria. »Das ist ein Fall, für den ich nicht zuständig bin ... Aber so beruhigen Sie sich doch, junge Dame ... Sie scheinen wirklich ein sehr gutes Mädchen zu sein. Die Sorgfalt, mit der Sie meine Wunde behandelten, war auch für meine Seele eine Wohltat. Ihnen, die ich auch mit meiner Unbeherrschtheit damals beleidigte, habe ich viel zu verdanken – vielleicht sogar das Leben. Gott lehrt uns ja, daß wir demütig und mildtätig sein müssen. Beinahe wäre mir das wieder entfleucht ... Verdammt sei meine voreilige Zunge!«

»Señor, wie gut Sie sind!« rief das junge Mädchen aus. »Und ich hatte Sie erst als böse eingeschätzt. Sie werden uns helfen, meinen Vater zu retten, und dann wird er sich nicht mehr an die von Ihnen zugefügte Beleidigung erinnern.«

»Hören Sie, mein Kind«, sagte Don José de Montoria und nahm sie beim Arm. »Vor kurzem habe ich Don Jerónimo wegen dieses Vorfalls um Verzeihung gebeten, aber anstatt sich mit mir zu versöhnen, hat er mich seinerseits in gröblichster Weise beleidigt. Er und ich, wir können uns nicht verstehen, mein Kind. Sagen Sie mir bitte, daß Sie mir die Schläge und Tritte verzeihen, und mein Gewissen wird viel leichter sein.«

»Aber ich habe Ihnen doch nichts zu verzeihen! Sie sind doch so gut, mein Herr! Sie befehlen doch wohl hier. Dann lassen Sie doch meinen Vater frei.«

»Das liegt nicht in meiner Hand. Señor Candiola hat ein entsetzliches Verbrechen begangen. Es ist unmöglich, ihm das zu verzeihen – unmöglich! Ich verstehe Ihren Schmerz … Wirklich, ich kann mich in Sie hineinversetzen – besonders, wenn ich an Ihre Güte mir gegenüber denke … Ich werde Sie schützen … Wir werden sehen.«

»Ich möchte nichts für mich«, erwiderte Maria, die vom Schreien schon heiser war. »Ich möchte nur, daß Sie einen Unglücklichen freilassen, der nichts getan hat. Agustín, befiehlst du denn die Truppen hier nicht? Was wirst du tun?«

»Dieser junge Mann wird seine Pflicht erfüllen.«

»Dieser junge Mann«, entgegnete die Candiola zornig, »wird das tun, was ich ihm sage, denn er liebt mich. Nicht wahr, du wirst meinem Vater die Freiheit geben? Du hast es mir doch gesagt …Werden sie dich daran hindern? Agustín, kümmere dich nicht um sie. Verteidigen wir uns doch!«

»Was höre ich da?« rief Don José erstaunt aus. »Agustín, dieses Mädchen hat gesagt, daß du deine Pflicht verletzen willst? Kennst du sie denn?«

Von großem Entsetzen ergriffen, sagte Agustín nichts.

»Ja, er wird ihn freilassen!« rief Maria verzweifelt aus. »Gehen Sie, Señores. Hier haben Sie nichts mehr zu suchen.«

»Das hört sich ja so an«, schrie Don José und packte seinen

Sohn beim Arm, »als ob dieses Mädchen die Wahrheit sagt. Wenn ich wüßte, daß mein Sohn seine Pflicht auf solch eine Weise verletzten würde, daß er die unter den Fahnen geschworene Treue bricht, wenn ich wüßte, daß mein Sohn die Befehle verhöhnt, die ihm erteilt wurden, würde ich selbst ihm die Arme zusammenschnüren und ihn vor den Kriegsrat führen, damit er dort gerichtet wird.«

»Mein Herr Vater«. erwiderte Agustín, der leichenblaß geworden war, »niemals habe ich daran gedacht, meine Pflicht zu verletzen.«

»Ist er denn dein Vater?« fragte María. »Agustín, sag ihm doch, daß du mich liebst. Vielleicht hat er dann Mitleid mit mir.«

»Dieses Mädchen ist wahnsinnig geworden«, sprach Don José bedauernd. »Arme Kleine, ihr Schmerz zerreißt mir das Herz. Ich werde sie schützen, wenn sie eine Waise ist ... Aber so beruhigen Sie sich doch, mein Kind. ... Ja, ich werde sie schützen, wenn sie sich ändert ... Die Arme ... Sie haben ein gutes Herz, ein ausgezeichnetes Herz ... aber, ... wenn ... man hat mir gesagt, daß sie ein wenig leichtfertig ist ... Es ist wirklich schade, daß eine gute Seele durch eine schlechte Erziehung Schaden nimmt ... Aber Sie werden sich doch wieder fangen, nicht wahr? ... Ich glauben wenn ...«

»Agustín, wie kannst du es zulassen, daß man mich beleidigt?« rief das Mädchen in tiefem Schmerz aus.

»Ich beleidige Sie doch nicht«, widersprach der Vater. Das sind doch nur so etwas wie Ratschläge. Wie könnte ich denn meine Wohltäterin beleidigen wollen! Wenn Sie sich gut benehmen, werden wir Sie alle gern haben. Sie werden unter meinem Schutz sein, Sie arme Waise ... Warum sind Sie denn so rücksichtslos gegenüber meinem Sohn? Nun aber Schluß mit den Beschuldigungen! ... Der Junge ist Ihnen wohl schon mal begegnet. Man hat mir erzählt, daß Sie während der ganzen Belagerung viel mit Soldaten zu tun gehabt haben. ... Aber man kann sein Benehmen doch ändern. Ich werde mich dafür einsetzen, daß ... Schließlich kann ich nicht vergessen, daß Sie so gut zu mir gewesen sind ... Dieses Gesicht kann doch nicht lügen. Sie haben ein Engelsgesicht. Aber man muß sich von den Versuchungen der Welt fernhalten, die Laster bekämpfen ... denn ...«

»Nein!« schrie da Agustín plötzlich voller Zorn, so daß alle Umstehenden zusammenfuhren. »Nein, nein, ich dulde es nicht, daß man sie beleidigt – auch mein Vater nicht! Auch er darf sie nicht vor meinen Augen herabsetzen. Ich liebe sie, und wenn ich es vorher verschwiegen habe, so sage ich es jetzt hier ohne Furcht und Scham, damit alle Welt es zur Kenntnis nimmt. Mein Herr Vater, Sie wissen nicht, was sie da sagen, und wie weit das von der Wahrheit entfernt ist. Man hat Sie sicherlich getäuscht. Töten Sie mich, wenn Sie meinen, daß ich Ihnen den Respekt versage, aber beleidigen Sie María nicht vor mir, denn wenn ich so etwas noch einmal höre, kann mich auch mein eigener Vater nicht mehr zurückhalten!« Don José de Montoria, der einen solchen Ausbruch nicht erwartet hatte, schaute seine Freunde überrascht an.

»Gut, Agustín!« zollte die Candiola ihrem Liebsten Beifall. »Kümmere dich nicht um diese Leute! Dieser Mann ist nicht mehr dein Vater. Tue das, was dein Herz dir sagt. Weg hier, Señores, weg!«

»Du täuschst dich, María!« antwortete der junge Mann darauf. »Ich habe nicht daran gedacht, den Gefangenen freizulassen und werde es auch nicht tun. Aber ich erkläre hier, daß nicht ich es sein werde, der das Kommando zu seiner Erschießung gibt. Da sind andere Offiziere in meinem Bataillon, die diesen Befehl ausführen können. Ich bin kein Soldat mehr. Obwohl wir hier vor dem Feind stehen, werfe ich meinen Degen weg und stelle mich dem Oberbefehlshaber, damit er über mein Schicksal entscheidet.«

Bei diesen Worten zog er seinen Degen aus der Scheide, legte die Klinge über sein Knie, zerbrach sie, warf die Stücke in die Gosse und schritt davon, ohne ein weiteres Wort zu sagen.

»Jetzt bin ich allein! Nun ist niemand mehr da, der mich schützen kann!« rief Mariquilla in höchster Verzweiflung aus.

»Nehmen Sie diese Verrücktheiten meines Sohnes bitte nicht so ernst«, sprach Don José zu uns. »Ich werde ihn zur Rede stellen. Vielleicht hat er Interesse an diesem Mädchen gefunden, denn ... aber das wäre ja nichts so Außergewöhnliches ... Diese unerfahrenen Geistlichen sind eben so ... Und Sie, Fräulein María, versuchen Sie doch, sich zu beruhigen. Wir werden uns um Sie kümmern. Wenn Sie sich zusammennehmen, werde ich mich bei den Arrepentidas-Nonnen für Ihre Bildung einsetzen ... Also, führt sie weg von hier!«

»Nein, nein, keiner wird mich hier wegführen, es sei denn in Stücken!« schrie das junge Mädchen auf dem Gipfel der Verzweiflung. »O Señor de Montoria, Sie haben meinen Vater um Verzeihung gebeten. Ich jedenfalls verzeihe Ihnen tausendmal, aber ...«

»Ich kann das nicht tun, worum Sie mich bitten«, erwiderte der Patriot traurig. »Das Verbrechen Ihres Vaters ist ungeheuer. Gehen Sie weg von hier ... Ich verstehe ja, daß das ein unerträglicher Schmerz für Sie ist! Gott wird Ihnen alle Ihre Sünden verzeihen, Sie arme Waise ... Sie können darauf zählen, daß ich alles in meiner Macht Stehende tun werde ... Wir werden Sie unterstützen ... Ich bin gerührt, nicht nur aus Dankbarkeit, sondern auch, weil ich mich in Sie hineinversetzen kann ... Nun kommen Sie doch mit mir – es ist Viertel vor zehn Uhr.«

»Señor de Montoria«, sagte María, warf sich vor dem Patrioten auf die Knie und küßte ihm die Hände, »Sie haben Einfluß in der Stadt und können meinen Vater retten. Als Agustín sagte, daß er mich liebt, sind sie zornig auf mich geworden. Nein, ich liebe ihn nicht. Ich will ihn noch nicht einmal wiedersehen. Obwohl ich ehrbar bin, steht er doch über mir, so daß ich nicht daran denken kann, ihn zu heiraten. Señor de Montoria, um das Seelenheil ihres toten Sohnes, bitte, tun Sie es! Mein Vater ist unschuldig. Nein, es ist nicht möglich, daß er ein Verräter ist! Selbst wenn der Heilige Geist es sagte, würde ich es nicht glauben. Man behauptet, er sei kein Patriot gewesen. Lügen – alles Lügen. Man sagt, er habe nichts für den Krieg geopfert, aber jetzt gebe ich alles, was wir haben. Im Keller unseres Hauses ist viel Geld vergraben. Ich werde Ihnen sagen, wo es ist. Sie können alles nehmen. Man sagt, er habe keine Waffe zur Verteidigung der Stadt angerührt. Ich werde jetzt Waffen in die Hände nehmen. Ich habe keine Angst vor den Kugeln oder vor dem Lärm der Kanonen. Ich fürchte mich vor nichts mehr. Ich werde zum Ort der größten Gefahr gehen – dorthin, wo die Männer keinen Widerstand mehr leisten können, und werde allein weiterkämpfen. Ich werde mit meinen Händen die Minen aus der Erde reißen und werde Löcher bohren, um auf den Boden, den die Franzosen besetzt haben, Pulver zu streuen. Sagen Sie mir, welche Befestigung genommen oder welche Mauern verteidigt werden sollen, und ich werde dorthin eilen. Ich fürchte nichts, und von allen Leuten in Zaragoza werde ich die letzte sein, die sich ergibt …«

»O unglückliches Mädchen!« murmelte der Patriot und hob sie vom Boden auf. »Gehen wir weg von diesem Ort.«

»Señor de Araceli«, befahl der Abschnittskommandeur, der auch hinzugekommen war. »Da der Hauptmann Don Agustín de Montoria seinen Posten verlassen hat, beauftrage ich Sie mit der Führung der Kompanie.«

»Nein, ihr Mörder meines Vaters«, schrie María, jetzt nicht nur verzweifelt, sondern wild wie eine Löwin. »Ihr werdet diesen Unschuldigen nicht umbringen! Feiglinge, elende Henker! Die Feiglinge seid ihr. Ihr werdet mit euren Feinden nicht fertig und macht euch eine Freude daraus, einem unglücklichen alten Mann das Leben zu nehmen! Soldaten, wo ist denn eure Ehre – wenn ihr überhaupt wißt, was das ist? Agustín, wo bist du denn jetzt? Señor Don José de Montoria, was hier vorgeht, ist eine niederträchtige Vergeltung, die Sie sich ausgedacht haben, Sie rachsüchtiger Mann ohne Herz. Mein Vater hat niemandem etwas zugefügt. Sie wollten ihn berauben! Er tat richtig daran, Ihnen sein Mehl nicht geben zu wollen, denn diejenigen, die sich rühmen, Patrioten zu sein, sind in Wirklichkeit Händler, die mit dem Unglück der Stadt ihre Geschäfte machen … Diese grausamen Menschen haben kein Wort des Mitleids übrig. Hartherzige Leute, Barbaren, mein Vater ist unschuldig – und wenn er es nicht ist, so tat er gut daran, diese Stadt zu verkaufen! Der Feind wird immer noch mehr zahlen, als Sie alle wert sind. Gibt es denn keinen, keinen einzigen, der Mitleid mit ihm und mir hat?«

»Also, bringen wir sie weg von hier, meine Herren. Führen

Sie sie weg! Dieses unglückliche Mädchen!« sagte Don José nun entschlossen. »Dies kann nicht so weitergehen. Wo ist denn mein Sohn?«

Mariquilla wurde von den Soldaten weggeführt. Eine zeitlang hörte man noch ihre markerschütternden Schreie.

»Gute Nacht, Señor de Araceli«, sagte Don José zu mir. »Ich werde mal sehen, ob ich etwas Wasser und Wein für die arme Waise auftreiben kann.«

30.

Verschwinde, schrecklicher Alptraum! Ich will nicht schlafen! Aber dieser gefürchtete Schlaf überfällt mich dennoch. Ich möchte die schreckliche Szene aus meinem Gedächtnis löschen. Aber es ist schon eine Nacht und dann noch eine vergangen, und dennoch weicht das Schreckensbild nicht. Ich, der ich so oft den größten Gefahren ohne Augenzwinkern begegnet bin, zittere heute, und kalter Schweiß tropft mir von der Stirn. Der mit Franzosenblut beschmierte Degen fällt mir aus den Händen, und ich schließe die Augen, um nicht mehr sehen zu müssen, was sich immer wieder vor mir abspielt.

Vergebens versuche ich, dich aus meinem Geist zu vertreiben, unheilvolles Bild. Ich verjage dich, aber du kommst immer wieder zurück, denn du hast tiefe Wurzeln in mein Hirn geschlagen. Nein, ich bin nicht fähig, einem Nächsten kaltblütig das Leben zu nehmen, obwohl es mir eine unerbittliche Pflicht befiehlt. Warum habe ich in den Gräben nicht gezittert, aber jetzt? Ich spüre eine Todeskälte. Im Lichte der Laternen sehe ich einige finstere Gesichter. Besonders eines, bleich und ausgehöhlt, das ein Entsetzen ausdrückt, das schlimmer als jedes andere Entsetzen ist. Wie die Läufe der Gewehre im Lampenschein funkeln. Alles ist bereit. Es fehlt nur noch eine Stimme – meine Stimme. Ich versuche, den Befehl zu geben, aber die Zunge versagt. Nein, dieses Wort wird nie über meine Lippen kommen!

Geh weg von mir, du Alptraum! Ich schließe die Augen, drücke die Lider fest zu, aber je fester ich sie zudrücke, um so deutlicher erscheinst du mir, du fürchterliches Bild. Alle warten beklommen, aber keine Beklemmung ist vergleichbar mit der Angst meiner Seele, die sich auflehnt gegen das Gesetz, daß von mir fordert, daß ich der Existenz eines anderen Menschen ein Ende bereite. Die Zeit verstreicht, und ein Augenpaar, das ich nie gesehen zu haben wünschte, erscheint mir unter einer Binde. Ich kann diese Augen nicht ertragen und wünschte, ich könnte mir auch ein Tuch um die Augen binden. Die Soldaten blicken mich erwartungsvoll an, und ich versuche, meine Feigheit zu verbergen, indem ich die Stirn runzele. Sogar in den überwältigendsten Momenten ist man doch dumm und eitel. Es scheint, als ob die Umstände sich über mich lustig machen, und dies gibt mir plötzlich Energie. Meine Zunge löst sich vom Gaumen und schreit: »Feuer!«

Der verfluchte Alptraum will nicht weichen. Er quält mich heute nacht wie gestern und vorgestern und läßt immer wieder vor meinem geistigen Auge ablaufen, was ich nicht sehen will. Da ist es doch besser, gar nicht zu schlafen. Ich ersehne die Schlaflosigkeit so, wie ich so oft den Schlaf ersehnte. Immer wieder das Dröhnen der Kanonen. Diese unerbittlichen Eisenschlünde haben immer noch nicht aufgehört zu brüllen. Es sind zehn Tage vergangen, und Zaragoza hat sich noch nicht ergeben, weil einige Verrückte fanatisch darauf bestehen, diesen Haufen von Trümmern und Asche zu verteidigen. Die Franzosen sprengen immer noch Gebäude, und wenn sie den Fuß auf eine Handbreit Boden gesetzt haben, opfern sie das Leben immer weiterer Kämpfer und Zentner von Pulver, um den anderen Fuß auf ein neues Stück Boden setzen zu können. Die Spanier ziehen sich nicht zurück, solange noch eine Fliese da ist, auf der sie die ungeheure Maschine ihrer Bravour stellen können.

Ich bin völlig erschöpft und kann mich nicht mehr bewegen. Diese Männer, die da vor meinen Augen vorbeiziehen, scheinen keine Menschen mehr zu sein. Sie sind ausgezehrt, und ihre Gesichter wären gelb, wenn sie nicht von einer Schmutzschicht bedeckt wären. Unter den zusammengezogenen Brauen glühen die Augen, die nur noch Ausschau halten, um zu töten oder nicht getötet zu werden. Sie sind mit Lumpen bedeckt, und ein fleckiges Tuch ist um ihre Stirn gewunden. Sie sehen so aus, als wären sie von dem Haufen der Toten in der Druckereistraße hinuntergestiegen, um weiterzukämpfen. Sie setzen automatisch einen Fuß vor den anderen zwischen Rauch- und Pulverschwaden, Todgeweihte, an deren Ohren die betende Stimme eines Mönches klingt. Weder der Soldat versteht, was er hört, noch weiß der Mönch, was er da spricht. Auch die Religion ist in Sphären entrückt, die dem Wahnsinn nahe sind. Generäle, Soldaten, Zivilisten, Mönche, Frauen, alle sind bis ins tiefste Innere verstört. Es gibt keine Klassen- und Geschlechtsunterschiede mehr. Die Stadt verteidigt sich in der Anarchie.

Ich weiß nicht, wie mir geschieht. Sagen Sie nicht, ich solle weitererzählen, weil es nichts mehr zu erzählen gibt. In meiner Erinnerung vermischt sich die Realität mit der Phantasie. Ich lehne sitzend an einem Torweg der Calle de la Albarderia und zittere vor Kälte. Meine linke Hand steckt in einem Verband voller Blut und Schmutz. Ein Fieber verzehrt mich, und ich versuche, den letzten Rest an Kräften zusammenzureißen, um wieder am Kampf teilnehmen zu können. An meiner Seite liegen nicht nur Kadaver. Ich strecke eine Hand aus und berühre den Arm eines Freundes, der noch lebt.

»Was geht jetzt vor, Señor *Sursum Corda*?«

»Es scheint, daß die Franzosen jetzt auf dieser Seite des Coso sind«, antwortet er mit schwacher Stimme. »Sie haben die halbe Stadt gesprengt. Vielleicht müssen wir uns nun doch ergeben. Der Generalkapitän[30] ist von der Epidemie ergriffen worden und jetzt in der Calle de Predicadores, der Predigerstraße. Man glaubt, daß er bald sterben wird. Die Franzosen werden kommen. Ich will auch bald sterben, damit ich das nicht noch mit ansehen muß. Wie geht es Ihnen denn, Señor de Araceli?«

»Sehr schlecht. Ich werde mal sehen, ob ich mich erheben kann.«

»Wie es scheint, lebe ich immer noch – das hätte ich nicht gedacht. Der Herr wird mit mir sein, und ich werde direkt zum Himmel aufsteigen. Señor de Araceli, Sie sind doch nicht eben gestorben?«

Ich stehe mühsam auf und mache ein paar Schritte. An die Hauswand gestützt, gelingt es mir, mich bis zur Schule Escuelas Pías zu schieben. Ich sehe, wie einige hohe Offiziere dort einen kleinen, schlanken Geistlichen bis zur Tür begleiten. Er sagt: »Wir haben unsere Pflicht getan. Die menschliche Kraft reicht nicht weiter ...« Es war der Pater Basilio. Ein Freundesarm stützt mich. Ich erkenne Don Roque.

»Freund Gabriel«, spricht er in schmerzlichem Ton. »Die Stadt kapituliert heute.«

»Welche Stadt?«

»Diese hier.«

Mir scheint, als ob nichts mehr an seinem Platze ist. Die Namen und die Häuser – alles zieht in wilder Flucht dahin. Auch der Neue Turm zieht seine Füße aus dem Zement, um sich davonzumachen, mit der auf die Seite gerutschten Haube. Die Flammen in der Stadt flackern schon nicht mehr. Dicke Rauchwolken ziehen von Osten nach Westen. Der Wind treibt Pulverdampf und Asche in die gleiche Richtung. Der Himmel ist kein Himmel mehr, sondern ein bleifarbener Baldachin, der auch unruhig ist.

»Alles flieht von diesem Ort der Trostlosigkeit«, sage ich zu Don Roque. »Die Franzosen werden nichts mehr antreffen.«

»Ja, nichts. Heute werden sie bei der Puerta del Angel, dem Engelstor, einziehen. Es heißt, daß die Kapitulation ehrenhaft ist. Schauen Sie: Hier kommen die Gespenster, die den Platz verteidigt haben.«

In der Tat – auf der Coso-Straße ziehen die letzten Kämpfer entlang. Einer nach dem anderen von denjenigen, die den Kugeln und der Epidemie entronnen sind. Es sind Väter ohne Kinder, Brüder ohne Geschwister, Ehemänner ohne Gattin. Wer seine Angehörigen unter den Lebenden nicht findet, wird sie unter den Toten wohl auch kaum finden, denn es liegen zweiundfünfzigtausend Leichen[31] bei den Türen der Häuser, in den Kellern, in den Gräben. Die einrückenden Franzosen halten vor Entsetzen bei diesem Anblick an und wollen schon fast umkehren. Die Tränen quellen aus ihren

Augen, und sie fragen sich, ob die wenigen Kreaturen, die sich noch bewegen, Menschen oder nur Schatten sind.

Der in sein Haus zurückkehrende Freiwillige stößt auf die leblosen Körper seiner Frau und Kinder. Eine Frau läuft zum Graben, zur Brustwehr, zur Barrikade und sucht ihren Mann. Niemand weiß, wo er ist. Die tausend Toten, die in der Umgebung liegen, sprechen nicht, können keine Auskunft über dieses Mitglied ihrer großen Schar geben. Große Familien sind auf Null reduziert, und es ist keiner zurückgeblieben, der die anderen vermißt. Dieses erspart viele Tränen. Der Sensenmann hat mit einem Streich den Vater, dann die Waise und die Witwe dahingerafft. Es sind keine Augen mehr da, um sie zu beweinen. Frankreich hat nun doch seinen Fuß in diese Stadt gesetzt, die an den Ufern dieses klassischen Flusses errichtet worden war, der unserer Halbinsel seinen Namen gegeben hat.* Aber es hat sie erobert, ohne sie zu bezwingen. Beim Anblick von so viel Zerstörung und Tod sieht sich die kaiserliche Armee eher in der Rolle des Totengräbers dieser heldenhaften Einwohner als in der ihres Eroberers. Zweiundfünfzigtausend Leben dieser aragónesischen Stadt schlagen zu Buche unter den zweihundert Millionen Wesen, mit denen die Menschheit die militärischen Ehren des französischen Imperiums bezahlen muß.

Dieses Opfer ist nicht nutzlos gewesen, da es für eine Idee gebracht wurde. Die Weltmacht des Kaiserreichs Frankreich war eine eitle, vorübergehende Angelegenheit, gründete auf das wetterwendische Glück, auf Kühnheit und militärisches Genie, auf Tugenden, die immer sekundär sind, wenn sie nicht im Dienste einer Idee stehen. Ich meine, daß das französische Imperium, dieser Sturm, dessen Donner und Blitze in den ersten Jahren unseres Jahrhunderts Europa erschütterten, vorbeigingen, wie Stürme eben vorbeiziehen, denn die Normalität in der Geschichte wie in der Natur ist die Ruhe. Wir sahen dieses Kaiserreich dahinschwinden, wohnten seiner Agonie im Jahre 1815[32] bei. Später sahen wir seine Auferstehung, aber das zweite wie das erste Imperium ging dahin,

---

* Ebro – Iberus – Iberische Halbinsel (Anm. d. Übers.)

besiegt von seiner eigenen Überheblichkeit. Vielleicht sprießt dieser alte Baum noch ein drittes Mal, aber er wird nicht Jahrhunderte lang seinen Schatten auf die Welt werfen und kaum dazu dienen können, daß einige Begeisterte sich am Feuer seines letzten Holzes wärmen können.

Was nicht vergangen ist und nicht vergehen wird, das ist die Idee der Vaterlandsliebe, die Spanien gegen das Recht des Eroberers und Usurpanten verteidigte. Als andere Völker erlagen, beharrte Spanien auf seinem Recht. Es opferte sein Blut und Leben wie die Märtyrer das ihre in den Arenen für den christlichen Glauben. Das Ergebnis ist, daß Spanien, obwohl es im Wiener Kongreß ungerechterweise verächtlich[33] behandelt wurde und wegen seiner ständigen Bürgerkriege, seiner schlechten Regierungen, seiner Unordnung, seiner mehr oder weniger erklärten Pleiten, seiner unmoralischen Parteien, seiner Extravaganzen, seiner Stierkämpfe und seiner Putsche schlecht angesehen ist, seit 1808 nie seine Unabhängigkeit hat in Frage stellen lassen. Auch heute[34], wo wir an der letzten Stufe des moralischen Niedergangs angekommen zu sein scheinen, wagt es niemand, dieses Irrenhaus zu erobern.

Als Menschen mit wenig Vernunft – und gelegentlich überhaupt keiner – fallen die Spanier tausendmal zu Boden und erheben sich wieder. Ihrer traditionellen Untugenden stehen im Kampfe mit den außerordentlichen Fähigkeiten, die sie sich bewahrt haben, und mit jenen Fähigkeiten, die sie nun langsam aus den aus Mitteleuropa kommenden Ideen schöpfen. Hohe Aufstiege und tiefe Abstürze, große Überraschungen, scheinbares Ableben und Wiederauferstehung hat die Vorsehung für diese Menschen ausersehen, denn ihr Geschick besteht darin, in der Erregung zu leben, wie der Salamander im Feuer, aber ihr nationaler Bestand ist und bleibt gewährleistet.

31.

Es war der 21. Februar 1809. Ein Mann, den ich nicht kannte, trat auf mich zu und sagte:

»Komm Gabriel, ich brauche dich.«

»Wer sind Sie denn?« fragte ich ihn. »Ich kenne Sie doch gar nicht.«

»Ich bin Agustín de Montoria«, erwiderte er. »Bin ich so entstellt? Gestern erzählte man mir, du seist gestorben. Wie hatte ich dich beneidet! Aber nun muß ich sehen, daß du so verflucht bist wie ich und leben mußt. Weißt du, mein Freund, was ich sehen mußte? Ich habe den leblosen Körper von Mariquilla gesehen. Sie liegt in der Anton-Trillo-Straße, an ihrem Gartentor. Komm, beerdigen wir sie.«

»Man könnte *mich* eher begraben, als daß ich jemanden begrabe. Wer wird sich wohl um mein Begräbnis kümmern? Woran ist sie denn gestorben?«

»An nichts, Gabriel, an nichts.«

»Ein seltsamer Tod, ich verstehe das nicht.«

»Mariquilla hat keine Wunden und auch nicht die Anzeichen der Epidemie im Gesicht. Es sieht aus, als schliefe sie. Sie liegt mit dem Gesicht auf dem Boden und hat die Hände fest an die Ohren gepreßt.«

»Das kann ich verstehen. Sie konnte den Lärm der Schüsse nicht mehr aushalten. Mir geht es auch so. Ich höre sie immer noch.«

»Kommst du mit und hilfst mir? Ich habe einen Spaten mitgebracht.«

Widerstrebend ließ ich mich von meinem Freund und zwei Begleitern dorthin führen. Ich konnte meine Augen nicht mehr auf einen Gegenstand fixieren, und ich sah nur einen ständigen Schatten. Agustín und die anderen beiden hoben jenen Körper auf, der mir der Phantasie entsprungen schien, aber doch das Bild einer grausamen Realität war, die noch irgendwo existieren mußte. Ich glaube, ich sah auch ihr Gesicht, und dabei fiel ein Schatten tiefer Trauer auf meine Seele.

»Sie hat nicht die kleinste Wunde«, stellte Agustín fest. »Auf ihrer Kleidung ist kein einziger Blutfleck zu sehen. Ihre Lider sind nicht angeschwollen wie bei allen, die von der Epidemie dahingerafft wurden. María ist an nichts gestorben. Siehst du sie, Gabriel? Man könnte glauben, daß dieser Körper, den ich hier in den Armen habe, nie gelebt hat, daß sie eine schöne Wachsstatue ist, die ich in meinen Träumen als lebendes Wesen geliebt habe, das sprach und sich bewegte. Siehst du sie? Es ist mir, als ob alle Einwohner dieser Stadt hier tot auf den Straßen liegen. Wenn sie noch lebten, würde ich allen zurufen, daß ich dieses Mädchen geliebt habe. Warum hatte ich es wie ein Verbrechen verschwiegen? María, Mariquilla, meine Frau, warum bist du ohne Wunden und Krankheit gestorben? Was hast du, was ist dir geschehen, was hast du in deinem letzten Augenblick erlebt? Wo bist du jetzt? Denkst du noch? Erinnerst du dich an mich und weißt, daß ich existiere? Warum habe ich jetzt das, was man Leben nennt, und du nicht? Wo werde ich dich hören, mit dir sprechen und mich vor dich stellen können, damit du mich anblickst? Seitdem du die Augen geschlossen hast, ist alles dunkel um mich. Wie lange wird wohl diese Nacht meiner Seele und diese Einsamkeit, in der du mich gelassen hast, dauern? Die Erde ist für mich unerträglich. Die Verzweiflung wird sich meiner Seele bemächtigen, und vergebens rufe ich Gott an, daß er sie ausfüllt. Gott will nicht kommen, und seitdem du gegangen bist, Mariquilla, ist das Universum leer.«

Da drang Stimmenlärm an unsere Ohren.

»Das sind die Franzosen, die die Coso-Straße besetzen«, sagte einer. »Freunde, grabt schnell dieses Grab«, befahl Agustín an die beiden Begleiter gewandt, die ein Loch am Fuß der Zypresse aushuben. »Wenn nicht, kommen die Franzosen und nehmen sie uns weg.«

Ein Mann schritt auf der Calle de Anton Trillo in unsere Richtung, hielt an der zerstörten Mauer an und schaute herüber. Sein Gesicht war totenkopfartig, die Augen tief in den Höhlen liegend und sein Blick ohne Glanz. Sein Körper war gebeugt. Es schien mir, als ob ich ihn vor zwanzig Jahren einmal gesehen hatte. Seine Kleidung bestand aus mit Schmutz und Blut befleckten Lumpen. An einem anderen Ort und zu einer anderen Zeit hätte ich ihn für einen achtzigjährigen Bettler gehalten, der gekommen war, um ein Almosen zu erflehen. Er trat auf uns zu und sprach mit so schwacher Stimme, daß man sie kaum verstehen konnte:

»Agustín, mein Sohn, was machst du denn hier?«

»Señor Vater«, antwortete der Sohn ohne Überraschung, »ich begrabe Mariquilla.«

»Warum tust du das? Warum dieses Bemühen um eine fremde Person? Der Körper deines armen Bruders ist noch nicht beerdigt. Er liegt immer noch unter all den anderen Patrioten. Warum bist du von deiner Mutter und deiner Schwester weggegangen?«

»Meine Schwester ist von frommen Personen umgeben, die sie lieben, wogegen diese hier niemanden mehr hat als mich.«

Don José de Montoria starrte wortlos mit einem Ausdruck auf die Leiche, den ich an ihm noch nie wahrgenommen hatte, und begann Erde in die Grube zu werfen, in die wir das schöne Mädchen gelegt hatten.

»Wirf Erde auf sie, mein Sohn, wirf schnell Erde auf sie«, sprach er schließlich, »denn alles ist jetzt vorbei. Sie haben die Franzosen in die Stadt hereingelassen, wo wir uns doch noch ein paar Monate lang hätten verteidigen können. Diese Leute haben keine Seele. Komm mit mir, damit wir über dich sprechen können.«

»Señor«, entgegnete Agustín mit fester Stimme, »die Stadttore sind geräumt worden, und die Franzosen befinden sich nun in der Stadt. Es ist jetzt zehn Uhr. Um zwölf werde ich Zaragoza verlassen, um ins Kloster von Veruela zu gehen, wo ich sterben will.«

Nach den Vereinbarungen der Übergabe durfte die spanische Garnison mit militärischen Ehren durch das Portillo-Tor abziehen. Ich war so krank, so schwach durch die noch in den letzten Tagen empfangene Wunde sowie den Hunger und die Erschöpfung, daß meine Kameraden mich fast tragen mußten. Ich nahm die Franzosen kaum bewußt wahr, wie sie sich eher traurig als jubelnd über das Gelände verteilten, das einmal eine Stadt gewesen war.

Da standen jetzt vorwiegend gespenstische Ruinen. Es war die Stadt der Verwüstung, der Trostlosigkeit, die Stadt eines Epos, das würdig war, von Jeremias beweint und von Homer besungen zu werden. An der Muela, wo ich anhielt, um etwas auszuruhen, begegnete mir Don Roque, der ebenfalls Zaragoza verließ, weil er befürchtete, als Verdächtiger verfolgt zu werden.

»Gabriel«, sagte er mir, »nie habe ich geglaubt, daß die Kanaillen so niederträchtig sein würden. Ich hatte gedacht, daß sie sich angesichts der heldenhaften Verteidigung der Stadt menschlicher zeigen würden. Vor einigen Tagen sahen wir zwei Leichen, die der Ebro angeschwemmt hatte. Es waren Opfer dieser wilden Soldateska, deren Kommandeur Lannes ist. Die beiden Toten waren die Priester Santiago Sas, Chef der tapferen Schützen der Gemeinde San Pablo, und Basilio Boggiero, Magister, Freund und Ratgeber des Oberbefehlshabers Palafox. [35] Den Pater Basilio lockten sie zu einem bestimmten Ort mit dem Vorwand einer wichtigen Angelegenheit, durchlöcherten ihn dann mit Bajonetten und warfen ihn von der Brücke in den Fluß. Das gleiche taten sie mit Sas.«

»Wie ist es unserem Wohltäter Don José de Montoria ergangen?«

»Dank der Bemühungen des Gerichtspräsidenten ist er am Leben geblieben. Aber Anfangs hatten die Franzosen ihn erschießen wollen. Hat man schon solche Schurken gesehen? Palafox wollen sie offenbar nach Frankreich verschleppen, obwohl sie versprochen hatten, seine Person zu respektieren. Jedenfalls ist das eine Bande, der ich nicht einmal im Himmel begegnen möchte. Und was meinst du, was die Söldner dieses Halunken von Marschall Lannes noch getan haben? Dazu muß man wirklich abgefeimt sein. Da hat er doch den Befehl erteilt, daß die Juwelen der Muttergottes auf dem Pfeiler aus der Kirche genommen werden mit der Ausrede, daß sie dort nicht mehr sicher seien. Ich habe gesehen, wie sie all die Diamanten, Smaragde und Rubine heraustrugen. Die werden sie behalten. Um diesen Raub zu vertuschen, tat er so, als würden die Juwelen der Aufsicht der Junta übergeben ... Wirklich, ich bedaure, nicht mehr jung zu sein wie du, um gegen diese Wegelagerer zu kämpfen. Das sagte ich auch zu Don José de Montoria, als wir uns verabschiedeten. Armer Don José, wie traurig er doch ist! Der Tod seines älteren Sohnes und der Entschluß von Agustín, nun doch Priester oder Mönch zu werden, haben ihn sehr getroffen und schwermütig gemacht.«

Don Roque blieb bei mir, bis ich mich wieder ein wenig erholt hatte. Wir zogen zusammen weiter. Nach meiner völligen Genesung nahm ich an dem Feldzug von 1809 teil, erlebte andere Abenteuer, lernte andere Menschen kennen, schloß neue Freundschaften und erneuerte die alten. Später werde ich einiges von jenem Jahre berichten und von dem, was mir Andresillo Marijuan erzählte, auf den ich in Kastilien stieß, als ich aus Talavera und er aus Gerona kam.

März-April 1874.

ENDE

Anhang

I. Kurze Inhaltsskizze der ersten vier Romane der ›Episodicos nacionales‹

Gabriel Araceli, ein Waisenkind, wächst in Cádiz auf und erlebt als sechzehnjähriger die Seeschlacht bei Trafalgar (1805) mit. Zwei Jahre darauf verdingt er sich in Madrid als Diener der Schauspielerin Pepita González. Insgeheim hofft er am Hof Karriere zu machen und wechselt daher in die Dienste der Gräfin Amaranta, eine kaum verschlüsselte fiktive Nachbildung der legendären, von Goya gemalten und geliebten Herzogin von Alba (›Maya‹). Gabriel merkt jedoch rasch, daß er für die Welt der Intrigen nicht geboren war: Um diese Zeit nämlich versucht der Kronprinz Ferdinand mit einigen Ränkespielen König Karl IV. zu entmachten, scheitert aber mit seiner Verschwörung im Palast El Escorial.

Nicht mehr länger von der hübschen Erscheinung der Gräfin Amaranta geblendet, verliebt sich Gabriel Araceli endgültig in die junge, ebenfalls verwaiste Inés. Diese wird, nachdem sie jahrelang von dem etwas skurrilen, aber sympathischen Priester Don Celino aufgezogen worden war, ins Haus von Don Mauro Requejo und seiner Schwester nach Madrid gebracht. Dort lebt sie in einer Art Gefangenschaft, ein Opfer der Arbeitswut und des Gewinnstrebens dieses Geschwisterpaares. Don Mauro will Inés heiraten, wird in seinen finsteren Absichten von dem Winkeladvokaten Lobo unterstützt. Doch in den Wirren des Aufstandes von Madrid gegen Napoleons Truppen gelingt es Gabriel, Inés aus dem Haus des habgierigen Geschwisterpaares zu befreien. Der Aufstand der Bevölkerung von Madrid aber wird von Joachim Murat, Napoleons Schwager, am 3. Mai 1808 blutig niedergeschlagen. Gabriel Araceli entkommt nur mit Glück einer standrechtlichen Erschießung durch die Franzosen und verläßt gemeinsam mit Sanctorcaz und Don Santiago Fernández, dem Oberhauptmann die Stadt.

Gabriel hat erfahren, daß Inés jetzt in Córdoba lebt. Ausgerechnet die Gräfin Amaranta hat sich ihrer angenommen, denn inzwischen glauben sie und die Marquisa de Leiva herausgefunden zu haben, daß Inés das uneheliche Kind aus einer geheimgehaltenen Affäre eines hochrangigen Liebespaars am Hofe ist. Nach dem Willen der Gräfin Amaranta soll Inés, um ihre hohe Abkunft endgültig zu sichern, einen Adeligen heiraten, und zwar den Grafen Diego von Rumblar. Unter diesen Umständen wird Inés erneut von der Außenwelt abgeschirmt, und Gabriel Araceli kann sie in Córdoba nur einmal heimlich treffen. Völlig mittellos und abgebrannt, tritt er in die Armee des spanischen Generals Castaños ein und erlebt am 19. Juli 1808 die legendäre Schlacht bei Bailén mit, wo die Spanier dem Franzosen Dupont eine bittere Niederlage zufügen, die in ganz Europa Aufsehen erregt und zeigt, daß die napoleonischen Truppen nicht unbesiegbar sind. Gabriel fallen Briefe in die Hände, die in ihm den Verdacht erregen, daß Inés die uneheliche Tochter der Gräfin Amarante sei. Nach der Schlacht schließt Gabriel sich inkognito der Eskorte an, welche die erlauchte Familie, in die Inés aufgenommen wurde, und die Gräfin Amaranta nach Madrid zurückbringt.

I. Anmerkungen des Herausgebers zu ›Napoleon in Chamartín‹

1 Pedro Pablo Abarca de Bolera, Graf von Aranda (1718–98) war spanischer General und Politiker und Floridablancas Nachfolger im Amt des Ersten Ministers unter König Karl IV.

2 Pomona – römische Göttin der Gartenfrüchte (z. B: bei Ovid, Metamorphoses, XVI, 623 f.)

3 Phidias, griechischer Bildhauer des 5. Jahrhunderts vor Chr., schuf das zwölf Meter hohe gold-elfenbeinerne Kultbild der Athena Parthenos im Parthenon in Athen.

4 Manuel José Quintana, Dramaturg und Dichter aus Madrid, verfaßte zwischen 1795 und 1808 34 patriotische Oden wie ›A la invencíon de la imprenta‹ (1800) oder ›Al combate de Trafalgar‹ (1805). Nicht zuletzt aufgrund seines starkes Engagements in der Zeit der Erhebung gegen Napoleon – Herausgabe der ›Patriotischen Wochenschrift‹ – wurde er später – 1855 – von Isabella II. auch offiziell in den Rang eines Staatsdichters erhoben.

5 Leandro Fernández Moratín (1760-1828), Theaterschriftsteller, wurde zeitweilig von dem der Bevölkerung zunehmend verhaßter werdenden Ersten Minister Godoy unterstützt. Als Moratín Sympathien für Napoleon bezeugte, mußte er außer Landes fliehen. Er war bekannt für seine neoklassizistischen Theaterstücke, die die barocken Manierismen überwanden, und sah seinen Ehrgeiz darin, der Molière Spaniens zu werden.

6 Luciano Francisco Comella (1751–1812), Theaterschriftsteller und Dramaturg, bevorzugte melodramatische Stoffe und profilierte sich vor allem mit ›El sí de las niñas‹ (1805) als Gegenstimme zu Moratíns Neoklassizismus.

7 Juan Meléndez Valdés (1754–1817) studierte und lehrte als Doktor der Rechte in Salamanca, erntete ersten Ruhm mit dem Werk ›Batilo‹. Vier Jahre später wurde er mit dem Schauspiel ›Las bodas de Camacho‹ zu einem der

gefeiertesten spanischen Autoren. Begrüßte den Einmarsch der Franzosen in Spanien und widmete 1808 die Romanze ›Alarma española‹ Joseph Bonaparte. Wegen seiner politischen Haltung mußte er ins Exil.

8 General Joaquín Blake (1759–1827) auf Málaga geboren, aber irischer Abstammung, wurde 1808 zum General der Armee von Galizien ernannt. Nach vielen kleineren Schlachten mit den Franzosen geriet er 1812 in Gefangenschaft.

9 General Gregorio de la Cuesta (1740–1812), der schon 1793 als Kommandant gegen französische Truppen kämpfte, wurde 1808 zum Generalkapitän von Alt-Kastilien ernannt, erlitt aber in den Schlachten bei Medina del Río Seco (14. Juli 1808) und bei Medellín (28. März 1809) schwere Niederlagen.

10 General José Palafox y Melzi (1780–1847), Herzog von Zaragoza, als Offizier der spanischen Königswache begleitete er Prinz Ferdinand 1808 nach Bayonne, floh, als seine Soldaten gefangengenommen wurden. Rückkehr nach Aragón, seiner Heimat, wo er den Widerstand gegen Frankreich formierte.

11 General Francisco Xavier Castaños (1758–1852), Kommandant der andalusischen Armee, studierte in Deutschland, 1825 Mitglied des spanischen Staatsrats, später Berater von Isabella II.

12 Verballhornungen der Namen von Erasmus von Rotterdam (1466 od. 69–1536), des großen Humanisten und Kirchenreformers, und des Renaissance-Gelehrten und Philosophen Pico della Mirandola (1463–1494).

13 Licenciado bezeichnet einen akademischen Grad. Don Severo Lobo (span. lobo = Wolf) spielt schon in dem Roman ›La corte de Carlos IV‹ (deutsch: Die Abenteuer der Pepita González) als Plagegeist Gabriel Aracelis eine bedeutende Rolle.

14 Quintus Horatius Flaccus (65–8 v. Chr.), genannt Horaz, römischer Dichter.

14a Joachim Murat (1767–1815), Sohn eines Gastwirts, Theologiestudent, 1787 Eintritt in die Armee, seit Napoleons

Putsch im Vendémiaire 1794 dessen Vertrauter und Adjutant, nahm am Ägypten-Feldzug teil, 1804 Marschall und Großadmiral, ab 1805 oberster Chef der gesamten napoleonischen Reserve-Reiterei. Wegen seiner stutzerhaften Kleidung und seines eitlen Auftretens hatte er den Spitznamen ›Le beau sabre‹.

Graf Pierre Dupont, französischer General, führte am 22. November 1807 das sogenannte ›Zweite Beobachtungs-Korps aus der Gironde‹ nach Spanien, nahm Córdoba ein, verlor die Schlacht bei Bailén, und wurde bei seiner Rückkehr nach Frankreich, ebenso wie Vedel, Chabert, Legendre u. a. inhaftiert. Nach acht Monaten Haft wurde er freigelassen, um dann wegen seines militärischen Versagens am 12. Februar 1812 doch noch vor ein Geheimgericht gebracht zu werden, das ihn wegen Unterzeichnung der Kapitulation von Bailén verurteilte. Dupont verlor alle Titel und alle militärischen Rangbezeichnungen und wurde bis zu Napoleons Fall in einem entlegenen Fort in Joux, im Jura, festgehalten.

Generalkapitän Solano hatte in Cádiz versucht, der antifranzösischen Stimmung entgegenzutreten, und wurde dafür von der Bevölkerung als Verräter verfolgt, so daß er am Galgen endete.

15 Pepe Hillo oder Pepe-Illo war der Spitzname des beliebten Toreros José Delgado y Gálvez (1754, Sevilla – 1801, Madrid), der auch eine theoretische Abhandlung über die Kunst des Stierkampfs verfaßte. Delgado starb in der Arena.

16 Francisco Antonio de Lorenzana (1722–1804), 1765 Bischof, später Erzbischof von Mexiko und 1789 zum Kardinal ernannt.

17 Gaspar Melchior de Jovellanos (1744–1811), Jurist, Präsident der Strafkammer in Sevilla, dann Justizminister, schrieb Gedichte, Dramen, aber auch Abhandlungen zu Agrarreformen und juristischen Fragen. Der Bewunderer Diderots war einer der bedeutendsten Vertreter der spanischen Aufklärung und lebte 1801–1810 in der Verbannung auf Mallorca.

18 Volkstümliche Bezeichnung in Spanien für die Jungfrau von Soledad.

19 Originaltitel: Tresoro de los dichos aguedos.

20 Juan Escóiquiz (1762–1812), Sohn eines Generals, stammte aus Navarra. Er wurde Ratgeber des Kronprinzen Ferdinand, schrieb zahlreiche Abhandlungen zur Zeitgeschichte und zeichnete sich als Übersetzer aus dem Englischen und Französischen aus.

21 Juan Rufo (1547–1620), berühmt für Versepen wie ›La Austriada‹ (1584)

22 Alonso Ercilla y Zuñiga (1533–94), Dichter aus Madrid, schrieb das Versepos ›La Araucana‹ (in 3 Teilen 1569 ff.)

23 Diego de Hojeda (1571 Sevilla–1615 Peru), wurde vor allem durch sein religiöses Versepos ›La Cristíada‹ (1611) bekannt.

24 Joséphine, geborene Tascher de la Pagerie, Kreolin aus Martinique, erst Gattin des Kommandanten der Rheinarmee Beauharnais, der sie und ihre gemeinsamen Kinder verließ, heiratete am 9. März 1796 Napoleon.

25 Vitoria liegt südöstlich von Bilbao und Espinosa.

26 Der französische Marschall Francis Joseph Lefebvre, Herzog von Danzig, griff am 29. Oktober 1808 bei Zornoza, trotz Napoleons Mahnung, auf sein Eintreffen zu warten, die 19.000 Mann starken Truppen des spanischen Kommandanten Blake erfolgreich an.

27 Am 10./11. November 1808 schlug der französische Marschall Claude Victor, der das I. Korps kommandierte, bei Espinosa de los Nanteres, südwestlich von Bilbao gelegen, die durch lange Entbehrungen geschwächten 23.000 Soldaten des Spaniers Blake in die Flucht. Die Franzosen hatte 1.000 Gefallene zu beklagen, die Spanier etwa 3.000, deren Zahl durch Hunger auf dem Rückzug noch anstieg (vgl. auch den Rückblick auf die Schlacht bei Espinosa im Kapitel XII dieses Romans).

28 Die langwährende Rivalität zwischen den vielen regionalen Juntas – deren Führung zeitweise die Junta aus Sevilla übernommen hatte – und den Zentralbehörden wie etwa dem Consejo Real de Castilla, fand am 25. September 1808

nur ein vorläufiges Ende mit der Bildung einer Zentralregierung, der ›Junta Suprema Central‹, die den greisen Floridablanca zu ihrem Präsidenten wählte. ›Die Zentralregierung war eine födcrative Lösung mit all ihren Schwächen, denn sie setzte sich aus je zwei Vertretern jeder Junta zusammen. Die Macht der Junta Suprema Central fand dort ihre Grenzen, wo die Provinzialjuntas sie setzten.‹ (R. Wohlfeil, Spanien und die deutsche Erhebung, S. 29).

29 Don Diego López de Haros genaue Lebensdaten sind nicht bekannt. Der Jurist und Schriftsteller lebte in der zweiten Hälfte des 15. Jahrhunderts, war Gouverneur von Galizien und veröffentlichte die ›Justitias‹.

30 Schleier und Spitzentuch der traditionellen Festkleidung der Spanierin.

31 Die Aphrodite Medici ist ein in vielen Kopien überlieferter Statuentypus der nackten, zum Bad bereiten Aphrodite. Der Typus geht auf ein Werk der griechischen Antike zurück und ist benannt nach der bekanntesten Replik in den Uffizien (Florenz).
Die Aphrodite von Melos (oder Venus von Milo) ist die originale, auf der Kykladeninsel Melos gefundene Mamorstatue eines unbekannten Meisters aus dem 2. Jahrhundert v. Chr. (heute im Louvre, Paris).

32 Verballhornung des Namens: Sir John Moore. Dieser englische General, brach im Juni 1808 seine militärische Operation im baltischen Raum ab und landete im August 1808 in Portugal, um den Spaniern in ihrem Kampf gegen Napoleons Truppen zu helfen.

33 Nach dem heiligen Genesius benannt, einem gallischen Märtyrer, der unter Diokletitian ermordet wurde.

34 Die von Marquis La Romana befehligten Infanteriebataillone und Kavallerieregimenter galten als besonders kampfstark. Napoleon hatte sie daher, um die spanische Armee zu schwächen, im Frühjahr 1807 unter dem Vorwand eines möglichen Einsatzes gegen Schweden nach Dänemark gesandt. Aber am 7. 8. 1808 kehrten La Romanas Truppen auf britischen Schiffen über Göteborg nach

Spanien zurück, wo sie sich in Santander am 11. Oktober 1808 sammelten. La Romanas Infanterie sollte Blakes Feldzug unterstützen, die Kavallerie wurde nach Extremadura gesandt, um sich mit Pferden zu versorgen, und der Rest kämpfte in der Schlacht bei Espinosa mit.

35 Die Schlacht von Tudela fand am 23. November 1808 statt. Die Franzosen, angeführt von Marschall Lannes und Lefebvre-Desnouettes, verfügten über 30.000 Gewehre und 5.000 Säbel, und schlugen die 45.000 Mann starken Truppen von Castaños, Palafox und La Peña vernichtend.

36 Im Original: ›espotísmo‹, Verballhornung von ›despotísmo‹ = Despotismus, Zwangsherrschaft.

37 Fluß im spanischen Baskenland, entspringt in den Westpyrenäen und mündet in den Golf von Biskaya. Sein Unterlauf bildet die französisch-spanische Grenze.

38 Die Zuversicht des sogenannten Oberhauptmanns, so spleenig sie wirkt, repräsentiert eine damals auch in der Junta Central verbreitete Sichtweise, die sowohl die Stärke von Napoleons Armeen wie auch das Tempo ihres Anmarsches unterschätzte.

39 Am 23. November 1808 erreichte Napoleon mit 45.000 Mann Aranda de Duero und blieb dort bis zum 27. Er marschierte also durch die kastilische Ebene auf den …

40 … Somosierra-Paß zu, der, etwa 100 km nördlich vor der Hauptstadt, das letzte große Hindernis auf dem Weg nach Madrid darstellte.

41 Am 25. November 1822 erteilte die Junta dem Marquis de Castelar, dem Generalkapitän von Kastilien, und Tómas de Morla, dem Generalkapitän von Andalusien, den Auftrag, die schwer zu haltende und militärisch unzureichend befestigte Hauptstadt Madrid zu verteidigen.

42 Nach der Heiligen Jungfrau vom Berge Karmel benannt. Spanisch: Santa Virgen María del Carmen.

43 Die Schlacht um den Gebirgskamm von Somosierra fand am 30. November 1808 statt und endete mit einer vernichtenden Niederlage für die Spanier.

44 Alcobendas – spanisches Städtchen, 24 km nördlich von Madrid gelegen, zum damaligen Zeitpunkt etwa 300 Gebäude und 1.500 Einwohner.

45 Originaltext: ›El Ciz‹. Verballhornung von ›El Cid‹, des spanischen Nationalhelden Rodrigo (Ruy) Díaz (gestorben 1099).

46 Am 17. März 1808 stürmte die Bevölkerung von Aranjuez den Wohnsitz des Ministers Manuel de Godoy. Als er sein Versteck verließ und verhaftet wurde, hatte König Karl IV. ihn bereits aller Ämter enthoben. Diese sogenannte ›Revolution von Aranjuez‹ war vor allem ein Werk der Parteigänger des Kronprinzen Ferdinand Pérez Galdós stellt den Aufstand – sehr kritisch – in seinem Roman ›El 19 de Marzo ...‹ (deutsch: Der Aufstand von Madrid) dar.

47 Hinter der Romanfigur Mañara verbirgt sich die historisch verbürgte Gestalt des Marquis de Perales. Er war Vorsitzender des Komitees für Munitionsverteilung. Der Militärhistoriker Charles Oman vermutet, daß die Sandpatronen auf einen eher unbedeutenden Betrug in den Zeiten Godoys zurückgehen. Der Militärhistoriker Ateche hingegen mutmaßt, daß die Sandpatronen dem Perales (bzw. Mañara) mit Absicht unterschoben wurden, um ihn zu Fall zu bringen. Auch Racheabsichten seiner früheren Geliebten werden in Erwägung gezogen. Die grundsätzliche Einschätzung von Perales – ein sich plebejisch gebender, gegenüber den französischen Besatzern recht duldsam gestimmter Lebemann – deckt sich bei allen Historikern mit der Beschreibung, die Pérez Galdós im Roman von Mañara liefert. (zu Perales s.: Charles Oman: A History of the Peninsular War, Oxford 1902, Vol. 1, S. 465 f.)

48 Zitat im Originaltext: ›el varo discourso del vulgo, siempre enganada.‹

49 Die sogenannte erste Belagerung Zaragozas durch die Franzosen unter Lefebevre und Verdier vom 15. Juni 1808–14. August 1808 wurde durch Generalkapitän Palafox erfolgreich abgewehrt.

50 Marschall Bon Adrien Yeannot de Moncey (1754–1842)

belagerte vom 24.–29.Juni 1808 erfolglos die Stadt Valencia, die von Don José Caro, einem Bruder La Romanas, Colonel Solano u. a. heroisch verteidigt wurde. Moncey, Chef des 3. Korps in Spanien, gilt in der Militärgeschichtsschreibung als Vertreter jener Strategen Napoleons, die den Widerstand der spanischen Bevölkerung unterschätzten. Er hatte am 4. Juni 1808 Madrid verlassen, dabei aber jene Route nach Valencia eingeschlagen, die besonders zeitsparend erschien, ohne zu berücksichtigen, daß er auf dieser Route leicht in Gefechte verwickelt werden konnte, was auch geschah. Er wurde noch im selben Jahr durch Lannes ersetzt.

51 Die Gefechte bei Bruch am 7. und 14. Juni 1808 zeigten erstmals, daß Bürgerwehren unter bestimmten Umständen Napoleons Linientruppen besiegen konnten.

52 General San Juan verlor am 30. November 1808 die Schlacht um den Gebirgspaß Somosierra gegen die Franzosen. Bessières' polnische Ulanen vollführten eine legendäre Waffentat, indem sie den Paß mit verhängten Zügeln hinaufritten und die Reihen der spanischen Infanterie und Artillerie durchbrachen. General San Juan wurde am 4. Dezember 1808 vor Madrid von seinen eigenen Soldaten ermordet.

53 Marschall Michel Ney (1769–1815), kämpfte 1806 in Jena mit, zeichnete sich 1807 in Friedland aus. Im August 1808 marschierte er mit dem VI. Korps der Großen Armee in Spanien ein. Zwei Monate zuvor war er zum Herzog von Elchingen ernannt worden.

54 Kloster der Rekollekten – klösterliche Reformrichtung mit strengster Beobachtung der Ordensregeln, z. B. bei den Franziskanern und Augustinern. Seit dem 16. Jahrhundert in Spanien und Portugal sehr verbreitet.

55 Marschall Louis-Alexandre Berthier (1753–1815) begleitete Napoleon 1798/99 auf dem Ägyptenfeldzug, war 1800–07 Kriegsminister und wurde im Mai 1804 zum Marschall ernannt. Seit dem 30. August 1805 Stabschef der Großen Armee. Berthier diente Napoleon auf allen Feldzügen als unverzichtbarer Ratgeber und wurde

dafür finanziell reich entlohnt. 1814 Kriegsverwundung. Ob sein Tod durch Fenstersturz in Bamberg ein Freitod oder gewaltsam herbeigeführt worden war, ist ungeklärt.

55a Luis Daoíz Torres (1767–1808) wurde als Artillerist im Zuge der Aufstände in Madrid im Frühjahr 1808 zum spanischen Volkshelden und gemeinsam mit Pedro Velarde in einer Skulptur von Antonio Sola verewigt.

56 Pedro Velarde y Santiyán, geboren am 19.19.1779, wurde durch die Mitwirkung am Aufstand von Madrid gegen die Franzosen im Mai 1808, als er auch tödlich verwundet wurde, zum Volkshelden. (vgl. auch den Roman ›El 19 de marzo el 2 de mayo‹ (deutsch: Der Aufstand von Madrid) von Pérez Galdós.

57 ›Los Amantes del Teruel‹ – dieser Stoff der spanischen Nationalliteratur gehört gleichsam zum Gefühlshaushalt des literarisch gebildeten Spaniers. Er beruht auf einer in Aragónien beheimateten Legende des 16. Jahrhunderts, wonach zwei junge Menschen ihre Liebe aufgrund des Standesunterschiedes nicht verwirklichen konnten, so daß sie erst im Tod vereinigt waren. Obwohl schon im 17. Jahrhundert schlüssig entkräftet, diente die Legende zahlreichen Schriftstellern als Vorlage, u. a. Tirso de Molina, F. M. Nifo, L. F. Comella und wurde auch von berühmten Malern aufgegriffen z.B. von Muñoz Degrain: Los Amantes del Teruel.

58 Tirso de Molina, eigentlich Gabriel Téllez (1571–1648) war Prior im Kloster der Marcedarier und wurde mit seinen Lustspielen einer der bedeutendsten spanischen Bühnenschriftsteller des sogenannten (literarischen) Goldenen Zeitalters.

59 Die Kapitulation, am 4. Dezember 1808 unterzeichnet, war vor allem von dem ängstlichen Morla forciert worden, der der Junta gegenüber die Stärke der französischen Armee übertrieb. Hätte er noch etwas mehr Standfestigkeit aufgebracht, so hätten die Truppen von la Peña und Infantado, die am 2. Dezember Guadaljara erreichten, noch helfend eingreifen können.

Die Junta fixierte eine elf Artikel umfassende Kapitulation, die Marschall Berthier im Namen Napoleons sofort unterschrieb, und die von Morla und Fernando de Vera, dem Gouverneur der Stadt, zur Junta zurückgebracht wurde. Die Kapitulation umfaßte einige Artikel, die aus Napoleons Sicht untragbar waren, so die Forderung, daß in Spanien nur der katholische Glaube geduldet werden dürfe (Artikel 1) oder daß alle spanischen Regierungsmitglieder in ihren Ämtern blieben (Artikel 2). Napoleon ließ diese Urkunde dennoch unterzeichnen, weil er möglichst schnell in Besitz der Stadt gelangen wollte. Später machte er diese Bedingungen rückgängig.

60 Vom 4. bis zum 22. Dezember 1808 hielt sich Napoleon in Chamartín, einem kleinen Ort vor den Toren Madrids, in einem (schon etwas heruntergekommenen) Landhaus des Herzogs Infantado auf, wo er unablässig an seinen Plänen zur restlosen Unterwerfung Spaniens arbeitete. Obwohl Infantado einer der reichsten Adeligen Spaniens war, hatte das Haus nicht einen einzigen Kamin und bot wenig Komfort (Eingehende Beschreibungen in De Pradt: Mémoires sur la Révolution d'Espagne).

61 General Auguste-Daniel Belliard (geb. 1769), kämpfte unter Kléber in Ägypten, diente 1805–08 Murat als Stabschef bei allen wichtigen Feldzügen.

62 Wurfscheibenspiel

63 Originaltext: ›cigarritos habana‹.

64 Timur-Leng (spanisch: Tamerlán), 1336–1405, war ein für seine Grausamkeit berüchtigter mongolischer Eroberer, der 1370 die Herrschaft über Transoxanien erlangte und sie später legitimierte, indem er eine Prinzessin aus Dschingis-Khans Nachkommenschaft heiratete.

65 Nach Thomas von Aquin benanntes Kloster.

66 Page der Frau Gräfin – bezieht sich auf Gabriel Aracelis Abenteuer im Jahre 1807, als er erst einer Schauspielerin und dann der Gräfin Amaranta im Palast Escorial diente, wo er auch die Verschwörung Ferdinands VII. gegen König Karl IV. miterlebte. Ausführlich beschrieben von

Pérez Galdós in seinem Roman ›A la corte de Carlos IV.‹ (deutsch: Die Abenteuer der Pepita González).

67   Im Madrid der damaligen Zeit gab es drei bedeutende Theaterhäuser: das Teatro del Príncipe, das Teatro de la Cruz und das Teatro de los Canos del Peral.

68   De Pradt, Erzbischof von Malines, schrieb mit seinen ›Mémoires sur la Révolution d'Espagne.‹ ein noch heute wichtiges Quellenwerk für den Krieg auf der Iberischen Halbinsel.

69   Die Abenteuer Gabriel Aracelis im Haus des Don Mauro, eines Krämers und Geizhalses, der Inés in seinem Hause gefangenhielt, um sie (gewinnbringend) zu heiraten, schildert Pérez Galdós ausführlich und humorvoll in ›El 19 de marzo et el 2 del mayo« (deutsch: Der Aufstand von Madrid)

70   Julian Alvarez, Gouverneur von Gerona.

71   Nicasilo Alvarez Cienfuegos (1764–1801), schrieb Tragödien wie ›Zoraida‹ und ›Castilla‹ und arbeitete für die ›Gaceta de Madrid‹ und ›El Mercurio‹.

72   Isidoro Máiquez (1768–1820), Theaterschauspieler, brachte nach einem Aufenthalt in Paris, wo er bei dem legendären Talma lernte, den französisch-klassischen Deklamationsstil auf die spanische Bühne. Wurde 1802 Bühnenleiter des Teatro de los Canos del Peral, kehrte nach einem Zwischenspiel in Zaragoza 1807 nach Madrid zurück und leitete das Teatro del Príncipe. Ausführliche Beschreibungen seines Wirkens, seiner Liebschaften, seiner Eitelkeiten in ›La corte de Carlos IV‹ (deutsch: Die Abenteuer der Pepita González)

73   Sánchez Barbero (1764–1819) verfaßte ›A la Batalla de Trafalgar‹ und die ›Diáloguos satíricos‹.

II. Anmerkungen des Herausgebers zu ›Zaragoza‹

1 Hauptdurchgangstraße von Zaragoza, von Osten nach Süden führend.

2 Die erste Belagerung von Zaragoza währte vom 15. Juni bis 14. August 1808 und endete mit dem Abzug der Franzosen.

3 Der 4. August 1808 war ein entscheidender Tag der ersten Belagerung gewesen: Der französische General Verdier drang in die Hauptstadt Aragóniens ein, die spanischen Verteidiger zogen sich in die Häuser am Coso zurück. Verdier schickte einen Boten zum Hauptquartier der Spanier ins Kloster Santa Engracia mit der lakonischen Frage: ›Kapitulation?‹ General Palafox soll geantwortet haben: ›Krieg bis aufs Messer‹. In der Tat gelang es seinen Männern an diesem Tag, die Franzosen wieder zurückzudrängen und ihnen große Verluste zuzufügen – vermutlich 500 Tote und 1.500 Verwundete.

4 Unmittelbar westlich vor den Stadttoren gelegen, wurde Eras im Zuge der ersten Belagerung am 15. Juni 1808 von dem Franzosen Lefebvre-Desnouettes angegriffen.

5 Diese ›Artilleristin‹ hat es wirklich gegeben, allerdings fand das von Pérez Galdós beschriebene Ereignis wohl am 4., nicht am 2. Juli 1808 statt. Eine Frau aus dem Volke, Agostina mit Namen, soll aus der Hand ihres sterbenden Geliebten, eines Serganten, ein Zündholz genommen haben, um dann eine Kanone auf eine französische Kolonne abzufeuern. Für ihren Einsatz verschaffte ihr Generalkapitän Palafox eine Stellung als Lieutenant der Artillerie und eine Pension. (s. Charles Oman, A History of the Peninsular War, Oxford 1902, Vol 1, S. 154) Im Jahre 1809 war sie in Andalusien im Einsatz. W. Jacob (Travels in the South of Spain 1809–1809) berichtet, daß er sie in Sevilla in blauer Artillerieuniform gesehen habe. Sie war dabei, als Lord Wellesley Sevilla betrat, und wurde von der Junta willkommen geheißen.

6 Dieses Kloster war nach der Heiligen in Braga (Portugal) benannt.

7 Fluß, der im Norden Zaragoza begrenzt (s. Karte).

8 Palafox hatte am 15. Juni, während der ersten Schlacht dieser Belagerung, Zargoza mit 150 Dragonern und 200 Infanteriesoldaten verlassen, um im Hinterland französische Nachschubverbindungen zu stören, und kehrte am 2. Juli 1808 nach Zaragoza zurück.
Zur Person des Palafox vgl. Fußnote 10 zu ›Napoleon in Chamartín‹.

9 Santiago Sas(s), dieser historisch verbürgte Geistliche hatte in der Tat großen Anteil an der Abwehr der ersten Belagerung.

10 Numantia, Stadt in Alt-Kastilien, Kern des Freiheitskampfes der Keltiberer gegen die Römer, wurde von diesen im Jahre 133 v. Chr. nach neunmonatiger Belagerung zerstört (Anm. d. Übers.)

11 S. Fußnote 50 zu ›Napoleon in Chamartín‹.

12 Elzevir ist der Name einer holländischen Buchdruckerfamilie des 17. Jahrhunderts, die vor allem für ihre griechischen und römischen Klassikerausgaben im Duodezformat berühmt war.

13 Am Morgen des 21. Dezember griffen um acht Uhr morgens drei französische Batterien, angeführt von Moncey, Morlot und Grandjean den südlich von Zaragoza liegenden Berg Torero an.

14 Gemeint ist der Jude Shylock aus Shakespeares 1600 veröffentlichten Komödie ›The Merchant of Venice‹ (deutsch: Der Kaufmann von Venedig). Shylock leiht dem vorübergehend insolventen Antonio 3000 Dukaten – nicht gegen Zins, sondern gegen ein Pfund seines, Antonios, Fleisches, das Shylock am Ende auch tatsächlich in einem Gerichtsverfahren einklagen will.

15 José de Palafox y Melzi antwortete auf Monceys Aufforderung, die Stadt zu übergeben, mit einem ausführlichen Brief, indem er unter anderem auf die erfolgreich abgewehrte erste Belagerung einging und auch die Unterstellung zurückwies, der Fall Madrids könnte die Verteidi-

gungsbereitschaft der Einwohner von Zaragoza lähmen.

16 Padre Basilio Bog(g)iero, Kaplan, hatte entscheidenden Anteil am Widerstand der Stadt gegen die Franzosen.

17 Gemeint ist der 14. Juni 1508 (vgl Fußnote 4).

18 General Jean Andoche Junot (1771–1813), Herzog von Abrantès, hatte schon an den Italien-und Ägyptenfeldzügen teilgenommen und fungierte 1805 als Botschafter in Portugal. Führte die Truppen an, die 1807 in Spanien und Portugal eindrangen. Beging 1813 nach einem strategischen Fehler im Rußlandfeldzug Selbstmord.

19 Am 29. Dezember 1808 war Marschall Moncey nach Madrid zurückbeordert worden, Napoleon war über seinen verzögerten Anmarsch verärgert. Moncey wurde ersetzt durch Junot, der nun das dritte Corps anführte, und gemeinsam mit Mortier die Belagerung leitete.

20 Agostina, die Artilleristin (vgl. Fußnote 5).

21 Die Geschichte des jüdischen Priestergeschlechts der Makkabäer, das seit dem Aufstand des Judas Makkabi gegen den Seleukiden Antiochos IV 175–164 v. Chr. über das jüdische Volk herrschte, wird in den drei biblischen Büchern der Makkabäer erzählt.

22 Zu dieser Zeit noch mittels einer Lunte gezündet (Anm. d. Übers.)

23 Das Feuer auf San José war am 10. Januar 1809 eröffnet und am Tag darauf fortgesetzt worden. General Grandjean sandte am Nachmittag die Kompanien des 14. und 44. Regiments zur endgültigen Einnahme aus.

24 Im Unterschied zur Darstellung von Pérez Galdós vermutet Charles Oman (A History of Peninsular War, Vol II, S. 113 f.), daß die Verluste der Franzosen bei der Einnahme von San José sich in Grenzen gehalten haben – sie sollen 34 Mann verloren, aber 50 Gefangene genommen haben.

25 Die Siegesbotschaften wurden von José de Palafox bewußt zur Hebung der Kampfmoral eingesetzt. Sie fußten auf vagen Gerüchten, die ein Bote, der am 16. Januar 1809 aus Katalonien eingetroffen war, mitgebracht hatte. Die Verbindung mit dem übrigen Spanien hielt Palafox

aufrecht, indem er in den Nächten Boote auf dem Ebro aussetzte, die dann unentdeckt hinter die französischen Linien gelangten.

26 Marschall Jean Lannes (1769–1809), Herzog von Montebello, war – neben Berthier – Napoleons begabtester und bestbeleumundeter Marschall. Seine Tapferkeit war sprichwörtlich und durch eine hohe Anzahl von Kriegsverletzungen beglaubigt. Er kämpfte u. a. in Ägypten, Marengo, Ulm, Saalfeld und in Spanien. Er hatte die Schlacht von Tudela gewonnen und sich danach zwei Monate lang von einer Verletzung erholt, als er nach Zaragoza kam.

27 Der erste Angriff auf das Kloster, nach vielen Einschlägen nur noch eine Ruine, fand am 29. Januar 1809 statt. Am Tag darauf, nach weiteren 24 Stunden Beschuß, stürmten Grandjeans Soldaten erst das Kloster und dann die Kirche von Santa Monica.

28 Der Majorgeneral F. St. March befehligte im belagerten Zaragoza die 4. Division, welche Freiwillige aus Kastilien, Turia u. a. – insgesamt 5.495 Mann – umfaßte.

29 Der Brigade-General F. Butrón befehligte im belagerten Zaragoza die 1. Division, die Bataillone Carmen und Portillo, die Grenadiere Palafox', Infanteristen u. a., insgesamt 11.193 Mann.

30 Obwohl José de Palafox von der Seuche infiziert darniederlag, wurde er von den Franzosen immer wieder mit dem Tod bedroht. Als er außer Lebensgefahr war, wurde er nach Frankreich gebracht. Auf ausdrücklichen Befehl Napoleons hin wurde er nicht wie ein Kriegsgefangener, sondern wie ein Verräter behandelt und im Donjon von Vincennes eingepfercht.

Die Geschichtsschreibung geht heute davon aus, daß der Generalkapitän trotz seines heldenhaften Widerstandes mit einem entscheidenden strategischen Fehler zum Untergang Zaragozas beigetragen hat: Er hatte seine 45.000 Soldaten von Anfang an in der Stadt postiert, statt die Hälfte von ihnen in der Umgebung der Stadt operieren zu lassen, wo sie die Schanzarbeiten der Franzosen wirkungsvoller hätten stören können.

31 Nach einem Bericht, den General Lannes den spanischen
    Behörden entlockte, sollen sogar 54.000 Leichen zu bekla-
    gen gewesen sein: 20.000 reguläre Truppenmitglieder, der
    Rest Freiwillige und Zivilisten. 6.000 von diesen 54.000
    Opfern waren im Gefecht gefallen, alle übrigen waren
    Seuchenopfer.
    Vor Beginn der Belagerung hatte Zaragoza 55.000 Ein-
    wohner gezählt; danach nur noch 25.000. Es sollte
    Wochen dauern, bis alle Toten begraben waren.
    Die Verluste der Franzosen wurden auf etwa 10.000 Mann
    geschätzt.
    Selbst fünf Jahre nach der Belagerung bot Zaragoza noch
    eine Stätte der Verwüstung und war noch zur Hälfte zer-
    stört.
32 Juni 1815. Schlacht bei Waterloo, das letzte napoleonische
    Heer wird vernichtet. Napoleon wird nach St. Helena
    deportiert.
33 Die Versammlung der europäischen Fürsten und Staats-
    männer vom Herbst 1814 bis zum 9. Juni 1815 beriet über
    die europäische Ordnung nach den Napoleonischen Krie-
    gen und stand ganz im Zeichen von Fürst Metternich
    (Österreich), Castlereagh (England), Alexander I. (Ruß-
    land), Fürst Hardenberg (Preußen) und Talleyrand
    (Frankreich) und berücksichtigte kaum spanische
    Belange. ›Ungerecht‹ nennt Pérez Galdós diese geringen
    Einflußmöglichkeiten, weil der spanische Widerstand
    überhaupt erst Napoleons Nimbus der Unbesiegbarkeit
    gebrochen und als eine Art Fanal zum Kampf gegen die
    französische Vorherrschaft gewirkt hatte.
34 Pérez Galdós schrieb dies im Jahr 1874, also zur Zeit der
    Restauration in Spanien: General Martinez Campos setzt
    mit einer militärischen Erhebung der Ersten Republik
    ein Ende und ruft Isabellas Sohn Alfons zum König aus.
    Damit kehrt die Hauptlinie der spanischen Bourbonen
    wieder auf ihren angestammten Thron zurück, die
    republikanischen Gruppierungen werden wieder unter-
    jocht.
    International kündigte sich 1874 die Balkankrise an sowie

neue Auseinandersetzungen zwischen Deutschland und Frankreich.

35 Padre Basilio Bogiero und Santiago Sas(s) wurden am 22. Februar 1809, zwei Tage nach der Übergabe der Stadt, von den Franzosen kaltblütig erschossen.

TASCHENBÜCHER
KLASSIKER DES HISTORISCHEN ROMANS

In dieser Reihe erscheinen alle zwei Monate Meisterwerke aus dem Genre des historischen Romans. Es handelt sich durchweg um Autoren, die in ihrer Zeit großes Gewicht in der literarischen Öffentlichkeit besaßen. Die Reihe umfaßt neben Klassikern der deutschen Literatur auch repräsentative Werke aus England, Frankreich, Spanien, Holland, Amerika, und zwar in vollständigen und neu erstellten oder neu überarbeiteten Übersetzungen. Die Mehrzahl der Autoren gehört dem 19. Jahrhundert an, als der Historismus über Jahrzehnte hinweg das geistige Leben in Europa bestimmte. Die thematische Vielfalt der ›Klassiker‹ erstreckt sich vom alten Ägypten bis zur Französischen Revolution, von der Sporenschlacht in Flamen bis zur Seeschlacht von Trafalgar 1805, von der Fronde bis zum amerikanischen Unabhängigkeitskampf. Ziel dieser Reihe ist es, die einseitige und bequeme Werkauswahl zu korrigieren, die der Buchmarkt seit Jahren bei den Klassikern vornimmt, indem er von bestimmten Schriftstellern immer wieder die gleichen Romane neu veröffentlicht. Alle Bände dieser Reihe sind mit erläuternden Anmerkungen zu wichtigen Namen, Daten und Begriffen der Romane sowie mit fachkundigen Essays zu Leben und Werk des Autors versehen.

Band 13 841 / DM 14,90
CHARLES DICKENS
BARNABY RUDGE
764 Seiten

Unter dem Eindruck der sozialen Unruhen seiner Zeit schrieb CHARLES DICKENS in den Jahren 1840/41 diesen großen historischen Roman über die sogenannten Gordon-Aufstände von 1780: eine antikatholische Erhebung, die die Stadt London erschütterte und in der Erstürmung des berüchtigten Newgate-Gefängnisses gipfelte.

Während der erste Teil des Romans den Leser auf den verschlungenen Pfaden von Liebesgeschichten und Intrigen in die alte Zeit zurückführt, entfaltet der zweite Teil ein eindringliches Psychogramm von Rädelsführern und Schergen, von Demagogen und leicht verführbaren Menschen, das bis heute nichts von seiner Gültigkeit verloren hat.

›Barnaby Rudge‹ hat aber auch unheimliche Momente: Sie knüpfen sich vor allem an die faszinierende Gestalt des sprechenden Raben, der später Edgar Allan Poe zu seinem großen Gedicht ›The Rave‹ inspirierte. Nicht zufällig spricht Stephen King in seinem Vorwort zur ›Green Mile‹ seine uneingeschränkte Bewunderung für den großen britischen Romancier aus und erinnert daran, daß sich Dickens' Leser einst sogar ins Hafenwasser stürzten, um an die neueste Fortsetzung eines seiner Meisterwerke zu gelangen. So viel Wagemut erfordert guter Geschmack heute nicht mehr: Wir können Charles Dickens im Trockenen lesen.

Band 13 744 / DM 12,90
VICTOR HUGO
1793 ODER DIE VERSCHWÖRUNG IN DER PROVINZ VENDÉE
412 Seiten

Auf dem Höhepunkt der Französischen Revolution wird Marquis de Lantenac nach Jersey verbannt, gilt er doch als Königstreuer. Aber der Marquis entkommt seinen Wächtern und kehrt in die Provinz Vendée zurück. Für die Bauern dort ist er immer noch der große Fürst. Am Tage seiner Landung schart er achttausend Mann um sich, innerhalb von einer Woche sind dreihundert Gemeinden in Aufruhr.

In Paris ist man überzeugt: Nur der republikanische Offizier Gauvain, der schon in der Rheinarmee Großes geleistet hat, kann den Marquis stoppen. Aber der junge Offizier ist der Großneffe des Marquis von Lantenac. Er nimmt den Kampf dennoch auf. Allerdings stellt man ihm mit Cimourdain einen alten, erfahrenen Revolutionär zur Seite. Niemand in Paris ahnt, welche Konflikte damit heraufbeschworen werden.

Dieses Werk war Hugos letzter Roman und ist eine Art erzählerisches Testament: packend und ohne Scheu vor grellen Effekten erzählt, stringent im Handlungsaufbau, aber durchsetzt mit funkelnden Aphorismen und originellen geschichtsphilosophischen Reflexionen.

›Eine fesselnde Geschichtsstunde‹ (Freundin)

Band 13 743 / DM 12,90
GEORG EBERS
EINE ÄGYTISCHE KÖNIGSTOCHTER
538 Seiten
3. Auflage

Ägypten, im sechsten Jahrhundert vor unserer Zeit: Der Pharao Amasis verwaltet umsichtig das Reich am Nil. Um den Frieden mit den immer mächtiger werdenden Persern zu besiegeln, will Amasis seine hübsche Tochter Nitetis dem persischen Thronfolger zur Frau geben. Aber sein Sohn, der Wachs in den Händen der fremdenfeindlichen Priester ist, arbeitet diesem Plan mit aller Macht entgegen. Und er verfügt auch über die Mittel, seinen Vater zu erpressen: Weiß er doch, daß die hübsche Nitetis in Wahrheit gar nicht die Tochter des Amasis ist ...

Dieser Roman war eines der meistgelesenen Bücher des 19. Jahrhunderts und löste eine Ägyptenmode aus: 400.000 Exemplare wurden von der ›Ägyptischen Königstochter‹

zwischen 1864 und 1920 verkauft. GEORGES EBERS war einer der größten Ägyptenkenner seiner Zeit, unternahm ertragreiche Forschungsreisen an den Nil und hielt sich in seinen Romanen sehr eng an die historische Überlieferung. Dennoch löste das Erscheinen dieses Buches unter Ebers' Professorenkollegen erhebliche Irritationen aus.

Band 13 943 / DM 16,90
GEORG EBERS
UARDA, DIE ÄGYTERIN
ca. 560 Seiten

›Uarda‹ gilt neben der ›ägyptischen Königstochter‹ als der gelungenste Roman dieses Schriftstellers. Fünf Auflagen schon im Jahr der Erstveröffentlichung und wiederum 400.000 verkaufte Exemplare in den folgenden Jahrzehnten belegen die Bedeutung dieses großen historischen Romans aus der Zeit Ramses II.

Band 13 746 / DM 14,90
JAMES F. COOPER
DER LOTSE
504 Seiten

Im westlichen Flügel eines Herrenhauses an der englischen Küste werden zwei junge Frauen in einer Art sanfter Gefangenschaft gehalten. Der Mann, der als Verwandter und Vormund über sie wacht, ist Oberst Howard, ein bedingungsloser Untertan der englischen Krone und ein Feind aller Unabhängigkeitsbestrebungen in den englischen Kolonien.

Oberst Howard schreckt nicht wenig auf, als ihm das Gerücht zu Ohren kommt, daß John Paul Jones, der Seeheld der aufbegehrenden Kolonien in Übersee, der Freibeuter und Pirat, an der Küste sein Unwesen treiben soll. Howard sieht jetzt nicht nur sein Land in Gefahr, er bangt auch um die Loyalität seiner beiden weiblichen Schutzbefohlenen, die

dem berüchtigten Seehelden und seinen Freunden verbotene
Gefühle entgegenbringen.

›Ein vielfach nachgeahmter Roman ... liegt jetzt als gut
kommentiertes Taschenbuch vor.‹ (Rheinische Post)

Band 13 741 / DM 12,90
HONORÉ DE BALZAC
DIE CHOUANS ODER DIE KÖNIGSTREUEN
380 Seiten

Die Liebe in den Zeiten der Revolution – mit diesem Stoff
erzielte HONORÉ DE BALZAC 1829 seinen Durchbruch als
Schriftsteller. Da die ›Chouans‹ in der ›Comédie humaine‹
unter der Rubrik mit dem abschreckenden Titel ›Scènes de la
vie militaire‹ zu stehen kam, wurde der Roman lange Zeit
kaum beachtet.

Marie de Verneuil ist eine selbstbewußte und hübsche Frau
und eine entschiedene Anhängerin der Französischen Revolution. Als im Westen der Republik die Aufstände unter der
weißen Fahne der Chouans die neue Ordnung gefährden,
wird Marie de Verneuil von Paris in die Bretagne ausgesandt.
Als Spionin soll sie vor allem auskundschaften, welchen
Anteil der geheimnisvolle Marquis de Montauran an diesen
Aufständen hat. Der Auftrag scheint der Marie de Verneuil
auf den Leib geschrieben zu sein – aber sie weiß bald nicht
mehr, wo ihre Rolle aufhört und wo ihre Gefühle anfangen.

›Packend‹ (Freundin)

Band 13 745 / DM 12,90
HENDRIK CONSCIENCE
DER LÖWE VON FLANDERN
344 Seiten

Dieser spannende Roman über den Freiheitskampf der Flamen gegen die Franzosen im 13. Jahrhundert ist in Holland
und Belgien der Klassiker schlechthin!

HENDRIK CONSCIENCE (1812–83) gelang mit dem ›Löwen von Flandern‹ ein besonderer Geniestreich, schrieb er den Roman doch in einer Sprache, die es im 19. Jahrhundert offiziell gar nicht gab: in Flämisch. Ob in Schulen, öffentlichen Versammlungen oder Zeitungen – im Flandern des 19. Jahrhunderts durfte nur das Französische gepflegt werden. HENDRIK CONSCIENCE mußte sich die flämische Sprache als Autodidakt aneignen, bevor er seine großen historischen Romane schreiben und seinen Landsleuten ihre Sprache zurückgeben konnte.

Band 13 742 / DM 12,90
WILLIAM THACKERAY
DIE GESCHICHTE DES HENRY ESMOND
474 Seiten

WILLIAM M. THACKERAYS Zeitgenossen rühmten ›Henry Esmond‹ als ›den besten historischen Roman‹, der je geschrieben worden sei. Auch heute fasziniert das 1832 entstandene Meisterwerk mit betörend schönen Frauen, degenschwingenden Helden, mit gedämpftem Schlachtenlärm, Intrigen und geheimen Fluchtwegen.

Thackeray stellt einen frei erfundenen Helden in einen interessanten Abschnitt der englischen Geschichte und läßt ihn mit historischen Persönlichkeiten wie Königin Anna, Marlborough, Addison und Steele zusammentreffen. In Form dieser fiktiven Autobiographie erzählt Henry Esmond die Geschichte seiner Familie, die Glück und Leben der verlorenen Sache der Stuarts opferte.

›In überaus farbigen, an Humor nicht armen Szenen durchläuft er einen Erkenntnis- und Desillusionierungsprozeß, in dessen Verlauf die Auffassung von der Geschichte als einem heroischen Geschehen als Mythos entlarvt wird.‹ (Wochenblatt, Altdorp).

Ein bedeutender Roman vom Autor des ›Jahrmarkts der Eitelkeiten‹.

und dessen Skrupellosigkeit zunehmend Widerstand hervorruft.

>Cinq-Mars<, *der hier in neuer Übersetzung vorgelegt wird, gilt
als der erste große historische Roman der französischen Literatur-
geschichte:* >Der umfangreiche Stoff ist zu einer dramatischen
Handlung gestaltet und psychologisch so sorgfältig ausgearbeitet,
daß die einzelnen Kapitel spannende Akte werden – ein großes
Sprachkunstwerk< *(Kindlers Lexikon der Weltliteratur).*

Band 13 858 / DM 15,00
Benito Pérez Galdós
Trafalgar / Die Abenteuer der Pepita Gonzáles
426 Seiten

>Der führende Realist im Spanien des 19. Jahrhunderts<, >der
größte Epiker seit Cervantes<, >der beste Chronist der spanischen Geschichte< – so und ähnlich lauten die Urteile der Lite-
raturkritik über Benito Pérez Galdós (1843–1920), der immer
wieder im Zusammenhang mit dem Nobelpreis für Literatur
erwähnt wurde, den er jedoch vermutlich aufgrund seiner starken Kritik an der Kirche nie erhielt. In seinen groß angelegten
>Episodios nacionales< hat er die Geschichte Spaniens im 19.
Jahrhundert zu unvergleichlich packend und anschaulich
erzählten Romanen verdichtet, die so mustergültig recher-
chiert sind, daß sie ihrerseits schon wieder Quellen für
Geschichtsforscher wurden. Die Stellung von Benito Pérez
Galdós in der spanischen Literatur ist der des Francisco Goya
in der spanischen Kunstgeschichte vergleichbar: Beide waren
leidenschaftliche, aber auch um Objektivität bemühte Chronisten der Umwälzungen und des Terrors ihrer Zeit und verfügten über eine überragende künstlerische Erfindungskraft.
Erstmals werden nun die Romane des Hauptwerks von
Pérez-Galdós, die >Episodios nacionales<, ins Deutsche übertragen.

Als seine Mutter stirbt und das Joch seines Onkels, der ihn
erziehen will, unerträglich wird, weiß Gabriel Araceli, das er

in eine fremde Stadt fliehen muß: Der Familienvater, dem er dort seine Dienste anbietet, ist ein leidenschaftlicher, aber hochbetagter Seeheld. Ihn begleitet der junge Gabriel nach Trafalgar, zur entscheidenden Seeschlacht mit dem legendären Nelson.

Nach diesem Abenteuer wendet sich ›Gabrielto‹ nach Madrid, wo er sich als Diener einer berühmten Schauspielerin verdingt. Aber er steckt voller Ehrgeiz und sucht um jeden Preis Zugang zum Königshof, wo er in der Tat bald denkwürdige Abenteuer erleben wird ...

›Eines der ganz großen Genies des historischen Romans endlich in deutscher Sprache ... Wir würden gern weiterlesen‹. (Rolf Vollmann in der F.A.Z.)

Band 13 904 / DM 15,00
BENITO PÉREZ GALDÓS
DER AUFSTAND VON MADRID / BAILÉN
480 Seiten

Gabriel Araceli hat sich in die junge Inés verliebt: Doch das intelligente Mädchen wird einem Kaufmann in die Obhut gegeben, der sie wie eine Gefangene einsperrt und erbarmungslos ihre Arbeitskraft auspreßt. Während Gabriel auf Möglichkeiten sinnt, Inés aus dem Hause ihres Peinigers zu befreien, gerät rings um ihn die Welt in Aufruhr: Die Spanier lehnen sich gegen Napoleons Schergen auf, die sich in Madrid selbstherrlich einquartiert haben. Der Konflikt spitzt sich zu und mündet in den berühmten Aufstand vom 2. Mai 1808. Nur mit großem Glück entgeht Gabriel der Exekution durch die Franzosen und meldet sich als Freiwilliger für die spanischen Truppen, die in Bailen auf die Elite von Napoleons Soldaten zu einer Schlacht treffen, die von ausschlaggebender Bedeutung für die europäische Geschichte werden sollte.